Marc von Knorring
Die Wilhelminische Zeit in der Diskussion

HISTORISCHE MITTEILUNGEN – BEIHEFTE

Im Auftrage der *Ranke-Gesellschaft. Vereinigung für Geschichte im öffentlichen Leben e.V.* herausgegeben von Jürgen Elvert

Wissenschaftlicher Beirat: Winfried Baumgart, Michael Kißener, Ulrich Lappenküper, Ursula Lehmkuhl, Bea Lundt, Christoph Marx, Jutta Nowosadtko, Johannes Paulmann, Wolfram Pyta, Wolfgang Schmale, Reinhard Zöllner

Band 88

ranke
gesell
schaft
geschichte
weiter denken

Marc von Knorring

Die Wilhelminische Zeit
in der Diskussion

Autobiographische Epochencharakterisierungen
1918 – 1939 und ihr zeitgenössischer Kontext

 Franz Steiner Verlag

Veröffentlicht mit finanzieller Unterstützung der Universität Passau

Umschlagabbildung: Kundgebung in Potsdam, Juli 1930,
Bundesarchiv, Bild 102-10123 / Fotograf: Georg Pahl

Bibliografische Information der Deutschen Nationalbibliothek:
Die Deutsche Nationalbibliothek verzeichnet diese Publikation in der Deutschen
Nationalbibliografie; detaillierte bibliografische Daten sind im Internet über
<http://dnb.d-nb.de> abrufbar.

© Franz Steiner Verlag, Stuttgart 2014
Druck: Laupp & Göbel, Nehren
Gedruckt auf säurefreiem, alterungsbeständigem Papier.
Printed in Germany.
ISBN 978-3-515-10960-4 (Print)
ISBN 978-3-515-10969-7 (E-Book)

VORWORT

Die vorliegende Untersuchung stellt die in Teilen überarbeitete und erweiterte Fassung meiner Habilitationsschrift dar, die im Sommersemester 2013 von der Philosophischen Fakultät der Universität Passau angenommen wurde. Mein herzlicher Dank gilt an erster Stelle Herrn Prof. Dr. Hans-Christof Kraus, dem Betreuer der Arbeit, Vorsitzenden des Fachmentorats und Erstgutachter, der mir als seinem Assistenten am Passauer Lehrstuhl für Neuere und Neueste Geschichte nicht nur den notwendigen Freiraum für die Bearbeitung des Themas gewährte, sondern mich darüber hinaus in vielfältiger, keineswegs selbstverständlicher Weise wissenschaftlich anregte und förderte. Die auswärtigen Gutachten übernahmen Herr Prof. Dr. Frank-Lothar Kroll (Chemnitz), dem ich generell für sein Interesse und seine Unterstützung sehr verbunden bin, und Herr Prof. Dr. Dominik Geppert (Bonn), wofür beiden bestens gedankt sei.

Herzlich danken möchte ich darüber hinaus Herrn Prof. Dr. Franz-Reiner Erkens und Herrn Prof. Dr. Andreas Michler, die als Mitglieder des Passauer Fachmentorats stets in allen Belangen meiner akademischen Weiterqualifizierung ansprechbar und außerordentlich hilfsbereit waren. Ebenso gilt mein Dank den Freunden und Kollegen Dr. Benjamin Hasselhorn und Sven Prietzel M.A., die die Studie in verschiedenen Phasen ihrer Entstehung kritisch-konstruktiv lasen, sowie apl. Prof. Dr. Martin Hille und Markus Schubert M.A., die sich gleichermaßen interessiert zeigten und stets für die Diskussion von konzeptionellen wie von Detailproblemen aufgeschlossen waren. Ihnen allen sei nicht zuletzt für die angenehme Arbeitsatmosphäre gedankt, die sie in Passau maßgeblich mitgestalteten.

Dankbar bin ich des Weiteren Herrn Prof. Dr. Jürgen Elvert (Köln) als Vorsitzendem der Ranke-Gesellschaft für die Aufnahme in die Reihe der Historischen Mitteilungen sowie Frau Katharina Stüdemann und Herrn Harald Schmitt vom Franz Steiner Verlag für die ebenso freundliche wie kompetente und unkomplizierte Hilfestellung bei der Erarbeitung der Druckvorlage. Der Universität Passau bin ich für die Gewährung eines namhaften Druckkostenzuschusses verbunden.

Nicht jedem Wissenschaftler ist bei seiner Arbeit familiärer Rückhalt vergönnt – ich hatte dieses Glück. Und so gebührt schließlich der größte Dank meiner Frau Birgit und meiner Tochter Juliane, ohne deren Zuwendung, Geduld und Verzichtsbereitschaft dieses Buch nicht entstanden wäre.

Passau, im September 2014   *Marc von Knorring*

INHALTSVERZEICHNIS

A. EINLEITUNG

I. FORSCHUNGSSTAND, ANSATZ UND ZIELE DER UNTERSUCHUNG

1. „Geschichte" zwischen den Weltkriegen und das Thema „Wilhelminische Zeit"

Die Niederlage im Weltkrieg und der Untergang des Kaiserreichs lösten im Jahr 1918 eine „Krise des Geschichtsbewußtseins"[1] in Deutschland aus, die sich in dem Bedürfnis breiter Bevölkerungskreise nach historischer Erklärung bzw. Sinnstiftung in Bezug auf die Gegenwart äußerte und umfangreiche öffentliche Diskussionen über die Vergangenheit auslöste. Auf den ersten Blick scheint die Vermutung naheliegend, dass dabei die Frage nach dem Wesen der Wilhelminischen Zeit als derjenigen seit 1888 bzw. 1890 während Epoche, die der Zäsur des Weltkriegs unmittelbar vorangegangen und durch sie abrupt beendet worden war, besondere Aufmerksamkeit zuteil wurde.

Die historische Forschung vermittelt jedoch ein anderes Bild. Dabei unterscheidet sie zunächst für die Zwischenkriegszeit drei Ebenen, auf bzw. zwischen denen sich die Auseinandersetzung über die deutsche Geschichte generell abspielte: erstens die Ebene der Geschichtswissenschaft selbst, zweitens das Gebiet der (politischen) Publizistik, insbesondere der Aktivitäten des Auswärtigen Amtes, und drittens den die öffentliche Diskussion dominierenden Bereich der „populär- und pseudowissenschaftliche[n] Literatur" – von Beiträgen aus dem Umfeld der „konservativen Revolution" bis hin zur sogenannten Historischen Belletristik.[2] Die Populärwissenschaft konservativer bzw. völkisch geprägter Ausrichtung – um mit dem letztgenannten Punkt zu beginnen – gab demnach der Zeit die großen Themen vor, wobei die Suche nach übergreifenden Erklärungs- und Orientierungsmodellen im Vordergrund stand, so etwa im Zusammenhang mit dem antiken Germanentum (nicht zuletzt im Hinblick auf das „Raumproblem" der Gegenwart)[3], der Geopolitik inklusive Fragen von Kultur und Nationalität in umfassen-

---

1   Wolfgang Hardtwig, Die Krise des Geschichtsbewußtseins in Kaiserreich und Weimarer Republik und der Aufstieg des Nationalsozialismus, in: *Jahrbuch des Historischen Kollegs 2001/2002*, 47–75, hier 47.

2   Ebd., 48.

3   Vgl. Helmut Berding, Völkische Erinnerungskultur und nationale Mythenbildung zwischen dem Kaiserreich und dem „Dritten Reich", in: Horst Walter Blanke / Friedrich Jaeger / Thomas Sandkühler (Hgg.), *Dimensionen der Historik. Geschichtstheorie, Wissenschaftsgeschichte und Geschichtskultur heute. Jörn Rüsen zum 60. Geburtstag*, Köln u. a. 1998, 83–91; Gangolf Hübinger, Geschichtsmythen in „völkischer Bewegung" und „konservativer Revolution". Nationalistische Wirkungen historischer Sinnbildung, in: ebd., 93–103; speziell zur neuen „Disziplin" der „Volksgeschichte" Hildegard Châtellier, Deutsche Geschichtsschreibung der Zwischenkriegszeit: vom Historismus zur *Volksgeschichte*, in: Thomas Keller / Wolfgang Eßbach

der zeitlicher Perspektive oder dem Wirken bedeutender historischer Persönlichkeiten.[4] Nicht zuletzt geriet dabei die Pflege des „Bismarck-Mythos" zum Anliegen konservativer Intellektueller[5] (wie zum Reibungspunkt für deren Gegner[6]), wobei die Zeit nach der Entlassung des Reichsgründers meist verschwiegen, allenfalls vereinzelt Kritik an der „moralisch ‚dekadenten' bürgerlichen Kultur der wilhelminischen Zeit"[7] sowie deren angeblich ziel- und mutloser Innen- und Außenpolitik geübt[8], im Übrigen aber der Weltkrieg als *das* Schlüsselereignis der jüngsten Vergangenheit in seinen Auswirkungen auf die Gegenwart breit thematisiert wurde.[9]

Demgegenüber widmete sich die eher linksorientierte Historische Belletristik, die sich einerseits „durch den Anspruch tatsachengetreuer Wiedergabe historischer Ereignisse" etwa vom Historischen Roman als literarischer Gattung deutlich abhob[10], sich andererseits durch die Behauptung, „Geschichte auf dem Wege der

---

(Hgg.), *Leben und Geschichte. Anthropologische und ethnologische Diskurse der Zwischenkriegszeit* (Übergänge. Texte und Studien zu Handlung, Sprache und Lebenswelt, 53), München 2006, 291–308, hier 302ff.; Vanessa Conze, „Unverheilte Brandwunden in der Außenhaut des Volkskörpers". Der deutsche Grenz-Diskurs der Zwischenkriegszeit (1919–1939), in: Wolfgang Hardtwig (Hg.), *Ordnungen in der Krise. Zur politischen Kulturgeschichte Deutschlands 1900–1933* (Ordnungssysteme. Studien zur Ideengeschichte der Neuzeit, 22), München 2007, 21–48, hier 43f.; Willi Oberkrome, *Volksgeschichte. Methodische Innovation und völkische Ideologisierung in der deutschen Geschichtswissenschaft 1918–1945*, Göttingen 1993. Vgl. zu einem wichtigen Spezialaspekt der damit verbundenen Debatten Hans-Christof Kraus, Kleindeutsch – Großdeutsch – Gesamtdeutsch? Eine Historikerkontroverse der Zwischenkriegszeit, in: Alexander Gallus / Thomas Schubert / Tom Thieme (Hgg.), *Deutsche Kontroversen. Festschrift für Eckhard Jesse*, Baden-Baden 2013, 71–86.

4   Hardtwig, Die Krise des Geschichtsbewußtseins, 48–63, 70 und 73. Vgl. speziell zum „Bismarck-Mythos" Robert Gerwarth, *Der Bismarck-Mythos. Die Deutschen und der Eiserne Kanzler*. Aus dem Englischen von Klaus-Dieter Schmidt, München 2007, 66; Wolfgang Hardtwig, Der Bismarck-Mythos. Gestalt und Funktionen zwischen politischer Öffentlichkeit und Wissenschaft, in: ders. (Hg.), *Politische Kulturgeschichte der Zwischenkriegszeit 1918–1939* (Geschichte und Gesellschaft, Sonderheft 21), Göttingen 2005, 61–90, hier 67ff.

5   Gerwarth, *Der Bismarck-Mythos*, 69f.

6   Ebd., 71ff.; Hardtwig, Der Bismarck-Mythos, 80.

7   Gerwarth, *Der Bismarck-Mythos*, 70; Thomas Rohrkrämer, *Eine andere Moderne? Zivilisationskritik, Natur und Technik in Deutschland 1880–1933*, Paderborn u. a. 1999, 281; Georg Bollenbeck, *Tradition, Avantgarde, Reaktion. Deutsche Kontroversen um die kulturelle Moderne 1880–1945*, Frankfurt am Main 1999, 223.

8   Rohrkrämer, *Eine andere Moderne?*, 282f.

9   Ebd., 270ff.; vgl. Astrid Erll, *Gedächtnisromane. Literatur über den Ersten Weltkrieg als Medium englischer und deutscher Erinnerungskulturen in den 1920er Jahren* (Studien zur Englischen Literatur- und Kulturwissenschaft, 10), Trier 2003, passim.

10 Christoph Gradmann, *Historische Belletristik. Populäre historische Biographien in der Weimarer Republik* (Historische Studien, 10), Frankfurt am Main/New York 1993, 11. Historische Romane hatten in der Weimarer Zeit – ebenfalls von der Suche nach Orientierungspunkten in einer glorreicheren Vergangenheit, aber auch vom verbreiteten Unmut über den Versailler Vertrag bestimmt – vor allem weiter zurückliegende Geschichtsepisoden zum Thema, widmeten sich aber neben dem Weltkrieg als wichtigem Sujet auch der Wilhelminischen Epoche, wie etwa Heinrich Manns „Untertan" (Heinrich Mann, *Der Untertan*, Leipzig 1918) oder Karl Jakob Hirschs „Kaiserwetter" (Karl Jakob Hirsch, *Kaiserwetter*, Berlin 1931), wo-

Literarisierung und Psychologisierung zutreffender darzustellen, als die Fachwissenschaft es könne"[11], die ‚zünftigen' Historiker zu Feinden machte[12], vorrangig den Lebensgeschichten historischer Persönlichkeiten und brachte so eine große Menge auch an kritischen Betrachtungen über den letzten deutschen Kaiser hervor, von denen Emil Ludwigs „Biographie" von 1926 wohl die größte Aufmerk-

bei vor allem die gesellschaftlichen Verhältnisse und immer wieder auch Persönlichkeit und Charakter Kaiser Wilhelms II. als Spiegel seiner Zeit kritisch beleuchtet wurden. Anders als etwa die Historische Belletristik erhoben diese literarischen Werke jedoch nicht den Anspruch auf tatsachengetreue Schilderung der Vergangenheit und stellten auch insofern allenfalls einen indirekten Beitrag zu den Geschichtsdiskursen ihrer Zeit dar, als sie in ihren konkreten Aussagen interpretationsbedürftig und -abhängig sind. Vgl. Gisela Brude-Firnau, *Die literarische Deutung Kaiser Wilhelms II. zwischen 1889 und 1989* (Beiträge zur neueren Literaturgeschichte, Dritte Folge, 148), Heidelberg 1997, bes. 89ff., 104ff. und 125–142; Thorsten Bartz, *‚Allgegenwärtige Fronten' – Sozialistische und linke Kriegsromane in der Weimarer Republik 1918–1933. Motive, Funktionen und Positionen im Vergleich mit nationalistischen Romanen und Aufzeichnungen im Kontext einer kriegsliterarischen Debatte* (Europäische Hochschulschriften, I/1623), Frankfurt am Main u. a. 1997, passim; Walter Schiffels, Formen historischen Erzählens in den zwanziger Jahren, in: Wolfgang Rothe (Hg.), *Die deutsche Literatur in der Weimarer Republik*, Stuttgart 1974, 195–211, hier 200–205; Thomas Lorenz, *„Die Weltgeschichte ist das Weltgericht!" Der Versailler Vertrag in Diskurs und Zeitgeist der Weimarer Republik* (Campus Forschung, 914), Frankfurt am Main/New York 2008, 194ff. und 352ff.; zu einzelnen Werken auch Stephen A. Grollman, *Heinrich Mann. Narratives of Wilhelmine Germany, 1895–1925* (Studies on Themes and Motifs in Literature, 64), New York u. a. 2002, passim; Reinhard Alter, *Die bereinigte Moderne. Heinrich Manns ‚Untertan' und politische Publizistik in der Kontinuität der deutschen Geschichte zwischen Kaiserreich und Drittem Reich* (Studien und Texte zur Sozialgeschichte der Literatur, 49), Tübingen 1995, passim; ders., Heinrich Manns *Untertan* – Prüfstein für die ‚Kaiserreich-Debatte'?, in: *Geschichte und Gesellschaft 17/1991*, 370–389; Peter Sprengel, Vorschau im Rückblick – Epochenbewußtsein um 1918, dargestellt an der verzögerten Rezeption von Heinrich Manns *Der Untertan*, Sternheims *1913*, Hesses *Damian* und anderen Nachzüglern aus dem Kaiserreich in der Frühphase der Weimarer Republik, in: Michael Klein / Sieglinde Klettenhammer / Elfriede Pöder (Hgg.), *Literatur der Weimarer Republik. Kontinuität – Brüche* (Innsbrucker Beiträge zur Kulturwissenschaft, Germanistische Reihe, 64), Innsbruck 2002, 29–44, hier 33f.; Helmut F. Pfanner, Die ‚Provinzliteratur' der zwanziger Jahre, in: Wolfgang Rothe (Hg.), *Die deutsche Literatur in der Weimarer Republik*, Stuttgart 1974, 237–254, hier 245f.

11 Bettina Hey'l, Der historische Roman, in: Wilhelm Haefs (Hg.), *Nationalsozialismus und Exil 1933–1945* (Hansers Sozialgeschichte der deutschen Literatur vom 16. Jahrhundert bis zur Gegenwart, 9), München/Wien 2009, 310–335, hier 327.

12 Eingehend dazu Eberhard Kolb, „Die Historiker sind ernstlich böse". Der Streit um die „Historische Belletristik" in Weimar-Deutschland, in: ders., *Umbrüche deutscher Geschichte: 1866/71–1918/19–1929/33. Ausgewählte Aufsätze*, hg. v. Dieter Langewiesche / Klaus Schönhoven, München 1993, 311–329 (zuerst 1992). Vgl. Gradmann, *Historische Belletristik*, 9ff. und 81ff.; Hardtwig, Die Krise des Geschichtsbewußtseins, 51f.; Schiffels, Formen historischen Erzählens, 198; Hans-Jürgen Perrey, Der „Fall Emil Ludwig" – Ein Bericht über eine historiographische Kontroverse der ausgehenden Weimarer Republik, in: *Geschichte in Wissenschaft und Unterricht 43/1992*, 169–181, hier 173; Ulrich Kittstein, *„Mit Geschichte will man etwas". Historisches Erzählen in der Weimarer Republik und im Exil (1918–1945)*, Würzburg 2006, 124ff.

samkeit auf sich zog.[13] Ludwig wollte dabei dezidiert „nicht eine Geschichte der wilhelminischen Epoche" schreiben, sondern deren Untergang mit der Persönlichkeit des Herrschers erklären[14], dem er „in kruder Charaktertypik" aus der körperlichen Behinderung herrührende Persönlichkeitsdefizite bescheinigte, die, in ihrer Wirkung noch verstärkt durch die angebliche Unterwürfigkeit der kaiserlichen Entourage wie des ganzen Volkes, den Monarchen letztlich dazu gebracht hätten, den Krieg herbeizuführen.[15] Methodisch äußerst fragwürdig[16], wurden Ludwigs Darlegungen indessen qualitativ noch unterboten durch die meist von Wilhelm II. im Exil in Auftrag gegebenen und auch überwachten Apologien seiner Person, die solche und andere Vorwürfe entkräften sollten.[17]

Waren nun die Bemühungen der Historischen Belletristik von dem Wunsch geleitet, die neuen republikanischen Verhältnisse stabilisieren zu helfen[18], so stand für die politisch interessierte Öffentlichkeit das Bestreben im Vordergrund, die Nichtigkeit des im Versailler Vertrag aufgestellten Postulats der alleinigen Kriegsschuld des Deutschen Reichs zu belegen.[19] Die Publizistik aller Lager konzentrierte sich dabei vor allem auf die Julikrise von 1914[20] und suchte darüber hinaus auch nach Erklärungen für die deutsche Niederlage.[21] Sofern die Vorgeschichte des Weltkriegs im weiteren Sinne thematisiert wurde, verwies die eher rechtsgerichtete Presse auf „die schon bekannte Trias aus englischem Handelsneid mit Einkreisung, französischem Revanchegeist und russischem Panslawismus" seit etwa 1904 als Ursachenbündel[22] und charakterisierte die Entlassung Bismarcks mit Blick auf den außenpolitischen Kurs des Reichs als Anfang vom En-

---

13   Emil Ludwig, *Wilhelm der Zweite*, Berlin 1928. Vgl. Brude-Firnau, *Die literarische Deutung Kaiser Wilhelms II.*, 70 und 110; Hardtwig, Die Krise des Geschichtsbewußtseins, 51; Perrey, Der „Fall Emil Ludwig", 169f.; sowie Gerwarth, *Der Bismarck-Mythos*, 69, mit Hinweis auf weitere einschlägige Werke.
14   Gradmann, *Historische Belletristik*, 47.
15   Ebd., 48f. (das Zitat 48); vgl. Perrey, Der „Fall Emil Ludwig", 178.
16   Mit den ihm zur Verfügung stehenden gedruckten Quellen ging Ludwig allzu sorglos und undifferenziert um und war so alles in allem „im eigentlichen Sinne Psychograph, weniger Biograph und schon gar nicht Geschichtsschreiber" (Perrey, Der „Fall Emil Ludwig", 175 [Zitat] und 177; vgl. Gradmann, *Historische Belletristik*, 47; Kittstein, *„Mit Geschichte will man etwas"*, 124ff.).
17   Vgl. John C. G. Röhl, *Wilhelm II. [Bd. 3:] Der Weg in den Abgrund 1900–1941*, München 2008, 1273ff.
18   Gradmann, *Historische Belletristik*, 11 und 83.
19   Gerhard Hirschfeld, Kriegserlebnis, Mentalität und Erinnerung. Der Erste Weltkrieg in der deutschen und internationalen Geschichtsschreibung, in: Petra Ernst / Sabine A. Haring / Werner Suppanz (Hgg.), *Aggression und Katharsis. Der Erste Weltkrieg im Diskurs der Moderne* (Studien zur Moderne, 20), Wien 2004, 367–386, hier 368f.; zusammenfassend Edgar Wolfrum, *Geschichte als Waffe. Vom Kaiserreich bis zur Wiedervereinigung*, Göttingen 2001, 26–31.
20   Michael Dreyer / Oliver Lembcke, *Die deutsche Diskussion um die Kriegsschuldfrage 1918/19* (Beiträge zur Politischen Wissenschaft, 70), Berlin 1993, passim.
21   Wolfgang Schivelbusch, *Die Kultur der Niederlage. Der amerikanische Süden 1865, Frankreich 1871, Deutschland 1918*, Berlin 2001, 242ff., 260ff. und 274.
22   Dreyer/Lembcke, *Die deutsche Diskussion*, 107 (Zitat) und 197.

de[23], während von eher linker Seite der preußisch-deutsche „Militarismus" als Kriegsgrund ins Feld geführt wurde.[24] Einig waren sich die Lager hingegen in ihrer Einschätzung des „Wilhelminische[n] System[s] (…) als monströse[n] Irrweg in den krassesten Materialismus, den schlechtesten Geschmack, den leersten Pomp, die hohlste Phrase", der nur in den Untergang habe führen können.[25] In den Schatten gestellt wurden diese Diskussionen unterdessen durch die offizielle „Kampagne gegen die ‚Schuldlüge'", die das eigens dafür eingerichtete, weitgehend selbständig agierende „Kriegsschuldreferat" des Auswärtigen Amts – bei nur geringer Beteiligung von Fachhistorikern[26] – über die von ihm ins Leben gerufene „Zentralstelle für die Erforschung der Kriegsursachen" und den „Arbeitsausschuß deutscher Verbände" betrieb und überwachte.[27] Neben einschlägigen, jedoch keineswegs in unwissenschaftlicher Weise manipulierten Aktenpublikationen[28] kamen so zahlreiche Gutachten und – vor allem in der hauseigenen Zeitschrift „Die Kriegsschuldfrage" – Aufsätze zur Veröffentlichung, die dem Kaiserreich jegli-

---

23 Gerwarth, *Der Bismarck-Mythos*, 68f.

24 Dreyer/Lembcke, *Die deutsche Diskussion*, 195; Schivelbusch, *Die Kultur der Niederlage*, 275.

25 Schivelbusch, *Die Kultur der Niederlage*, 251–253 und 275 (das Zitat 251f.)

26 Vgl. Ulrich Heinemann, *Die verdrängte Niederlage. Politische Öffentlichkeit und Kriegsschuldfrage in der Weimarer Republik* (Kritische Studien zur Geschichtswissenschaft, 59), Göttingen 1983, 106.

27 Wolfgang Jäger, *Historische Forschung und politische Kultur in Deutschland. Die Debatte 1914–1980 über den Ausbruch des Ersten Weltkrieges* (Kritische Studien zur Geschichtswissenschaft, 61), Göttingen 1984, 44ff. und 60–62 (Zitate); Helmut Fries, *Die große Katharsis. Der Erste Weltkrieg in der Sicht deutscher Dichter und Gelehrter. Band 1: Die Kriegsbegeisterung von 1914. Ursprünge – Denkweisen – Auflösung*, Konstanz 1994, 142–144; Hirschfeld, Kriegserlebnis, 368f.; Holger H. Herwig, Clio Deceived. Patriotic Self-Censorship in Germany after the Great War, in: Keith Wilson (Hg.), *Forging the Collective Memory. Government and International Historians Through Two World Wars*, Providence/Oxford 1996, 87–127, hier passim.

28 So etwa Max Montgelas / Walter Schücking (Hgg.), *Die deutschen Dokumente zum Kriegsausbruch. Vollständige Sammlung der von Karl Kautsky zusammengestellten amtlichen Aktenstücke mit einigen Ergänzungen*, hg. im Auftrage des Auswärtigen Amtes nach gemeinsamer Durchsicht mit Karl Kautsky, 4 Bde., Charlottenburg 1919 (erstmals erschienen noch vor dem Versailler Vertrag), oder Johannes Lepsius / Albrecht Mendelssohn-Bartholdy / Friedrich Thimme (Hgg.), *Die Große Politik der Europäischen Kabinette 1871–1914. Sammlung der Diplomatischen Akten des Auswärtigen Amtes*, hg. im Auftrage des Auswärtigen Amtes, 40 Bde., Berlin 1922–27. Vgl. zum letztgenannten Werk Hans-Christof Kraus, Friedrich Thimme. Ein Historiker und Akteneditor im „Krieg der Dokumente" 1920–1937, in: Tobias Hirschmüller / Markus Raasch (Hgg.), *Von Freiheit, Solidarität und Subsidiarität – Staat und Gesellschaft der Moderne in Theorie und Praxis. Festschrift für Karsten Ruppert zum 65. Geburtstag* (Beiträge zur Politischen Wissenschaft, 175), Berlin 2013, 281–300; Ernst Schulin, Weltkriegserfahrung und Historikerreaktion, in: Wolfgang Küttler / Jörn Rüsen / Ernst Schulin (i. Verb. mit Gangolf Hübinger / Jürgen Osterhammel / Lutz Raphael) (Hgg.), *Geschichtsdiskurs. Band 4: Krisenbewußtsein, Katastrophenerfahrungen und Innovationen 1880–1945*, Frankfurt am Main 1997, 165–188, hier 173. Undifferenziert und einseitig in ihrem Negativurteil sind dagegen Jäger, *Historische Forschung*, 26f. und 50ff.; Heinemann, *Die verdrängte Niederlage*, 74ff. und 78ff.; Dreyer/Lembcke, *Die deutsche Diskussion*, 201ff.

chen Kriegswillen absprachen, seine Außenpolitik für friedliebend und defensiv sowie seine Rüstungsanstrengungen für marginal erklärten, während den Gegnern die bewusste Verursachung des Weltkriegs aus ökonomischem Neid und territorialen Begehrlichkeiten zur Last gelegt wurde; allenfalls habe die deutsche Politik insofern „Schuld" auf sich geladen, als sie nach 1890 von Prinzipienlosigkeit und Zögerlichkeit geprägt gewesen sei.[29] Ebenfalls zurückgewiesen wurde dabei die Vorstellung von einer durch und durch militarisierten Gesellschaft im Vorkriegsdeutschland.[30] Diese Verlautbarungen ernteten kaum Widerspruch von der (eher) linken politischen Seite[31], zumal man sich parteiübergreifend hinweg einig war, dass die Schuldzuweisung von Versailles revidiert werden müsse.[32] Nicht in allen Fällen ließ sich allerdings die Publikation unerwünschter Ergebnisse vom Auswärtigen Amt unterstützter Forschung vermeiden, wobei Einzelstimmen der Reichsregierung (in den Jahren unmittelbar vor 1914) Unfähigkeit und Fahrlässigkeit in der Außenpolitik, besonders im Hinblick auf die Marine- und die Kolonialpolitik vorwarfen und schließlich die ökonomischen Interessen der Industrie, die gesellschaftlichen „Machteliten" und den angeblich autokratisch regierenden Kaiser selbst für den Ausbruch des Weltkriegs verantwortlich machten.[33]

Die Geschichtswissenschaft beteiligte sich nach 1918 ebenfalls an der Suche nach übergreifenden Erklärungsmodellen für die Vergangenheit und richtete den Blick überdies auf Schlüsselereignisse der jüngeren und jüngsten deutschen Geschichte (Befreiungskriege, Revolution von 1848/49, Reichsgründung, Revolution von 1918/19), um längerfristige Entwicklungslinien aufzuzeigen.[34] Daneben nahmen sich aber auch die ‚zünftigen' Historiker über alle politischen Grenzen hinweg auf breiter Front der Widerlegung der alliierten Alleinschuldthese an.[35] Dabei richteten sie, gemäß der nach wie vor unter ihnen dominierenden historistischen

---

29   Jäger, *Historische Forschung*, 44f. und 54–58; Heinemann, *Die verdrängte Niederlage*, 100f.

30   „Die ‚gesellschaftliche Vorzugsstellung' des Militärs deute keineswegs auf eine Militarisierung Deutschlands hin, sie erkläre sich vielmehr aus der Geschichte und dem Charakter des deutschen Volkes, das einen besonderen ‚Sinn für Über- und Unterordnung' besitze." (Jäger, *Historische Forschung*, 57).

31   Heinemann, *Die verdrängte Niederlage*, 102.

32   Jäger, *Historische Forschung*, 44.

33   Ebd., 36–39 und 42; Heinemann, *Die verdrängte Niederlage*, 77 und 83; vgl. auch Hans Schleier, *Die bürgerliche deutsche Geschichtsschreibung der Weimarer Republik. I. Strömungen – Konzeptionen – Institutionen; II. Die linksliberalen Historiker* (Schriften des Zentralinstituts für Geschichte der Akademie der Wissenschaften der DDR, 40), Berlin 1975, 210.

34   Bernd Faulenbach, *Ideologie des deutschen Weges. Die deutsche Geschichte in der Historiographie zwischen Kaiserreich und Nationalsozialismus*, München 1980, passim; ders., Deutsche Geschichtswissenschaft zwischen Kaiserreich und NS-Diktatur, in: ders. (Hg.), *Geschichtswissenschaft in Deutschland. Traditionelle Positionen und gegenwärtige Aufgaben*, München 1974, 66–85, hier 75ff.; Châtellier, Deutsche Geschichtsschreibung, 301 (vgl. ebd., 305); Hardtwig, Die Krise des Geschichtsbewußtseins, 53 und 61f.; vgl. Gerwarth, *Der Bismarck-Mythos*, 66.

35   Jäger, *Historische Forschung*, 69f.; Faulenbach, Deutsche Geschichtswissenschaft, 70; Hirschfeld, Kriegserlebnis, 368f.; vgl. auch Schleier, *Die bürgerliche deutsche Geschichtsschreibung*, 207f.

Orientierung, den Blick vor allem auf die Außenpolitik und das Spiel der Mächte und hinterfragten mehr und mehr auch die Aufgabenerfüllung der maßgeblichen deutschen Staatsmänner und Diplomaten in der Vorkriegszeit, nicht zuletzt, um sich von der weithin als fachfremd und in diesem Sinne unwissenschaftlich erachteten Frage nach „Schuld" oder „Unschuld" zu lösen.[36] Mit Blick auf die Frage nach den Gründen für den Zusammenbruch wurden schließlich zunehmend auch die Verfassung, die Innenpolitik und die gesellschaftlichen Verhältnisse der Wilhelminischen Zeit thematisiert.[37] Dabei war man sich über die weltanschaulichen Lager[38] hinweg – analog zur politischen und amtlichen Publizistik – einig über die Friedensliebe des Reichs und die bösen Absichten der Nachbarn, ohne mit Kritik an der nach 1890 angeblich inkonsistenten, kurzsichtigen, von unfähigem Personal (einschließlich des Kaisers selbst) betriebenen deutschen Außenpolitik zu sparen[39], „die das Kaiserreich zusehends isoliert habe; dadurch sei es den Ententestaaten ermöglicht worden, Deutschland einen Krieg aufzuzwingen und es zu besiegen."[40] Besonders die Aufgabe der Bismarckschen Bündnispolitik wurde als fatal gewertet, wobei die Meinungen darüber auseinandergingen, ob man mit Großbritannien oder mit Russland den notwendigen Bündnispartner vergrault habe. Während im rechten Lager der Blick zunehmend auf die kriegslüsternen Gegner gerichtet und das Reich als friedliebend (fast) völlig exkulpiert wurde, beharrte eine linksorientierte Minorität auf deutscher Mitverantwortung oder gar Kriegsschuld, sei es aus Fahrlässigkeit oder gar aus Vorsatz.[41] Zugleich suchte diese nach tieferliegenden Ursachen hierfür und fand sie im angeblich verfehlten politischen und gesellschaftlichen System der Wilhelminischen Zeit, in dem die untereinander in Konkurrenz stehenden, reformunfähigen „Machteliten" die Außenpolitik für je eigene Interessen, nicht zuletzt gegen demokratisierende Tendenzen im Innern zu instrumentalisieren gesucht hätten.[42] Die konservativ-liberale Mehrheit übte allenfalls indirekt Systemkritik, indem sie den Nachfolgern Bismarcks die Fähigkeit absprach, das vom Reichsgründer gestaltete Verfassungsgebäude zu handhaben, was eine Desintegration der Entscheidungsträger zur Folge gehabt

---

36 Châtellier, Deutsche Geschichtsschreibung, 293–296 und 299; Jäger, *Historische Forschung*, 69 und 77; Faulenbach, Deutsche Geschichtswissenschaft, 79ff.; vgl. auch Schleier, *Die bürgerliche deutsche Geschichtsschreibung*, 209.

37 Faulenbach, *Ideologie des deutschen Weges*, 213.

38 Da es an dieser Stelle lediglich um eine summarische Wiedergabe der von der Forschung identifizierten, in die Diskussion eingebrachten Positionen und nicht um deren exakte Zuordnung zu einer politischen Grundhaltung (die auch die hier zitierte Literatur nicht durchweg leistet) gehen kann und soll, wird in der folgenden Darstellung vereinfacht, ohne jedoch signifikante Unterschiede zu nivellieren.

39 Heinemann, *Die verdrängte Niederlage*, 106 und 108; Faulenbach, Deutsche Geschichtswissenschaft, 73; Gerwarth, *Der Bismarck-Mythos*, 66; vgl. Schleier, *Die bürgerliche deutsche Geschichtsschreibung*, 207 und 211.

40 Jäger, *Historische Forschung*, 69 (Zitat); vgl. ebd., 76–78, 94f. und 98.

41 Ebd., 78–83, 88f., 92f., 96, 98–100 und 102; vgl. Schleier, *Die bürgerliche deutsche Geschichtsschreibung*, 206, 208 und 211f.

42 Jäger, *Historische Forschung*, 89–92, 95, 98f. und 102–104; vgl. Faulenbach, *Ideologie des deutschen Weges*, 224 und 244.

habe. Diese wiederum habe, ebenso wie eine im Festhalten an starren Schichten-
grenzen bei gleichzeitigem Wandel durch die ökonomische Entwicklung wurzelnden Auflösung der Gesellschaft, die Führung bzw. Stützung einer einheitlichen
Außenpolitik unmöglich gemacht – womit man in den Eckpunkten dann doch so
weit nicht von seinem weltanschaulichen Widerpart entfernt war.[43] Einig waren
sich alle Seiten in der Geschichtswissenschaft unterdessen darüber, dass der Einfluss des Militärs auf die Politik im wilhelminischen Staat zu groß gewesen sei.[44]
Die konservativ-liberale Mehrheit stellte schließlich mit Blick auf den Zusammenbruch einen breit gelagerten moralischen Verfall und Werteverlust in der wilhelminischen Gesellschaft sowie ebenfalls eine Tendenz zur Demokratisierung
bzw. Parlamentarisierung fest und machte für beides die staatlicherseits künstlich
beschleunigte Industrialisierung sowie die Unfähigkeit von Regierung und Partei-
en verantwortlich, den „Fehlentwicklungen" gegenzusteuern.[45]

Nach 1933 wurden auf allen Ebenen zumeist die überkommenen Themen und
Positionen fortgeschrieben, sei es aufgrund mangelnden Interesses seitens des NS-
Regimes, sei es aufgrund von Ermüdungserscheinungen in der Öffentlichkeit wie
unter den aktiven Gestaltern der Debatten nach jahrelangen, letztlich fruchtlosen
Diskussionen. Konservative bzw. völkische Intellektuelle widmeten sich nach wie
vor der germanischen Antike mit Blick auf das „Raumproblem"[46], während die
linksorientierte Belletristik verstummte[47], dafür allerdings nun „Angriffe auf das

---

43 Faulenbach, *Ideologie des deutschen Weges*, 240–245.
44 Jäger, *Historische Forschung*, 90 und 95; Faulenbach, *Ideologie des deutschen Weges*, 241f.
45 Faulenbach, *Ideologie des deutschen Weges*, 92–96 und 246f.; ders., Deutsche Geschichts-
    wissenschaft zwischen Kaiserreich und NS-Diktatur, 74; Jäger, *Historische Forschung*, 79.
46 Berding, Völkische Erinnerungskultur.
47 Im historischen Roman der Jahre bis 1939 spielte die Wilhelminische Zeit keine Rolle mehr,
    vielmehr standen nun bedeutende Figuren wie Karl der Große, Luther, Napoleon und auch
    Bismarck im Vordergrund, außerdem in Korrespondenz zur NS-Ideologie Themen von Volk
    und Führer, Krieg, Rasse usw., wofür nicht zuletzt die offiziellen Buchempfehlungen sorgten.
    In der Exilliteratur sah es – mutatis mutandis – nicht anders aus; auch hier dominierte das In-
    teresse an Episoden aus weiter zurückliegenden Geschichtsepochen. Vgl. Helmut Vallery,
    Führer, Volk und Charisma. Der nationalsozialistische historische Roman (Pahl-Rugenstein
    Hochschulschriften, Gesellschafts- und Naturwissenschaften, Serie Literatur und Geschichte,
    55), Köln 1980, passim; Bettina Hey'l, *Geschichtsdenken und literarische Moderne. Zum his-
    torischen Roman in der Zeit der Weimarer Republik* (Studien zur deutschen Literatur, 133),
    Tübingen 1994, passim; dies., Der historische Roman; Eva Horn, Literatur und Krieg, in:
    Wilhelm Haefs (Hg.), *Nationalsozialismus und Exil 1933–1945* (Hansers Sozialgeschichte
    der deutschen Literatur vom 16. Jahrhundert bis zur Gegenwart, 9), München/Wien 2009,
    287–311; Günter Wirth, Literarische Geschichtsdeutung im Umfeld der „Inneren Emigration"
    (Werner Bergengruen, Reinhold Schneider, Jochen Klepper), in: Matthias Flotow / Frank-
    Lothar Kroll (Hgg.), *Vergangenheit vergegenwärtigen. Der historische Roman im 20. Jahr-
    hundert* (Texte aus der Evangelischen Akademie Meißen), Leipzig 1998, 31–50; Karl-Heinz
    Joachim Schoeps, *Deutsche Literatur zwischen den Weltkriegen III. Literatur im Dritten
    Reich* (Germanistische Lehrbuchsammlung, 43), Bern u. a. 1992; Frithjof Trapp, *Deutsche Li-
    teratur zwischen den Weltkriegen II. Literatur im Exil* (Germanistische Lehrbuchsammlung,
    42), Bern u. a. 1983, passim; Hinrich Siefken, Geschichte als Ausweg? Über den Aspekt der
    Historie in Werken deutscher Exilautoren (Thomas Mann, Heinrich Mann, Lion Feuchtwan-
    ger, Alfred Döblin), in: Matthias Flotow / Frank-Lothar Kroll (Hgg.), *Vergangenheit verge-*

Persönliche Regiment Wilhelms II., die von militärischer und alldeutscher Seite geführt wurden", die Oberhand gewannen.[48] Das Kriegsschuldreferat des Auswärtigen Amts führte seine Linie bis 1937 fort, wobei man sich jedoch zunehmend auf Zusammenfassungen früherer „Forschungsergebnisse" beschränkte, und stellte seine Arbeit schließlich aufgrund der über eine bloße Revision des Versailler Vertrags hinausgehenden Ziele des Regimes ein, das sich mehr für den Weltkrieg selbst – als vorbildhaftes Ereignis – interessierte.[49] Die NS-Größen konzentrierten sich auf Themen in völkischer Tradition und instrumentalisierten bevorzugt die Person Bismarcks für ihre Zwecke, dessen Wirken schon vor 1933 auch der NSDAP als Vorbild für die angestrebte Erneuerung gedient hatte[50]; allenfalls vereinzelt nahm man Bezug auf die Wilhelminische Zeit, etwa wenn Hitler die Ziellosigkeit der damaligen Außenpolitik brandmarkte oder Darré eine Vernachlässigung des Reiches selbst zugunsten der Weltpolitik beklagte.[51] Der Übergang der mehrheitlich konservativ geprägten Geschichtswissenschaft schließlich erfolgte aufgrund mannigfacher Übereinstimmungen mit der Sicht des Regimes reibungslos[52], wobei das Thema der wilhelminischen Außen- und Bündnispolitik mit dem Obsoletwerden der Kriegsschuldfrage rasch erledigt war – die bereits bekannten Positionen wurden nahezu unverändert wiederholt, allenfalls ergänzt durch Sprachkosmetik und eine oberflächliche Einbeziehung der „Rassenfrage" –, der Blick auch hier noch mehr als zuvor auf den Weltkrieg selbst gerichtet wurde.[53]

Soweit also der Stand der Forschung, dem zufolge die Wilhelminische Epoche in den Geschichtsdebatten der Zeit zwischen 1918 und 1939 mithin eine deutlich nachgeordnete Rolle spielte; längst nicht alle Facetten menschlichen Denkens und Handelns wurden demnach thematisiert – von einem Gesamtentwurf ganz zu schweigen –, ja sogar der alles dominierende und weitergehende Betrachtungen erst inspirierende Bereich der Außenpolitik, so scheint es, wurde nicht selten auf die unmittelbare Vorkriegszeit reduziert – ganz im Sinne der aktuellen politischen Interessen, die nach 1918 meistenteils hinter der (öffentlichen) Beschäftigung mit Geschichte überhaupt standen. Fast völlig vernachlässigt worden sind unterdessen die Diskussionen, die sich auf der Ebene der Autobiographien und Memoiren abspielten und dabei ebenfalls in mannigfachen Wechselbeziehungen zu den übrigen Bereichen historischer Debatten standen. Unmittelbar nach dem Zusammenbruch und dem Untergang des Kaiserreichs setzte hier eine lang anhaltende Publikationswelle ein, die vor dem Hintergrund des Bedürfnisses nach Deutung der Vergangenheit und Orientierung in der Gegenwart mit den Jahren eine enorme Menge

---

genwärtigen. Der historische Roman im 20. Jahrhundert (Texte aus der Evangelischen Akademie Meißen), Leipzig 1998, 51–76.

48 Röhl, *Wilhelm II.*, [III], 1276.

49 Jäger, *Historische Forschung*, 64–66.

50 Gerwarth, *Der Bismarck-Mythos*, 70.

51 Frank-Lothar Kroll, *Utopie als Ideologie. Geschichtsdenken und politisches Handeln im Dritten Reich*, Paderborn u. a. 1998, 81, 193, 298ff. und öfter.

52 Faulenbach, Deutsche Geschichtswissenschaft, 85.

53 Jäger, *Historische Forschung*, 45f. und 84–87.

an Lebenserinnerungen in die Öffentlichkeit brachte.[54] Zwar finden sich in der
Literatur vereinzelt Hinweise etwa auf Erinnerungswerke führender deutscher
Politiker oder Militärs, die über dieses Medium in die Diskussionen nicht nur um
den Kriegsverlauf selbst, sondern auch um die Vorgeschichte und die „Kriegsschuld" eingriffen, dabei die Thesen der rechtsgerichteten Publizistik zur deutschen Außenpolitik aufgriffen und ihrerseits wiederum „eine Flut von Veröffentlichungen" auslösten.[55] Tangiert ist damit aber nur ein verschwindend geringer
Teil der zwischen den Weltkriegen entstandenen, aus nahezu allen Kreisen der
Gesellschaft[56] herrührenden Erinnerungen an die untergegangene Zeit von 1890
bis 1914, die sich überdies durch eine ungleich größere thematische Vielfalt aus-
zeichnen.[57]

Diese Vielfalt der Aussagen transparent zu machen, ihren Kerngehalt heraus-
zuarbeiten, in den zeitgenössischen Diskussionsrahmen einzuordnen und in seiner
Bedeutung kritisch zu bewerten, ist eine Zielsetzung der vorliegenden Arbeit, die
damit einerseits einem Forschungsdesiderat grundlegend abhelfen, andererseits
jedoch auch die Voraussetzungen für einschlägige Detailstudien ebenso wie für
die Entwicklung weiterführender Ansätze schaffen möchte.

2. Epochen in der Erinnerung ihrer Zeitgenossen

Der zweite Ansatzpunkt der Untersuchung lässt sich knapper begründen: Dass die
historische Periodisierung, also die geschichtswissenschaftliche Epochenbildung
zur Handhabung der Gesamtheit von „Geschichte" unabdingbar, gleichwohl aber
mit mannigfachen Problemen behaftet ist, braucht hier nicht diskutiert zu wer-

---

54 Erhard Schütz, Autobiographien und Reiseliteratur, in: Bernhard Weyergraf (Hg.), *Literatur
    der Weimarer Republik 1918–1933* (Hansers Sozialgeschichte der deutschen Literatur vom
    16. Jahrhundert bis zur Gegenwart, 8), München/Wien 1995, 549–600 und 724–733, hier
    549–552; Peter Stadler, *Memoiren der Neuzeit. Betrachtungen zur erinnerten Geschichte*, Zü-
    rich 1995, 51; Dreyer/Lembcke, *Die deutsche Diskussion*, 103; Marcus Funck / Stephan Ma-
    linowski, Geschichte von oben. Autobiographien als Quelle einer Sozial- und Kulturgeschich-
    te des deutschen Adels in Kaiserreich und Weimarer Republik, in: *Historische Anthropologie.
    Kultur – Gesellschaft – Alltag 7/1999*, 236–270, hier 240 und 261. Vgl. zum Aufarbeitungs-
    anspruch auch Peter Sloterdijk, *Literatur und Lebenserfahrung. Autobiographien der Zwanzi-
    ger Jahre* (Literatur als Kunst), München/Wien 1978, 63f.
55 Dreyer/Lembcke, *Die deutsche Diskussion*, 107, 189f. und 197 (das Zitat 190); vgl. etwa
    Markus Pöhlmann, „Daß sich ein Sargdeckel über mir schlösse." Typen und Funktionen von
    Weltkriegserinnerungen militärischer Entscheidungsträger, in: Jost Dülffer / Gerd Krumeich
    (Hgg.), *Der verlorene Frieden. Politik und Kriegskultur nach 1918* (Schriften der Bibliothek
    für Zeitgeschichte, N. F. 15), Essen 2002, 149–170, hier 155, 159f. und öfter. Vorarbeiten für
    die vorliegende Untersuchung sind dabei freilich nicht vorhanden, die konkrete Forschungs-
    lage im Sinne dieser Studie ist desolat; vgl. unten, Kap. III. 1. und 2. zu den Fragestellungen
    und zur Forschung im Speziellen.
56 Vgl. Schütz, Autobiographien, 552f.
57 So bereits ebd., 557f.

den.[58] Zwangsläufig sind die Maßstäbe sowohl für die Abgrenzung als auch für die Festlegung der „inhaltlichen Bestimmungsmerkmale" von Epochen umstritten[59], wobei in der Vergangenheit die Frage der Merkmalsbildung zugunsten theoretischer Reflexionen über die Frage der Grenzziehung stark vernachlässigt worden ist.[60] Bis um die Mitte des 20. Jahrhunderts war die Forschung noch der Auffassung, dass die Abgrenzung einer Epoche zugleich deren Inhalt im Sinne „eine[r] umfassende[n] Synthese" auf den Punkt bringe[61] und es ausreiche, „eine Epoche aufgrund eines bestimmenden Hauptzugs zu begreifen"[62] bzw. „ein Geschehnis oder mehr noch eine Persönlichkeit als Typus für ihre Zeit" zum Paten für die Benennung eben dieses Geschichtsabschnitts zu machen[63] – wobei die Bezeichnung „Wilhelminische Zeit" wohl als ein Paradebeispiel hierfür gelten kann. Unbestritten ist nach wie vor, dass jeder Zäsursetzung zugleich eine Interpretation der so voneinander geschiedenen Zeiträume zugrunde liegt[64], doch ist mittlerweile zu Recht festgestellt worden, dass Epochen damit noch längst nicht „inhaltlich [zu] bestimmen" sind[65] und auch die Verwendung von „Wesensbezeichnungen" nicht zwangsläufig ausreicht, ihr „Wesen" tatsächlich in allen Facetten zu erfassen bzw. widerzuspiegeln.[66] In jüngster Zeit wurde immerhin eine vielversprechende Systematisierung von Kriterien der geschichtswissenschaftlichen Epochenabgren-

---

58 S. hierzu statt vieler Reinhart Koselleck, Das achtzehnte Jahrhundert als Beginn der Neuzeit, in: Reinhart Herzog / Reinhart Koselleck (Hgg.), *Epochenschwelle und Epochenbewußtsein*, München 1987, 269–282, hier 270ff.

59 Klaus Schreiner, „Diversitas temporum". Zeiterfahrung und Epochengliederung im späten Mittelalter, in: Reinhart Herzog / Reinhart Koselleck (Hgg.), *Epochenschwelle und Epochenbewußtsein*, München 1987, 381–428, hier 383 (Zitat); vgl. Orvar Löfgren, Periodisierung als Forschungsproblem, in: Günter Wiegelmann (Hg.), *Wandel der Alltagskultur seit dem Mittelalter. Phasen – Epochen – Zäsuren* (Beiträge zur Volkskultur in Nordwestdeutschland, 55), Münster 1987, 91–101, hier 91.

60 Johan Hendrik Jacob van der Pot, *Sinndeutung und Periodisierung der Geschichte. Eine systematische Übersicht der Theorien und Auffassungen*, Leiden u. a. 1999, 69.

61 Georg von Below, *Über historische Periodisierungen. Mit einer Beigabe: Wesen und Ausbreitung der Romantik* (Einzelschriften zur Politik und Geschichte, 11), Berlin 1925, 9 (Zitat); vgl. ebd., 29; Hans Spangenberg, Die Perioden der Weltgeschichte, in: *Historische Zeitschrift 127/1923*, 1–49, hier 5.

62 Dietrich Gerhard, Zum Problem der Periodisierung der europäischen Geschichte, in: ders., *Alte und Neue Welt in vergleichender Geschichtsbetrachtung* (Veröffentlichungen des Max-Planck-Instituts für Geschichte, 10), Göttingen 1962, 40–56 (zuerst 1954), hier 41.

63 Erich Keyser, *Die Geschichtswissenschaft. Aufbau und Aufgaben*, München/Berlin 1931, 79.

64 Vgl. Heinz Dollinger, Historische Zeit, Rhythmus und Generation, in: ders. (Hg.), *Evolution – Zeit – Geschichte – Philosophie. Universitätsvorträge* (Schriftenreihe der Westfälischen Wilhelms-Universität Münster, 5), Münster 1982, 88–131, hier 105.

65 Koselleck, Das achtzehnte Jahrhundert, 269.

66 Stephan Skalweit, *Der Beginn der Neuzeit. Epochengrenze und Epochenbegriff* (Erträge der Forschung, 178), Darmstadt 1982, 1. Zum Wandel der geschichtswissenschaftlichen Periodisierung von „konventionellen Zeitbezeichnungen" hin zu „Wesensbezeichnungen" vgl. Ernst Walder, Zur Geschichte und Problematik des Epochenbegriffs „Neuzeit" und zum Problem der Periodisierung der europäischen Geschichte, in: ders. / Peter Gilg / Ulrich im Hof / Beatrix Mesmer (Hgg.), *Festgabe Hans von Greyerz zum sechzigsten Geburtstag. 5. April 1967*, Bern 1967, 21–47, hier 22f.

zung entwickelt, die zumindest teilweise von inhaltlichen Kennzeichen des zu gliedernden Zeitraums ausgeht und deren mögliche Ausprägungen theoretisch erfasst.[67]

Unterdessen hat sich die historische Forschung in diesem Zusammenhang auch damit beschäftigt, wie Menschen die von ihnen erlebte Zeit im Rückblick strukturieren, um ihre Erinnerungen zu ordnen und Sinneinheiten zu bilden. Dabei wurde herausgearbeitet, dass hier immer wieder bedeutende historische Zäsuren, die das Leben großer Gruppen oder ganzer Gesellschaften beeinflusst haben, als Gliederungskriterien herangezogen werden – so dass nicht selten geschichtswissenschaftliche und individuell-rückblickende Epochenabgrenzungen zusammentreffen[68]; ja es wurde sogar postuliert, Historiker müssten sich bei der Periodisierung auch an den Zäsurerfahrungen der Zeitgenossen orientieren.[69] Indessen liegt jedoch keinerlei Untersuchung vor, die die *Charakterisierung* (im Sinne der Merkmalszuweisung) eines von den „Mitlebenden"[70] als abgeschlossen definierten Geschichtsabschnitts durch eben diese Zeitgenossen zum Gegenstand hätte, wobei natürlich erst eine größere Anzahl von Fallbeispielen zu verschiedenen Epochen generalisierende Aussagen ermöglichen könnte. Dabei wäre im Rahmen einer jeden Fallstudie nicht nach der Anwendung abstrakter Kriterien bei der Merkmalszuweisung durch die Rückblickenden zu fragen, denen unterstellt werden darf, als Nicht-Historiker ohne wissenschaftliche Ambitionen (gegebenenfalls durch die Versetzung in die Rolle des Autobiographen) allenfalls unbewusst und keinesfalls konsequent etwa zwischen „Strukturen" und Ereignissen oder Han-

---

67 Friedrich Jaeger, Neuzeit als kulturelles Sinnkonzept, in: ders. / Burkhard Liebsch (Hgg.), *Handbuch der Kulturwissenschaften. Band 1: Grundlagen und Schlüsselbegriffe*, Stuttgart/ Weimar 2004, 506–531, bes. 508–519. Vgl. dazu unten, Kap. II. 3. mit weiteren Hinweisen zur Forschung. Nicht wahrgenommen wurden Jaegers Überlegungen von Schnicke, dessen jüngst vorgetragenes Diktum: „Was eine Epoche aber definiert, ist für die Geschichtswissenschaft (…) bislang noch nicht prinzipiell geklärt worden", so nicht mehr zutrifft (Falko Schnicke, Deutung vor der Deutung. Hermeneutische und geschlechtergeschichtliche Aspekte historiographischer Epochenbildung, in: *Berichte zur Wissenschaftsgeschichte 32,2/2009*, 159–175, hier 161).

68 Arnold Esch, Zeitalter und Menschenalter. Die Perspektiven historischer Periodisierung, in: ders., *Zeitalter und Menschenalter. Der Historiker und die Erfahrung vergangener Gegenwart*, München 1994, 9–38 und 227f., hier 22f.; vgl. bereits Hermann Heimpel, Der Mensch in seiner Gegenwart, in: ders., *Der Mensch in seiner Gegenwart. Sieben historische Essais*, Göttingen 1954, 9–41, hier 11f. und 14; außerdem Reinhart Koselleck, Erfahrungswandel und Methodenwechsel. Eine historisch-anthropologische Skizze, in: ders., *Zeitschichten. Studien zur Historik. Mit einem Beitrag von Hans-Georg Gadamer*, Frankfurt am Main 2003, 27–77, hier 36f.; Jörn Rüsen, *Zerbrechende Zeit. Über den Sinn der Geschichte*, Köln u. a. 2001, 331f.

69 František Graus, Epochenbewußtsein im Spätmittelalter und Probleme der Periodisierung, in: Reinhart Herzog / Reinhart Koselleck (Hgg.), *Epochenschwelle und Epochenbewußtsein*, München 1987, 153–166, hier 154; vgl. Schreiner, „Diversitas temporum", 384.

70 Hans Rothfels, Zeitgeschichte als Aufgabe, in: *Vierteljahrshefte für Zeitgeschichte 1,1/1953*, 1–8, hier 2.

delnden und „Handlungsobjekten" zu unterscheiden.[71] Vielmehr wäre das Haupt-
augenmerk auf Korrelationen zwischen der Themenauswahl sowie der Hervorhebung und Bewertung von Detailaspekten einerseits und den Personenmerkmalen
der Betrachter andererseits zu legen, um den bei der Epochencharakterisierung
wirksamen Einflussfaktoren auf den Grund gehen zu können[72], wobei nach Möglichkeit auch die Einbindung in etwaige soziale Gruppenzusammenhänge berücksichtigt werden müsste. Für die Aussagekraft einer jeden Untersuchung unabdingbar wäre schließlich eine solide Quellengrundlage, die die Sichtweisen breiter
gesellschaftlicher Kreise erfassbar machte.

Eine solche Fallstudie im Anschluss an die im vorangegangenen Kapitel begründete Zielsetzung zu erarbeiten und damit ein neues Forschungsfeld zu eröff-
nen, ist ein weiteres Anliegen dieser Studie, dem der Charakter von Autobiographien und Memoiren als „individuelle Geschichtsschreibung", die in der Regel
und gerade im 19. und 20. Jahrhundert Zäsuren deutlich benennt oder zumindest
erkennbar werden lässt[73] (was bereits auch speziell für einen Teil der Weimarer
Autobiographik festgestellt worden ist[74]), nur entgegenkommt, ebenso natürlich
wie die oben konstatierte starke Zunahme der Erinnerungsliteratur nach dem Zusammenbruch von 1918. Und auch die grundsätzliche Eignung des gewählten
Betrachtungszeitraums ist dabei zweifelsfrei gegeben: Zum einen wurde der Erste
Weltkrieg im Ganzen von der überwältigenden Mehrheit der Zeitgenossen nach

---

71 Vgl. Jaeger, Neuzeit als kulturelles Sinnkonzept, 511 und 515. Näheres dazu unten in Kap.
    II. 3.

72 Es erscheint fraglich, ob a priori davon ausgegangen werden kann, dass eine gemeinsam er-
    lebte bzw. durchlittene Zäsur die Sicht einer eben dadurch konstituierten „Generation" von
    Menschen auf die Vergangenheit vereinheitlicht, wie postuliert worden ist (Esch, Zeitalter
    und Menschenalter, 21–25; vgl. Heimpel, Der Mensch in seiner Gegenwart, 11f. und 14; so-
    wie auch Reinhart Koselleck, Zeitschichten, in: ders., *Zeitschichten. Studien zur Historik. Mit
    einem Beitrag von Hans-Georg Gadamer*, Frankfurt am Main 2003, 19–26, hier 20f. und 24).
    Sicherlich „kann kein Zweifel darüber bestehen, daß das Bewußtsein aller Zeitgenossen [et-
    wa] der Weltkriege von diesen geprägt worden ist", doch ist das Ausmaß dieser Prägung und
    damit der Auswirkungen auf das Geschichtsbewusstsein von einer Vielzahl individueller Fak-
    toren abhängig (Reinhart Koselleck, Erinnerungsschleusen und Erfahrungsschichten. Der
    Einfluß der beiden Weltkriege auf das soziale Bewußtsein, in: ders., *Zeitschichten. Studien
    zur Historik. Mit einem Beitrag von Hans-Georg Gadamer*, Frankfurt am Main 2003, 265–
    284, hier 265f. [das Zitat 265]). Näheres dazu unten in Kap. III. 1.

73 Für die nach 1918 erschienenen Erinnerungswerke vgl. Schütz, Autobiographien, 554ff.;
    generell Dagmar Günther, „And now for something completely different". Prolegomena zur
    Autobiographie als Quelle der Geschichtswissenschaft, in: *Historische Zeitschrift 272/2001*,
    25–61; Volker Depkat, Autobiographie und die soziale Konstruktion von Wirklichkeit, in:
    Geschichte und Gesellschaft 29/2003, 441–476, hier 468f.; ders., Nicht die Materialien sind
    das Problem, sondern die Fragen, die man stellt. Zum Quellenwert von Autobiographien für
    die historische Forschung, in: Thomas Rathmann / Nikolaus Wegmann (Hgg.), *„Quelle".
    Zwischen Ursprung und Konstrukt. Ein Leitbegriff in der Diskussion* (Beihefte zur Zeitschrift
    für deutsche Philologie, 12), Berlin 2004, 102–117, hier 116. Näheres zur Quellengattung der
    Erinnerungswerke unten in Kap. II. 1.

74 So Sloterdijk, *Literatur und Lebenserfahrung*, 63 und 279, zur „bürgerlichen" Autobiogra-
    phik der 1920er Jahre.

dem Zusammenbruch – analog zu weiten Teilen der Geschichtswissenschaft[75] – als Zäsurphase mit eigenen Merkmalen betrachtet, die 1914 begann und 1918 endete[76], zum anderen stand und steht der Beginn der letzten Vorkriegsepoche meistenteils außer Frage, wobei vernachlässigt werden kann, dass hier mit der Thronbesteigung Wilhelms II. 1888 und der Entlassung Bismarcks als Reichskanzler 1890 immer wieder zwei verschiedene, freilich zeitlich und sachlich eng miteinander verknüpfte Daten genannt wurden und werden.[77]

75 Vgl. stellvertretend für viele Michael Geyer, Urkatastrophe, Europäischer Bürgerkrieg, Menschenschlachthaus – Wie Historiker dem Epochenbruch des Ersten Weltkriegs Sinn geben, in: Rainer Rother (Hg.), *Der Weltkrieg 1914–1918. Ereignis und Erinnerung*, Berlin/Wolfratshausen 2004, 24–33; Wolfgang Mommsen, *Die Urkatastrophe Deutschlands. Der Erste Weltkrieg 1914–1918* (Gebhardt. Handbuch der deutschen Geschichte, 17), Stuttgart 2002.

76 Vgl. neben den untersuchten Erinnerungswerken Schütz, Autobiographien, 554ff. (zu den nach 1918 erschienenen Autobiographien und Memoiren selbst), sowie Wolfgang Bialas, Krisendiagnose und Katastrophenerfahrung. Philosophie und Geschichte im Deutschland der Zwischenkriegszeit, in: Wolfgang Küttler / Jörn Rüsen / Ernst Schulin (i. Verb. mit Gangolf Hübinger / Jürgen Osterhammel / Lutz Raphael) (Hgg.), *Geschichtsdiskurs. Band 4: Krisenbewußtsein, Katastrophenerfahrungen und Innovationen 1880–1945*, Frankfurt am Main 1997, 189–216; Burckhard Dücker, Krieg und Zeiterfahrung. Zur Konstruktion einer neuen Zeit in Selbstaussagen zum Ersten Weltkrieg, in: Thomas F. Schneider (Hg.), *Kriegserlebnis und Legendenbildung. Das Bild des „modernen" Krieges in Literatur, Theater, Photographie und Film. Band 1: Vor dem Ersten Weltkrieg; Der Erste Weltkrieg* (Krieg und Literatur. Internationales Jahrbuch zur Kriegs- und Antikriegsliteraturforschung, III/1997), Osnabrück 1999, 153–172; Petra Ernst / Sabine A. Haring / Werner Suppanz (Hgg.), *Aggression und Katharsis. Der Erste Weltkrieg im Diskurs der Moderne* (Studien zur Moderne, 20), Wien 2004; Helmut Fries, *Die große Katharsis. Der Erste Weltkrieg in der Sicht deutscher Dichter und Gelehrter. Band 2: Euphorie – Entsetzen – Widerspruch: Die Schriftsteller 1914–1918*, Konstanz 1995; Bernd Ulrich / Benjamin Ziemann (Hgg.), *Krieg im Frieden. Die umkämpfte Erinnerung an den Ersten Weltkrieg. Quellen und Dokumente*, Frankfurt am Main 1997 (Quellentexte); Schivelbusch, *Die Kultur der Niederlage*, 225ff.; Klaus Tenfelde, 1914 bis 1990: Die Einheit der Epoche, in: Manfred Hettling / Claudia Huerkamp / Paul Nolte / Hans-Walter Schmuhl (Hgg.), *Was ist Gesellschaftsgeschichte? Positionen, Themen, Analysen*, München 1991, 70–80, hier 71; Dieter Hertz-Eichenrode, Sozialpolitische Folgen von Krieg und Revolution, in: Holm Sundhaussen / Hans-Joachim Torke (Hgg.), *1917–1918 als Epochengrenze?* (Multidisziplinäre Veröffentlichungen. Osteuropa-Institut der Freien Universität Berlin, 8), Wiesbaden 2000, 189–202, bes. 202; Skalweit, *Der Beginn der Neuzeit*, 2.

77 Zur Sicht der Zeitgenossen vgl. neben den untersuchten Erinnerungswerken die Quellensammlung von Georg Kotowski / Werner Pöls / Gerhard A. Ritter (Hgg.), *Das wilhelminische Deutschland. Stimmen der Zeitgenossen*, Frankfurt am Main 1965, bes. 7f. und 9ff. Die Zäsurwirkung der Ereignisse von 1890 belegt überdies Rüdiger vom Bruch, Das wilhelminische Kaiserreich: eine Zeit der Krise und des Umbruchs, in: Michel Grunewald / Uwe Puschner (Hgg.), *Krisenwahrnehmungen in Deutschland um 1900. – Zeitschriften als Foren der Umbruchszeit im Wilhelminischen Reich / Perceptions de la crise en Allemagne au début du XXe siècle. – Les périodiques et la mutation de la société allemande à l'époque wilhelmienne*, Bern u. a. 2010, 9–23, hier 15–17. – Innerhalb der Geschichtswissenschaft ist über die Sinnhaftigkeit der Zäsur von 1888/90 durchaus diskutiert worden (vgl. die Beiträge in Lothar Gall (Hg.), *Otto von Bismarck und Wilhelm II. Repräsentanten eines Epochenwechsels?* [Otto-von-Bismarck-Stiftung, Wissenschaftliche Reihe, 1], Paderborn u. a. 2000). Nichtsdestotrotz kam und kommt sie immer wieder zur Anwendung, gerade in Überblicksdarstellungen (vgl. stellvertretend für viele Dieter Hertz-Eichenrode, *Deutsche Geschichte 1890–1918. Das Kai-*

II. DIE QUELLEN

1. Lebenserinnerungen als historische Quellen

Die theoretische Reflexion über Autobiographien und Memoiren[78] als Quellen für die Geschichte der Neuzeit[79], nicht selten in Verbindung mit bzw. als Grundlage für die unmittelbare Anwendung in konkreten Studien betrieben, hat in der jüngeren Vergangenheit[80] unter kulturgeschichtlicher Perspektive eine neue Blüte erlebt

serreich in der Wilhelminischen Zeit, Stuttgart u. a. 1996; Volker Ullrich, *Die nervöse Groß-macht. Aufstieg und Untergang des deutschen Kaiserreichs 1871–1918. Mit einem aktuellen Nachwort: Neue Forschungen zum Kaiserreich*, Frankfurt am Main 2007, bes. 100–123).

78 In der Geschichtswissenschaft wird heute in der Regel die Irrelevanz der theoretischen Unterscheidung dieser beiden Formen von Lebenserinnerungen betont, da die Übergänge zwischen den – im Idealfall – vorrangig an der inneren Entwicklung des Verfassers interessierten Autobiographien und den – ebenso idealtypisch gesehen – auf den äußeren Lebensverlauf konzentrierten Memoiren fließend sind, die exakte Zuordnung nur in Einzelfällen möglich scheint. Vgl. Günter Niggl, Zur Theorie der Autobiographie, in: Michael Reichel (Hg.), *Antike Autobiographien. Werke – Epochen – Gattungen*, Köln u. a. 2005, 1–13, hier 4; Magnus Brechtken, Einleitung, in: Franz Bosbach / Magnus Brechtken (Hgg.), *Politische Memoiren in deutscher und britischer Perspektive – Political Memoirs in Anglo-German Context* (Prinz-Albert-Studien – Prince Albert Studies, 23), München 2005, 9–42, hier 18f.; Depkat, Autobiographie und die soziale Konstruktion, 455; Günter Müller, „Vielleicht interessiert sich mal jemand…" Lebensgeschichtliches Schreiben als Medium familiärer und gesellschaftlicher Überlieferung, in: Peter Eigner / Christa Hämmerle / Günter Müller (Hgg.), *Briefe – Tagebücher – Autobiographien. Studien und Quellen für den Unterricht* (Konzepte und Kontroversen. Materialien für Unterricht und Wissenschaft in Geschichte – Geographie – Politische Bildung, 4), Innsbruck/Wien/Bozen 2006, 76–94, hier 78f.; Bernd Jürgen Warneken, *Populare Autobiographik. Empirische Studien zu einer Quellengattung der Alltagsgeschichtsforschung* (Untersuchungen des Ludwig-Uhland-Instituts der Universität Tübingen, 61), Tübingen 1985; Pöhlmann, „Daß sich ein Sargdeckel über mir schlösse.", 150, Anm. 6.

79 Die folgenden Ausführungen konzentrieren sich auf die Forschung zur Autobiographik des 19. und 20. Jahrhunderts; grundlegend für Erinnerungstexte der Frühen Neuzeit ist Winfried Schulze (Hg.), *Ego-Dokumente. Annäherung an den Menschen in der Geschichte* (Quellen und Darstellungen zur Sozial- und Erfahrungsgeschichte, 2), Berlin 1996. Die Literatur zu Lebenserinnerungen als geschichtswissenschaftlicher Quelle in Theorie und Praxis der Forschung ist mittlerweile kaum noch überschaubar (dabei allerdings keineswegs frei von Redundanzen); im Folgenden werden daher nur die wichtigsten grundlegenden und neueren Publikationen berücksichtigt.

80 Da die von Wilhelm Dilthey im 19. Jahrhundert grundgelegte wissenschaftliche Auseinandersetzung mit verschriftlichten Lebenserinnerungen in ihrer Entwicklung zuletzt mehrfach im Detail resümiert worden ist – und zwar unter Berücksichtigung nicht nur der geschichts-, sondern auch der literaturwissenschaftlichen und soziologischen Ansätze –, kann an dieser Stelle darauf verzichtet werden, „[d]ie gesamte Linie der gattungstheoretischen Arbeiten von den hermeneutischen Anfängen über strukturalistische und dekonstruktivistische bis zu neophänomenologischen Ansätzen" erneut Revue passieren zu lassen (Aiko Onken, Faktographie und Identitätskonstruktion in der Autobiographie. Zum Beispiel Jens Bisky: „Geboren am 13. August. Der Sozialismus und ich", in: *Weimarer Beiträge 55/2009*, 165–179, hier 165). Den wichtigsten und ausführlichsten Überblick bis Ende der 1990er Jahre bietet Günter Niggl (Hg.), *Die Autobiographie. Zu Form und Geschichte einer literarischen Gattung*. 2., um ein Nachwort zur Neuausgabe und einen bibliographischen Nachtrag ergänzte Aufl. Darmstadt

und dabei auch von der Integration vor allem literaturwissenschaftlicher und soziologischer bzw. sozialwissenschaftlicher Erkenntnisse sowie in einzelnen Fällen sogar solcher der Neurologie profitiert. Dabei wurde zuletzt gegen die traditionelle Fokussierung auf ihre inhaltliche Zuverlässigkeit betont, dass Lebenserinnerungen als historische Quelle bei entsprechend behutsamer Textanalyse vor allem Aufschlüsse über Persönlichkeit und Bewusstsein der Verfasser erlauben.[81] Im Mittelpunkt des Interesses standen hier vor allem Fragen nach der Konstitution bzw. Konstruktion von (Ich-)Identität und Vergangenheit sowie der Sinngebung, die die Verfasser von Lebenserinnerungen im Schreibprozess bewusst und unbewusst vornehmen.[82] Dabei sind jedoch die Möglichkeiten, etwa bei politischen Memoiren über die Ermittlung von etwaigen diesen zugrunde liegenden Aufzeichnungen und den Abgleich mit anderen Quellen nicht nur Rechtfertigungsstrate-

1998, 1–17 und 593–602; vgl. auch Michael Jaeger, *Autobiographie und Geschichte. Wilhelm Dilthey, Georg Misch, Karl Löwith, Gottfried Benn, Alfred Döblin*, Stuttgart/Weimar 1995. Ergänzungen und Aktualisierungen bieten (um nur die wichtigsten Titel zu nennen) Niggl, Zur Theorie der Autobiographie; Depkat, Autobiographie und die soziale Konstruktion, 447ff.; Markus Malo, *Behauptete Subjektivität. Eine Skizze zur deutschsprachigen jüdischen Autobiographie im 20. Jahrhundert*, Tübingen 2009, 5–56; Onken, Faktographie und Identitätskonstruktion, 165ff.; Brigitta Elisa Simbürger, *Faktizität und Fiktionalität: Autobiografische Schriften zur Shoa*, Berlin 2009, 62ff. – Speziell literaturwissenschaftlich orientierte Forschungsüberblicke: Almut Finck, *Autobiographisches Schreiben nach dem Ende der Autobiographie* (Geschlechterdifferenz und Literatur, 9), Berlin 1999; Jürgen Lehmann, *Bekennen – Erzählen – Berichten. Studien zu Theorie und Geschichte der Autobiographie* (Studien zur deutschen Literatur, 98), Tübingen 1988.

81   Brechtken, Einleitung; vgl. dazu Volker Depkat, *Lebenswenden und Zeitenwenden. Deutsche Politiker und die Erfahrungen des 20. Jahrhunderts* (Ordnungssysteme. Studien zur Ideengeschichte der Neuzeit, 18), München 2007; Funck/Malinowski, Geschichte von oben; Günther, „And now for something completely different"; Müller, „Vielleicht interessiert sich mal jemand…"; Katharina Schlegel, Zum Quellenwert der Autobiographie: Adlige Selbstzeugnisse vom 19. zum 20. Jahrhundert, in: *Geschichte in Wissenschaft und Unterricht 37/1986*, 222–233.

82   Niggl, Zur Theorie der Autobiographie; Onken, Faktographie und Identitätskonstruktion, 165f.; theoretisch grundlegend Depkat, Autobiographie und die soziale Konstruktion; ders., Nicht die Materialien sind das Problem. Vgl. an prägnanten Einzelstudien vor allem Miriam Gebhardt, *Das Familiengedächtnis. Erinnerung im deutsch-jüdischen Bürgertum 1890 bis 1932* (Studien zur Geschichte des Alltags, 16), Stuttgart 1999; Hans-Edwin Friedrich, *Deformierte Lebensbilder. Erzählmodelle der Nachkriegsautobiographie (1945–1960)* (Studien und Texte zur Sozialgeschichte der Literatur, 74), Tübingen 2000; Sandra Markus, „Schreiben heißt: sich selber lesen". Geschichtsschreibung als erinnernde Sinnkonstruktion, in: Clemens Wischermann (Hg.), *Vom kollektiven Gedächtnis zur Individualisierung der Erinnerung* (Studien zur Geschichte des Alltags, 18), Stuttgart 2002, 159–183; Renate Dürr, Funktionen des Schreibens. Autobiographien und Selbstzeugnisse als Zeugnisse der Kommunikation und Selbstvergewisserung, in: Irene Dingel / Wolf-Dietrich Schäufele (Hgg.), *Kommunikation und Transfer im Christentum der Frühen Neuzeit* (Veröffentlichungen des Instituts für Europäische Geschichte Mainz, Abt. f. abendländische Religionsgeschichte, Beiheft 74), Mainz 2007, 17–31; Depkat, *Lebenswenden und Zeitenwenden*; Charlotte Heinritz, Autobiographien als Medien lebensgeschichtlicher Erinnerungen. Zentrale Lebensthemen und autobiographische Schreibformen in Frauenautobiographien um 1900, in: *BIOS 21/2008*, 114–123; Simbürger, *Faktizität und Fiktionalität*; Onken, Faktographie und Identitätskonstruktion.

gien der Verfasser zu ermitteln, sondern auch Aussagen über die Realität der dargestellten Zeit zu machen, keineswegs von der Hand zu weisen[83]; die massiven Einwände der mittlerweile für die Geschichtswissenschaft nutzbar gemachten, von den meisten Autobiographie-Theoretikern auch rezipierten Gedächtnisforschung[84], die sich auf den Wert persönlicher Erinnerung für die Rekonstruktion von vergangener Realität beziehen, verfangen hier nicht.

Einig ist man sich heute im Kern darin, dass Autobiographen zwar den Anspruch erheben, vergangene Wirklichkeit darzustellen, und ihre Erinnerungswerke auch in den Augen der Zeitgenossen eine Art „individuelle Geschichtsschreibung" waren bzw. sind, dass diese jedoch durch nachträgliche, sinngebende Konstruktion ein Stück weit zur Fiktion wird, auch wenn der Bezug zur Realität – wie exakt auch immer davon trennbar – stets eindeutig gegeben ist.[85] Die Gestaltung des

---

83 Brechtken, Einleitung, 22–26; Dürr, Funktionen des Schreibens, 18ff.; grundlegend Jürgen Kuczynski, Lügen, Verfälschungen, Auslassungen, Ehrlichkeit und Wahrheit: Fünf verschiedene und für den Historiker gleich wertvolle Elemente in Autobiographien, in: Peter Alheit / Erika M. Hoerning (Hgg.), *Biographisches Wissen. Beiträge zu einer Theorie lebensgeschichtlicher Erfahrung*, Frankfurt am Main/New York 1989, 24–37. Wichtige neuere Untersuchungen finden sich in Franz Bosbach / Magnus Brechtken (Hgg.), *Politische Memoiren in deutscher und britischer Perspektive – Political Memoirs in Anglo-German Context* (Prinz-Albert-Studien – Prince Albert Studies, 23), München 2005; Magnus Brechtken (Hg.), *Life Writing and Political Memoir – Lebenszeugnisse und Politische Memoiren*, Göttingen 2012.

84 Vgl. Onken, Faktographie und Identitätskonstruktion, 165; grundlegend Johannes Fried, *Der Schleier der Erinnerung. Grundzüge einer historischen Memorik*, München 2004.

85 Niggl, *Die Autobiographie*, 599; ders., Zur Theorie der Autobiographie, 11f.; Simbürger, *Faktizität und Fiktionalität*, 63; Dürr, Funktionen des Schreibens, 20–22; Markus, „Schreiben heißt: sich selber lesen", 164 und 167–169; Heinritz, Autobiographien als Medien, 115; Depkat, Autobiographie und die soziale Konstruktion, 465; ders., Nicht die Materialien sind das Problem, 111; Günther, „And now for something completely different", 32 und 34; Patrick Krassnitzer, Historische Forschung zwischen „importierten Erinnerungen" und Quellenamnesie. Zur Aussagekraft autobiographischer Quellen am Beispiel der Weltkriegserinnerung im nationalsozialistischen Milieu, in: Michael Epkenhans / Stig Förster / Karen Hagemann (Hgg.), *Militärische Erinnerungskultur. Soldaten im Spiegel von Biographien, Memoiren und Selbstzeugnissen* (Krieg in der Geschichte, 29), Paderborn u. a. 2006, 212–222, hier 213f.; jüngst prägnant dazu Ulrike Jureit, Autobiographien: Rückfragen an ein gelebtes Leben, in: Martin Sabrow (Hg.), *Autobiographische Aufarbeitung. Diktatur und Lebensgeschichte im 20. Jahrhundert* (Helmstedter Colloquien, 14), Leipzig 2012, 149–157, hier 152ff. Zur Vorstellung von „individueller Geschichtsschreibung" vgl. auch Sloterdijk, *Literatur und Lebenserfahrung*, 6; zum Realitätsbezug von Memoiren auch Hans-Christof Kraus, Von Hohenlohe zu Papen. Bemerkungen zu den Memoiren deutscher Reichskanzler zwischen der wilhelminischen Ära und dem Ende der Weimarer Republik, in: Franz Bosbach / Magnus Brechtken (Hgg.), *Politische Memoiren in deutscher und britischer Perspektive – Political Memoirs in Anglo-German Context* (Prinz-Albert-Studien – Prince Albert Studies, 23), München 2005, 87–112, hier 112: „sie sind (…) kein ‚Kunstwerk', keine Dichtung, sondern sie beziehen sich stets (…) auf konkrete, auf historisch-politische Wirklichkeit." Der Referenzcharakter von Autobiographien und Memoiren, d. h. ihre Bezugnahme auf eine tatsächlich hinter ihnen stehende, von den Verfassern erlebte Realität ist heute (zumindest in der Geschichtswissenschaft) nicht mehr umstritten, die These einer kompletten „biographischen Illusion", die Erinnerungswerke als rein literarische Erzeugnisse angeblich aufrichteten, wird nicht mehr ernsthaft verfochten (vgl. die oben zitierten Studien). Vgl. zur literaturwissenschaftlichen Sicht-

schriftlich niedergelegten Vergangenheitsentwurfs, der nicht nur die jeweilige
Lebensgeschichte in den Rahmen ihrer Zeit einbettet (zu deren Phänomenen sie
zwangsläufig in vielfältigen Beziehungen stand), sondern auch in unterschiedli-
chem Maße Aufschluss darüber geben will, was generell von der durchlebten Zeit
erinnernswert sei, unterliegt dabei vielfältigen Einflüssen: Hierzu gehören neben
ganz bewussten, zweck- und zielgerichteten Formungen des eigenen Lebensgangs
und der eigenen Identität auch die im Laufe der Zeit bis hin zur Abfassung der
Erinnerungen sich aufschichtenden Erlebnisse, Erfahrungen und Verarbeitungs-
prozesse, die auf den Autor einwirken und so unbewusste Umformungen der „Erinnerung" anstoßen, außerdem die jeweilige Gegenwart im Ganzen, deren geistige
Strömungen und Diskurse ebenso die Erinnerungswerke beeinflussen, wie sie
selbst von ihnen beeinflusst werden.[86] Im Zusammenhang mit dem letztgenannten
Punkt wird die Bedeutung gesellschaftlicher Denk- bzw. Deutungsmuster und
Erwartungen sowie bestimmter Darstellungs- bzw. Erzählschemata besonders
hervorgehoben, die zur Abfassungszeit vorherrschten und den Autobiographen –
auch hier bewusst oder unbewusst – zumindest als Orientierungspunkte dienten,
von ihnen zugleich aber ihren Bedürfnissen an- und in ihre Konstruktion der Vergangenheit eingepasst wurden, so dass sie mit ihren Lebenserinnerungen, einge-
bunden in eine Art Kommunikationssituation, auf die öffentlichen Auseinandersetzungen und die Formung von Erinnerungskulturen zurückwirkten.[87]

weise Oliver Sill, „Fiktion des Faktischen". Zur autobiographischen Literatur der letzten
Jahrzehnte, in: Walter Delabar / Erhard Schütz (Hgg.), *Deutschsprachige Literatur der 70er
und 80er Jahre. Autoren, Tendenzen, Gattungen*, Darmstadt 1997, 75–104.

86   Niggl, Zur Theorie der Autobiographie, 6ff. Vgl. Schlegel, Zum Quellenwert der Autobiographie, 222; Günther, „And now for something completely different", 29, 35 und 51; Patrick
Krassnitzer, Autobiographische Erinnerung und kollektive Gedächtnisse: Die nationalsozialistische Erinnerung an das „Fronterlebnis" im Ersten Weltkrieg in den Autobiographien von
„alten Kämpfern", in: Vittoria Borsò / Gerd Krumeich / Bernd Witte (Hgg.), *Medialität und
Gedächtnis. Interdisziplinäre Beiträge zur kulturellen Verarbeitung europäischer Krisen*,
Stuttgart/Weimar 2001, 215–258, hier 219, 225 und 230f.; ders., Gebrochener Patriotismus
und reprojizierte Entfremdung. Autobiographische Lebenskonstruktionen deutsch-jüdischer
Weltkriegsveteranen in der Emigration, in: Klaus Hödl (Hg.), *Historisches Bewusstsein im
jüdischen Kontext. Strategien – Aspekte – Diskurse* (Schriften des Centrums für Jüdische Studien, 6) Innsbruck u. a. 2004, 187–200, hier 189; ders., Historische Forschung, 213f.; Müller,
„Vielleicht interessiert sich mal jemand…", 82f. und 87; Markus, „Schreiben heißt: sich selber lesen", 162f. und 171f.; Heinritz, Autobiographien als Medien, 116; Depkat, Autobiographie und die soziale Konstruktion, 461; ders., Nicht die Materialien sind das Problem, 115;
jüngst prägnant dazu Jureit, Autobiographien, 150ff.; dies., Erfahrungsaufschichtung: Die diskursive Lagerung autobiographischer Erinnerungen, in: Magnus Brechtken (Hg.), *Life Writing and Political Memoir – Lebenszeugnisse und Politische Memoiren*, Göttingen 2012, 225–
242. – Die meisten dieser Erkenntnisse finden sich freilich im Kern bereits in dem kaum be-
achteten Aufsatz von Hans Heinrich Muchow, Über den Quellenwert der Autobiographie für
die Zeitgeistforschung, in: *Zeitschrift für Religions- und Geistesgeschichte 18/1966*, 297–310,
bes. 299–309.

87   Vgl. Gebhardt, *Das Familiengedächtnis*, 21f.; Daniel Fulda, Auf der Suche nach der verlorenen Geschichte. Zeitbewußtsein in Autobiographien des ausgehenden 20. Jahrhunderts, in:
Annette Simonis / Linda Simonis (Hgg.), *Zeitwahrnehmung und Zeitbewußtsein der Moderne*, Bielefeld 2000, 197–226, hier passim; Günther, „And now for something completely dif-

Für die Untersuchung einzelner oder nur weniger Autobiographien und Memoiren mit Blick auf ihren Realitätsgehalt, auf ihr Konstruieren von Sinn und
Verfasseridentität oder auf die Konstituierung von Vergangenheitsbildern bergen
diese Umstände nicht zu unterschätzende Schwierigkeiten. Für die vorliegende
Untersuchung gilt dies jedoch nicht: Zunächst richtet sie den Blick ja gerade auf
die öffentlichen Debatten zur Abfassungszeit der Erinnerungswerke und möchte
deren Beitrag hierzu deutlich machen[88], d. h. es geht nicht darum, ob die Autobiographen die Vergangenheit „richtig" dargestellt haben oder nicht, oder welche inneren und äußeren Prozesse dem gegebenenfalls zugrunde lagen, sondern *wie*,
d. h. mit welchen Inhalten und Wertungen sie die Wilhelminische Epoche charak-
terisier(t)en und durch die Veröffentlichung ihrer Lebenserinnerungen so die Diskussion mitgestal(te)ten. Dabei ist natürlich davon auszugehen, dass die individuellen Konstruktionsmechanismen bzw. -vorgänge bei der Niederschrift der „Erinnerungen" jeweils nicht nur auf die Darstellung des eigenen Lebens, sondern auch
des historischen Rahmens einwirk(t)en. Solche individuellen Verzerrungen werden jedoch umso mehr nivelliert, je größer die Anzahl der ausgewerteten Werke
ist[89], und das bedeutet nun zum anderen auch, dass bei der Ermittlung von „Deutungsmustern" (als spezifischen Sichtweisen auf eine durchlebte vergangene Epo-

ferent", 50f.; Markus, „Schreiben heißt: sich selber lesen", 163 und 167f.; Dürr, Funktionen
des Schreibens, 21f.; Krassnitzer, Autobiographische Erinnerung, 217ff.; ders., Gebrochener
Patriotismus, 189; Depkat, Autobiographie und die soziale Konstruktion, 452–454 und 462f.;
ders., *Lebenswenden und Zeitenwenden*, passim; Carsten Heinze, *Identität und Geschichte in
autobiographischen Lebenskonstruktionen. Jüdische und nicht-jüdische Vergangenheitsbearbeitungen in Ost- und Westdeutschland*, Wiesbaden 2009, 14; ders., Autobiographie und zeitgeschichtliche Erfahrung. Über autobiographisches Schreiben und Erinnern in sozialkommunikativen Kontexten, in: *Geschichte und Gesellschaft 36,1/2010*, 93–128, hier passim; Pöhlmann, „Daß sich ein Sargdeckel über mir schlösse.", 150f.; sinngemäß auch Müller, „Vielleicht interessiert sich mal jemand…", 87. Vgl. auch Klaus Füßmann, Historische Formungen. Dimensionen der Geschichtsdarstellung, in: ders. / Heinrich Theodor Grütter / Jörn Rüsen (Hgg.), *Historische Faszination. Geschichtskultur heute*, Köln u. a. 1994, 27–44, hier 36.
88   Zu den konkreten Fragestellungen s. unten, Kap. III. 1.
89   Vgl. etwa Funck/Malinowski, Geschichte von oben, 242f.; Schlegel, Zum Quellenwert der
Autobiographie, 222f. („Je breiter die Materialbasis, desto differenzierter die Vergleichbarkeit und desto ,objektiver' der Gesamteindruck."); Krassnitzer, Autobiographische Erinnerung, 230. Beispielhafte Studien: ders., Gebrochener Patriotismus; Sloterdijk, *Literatur und
Lebenserfahrung*; Martin Doerry, *Übergangsmenschen. Die Mentalität der Wilhelminer und
die Krise des Kaiserreichs*, Weinheim/München 1986; Gunilla-Friederike Budde, *Auf dem
Weg ins Bürgerleben. Kindheit und Erziehung in deutschen und englischen Bürgerfamilien
1840–1914* (Bürgertum. Beiträge zur europäischen Gesellschaftsgeschichte, 6), Göttingen
1994. Die Möglichkeit einer gewissermaßen „seriellen" Auswertung größerer Autobiogra-
phien-Korpora räumen auch Historiker ein, die die Analyse einzelner oder weniger Erinnerungswerke im Hinblick auf die (unbewusste) Konstruktionsleistung der Verfasser bevorzu-
gen; vgl. etwa Depkat, *Lebenswenden und Zeitenwenden*, 43. – Die bei Gabriele Jancke /
Claudia Ulbrich, Vom Individuum zur Person. Neue Konzepte im Spannungsfeld von Autobiographietheorie und Selbstzeugnisforschung, in: *Querelles. Jahrbuch für Frauen- und Geschlechterforschung 10/2005*, 7–27, hier 12, zum Ausdruck gebrachten Vorbehalte gegenüber
einer solchen Vorgehensweise beruht auf offensichtlicher Unkenntnis der einschlägigen Arbeiten.

che[90]) und damit korrelierten „objektiven" Personenmerkmalen (im Sinne der zweiten Zielsetzung dieser Untersuchung) eine breite Quellenbasis[91] die unmittelbare Zusammenfassung und den Vergleich einer großen Menge von Aussagen bzw. Personen sowie verallgemeinernde Schlüsse daraus erlaubt.

2. Grundsätze für die Zusammenstellung des Quellenkorpus

Die Zielsetzungen der Arbeit machten es erforderlich, bei der Recherche strenge Maßstäbe an die für die Auswertung infrage kommenden Erinnerungswerke anzulegen. Aus rund 1.000 Autobiographien und Memoiren, die aufgrund der Angaben in den einschlägigen Bibliographien a priori für die Untersuchung geeignet erschienen, wurden im Zuge einer eingehenden Prüfung 141 ausgewählt[92] – von

90   Eine genauere Definition der Begriffsverwendung findet sich unten in Kap. III. 1.
91   Vorgaben für den Umfang macht die Forschung dabei freilich keine. Nicht wenige Studien kommen hier aber mit deutlich weniger als 100 Erinnerungswerken aus; vgl. etwa Achim Freudenstein, *Die „bürgerliche" Jugendbewegung im Spiegel von Autobiographien*, Kassel 2007; Mary Jo Maynes, Leaving Home in Metaphor and Practice. The Roads to Social Mobility and Political Militancy in European Working-Class Autobiography, in: Frans van Poppel / Michael Oris / James Lee (Hgg.), *The Road to Independence. Leaving Home in Western and Eastern Societies 16th–20th centuries*, Bern 2004, 315–338; Jürgen Schmidt, „… mein Nervensystem war derart alteriert, daß ich mich allen ernsten Denkens […] enthalten mußte" – Psychische Krankheiten in Autobiographien von Arbeitern und Bürgern um 1900, in: Martin Dinges (Hg.), *Männlichkeit und Gesundheit im historischen Wandel ca. 1800 – ca. 2000* (Medizin, Gesellschaft und Geschichte, 27), Stuttgart 2007, 343–358. Zur Quellenbasis dieser Untersuchung s. das nachfolgende Unterkapitel.
92   Grundlegend waren dabei die folgenden kommentierten Verzeichnisse: Jens Jessen, *Bibliographie der Selbstzeugnisse deutscher Theologen. Tagebücher und Briefe*, Frankfurt am Main 1984; ders., *Die Selbstzeugnisse der deutschen Juristen. Erinnerungen, Tagebücher und Briefe. Eine Bibliographie* (Rechtshistorische Reihe, 27), Frankfurt am Main u. a. 1983; ders., *Bibliographie der Autobiographien. Bd. 1: Selbstzeugnisse, Erinnerungen, Tagebücher und Briefe deutscher Schriftsteller und Künstler. Bd. 2: Selbstzeugnisse, Erinnerungen, Tagebücher und Briefe deutscher Geisteswissenschaftler. Bd. 3: Selbstzeugnisse, Erinnerungen, Tagebücher und Briefe deutscher Mathematiker, Naturwissenschaftler und Techniker. Bd. 4* (mit Reiner Vogt): *Selbstzeugnisse, Erinnerungen, Tagebücher und Briefe deutschsprachiger Ärzte*, München 1987–96; außerdem Winfried Baumgart (Hg.), *Quellenkunde zur deutschen Geschichte der Neuzeit von 1500 bis zur Gegenwart. Bd. 6: Weimarer Republik, Nationalsozialismus, Zweiter Weltkrieg (1919–1945)*. Teil 1, bearb. v. Hans Günter Hockerts, Darmstadt 1996; Teil 2, bearb. v. Wolfgang Elz, Darmstadt 2003; Ingrid Bode, *Die Autobiographien zur deutschen Literatur, Kunst und Musik 1900–1965. Bibliographie und Nachweise der persönlichen Begegnungen und Charakteristiken* (Repertorien zur Deutschen Literaturgeschichte, 2), Stuttgart 1966; Oliver Simons (Hg.), *Deutsche Autobiographien 1690–1930. Arbeiter, Gelehrte, Ingenieure, Künstler, Politiker, Schriftsteller* (Digitale Bibliothek, 102), CD-ROM Berlin 2004; an älteren Übersichten Theodor Klaiber, *Die deutsche Selbstbiographie. Beschreibungen des eigenen Lebens, Memoiren, Tagebücher*, Stuttgart 1921; Stadtbücherei Spandau (Hg.), *Mensch und Welt. Lebensbeschreibungen/Erinnerungen/Memoiren/Biographien/Briefe/Tagebücher. Aus Literatur, Geschichte, Politik, Kunst, Musik, Philosophie, Pädagogik, Medizin, Naturkunde, Technik, Wirtschaft*, Spandau 1926; M. Westphal, *Die besten deutschen Memoiren. Lebenserinnerungen und Selbstbiographien aus sieben Jahrhunderten.*

vergleichsweise knappen Beiträgen in Sammelwerken bis hin zu mehrbändigen Veröffentlichungen mit vierstelliger Seitenzahl –, die die folgenden Bedingungen erfüllen:

a) Die ausgewählten Lebenserinnerungen sind zwischen dem Zusammenbruch von 1918 und dem Beginn des Zweiten Weltkriegs 1939 nicht nur entstanden, sondern in diesem Zeitraum auch erstmals zum Druck gebracht worden; nur so ist sichergestellt, dass sie wirklich einen Beitrag zur zeitgenössischen Diskussion leisten konnten. Das Jahr 1939 ist dabei auch insofern als zeitliche Grenze von Bedeutung, weil mit ihm eine neue, außergewöhnliche Zäsurphase einsetzte, die

Mit einer Abhandlung über die Entwicklung der deutschen Selbstbiographie von Dr. Hermann Ulrich (Kleine Literaturführer, 5), Leipzig 1923. – Aus der Literatur brachten weitere Ergebnisse Doerry, *Übergangsmenschen*; Funck/Malinowski, *Geschichte von oben*; Sloterdijk, *Literatur und Lebenserfahrung*; Budde, *Auf dem Weg ins Bürgerleben*; Hannelore Orth-Peine, *Identitätsbildung im sozialgeschichtlichen Wandel* (Forschungsberichte des Instituts für Bevölkerungsforschung und Sozialpolitik, Universität Bielefeld, 16), Frankfurt am Main/ New York 1990. – Speziell für die Ermittlung der ansonsten kaum erfassten Erinnerungswerke von Angehörigen der Unterschichten wichtig: Stefan Berger, In the Fangs of Social Patriotism: The Construction of Nation and Class in Autobiographies of British and German Social Democrats in the Inter-War Period, in: *Archiv für Sozialgeschichte 40/2000*, 259–287; Georg Bollenbeck, *Zur Theorie und Geschichte der frühen Arbeiterlebenserinnerungen* (Theorie-Kritik-Geschichte, 11), Kronberg am Taunus 1976; Angela Federlein, *Autobiographien von Arbeitern 1890–1914* (Schriftenreihe der Studiengesellschaft für Sozialgeschichte und Arbeiterbewegung, 68), Marburg 1987; Petra Frerichs, *Bürgerliche Autobiographie und proletarische Selbstdarstellungen. Eine vergleichende Darstellung unter besonderer Berücksichtigung persönlichkeitstheoretischer und literaturwissenschaftlich-didaktischer Fragestellungen*, Frankfurt am Main 1980; Alfred Klein, *Im Auftrag ihrer Klasse. Weg und Leistung der deutschen Arbeiterschriftsteller 1918–1933*, Berlin/Weimar 1976; Mary Jo Maynes, Das Ende der Kindheit. Schichten- und geschlechtsspezifische Unterschiede in autobiographischen Darstellungen des Heranwachsens, in: Christa Benninghaus / Kerstin Kohtz (Hgg.), *„Sag mir, wo die Mädchen sind …"* Beiträge zur Geschlechtergeschichte der Jugend, Köln/Weimar/Wien 1999, 215–235; dies., Leaving Home; dies., *Taking the Hard Road. Life Course in French and German Workers' Autobiographies in the Era of Industrialization*, Chapel Hill/London 1995; Jürgen Schmidt, „Die Arbeitsleute sind im allgemeinen gesünder […] als die Herrschaften". Krankheitserfahrungen und Männlichkeit in Arbeiterautobiographien (ca. 1870– 1914), in: *Medizin, Gesellschaft und Geschichte 24/2005*, 105–127; ders., „… mein Nervensystem (…)"; Michael Vogtmeier, *Die proletarische Autobiographie 1903–1914. Studien zur Gattungs- und Funktionsgeschichte der Autobiographie*, Frankfurt am Main u. a. 1984; außerdem die Quellensammlung von Wolfgang Emmerich (Hg.), *Proletarische Lebensläufe. Autobiographische Dokumente zur Entstehung der Zweiten Kultur in Deutschland*, 2 Bde., Reinbek 1974/75. – Speziell für Erinnerungswerke von Frauen unverzichtbar: Gudrun Wedel, *Autobiographien von Frauen. Ein Lexikon*, Köln u. a. 2010; außerdem wichtig Ruth-Ellen B. Joeres / Mary Jo Maynes (Hgg.), *German women in the eighteenth and nineteenth centuries. A Social and Literary History*, Bloomington 1986; Maynes, Das Ende der Kindheit; Marianne Vogt, *Autobiographik bürgerlicher Frauen. Zur Geschichte weiblicher Selbstbewußtwerdung*, Würzburg 1981; Gudrun Wedel, *Lehren zwischen Arbeit und Beruf. Einblicke in das Leben von Autobiographinnen aus dem 19. Jahrhundert* (L'Homme Schriften. Reihe zur Feministischen Geschichtswissenschaft, 4), Wien u. a. 2000. – Speziell für Werke jüdischer Autobiographen ergiebig: Malo, *Behauptete Subjektivität*.

geeignet war, die Sicht auf das Wilhelminische Kaiserreich und die Bewertungsmaßstäbe der Zeitgenossen grundlegend zu verändern.[93]

b) Die Verfasser[94] haben die in Rede stehende Zeit zumindest potentiell im
Ganzen bewusst erlebt, d. h. dass sie i) spätestens 1884 geboren wurden, also
1890 im schulfähigen Alter waren[95], und ii) zwischen 1890 und 1914 zumindest
weit überwiegend in Deutschland wohnhaft, also „vor Ort" gewesen sind, so dass
sie später aus eigener Anschauung über die Wilhelminische Epoche berichten
konnten. Ausnahmen vom Grundsatz der Präsenz im Reich werden für Diplomaten, Marinesoldaten oder Verfasser mit ähnlichen Berufen gemacht, die durch
ihren Dienst mit dem Reich eng verbunden und so zumindest potentiell an dessen
innerer und äußerer Entwicklung interessiert waren.

c) Die Wilhelminische Zeit ist in den Erinnerungswerken als abgeschlossene
Einheit klar zu erkennen. Während dabei die Zäsur des Ersten Weltkriegs das Ende der Epoche in den Autobiographien und Memoiren normalerweise sehr deutlich markiert, wurde der ganz anders gelagerte, das Zeitalter eröffnende Einschnitt
im Nachhinein zwar – wie oben bereits ausgeführt – weitgehend als solcher empfunden, doch oft weniger deutlich hervorgehoben und dabei an unterschiedlichen
Ereignissen bzw. Entwicklungen festgemacht. Neben der Thronbesteigung Kaiser
Wilhelms II. und der Entlassung Bismarcks kommen hier auch der Tod Wilhelms I. bzw. Friedrichs III. 1888 oder der Fall des Sozialistengesetzes 1890 infrage. Möglich ist daneben auch, dass Zäsuren nicht ausdrücklich benannt sind,

---

93 Vgl. auch Richard Critchfield, Autobiographie als Geschichtsdeutung, in: Wulf Koepke /
    Michael Winkler (Hgg.), *Deutschsprachige Exilliteratur. Studien zu ihrer Bestimmung im
    Kontext der Epoche von 1930 bis 1960* (Studien zur Literatur der Moderne, 12), Bonn 1984,
    228–241, hier 236, im Hinblick auf nach 1945 erschienene (Exil-)Autobiographien. Zur Frage
    der Bedeutung der Zäsur von 1933 vgl. zunächst unten, Kap. III. 1.
94 Maßgeblich ist hier der offizielle Verfassername. Es wird davon ausgegangen, dass die Auto-
    ren auch dann, wenn sie bei der Abfassung der Lebenserinnerungen von Dritten unterstützt
    worden sein sollten, mit der Nennung ihres Namens die Urheberschaft und damit die Verant-
    wortung für die Inhalte akzeptierten. Bei den wenigen posthum erschienenen Werken ist eine
    Einflussnahme der Herausgeber nicht unmittelbar ersichtlich.
95 Zu betonen ist hier, dass die Angehörigen jüngerer Geburtsjahrgänge nach dem Ende des
    Kaiserreichs eher an den „großen Themen" und Zukunftsentwürfen der Gegenwart interes-
    siert waren als an der unmittelbaren Vergangenheit bzw. der Vorkriegszeit, so dass durch den
    Zuschnitt der Studie keine nennenswerten autobiographischen Beiträge zur Diskussion über
    die Wilhelminische Zeit (bzw. nur einen Bruchteil davon) verloren gehen dürften. Vgl. dazu
    Daniel Siemens, Kühle Romantiker. Zum Geschichtsverständnis der „jungen Generation" in
    der Weimarer Republik, in: Martin Baumeister / Moritz Föllmer / Philipp Müller (Hgg.), *Die
    Kunst der Geschichte. Historiographie, Ästhetik, Erzählung*, Göttingen 2009, 189–214; zu
    den Signen dieser „Generationen" im Ganzen auch Heinz D. Kittsteiner, Die Generationen
    der „Heroischen Moderne". Zur kollektiven Verständigung über eine Grundaufgabe, in: Ulri-
    ke Jureit / Michael Wildt (Hgg.), *Generationen. Zur Relevanz eines wissenschaftlichen
    Grundbegriffs*, Hamburg 2005, 200–219; Mark Roseman, Generationen als „Imagined Com-
    munities". Mythen, generationelle Identitäten und Generationenkonflikte in Deutschland vom
    18. bis zum 20. Jahrhundert, in: Ulrike Jureit / Michael Wildt (Hgg.), *Generationen. Zur Re-
    levanz eines wissenschaftlichen Grundbegriffs*, Hamburg 2005, 180–199. Zum Generationen-
    begriff Näheres unten, Kap. III. 1.

die Regierungszeit Wilhelms II. (bis 1914) aber dennoch erkennbar als Einheit betrachtet wird, etwa wenn ein Terminus wie „Wilhelminische Zeit" gebraucht oder zwischen dem Kaiserreich mit und ohne Bismarck unterschieden wird.

Erreicht wurde so zugleich auch eine ausgewogene Verfasserstruktur im Sinne eines breiten Querschnitts durch die kaiserzeitliche Gesellschaft, wie unten im Zusammenhang mit den Ausführungen zu Fragestellungen und Vorgehensweise der Untersuchung noch näher zu erläutern sein wird.[96] An dieser Stelle ist schließlich noch darauf hinzuweisen, dass jedes ausgewählte Erinnerungswerk den Lebensgang seines Verfassers und den Zeithintergund in ansehnlicher inhaltlicher Breite thematisiert (wenn auch möglicherweise mit dem einen oder anderen Schwerpunkt); reine Berufsautobiographien oder Darstellungen mit ähnlich eingeschränkter Perspektive wurden nicht aufgenommen, auch wenn die Titel einzelner Werke dies suggerieren mögen.

3. Zur Form der Epochencharakterisierung in den Erinnerungswerken

Die Forschung hat sich bislang nur vereinzelt und in unterschiedlicher Tiefe theoretisch mit der Frage beschäftigt, wie Historiker bei der Charakterisierung von Epochen, also bei der Zuweisung prägender Merkmale zu einem von ihnen als abgeschlossen betrachteten Zeitraum der Vergangenheit vorgehen, wobei diese theoretischen Überlegungen – wie oben bereits angedeutet[97] – in der Regel von der Frage der Abgrenzung und gegebenenfalls auch Benennung eines solchen Zeitraums ausgehen, allerdings auch auf die Form von dessen inhaltlicher Beschreibung übertragbar sind und immer wieder auch übertragen werden. Anfangs wurde dabei neben eher unscharfen Hinweisen auf den ausschlaggebenden Charakter von „allgemeinen, der ganzen Periode eigentümlichen, ihre Entwicklung treibenden Strömungen"[98] bzw. „Kräfte[n]", „Leistungen" und „Wert" einer Epoche[99] auch schon konkreter über „die typische Bedeutung von Ereignissen, Kulturleistungen und Kulturträgern" für einen vergangenen Zeitabschnitt nachgedacht.[100] Weiter abstrahiert und ergänzt wurden diese Überlegungen in jüngerer und jüngster Zeit mittels der Unterscheidung prägender „Ereignisse, Strukturveränderungen oder geschichtsgestaltende[r] Gründerfiguren" als Kategorien für die Merkmalszuweisung.[101] Besonders eingehend hat sich dabei Friedrich Jaeger mit

---

96 S. Kap. III. 1.
97 S. Kap. I. 2., dessen Ausführungen zu diesem Punkt hier ergänzt werden.
98 Spangenberg, Die Perioden, 5.
99 Below, *Über historische Periodisierungen*, 9.
100 Keyser, *Die Geschichtswissenschaft*, 79.
101 Schreiner, „Diversitas temporum", 383 (Zitat); vgl. Reinhart Koselleck, „Neuzeit". Zur Semantik moderner Bewegungsbegriffe, in: ders., *Vergangene Zukunft. Zur Semantik geschichtlicher Zeiten*, Frankfurt am Main 1989, 300–348, hier 304 und 327; Marian Nebelin, Zeit und Geschichte. Historische Zeit in geschichtswissenschaftlichen Theorien, in: ders. / Andreas Deußer (Hgg., unter Mitarbeit von Katarina Bartel), *Was ist Zeit? Philosophische und geschichtstheoretische Aufsätze* (Philosophie, 74), Berlin 2009, 51–93, hier 59f. Kaum weiter-

diesen Fragen beschäftigt und in seinen Überlegungen zur Vorgehensweise bei der Periodisierung zugleich auch einige Möglichkeiten der Merkmalszuweisung genannt[102]; dazu zählen dem zufolge die Erfassung von strukturellen Veränderungen und „Entwicklungsfaktoren"[103], die Bestimmung von Handelnden und „Handlungsobjekten", d. h. von „gestaltende[n]" einzelnen Menschen und „erleidende[n]" Gruppen, die Festlegung von „Richtungs- und Tendenzbestimmungen"[104] der historischen Entwicklung in bzw. durch eine Epoche sowie – inhaltlich umfassend gedacht – der Vergleich mit fremden Staaten bzw. Kulturen.

In den Autobiographien und Memoiren finden sich nun, wenn es um die Charakterisierung der Zeit geht, in der sich das beschriebene Leben abgespielt hat, alle diese Elemente wieder. Dabei lassen sich jedoch nicht nur große Unterschiede zwischen den Erinnerungswerken feststellen, es ist auch kaum eines in seiner Darstellungsweise völlig homogen – die Verfasser folgen hier (selbstverständlich) keinen abstrakten Kriterien[105], zumal die Festlegung von Epochenmerkmalen ja auch nicht ihr Hauptinteresse bildete. So finden sich neben direkten Benennungen epochenrelevanter Ereignisse, struktureller Veränderungen oder Beharrungstendenzen, maßgeblicher Persönlichkeiten und Handlungen usw. (sei es ausführlich oder knapp) oftmals auch indirekte Hinweise oder Andeutungen zeittypischer Merkmale, sei es etwa in Form von Verallgemeinerungen spezifischer lokaler Ereignisse, Zustände und Entwicklungen oder der offenkundigen Beschreibung politischer oder gesellschaftlicher Handlungen und Akteure als partes pro toto, sei es durch die Charakterisierung eigenen Verhaltens oder des Verhaltens anderer als Ausnahme oder Regel, sei es in der Kommentierung zeitgenössischer Ansichten, sei es durch die Wiederholung der immer gleichen Aspekte an unterschiedlichen Stellen im Werk, durch synchrone oder diachrone Vergleiche mit anderen Ländern oder Zeitabschnitten bzw. Hinweise auf Wandlungen in Detailaspekten eines bestimmten Themenbereichs (durchaus ebenfalls an weit voneinander entfernten Stellen des Textes) oder in anderer Form, wobei dies alles immer mit Wertungen verbunden sein kann, die wiederum eine eigene Art der Epochensicht begründen.

Wie diese Beispiele deutlich machen bzw. nahelegen, ist bei der Auswertung nicht zuletzt auch die sprachliche Gestaltung der Lebenserinnerungen besonders zu beachten, zumal möglichst sorgfältig zu trennen ist zwischen dem, was die Autobiographen (bewusst oder unbewusst) als wesentlich für die von ihnen erlebte Zeit markiert haben, und dem, was für sie – nicht zwangsläufig damit übereinstimmend – in ihrem (punktuellen) Erleben von Bedeutung war. Allgemeingültige Kriterien dafür, welcher Art die zu berücksichtigenden Aussagen in den Autobio-

---

führend erscheint dagegen der Hinweis auf die Möglichkeit, „endokulturelle, exokulturelle oder inhaltsleere Periodisierungen" vorzunehmen, bei Pot, *Sinndeutung und Periodisierung*, 67.

102 Jaeger, Neuzeit als kulturelles Sinnkonzept, bes. 508–519; vgl. bereits ders., Epochen als Sinnkonzepte historischer Entwicklung und die Kategorie der Neuzeit, in: Jörn Rüsen (Hg.), *Zeit deuten. Perspektiven – Epochen – Paradigmen*, Bielefeld 2003, 313–354.

103 Jaeger, Neuzeit als kulturelles Sinnkonzept, 511f. (das Zitat 511).

104 Ebd., 515f.

105 Vgl. oben, Kap. I. 2.

graphien und Memoiren sind, können vor diesem Hintergrund nicht aufgestellt werden; vielmehr ist im konkreten Fall angesichts der zahlreichen und vielfältigen – und oben keineswegs erschöpfend umrissenen – Möglichkeiten, der betrachteten Zeit spezifische Kennzeichen zuzuweisen, immer wieder neu abzuwägen, welche Informationen im jeweiligen Erinnerungswerk von Bedeutung, welche zu vernachlässigen sind.[106]

III. FRAGESTELLUNGEN, VORGEHENSWEISE UND VORARBEITEN

1. Zu Fragestellungen, Methode und Aufbau der Untersuchung

Auf der Grundlage der bisherigen Ausführungen sind nunmehr die Fragestellungen konkret zu formulieren und zu erläutern, die die Untersuchung beantworten möchte. Die ersten beiden beziehen sich dabei auf das oben in Kapitel I. 1. festgehaltene Untersuchungsziel:

1) Welche Bereiche menschlichen Denkens und Handelns werden in den ausgewählten Autobiographien und Memoiren thematisiert, um die Zeit von 1888/90 bis 1914 als Epoche zu charakterisieren? Welche konkreten Ereignisse, Personen, Zustände, Entwicklungsprozesse usw. werden dabei besonders hervorgehoben? Welche Wertungen werden gegebenenfalls vorgenommen? Welche Mehrheits-, Minderheits- und Einzelmeinungen lassen sich dabei unterscheiden, welches Gesamtbild ergibt sich aus ihnen?[107]

2) In welchem Verhältnis steht die Epochencharakterisierung in den Lebenserinnerungen zu dem Bild der Wilhelminischen Zeit, das die ebenfalls auf eine Gesamtdarstellung abzielenden Werke der zeitgenössischen Geschichtsschreibung, Populärwissenschaft und Publizistik zeichnen? Wo liegen Gemeinsamkeiten und Unterschiede, wie sind die Autobiographien und Memoiren im Ganzen einzuordnen?

Hier geht es zunächst darum, die in den Erinnerungswerken präsentierten, durch ihre Veröffentlichung in die gesamtgesellschaftliche Diskussion um die Wilhelminische Zeit eingebrachten Epochenbilder in allen ihren inhaltlichen Facetten und Wertungen zu rekonstruieren bzw. zu veranschaulichen, was in Teil B. der Untersuchung geschehen soll. Der inhaltliche Zuschnitt wie die Benennung der Kapitel nach historischen Themenbereichen ergibt sich dabei im Allgemeinen aus der üblichen (selbstverständlichen) Trennung nach Politik, Gesellschaft, Wirtschaft usw.[108], im Speziellen aus den in den Autobiographien und Memoiren vor-

---

106 Konkrete Beispiele finden sich in Form von wörtlichen Zitaten zur Genüge in Teil B. der Untersuchung.

107 Hinsichtlich etwaigen Erläuterungsbedarfs zu den für die Auswertung relevanten Aussagen in den Lebenserinnerungen sei hier nur auf das unmittelbar vorangegangene Kapitel II. 3. verwiesen.

108 Vgl. Jürgen Osterhammel, Über die Periodisierung der neueren Geschichte (Vortrag in der Geisteswissenschaftlichen Klasse am 29. November 2002), in: *Berlin-Brandenburgische Akademie der Wissenschaften, Berichte und Abhandlungen 10/2006*, 45–64, hier 56.

genommenen Abgrenzungen und Verknüpfungen.[109] Der zum Teil deutlich variie-
rende Umfang der verschiedenen Abschnitte hängt hier einerseits davon ab, wie
viele Verfasser sich dem jeweiligen Thema widmen, andererseits davon, wie ausführlich und detailliert dies geschieht. Innerhalb der Kapitel wird im Zusammenhang mit der Wiedergabe der Ansichten aus den Lebenserinnerungen immer wieder auch darauf hingewiesen, wie viele Autobiographen das jeweilige Thema für
epochenrelevant halten bzw. die jeweilige Meinung teilen, um den Stellenwert der
verschiedenen Aspekte im Rahmen des Gesamtbilds deutlich zu machen. In einem
Zwischenfazit wird dann das Epochenbild der Lebenserinnerungen von seiner
Struktur und Gesamttendenz her grob charakterisiert; vor allem soll hier die Gewichtung der verschiedenen Epochenthemen deutlich gemacht und kommentiert
werden, um zunächst eine Teilantwort auf die erste Fragestellung der Untersuchung zu geben, die dann im Zusammenhang mit der Bearbeitung der zweiten
Fragestellung vervollständigt werden soll.

Mit Blick auf den hierbei durchzuführenden Vergleich ist zunächst noch einmal daran zu erinnern, dass eingehende Untersuchungen zur Diskussion über den
Charakter der Wilhelminischen Epoche zwischen 1918 und 1939 bislang nicht
vorliegen und in der Forschung allenfalls Teilbereiche der öffentlichen Debatte
(allzu) kursorisch behandelt worden sind, noch dazu in der Regel mit dem Fokus
auf Kontroversen um die deutsche Außenpolitik.[110] Eine tragfähige Einordnung
der Autobiographien und Memoiren kann also nur durch den direkten Vergleich

---

109 Vgl. auch das von Doerry, *Übergangsmenschen*, 191, in den Lebenserinnerungen der (sieben
     von ihm näher untersuchten) „Wilhelminer" ausgemachte, in Teilen ähnliche Themenspek-
     trum. Die inhaltliche Abgrenzung der Kapitel mag dabei in dem einen oder anderen Detail auf
     den ersten Blick willkürlich erscheinen, was freilich Definitionssache ist und hier nicht anders
     als bei grundsätzlich jeder theoretischen Aufspaltung eines zusammenhängenden Ganzen in
     Teilbereiche auch nicht verhindert werden kann. Umgekehrt sind Überschneidungen zwi-
     schen den Kapiteln bei solch einer Untergliederung nicht völlig zu vermeiden, ebenso wie –
     im Einzelfall – die Wiederholung von Zitaten aus dem einen oder anderen Erinnerungswerk,
     wenn die betreffenden Stellen für mehrere Themenbereiche einschlägig sind; gegebenenfalls
     wird dem durch Querverweise und Erläuterungen Rechnung getragen. Besonders hinzuwei-
     sen ist an dieser Stelle lediglich auf die inhaltliche Abgrenzung des Kapitels I. in Teil B.: Hier
     geht es um Persönlichkeit, Amtsführung und Stellung Kaiser Wilhelms II. im Reich im All-
     gemeinen, aber auch um seine Rolle in der deutschen Außenpolitik, die zum einen qua Ver-
     fassung Domäne des Reichsoberhaupts war (vgl. Ernst Rudolf Huber, *Deutsche Verfassungs-
     geschichte seit 1789. Band III: Bismarck und das Reich.* Dritte, wesentl. überarb. Aufl. Stutt-
     gart u. a. 1988, 820 und 934f.), zum anderen für das Schicksal des Reichs bzw. für den Ver-
     lauf der ganzen Epoche besondere Bedeutung hatte, wobei eben gerade die persönlichen
     Eigenschaften des Monarchen zum Tragen kamen – so jedenfalls die Einschätzung der Auto-
     biographen, die hierbei vorrangig zu berücksichtigen ist. Des Kaisers Aktivitäten in den Be-
     reichen Soziale Frage, Schulwesen und Kunst haben diesen Stellenwert dagegen nicht (auch
     rein quantitativ, d. h. von der Zahl der Erwähnungen her gesehen), sie sind zudem für die Ge-
     samteinschätzung Wilhelms II. in den Erinnerungswerken wenig von Belang bzw. bringen
     dafür keine zusätzlichen Erkenntnisse und lassen sich überdies auch kaum aus ihrem jeweili-
     gen Kontext lösen, so dass sie hier in den thematisch einschlägigen Kapiteln berücksichtigt
     werden.
110 Vgl. oben, Kap. I. 1.

mit anderen einschlägigen Publikationen ihrer Zeit geschehen, der sich freilich im Rahmen einer solchen grundlegenden Studie auf das Wesentliche zu konzentrieren hat. Da nun einerseits die Erinnerungswerke mit dem Anspruch ihrer Urheber auf realitätsgetreue Schilderung der selbst erlebten Vergangenheit wie von ihrer inhaltlich prinzipiell umfassenden Anlage her der um eine Gesamtdarstellung bemühten Historiographie deutlich näher stehen als anderen Publikationen, andererseits die Zeitgeschichtsschreibung immer auch Stimmungen, Meinungen und Deutungen aus der öffentlichen Diskussion ebenso prägt wie verarbeitet bzw. darauf reagiert[111], liegt hier der Vergleich mit ausgewählten Arbeiten der zeitgenössischen Geschichtswissenschaft am nächsten. Unterdessen waren die Autobiographen aber in der Regel keine Fachhistoriker – und wo doch, schalteten sie diese „Funktion" zugunsten der persönlichen Perspektive auf ihr Leben aus – und insofern auch ohne den (ausdrücklichen) Anspruch, nach wissenschaftlichen Maßstäben zu schreiben; außerdem wurden sie natürlich potentiell durch die Lektüre auch populärwissenschaftlicher und publizistischer Werke in ihren Darstellungen beeinflusst, Werke, die wiederum ebenfalls in Wechselwirkung mit Erinnerungs- und geschichtswissenschaftlicher Literatur standen. Aus diesem Grund müssen auch diese Genres in die Betrachtung einbezogen werden.

Ausgewählt wurden Schlüsselwerke von 24 Autoren, zehn Historikern und 14 Vertretern von Populärwissenschaft und Publizistik[112], wobei letztere zu einer Gruppe zusammengefasst werden, da die Grenzen hier fließend sind und sich überdies aus dem oben Gesagten ergibt, dass eine Trennung in Geschichtswissenschaft und Nicht-Geschichtswissenschaft beim Vergleich mit den Erinnerungswerken sinnvoll ist. Dabei repräsentieren die ausgewählten Darstellungen in jeder der beiden Vergleichsgruppen verschiedene politische und weltanschauliche Ausrichtungen, so dass ein breites, vielfältiges Spektrum an Auffassungen und Einschätzungen berücksichtigt wird. Entscheidende Auswahlkriterien waren die Behandlung der Wilhelminischen Zeit als in sich abgeschlossener Epoche sowie die Zeichnung eines möglichst breiten Epochenbildes; aus diesem Grund blieben sol-

---

111 Heinze, Autobiographie und zeitgeschichtliche Erfahrung, passim; Konrad H. Jarausch, Zeitgeschichte und Erinnerung. Deutungskonkurrenz oder Interdependenz?, in: ders. / Martin Sabrow (Hgg.), *Verletztes Gedächtnis. Erinnerungskultur und Zeitgeschichte im Konflikt*, Frankfurt am Main/New York 2002, 9–37, hier passim.

112 Vgl. zu allen im Folgenden angegebenen Werken: Bollenbeck, *Tradition, Avantgarde, Reaktion*; Brude-Firnau, *Die literarische Deutung Kaiser Wilhelms II.*; Werner Conze, Das Kaiserreich von 1871 als gegenwärtige Vergangenheit im Generationswechsel der deutschen Geschichtsschreibung, in: Werner Pöls (Hg.), *Staat und Gesellschaft im politischen Wandel. Beiträge zur Geschichte der modernen Welt. Walter Bußmann zum 14. Januar 1979*, Stuttgart 1979, 383–405; Dreyer/Lembcke, *Die deutsche Diskussion*; Faulenbach, Deutsche Geschichtswissenschaft; ders., *Ideologie des deutschen Weges*; Gerwarth, *Der Bismarck-Mythos*; Gradmann, *Historische Belletristik*; Heinemann, *Die verdrängte Niederlage*; Georg G. Iggers, *Deutsche Geschichtswissenschaft. Eine Kritik der traditionellen Geschichtsauffassung von Herder bis zur Gegenwart*, München ³1976; Jäger, *Historische Forschung*; Kittstein, „Mit Geschichte will man etwas"; Kolb, „Die Historiker sind ernstlich böse"; Perrey, Der „Fall Emil Ludwig"; Röhl, *Wilhelm II.*, [III]; Schiffels, Formen historischen Erzählens; Schivelbusch, *Die Kultur der Niederlage*; Schleier, *Die bürgerliche deutsche Geschichtsschreibung*.

che Arbeiten unberücksichtigt, die nur einen Teilbereich der deutschen Geschichte
von 1890 bis zum Ersten Weltkrieg – in der Regel die Außenpolitik – behandeln
oder ihm zumindest erdrückend großes Gewicht beimessen.[113] Konkret werden
die Werke folgender Fachhistoriker in die Untersuchung einbezogen: Conrad
Bornhak[114], Walter Goetz (u. a.)[115], Fritz Hartung[116], Wilhelm Mommsen[117], Herrmann Oncken[118], Arthur Rosenberg[119], Paul Schmitthenner[120], Franz Schnabel[121],

113 Dies gilt auch für die Veröffentlichungen des ehemaligen Reichskanzlers Bülow (Bernhard
     von Bülow, *Denkwürdigkeiten*, 4 Bde., hg. v. Franz von Stockhammern, Berlin 1930/31) und
     des Admirals Tirpitz (Alfred von Tirpitz, *Erinnerungen*, Leipzig 1919), die von ihrer inneren
     Struktur und ihrem Anliegen her eher der politischen Publizistik zuzuordnen sind, ebenso wie
     die Erinnerungen Kaiser Wilhelms II. (vgl. unten), die jedoch ein breiteres Epochenbild
     zeichnen und deswegen in der zweiten Vergleichsgruppe berücksichtigt wurden. Vgl. ansons-
     ten etwa Harry Elmer Barnes, *Die Entstehung des Weltkrieges. Eine Einführung in das
     Kriegsschuldproblem*, Stuttgart 1928; Erich Brandenburg, *Von Bismarck zum Weltkriege. Die
     deutsche Politik in den Jahrzehnten vor dem Kriege. Dargestellt auf Grund der Akten des
     Auswärtigen Amtes*, Berlin 1924; Sidney Bradshaw Fay, *Der Ursprung des Weltkrieges*, 2
     Bde., Berlin 1930; J. Daniel Chamier, *Ein Fabeltier unserer Zeit*, Zürich/Leipzig/Wien 1937
     (engl. 1934); Heinrich Friedjung, *Das Zeitalter des Imperialismus 1884–1914*, 2 Bde., Berlin
     1919/22; Karl Helfferich, *Die Vorgeschichte des Weltkrieges*, Berlin 1919; Gottlieb von
     Jagow, *Ursachen und Ausbruch des Weltkrieges*, Berlin 1919; Max Lenz, *Deutschland im
     Kreis der Großmächte. 1871–1914* (Einzelschriften zu Politik und Geschichte, 12), Berlin
     1925; Paul Ostwald, *Von Versailles 1871 bis Versailles 1920*, Berlin 1922; Ernst Gf. zu Re-
     ventlow, *Politische Vorgeschichte des großen Krieges*, Berlin 1919; Dietrich Schäfer, *Die
     Schuld am Kriege*, Oldenburg 1919; Friedrich Stieve, *Deutschland und Europa 1890–1914.
     Ein Handbuch zur Vorgeschichte des Weltkrieges mit den wichtigsten Dokumenten und drei
     Karten*, Berlin 1926.
114 Conrad Bornhak, *Deutsche Geschichte unter Kaiser Wilhelm II.*, Leipzig/Erlangen 1921.
115 Walter Goetz / Kurt Wiedenfeld / Max Graf Montgelas / Erich Brandenburg, *Das Zeitalter
     des Imperialismus 1890–1933* (Propyläen-Weltgeschichte, 10), Berlin 1933.
116 Fritz Hartung, *Deutsche Geschichte von 1870 bis 1914*, Bonn/Leipzig 1920. Diese frühe
     Ausgabe von Hartungs Darstellung enthält einen Abschnitt „Die geistige Verfassung des
     deutschen Volkes vor dem Weltkriege" (ebd., 283ff.), der vom Verfasser in späteren Aufla-
     gen fortgelassen wurde, was eine wesentliche inhaltliche Verengung zur Folge hatte. Die
     zweite Auflage von 1924 blieb ansonsten bis auf „den Versuch, die Geschichte des Weltkrie-
     ges kurz darzustellen", unverändert (ebd., unpaginiertes Vorwort). Die dritte von 1930 (er-
     schienen unter dem Titel *Deutsche Geschichte vom Frankfurter Frieden bis zum Vertrag von
     Versailles 1871–1919*) enthält ebenfalls keine Änderungen „der Gesamtauffassung" (ebd.,
     unpaginiertes Vorwort); sie bietet zwar aufgrund ihrer deutlich erweiterten Quellenbasis
     weitaus detailliertere Informationen, jedoch in der Darstellung der epochenrelevanten Aspek-
     te keine wesentlich von den früheren Fassungen abweichenden Urteile. Um diesen Befund
     nachvollziehbar zu machen, wird in Teil C., Kap. II. 2. bei der Zitation des Hartungschen
     Werks im Zusammenhang mit zentralen Aspekten der Darstellung der wilhelminischen Au-
     ßenpolitik auch auf die entsprechenden Stellen in der 3. Auflage verwiesen.
117 Wilhelm Mommsen, *Politische Geschichte von Bismarck bis zur Gegenwart 1850–1933*,
     Frankfurt am Main 1935.
118 Hermann Oncken, *Das Deutsche Reich und die Vorgeschichte des Weltkrieges*, 2 Bde., Leip-
     zig u. a. 1933.
119 Arthur Rosenberg, *Die Entstehung der deutschen Republik 1871–1918*, Berlin 1928.
120 Paul Schmitthenner, *Geschichte der Zeit seit 1871* (Weltgeschichte in fünf Bänden, 5), Biele-
     feld/Leipzig 1933.

Adalbert Wahl[122] und Johannes Ziekursch[123]. Von den Vertretern der Populärwissenschaft und Publizistik werden berücksichtigt Heinrich Binder[124], Max Hildebert Boehm[125], Franz Carl Endres[126], Herbert Eulenberg[127], Eugen Jäger[128], Emil Ludwig[129], Heinrich Mann[130], Karl Friedrich Nowak[131], Walther Rathenau[132], Edgar von Schmidt-Pauli[133], Hermann Ullmann[134], Ex-Kaiser Wilhelm II.[135], Theodor Wolff[136] und Erwin Wulff[137].

Auf der Grundlage der Bestandsaufnahme in Teil B. sollen nun in Teil C. der Untersuchung die Ansichten der Erinnerungswerke mit denen der Historiographie einerseits, der Populärwissenschaft und Publizistik andererseits verglichen werden. Die Diskussion in den Autobiographien und Memoiren wird hier nach Themen getrennt zusammengefasst, wobei jeweils vor allem die Hauptlinien der Argumentation noch einmal nachvollzogen, aber auch Minderheitsmeinungen von Gewicht sowie bei umstrittenen Aspekten die Standpunkte etwa gleich großer Autobiographen-„Parteien" berücksichtigt werden. Dem so auf das Wesentliche der Aussagen komprimierten Inhalt der Lebenserinnerungen werden dann jeweils unmittelbar Punkt für Punkt die Ansichten der Vergleichswerke – nach den beiden

121 Franz Schnabel, *1789–1919. Eine Einführung in die Geschichte der neuesten Zeit*, Leipzig/ Berlin [3/4]1925; ders., *Deutschland in den weltgeschichtlichen Wandlungen des letzten Jahrhunderts*, Berlin 1925.

122 Adalbert Wahl, *Deutsche Geschichte. Von der Reichsgründung bis zum Ausbruch des Weltkriegs (1871–1914)*, 4 Bde., Stuttgart 1926–36.

123 Johannes Ziekursch, *Politische Geschichte des neuen deutschen Kaiserreiches. Erster Band: Die Reichsgründung; Zweiter Band: Das Zeitalter Bismarcks (1871–1890); Dritter Band: Das Zeitalter Wilhelms II. (1890–1918)*, Frankfurt am Main 1925–30.

124 Heinrich Binder, *Die Schuld des Kaisers* (Deutsche Standort-Bücherei, 1), München 1919.

125 Max Hildebert Boehm, *Ruf der Jungen. Eine Stimme aus dem Kreise um Moeller van den Bruck*, Freiburg im Breisgau [3]1933.

126 [Franz Carl Endres], *Die Tragödie Deutschlands. Im Banne des Machtgedankens bis zum Zusammenbruch des Reiches. Von einem Deutschen*. Vierte, erw. u. verbess. Aufl. Stuttgart 1925.

127 Herbert Eulenberg, *Die Hohenzollern*, Berlin 1928.

128 Eugen Jäger, *Erinnerungen aus der Wilhelminischen Zeit* (Politik und Kultur. Schriftenreihe der Augsburger Postzeitung, 3), Augsburg 1926.

129 Ludwig, *Wilhelm der Zweite*. Ludwig schreibt hier aus grundlegend anderer Perspektive als in seiner ebenfalls in die Untersuchung einbezogenen Autobiographie, womit die Berücksichtigung beider Werke gerechtfertigt erscheint.

130 Heinrich Mann, Kaiserreich und Republik, in: ders., *Macht und Mensch*, München/Leipzig 1919, 204–278.

131 Karl Friedrich Nowak, *Das dritte deutsche Kaiserreich. Erster Band: Die übersprungene Generation; Zweiter Band: Deutschlands Weg in die Einkreisung*, Berlin 1929/31.

132 Walther Rathenau, *Der Kaiser. Eine Betrachtung*, Berlin 1919.

133 Edgar von Schmidt-Pauli, *Der Kaiser. Das wahre Gesicht Wilhelms II.*, Berlin 1928.

134 Hermann Ullmann, *Deutschland 1890–1918* (Stoffe und Gestalten der deutschen Geschichte, 8), Leipzig/Berlin 1936.

135 Wilhelm II., *Ereignisse und Gestalten aus den Jahren 1878–1918*, Leipzig/Berlin 1922.

136 Theodor Wolff, *Das Vorspiel. Erster Band*, München 1924.

137 Erwin Wulff, *Die persönliche Schuld Wilhelms II. Ein zeitgemäßer Rückblick*, Dresden 1918.

oben definierten Gruppen getrennt – gegenübergestellt[138], woraus sich zugleich ein Gesamtbild und eine Einordnung der Erinnerungswerke in den zeitgenössischen Diskussionskontext ergeben. Die so gewonnenen Erkenntnisse werden schließlich in einem Zwischenfazit mit Blick auf die erste und die zweite Fragestellung der Arbeit verdichtet und auf den Punkt gebracht. Dass dabei in Teil C. auch die Vergleichswerke ausschließlich von ihren Aussagen her betrachtet werden und z. B. die weltanschauliche Orientierung oder andere Merkmale der Verfasser hier unberücksichtigt bleiben, ergibt sich zwingend aus dem Verfahren bei der Auswertung der Lebenserinnerungen in Teil B., lässt sich darüber hinaus aber auch damit rechtfertigen, dass, wie der Forschungsüberblick in Kapitel I. 1. gezeigt hat, Überschneidungen in der Sichtweise von Historiographen, Populärwissenschaftlern und Publizisten etwa aus entgegengesetzten politischen Lagern keine Seltenheit waren bzw. sind.

Näher zu begründen ist freilich der Verzicht auf die Berücksichtigung von Unterschieden in den Abfassungs- bzw. Veröffentlichungszeitpunkten aller untersuchten Werke. Sowohl die ausgewählten Autobiographien und Memoiren als auch die zum Vergleich herangezogenen Publikationen sind während des gesamten Untersuchungszeitraums entstanden und erschienen und traten damit zu jeweils unterschiedlichen Zeitpunkten in die öffentliche Diskussion ein. Hier geht die Untersuchung jedoch davon aus, dass die Verfasser nicht im luftleeren Raum schrieben, sondern an den Vergangenheitsdiskussionen ihrer Zeit aktiv oder passiv Anteil nahmen, so dass alle Werke unabhängig von ihrem Erscheinungsjahr zeitgenössisch kursierende Deutungsvarianten der Wilhelminischen Epoche enthalten bzw. repräsentieren. Dennoch liegt natürlich die Vermutung nahe, dass die zwischen 1918 und 1939 eingetretenen „Binnenzäsuren", allen voran der Umbruch durch die Machtübernahme der Nationalsozialisten, die Sichtweise von Autobiographen, Historikern, Populärwissenschaftlern und Publizisten beeinflusst hat. Für die beiden Vergleichsgruppen hat die Forschung freilich bereits herausgearbeitet, dass das Jahr 1933 die Auseinandersetzungen mit der Geschichte nicht erkennbar in eine andere Richtung gelenkt hat.[139] Für die Lebenserinnerungen allerdings steht ein solcher Nachweis bislang aus. Etwaige Auswirkungen auf die Epochensicht wären in dieser Untersuchung ohne Weiteres abbildbar, da das Quellenkorpus zu ca. einem Viertel Autobiographien und Memoiren enthält, die nach der Ernennung Hitlers zum Reichskanzler entstanden und erschienen sind. Vor diesem Hintergrund wird der Frage nach dem Einfluss der „Binnenzäsuren" der Zwischenkriegszeit am Beispiel des Jahres 1933 in einem Exkurs nachgegangen, der dem Vergleich in Teil C. als eigenes Kapitel vorgeschaltet ist und ebenso auf der Bestandsaufnahme der autobiographischen Epochencharakterisierungen in Teil B. basiert.

Ergänzend sei noch darauf hingewiesen, dass im Anmerkungsapparat zu B. und C. Sacherläuterungen eingefügt sind, wo dies zum Verständnis der in den Le-

---

138 Eingehendere Erläuterungen zum Verfahren finden sich in Teil C. in einer Vorbemerkung (Kap. II. 1.).
139 Vgl. oben, Kap. I. 1.

benserinnerungen und den Vergleichswerken geführten Diskussionen unbedingt notwendig erscheint, d. h. wo Details oder Zusammenhänge angesprochen werden, die weder als bekannt vorausgesetzt werden können noch aus sich selbst heraus unmittelbar verständlich sind (jedoch nur bei ihrer jeweils ersten Erwähnung). Dabei geht es ausdrücklich nicht darum, die Aussagen im Sinne einer Darlegung der „tatsächlichen Gegebenheiten" in der Wilhelminischen Zeit zu kommentieren, da es nicht Ziel der Arbeit ist, das in den Diskussionen der Zwischenkriegszeit entworfene Bild der Epoche mit dem Stand der heutigen Forschung zu kontrastieren. Dementsprechend werden auch Unschärfen in den Darstellungen bei der Wiedergabe nicht bereinigt, so z. B. wenn – was nicht selten der Fall ist – die Autobiographen nicht sauber zwischen den Verhältnissen speziell in Preußen und denen im Reich allgemein unterscheiden.[140]

Die dritte Fragestellung, die der Untersuchung zugrunde liegt, bezieht sich auf das oben in Kapitel I. 2. formulierte Anliegen:

3) Lassen sich Gruppen von Verfassern bilden, die die Wilhelminische Zeit im Ganzen übereinstimmend charakterisieren? Welche inhaltlichen Merkmale bzw. Merkmalskombinationen sind für die Epochensicht in diesen Gruppen jeweils konstitutiv? Lassen sich vor diesem Hintergrund verschiedene „Deutungsmuster" unterscheiden? Welche Personenmerkmale können hierbei als ausschlaggebend für die Sichtweise der Gruppenmitglieder identifiziert werden?

Hierzu sind ebenfalls eingehendere Erläuterungen notwendig: Zunächst werden aus der Gesamtmenge der Autobiographen kleinere Gruppen gebildet, die durch möglichst weitgehende Übereinstimmungen in der Epochensicht gekennzeichnet sind. Unter „Deutungsmuster" versteht die Untersuchung dabei die für die Vergangenheitsbilder dieser Gruppen spezifischen Kombinationen bzw. Konstellationen von Epochenmerkmalen. Auf dieser Basis ist dann danach zu fragen, ob die Angehörigen einer jeden Gruppe ein oder mehrere übereinstimmende Merkmale aufweisen, die als ausschlaggebend für die Epochensicht angesehen werden können. Ganz bewusst geht die Untersuchung hierbei insofern ergebnisoffen vor, als sie einen bestimmten Gruppenzusammenhang nicht von vornherein unterstellt und etwa nach Entsprechungen der Sichtweise von Angehörigen spezifischer politischer Lager, „Milieus" oder „Generationen" fragt, wie dies in der Forschung häufig der Fall ist[141] – gerade auch dann, wenn eine größere Menge von Erinnerungswerken untersucht wird.[142] Speziell für die Vergangenheitsdarstellung in Autobiographien und Memoiren sind enge Zusammenhänge mit den Kategorien Milieu und Generation ausdrücklich betont worden[143], ebenso wie für

---

140 Vgl. etwa Teil B., Kap. V. (Das Militär).

141 Vgl. die oben in Kap. II. 1. sowie im nachfolgenden Kap. III. 2. angemerkte Literatur.

142 Vgl. Jancke/Ulbrich, Vom Individuum zur Person, 12f.

143 So besonders prägnant Krassnitzer, Autobiographische Erinnerung, 217 und 231; ders., Historische Forschung, 216; vgl. zum Faktor „Generation" auch Jureit, Autobiographien, 151f.; eher skeptisch bzw. differenzierend in diesem Punkt dagegen Volker Depkat, Autobiographie und Generation, in: Martin Dröge (Hg.), *Die biographische Methode in der Regionalgeschichte*, Münster 2011, 43–57.

das Geschichtsbewusstsein generell.[144] Abgesehen davon jedoch, dass die Tauglichkeit des Milieubegriffs zur Erklärung von Erinnerung und Vergangenheitsdeutung vielfach angezweifelt worden ist[145] (gerade in der Zeit der Weimarer Republik sei innerhalb der verschiedenen Milieus eine enorme Zerklüftung „des Geschichtsdenkens" an den Tag getreten![146]) und der Generationenbegriff in seiner Mehrdeutigkeit „hochproblematisch"[147], jedenfalls viel zu unscharf für eine zweifelsfreie Anwendung ist[148], würde ein solches Präjudiz lediglich die Erkenntnismöglichkeiten von vornherein einengen.

Gleichwohl müssen im Hinblick auf die infrage kommenden Einflussgrößen gewisse Vorgaben gemacht werden, damit die Fragestellung handhabbar bleibt. Die Untersuchung orientiert sich daher an einem von Reinhart Koselleck speziell für die Zeit der Weltkriege definierten Katalog von „sozialisierende[n] Bedingungen, die aus der Vorkriegszeit bewußtseinsprägend wirken" und a priori geeignet erscheinen, die Sichtweise von Individuen wie von gesellschaftlichen Gruppen

144 So etwa Benjamin Ziemann, Die Erinnerung an den Ersten Weltkrieg in den Milieukulturen der Weimarer Republik, in: Thomas F. Schneider (Hg.), *Kriegserlebnis und Legendenbildung. Das Bild des „modernen" Krieges in Literatur, Theater, Photographie und Film. Band 1: Vor dem Ersten Weltkrieg; Der Erste Weltkrieg* (Krieg und Literatur. Internationales Jahrbuch zur Kriegs- und Antikriegsliteraturforschung, III/1997), Osnabrück 1999, 249–270, hier 251 und 259, anhand des im Titel seines Aufsatzes genannten Beispiels. Ziemann bringt ebd., 259ff., allerdings auch die „objektivere" Kategorie „Geschlecht" in die Diskussion ein; vgl. dazu die weiteren Ausführungen.

145 Vgl. Gangolf Hübinger, „Sozialmoralisches Milieu". Ein Grundbegriff der deutschen Geschichte, in: Steffen Sigmund (Hg.), *Soziale Konstellation und historische Perspektive. Festschrift für M. Rainer Lepsius*, Wiesbaden 2008, 207–227; Thomas Mergel, Sozialmoralische Milieus und Revolutionsgeschichtsschreibung. Zum Bild der Revolution von 1848/49 in den Subgesellschaften des deutschen Kaiserreichs, in: Christian Jansen / Thomas Mergel (Hgg.), *Die Revolutionen von 1848/49. Erfahrung – Verarbeitung – Deutung*, Göttingen 1998, 247–267; Janina Fuge, Zwischen Kontroverse und Konsens: „Geschichtspolitik" als pluralistische Bewährungsprobe der deutschen Nachkriegsgesellschaft in der Weimarer Republik, in: Harald Schmid (Hg.), *Geschichtspolitik und kollektives Gedächtnis. Erinnerungskulturen in Theorie und Praxis* (Formen der Erinnerung, 41), Göttingen 2009, 123–141.

146 Hardtwig, Die Krise des Geschichtsbewußtseins, 74 (Zitat). Vgl. auch Klaus Tenfelde, *Milieus, politische Sozialisation und Generationenkonflikte im 20. Jahrhundert. Vortrag vor dem Gesprächskreis Geschichte der Friedrich-Ebert-Stiftung in Bonn am 11. Juni 1997* (Gesprächskreis Geschichte, 19), Bonn 1998, 16ff.; ders., Historische Milieus – Erblichkeit und Konkurrenz, in: Manfred Hettling / Paul Nolte (Hgg.), *Nation und Gesellschaft in Deutschland. Historische Essays*, München 1996, 247–268.

147 Dollinger, Historische Zeit, 108; Tenfelde, *Milieus*, 7 (Zitat); vgl. auch Ulrike Jureit / Michael Wildt, Generationen, in: dies./ders. (Hgg.), *Generationen. Zur Relevanz eines wissenschaftlichen Grundbegriffs*, Hamburg 2005, 7–26, hier 8. Ausführlich und grundsätzlich die Beiträge in Bernd Weisbrod (Hg.), *Historische Beiträge zur Generationsforschung* (Göttinger Studien zur Generationsforschung, 2), Göttingen 2010; darüber hinaus Michael Corsten, Biographie, Lebensverlauf und das „Problem der Generation", in: *BIOS 14/2001*, 32–59; Ohad Parnes / Ulrike Vedder / Stefan Willer, *Das Konzept der Generation. Eine Wissenschafts- und Kulturgeschichte*, Frankfurt am Main 2008; Jürgen Reulecke (Hg.), *Generationalität und Lebensgeschichte im 20. Jahrhundert* (Schriften des Historischen Kollegs, Kolloquien 58), München 2003.

148 Näheres dazu weiter unten in diesem Abschnitt.

auch über Zäsuren hinweg zu bestimmen[149], und wählt daraus speziell diejenigen Faktoren aus, die im Gegensatz zu anderen – wie z. B. etwaige Kriegserlebnisse oder Parteizugehörigkeiten – zwangsläufig von allen Verfassern aufgewiesen werden, also am „objektivsten" sind, und das nicht zuletzt auch im Hinblick auf die zukünftige Vergleichbarkeit mit anderen Fallstudien; diese Auswahl von Einflussfaktoren ist in ähnlicher Form auch bereits in einzelnen Untersuchungen zu autobiographischen Konstruktionsformen zugrunde gelegt worden, jedoch nicht gänzlich ergebnisoffen, wie dies hier geschehen soll.[150] Wichtig ist dabei schließlich auch, dass alle diese potentiellen Einflussfaktoren in der Vielfalt ihrer Ausprägungen durch das Verfasserkorpus abgebildet werden, was auch erreicht werden konnte[151]:

a) Das Geschlecht: Dieser potentielle Faktor ist nicht weiter erläuterungsbedürftig; im Autobiographenkorpus sind Frauen zu ca. einem, Männer zu ca. drei Vierteln vertreten.

b) Das Alter. Anknüpfend an die obigen Ausführungen zur Kategorie „Generation" sei hier zunächst darauf hingewiesen, dass begrifflich „Kohorten" von „Generationen" als altersunabhängigen „Erfahrungsgemeinschaften"[152], deren Sicht auf die Vergangenheit von demselben einschneidenden Erlebnis bzw. derselben prägenden Erfahrung bestimmt wird, zu unterscheiden sind. Die Geschichtswissenschaft versteht den Begriff „Generation" überwiegend im letztgenannten Sinn[153], was im Extremfall aber hieße, z. B. alle in dieser Studie untersuchten Verfasser einer einzigen „Generation" zuzuweisen, da sie alle durch die

149 Koselleck, Erinnerungsschleusen, 266ff. (das Zitat 267); vgl. auch Müller, „Vielleicht interessiert sich mal jemand…", 84f.; Jarausch, Zeitgeschichte und Erinnerung, 13.

150 Vgl. vor allem Wolfgang Beutin, Jugend in der ersten Hälfte des 19. Jahrhunderts anhand von Künstlerautobiographien, in: Rainer Kolk (Hg.), *Jugend im Vormärz* (Forum Vormärz Forschung, Jahrbuch 12 [2006]), Bielefeld 2007, 89–136, bes. 91ff., sowie auch Bernd Jürgen Warneken, Zur Schichtspezifik autobiografischer Darstellungsmuster, in: Andreas Gestrich / Peter Knoch / Helga Merkel (Hgg.), *Biographie – sozialgeschichtlich. Sieben Beiträge*, Göttingen 1988, 141–162. Während Beutins Untersuchung auf eine bestimmte Berufsgruppe beschränkt ist, betrachtet Warneken nur Personen der selben Altersklasse. – Krassnitzer, Autobiographische Erinnerung, 257, gesteht zumindest zu, dass Kriterien wie das Alter der Verfasser die Darstellung in Autobiographien und Memoiren (zusätzlich) beeinflussen können; Gebhardt, *Das Familiengedächtnis*, bezieht derlei Faktoren in ihre ansonsten anders angelegte Untersuchung an nachgeordneter Stelle mit ein (ebd., Abschnitt C.1). – Die unreflektierte Annahme eines bestimmten Gruppenzusammenhangs schränkt (im Sinne dieser Untersuchung) den Erkenntniswert mancher Studien zu Autobiographien und Memoiren ein; vgl. das nachfolgende Unterkapitel III. 2.

151 Die Zahlenangaben im Folgenden beruhen auf den Personendaten im Anhang (Teil F.). Zur Gestaltung des Anhangs vgl. die Vorbemerkung ebd.

152 Auch „Erinnerungsgemeinschaft[en]" oder „Aneignungsgemeinschaften"; Ulrike Jureit, *Generationenforschung* (Grundkurs Neue Geschichte), Göttingen 2006, 29, 79, 81 und 114, zur begrifflichen Unterscheidung s. ebd., 131. Vgl. auch dies., Generationen als Erinnerungsgemeinschaften. Das „Denkmal für die ermordeten Juden Europas" als Generationsobjekt, in: dies. / Michael Wildt (Hgg.), *Generationen. Zur Relevanz eines wissenschaftlichen Grundbegriffs*, Hamburg 2005, 244–265; dies./ders., Generationen, 11, speziell zum Ersten Weltkrieg.

153 Vgl. zusammenfassend Jureit/Wildt, Generationen, 20f.

Zäsur des Weltkriegs und des Zusammenbruchs zumindest berührt wurden. Selbst wenn die Begründung einer „Generation" definitorisch auf die Prägung durch dasselbe Erlebnis im selben Lebenszyklus eingeengt wird, so kann doch der Grad der Betroffenheit der einzelnen Menschen von den Ereignissen höchst unterschiedlich sein, so dass die Betrachtung von „Kohorten" letztlich praktikabler, da weit weniger interpretationsabhängig erscheint.[154] Gemeint sind hiermit Gruppen von Personen aus demselben Geburtszeitraum, die damit nicht nur einer Altersklasse angehören, sondern auch ähnlich sozialisiert worden sind – wobei es den wissenschaftlichen Umgang mit diesem Phänomen nicht gerade erleichtert, dass auch Alters- bzw. Sozialisationskohorten immer wieder als „Generationen" bezeichnet werden[155], was hier vermieden werden soll. Als grober Orientierungsrahmen, auf den auch in dieser Untersuchung – unbeschadet ihrer ergebnisoffenen Konzeption – nicht verzichtet werden kann, dient hier das Kohortenmodell von Doerry.[156] Dieser grenzt die Geburtsjahrgänge der „Wilhelminer" (1853 bis 1865), die unabhängig von Herkunft und Schicht die Reichsgründung zumindest potentiell bewusst erlebt und ihre (politische) Sozialisation bis zur Entlassung Bismarcks erfahren hätten[157], von zwei Kohorten mit jeweils anderer Sozialisation ab, die er „Reichsgründungsgeneration" (Jahrgänge bis 1852)[158] und „jüngere Generation" (Jahrgänge ab 1866)[159] nennt. Dadurch, dass der älteste in die vorliegen-

---

154 Heinrich Best, Geschichte und Lebenslauf. Theoretische Modelle und empirische Befunde zur Formierung politischer Generationen im Deutschland des 19. Jahrhunderts, in: Andreas Schulz / Gundula Grebner (Hgg.), *Generationswechsel und historischer Wandel* (Historische Zeitschrift, Beiheft 36), München 2003, 57–69, hier 58f.; vgl. Heinz Bude, Die Zeit der Generationen im 20. Jahrhundert, in: Hans-Joachim Bieber / Hans Ottomeyer / Georg Christoph Tholen (Hgg.), *Die Zeit im Wandel der Zeit*, Kassel 2002, 229–250, hier 231f. und 234; ähnlich in anderem Zusammenhang jüngst auch Sönke Neitzel, Diplomatie der Generationen? Kollektivbiographische Perspektiven auf die Internationalen Beziehungen 1871–1914, in: *Historische Zeitschrift 296,1/2013*, 84–113, hier 112.

155 Vgl. Dollinger, Historische Zeit, 108; Doerry, *Übergangsmenschen*, 39f.; Tenfelde, *Milieus*, 11–14; Carsten Kretschmann, Generation und politische Kultur in der Weimarer Republik, in: Hans-Peter Brecht / Carsten Kretschmann / Wolfram Pyta (Hgg.), *Politik, Kommunikation und Kultur in der Weimarer Republik* (Pforzheimer Gespräche zur Sozial-, Wirtschafts- und Stadtgeschichte, 4), Heidelberg u. a. 2009, 11–30, hier 12ff.

156 Aufgrund seiner Unschärfe und seinem auf Politiker eingeengten Fokus erscheint dagegen das vielzitierte „Generationen-" (ebenfalls im Sinne von Kohorten-) Modell von Peukert hier zur Orientierung ungeeignet (vgl. auch Jureit, *Generationenforschung*, 56). Detlev Peukert, *Die Weimarer Republik. Krisenjahre der Klassischen Moderne* (Neue Historische Bibliothek), Frankfurt am Main 1987, 16–31 (bes. 26ff.) und 91–100, unterscheidet dabei vier Kohorten: 1. Eine „Wilhelminische Generation", geboren in den 1850er und -60er Jahren, 2. eine „Gründerzeitgeneration", geboren in den 1870er Jahren, 3. eine „Frontgeneration", geboren in den 1880er und -90er Jahren, und 4. eine „überflüssige" Generation, geboren bis 1920. Vgl. zur durchaus umstrittenen Abgrenzung von 3. und 4. auch Kretschmann, Generation und politische Kultur, der ebd., 18, die nach 1900 Geborenen unter dem Begriff „Kriegsjugendgeneration" zusammenfasst, während etwa Tenfelde, *Milieus*, 11–14, die Jahrgänge von 1890 bis 1914 als eine Kohorte definiert.

157 Doerry, *Übergangsmenschen*, 41.

158 Ebd., 31.

159 Ebd., 188.

de Studie einbezogene Autobiograph[160] 1836 geboren wurde, die beiden jüngs-ten[161] 1884 zur Welt kamen, ergeben sich so drei Kohorten annähernd gleichen zeitlichen Umfangs, die im Untersuchungskorpus zu jeweils rund einem Drittel vertreten sind.[162]

c) Die Konfession: Auch dieser Faktor bedarf keiner weiteren Erklärung; im Korpus enthalten sind zu knapp drei Vierteln Protestanten, zu knapp einem Fünf-tel Katholiken, zu rund einem Fünfundzwanzigstel Juden (wobei sich von ihren Ursprüngen her noch einmal so viele, da konvertiert, unter den Protestanten be-finden) und zu rund einem Fünfzigstel sonstige.

d) Die Region: Berücksichtigt werden hier neben dem Geburtsort die Wohn- und Tätigkeitsstätten in der Wilhelminischen Zeit. Rund die Hälfte der Autobio-graphen sind dabei ausschließlich dem Königreich Preußen zuzuordnen, exakt ein Drittel verbrachte die Zeit nach 1890 an diversen Orten im gesamten Reich (in-klusive Preußen), gut ein Siebtel weist keinerlei Preußenbezug auf. Nicht nach Ländern, sondern grob nach Regionen bzw. Himmelsrichtungen gegliedert, sind knapp die Hälfte der Verfasser aufgrund ihrer wechselnden Lebens- und Arbeits-orte nicht eindeutig, dagegen rund ein Drittel der Mitte des Reichs, rund ein Zwölftel dem Süden, rund ein Sechzehntel dem Westen, rund ein Fünfundzwan-zigstel dem Norden und knapp ein Hundertstel dem Osten zuzuordnen.

e) Der Beruf im weiteren Sinn: Zu berücksichtigen sind hier neben den beruf-lichen auch private Tätigkeiten, sofern die betreffende Person nicht berufstätig war oder neben der Erwerbsarbeit einen erkennbaren weiteren oder überhaupt mehrere Interessenschwerpunkte in ihrem Leben nach- oder nebeneinander auf-weist. Unter Einbeziehung aller so vorkommenden Ausprägungen ergibt sich nach Sparten gegliedert folgendes Bild: Kunst und Kultur sind im Verfasserkorpus zu etwa 20 % vertreten, der Staatsdienst in Verwaltung, Justiz, Diplomatie, Militär oder bei Hof zu 18 %, die Wissenschaft (alle Fächer) zu 16 %, die Politik (als Haupt- oder signifikante Nebenbeschäftigung) zu 13 %, der Bildungsbereich zu 10 %, Presse und Publizistik zu 7 %, Handwerk, Industrie und Technik ebenfalls zu 7 %, undefinierte bzw. häusliche private Tätigkeiten zu 5 %, „Soziale" Berufe inklusive Medizin u. ä. zu 3 %, der Dienst in der Kirche zu 1 %.

f) Die Schichtenzugehörigkeit: Hier wird ein dreistufiges Modell der kaiser-zeitlichen Gesellschaft zugrunde gelegt, das die einschlägigen Kategorisierungen Thomas Nipperdeys[163] sowie Werner Sombarts und Gustav Schmollers (in der Wiedergabe Hans-Ulrich Wehlers[164]) aufgreift und sich an den gängigen sozio-ökonomischen Kriterien orientiert, dabei aber auch die erkennbaren Unterschiede

---

160 Wilhelm von Waldeyer-Hartz, s. den Anhang (F.).
161 Charlotte von Hadeln und Werner Werdeland, s. ebd.
162 Jahrgänge 1836 bis 1852: ca. 28 %; Jahrgänge 1853 bis 1865: ca. 37 %; Jahrgänge 1866 bis 1884: ca. 35 % der Verfasser.
163 Thomas Nipperdey, *Deutsche Geschichte 1866–1918. Erster Band: Arbeitswelt und Bürger-geist*, München 1998, 425.
164 Hans-Ulrich Wehler, *Deutsche Gesellschaftsgeschichte. Dritter Band: Von der „Deutschen Doppelrevolution" bis zum Beginn des Ersten Weltkrieges 1849–1914*, München 1995, 704–707.

innerhalb der ausgewerteten Erinnerungswerke und deren Verfügbarkeit berücksichtigen muss, so dass sich folgende Stufung ergibt:

i. Herrschaftsschicht (= Angehörige regierender Häuser, Großgrundbesitzer, hohe Offiziere, Großunternehmer, Spitzenbeamte in Regierung und Verwaltung u. ä.);

ii. Oberschicht (= Grundbesitzer, Offiziere, Unternehmer, hohe Beamte, Rentiers, höchstverdienende Ärzte, Anwälte, Wissenschaftler, Künstler, Publizisten u. ä.);

iii. Mittelschicht mit Aufsteigern aus der Unterschicht (= kleine und mittlere Unternehmer und Grundbesitzer, Ärzte, Beamte und Angestellte, Kleinhändler, Werkmeister, Facharbeiter u. ä.).

Zu iii. ist zu bemerken, dass Angehörige der Unterschicht (Lohnarbeiter, Dienstboten, Kleinstbauern usw.) keine den in Kapitel II. 2. aufgestellten Kriterien genügenden Lebenserinnerungen verfasst haben (vor allem bilden sie im Rückblick keine Epochen[165]), sofern sie nicht durch Bildung oder Beruf ökonomisch oder gesellschaftlich aufgestiegen sind. Dies gilt mit Blick auf das Verfasserkorpus z. B. für eine Reihe von Funktionären christlicher Gewerkschaften oder auch Handwerksmeister mit eigenen Betrieben, die dann aber eben nicht mehr (nur) zur Unterschicht gezählt werden können, sondern der Mittelschicht, wenn auch möglicherweise der unteren, zuzurechnen sind, so dass eine Trennung hier nicht mehr sinnvoll erscheint. Dieses Problem ist der Forschung nicht unbekannt[166]; indessen wird die Aussagekraft der Untersuchung hierdurch nicht signifikant beeinträchtigt, da ja gleichwohl Personen mit dem Erfahrungshorizont der Unterschichten im Verfasserkorpus enthalten sind. Angehörige der Gruppe i. finden sich hier zu knapp einem Drittel, der Gruppe ii. zu 50 %, der Gruppe iii. zu einem Fünftel.

Die ungleichmäßige Verteilung der Merkmalsausprägungen innerhalb des Verfasserkorpus ist, wie bereits angedeutet, dem Vorhandensein bzw. der Verfügbarkeit geeigneter Autobiographien und Memoiren (im Sinne der oben in Kapitel II. 2. dargelegten Grundsätze) geschuldet. Die Frage nach den Gründen für diese Abweichungen – das deutliche Übergewicht evangelischer Autoren etwa könnte in einem generellen, schon für das Kaiserreich feststellbaren Bildungsrückstand

---

165 Vgl. bereits die Feststellung von Sloterdijk, *Literatur und Lebenserfahrung*, 317, dass bürgerliche Autobiographen von Krisen bzw. Brüchen stärker tangiert worden seien als „proletarische". Vgl. an wichtigen Beispielen: Wilhelm Bock, *Im Dienste der Freiheit. Freud und Leid aus sechs Jahrzehnten Kampf und Aufstieg*, Berlin 1927; Franz Hoffeld, *Bilder aus dem Bergmannsleben*, Dortmund 1929; Otto Kaufmann, *Wir zimmern neu die alte Welt. Lern- und Wanderjahre eines Zimmermanns*, Hamburg 1928; Heinrich Kurtscheid, *Mein Leben*, Berlin 1924; Nikolaus Osterroth, *Vom Beter zum Kämpfer*, Berlin 1920; Wilhelm Reimes, *Durch die Drahtverhaue des Lebens. Aus dem Werdegang eines klassenbewußten Arbeiters*, Dresden 1920; Karl Schirmer, *50 Jahre Arbeiter* (Bücher der Arbeit, 13), Duisburg 1924; Georg Werner, *Ein Kumpel. Erzählungen aus dem Bergmannsleben*, Berlin 1929; August Winnig, *Frührot. Ein Buch von Heimat und Jugend*, Stuttgart/Berlin 1924; ders., *Der weite Weg*, Hamburg 1932; ders., *Heimkehr*, Hamburg 1935; Otto Wohlgemuth, *Hacke und Meterstock. Erzählungen aus dem Leben eines Bergmannes*, Saarlautern 1939.

166 Vgl. Schmidt, „... mein Nervensystem (...)", 344.

katholischer Bevölkerungsgruppen[167] wurzeln – dürfte im Einzelfall schwer zu beantworten sein. Sie ist freilich für den Ansatz der vorliegenden Studie nicht weiter relevant; entscheidend ist vielmehr, dass alle Varianten in den Persönlichkeitsmerkmalen in nennenswertem Umfang abgedeckt sind, die Verfasserstruktur es also erlaubt, verallgemeinernde Aussagen zu bestimmten Gruppen zu treffen und ebensolche Schlüsse daraus zu ziehen. Wenngleich nun dabei vorrangig die genannten sechs Faktoren auf ihre Einflusskraft geprüft werden sollen, so darf im Zweifelsfall selbstverständlich nicht hierbei stehen geblieben, müssen gegebenenfalls spezifischere Merkmale der Verfasser in Betracht gezogen werden, auf die ihre Sicht der Vergangenheit zurückzuführen ist.

Die Bearbeitung der dritten Fragestellung, also die Bildung von Verfassergruppen durch die Feststellung von Gemeinsamkeiten in der Epochencharakterisierung, die Skizzierung der sich daraus ergebenden Deutungsmuster für die Wilhelminische Zeit im Ganzen und die Herausarbeitung der für die Gestalt dieser Deutungsmuster jeweils ausschlaggebenden Faktoren, ist Teil D. der Untersuchung vorbehalten, für den ebenfalls die Bestandsaufnahme in B. die Grundlage darstellt. Hier werden nun zehn Gruppen von Verfassern vorgestellt, die einerseits in ihrer Epochenbeschreibung denselben thematischen Schwerpunkt setzen und dabei inhaltlich in zentralen Punkten (großteils) übereinstimmen, andererseits aber auch auf weiteren Gebieten ausreichend viele Entsprechungen in ihrer Sicht auf die Zeit von 1890 bis 1914 aufweisen, um sie als zusammengehörig definieren zu können. Diese Gruppen, die hier als „Deutungskreise" bezeichnet werden sollen, können sich wiederum aus mehreren, in ihrer Sicht leicht voneinander abweichenden Verfassersegmenten zusammensetzen, die gleichwohl miteinander verknüpft sind. Jeder dieser Deutungskreise wird in einem eigenen Kapitel sowohl im Hinblick auf sein Deutungsmuster als auch auf die von den Autoren geteilten Personenmerkmale – ausgehend von den Angaben in Teil F.[168] – beschrieben und analysiert.[169] Die Kapitel sind dabei ebenso wie die Deutungskreise selbst nach den Hauptinhalten bzw. der Quintessenz der Deutungsmuster benannt und nach der Größe der Gruppen in absteigender Reihenfolge angeordnet. Ein letzter Abschnitt fasst die ermittelten Deutungsmuster vergleichend zusammen, ordnet sie mit Blick auf ihre inhaltlichen Tendenzen nach „Typen" und versucht schließlich, aus den für die Sichtweise der einzelnen Gruppen bedeutsamen Einflussgrößen eine allgemeingültige Rangfolge solcher Faktoren abzuleiten (sowie für die zentralen Aussagen dieser Rangfolge eine Erklärung zu geben).

Im Resümee (Teil E.), das die Ergebnisse der Untersuchung noch einmal knapp rekapituliert und mit Blick auf ihre Zielsetzungen zusammenfasst, soll schließlich auch versucht werden, noch eine vierte Fragestellung zu beantworten:

---

167 Vgl. Horst Gründer, Nation und Katholizismus im Kaiserreich, in: Albrecht Langer (Hg.), *Katholizismus, nationaler Gedanke und Europa seit 1800* (Beiträge zur Katholizismusforschung, Reihe B), Paderborn u. a. 1985, 65–87, hier 70.

168 S. den Anhang (F.) mit Angaben zu den Lebensdaten der Autobiographen, deren Form ebd. in einer Vorbemerkung erläutert und begründet wird.

169 Quasi als „Nebenprodukt" wird dabei zugleich auch deutlich, welche der in B. behandelten Epochenthemen von verschiedenen gesellschaftlichen Gruppen bevorzugt werden.

4) Wie lässt sich die Debatte um die Wilhelminische Zeit in den Gesamtzusammenhang der oben in Kapitel I. 1. skizzierten Diskussionen über historische
Themen in der Zwischenkriegszeit einordnen? Was unterscheidet sie von diesen
gegebenenfalls und welche Funktion erfüllte sie bzw. welche Wirkungen entfalte-
te sie (möglicherweise)?

Da diese Arbeit sowohl thematisch als auch methodisch vielfach Neuland be-
tritt und dabei nicht zuletzt eine Grundlage für weiterführende Studien schaffen
möchte – wie in dieser Einleitung bereits mehrfach betont worden ist und es auch
der nachfolgende Überblick zu den verfügbaren Vorarbeiten noch einmal nahelegt –, müssen sich die Überlegungen zu dieser Fragestellung auf das Wesentliche
beschränken; neben dem Rekurs auf den oben dargelegten bisherigen Forschungs-
stand ermöglicht es jedoch die Hinzuziehung weiterer Spezialliteratur, hier eindeutige, anschlussfähige Aussagen zu machen.

2. Die Forschungslage im Speziellen

Studien zu bzw. auf der Basis von Autobiographien und Memoiren, von denen
diese Studie inhaltlich oder methodisch profitieren könnte bzw. deren Ergebnisse
zu berücksichtigen wären, liegen bislang kaum bzw. gar nicht vor. Zu betonen ist
dabei, dass mit Ausnahme der freilich textwissenschaftlichen Untersuchung Peter
Sloterdijks[170], der 107 Werke quer durch die bürgerliche Weimarer Autobiographik nach der Konstruktion von Lebensläufen befragt hat, alle anderen erwäh-
nenswerten Arbeiten Erinnerungswerke in den Blick nehmen, die jeweils aus der
Zeit sowohl vor als auch nach 1918 oder 1939 stammen, also die für diese Untersuchung maßgeblichen Zäsuren bei der Quellenauswahl ignorieren. Fehlt nun bei
Sloterdijk jeglicher konkrete Bezug zum Rückblick auf die Wilhelminische Epoche, so ist bei Martin Doerrys Arbeit über die „Mentalität der Wilhelminer"[171], die
unter anderem auch nach „Ideologien" im Sinne von Vergangenheitsdeutungen
fragt, das Gegenteil der Fall, wobei allerdings der inhaltliche Fokus auf Aussagen
über die Jahre von 1911 bis 1914 verengt ist. Gravierender freilich ist die Tatsache, dass Doerry sich eben unterschiedslos auf Quellen stützt, die sowohl vor als
auch nach dem Ersten Weltkrieg entstanden sind, wobei er alle Arten von Selbstzeugnissen einbezieht, die er geschlossen als „Autobiographien" bezeichnet[172] –
und dabei von angeblich 500 eingesehenen bewusst (!) nur einen Bruchteil nach-
weist[173], im Übrigen gerade einmal sieben Erinnerungswerke von angeblich
„durchschnittliche[n]" Verfassern nacherzählt und kommentiert.[174] Vor diesem
Hintergrund sind die auf den ersten Blick einschlägig erscheinenden Ergebnisse[175]

170 Sloterdijk, *Literatur und Lebenserfahrung*.
171 Doerry, *Übergangsmenschen*. Zu Doerrys Abgrenzung der „Generation" der „Wilhelminer"
    vgl. das vorangegangene Unterkapitel.
172 Doerry, *Übergangsmenschen*, 70.
173 Ebd., 10.
174 Ebd., 71f.
175 Vgl. ebd., 182f. und 188f.

Doerrys für diese Untersuchung unbrauchbar. Ähnlich geartet sind die Defizite weiterer Studien – nota bene aus der Sicht des hier verfolgten Ansatzes –, die vordergründig vielversprechend erscheinen, auf die hier aber nicht im Einzelnen eingegangen werden muss[176]: Neben der schon erwähnten Sorglosigkeit im Umgang mit Zäsuren bei der Zusammenstellung des Quellenkorpus und der immer wieder zu beobachtenden Vermischung von Lebenserinnerungen mit anderen Selbstzeugnissen tuen dabei deutliche Abweichungen in der Fragestellung – ganz gleich, ob nun nach Fakten, Sinnkonstruktionen oder Verarbeitungsformen in Autobiographien gefragt oder gar rein deskriptiv vorgegangen wird – in der Regel ein Übriges, um einen etwaigen Nutzen für die Ziele und Fragestellungen dieser Untersuchung zunichte zu machen

Von der Methode her haben die oben summarisch zitierten Arbeiten den Nachteil – wiederum aus der Sicht dieser Studie –, dass sie nach Gemeinsamkeiten einer nach Milieu, „Generation", Beruf, Geschlecht, gesellschaftlichem Status oder anderen Merkmalen vordefinierten Gruppe von Personen fragen bzw. konkret nach verbindenden Elementen in den Erinnerungswerken der jeweiligen Gruppe suchen, um deren Profil zu ermitteln, was dem hier verfolgten Ansatz dia-

---

176 Vgl. Gotthard Breit, *Das Staats- und Gesellschaftsbild deutscher Generale beider Weltkriege im Spiegel ihrer Memoiren* (Wehrwissenschaftliche Forschungen, Abt. Militärgeschichtliche Studien, 17), Boppard am Rhein 1973; Federlein, *Autobiographien von Arbeitern*; Rudolf Morsey, Memoiren als Quellen zur preußischen Verwaltungsgeschichte im Wilhelminischen Deutschland, in: Erk Volkmar Heyen (Hg.), *Bilder der Verwaltung. Memoiren, Karikaturen, Romane, Architektur – Images de l'administration. Mémoires, caricatures, romans, architecture* (Jahrbuch für Europäische Verwaltungsgeschichte, 6), Baden-Baden 1994, 29–49; Funck/Malinowski, Geschichte von oben; Gebhardt, *Das Familiengedächtnis*; Wedel, *Lehren zwischen Arbeit und Beruf*; Berger, In the Fangs of Social Patrotism; Pöhlmann, „Daß sich ein Sargdeckel über mir schlösse."; Dagmar Günther, *Das nationale Ich? Autobiographische Sinnkonstruktionen deutscher Bildungsbürger des Kaiserreichs*, Tübingen 2004; Krassnitzer, Gebrochener Patriotismus; Maynes, Leaving Home; dies., Das Ende der Kindheit; dies., Taking the Hard Road; Silke Jakobs, Humanistische versus naturwissenschaftliche Bildung? Zur Wahrnehmung von Bildung in Autobiographien von Naturwissenschaftlern der Jahrhundertwende, in: Matthias Luserke-Jaqui (Hg.), *„Alle Welt ist medial geworden." Literatur, Technik, Naturwissenschaft in der klassischen Moderne. Internationales Darmstädter Musil-Symposium* (Studien und Texte zur Kulturgeschichte der deutschsprachigen Literatur, 4), Tübingen 2005, 105–126; Elke Kleinau, In Europa und der Welt unterwegs. Konstruktionen nationaler Identität in Autobiographien deutscher Lehrerinnen an der Wende vom 19. zum 20. Jahrhundert. Bildung und Berufstätigkeit – ein Thema historisch-vergleichender Bildungsforschung?, in: Bea Lundt / Michael Salewski / Heiner Timmermann (Hgg.), *Frauen in Europa. Mythos und Realität* (Dokumente und Schriften der Europäischen Akademie Otzenhausen, 129), Münster 2005, 157–172; Schmidt, „Die Arbeitsleute (…)"; ders., „… mein Nervensystem (…)"; Freudenstein, *Die „bürgerliche" Jugendbewegung*; Charlotte Heinritz, *Auf ungebahnten Wegen. Frauenautobiographien um 1900* (Aktuelle Frauenforschung), Königstein/Taunus 2000; dies., „Nirgends recht am Platze" – Mädchenjahre in deutschen Frauenautobiographien um 1900, in: Christa Benninghaus / Kerstin Kohtz (Hgg.), *„Sag mir, wo die Mädchen sind …" Beiträge zur Geschlechtergeschichte der Jugend*, Köln/Weimar/Wien 1999, 237–260; Robert Krause, *Lebensgeschichten aus der Fremde. Autobiografien deutschsprachiger emigrierter Schriftstellerinnen als Beispiele literarischer Akkulturation nach 1933*, München 2010.

metral zuwiderläuft. Hier und da finden sich aber wichtige Anregungen bzw. Parallelen im Hinblick auf die dritte Fragestellung und damit zur Vorgehensweise in Teil D. dieser Arbeit. Sowohl Maynes[177] als auch Wedel[178] gehen in ihren Untersuchungen zur Arbeitermentalität bzw. zu den Lebensläufen von Lehrerinnen von inhaltlichen Unterschieden in den Lebenserinnerungen aus, auf deren Basis sie Gruppen bilden, um „gemeinsame Merkmale einzelner Personen erst zu erschließen"[179]; freilich ist auch bei ihnen jeweils der Kreis der Autobiographen eng umgrenzt und über Gemeinsamkeiten vordefiniert. Darüber hinaus erscheint der in ähnlichem Rahmen zur Anwendung kommende Grundgedanke von Heinritz[180] sinnvoll und beachtenswert, bei der Ermittlung von inhaltlichen Übereinstimmungen zwischen den untersuchten Erinnerungswerken von dem dort jeweils dominierenden Thema auszugehen.

3. Notwendige Hinweise zur formalen Gestalt(ung) der Arbeit

Querverweise in den Anmerkungen beziehen sich auf die Kapitel im selben Teil der Untersuchung, sofern nicht ausdrücklich anders angegeben. Hervorhebungen in den Erinnerungswerken wie in den zeitgenössischen Vergleichswerken, die im Original meist gesperrt gedruckt sind, werden in wörtlichen Zitaten durchgehend kursiv wiedergegeben. Ebenfalls um der Lesbarkeit willen wird bei zusammenfassenden Bezeichnungen von Personen durchgehend – wie in dieser Einleitung bereits praktiziert – das generische Maskulinum verwendet.

---

177 Maynes, Leaving Home.
178 Wedel, *Lehren zwischen Arbeit und Beruf.*
179 Ebd., 24.
180 Heinritz, *Auf ungebahnten Wegen*; vgl. dies., „Nirgends recht am Platze".

B. BESTANDSAUFNAHME: DEUTSCHLAND 1890–1914 IM DETAIL – DAS EPOCHENBILD DER AUTOBIOGRAPHIEN UND MEMOIREN

I. DER KAISER

1. Die Persönlichkeit Wilhelms II. im Allgemeinen

Insgesamt 50 der untersuchten Autobiographien und Memoiren thematisieren Persönlichkeit und Charakter Kaiser Wilhelms II. als herausragender Figur der nach ihm benannten Epoche.[1] Etwa 20 davon heben die geistigen bzw. kognitiven Qualitäten des Monarchen hervor:

> „Der Kaiser imponiert[e] immer durch die Vielseitigkeit seiner Interessen, den umfassenden Umkreis seines Wissens, die Schnelligkeit seiner Auffassung, die Zuverlässigkeit seines Gedächtnisses (…)."[2]

Von einzelnen Autoren werden dabei wahlweise seine wissenschaftlichen Interessen[3], eine besondere Neigung zu den technischen Disziplinen[4], zur Kunst[5], zur

---

1   Die nachfolgend sowie in den sich anschließenden Unterkapiteln skizzierte Diskussion wird bis heute auch in der historischen Forschung kontrovers geführt, wobei nicht selten die schon in der Weimarer Zeit vorgebrachten Argumente und Gegenargumente Verwendung finden. Vgl. dazu Christopher Clark, *Wilhelm II. Die Herrschaft des letzten deutschen Kaisers*. Aus dem Englischen von Norbert Juraschitz, München 2008, bes. 40–45, mit weiterer Literatur.

2   Ernst von Dryander, *Erinnerungen aus meinem Leben*, Bielefeld/Leipzig 1922, 188 (Zitat); vgl. Marie von Bunsen, *Die Welt, in der ich lebte. Erinnerungen aus den glücklichen Jahren 1860–1912*, Leipzig 1929, 190ff.; Carl August Schröder, *Aus Hamburgs Blütezeit. Lebenserinnerungen*, Hamburg 1921, 111; Vielseitigkeit der Interessen und Kenntnisse: Bogislav von Selchow, *Hundert Tage aus meinem Leben*, Leipzig 1936, 205; umfassende Interessen: Heinrich Prinz von Schönburg-Waldenburg, *Erinnerungen aus kaiserlicher Zeit*, Leipzig ²1929, 204; Alois Brandl, *Zwischen Inn und Themse. Lebensbeobachtungen eines Anglisten. Alt-Tirol/England/Berlin*, Berlin 1936, 263; Herbert von Hindenburg, *Am Rande zweier Jahrhunderte. Momentbilder aus einem Diplomatenleben*, Berlin 1938, 58; umfassendes Wissen: Wilhelm Hoff, *Erinnerungen aus Leben und Arbeit*, Berlin 1931, 159; Schönburg-Waldenburg, *Erinnerungen*, 140; Adolf Wermuth, *Ein Beamtenleben. Erinnerungen*, Berlin 1922, 139; Karl von Einem, *Erinnerungen eines Soldaten. 1853–1933*, Leipzig 1933, 139; Auffassungsgabe und Gedächtnis: Ferdinand Bonn, *Mein Künstlerleben*, Diessen vor München 1920, 99–101; Georg Michaelis, *Für Staat und Volk. Eine Lebensgeschichte*, Berlin 1922, 378; Anton Gf. von Monts de Mazin, *Erinnerungen und Gedanken des Botschafters Anton Graf Monts*, hg. v. Karl Friedrich Nowak und Friedrich Thimme, Berlin 1932, 137; Paul Frhr. von Schoenaich, *Mein Damaskus. Erlebnisse und Bekenntnisse*, Berlin 1926, 85; außergewöhnliches Gedächtnis: Karl Litzmann, *Lebenserinnerungen. Erster Band*, Berlin 1927, 101f.; Daisy Fstin. von Pless, *Tanz auf dem Vulkan. Erinnerungen an Deutschlands und Englands Schicksalswende*, 2 Bde., Dresden 1929, hier I, 258; Einem, *Erinnerungen*, 139.

Musik[6] oder auch zur Geschichte[7] besonders betont. Eine Minderheit von vier Stimmen charakterisiert Wilhelm II. jedoch (zugleich) als bloßen Dilettanten im Hinblick auf die praktische Ausübung seiner Vorlieben[8], zwei davon sprechen ihm überdies sogar seine angeblichen Fähigkeiten als bloße Täuschung gänzlich ab[9], und ein weiterer Autor bescheinigt ihm zusätzlich auch in Fragen der Religion „die höchst unklaren Begriffe des Dilettanten, dem alle methodische Schulung fehlt (…)."[10] Unabhängig davon verweist ein Verfasser auf die Religiosität des Kaisers[11]; lediglich noch zwei weitere sprechen mit „Fragen der Erotik" ebenfalls einen Bereich an, der jenseits der Ebene des Fachwissens liegt, wobei einer bei Wilhelm II. „Weitherzigkeit"[12] ausmacht, der Kaiser für den anderen „ein sittenreiner Mensch, von großer Enthaltsamkeit und körperlicher Selbstbeherrschung (…) ein treuer Gatte und gewissenhaftes Familienoberhaupt" war.[13]

Zwei weitere Autoren sehen unterdessen die Fülle der auch von ihnen anerkannten Begabungen des Monarchen als „einer streng durchgeführten Konzentration hinderlich" und damit nachteilig für die Amtsführung an.[14] So bescheinigt denn auch nur ein Autobiograph dem Reichsoberhaupt zielgerichteten Fleiß bei der Erledigung seiner Aufgaben[15], eine weibliche Stimme lässt dies immerhin für die Anfangszeit seiner Regierung gelten.[16] Ein gutes Dutzend Verfasser betont dagegen, der Kaiser sei in seiner Handlungsweise unstet, wankelmütig und widersprüchlich[17], ja chaotisch[18] gewesen – möglicherweise aufgrund von Überforde-

---

3   Dryander, *Erinnerungen*, 213f.; vgl. Eugen von Jagemann, *Fünfundsiebzig Jahre des Erlebens und Erfahrens (1849–1924)*, Heidelberg 1925, 154; Michaelis, *Für Staat und Volk*, 378; Ulrich von Wilamowitz-Moellendorff, *Erinnerungen 1848–1914*, 2., erg. Aufl. Leipzig 1928, 258. Laut Bogdan Gf. von Hutten-Czapski, *Sechzig Jahre Politik und Gesellschaft*, 2 Bde., Berlin 1936, hier II, 25f., war der Monarch „auf vielen Gebieten sehr fortschrittlich gesinnt (…)."

4   Bunsen, *Die Welt*, 193f.

5   Dryander, *Erinnerungen*, 189; Schönburg-Waldenburg, *Erinnerungen*, 193. S. unten, Kap. XII. 1., zur Einflussnahme des Kaisers auf die Kunst im Reich.

6   Heinrich Grünfeld, *In Dur und Moll. Begegnungen und Erlebnisse aus fünfzig Jahren*, Leipzig/Zürich 1923, 207.

7   Jagemann, *Fünfundsiebzig Jahre*, 189 und 211.

8   Bonn, *Mein Künstlerleben*, 121; Bunsen, *Die Welt*, 192f.; Kurt Martens, *Schonungslose Lebenschronik. [Erster Teil:] 1870–1900. Zweiter Teil: 1901–1923*, Wien u. a. 1921/24, hier I, 107; Ernst von Wolzogen, *Wie ich mich ums Leben brachte. Erinnerungen und Erfahrungen*, Braunschweig/Hamburg 1922, 287.

9   Bonn, *Mein Künstlerleben*, 16 und 78; Martens, *Schonungslose Lebenschronik*, I, 161 (ironisierend).

10   Otto Baumgarten, *Meine Lebensgeschichte*, Tübingen 1929, 160.

11   Dryander, *Erinnerungen*, 199 und 211f.

12   Martens, *Schonungslose Lebenschronik*, II, 41 (beide Zitate).

13   Michaelis, *Für Staat und Volk*, 382.

14   Hugo Frhr. von Freytag-Loringhoven, *Menschen und Dinge wie ich sie in meinem Leben sah*, Berlin 1923, 64f. (das Zitat 65); vgl. Einem, *Erinnerungen*, 138f.

15   Jagemann, *Fünfundsiebzig Jahre*, 140.

16   Bunsen, *Die Welt*, 197.

17   Heinrich Claß, *Wider den Strom. Vom Werden und Wachsen der nationalen Opposition im alten Reich*, Leipzig 1932, 108; Hermann Frhr. von Eckardstein, *Lebenserinnerungen und po-*

rung[19] – und habe eine „übereifrige (…) Vielgeschäftigkeit"[20] an den Tag gelegt.[21] Wilhelm II. sei dabei nervös, leicht erregbar und impulsiv, seine „plötzlichen" Wendungen unberechenbar gewesen.[22] Hinzu kamen nach Meinung von insgesamt 15 Autobiographen weitere nachteilige Eigenschaften: Von sich selbst überzeugt, ja selbstverliebt[23] habe der Kaiser gehandelt, „ohne irgendwelchen Rat anzuhören"[24] und auch ohne rechte Menschenkenntnis bzw. Achtung vor seinen Mitmenschen.[25] Selbstüberschätzung[26] und Ehrgeiz[27], beides noch gepaart mit „Rücksichtslosigkeit (…), haben die guten Eigenschaften seines Herzens verkümmert, aber nicht allzu selten traten sie echt und wohltuend zutage"[28], wie eine Einzelstimme einschränkend bemerkt.[29] Dass Wilhelm II. nicht kritikfähig gewesen sei, behaupten folgerichtig zwar fünf Autoren[30], doppelt so viele betonen aber,

„daß der Kaiser für jeden Einwand zugänglich war, sofern er sachlich begründet war (…) – durchaus imstande und gewillt (…), seine ursprüngliche Meinung der besseren Einsicht unterzuordnen (…), [und] daß der Kaiser selbst eine sehr freimütige und drastische Kritik vertrug, ohne daß sich damit für den

litische Denkwürdigkeiten, 3 Bde., Leipzig 1919–21, hier I, 296, und II, 258; Freytag-Loringhoven, Menschen und Dinge, 63; Theodor Rumpf, Lebenserinnerungen, Bonn 1925, passim; Schoenaich, Mein Damaskus, 91; Johannes Tews, Aus Arbeit und Leben. Erinnerungen und Rückblicke, Berlin/Leipzig 1921, 209; Max Halbe, Jahrhundertwende. Geschichte meines Lebens 1893–1914, Danzig 1935, 21; Einem, Erinnerungen, 139.

18 Eckardstein, Lebenserinnerungen, II, 160.

19 Freytag-Loringhoven, Menschen und Dinge, 65; vgl. Einem, Erinnerungen, 139.

20 Berthold Litzmann, Im alten Deutschland. Erinnerungen eines Sechzigjährigen, Berlin 1923, 343.

21 Jagemann, Fünfundsiebzig Jahre, 184, wertet dagegen sein vielseitiges Engagement als Umtriebigkeit positiv.

22 Eckardstein, Lebenserinnerungen, I, 302; Martens, Schonungslose Lebenschronik, I, 107; Pless, Tanz, I, 124 und 127; Wilhelm Wien, Ein Rückblick, in: Wilhelm Wien. Aus dem Leben und Wirken eines Physikers. Mit persönlichen Erinnerungen von E. v. Drygalski u. a., hg. von Karl Wien, Leipzig 1930, 1–50, hier 42; Hutten-Czapski, Sechzig Jahre, I, 241 und 379, sowie II, 113f. und 116; Halbe, Jahrhundertwende, 21.

23 Bonn, Mein Künstlerleben, 120.

24 Pless, Tanz, I, 124 und 364f.; vgl. Adolf von Wilke, Alt-Berliner Erinnerungen, Berlin 1930, 141; Monts de Mazin, Erinnerungen, 143; Rumpf, Lebenserinnerungen, 76; Hutten-Czapski, Sechzig Jahre, I, 177; Halbe, Jahrhundertwende, 21f.

25 Jagemann, Fünfundsiebzig Jahre, 116; Monts de Mazin, Erinnerungen, 137.

26 Friedrich von Bernhardi, Denkwürdigkeiten aus meinem Leben, Berlin 1927, 175 und 223; Bunsen, Die Welt, 189f.; Freytag-Loringhoven, Menschen und Dinge, 64; Hoff, Erinnerungen, 159; Hans von Tresckow, Von Fürsten und anderen Sterblichen. Erinnerungen eines Kriminalkommissars, Berlin 1922, 134; Wien, Ein Rückblick, 41f.

27 Pless, Tanz, I, 134f.

28 Bunsen, Die Welt, 189.

29 Gegen den Vorwurf der Rücksichtslosigkeit wendet sich auch Selchow, Hundert Tage, 252, allerdings mit einer Einschränkung, die deutlich macht, dass seine Bewertungsmaßstäbe von denen der übrigen Verfasser abweichen: „[W]er vor ihm [= Wilhelm II.] kroch, den mochte er wohl treten. Aber wer täte das nicht?"

30 Claß, Wider den Strom, 95 und 97; Litzmann, Lebenserinnerungen, 129; Pless, Tanz, II, 14; Hellmut von Gerlach, Von rechts nach links, hg. v. Emil Ludwig, Zürich 1937 (ND Hildesheim 1978), 134; Wilke, Alt-Berliner Erinnerungen, 17 (nur in Bezug auf die Kaisermanöver, vgl. u.).

Sprecher nachteilige Folgen verbanden. Allerdings kam es dabei darauf an, daß er der Überzeugung sein konnte, es mit einer offenen, ehrlichen und uneigennützigen Persönlichkeit zu tun zu haben, und daß die Kritik tatsächlich begründet war."[31]

Sechs Verfasser bescheinigen Wilhelm II. gar, bei allen seinen Handlungen und Äußerungen stets guten Willens und bestrebt gewesen zu sein, zum Besten seiner Mitmenschen und seines ganzen Volkes zu wirken.[32]

Das Auftreten Kaiser Wilhelms II. in der Öffentlichkeit ist in den Lebenserinnerungen ein weiterer wichtiger Aspekt. Während rund ein halbes Dutzend von ihnen dem Monarchen bescheinigt, „das Königtum (…) würdig repräsentiert"[33] bzw. sich bei wichtigen Anlässen entsprechend gehalten zu haben[34] sowie von einnehmender und liebenswürdiger, ja beeindruckender Erscheinung gewesen zu sein[35], verneint eine etwa gleiche Anzahl letzteres[36] und bemängelt unwürdiges Benehmen, Taktlosigkeiten und schlechte Manieren des Reichsoberhaupts[37], wie etwa übertrieben lautes Sprechen[38] oder auch eine Neigung zu ungebührlichen „Scherzen".[39] Eine Verfasserin aus dem letztgenannten Kreis attestiert dem Kaiser immerhin, „manchmal (…) den Charme der Jugend"[40] versprüht zu haben; zwei dort nicht vertretene Autoren werten sein „jugendliches Temperament" bzw. seine „jugendliche, ungenierte, burschikose Art" dagegen eher negativ[41] bzw. zwar positiv, doch mit der Einschränkung, dass der Monarch damit „oft angestoßen [sei] (…) und sein sarkastisches, witziges Wesen (…) ihm sicherlich viel Feindschaft zugezogen" habe, wenn auch nicht in seiner engeren Umgebung, von der er besser

---

31   Einem, *Erinnerungen*, 93f. (Zitate); vgl. ebd., 140f.; Dryander, *Erinnerungen*, 202; Jagemann, *Fünfundsiebzig Jahre*, 212; Monts de Mazin, *Erinnerungen*, 99; Pless, *Tanz*, I, 307, 361f. und öfter; Hugo Frhr. von Reischach, *Unter drei Kaisern*, Berlin 1925, 259 und 269; Schönburg-Waldenburg, *Erinnerungen*, 176; Wermuth, *Ein Beamtenleben*, 139 und 142; Brandl, *Zwischen Inn und Themse*, 297; Selchow, *Hundert Tage*, 252. Vgl. auch die Charakterisierung von Schoenaich, *Mein Damaskus*, 81: „ein durchaus großzügiger Geist".

32   Freytag-Loringhoven, *Menschen und Dinge*, 64; Michaelis, *Für Staat und Volk*, 382; Monts de Mazin, *Erinnerungen*, 143f.; Schönburg-Waldenburg, *Erinnerungen*, 66, 190 und 204; Wilhelm von Waldeyer-Hartz, *Lebenserinnerungen*, Bonn ²1921, 336; Einem, *Erinnerungen*, 142f.; Elard von Oldenburg-Januschau, *Erinnerungen*, Leipzig 1936, 58. Vgl. Wilke, *Alt-Berliner Erinnerungen*, 17, zum „Gerechtigkeitssinne" des Kaisers.

33   Freytag-Loringhoven, *Menschen und Dinge*, 67.

34   Michaelis, *Für Staat und Volk*, 377.

35   Hoff, *Erinnerungen*, 159; Michaelis, *Für Staat und Volk*, 380; Waldeyer-Hartz, *Lebenserinnerungen*, 336; Hutten-Czapski, *Sechzig Jahre*, I, 300; Hans Borbein, *Werde, der du bist. Lebenserinnerungen eines Niederdeutschen*, Weimar 1938, 92; Hindenburg, *Am Rande*, 58.

36   Martens, *Schonungslose Lebenschronik*, I, 161 (ironisierend); Pless, *Tanz*, I, 134.

37   Pless, *Tanz*, I, 125, 134, 215, 219 und 361; Hetta Gfin. von Treuberg, *Zwischen Politik und Diplomatie. Memoiren*, hg. v. M. J. Bopp, Straßburg 1921, 30–32. Vgl. Martens, *Schonungslose Lebenschronik*, I, 110: „daß Wilhelm II. sich nicht für zu erhaben achte[te], Passanten, die ihn nicht grüßten, manchmal höchst eigenhändig den Hut vom Kopfe zu schlagen."

38   Jagemann, *Fünfundsiebzig Jahre*, 167; Pless, *Tanz*, I, 125 und 215.

39   Schönburg-Waldenburg, *Erinnerungen*, 137.

40   Pless, *Tanz*, I, 215.

41   Bernhardi, *Denkwürdigkeiten*, 175 (Zitat); vgl. ebd., 170.

verstanden worden sei.[42] Drei weitere Autoren sind der Meinung, dass dem Kaiser in Gesellschaft Verlegenheit und Befangenheit zu schaffen machten, was er durch forsches Auftreten, Kasernenton und Humor bzw. gespielte Zwanglosigkeit zu überdecken bestrebt gewesen sei.[43] Im Privaten indes, so ebenfalls drei andere Stimmen, habe sich der Kaiser (tatsächlich) zwanglos und freimütig gezeigt.[44]

Wilhelms II. „stärkste Eigenschaft, die alle für ihn einnahm, [sei] die Gabe sprudelnder Unterhaltung" gewesen, so eine Einzelstimme.[45] Rund 15 Autobiographen werten das ausgeprägte private und öffentliche „Expressionsbedürfnis"[46] des Monarchen indes als Ausdruck von Schwäche[47] oder aber als eines unverkennbaren „Hang[s] zu Äußerlichkeiten".[48] Dabei habe er oft unüberlegt gesprochen und sich im Ton vergriffen[49], andererseits zwar über ein mitreißendes Redetalent verfügt, das jedoch wiederum nur über seine charakterlichen Defizite hinweggetäuscht habe.[50] Seinen großen Worten seien keine Taten gefolgt, die Phrasenhaftigkeit seines Ausdrucks habe in einem Missverhältnis zu seiner mangelnden Willensstärke gestanden.[51] Einer der Verfasser führt dabei relativierend ins Feld, dass den kaiserlichen Reden inhaltlich ein „guter Kern" zu eigen und „aus einer vielleicht manchmal zu schillernden Schale herauszuhören" gewesen sei, für die er den seit der Geburt verkrüppelten linken Arm des Hohenzollern verantwortlich macht.[52] Diese Behinderung war dann auch nach Meinung von fünf Autoren

---

42   Michaelis, *Für Staat und Volk*, 378 (Zitat; vgl. ebd., 377); Brandl, *Zwischen Inn und Themse*, 263 („machte oft seine Kritik hörbar, ja fühlbar"). Vgl. hierzu auch die Differenzierung bei Bunsen, *Die Welt*, 190: Wilhelm II. pflegte einen groben Umgang auch in seinem engeren Kreis, aber „nur denen gegenüber (…), die sich das gefallen ließen. Herren mit Selbstgefühl (…) hat er als Herren behandelt (…)."

43   Bunsen, *Die Welt*, 194 und 196; Freytag-Loringhoven, *Menschen und Dinge*, 169; Schoenaich, *Mein Damaskus*, 85. Vgl. Schröder, *Aus Hamburgs Blütezeit*, 219, zum „feinfühlenden Sinne Kaiser Wilhelms II."

44   Freytag-Loringhoven, *Menschen und Dinge*, 68; Pless, *Tanz*, I, 218; Waldeyer-Hartz, *Lebenserinnerungen*, 336.

45   Wermuth, *Ein Beamtenleben*, 139.

46   Monts de Mazin, *Erinnerungen*, 99 (Zitat); vgl. Litzmann, *Im alten Deutschland*, 343; Oldenburg-Januschau, *Erinnerungen*, 96; Robert Voigtländer, Robert Voigtländer, in: Gerhard Menz (Hg.), *Der deutsche Buchhandel der Gegenwart in Selbstdarstellungen*, Leipzig 1925, 157–203, hier 198.

47   Pless, *Tanz*, I, 196f. Vgl. Monts de Mazin, *Erinnerungen*, 143.

48   Ernst M. Roloff, *In zwei Welten. Aus den Erinnerungen und Wanderungen eines deutschen Schulmannes und Lexikographen*, Berlin/Bonn 1920, 45; vgl. zu diesem Charakterzug Freytag-Loringhoven, *Menschen und Dinge*, 67 (Zitat) und 70.

49   Johannes Reinke, *Mein Tagewerk*, Freiburg im Breisgau 1925, 358; Schönburg-Waldenburg, *Erinnerungen*, 160f.; vgl. Emil Ludwig, *Geschenke des Lebens. Ein Rückblick*, Berlin 1931, 57: „die vielen drohenden Reden".

50   Bonn, *Mein Künstlerleben*, 16 und 72f.; Schoenaich, *Mein Damaskus*, 85.

51   Eduard Engel, *Menschen und Dinge. Aus einem Leben*, Leipzig 1929, 244; Pless, *Tanz*, I, 218; Schoenaich, *Mein Damaskus*, 67 und 91; Ludwig Thoma, *Erinnerungen*, München 1919, 268. Schoenaich widerspricht sich in gewisser Weise, wenn er an anderer Stelle betont, dass der Kaiser „alle seine Gedanken durchsetzte" (Schoenaich, *Mein Damaskus*, 81).

52   Schönburg-Waldenburg, *Erinnerungen*, 165.

dafür ursächlich, dass der Kaiser charakterlich „unreif" geblieben sei[53] (zumindest anfänglich[54]), während eine Einzelstimme ihm bescheinigt, einen Reifeprozess durchgemacht zu haben.[55]

Korrespondierend mit dem oben angesprochenen Hang zum Äußerlichen wird in rund zwei Dutzend Erinnerungswerken eine Vorliebe Wilhelms II. für Theatralik und Schauspielerei[56] festgestellt, „für prunkvolle Inszenierung und für Märchenschimmer der Romantik"[57], wobei ein Verfasser darauf hinweist, dass diese Neigung im Privaten „völlig" zurückgetreten sei.[58] Besonders hervorgehoben werden in diesem Zusammenhang die jährlich stattfindenden Kaisermanöver[59], wie überhaupt das Faible des Kaisers für militärisches Schauspiel[60] bzw. den „höfisch-militärischen Pomp"[61]; eine Reihe von Verfassern verweist darüber hinaus auf die Jagd-, Fest- und Reiselust des Monarchen.[62] Dabei sei Wilhelm II., so zwei weitere Stimmen, bei Besuchen in der Provinz mehr am Auftreten seiner Gesprächspartner als an Inhalten interessiert gewesen: „Sachliche, das Leben in seiner Wirklichkeit, mit den Existenzbedürfnissen des Volks im Alltagsleben erfassende Vorträge liebte er nicht sonderlich."[63]

Fünf Autobiographen wagen vor diesem Hintergrund eine Gesamtbewertung der Persönlichkeit des Herrschers. Für zwei von ihnen war er „ein Blender, dem alles (…) nur ein Spiel zur Unterhaltung seiner eigenen Gottheit wird."[64] Ein weiterer charakterisiert den Kaiser kontextualisierend als

53 Monts de Mazin, *Erinnerungen*, 139; Pless, *Tanz*, I, 357; Walther Siegfried, *Aus dem Bilderbuch eines Lebens*, 3 Teile, Zürich/Leipzig 1926–32, hier II, 157.
54 Wilke, *Alt-Berliner Erinnerungen*, 98.
55 Freytag-Loringhoven, *Menschen und Dinge*, 166.
56 Monts de Mazin, *Erinnerungen*, 143; Pless, *Tanz*, I, 125, 218, 258 und 352; Rumpf, *Lebenserinnerungen*, 66; Schönburg-Waldenburg, *Erinnerungen*, 69.
57 Baumgarten, *Meine Lebensgeschichte*, 225 (Zitat); vgl. Treuberg, *Zwischen Politik und Diplomatie*, 3; Halbe, *Jahrhundertwende*, 21.
58 Freytag-Loringhoven, *Menschen und Dinge*, 168.
59 Bernhardi, *Denkwürdigkeiten*, 126, 212, 223 und 263; Bunsen, *Die Welt*, 190; Reischach, *Unter drei Kaisern*, passim (vgl. etwa 260f.); Wilke, *Alt-Berliner Erinnerungen*, 116–118; Einem, *Erinnerungen*, 146. Vgl. zur persönlichen aktiven Teilnahme Wilhelms II. auch Eduard von Liebert, *Aus einem bewegten Leben. Erinnerungen*, München 1925, 138f.
60 Oscar Frhr. von der Lancken Wakenitz, *Meine dreissig Dienstjahre. 1888–1918. Potsdam – Paris – Brüssel*, Berlin 1931, 25.
61 Monts de Mazin, *Erinnerungen*, 117; vgl. Hutten-Czapski, *Sechzig Jahre*, I, 418 (mit Bezug auf die Kaisermanöver), und Michaelis, *Für Staat und Volk*, 375 (Hofleben generell). Vgl. darüber hinaus zu den Geburtstagsfeierlichkeiten des Reichsoberhaupts (ohne Wertung) Schröder, *Aus Hamburgs Blütezeit*, 164.
62 Bonn, *Mein Künstlerleben*, 111; Reisen/Ortswechsel: Jagemann, *Fünfundsiebzig Jahre*, 130; Schoenaich, *Mein Damaskus*, 81; Schönburg-Waldenburg, *Erinnerungen*, 157 und 166–168; Voigtländer, *Robert Voigtländer*, 198; Wermuth, *Ein Beamtenleben*, 255; Halbe, *Jahrhundertwende*, 20f.; Selchow, *Hundert Tage*, 39; Jagden: Wilke, *Alt-Berliner Erinnerungen*, 173f., 181.
63 Michaelis, *Für Staat und Volk*, 378 (Zitat); Wolzogen, *Wie ich mich ums Leben brachte*, 154.
64 Bonn, *Mein Künstlerleben*, 120 (Zitat); Roloff, *In zwei Welten*, 46.

„allzu brillant und allzu geschäftig: eine chamäleonische und zugleich dekadente Gestalt! Spiegel und Abbild eines ebenso chamäleonischen und dekadenten Zeitalters",

sowie als den „Hauptexponenten der deutschen Geistes- und Seelenverfassung" seiner Epoche[65], was von anderer Seite wiederum dahingehend konkretisiert wird, dass Wilhelm II. „die deutschen Mängel (…) in lächerlicher Vollständigkeit und Plastik zeigte" und dabei „Militarismus, Korpsstudententum, bürgerliches Emporkömmlings- und Protzenwesen" repräsentiert habe.[66] Die Beurteilung: „In Wilhelm II. [!] Charakter finden sich zwei grundsätzlich verschiedene Anlagen, eine despotische und eine neuzeitlich soziale", was in seiner Zeit nachteilig sein musste[67], verweist indessen bereits auf zwei formale bzw. inhaltliche Aspekte seiner Amtsführung.

2. Amtsführung und Einflüsse

Weit verbreitet ist in den Erinnerungswerken die Vorstellung vom „persönlichen Regiment", das Wilhelm II. zwei Dutzend Stimmen zufolge seit 1890, also nach der Entlassung Bismarcks führte[68], gewissermaßen als „sein eigener Reichskanzler".[69] Man habe in ihm dabei nicht nur den „eigentlichen Träger" der „amtliche[n] Politik" zu sehen[70], er sei vielmehr „ein völliger Autokrat"[71], ein zunehmend „absolutistisch" regierender bzw. sich gebärdender[72], selbstherrlicher[73] Mo-

---

65   Halbe, *Jahrhundertwende*, 19 und 21.

66   Oskar A. H. Schmitz, *Ergo sum. Jahre des Reifens*, München 1927, 98; ders., *Dämon Welt. Entwicklungsjahre*, München 1926, 85. Vgl. dazu unten, Kap. X.

67   Schoenaich, *Mein Damaskus*, 91.

68   Vgl. Ernst Bansi, *Mein Leben. Der Erinnerungen II. Teil*, Quedlinburg 1931, 95; Claß, *Wider den Strom*, 92 und 140; Martens, *Schonungslose Lebenschronik*, II, 34; Franz Oppenheimer, *Erlebtes, Erstrebtes, Erreichtes. Erinnerungen*, Berlin 1931 (ND Düsseldorf 1964), 182; Philipp Scheidemann, *Memoiren eines Sozialdemokraten. Erster Band*, Dresden 1928, 197; Thoma, *Erinnerungen*, 317; Wien, Ein Rückblick, 42. Inwieweit der Kaiser tatsächlich nach der „Alleinherrschaft" strebte und welchen Einfluss er in der Praxis ausüben konnte, ist in der Forschung umstritten; vgl. dazu wie zu allem Folgenden Clark, *Wilhelm II.*, bes. 46ff., 119ff., 128ff. und 166ff.

69   Lujo Brentano, *Mein Leben im Kampf um die soziale Entwicklung Deutschlands*, Jena 1931, 228 (Zitat); Friedrich von Payer, *Mein Lebenslauf*, Stuttgart 1932, 31; vgl. Engel, *Menschen und Dinge*, 285.

70   Claß, *Wider den Strom*, 114 (Zitat); vgl. ebd., 115; Oldenburg-Januschau, *Erinnerungen*, 96. Baumgarten, *Meine Lebensgeschichte*, 235, spricht in diesem Zusammenhang zumindest von „dem bedeutenden *Einfluß der persönlichen Impressionen unseres Kaisers* auf den politischen Kurs (…)."

71   Pless, *Tanz*, II, 14f. (Zitat); vgl. Baumgarten, *Meine Lebensgeschichte*, 221.

72   Martens, *Schonungslose Lebenschronik*, I, 175f.; Eckardstein, *Lebenserinnerungen*, I, 302; Marie Baum, *Rückblick auf mein Leben. Meinen Freunden erzählt und zugeeignet*, Berlin 1939, 125; vgl. auch Baumgarten, *Meine Lebensgeschichte*, 155; Hutten-Czapski, *Sechzig Jahre*, I, 323.

narch, ja sogar Gewaltherrscher gewesen[74], der sich als Kaiser von Gottes Gnaden bzw. gottähnlich verstanden habe.[75] Während zwei Autoren darauf hinweisen, dass diese Art der Amtsführung „nicht mehr zeitgemäß" gewesen sei[76], betonen drei die mit ihr verbundene rechtliche Problematik in dem Sinne, dass entweder Wilhelm II. die Verfassung missachtet habe[77] oder aber dass diese selbst inadäquat gewesen sei, solcherlei Auswüchsen vorzubeugen.[78] Deutlich in der Minderheit sind unterdessen vier Autobiographen, die eine mehr oder weniger strikte Gegenposition einnehmen: Wilhelm II. habe nichts von „autokratischer Willkür und unzugänglicher Selbstherrlichkeit" gezeigt[79] bzw. sich mit zunehmendem Erfolg bemüht, die ihm durch die Verfassung auferlegten Beschränkungen nicht zu durchbrechen[80] und ohnehin durch seine Eingriffsversuche letztlich wenig[81] bzw. gar nichts[82] bewirkt. Lediglich zwei Autoren differenzieren in diesem Punkt schließlich (auch) nach den Persönlichkeiten der dem Kaiser gegenüberstehenden Reichskanzler[83]: Während der eine Caprivi und Hohenlohe vorwirft, die Alleinherrschaftsansprüche Wilhelms II. durch ihre Schwäche noch unterstützt zu haben, und Bülow als einzigem der Regierungschefs nach Bismarck konzediert, den Kaiser immer wieder, jedoch aus Ehrgeiz nicht konsequent genug gesteuert zu haben[84], stellt der andere letzteres im Kern ebenfalls fest, betont aber, dass bereits

73 Baumgarten, *Meine Lebensgeschichte*, 221; Martens, *Schonungslose Lebenschronik*, I, 107; Roloff, *In zwei Welten*, 52; Halbe, *Jahrhundertwende*, 406; vgl. Rumpf, *Lebenserinnerungen*, 89.

74 Brentano, *Mein Leben*, 228; vgl. Baumgarten, *Meine Lebensgeschichte*, 221.

75 Engel, *Menschen und Dinge*, 230; Monts de Mazin, *Erinnerungen*, 143; Reinke, *Mein Tagewerk*, 357f.; Thoma, *Erinnerungen*, 317 (vgl. ebd., 269); Wien, Ein Rückblick, 41f.; Halbe, *Jahrhundertwende*, 22 (vgl. ebd., 406). Vgl. dazu aber auch Dryander, *Erinnerungen*, 203: „Sein ‚Gottesgnadentum' war bei ihm [= Wilhelm II.] nicht der Ausdruck byzantinischer, staatsrechtlicher Ansprüche, sondern *ein religiöser Begriff*, der sein Korrelat in der Erfüllung ernster Pflichten und in der demütigen Beugung vor Gott hatte."

76 Alfred Grotjahn, *Erlebtes und Erstrebtes. Erinnerungen eines sozialistischen Arztes*, Berlin 1932, 105 (Zitat); Freytag-Loringhoven, *Menschen und Dinge*, 63.

77 Engel, *Menschen und Dinge*, 285; vgl. Baumgarten, *Meine Lebensgeschichte*, 220. Gemäß Reichsverfassung waren die Befugnisse des Kaisers als eines konstitutionellen Monarchen begrenzt; vgl. Huber, *Deutsche Verfassungsgeschichte*, III, 809–815 und 820.

78 Eckardstein, *Lebenserinnerungen*, I, 302.

79 Einem, *Erinnerungen*, 98.

80 Freytag-Loringhoven, *Menschen und Dinge*, 162. Vgl. Wien, Ein Rückblick, 29: Der Kaiser habe sich nach der Daily-Telegraph-Affäre zurückgenommen (ähnlich auch Einem, *Erinnerungen*, 122f.; vgl. dazu unten, Teil C, Kap. II. 3.). Vgl. außerdem Hutten-Czapski, *Sechzig Jahre*, II, 130f.: „Wenn nicht viele Anzeichen trogen, gewann der Kaiser mit zunehmenden Jahren mehr Verständnis für den Beruf des modernen Herrschers in einem tieferen Sinne."

81 Hugo Gf. von Lerchenfeld-Koefering, *Erinnerungen und Denkwürdigkeiten 1843–1925*, eingel. u. hg. v. Hugo Gf. Lerchenfeld-Koefering, Berlin 1935, 368; vgl. Freytag-Loringhoven, *Menschen und Dinge*, 162.

82 Margarete Hahn, *Dein Vater. Briefe an meine Tochter*, Leipzig 1936, 243.

83 Vgl. zu diesen unten, Kap. II. 2.

84 Wermuth, *Ein Beamtenleben*, 190–192, 202 und 224.

Hohenlohe in vielen, wenngleich letztlich zu wenigen Fällen positiven Einfluss auf das Reichsoberhaupt genommen habe.[85]

Indessen litten nach Meinung von acht Verfassern die politischen Ambitionen Wilhelms II. unter dessen persönlichen und charakterlichen Defiziten, konkret an einem Mangel an Begabung speziell für dieses Feld[86], an seiner Unrast, Nervosität und Sprunghaftigkeit[87], seiner Selbstüberschätzung[88] und seinem oftmals taktlosen Auftreten[89]: „Er erstrebte einen überragenden Einfluß des königlichen Willens, und man sah gleichzeitig nirgends eine feste, zielbewußte Richtung der kaiserlichen Politik"[90], was ihn schließlich auch daran gehindert habe, so zwei Stimmen, in die Fußstapfen seines Großvaters Wilhelm I. zu treten.[91] Die Ansichten über das Ergebnis seiner Regierungsanstrengungen im Ganzen sind dabei durchaus geteilt: Während fünf Verfasser das Agieren des Kaisers als schädlich bzw. zumindest gefährlich für das Reich deklarieren[92], verzeichnen drei weitere positive Ergebnisse vor allem für Staat und Wirtschaft.[93] Deutlich negativ gesehen werden unterdessen von insgesamt einem guten Dutzend Autoren die Entlassung Bismarcks als krasse Fehlentscheidung[94] (bei einer dezidierten Gegenstimme[95]), die willkürlich und unvorhersehbar erscheinende Ernennung und Entlassung hoher Reichsbeamter bzw. preußischer Minister[96] sowie unüberlegte und kontraproduktive Eingriffe bzw. Einmischungsversuche des Monarchen in die Tagespolitik.[97]

---

85 Hutten-Czapski, *Sechzig Jahre*, I, 240, 242, 309, 383 und 393f.

86 Monts de Mazin, *Erinnerungen*, 138f.

87 Ebd., 140; Hutten-Czapski, *Sechzig Jahre*, II, 2 und 113f. Vgl. Pless, *Tanz*, I, 352; Wermuth, *Ein Beamtenleben*, 264.

88 Monts de Mazin, *Erinnerungen*, 140; Pless, *Tanz*, I, 352 und 364f. Vgl. Wermuth, *Ein Beamtenleben*, 256.

89 Schmitz, *Ergo sum*, 74f.; Halbe, *Jahrhundertwende*, 224.

90 Bernhardi, *Denkwürdigkeiten*, 231.

91 Elisabeth von Maltzahn, *An stillen Feuern. Erschautes und Erträumtes. Ein Lebensroman*, Schwerin [6]1923, 128; Monts de Mazin, *Erinnerungen*, 138.

92 Claß, *Wider den Strom*, 19 (vgl. ebd., 91); Eckardstein, *Lebenserinnerungen*, I, 302; Halbe, *Jahrhundertwende*, 406; Oppenheimer, *Erlebtes*, 182; Siegfried, *Aus dem Bilderbuch*, II, 157.

93 Oldenburg-Januschau, *Erinnerungen*, 58; Reinke, *Mein Tagewerk*, 360; Schönburg-Waldenburg, *Erinnerungen*, 158.

94 Hahn, *Dein Vater*, 243; Monts de Mazin, *Erinnerungen*, 138f.; Voigtländer, Robert Voigtländer, 198f.; Wien, Ein Rückblick, 41f.

95 Grotjahn, *Erlebtes*, 49, wertet die Entlassung Bismarcks dabei sogar als „einzige politische Aktion während seiner ganzen Regierungszeit, die Wilhelm II. zur rechten Zeit und in richtiger Erkenntnis ihrer unbedingten Notwendigkeit mit Mut und Entschlossenheit zur Durchführung brachte (…)."

96 Bernhardi, *Denkwürdigkeiten*, 166; Brandl, *Zwischen Inn und Themse*, 265; Engel, *Menschen und Dinge*, 209 und 291; Schönburg-Waldenburg, *Erinnerungen*, 155; Rumpf, *Lebenserinnerungen*, 66. Vgl. auch Brentano, *Mein Leben*, 284.

97 Freytag-Loringhoven, *Menschen und Dinge*, 163; Jagemann, *Fünfundsiebzig Jahre*, 125; Lerchenfeld-Koefering, *Erinnerungen*, 368; Wermuth, *Ein Beamtenleben*, 140; Hutten-Czapski, *Sechzig Jahre*, I, 241 und 285, sowie II, 133. Vgl. Monts de Mazin, *Erinnerungen*, 196, zu „Belastungen (…), die aus kaiserlichen Reden (…) erwuchsen."

Die Frage nach den von Wilhelm II. beanspruchten und tatsächlich ausgeübten Regierungskompetenzen zieht – wie oben bereits deutlich geworden ist – zwangsläufig die Frage nach dem Einfluss seiner engeren Umgebung nach sich.[98] Rund zehn Verfasser stimmen darin überein, dass der Kaiser abhängig von „Schmeichelei und Schwärmerei" bzw. von Einflüsterungen gewesen sei[99] (bei einer Gegenstimme[100]) und daher, im Verbund mit seiner Neigung zur Selbstüberschätzung und seiner mangelnden Kritikfähigkeit, seine Berater nicht nach deren Kompetenz, sondern nach dem äußeren Eindruck ausgewählt und immer wieder fachlich und charakterlich ungeeignete Personen berufen habe[101], so dass er letztlich, „wenn überhaupt, sehr wenige kluge und wirklich ergebene Ratgeber besaß"[102], deren Gewicht indessen eine Einzelstimme betont.[103] Das Gros der einschlägig interessierten Autobiographen (knapp 20) hebt indessen hervor, dass die mediokren Personen in der engeren Umgebung des Monarchen bzw. solche, die in diesen Kreis gelangen wollten – vom General hinunter bis zum Leibdiener –, die genannten Schwächen Wilhelms II. gezielt für eigene Zwecke auszunutzen verstanden[104], so dass sich „[e]ine verantwortungslose Höflings- und Günstlingswirtschaft" herausbildete[105], die nicht zuletzt auch auf die Amtsführung des Reichsoberhaupts zurückwirkte: Die „Kamarilla"[106] um den Kaiser habe diesen in seiner irrigen Selbsteinschätzung noch bestärkt und gegen etwaige störende bzw. für ihn unangenehme Einflüsse von außen abgeschirmt.[107] Dies sei soweit gegangen, dass

---

98   Vgl. hierzu wie zum Folgenden Clark, *Wilhelm II.*, bes. 108ff.

99   Baumgarten, *Meine Lebensgeschichte*, 160 (Zitat); Pless, *Tanz*, II, 14; Bernhardi, *Denkwürdigkeiten*, 123; Monts de Mazin, *Erinnerungen*, 139.

100 Schönburg-Waldenburg, *Erinnerungen*, 190: Wilhelm habe eine Abneigung gegen „Schmeichler" gehabt.

101 Freytag-Loringhoven, *Menschen und Dinge*, 64; Pless, *Tanz*, I, 352 und 364f., sowie II, 13f.; Reinke, *Mein Tagewerk*, 360; Schönburg-Waldenburg, *Erinnerungen*, 140 und 196f.; Einem, *Erinnerungen*, 142; Schoenaich, *Mein Damaskus*, 85; Tresckow, *Von Fürsten*, 133f.

102 Pless, *Tanz*, I, 77 (Zitat; vgl. ebd., 80f.). Vgl. Bonn, *Mein Künstlerleben*, 210f.: „Die hohe Begabung Kaiser Wilhelms schloß im Verein mit der Selbstherrlichkeit seines Charakters aufrechte und geniale Männer aus seiner Nähe aus."; ähnlich auch Liebert, *Aus einem bewegten Leben*, 140.

103 Eckardstein, *Lebenserinnerungen*, II, 47 („besaß Wilhelm II. in seiner Umgebung auch kluge und einsichtige Persönlichkeiten, welche ihn nach bestem Wissen und Gewissen zu beraten suchten und in so manchen Fällen einen vernünftigen Einfluß auf ihn ausübten.").

104 Bernhardi, *Denkwürdigkeiten*, 156f. und 175; Bonn, *Mein Künstlerleben*, 111f.; Schönburg-Waldenburg, *Erinnerungen*, 151 und 196f.; Einem, *Erinnerungen*, 142.

105 Martens, *Schonungslose Lebenschronik*, I, 107 (Zitat); vgl. Bonn, *Mein Künstlerleben*, passim. Vgl. auch Schoenaich, *Mein Damaskus*, 84 („Liebedienernde Umgebung'"), sowie Schönburg-Waldenburg, *Erinnerungen*, 150 („Byzantinismus"), und Wilamowitz-Moellendorff, *Erinnerungen*, 257f. („Unterwürfigkeit"). Für Tresckow, *Von Fürsten*, 133, bestand die so gewachsene kaiserliche Umgebung vor allem aus „einem Kreis von Homosexuellen (...), weil diese Leute (...) durch ihre geselligen Talente und durch ihre Schmiegsamkeit sich auszeichneten" (vgl. ebd., 144). Vgl. u. zur Eulenburg-Affäre.

106 Bernhardi, *Denkwürdigkeiten*, 168; Tresckow, *Von Fürsten*, 136; die Existenz einer solchen negierend Freytag-Loringhoven, *Menschen und Dinge*, 69.

107 Eckardstein, *Lebenserinnerungen*; Monts de Mazin, *Erinnerungen*, 140; Schönburg-Waldenburg, *Erinnerungen*, 140, 180 und öfter; Tresckow, *Von Fürsten*, 134.

die zur Information für das Reichsoberhaupt regelmäßig angefertigten Zusammenstellungen von Presseauszügen absichtlich ein einseitiges, den Vorstellungen und Interessen des Monarchen entgegenkommendes Bild der jeweiligen politischen Lage gezeichnet hätten – „Der Kaiser hatte wohl das ehrliche Bestreben, sich zu orientieren, aber dieses wurde ihm durch seine servile Umgebung unmöglich gemacht."[108] Zugleich sei seine Verbindung zu den nachgeordneten Behörden gezielt kontrolliert bzw. gekappt worden, so dass kein Informationsfluss zwischen Reichsoberhaupt und Regierung bzw. Verwaltung möglich gewesen sei[109] und die Chefs der Zivil- und Militärkabinette[110] ebenso wie Personen wie Reichskanzler Bernhard von Bülow oder der Kaiser-Intimus Philipp zu Eulenburg[111] größeren Einfluss auf die Politik genommen hätten als die zuständigen (preußischen) Minister, ja wichtige Entscheidungen sogar ohne diese gefällt worden seien[112] –

> „Manche begangenen Fehler sind ihm [= Wilhelm II.] hier zu Unrecht zur Last gelegt worden, da sie in Wirklichkeit von seinen Ratgebern – mehrfach sogar gegen seine unmittelbare Absicht – gemacht wurden."[113]

Zwei dieser Stimmen geben unterdessen zu bedenken, dass es dringend notwendig und dabei keineswegs einfach gewesen sei, Wilhelm II. zu lenken.[114] Skandale in der Hofgesellschaft[115] wie vor allem den um Philipp zu Eulenburg und den „Lie-

108 Tresckow, *Von Fürsten*, 48f.; Pless, *Tanz*, I, 365; Hutten-Czapski, *Sechzig Jahre*, I, 241f.; Claß, *Wider den Strom*, passim.
109 Tresckow, *Von Fürsten*, 48f. und 115f.; Michaelis, *Für Staat und Volk*, 378; Monts de Mazin, *Erinnerungen*, 139 und 150.
110 Diese überkommenen Einrichtungen (ursprünglich des preußischen Königtums) gerieten unter Wilhelm II. – 1889 noch ergänzt durch das Marinekabinett – „zu selbständigen politischen Beratungsorganen des Kaisers neben den politisch verantwortlichen Instanzen, vor allem dem Kanzler", was mit der Reichsverfassung nicht konform ging (Huber, *Deutsche Verfassungsgeschichte*, III, 816–819, das Zitat 816).
111 Vgl. zu Bülow und Eulenburg als herausragenden Gestalten im Kreis um Wilhelm II. auch Hindenburg, *Am Rande*, 219f. S. auch hierzu Clark, *Wilhelm II.*, bes. 108ff.
112 Monts de Mazin, *Erinnerungen*, 139; Hutten-Czapski, *Sechzig Jahre*, I, 244 (bezogen auf Militärreformen) und 407; Freytag-Loringhoven, *Menschen und Dinge*, 164f.; Wilke, *Alt-Berliner Erinnerungen*, 92; Reischach, *Unter drei Kaisern*, 239; Schönburg-Waldenburg, *Erinnerungen*, 157; Schoenaich, *Mein Damaskus*, 85; Tresckow, *Von Fürsten*, 136. Vgl. die von Michaelis, *Für Staat und Volk*, 155 geteilte Feststellung, „daß unter Wilhelm II. für einen selbständig denkenden Minister keine Seide zu spinnen [gewesen] sei."
113 Einem, *Erinnerungen*, 139. Schoenaich, *Mein Damaskus*, 92 fällt in diesem Zusammenhang ein (noch) differenzierteres Urteil: „Dazu kommt, daß auch das Menschengeschlecht, das ihn [= den Kaiser] umgab, mitten im Gären und Brodeln begriffen war. Die ungeheuren äußeren politischen und materiellen Erfolge der Bismarckschen Zeit hatten ein überhebliches und rein materialistisches Geschlecht aufwachsen lassen, das den Glanz von heute höher wertet als die Arbeit um das werdende Morgen. Monarch und Höflinge, statt sich gegenseitig Wurzelkraft zu geben, flatterten gemeinsam um so haltloser im Winde der großen Politik herum, bis der Wind zum Sturme wuchs und Europa in den Abgrund stieß (...)." Vgl. zum „Materialismus" unten, Kap. X. 1.
114 Hutten-Czapski, *Sechzig Jahre*, I, 407; Pless, *Tanz*, I, 352.
115 Vgl. Hutten-Czapski, *Sechzig Jahre*, I, 262, zur „Reihe der politisch-gesellschaftlichen Skandale, welche (...) als üble Erbschaft aus der Ära Caprivi übernommen waren."

benberger Kreis"[116] halten schließlich zwei Autoren für „Sturmzeichen, die nicht genügend beachtet und verstanden" worden seien[117]; ebenfalls zwei weiteren zufolge war es mit der Eulenburg-Affäre sogar schon zu spät, um die Monarchie noch zu retten.[118] Eine Einzelstimme relativiert die Bedeutung von derlei Vorkommnissen, mit denen der Kaiser gleichwohl dilettantisch umgegangen sei.[119]

3. Eingriffe in die Außenpolitik

Die außenpolitischen Aktivitäten Wilhelms II. werden in den Erinnerungswerken breit thematisiert.[120] Immerhin rund zwei Dutzend Verfasser betonen dabei die „Friedensliebe" des Kaisers[121] bzw. den Umstand, dass Wilhelm II. den Ersten Weltkrieg nicht gewollt und mit allen Mitteln zu vermeiden gesucht habe.[122] Nur wenige Stimmen äußern sich dabei über die Außenwahrnehmung in diesem Punkt: Drei Autobiographen stellen die Anerkennung der kaiserlichen Haltung in Deutschland selbst fest[123], und einer davon sowie drei weitere Verfasser betonen, dass diese auch dem Ausland bewusst gewesen sei[124] (bei einer Gegenstimme[125]),

---

116 Benannt nach dem gleichnamigen Gut Eulenburgs. Der Publizist Maximilian Harden „machte sich (…) die homosexuelle Neigung Eulenburgs und anderer Mitglieder" der kaiserlichen Umgebung „zunutze", um im Jahr 1906 öffentlich die angebliche Abhängigkeit des Monarchen (und damit der Staatsführung) von vermeintlich zwielichtigen Persönlichkeiten anzuprangern. Eulenburg zog sich im Anschluss an einen gegen ihn geführten Strafprozess völlig zurück; das Bild des Kaisers in der Öffentlichkeit wurde durch die Angelegenheit beträchtlich getrübt (Clark, *Wilhelm II.*, 147–149, das Zitat 147).

117 Hindenburg, *Am Rande*, 50 (Zitat); vgl. Monts de Mazin, *Erinnerungen*, 184f.

118 Tresckow, *Von Fürsten*, 144f.; vgl. Bonn, *Mein Künstlerleben*, 117f.

119 Wilke, *Alt-Berliner Erinnerungen*, 145 und 147–149.

120 Zu den im Folgenden angesprochenen Detailaspekten ausführlicher unten, Kap. IV.

121 Bansi, *Mein Leben*, 110; Bernhardi, *Denkwürdigkeiten*, 309, 335, 337, 353 und 383; Dryander, *Erinnerungen*, 203; Heinrich Ehrhardt, *Hammerschläge. 70 Jahre deutscher Arbeiter und Erfinder*, Leipzig 1922, 102; Michaelis, *Für Staat und Volk*, 374 und 382; Monts de Mazin, *Erinnerungen*, 141 und 285; Reinke, *Mein Tagewerk*, 294f. und 357; Schmitz, *Ergo sum*, 184; Anna Wagemann, *Prinzessin Feodora. Erinnerungen an den Augustenburger und den Preußischen Hof. Aus dem bunten Bilderbuch meines Lebens*, Berlin 1932, 55; Waldeyer-Hartz, *Lebenserinnerungen*, 377; Wien, *Ein Rückblick*, 29; Karl Woermann, *Lebenserinnerungen eines Achtzigjährigen*, 2. Band, Leipzig 1924, 314; Eugen Kühnemann, *Mit unbefangener Stirn. Mein Lebensbuch*, Heilbronn 1937, 237; Selchow, *Hundert Tage*, 240 (vgl. ebd., 251); Einem, *Erinnerungen*, 112–116 (negativ gewertet). Vgl. auch Claß, *Wider den Strom*, 27: Der Kaiser habe keine „Welteroberungsabsichten" gehegt.

122 Bonn, *Mein Künstlerleben*, 204 (mit kritischem Unterton); Dryander, *Erinnerungen*, 298 (mit einer Rechtfertigung des Kriegseintritts als notwendig); Engel, *Menschen und Dinge*, 275; Lancken Wakenitz, *Meine dreissig Dienstjahre*, 62 (kein Präventivkrieg); Litzmann, *Lebenserinnerungen*, 138; Tresckow, *Von Fürsten*, 238; Waldeyer-Hartz, *Lebenserinnerungen*, 357; Oldenburg-Januschau, *Erinnerungen*, 129.

123 Hutten-Czapski, *Sechzig Jahre*, II, 122; Michaelis, *Für Staat und Volk*, 375; Dryander, *Erinnerungen*, 233f.

124 Vgl. Hutten-Czapski, *Sechzig Jahre*, II, 122; Tresckow, *Von Fürsten*, 238.

125 Scheidemann, *Memoiren*, 221.

auch wenn man dort öffentlich Zweifel geäußert[126] bzw. darüber gespottet[127] habe. Sechs Autoren konstatieren unterdessen im Hinblick auf die Außenwirkung Wilhelms II. einen Widerspruch zwischen der Friedensliebe und dem öffentlichen Auftreten wie auch unüberlegten, riskanten Maßnahmen des Monarchen:

„Der kindisch törichte Kaiser hat gewiß den Krieg nicht gewollt, aber durch törichtes Betragen, gelegentliches Säbelrasseln und Abweisung verständiger internationaler Übereinkommen viel zur Beunruhigung der Welt beigetragen"[128],

wobei auch seinem Umfeld eine gewisse Schuld zugesprochen wird.[129] Zwei Verfasser nehmen hier schließlich insofern Extrempositionen ein, als sie Wilhelm II. entweder den Friedenswillen komplett absprechen[130] oder aber in Anbetracht seiner offenkundigen Friedensliebe jegliche Bedeutung seines öffentlichen Auftretens für die deutsche Außenpolitik negieren.[131]

Auch unabhängig von der Frage nach der Haltung Wilhelms II. zu Krieg und Frieden werden in zahlreichen Lebenserinnerungen die persönlichen Eigenschaften des Reichsoberhaupts und sein Gebaren im Amt weit überwiegend als nachteilig für das außenpolitische Tagesgeschäft bewertet.[132] Grundsätzlich habe das Handeln des Kaisers unter dessen verfehlter Wahrnehmung bzw. Einschätzung der jeweiligen Situation, der Kräfteverhältnisse und der erforderlichen Maßnahmen gelitten[133]; Sprunghaftigkeit und Ziellosigkeit hätten dann auch seine Aktivi-

---

126 Dryander, *Erinnerungen*, 233f.

127 Woermann, *Lebenserinnerungen*, 314.

128 Rumpf, *Lebenserinnerungen*, 80 (Zitat); vgl. Monts de Mazin, *Erinnerungen*, 141; Reinke, *Mein Tagewerk*, 359. Vgl. auch Bonn, *Mein Künstlerleben*, 112: „seine hinaufgedrehten Schnurrbartspitzen, die eine beständige Bedrohung der Welt waren. *Sie haben unendlich viel zum Weltkrieg beigetragen, da man einem solch grimmigen Antlitz nimmermehr friedliche Gesinnung zutrauen konnte.*"

129 Eckardstein, *Lebenserinnerungen*, II, 431; Pless, *Tanz*, II, 14f.

130 Martens, *Schonungslose Lebenschronik*, I, 107f.: „Es war klar, daß der Kaiser, sobald er sich in seine theatralische Glanzrolle erst recht eingelebt hatte, einer uferlosen Weltmachtpolitik verfallen mußte."; vgl. ebd., 161 und 170f.

131 Reinke, *Mein Tagewerk*, 294f.

132 Vgl. Bernhardi, *Denkwürdigkeiten*, 175 und 237; Roloff, *In zwei Welten*, 197; sowie Dietrich Schäfer, *Mein Leben*, Berlin/Leipzig 1926, 158, mit einer grundsätzlich negativen Bewertung der kaiserlichen Außenpolitik; dagegen Hutten-Czapski, *Sechzig Jahre*, II, 61, mit der entgegengesetzten Position.

133 Bernhardi, *Denkwürdigkeiten*, 175, 231, 303f. und 309; Eckardstein, *Lebenserinnerungen*, I, 206 (der jedoch ebd., III, passim, ausdrücklich die Marokko-Politik hiervon ausnimmt); Martens, *Schonungslose Lebenschronik*, II, 64; Monts de Mazin, *Erinnerungen*, 253f. (der jedoch ebd., 138, betont, „daß der Kaiser bei vielen entscheidenden Vorgängen schärfer sah wie [!] seine Ratgeber."); Schäfer, *Mein Leben*, 163f. Vgl. auch Pless, *Tanz*, I, 364, und II, 14, die jedoch ebd., I, 363 hervorhebt: „Nach Bismarcks Fall betrachtete es der Kaiser als seine Mission, ja sogar als seine Pflicht, Deutschland zum Gipfel seiner Bestimmung zu führen [= eine Weltmacht zu werden]. Da die Hohenzollern es angeblich gebaut und begründet hatten, mußten sie das Reich auch konsolidieren. Diese Ansicht über seine Pflichten und Verantwortlichkeiten war vollkommen begreiflich und berechtigt."

täten nach außen hin geprägt[134], die deutsche Diplomatie unberechenbar gemacht und dem Land zum Schaden gereicht[135], wie insgesamt rund ein Dutzend Verfasser festhalten. Insbesondere sein öffentliches Auftreten wird dabei als schädlich für die Außenbeziehungen bemängelt:

> „seine fatale öffentliche Redseligkeit, [!] war bestimmend für den Eindruck, den das Ausland von der deutschen Politik gewann. (…) Auf der einen Seite provozierte des Kaisers säbelrasselnder Phrasenschwall das französische und englische Kabinett, dann wieder umschmeichelte er Staatsmänner, Fürsten und Völker, daß es diesen fast lästig wurde. An seinem guten Willen war nicht zu zweifeln; verhängnisvoll wurden nur sein Mangel an jeglicher staatsmännischer Begabung, seine Gefühlspolitik, Zerfahrenheit und persönliche Eitelkeit und die takt- wie geschmacklose Form seiner Kundgebungen."[136]

Er habe damit nicht nur immer wieder seine eigene Regierung in Schwierigkeiten gebracht[137], sondern sogar zur Annäherung der späteren Kriegsgegner beigetragen.[138] Drei der Autoren weisen unterdessen darauf hin, dass das deutsche Staatsoberhaupt im Ausland mangels besserer Kenntnis[139] oder aber absichtlich, d. h. mit propagandistischem Impetus missverstanden worden sei.[140] Jedenfalls sei der Kaiser von seiner Umgebung, so ein weiterer Autobiograph, in seinem fragwürdigen Verhalten noch bestärkt worden.[141] Sechs andere äußern sich ebenfalls zur Frage des konkreten Einflusses der Berater bzw. Amtsträger Wilhelms II. speziell im Bereich der Außenpolitik: Vier von ihnen halten diesen generell oder zumindest in bestimmten Situationen für ausschlaggebend[142], zwei vertreten den gegenteiligen Standpunkt.[143]

Als epochenprägend wird schließlich von einem guten Dutzend Autobiographen das Verhalten Wilhelms II. gegenüber Großbritannien angesehen. Als ein wichtiger Faktor wird dabei der Aufbau der deutschen Marine betrachtet, die „Lieblingsaufgabe"[144] oder gar „Lebensaufgabe"[145] des Kaisers[146], der damit zur

---

134 Claß, *Wider den Strom*, 108; Eckardstein, *Lebenserinnerungen*, I, 174f. und 413f.; Otto Lubarsch, *Ein bewegtes Gelehrtenleben. Erinnerungen und Erlebnisse, Kämpfe und Gedanken*, Berlin 1931, 533; Monts de Mazin, *Erinnerungen*, 138.

135 Eckardstein, *Lebenserinnerungen*, I, 309–311, sowie II, 160 und 258; Engel, *Menschen und Dinge*, 198; Freytag-Loringhoven, *Menschen und Dinge*, 164.

136 Martens, *Schonungslose Lebenschronik*, II, 34; vgl. auch ebd., 35; Bonn, *Mein Künstlerleben*, 204; Eckardstein, *Lebenserinnerungen*, I, 182, 184, 431f. und öfter, sowie II, 145; Freytag-Loringhoven, *Menschen und Dinge*, 164 (mit Einschränkungen); Monts de Mazin, *Erinnerungen*, 141; Pless, *Tanz*, I, 134; Scheidemann, *Memoiren*, 177; Schmitz, *Ergo sum*, 74f.

137 Monts de Mazin, *Erinnerungen*, 124f.; Scheidemann, *Memoiren*, 177.

138 Eckardstein, *Lebenserinnerungen*, I, 206f. und 270.

139 Freytag-Loringhoven, *Menschen und Dinge*, 164.

140 Michaelis, *Für Staat und Volk*, 372f.; Reinke, *Mein Tagewerk*, 359. Schoenaich, *Mein Damaskus*, 88, verweist dagegen auf die „bestrickende Liebenswürdigkeit" des Kaisers und betont, „daß gerade viele Ausländer ihm begeistert huldigten."

141 Woermann, *Lebenserinnerungen*, 315.

142 Eckardstein, *Lebenserinnerungen*, II, 93f. (Marokkopolitik); Freytag-Loringhoven, *Menschen und Dinge*, 164f.; Martens, *Schonungslose Lebenschronik*, II, 64; Pless, *Tanz*, I, 211f. (Krüger-Depesche 1896, Daily Telegraph-Affäre 1908) und 295–297 („Panthersprung" nach Agadir in der zweiten Marokkokrise 1911). Vgl. unten, Kap. IV., passim.

143 Reinke, *Mein Tagewerk*, 276f.; Scheidemann, *Memoiren*, 177.

144 Claß, *Wider den Strom*, 84 (Zitat); vgl. Wermuth, *Ein Beamtenleben*, 280.

Menschenbildung[147] oder aber im Sinne eines Druckmittels zum Erhalt des Friedens habe beitragen wollen[148], auch wenn möglicherweise Admiral von Tirpitz der eigentliche Lenker der Flottenrüstung und zugleich Manipulator des Reichsoberhaupts gewesen sei.[149] Unabhängig von der Intention stellen vier Verfasser fest, dass eben die Flottenpolitik – an sich bzw. durch die Art, wie sie durch Wilhelm II. betrieben und nach außen hin dargestellt wurde – England als enorme Bedrohung habe erscheinen und es zum Feind des Reichs machen müssen[150]; hinzugekommen sei freilich das (ungewollt) ungeschickte, provozierende Auftreten des Kaisers gegenüber England, seinen Diplomaten und seinem König (Edward VII.).[151] Genau dies halten auch vier Autoren für das ausschlaggebende Moment im Verhältnis der beiden Staaten sowie auch für Großbritanniens Entscheidung, mit Frankreich und Russland zusammenzugehen[152], wobei eine Einzelstimme auch in diesem Fall die kaiserliche Umgebung verantwortlich macht[153], eine weitere dagegen Wilhelm II. eine zu lasche Haltung gegenüber dem weltpolitischen Konkurrenten vorwirft.[154]

145 Jagemann, *Fünfundsiebzig Jahre*, 131.
146 Eckardstein, *Lebenserinnerungen*, II, 160, attestiert dem Monarchen auch hier planloses Vorgehen.
147 Selchow, *Hundert Tage*, 205f.
148 Dryander, *Erinnerungen*, 233f.
149 Monts de Mazin, *Erinnerungen*, 195, der jedoch ebd., 196, ebenfalls das kaiserliche Interesse betont. Zu Tirpitz s. unten, Kap. IV. 2.
150 Bonn, *Mein Künstlerleben*, 204; Eckardstein, *Lebenserinnerungen*, I, 106; Engel, *Menschen und Dinge*, 276.
151 Pleß, *Tanz*, I, 302–306, 310–323, 327f., 333f. und 344f. Vgl. die zusammenfassende Sicht ebd., I, 362f.: „Der Kaiser litt an einer Selbstverkennung, die den meisten Menschen anhaftet. Er sah sich selbst viel größer, als Gott ihn gemacht hatte (…) aufrichtig in seiner Liebe und Bewunderung für England. (…) Der Kaiser kritisierte England oft, er tat es aber so gereizt und ungeduldig, wie man seine Verwandten tadelt, die man besonders liebt und bewundert, und von denen man fühlt, daß sie einen nicht gern haben oder nicht verstehen. (…) Der Kaiser fühlte, daß er nie recht verstanden und geschätzt wurde (…). Da er es aufrichtig meinte und von seinem eigenen Wert überzeugt war, trachtete er, sich England aufzudrängen. Wie ein geschickter Schauspieler manchmal in Ermangelung von feineren Mitteln den Beifall und die Bewunderung des Publikums zu erringen sucht, indem er seine Lieblingsrolle outriert, so versuchte der Kaiser oft, die britische öffentliche Meinung durch Taten zu beherrschen, die Widerspruch erregten oder – was noch schlimmer ist – langweilten oder komisch wirkten." Vgl. auch Freytag-Loringhoven, *Menschen und Dinge*, 70, zur auch in diesem Fall verzerrten Eigenwahrnehmung Wilhelms II.
152 Engel, *Menschen und Dinge*, 276; Eckardstein, *Lebenserinnerungen*, II, 379; Pleß, *Tanz*, I, 125–127. Vgl. auch Hahn, *Dein Vater*, 250.
153 Eckardstein, *Lebenserinnerungen*, I, 271 und 274f.
154 Claß, *Wider den Strom*, 58 und 60 (am Beispiel der Burenpolitik).

4. Reichsoberhaupt und Bevölkerung

Vier Autoren bescheinigen Wilhelm II. Distanz zu seinen Untertanen im Sinne mangelnder „Kenntnis der Wünsche, der Bedürfnisse und der Anregungen seines Volks", wobei zumindest einer explizit die kaiserliche Umgebung dafür verantwortlich macht.[155] Eine weitaus größere Rolle spielt in den Lebenserinnerungen dagegen die am Reichsoberhaupt öffentlich geübte Kritik und eine zunehmende Distanz zwischen Herrscher und Volk, die von rund 15 Autoren als epochenspezifisch berücksichtigt wird, wobei zwei von ihnen sich mit der Feststellung einer gewissen Unbeliebtheit des Kaisers begnügen.[156] Fünf weitere machen bloßes Nörglertum[157] bzw. „Klatschsucht und Verleumdungswut" sowie einen Mangel an Verständnis für Wilhelm II. in der Bevölkerung dafür verantwortlich[158], wobei lediglich ein Verfasser erklärend hinzufügt, dass „[e]in großer (…) Teil unseres Volkes (…) sich eine Art Idealansicht von seinem Kaiser gebildet" hätte, die aufgrund ihres hohen Anspruchs zwangsläufig habe enttäuscht werden müssen[159], während ein anderer konzediert, dass Wilhelm II. selbst nicht ganz unschuldig an der verbreiteten Miss-Stimmung gewesen sei.[160] Die übrigen acht sind ausschließlich dieser Meinung: „Es mußte doch erst tüchtig gesündigt werden, um die Volkstümlichkeit des wiedererstandenen deutschen Kaisertums zu verwirtschaften."[161] Dabei werden wahlweise die Entlassung Bismarcks und dessen Behandlung in der Folgezeit[162], das Gebaren des Kaisers im Allgemeinen[163] sowie konkret seine mystisch-theatralische Selbstexponierung und die Neigung zur Einmischung „in die Niederungen der Tagesstreitigkeiten bei jeder möglichen Gelegenheit"[164] oder „[d]ie innen- und außenpolitischen Folgen eines nahezu zwanzigjährigen selbstherrlichen Regiments"[165] für die Stimmung in der Bevölkerung verantwortlich gemacht, die einer Einzelstimme zufolge freilich auf die „unglückse-

---

155 Michaelis, *Für Staat und Volk*, 378 (Zitat); vgl. Claß, *Wider den Strom*, 136; Tews, *Aus Arbeit und Leben*, 209f.; Baum, *Rückblick*, 95.

156 Bunsen, *Die Welt*, 189; Marie Diers, *Meine Lebensstrecke*, Berlin [1929], 59. In Bezug auf die Hofgesellschaft stellen Roloff, *In zwei Welten*, 51, und Schoenaich, *Mein Damaskus*, 60, eine Spaltung in Befürworter und (verdeckte) Kritiker der kaiserlichen Amtsführung fest.

157 Schönburg-Waldenburg, *Erinnerungen*, 155; vgl. ebd., 158; Carl Sternheim, *Vorkriegseuropa im Gleichnis meines Lebens*, Amsterdam 1936, 87.

158 Einem, *Erinnerungen*, 118 und 126 (Zitat); vgl. Freytag-Loringhoven, *Menschen und Dinge*, 63 und 67f.; Jagemann, *Fünfundsiebzig Jahre*, 144, 154, 162 und 243.

159 Schönburg-Waldenburg, *Erinnerungen*, 204 (Zitat); vgl. auch Halbe, *Jahrhundertwende*, 19f., der ansonsten jedoch ausdrücklich den Kaiser selbst für die gegen ihn gerichtete Stimmung verantwortlich macht (vgl. u.).

160 Jagemann, *Fünfundsiebzig Jahre*, 255.

161 Grotjahn, *Erlebtes*, 41 (Zitat); vgl. Reinke, *Mein Tagewerk*, 357 und 360.

162 Litzmann, *Im alten Deutschland*, 347f.; vgl. Hutten-Czapski, *Sechzig Jahre*, I, 156, der zumindest eine nachteilige Wirkung dieser Maßnahme gelten lässt. S. auch das nachfolgende Unterkapitel.

163 Maltzahn, *An stillen Feuern*, 130 und 188; Reinke, *Mein Tagewerk*, 357.

164 Thoma, *Erinnerungen*, 218f. (das Zitat 218); vgl. Halbe, *Jahrhundertwende*, 22.

165 Halbe, *Jahrhundertwende*, 406.

ligen Fehlgriffe und Mißverständnisse" infolge kaiserlichen Redens und Handelns zunehmend überreizt reagierte[166] – während eine andere Stimme bemängelt, dass in der Öffentlichkeit noch zu wenig Kritik am Reichsoberhaupt geübt worden sei.[167]

Während dabei einer der hier zitierten Autobiographen eine deutliche Verbesserung des Verhältnisses zwischen Volk und Monarch mit dessen fortschreitender Regierungszeit feststellt, da Wilhelm II. für den allgemeinen Aufschwung[168] und den Machtzuwachs des Reichs zumindest als mitverantwortlich angesehen worden sei[169], gehen sieben weitere Verfasser von einer generell positiven, ja begeisterten Haltung der Bevölkerung aus[170], wobei allerdings zwei von ihnen deren Hoffnungen als fatale Selbsttäuschung kennzeichnen.[171] Ein gutes Dutzend, teils mit den zuvor zitierten Stimmen identischen Autoren sieht unterdessen eine über bloße Begeisterung deutlich hinausgehende „Gefügigkeit" aller Gesellschaftsschichten gegenüber Wilhelm II. als epochentypisch an, die bisweilen auch als „Byzantinismus"[172] bezeichnet wird, mit „verhängnisvollen Wirkungen" für das Reich.[173] Diese schädlichen Folgen des „Byzantinismus" hätten einerseits darin bestanden, dass Wilhelm II. dadurch über die tatsächlichen Auswirkungen seines Auftretens und seiner Handlungen getäuscht worden sei.[174] Andererseits habe sich verhängnisvoll ausgewirkt, dass sowohl der Reichstag als auch die Regierung und die Beamtenschaft sich gegenüber dem Monarchen willfährig gezeigt hätten, sei es aus Furcht vor Gewaltmaßnahmen gegen das politische System wie gegenüber dem Einzelnen, sei es aus Angst vor dem Verlust von kaiserlichem Wohlwollen, Aus-

---

166 Ebd., 224.

167 Bonn, *Mein Künstlerleben*, 204.

168 Vgl. unten, Kap. VI.

169 Hutten-Czapski, *Sechzig Jahre*, II, 122 und 130f.

170 Claß, *Wider den Strom*, 42f.; Schröder, *Aus Hamburgs Blütezeit*, 132; Borbein, *Werde, der du bist*, 92. Vgl. Bonn, *Mein Künstlerleben*, 16, der dies immerhin für „die Jugend" konstatiert, und Martens, *Schonungslose Lebenschronik*, I, 107, der in diesem Zusammenhang zumindest „die ersten Regierungsjahre Wilhelms II." nennt.

171 Schmitz, *Dämon Welt*, 126f.; vgl. Rumpf, *Lebenserinnerungen*, 89: „Zwei Jahrzehnte jubelte das deutsche Volk diesen Theatervorführungen zu und war ebenso begeistert, als die leichterregte Menge, die einst des wahnsinnigen Nero Gesang beklatschte."

172 Vgl. Huber, *Deutsche Verfassungsgeschichte*, III, 967: „Man macht der wilhelminischen Zeit gern den Byzantinismus zum Vorwurf, mit dem sie über die unleugbaren Schwächen des Kaisers und überhaupt über die Krisenzeichen der Zeit hinweggesehen habe (…)." Vgl. auch unten, Kap. X. 2.

173 Baumgarten, *Meine Lebensgeschichte*, 220f. (Zitate); Bonn, *Mein Künstlerleben*, 120; Claß, *Wider den Strom*, 140f.; Engel, *Menschen und Dinge*, 215; Monts de Mazin, *Erinnerungen*, 99f.; Reinke, *Mein Tagewerk*, 359f.; Wagemann, *Prinzessin Feodora*, 52, 117f. und 150; Wien, Ein Rückblick, 12 und 42. Schönburg-Waldenburg, *Erinnerungen*, 171, charakterisiert diese Haltung indes als „anhängliche und treue Gesinnung der ganzen Bevölkerung und Beamtenschaft".

174 Wagemann, *Prinzessin Feodora*, 117f.; Wien, Ein Rückblick, 42; ähnlich auch Roloff, *In zwei Welten*, 51f.

zeichnungen und Privilegien[175], so dass aus dieser Sicht tatsächlich „die Ausartung des persönlichen Regimentes [in hohem Maße] in den Fehlern der Regierten begründet war."[176]

5. Das „Problem" Bismarck

Als besonderes öffentlich-politisches „Problem", wenn auch nur der frühen Wilhelminischen Zeit, so doch mit Blick auf die Zäsur von 1890 von grundsätzlicher Bedeutung, werden in zwei Dutzend Erinnerungswerken der Konflikt zwischen dem Kaiser bzw. der Regierung einerseits und Altreichskanzler Otto von Bismarck andererseits sowie vor allem die Haltung von Politik und Bevölkerung dazu beschrieben.[177] Acht Verfasser nehmen dabei zum Verhältnis zwischen Wilhelm II. bzw. dem Kaiserhof und Bismarck sowie zur Form der Auseinandersetzungen Stellung: Alle verweisen zunächst allgemein darauf, dass zumindest bis 1894 ein Konflikt bzw. starke Spannungen bestanden, bis Kanzler Hohenlohe wieder den „Faden mit Friedrichsruh" aufgenommen habe.[178] Während unterdessen ein Verfasser eine Kampagne von Hof und kaiserlicher Presse gegen Bismarck, ja sogar dessen „Verfolgung" ausmacht und ein durch den Außenamtsbeamten Friedrich von Holstein[179] angeblich gegen missliebige Anhänger des Altkanzlers eingerichtetes „Spionagesystem" geißelt[180], verzeichnen drei andere einen „bald nach der Entlassung des Fürsten von ihm eröffneten Zeitungskrieg" gegen Monarch, Regierung und offizielle Politik[181], den eine weitere Stimme wiederum mit Blick auf Bismarcks außenpolitische Mahnungen nur für berechtigt, wenn auch für vergeblich hält.[182] Unangesehen dessen bescheinigen einer der Kritiker dieser Aktivitäten sowie zwei weitere Autoren dem entlassenen Staatsmann,

---

175 Claß, *Wider den Strom*, 140–142; Engel, *Menschen und Dinge*, 225–231 und 298; Jagemann, *Fünfundsiebzig Jahre*, 162; Martens, *Schonungslose Lebenschronik*, I, 175f.; Reinke, *Mein Tagewerk*, 358f.; Thoma, *Erinnerungen*, 220 und 268f.

176 Thoma, *Erinnerungen*, 269. Für Freytag-Loringhoven, *Menschen und Dinge*, 166, lagen die tieferen Ursachen dieser Fehlentwicklung „nicht zum wenigsten [i]n der allgemeinen Demokratisierung der Welt mit ihren nivellierenden Tendenzen, die der Ausbildung selbstbewußter aristokratischer Persönlichkeiten (…) nicht günstig war."

177 Vgl. zu allem Folgenden Clark, *Wilhelm II.*, 74ff.; Eberhard Kolb, *Bismarck*, München 2009, 127ff.

178 Reischach, *Unter drei Kaisern*, 171f. und 186 (Zitat); vgl. Anna Ettlinger, *Lebenserinnerungen, für ihre Familie verfaßt*, Leipzig [1920], 166; Hutten-Czapski, *Sechzig Jahre*, I, 158f.; Eckardstein, *Lebenserinnerungen*, I, 120ff.; Ernst Jungmann, *Von Bundestag bis Nationalversammlung. Erinnerungen und Betrachtungen*, Hamburg [1919], 38; Schoenaich, *Mein Damaskus*, 81; Siegfried, *Aus dem Bilderbuch*, II, 216f.; Monts de Mazin, *Erinnerungen*, 104.

179 Vgl. zu diesem unten, Kap. II. 2. und IV. 2.

180 Eckardstein, *Lebenserinnerungen*, I, 120ff., 224 und 231.

181 Monts de Mazin, *Erinnerungen*, 274; vgl. Freytag-Loringhoven, *Menschen und Dinge*, 67; Hutten-Czapski, *Sechzig Jahre*, I, 301f. und öfter.

182 Jungmann, *Von Bundestag bis Nationalversammlung*, 37.

weiterhin „ein (…) mächtiger Faktor des Staatslebens"[183] bzw. eine politische Autorität[184], ja sogar als Ratgeber für Deutschland unersetzlich gewesen zu sein.[185]

Zur Auswirkung des Zwists auf Politik und Bevölkerung bzw. deren Haltung in dem beschriebenen Streit äußern sich gut 20 Autobiographen. Vier von ihnen halten fest, dass die Entlassung Bismarcks und die sich anschließende Entfremdung vom Kaiser weite Teile der Bevölkerung in einen Loyalitätskonflikt gestürzt und „auf alle einen peinlichen Druck" gelegt hätten.[186] Rund ein halbes Dutzend Stimmen geht sogar von einer regelrechten Spaltung der Deutschen in Bismarck- und Kaiseranhänger aus[187], wobei zwei von ihnen der Mehrheit des Volkes vorwerfen, den Altkanzler missachtet bzw. seine Verdienste nicht gebührend gewürdigt zu haben.[188] Demgegenüber führen fünf Autoren an, dass die Entlassung zwar als „schroffer, aber naturnotwendiger Widerstand vorwärtsdrängender Jugend gegen das langsam versteinernde Alter" zunächst weithin begrüßt und Bismarck fast durchweg abgelehnt worden sei, die Stimmung sich dann jedoch rasch ins Gegenteil verkehrt habe.[189] Ebenfalls fünf Erinnerungswerke verzeichnen dann auch eine in Deutschland weit verbreitete, über den Tod des Fürsten hinaus anhaltende Bismarckverehrung.[190] Schließlich machen drei Autobiographen längerfristige Folgen des Zerwürfnisses aus: Die „förmliche Ächtung" und Herabwürdigung Bismarcks nach dessen Entlassung habe eine anhaltende „„*Reichsverdrossenheit*'" nach sich gezogen –

„Bedenkliche Anzeichen eines Absterbens der Freude am Reich, eines Absterbens des Vertrauens, eines Absterbens des persönlichen Verhältnisses zu dem Träger der Krone häuften sich."[191]

183 Hutten-Czapski, *Sechzig Jahre*, I, 355.

184 Selchow, *Hundert Tage*, 23.

185 Bernhardi, *Denkwürdigkeiten*, 211 und 236f.

186 Adolf von Schlatter, *Erlebtes*, Berlin ²1924, 17 (Zitat); vgl. Hoff, *Erinnerungen*, 68; Otto Procksch, [Selbstdarstellung], in: Erich Stange (Hg.), *Die Religionswissenschaft in Selbstdarstellungen*, [Bd. 2], Leipzig 1926, 161–194, hier 168; Reischach, *Unter drei Kaisern*, 168.

187 Vgl. Bernhardi, *Denkwürdigkeiten*, 122f. und 175; Eckardstein, *Lebenserinnerungen*, I, 224; Freytag-Loringhoven, *Menschen und Dinge*, 67; Otto Eduard Schmidt, *Wandern, o wandern. Lebenserinnerungen*, Dresden 1936, 76; Werner Weisbach, *„Und alles ist zerstoben". Erinnerungen aus der Jahrhundertwende*, Wien/Leipzig/Zürich 1937, 92.

188 Litzmann, *Lebenserinnerungen*, 109f.; Bernhardi, *Denkwürdigkeiten*, 231 und 253.

189 Martens, *Schonungslose Lebenschronik*, I, 107 (Zitat); vgl. Karl Bittmann, *Werken und Wirken. Erinnerungen aus Industrie und Staatsdienst*, 2 Bde., Karlsruhe 1924/25, hier I, 96f.; Grotjahn, *Erlebtes*, 49; Jungmann, *Von Bundestag bis Nationalversammlung*, 46; Helene Raff, *Blätter vom Lebensbaum*, München 1938, 196f.

190 Claß, *Wider den Strom*, 278; Ettlinger, *Lebenserinnerungen*, 166; Hahn, *Dein Vater*, 25f. und öfter; Jungmann, *Von Bundestag bis Nationalversammlung*, 41f.; Schröder, *Aus Hamburgs Blütezeit*, 92.

191 Litzmann, *Im alten Deutschland*, 347f. (Zitate); vgl. Claß, *Wider den Strom*, 22; Monts de Mazin, *Erinnerungen*, 150.

II. VERFASSUNG, REGIERUNG, PARTEIEN UND BEHÖRDEN

1. Systemfragen und Grundtatsachen der deutschen Politik

Fragen der Reichsverfassung im weiteren Sinn halten gut zwanzig Autobiographen für bedeutend, wenn es um die Wilhelminische Epoche geht. Ein halbes Dutzend von ihnen charakterisiert dabei das Verfassungsgebäude bzw. seine praktische Ausgestaltung im Ganzen: Nach dem Abgang Bismarcks seien die Mängel und Inkonsistenzen des Normenwerks zunehmend deutlich geworden, im Hinblick auf das Fehlen einer regelrechten Reichsregierung (im Sinne eines Ministeriums)[192] oder die vom Kaiser beanspruchten Herrschaftsrechte[193] ebenso wie im Hinblick auf den Zusammenhalt des Reichs[194], oder aber „dort, wo preußischer Polizeigeist auf fremdstämmige deutsche Staatsbürger losgelassen wurde, wie in Polen, Schleswig und Elsaß-Lothringen (…)."[195] Bezüglich der Verfassungspraxis machen vier Autoren mehr oder minder starke Demokratisierungs- bzw. Parlamentarisierungstendenzen in der Wilhelminischen Zeit aus, zumindest drei davon werten diese als verderblich.[196] Neun Erinnerungswerke thematisieren in diesem Zusammenhang Fragen des Wahlrechts; dabei loben[197] bzw. verwerfen[198] einige wenige das allgemeine und gleiche (sowie direkte und geheime)[199] Reichstagswahlrecht, während das Gros „das Drängen in [!] Einzelstaaten nach direktem

192 Wermuth, *Ein Beamtenleben*, 288. Der Verfassung nach war nur der Reichskanzler im Sinne eines Ministers befugt und verantwortlich (und zwar dem Kaiser). Als Zentralbehörden fungierten im Reich dabei die sogenannten Reichsämter, die von Staatssekretären geleitet wurden, die wiederum als bloße Beamte dem Kanzler unterstanden – „Die Reichsleitung war nicht kollegial, sondern bürokratisch verfaßt." (Huber, *Deutsche Verfassungsgeschichte*, III, 822f., das Zitat 823).

193 Brentano, *Mein Leben*, 284; Eckardstein, *Lebenserinnerungen*, I, 302; in diesem Sinne auch Claß, *Wider den Strom*, 49: „das so schnell und so verhängnisvoll zur Auswirkung kommende nachbismarckische System". Vgl. auch Engel, *Menschen und Dinge*, 285; Näheres dazu oben, Kap. I.

194 Oldenburg-Januschau, *Erinnerungen*, 62f. und 173.

195 Schoenaich, *Mein Damaskus*, 67f. (Zitat); vgl. dagegen Oldenburg-Januschau, *Erinnerungen*, 114f., zu den seiner Meinung nach schädlichen Bestrebungen, den Status des „Reichslands" Elsass-Lothringen in den eines Bundesstaats umzuwandeln und damit die Reichsverfassung zu ändern. Näheres s. unten, Kap. III. 2.–4.

196 Claß, *Wider den Strom*, 174; Jagemann, *Fünfundsiebzig Jahre*, 243, 261 und 309; Procksch, [Selbstdarstellung], 168; Hutten-Czapski, *Sechzig Jahre*, II, 130f. (mit eher neutraler Darstellung). Vgl. dagegen die Feststellung von Wilhelm von Scholz, *An Ilm und Isar. Lebenserinnerungen*, Leipzig 1939, 251: „Die Zeit *war* demokratisch und parlamentarisch. (…) Der Plan, es [= das System] abzuschaffen, war in der Vorkriegsära nicht mit irgendeiner Aussicht auf Erfolg zu fassen" (Hervorhebung d. Verf.). Hinwiederum macht Gerlach, *Von rechts nach links*, 144, im Vergleich zu England einen Mangel an demokratischer Kultur im Reich aus.

197 Woermann, *Lebenserinnerungen*, 208: „das freieste der Welt".

198 Claß, *Wider den Strom*, 75 (zu weitgehend); Scheidemann, *Memoiren*, 111 (ungerechte Stimmengewichtung).

199 Vgl. Huber, *Deutsche Verfassungsgeschichte*, III, 862.

Wahlrecht"[200] bzw. pars pro toto das preußische Dreiklassenwahlrecht[201] anführen, letzteres als bloßes Faktum[202] oder aber als bedeutenden Streitgegenstand[203], dessen Beilegung durch eine Reformierung des Stimmrechts, so eine Einzelmeinung, „vielleicht zu jener Friedenszeit im Sinne aller Parteien etwas sehr Großes für die Zukunft Preußens und des Reichs bedeutet hätte (...)."[204] Rund ein Dutzend Autobiographen sehen unterdessen „die bundesstaatlichen Fragen" als drängendes Problem[205] der betrachteten Zeit. Während zwei davon die inferiore Position der deutschen Bundesfürsten gegenüber dem Kaiser beklagen[206], beleuchten sechs das unausgereifte Verhältnis der Länder untereinander sowie zur Gesamtheit.[207] Die feste Verbindung auch von Ländern mit Reservatrechten[208] mit dem Reich wird hier ebenso betont[209] wie der Zwang zur Finanzierung von Maßnahmen des Bundes über die Matrikularbeiträge[210] und die daraus resultierenden „unerträglichen Schwankungen im Haushalt der Staaten."[211] Dabei habe Preußen zwar das Geschehen in Deutschland über den Bundesrat bestimmt und so auch die anderen Länder dominiert[212], die Berliner Regierung bzw. einzelne Minister seien

200 Jagemann, *Fünfundsiebzig Jahre*, 169.

201 Das steuerbasierte Dreiklassenwahlrecht galt um 1900 nicht nur in Preußen, sondern auch in einer Reihe weiterer Bundesstaaten, deren zum Teil weitgehende Reformen ab 1903 (v. a. in Baden, Bayern und Württemberg) dann auch den größten deutschen Einzelstaat unter Druck setzten, wo es freilich trotz intensiver Diskussionen bis zum Weltkrieg zu keinerlei Änderungen kam (Hertz-Eichenrode, *Deutsche Geschichte 1890–1918*, 178–180).

202 Clara Heitefuß, *An des Meisters Hand. Lebenserinnerungen*, Schwerin 1939, 269; Lubarsch, *Ein bewegtes Gelehrtenleben*, 224.

203 Charlotte Frfr. von Hadeln, *In Sonne und Sturm. Lebenserinnerungen*, Rudolstadt ²1935, 102; Hutten-Czapski, *Sechzig Jahre*, I, 366, 523, sowie II, 17f., 25 und öfter; Scheidemann, *Memoiren*, 99 und 183.

204 Wermuth, *Ein Beamtenleben*, 262.

205 Claß, *Wider den Strom*, 89.

206 Hindenburg, *Am Rande*, 184; so sinngemäß auch Eckardstein, *Lebenserinnerungen*, I, 210 und 232. Wilhelms II. Anspruch auf Alleinregierung und die damit verbundene Uminterpretation seines Amts – „das ja ursprünglich und eigentlich nur die Funktion eines Bundespräsidiums gehabt hatte" – ließ die ohnehin faktisch nachrangigen Bundesfürsten noch weiter in den Hintergrund treten (Thomas Nipperdey, *Deutsche Geschichte 1866–1918. Zweiter Band: Machtstaat vor der Demokratie*, München 1998, 477 [Zitat] und 489).

207 Vgl. zu den nach der Entlassung Bismarcks eintretenden Spannungen und Verschiebungen im Reichsgefüge Nipperdey, *Deutsche Geschichte*, II, 486ff.

208 Über die den Ländern nach 1871 ohnehin verbliebenen Hoheitsrechte hinaus besaßen die Königreiche Bayern und Württemberg weitergehende Autonomie in den Bereichen des Militär-, des Post- und des Steuerwesens (Dieter Hertz-Eichenrode, *Deutsche Geschichte 1871–1890. Das Kaiserreich in der Ära Bismarck*, Stuttgart u. a. 1992, 38; Nipperdey, *Deutsche Geschichte*, II, 86).

209 Hindenburg, *Am Rande*, 212.

210 Mittels der sogenannten Matrikularbeiträge finanzierten die Länder die Ausgaben des Reichs. Ihr Gesamtumfang wurde durch den Kanzler jedes Jahr auf der Basis des Reichshaushalts neu festgelegt, die Umlage erfolgte dann in Orientierung an der Bevölkerungszahl der Länder (Huber, *Deutsche Verfassungsgeschichte*, III, 950f.).

211 Wermuth, *Ein Beamtenleben*, 277.

212 Ebd., 199 und 289; vgl. Scheidemann, *Memoiren*, 197f.

jedoch bei Zuwiderlaufen der Interessen des heimischen Landtages mit dem Stimmverhalten im Bund des Öfteren in die Bredouille gekommen.[213] Vereinheitlichungsbestrebungen auf dem Gebiet des Eisenbahnwesens, so eine Einzelstimme, seien von vielen Ländern gefördert, von Preußen jedoch gebremst worden.[214] Vier Autoren bewerten in diesem Zusammenhang schließlich Stellung und Arbeit des Bundesrats, der zugunsten des Reichstags bzw. seiner eigenen Ausschüsse langsam in den Hintergrund gedrängt worden sei (ohne Beeinträchtigung der preußischen Dominanz)[215] und dabei seine Aufgaben nicht mit Nachdruck wahrgenommen habe[216] – wobei eine Einzelstimme auf dem Gegenteil beharrt und überdies das Einvernehmen zwischen den beteiligten Gesandten als Ziel und in der Regel auch erreichtes Verhandlungsergebnis hervorhebt, ja der Staatenkammer sogar bescheinigt, „die Aufgabe einer ministeriellen Zentralinstanz vorzüglich geleistet" zu haben.[217]

Eine generelle Kennzeichnung bzw. Einschätzung der politischen Zustände, der Regierungslinie sowie der für Staat und Politik prägenden Kräfte und Tendenzen der Wilhelminischen Zeit bieten insgesamt rund 30 Verfasser in ihren Lebenserinnerungen. Fünf von ihnen beklagen dabei die „Zerfahrenheit"[218] der Verhältnisse bzw. „die Irrungen und Wirrungen der deutschen Innen- und Außenpolitik".[219] In acht Autobiographien und Memoiren wird darüber hinaus die politische Grundrichtung kritisiert: Nach Bismarcks Entlassung habe der verfehlte, unklare „Neue Kurs" („Zickzackkurs") das Land in Gefahr gebracht[220], wobei eine schwache Führungsebene unfähig gewesen sei, „den Ernst der politischen Lage voll zu würdigen und dementsprechend die Dinge von großen Gesichtspunkten aus und in großem Maßstabe zu betreiben (…)."[221] Den Ursachen dafür widmen dann rund

213 Michaelis, *Für Staat und Volk*, 262f.; vgl. Schoenaich, *Mein Damaskus*, 65f.

214 Hoff, *Erinnerungen*, 150ff. und öfter.

215 Einem, *Erinnerungen*, 81; Emil Fehling, *Aus meinem Leben. Erinnerungen und Aktenstücke*, Lübeck u. a. 1929, 114f.; vgl. Jagemann, *Fünfundsiebzig Jahre*, 178.

216 Fehling, *Aus meinem Leben*, 116; Lerchenfeld-Koefering, *Erinnerungen*, 193f.

217 Jagemann, *Fünfundsiebzig Jahre*, 108 (Zitat), 110 und 297.

218 Bernhardi, *Denkwürdigkeiten*, passim (vgl. etwa 176 [Zitat]); vgl. Hutten-Czapski, *Sechzig Jahre*, I, 481f., und II, 67 (ebd., I, 557, benennt Hutten konkret „die Schwächen des Wilhelminischen Regiments, die Unfähigkeit der Parteien, die Gefahren des preußischen Deutschlands, den Mangel an Rückgrat bei Hof, in der Verwaltung" als Kennzeichen dieses Zustands). Ähnlich auch Martin Spahn, Selbstbiographie, in: Hans von Arnim / Georg von Below (Hgg.), *Deutscher Aufstieg. Bilder aus der Vergangenheit und Gegenwart der rechtsstehenden Parteien*, Berlin u. a. 1925, 479–488, hier 485.

219 Schoenaich, *Mein Damaskus*, 93 (Zitat); vgl. Payer, *Mein Lebenslauf*, 31; Spahn, Selbstbiographie, 481.

220 So gleichermaßen Claß, *Wider den Strom*, 19, 23, 89, 91 und 96; Jungmann, *Von Bundestag bis Nationalversammlung*, 40 und 45; Thoma, *Erinnerungen*, 155 und 267.

221 Bernhardi, *Denkwürdigkeiten*, 277 (Zitat); vgl. Oldenburg-Januschau, *Erinnerungen*, 62f.; Thoma, *Erinnerungen*, 255f.; Schoenaich, *Mein Damaskus*, 78; Schäfer, *Mein Leben*, 159. Vgl. auch die Feststellung von Freytag-Loringhoven, *Menschen und Dinge*, 65, „daß die deutsche Nation seit Bismarcks Scheiden vom Amt nur noch verwaltet, aber nicht mehr im eigentlichen Sinne geführt wurde" (so auch ebd., 150; Claß, *Wider den Strom*, 115). Vgl. darüber hinaus zusammenfassend Eugen Korschelt, *Das Haus an der Minne. Erinnerungen aus*

fünfzehn Autoren ihre Aufmerksamkeit. Sieben von ihnen machen das Grundproblem in einem (selbstverschuldeten) Mangel an geeignetem Personal aus[222]: Das deutsche Volk sei „ohne die feste Hand eines hoch über ihm stehenden Führers"[223], Regierung, Verwaltung und Parlamente von unfähigen Epigonen durchsetzt gewesen, wobei die durchaus vorhandenen „Charaktere und Intelligenzen" eine Beschäftigung in der Wirtschaft oder an den Universitäten vorgezogen hätten[224] bzw. das Bildungsbürgertum ohnehin faktisch zugunsten der traditionellen Herrschaftseliten vom Bereich der politischen Verantwortung ausgeschlossen gewesen sei[225]; die Ernennung des Bankiers Bernhard Dernburg zum Kolonialstaatssekretär im Jahr 1906[226] wird von zwei Autobiographen als eine erste Ausnahme von der Regel festgehalten.[227] Als ebenso prägend wie verderblich für die Zustände im Reich sehen unterdessen rund zehn Verfasser

„das System des Militarismus, d. h. des Durchdringens der inneren Politik mit militärischen Zwangsmaßnahmen, wie ihn der preußische Obrigkeitsstaat allerdings in Reinkultur gezüchtet hatte"[228],

einem langen Leben, Marburg 1939, 173: „Die Führung der Politik (...) seit *Bismarcks* Abgang war nichts weniger als beruhigend."

222 Allgemein dazu Claß, *Wider den Strom*, 159.

223 Liebert, *Aus einem bewegten Leben*, 132 (Zitat); vgl. Martens, *Schonungslose Lebenschronik*, II, 67; Monts de Mazin, *Erinnerungen*, 294: „An dem Führerproblem ist die Wilhelminische Zeit (...) gescheitert."

224 Martens, *Schonungslose Lebenschronik*, II, 66f. (Zitat); vgl. Freytag-Loringhoven, *Menschen und Dinge*, 149; Monts de Mazin, *Erinnerungen*, 287. Hoff, *Erinnerungen*, 76, stellt einen deutlichen Unterschied hinsichtlich der Verdienstmöglichkeiten in Verwaltung und freier Wirtschaft fest. Claß, *Wider den Strom*, 247, sieht unterdessen auch in der Wirtschaft „Personalprobleme".

225 So Martens, *Schonungslose Lebenschronik*, I, 119, über „die Masse der blitzdummen Couleurstudenten, die über Deutschlands Geschicke dereinst als gesinnungstüchtige und deshalb bevorzugte Beamte ihrer Dynastien mitberaten sollten. Wer sich bei uns nicht dem Rauf- und Saufkomment verschrieb, verbohrte sich am Schreibtisch ochsend in die Wissenschaften oder schlenderte wie Hans der Träumer durch die Welt. Weshalb auch sich vorbilden zum Staatsbürger? Das wurde man ganz von selbst. Zum Wähler oder Abgeordneten? Leere Worte mit leicht komischem Beigeschmack. Zum Staatsmann? Das blieb dem Adel vorbehalten. Zum Führer? Deutschlands geborene Führer waren und blieben ja die Monarchen."; vgl. Thoma, *Erinnerungen*, 267; Engel, *Menschen und Dinge*, 76. Laut Tews, *Aus Arbeit und Leben*, 166, war die im Ausnahmefall bürgerliche Herkunft eines preußischen Ministers für diesen von Nachteil bei der Amtsausübung.

226 Dernburg versah dieses Amt bis 1910. Vgl. Nipperdey, *Deutsche Geschichte*, II, 729 und 733; Hertz-Eichenrode, *Deutsche Geschichte 1890–1918*, 168.

227 Oldenburg-Januschau, *Erinnerungen*, 85; Selchow, *Hundert Tage*, 195f. (mit deutlich antisemitischer Ausschmückung der Ernennung). Vgl. auch Schmidt, *Wandern*, 123f.: „Aber selbst (...) in der höheren Beamtenschaft machten sich arische und jüdische Marxisten breit."

228 Grotjahn, *Erlebtes*, 155 (Zitat); vgl. ebd., 122; Bruno H. Bürgel, *Vom Arbeiter zum Astronomen. Die Lebensgeschichte eines Arbeiters*, Berlin 1922, 114 und 117; Otto Körner, *Erinnerungen eines deutschen Arztes und Hochschullehrers. 1858–1914*, München/Wiesbaden 1920, 132; Roloff, *In zwei Welten*, 71; Scheidemann, *Memoiren*, 199; Emil Unger-Winkelried, *Von Bebel zu Hitler. Vom Zukunftsstaat zum Dritten Reich. Aus dem Leben eines sozialdemokratischen Arbeiters*, Berlin 1934, 60. Claß, *Wider den Strom*, 188, bezeichnet den „Militarismus" dagegen als Klischee. Vgl. dagegen zum Einfluss des Militärs auf die Politik auch

bzw. der Beeinflussung der Politik durch das Militär an, wobei zwei davon zusätzlich eine bürokratische Verkrustung konstatieren.[229] Tragende Kräfte dieses Systems seien „die eigentlichen Herrscher des Reichs, die preußischen Junker"[230] bzw. eine konservative Allianz aus industriellen und landwirtschaftlichen Großunternehmern, Kirche (beiderlei Konfession) und Beamtentum gewesen[231], so die Feststellung in fünf weiteren Erinnerungswerken; zur Machtsicherung sei man dabei – wie ein Verfasser zusätzlich betont – nicht einmal vor Wahlfälschung oder zumindest -beeinflussung zugunsten der Deutschkonservativen Partei zurückgeschreckt.[232]

2. Regierung, Parlament und Parteien

Ein Dutzend Autobiographen bewerten speziell die Nachfolger Bismarcks als Reichskanzler im Hinblick auf ihre Tauglichkeit. Fünf von ihnen attestieren dabei den deutschen Regierungschefs nach 1890 im Vergleich zu ihrem Vorgänger generell ein Defizit „an Tatkraft, Mut und Fähigkeit[,] auf der Seele des Volkes zu spielen", sowie an Begabung für ihr Amt.[233]

> „Es bedurfte einer in sich gefestigten Persönlichkeit, um den Kaiser in der richtigen Weise und gleichmäßig zu beeinflussen. Daß Deutschland keinen Mann an die Spitze der Regierung stellen konnte, der dieser zentralen Aufgabe gewachsen war, erscheint als eines der tragischsten Momente des deutschen Schicksals",

Wermuth, *Ein Beamtenleben*, 275: „Die verfassungsrechtliche Stellung des damaligen Reichsfinanzministers war bemitleidenswert. Er hatte die doppelköpfige Wehrmacht, die Kolonien, die auswärtige Vertretung und damit die anspruchsvollsten Kostgänger des gesamten deutschen Staatsgetriebes zu befriedigen. Dabei galt seine Stimme noch nicht halb soviel wie die seiner Kollegen in Uniform, hinter denen die eindrucksvollste Staatsnotwendigkeit, die öffentliche Meinung und das Interesse des Kaisers stand." Zum Verhältnis von Militär und Staat bzw. Politik s. ergänzend unten, Kap. V. 3.

229 Martens, *Schonungslose Lebenschronik*, I, 175; vgl. Gerlach, *Von rechts nach links*, 139 und öfter.

230 Scheidemann, *Memoiren*, 188 (Zitat); vgl. Engel, *Menschen und Dinge*, 291.

231 Adam Stegerwald, *Aus meinem Leben*, Berlin 1924, 8 und 21; vgl. Helene Lange, *Lebenserinnerungen*, Berlin 1930, 201 (Fernhaltung der Arbeiterschaft von der Macht) und 212 („Allmacht des konservativen Geistes"); Hutten-Czapski, *Sechzig Jahre*, I, 395 (die katholische Kirche „als Machtfaktor des öffentlichen Lebens"). Korrespondierend damit stellt Rumpf, *Lebenserinnerungen*, 90, fest: „Die Beamten fühlten sich nicht mehr als Diener des Staats, sondern als Teilhaber der Regierung."

232 Gerlach, *Von rechts nach links*, 91, 95, 158 und öfter. Vgl. auch Heinrich Imbusch, *Die Brüder Imbusch. Aus ihrem Leben*, Berlin 1924, 11, zur Benachteiligung der Sozialdemokratie durch Wahlmanipulationen.

233 Lubarsch, *Ein bewegtes Gelehrtenleben*, 533 (Zitat); Engel, *Menschen und Dinge*, passim; Einem, *Erinnerungen*, 40; Fehling, *Aus meinem Leben*, 113; vgl. auch Oldenburg-Januschau, *Erinnerungen*, 95f.

so (sinngemäß) drei andere Verfasser im Hinblick auf die Folgen dieses Niveauabfalls.[234] Eine der letztgenannten sowie vier zusätzliche Stimmen differenzieren hier noch in detaillierteren Ausführungen nach den Amtsinhabern. Während zwei von ihnen Leo von Caprivi (1890–1894) bzw. Chlodwig zu Hohenlohe-Schillingsfürst (1894–1900) als nächsten Nachfolgern Bismarcks gewisse Qualitäten und Teilerfolge in der Amtsführung bescheinigen und Bernhard von Bülow (1900–1909) als kurzsichtigen, inkompetenten Blender für den zu verzeichnenden Niedergang verantwortlich machen[235] – zwei weitere schließen sich dieser Negativbewertung Bülows an[236] –, nimmt eine Einzelstimme diesen in Schutz („Die Bahn hatte sich abwärts gesenkt längst, ehe er sie antrat.") und sieht in Theobald von Bethmann Hollweg (1909–1917) als fachlich völlig ungeeignetem, dazu zögerlichen Mann den eigentlich Verantwortlichen für die spätere Misere, wenn auch vorbereitet durch die Fehlleistungen aller drei Vorgänger[237]; Bethmann wird überdies auch von einem der gegenüber Bülow kritischen Verfasser eine Steigerung der negativen Tendenz im Vergleich zu seinem Vorgänger bescheinigt.[238] Zwei dieser differenziert urteilenden Autoren verweisen unterdessen darauf, dass die deutsche Politik tatsächlich von einflussreichen nachgeordneten Beamten, preußischen Ministern und Angehörigen des Hofes bestimmt worden sei[239]; genannt werden hier Friedrich von Holstein[240], Philipp zu Eulenburg (als Verbindung zum Kaiser) und auch Bülow (schon zu Zeiten der Kanzlerschaft Hohenlohes)[241] bzw. Holstein, Johannes von Miquel und Artur Graf von Posadowsky-Wehner[242] als Sieger in einem „Kampf aller gegen alle" unter den nachgeordneten Kräften – wobei von dieser Stimme vor allem Caprivi und auch Hohenlohe die Hauptschuld daran zugewiesen wird, „daß das Gute sich diesen Weg suchen mußte, weil die höhere Leitung weder kräftig noch sachkundig genug war (…)."[243]

---

234 Hutten-Czapski, *Sechzig Jahre*, II, 2 (Zitat); Martens, *Schonungslose Lebenschronik*, I, 107; Wermuth, *Ein Beamtenleben*, 193. Zum Kaiser vgl. oben, Kap. I. 2.

235 Claß, *Wider den Strom*, 61, 138, 143, 158 und 178 (mit differenzierter Beurteilung Caprivis); Hutten-Czapski, *Sechzig Jahre*, I, 230, 291, 323, 386f., 394, 399f. und 503 (mit differenzierter Beurteilung Hohenlohes).

236 Monts de Mazin, *Erinnerungen*, 156f., 161 und 184; Oldenburg-Januschau, *Erinnerungen*, 84.

237 Wermuth, *Ein Beamtenleben*, 190, 200, 202, 222, 224 (Zitat), 260 und öfter.

238 Claß, *Wider den Strom*, 143.

239 Vgl. dazu oben, Kap. I. 2.

240 Holstein – von seiner Funktion her lediglich Vortragender Rat in der Politischen Abteilung des Auswärtigen Amts – zählte zum Kern der politisch einflussreichen „Kamarilla" um Eulenburg (Clark, *Wilhelm II.*, 108 und 112). Vgl. zu ihm auch unten, Kap. IV. 2.

241 Hutten-Czapski, *Sechzig Jahre*, I, 237f., 251, 398, 466 und 475.

242 Miquel als preußischer Finanzminister (1890–1901) und Posadowsky als Staatssekretär des Reichsschatzamtes (1893–1897) sowie später des Reichsamts des Innern (1897–1906) gehörten zu den politisch einflussreichsten Beamten in der (frühen) Wilhelminischen Zeit. Vgl. Clark, *Wilhelm II.*, 117 und öfter; Hertz-Eichenrode, *Deutsche Geschichte 1890–1918*, 27; sowie auch Nipperdey, *Deutsche Geschichte*, II, passim.

243 Wermuth, *Ein Beamtenleben*, 121, 126f., 192f., 198–202, 209, 215 und 254 (die Zitate ebd., 199 und 200). Vgl. auch Jagemann, *Fünfundsiebzig Jahre*, 111 (Holstein als „sog. graue Eminenz").

Das Verhältnis von jeweiliger Regierung und Parlament wird von ebenfalls einem guten Dutzend Autobiographen charakterisiert. Fünf von ihnen beklagen verfassungswidriges, zügelloses Machtstreben und einen enormen Machtzuwachs des Reichstags nach Bismarcks Rücktritt, so dass schließlich das Parlament die Regierung dominiert und sich damit der Untergang der Monarchie angekündigt habe.[244] Einer davon sowie vier weitere gehen mehr ins Detail und attestieren den wechselnden Reichsleitungen bzw. den Reichsämtern „Lauheit und Kampfscheu" gegenüber den Abgeordneten[245] bzw. dass sie – notgedrungen – den jeweils mächtigen Fraktionen für die Zustimmung zu wichtigen Gesetzesvorlagen „jedwede Opfer gebracht [hätten] in Dingen, die als relativ gleichgültig angesehen wurden (…)."[246] Während zwei weitere Autoren in diesem Zusammenhang auf die sogenannte „Block-Politik" Bernhard von Bülows verweisen[247], halten ebenfalls zwei weitere am Beispiel Bülows die Abhängigkeit selbst von Wohl und Wehe des Reichskanzlers vom Parlamentswillen fest.[248] Lediglich eine Einzelstimme nimmt die diametrale Gegenposition ein und bezweifelt (beinahe) jeglichen Einfluss des Reichstags auf die deutsche Politik.[249]

Breiten Raum nimmt in den Lebenserinnerungen darüber hinaus die Charakterisierung der Parlamentsarbeit, der politischen Strömungen und der Parteien ein. Gut ein Dutzend Verfasser äußern sich dabei zunächst über die Zustände im Reichstag. Vier von ihnen bemängeln direkt oder indirekt den geringen Bildungs-

244 Claß, *Wider den Strom*, 233f.; Oldenburg-Januschau, *Erinnerungen*, 63, 80, 107f. und 118; Schäfer, *Mein Leben*, 160; Philipp Zorn, *Aus einem deutschen Universitätsleben*, Bonn 1927, 69; vgl. auch Jagemann, *Fünfundsiebzig Jahre*, 147.

245 Einem, *Erinnerungen*, 81.

246 Brentano, *Mein Leben*, 282 (Zitat); vgl. Freytag-Loringhoven, *Menschen und Dinge*, 158 (das „System des Kuhhandels, das nun einmal bei uns herrschte"); Wermuth, *Ein Beamtenleben*, 258 und öfter; Jagemann, *Fünfundsiebzig Jahre*, 297. Vgl. auch Einem, *Erinnerungen*, 66, der hervorhebt, dass die Auseinandersetzungen mit dem Reichstag „bereits im Frieden einen Hauptteil der Arbeitskraft jedes Ministers beanspruchten."

247 Hutten-Czapski, *Sechzig Jahre*, I, 490; Payer, *Mein Lebenslauf*, 46. Reichskanzler Bernhard von Bülow verband sich Anfang 1907 „auf Gedeih und Verderb" mit den aus den jüngsten Reichstagswahlen – nicht zuletzt durch seine Unterstützung – gestärkt hervorgegangenen konservativen und liberalen Fraktionen mit dem Ziel, den Einfluss von Zentrum und Sozialdemokratie auf die Politik zurückzudrängen bzw. auszuschalten. Dieser „Block" zerbrach 1909 (Hertz-Eichenrode, *Deutsche Geschichte 1890–1918*, 154f.; das Zitat 154).

248 Claß, *Wider den Strom*, 136f.; Lerchenfeld-Koefering, *Erinnerungen*, 382. Bülow hatte sein Verbleiben im Amt ausdrücklich an den Zusammenhalt des „Blocks" (vgl. o.) geknüpft, der durch den Austritt der Konservativen – im Bewusstsein des dadurch unvermeidlichen Rücktritts des Kanzlers – gesprengt wurde. Bülows Sturz im Jahr 1909 hing freilich auch damit zusammen, dass er – spätestens – mit dem Verlauf der Daily-Telegraph-Affäre (vgl. unten, Teil C., Kap. II. 3.) das Vertrauen des von ihm öffentlich brüskierten Kaisers verloren hatte (Hertz-Eichenrode, *Deutsche Geschichte 1890–1918*, 155ff.; vgl. auch Clark, *Wilhelm II.*, 145–152).

249 Gerlach, *Von rechts nach links*, 142f., 182 und 188 (182: „Ob allerdings im kaiserlichen Deutschland der Reichstag maßgebend für die deutsche Politik war, ist eine andere Frage. Er hatte (…) nicht einmal den Willen dazu. Von den Möglichkeiten, seinen Willen neben den der Regierung zu stellen, oder ihn gar dem ihren überzuordnen, machte er fast niemals Gebrauch.").

stand und den engen Horizont der Abgeordneten.[250] Zehn stellen deren Tätigkeit
ein insgesamt schlechtes Zeugnis aus: Das Parlament habe immer wieder „seine
ganze Unfähigkeit zu praktischer Arbeit" gezeigt.[251] Bei den in ihrem Ablauf
strikt festgelegten, stets gesittet verlaufenden Debatten[252] hätten vor allem die
Fraktionsvorsitzenden bzw. einige herausragende Abgeordnete das Wort geführt
und ihren einflusslosen Kollegen schließlich das Stimmverhalten diktiert[253]; unterdessen „pflegten [sie] in kleinlichem Gezänk und endlosen, stumpfsinnigen Debatten ihre historische Sendung. Allenthalben triumphierte die große Phrase."[254]
Überdies hätte ein ausufernder Wirtschaftslobbyismus für inhaltliche Beschränkungen gesorgt.[255] Eine Einzelstimme konzediert gleichwohl, dass „damals (...)
geradezu ein goldenes Zeitalter herrschte" angesichts der Weimarer Verhältnisse.[256]

Die politischen Strömungen der Wilhelminischen Zeit und die diese repräsen-
tierenden Parteien halten schließlich gut zwanzig Autobiographen für bedeutsam.
Fünf von ihnen kritisieren den Egoismus und „die elementare Opposition der Parteien" in den Parlamenten, die auch untereinander kaum Kontakte gepflegt hätten,
generell als hemmend und nachteilig für die deutsche Politik.[257] Sechs sehen konkret in Zentrum und Sozialdemokratischer Partei, die beide kontinuierlich an
Macht gewonnen[258], aber nur zersetzend gewirkt hätten, „die hauptsächlichsten

250 So am deutlichsten Claß, *Wider den Strom*, 137f.; vgl. außerdem Martens, *Schonungslose Lebenschronik*, I, 176 (Mangel an Akademikern bzw. Intellektuellen im Parlament); Olden-burg-Januschau, *Erinnerungen*, 73 (mangelndes Verständnis für Agrarfragen); Dryander, *Erinnerungen*, 251f. (beispiellose Qualitäten der Mitglieder des preußischen Herrenhauses).

251 Einem, *Erinnerungen*, 71 (Zitat); vgl. Jagemann, *Fünfundsiebzig Jahre*, 179 („Beschlußunfä-higkeit [als] chronisches Leiden").

252 Scheidemann, *Memoiren*, 161; vgl. Hedwig Heyl, *Aus meinem Leben* (Weibliches Schaffen und Wirken, 2), Berlin 1925, 138; Gerlach, *Von rechts nach links*, 143; Payer, *Mein Lebens-lauf*, 32.

253 Michaelis, *Für Staat und Volk*, 258; Scheidemann, *Memoiren*, 161.

254 Martens, *Schonungslose Lebenschronik*, I, 175f. (Zitat); vgl. Gerlach, *Von rechts nach links*, 186; Rudolf Huch, *Mein Leben* (Die Lebenden), Berlin 1935, 42; Scheidemann, *Memoiren*, 118 und 177; Engel, *Menschen und Dinge*, 237 („Nicht der politische Erfolg, – der redneri-sche ist das Hochziel; daher kein Gedanke an eine klar ausgesprochene Forderung, an ein so-gleich in die Tat umzusetzendes Wort. Das war im Reichstag nicht immer so gewesen, erst seit 1890 war es so geworden").

255 Martens, *Schonungslose Lebenschronik*, I, 176; Gerlach, *Von rechts nach links*, 185.

256 So Lubarsch, *Ein bewegtes Gelehrtenleben*, 266f., der ebd. darüber hinausgehend feststellt, „daß jede Art von Parlamentarismus in erster Linie Hemmschuh und Zeitvergeudung, in zweiter Erziehung zur Oberflächlichkeit und letzten Endes großer Schwindel und im güns-tigsten Fall ein notwendiges Übel ist."

257 Claß, *Wider den Strom*, 75 und 89; Freytag-Loringhoven, *Menschen und Dinge*, 149; Hadeln, *In Sonne und Sturm*, 84; Hutten-Czapski, *Sechzig Jahre*, II, 3 und 72 (Zitat); Oldenburg-Januschau, *Erinnerungen*, 65 und 84.

258 Die Reichstagswahlergebnisse der Zeit von 1890 bis 1912 bestätigen diese Einschätzung nur für die Sozialdemokratische Partei (von ihrem Einbruch im Jahr 1907 abgesehen); vgl. Hertz-Eichenrode, *Deutsche Geschichte 1890–1918*, 29; Nipperdey, *Deutsche Geschichte*, II, 505 und 522.

Feinde einer gesunden Entwicklung Deutschlands"[259], ja „eine beständige Bedrohung und Gefahr".[260] Während dem Zentrum darüber hinaus von vier Autoren
eine seit 1890 fortschreitende Entwicklung zum Schlechteren bescheinigt wird[261],
betonen acht die Fundamentalopposition der Sozialdemokraten.[262] Die liberalen
Parteien werden unterdessen differenziert beurteilt: Drei Stimmen verweisen auf
die aus ihrer Spaltung resultierenden Probleme[263] bzw. brandmarken die Liberalen
im Ganzen als Klientelparteien des Bürgertums.[264] Die linksliberalen Kräfte in
Gestalt der Freisinnigen Volkspartei stellen drei Autoren auf dieselbe Stufe wie
Zentrum und Sozialdemokraten im Sinne der o. a. Bewertung[265], während eine
Einzelstimme ihren Niedergang mit der bewussten Abwehr fähiger Nachwuchs-
kräfte begründet.[266] Den rechtsliberalen Kräften in Gestalt der Nationalliberalen
Partei attestieren wiederum drei Verfasser einen ebensolchen Niedergang[267], einen
verhängnisvollen Drang zum Imperialismus[268] bzw. „daß sie vor allen anderen im
großen ganzen den richtigen Mittelweg verfolgte[n]".[269] Das rechte Lager schließlich wird von insgesamt neun Autobiographen charakterisiert: Zwei von ihnen
werfen einer angeblich vor dem Weltkrieg den Reichstag dominierenden Paarung
aus Konservativen und Zentrum vor, für „alle außen- und innenpolitische[n] Be-
drängnisse" nach der Jahrhundertwende verantwortlich gewesen zu sein.[270] Abge-

---

259 Bernhardi, *Denkwürdigkeiten*, 280.

260 Litzmann, *Im alten Deutschland*, 347; vgl. Baumgarten, *Meine Lebensgeschichte*, 224 und
      254; Bernhardi, *Denkwürdigkeiten*, 306–308, 320 und öfter; Claß, *Wider den Strom*, 89 und
      95; Einem, *Erinnerungen*, 81; Lubarsch, *Ein bewegtes Gelehrtenleben*, 570.

261 Einem, *Erinnerungen*, 44; Payer, *Mein Lebenslauf*, 46; Spahn, Selbstbiographie, 480; Josef
      Wiedeberg, Josef Wiedeberg, in: *25 Jahre christliche Gewerkschaftsbewegung 1899–1924.
      Festschrift*, Berlin 1924, 213–217, hier 217.

262 Bernhardi, *Denkwürdigkeiten*, 171; Einem, *Erinnerungen*, 59 und 67; Hadeln, *In Sonne und
      Sturm*, 72; Jagemann, *Fünfundsiebzig Jahre*, 125, 130, 170, 191, 193f., 224, 239 und öfter;
      Hutten-Czapski, *Sechzig Jahre*, I, 481; Oldenburg-Januschau, *Erinnerungen*, 63 und 74f.;
      Grotjahn, *Erlebtes*, 105; Baumgarten, *Meine Lebensgeschichte*, 227. Zu konkreteren und dif-
      ferenzierteren Ausführungen hinsichtlich der Ziele und der inneren Entwicklung der Partei
      sowie zur Beurteilung ihrer Tätigkeit auch außerhalb des Parlaments s. unten, Kap. VIII. 2.
      und 3.

263 Brentano, *Mein Leben*, passim; Tews, *Aus Arbeit und Leben*, 126f. Von der grundsätzlichen
      Trennung in ein rechts- (= National-) und ein linksliberales Lager abgesehen spaltete sich
      letzteres 1893 auf in Freisinnige Volkspartei und Freisinnige Vereinigung (in Württemberg
      existierte zudem unabhängig davon eine eigenständige „Volkspartei"), die sich 1910 wieder
      zusammenschlossen zur Fortschrittlichen Volkspartei (Nipperdey, *Deutsche Geschichte*, II,
      533f.).

264 Gertrud Bäumer, *Lebensweg durch eine Zeitenwende*, Tübingen 1933, 223f.

265 Bernhardi, *Denkwürdigkeiten*, 321; Claß, *Wider den Strom*, 95; Payer, *Mein Lebenslauf*, 40
      und öfter.

266 Engel, *Menschen und Dinge*, 298.

267 Payer, *Mein Lebenslauf*, 32.

268 Scheidemann, *Memoiren*, 227.

269 Hutten-Czapski, *Sechzig Jahre*, II, 7.

270 Spahn, Selbstbiographie, 480 (Zitat); vgl. Scheidemann, *Memoiren*, 98. Von der Zahl der
      Mandate her war ein solches Übergewicht freilich ausgeschlossen; vgl. Hertz-Eichenrode,
      Deutsche Geschichte 1890–1918, 29; Nipperdey, *Deutsche Geschichte*, II, 505 und 522.

sehen davon wird die Deutschkonservative Partei von fünf Autoren einer kompromisslosen, polarisierenden Interessenpolitik für die Belange der Großgrundbesitzer, bei gleichzeitiger gefährlicher außenpolitischer Indifferenz geziehen.[271] Darüber hinaus lenken vier Verfasser den Blick auf konservative bzw. nationalistische Interessen- und Agitationsverbände und ihren Einfluss auf die Politik: Der Bund der Landwirte[272] sorgte einem Erinnerungswerk zufolge mit seinem Einsatz seit den Zeiten Kanzler Caprivis schließlich unter Bülow für eine Wende zum Besseren in der deutschen Landwirtschafts- bzw. Schutzzollpolitik[273], während er in einer anderen Autobiographie als unsicherer Verbündeter im rechten Lager gebrandmarkt wird.[274] Deren Autor und ein weiterer kennzeichnen vielmehr den Alldeutschen Verband[275] als einzige wirkliche, von den übrigen Parteien abgelehnte Opposition im Reich gegen die angeblich verfehlte Politik der Regierung und „die sprunghafte, auf äußere Augenblickserfolge hinzielende Politik des Kaisers".[276] Eine weitere Einzelstimme verweist unterdessen darauf, „daß die Zahl der Alldeutschen im Inland außer allem Verhältnis stand zu der Bedeutung, welche man ihrer Agitation im Ausland beilegte."[277]

3. Beamtenschaft, Bevölkerung und Presse

Ein Dutzend der untersuchten Erinnerungswerke beinhaltet Ausführungen zu den Verwaltungsbehörden im Reich bzw. in Preußen – in ihrer Bedeutung als pars (maior) pro toto oder „Aushilfe"[278] – mit Blick auf die Verhältnisse der Beamtenschaft und ihre Beziehung zur Bevölkerung. Sieben Autobiographen kommentieren dabei zunächst die Lage der unteren und mittleren Beamtenschaft sowie deren Tätigkeit, wobei vier eine allseitige Neigung zur Intrige bzw. ein striktes Abhän-

---

271 Eckardstein, *Lebenserinnerungen*, II, 160; Scheidemann, *Memoiren*, 170, 177 und 194; vgl. Grotjahn, *Erlebtes*, 105; Michaelis, *Für Staat und Volk*, 258; Schmitz, *Ergo sum*, 166. Oldenburg-Januschau, *Erinnerungen*, 58, unterstreicht außerdem, dass das vormals selbstverständlich gute Verhältnis der Konservativen zum Kaiser unter Wilhelm II. nicht mehr gegeben gewesen sei.

272 1893 „spontan und aus der Agrarkrise heraus" ins Leben gerufen, wurde der Bund der Landwirte rasch zur „Basis der konservativen Partei" (Nipperdey, *Deutsche Geschichte*, II, 537–539, die Zitate 537; vgl. Hertz-Eichenrode, *Deutsche Geschichte 1890–1918*, 53ff.).

273 Oldenburg-Januschau, *Erinnerungen*, 36, 39, 61 und 69–70. Vgl. dazu unten, Kap. VI.

274 Claß, *Wider den Strom*, 76 und 271f.

275 1891 als „Allgemeiner Deutscher Verband" gegründet, 1894 dann umbenannt, trat der Alldeutsche Verband für eine aggressiv-expansive Außen- und Kolonialpolitik ein, gegen die nach Meinung bereits seiner Gründer zu lasche Haltung der Reichsregierung (Nipperdey, *Deutsche Geschichte*, II, 603ff.).

276 Lubarsch, *Ein bewegtes Gelehrtenleben*, 533 (Zitat); vgl. ebd., 284, sowie noch deutlicher Claß, *Wider den Strom*, 82f., 89, 263, 266f. und öfter.

277 Brentano, *Mein Leben*, 209.

278 Diese Funktion des nach 1871 noch lange Zeit überlegenen und immer wieder für die Erledigung von Reichsgeschäften unterstützend herangezogenen preußischen Regierungsapparats wurde freilich mit der Zeit durch das Erstarken der Reichsämter und -behörden eingeschränkt (Nipperdey, *Deutsche Geschichte*, II, 486ff.).

gigkeitsverhältnis zum jeweiligen Vorgesetzten bis hinauf zum König selbst festhalten[279], einer davon jedoch auch betont: „Freimut war geschätzt, Schielen nach
der Meinung des Vorgesetzten wurde mißachtet."[280] Darüber hinaus unterstreichen zwei Verfasser die Musterhaftigkeit und Kompetenz der nachgeordneten
Beamten, allerdings auch ihre mangelnde Flexibilität bei der Anwendung von
Vorschriften; ein weiterer macht sogar einen „Ressortgeist" aus, der dafür verantwortlich gewesen sei, „daß unsere wirtschaftliche Vorbereitung auf den Krieg (…)
völlig ungenügend blieb (…)."[281] Einer der erstzitierten Autobiographen konstatiert überdies einen Gegensatz zwischen Unternehmern und Regierungsbeamten
sowie deren Abneigung gegenüber der neu aufkommenden Berufsgruppe der
nicht juristisch, sondern „technisch" vorgebildeten Gewerbeaufsichtsbeamten.[282]
Das Verhältnis von Behörden und Bevölkerung ist schließlich für sechs der Autoren ein Thema; alle geißeln in mehr oder minder scharfer Form Unfreundlichkeit,
Misstrauen und Willkür der Beamtenschaft sowie die Bevormundung des „Publikums" als bloße Untertanen.[283] Speziell die Polizei wird dabei in zwei Erinnerungswerken als Negativbeispiel hervorgehoben[284], während zwei hier noch nicht
zitierte Autoren auf deren Belastung als „Mädchen für alles" bzw. ihre Amts-
pflichten verweisen.[285]

Presse und öffentliche Meinung auf dem Gebiet der Politik sind für acht Autobiographen ein epochenrelevantes Thema der Wilhelminischen Zeit. Vier von
ihnen werfen der Obrigkeit Furcht vor der freien, kritischen Meinungsäußerung

---

279 Bittmann, *Werken und Wirken*, II, 20; Scheidemann, *Memoiren*, 93 und 171; Wermuth, *Ein
       Beamtenleben*, 252f.; Schlatter, *Erlebtes*, 14 und 16. Mit erkennbarer Verachtung geißelt
       überdies Ludwig, *Geschenke*, 321, „den Hochmut deutscher Assessoren und Regierungsräte,
       die Lakaienhaltung ihrer Untergebenen (…)."
280 Bittmann, *Werken und Wirken*, II, 10.
281 Freytag-Loringhoven, *Menschen und Dinge*, 153 (Zitat), vgl. ebd., 154; Wermuth, *Ein Beam-
       tenleben*, 208f.; Lubarsch, *Ein bewegtes Gelehrtenleben*, 237f.
282 Bittmann, *Werken und Wirken*, I, 136f. und 149–154, sowie II, 176.
283 Engel, *Menschen und Dinge*, 304 („Beschwerden nützten in der alten guten Zeit nichts; der
       Beamte, über den man sich beschwerte, bekam unfehlbar Recht, der Beschwerdeführer wurde
       kaltschnäuzig mit unzutreffenden Gründen abgewiesen."; vgl. ebd., 306–308) und 312 („Kei-
       ne Behörde bat den deutschen Bürger um etwas; jede sah in ihm den Untertan, ihren Untertan,
       und befahl, herrschte an. Im mündlichen Verkehr schnauzte sie an, es sei denn daß man einen
       Zylinder auf dem Haupte trug, denn dann bestand die Möglichkeit, daß man selbst eine Ob-
       rigkeit war und sich das Anschnauzen nicht gefallen ließ.") sowie 313 („Der ehemalige Staat
       erschien dem Bürger so wie einst Friedrich Wilhelm der Erste, der die vor ihm ängstlich
       Weglaufenden, die frühesten Opfer des Blaukollers, einholte, durchprügelte und huldvoll be-
       lehrte: Ihr sollt mich nicht fürchten, Ihr sollt mich lieben!"); Gerlach, *Von rechts nach links*,
       140f.; Ludwig, *Geschenke*, 353f.; Schlatter, *Erlebtes*, 23; Thoma, *Erinnerungen*, 166. Vgl.
       auch Lubarsch, *Ein bewegtes Gelehrtenleben*, 196, zur „Behandlung geistiger Arbeiter nach
       Form und Sache", die in der sächsischen Kultusbürokratie „eine würdigere" gewesen sei als
       in Preußen.
284 Engel, *Menschen und Dinge*, 313; Gerlach, *Von rechts nach links*, 140f.
285 Tresckow, *Von Fürsten*, 45f. Vgl. auch Wilke, *Alt-Berliner Erinnerungen*, 217, der sich eher
       neutral zur Polizei als bloß ausführendem obrigkeitlichen Organ äußert.

bzw. die Verhängung von Sanktionen und Pressezensur vor[286]; einer davon tadelt überdies die regierungstreue Presse für „eine wüste Verhetzung und Verletzerung [!] der wertvollsten Kräfte in Deutschland"[287], während dagegen eine weitere Stimme feststellt, dass „in Preußen von den leitenden Beamten die Bedeutung und Macht der Presse nicht richtig erkannt" worden sei.[288] Die übrigen Verfasser betonen wiederum, „daß unsere radikale Presse die deutschen Zustände recht schwarz zu malen liebte"[289], was (ungewollt) zugleich eine beunruhigende Wirkung auf das Ausland mit sich gebracht habe.[290]

III. MINDERHEITEN UND GRENZLANDE

1. Die deutschen Juden

Die gesellschaftliche, wirtschaftliche und politische Stellung von Juden und ihr etwaiger Einfluss im Deutschen Reich werden in rund zwanzig Erinnerungswerken als Epochenmerkmal thematisiert. Gut die Hälfte der Verfasser konstatiert dabei direkt oder verklausuliert das Aufkommen und Wachsen von Antisemitismus in der Regierungszeit Wilhelms II.[291] Nur vier sprechen daraus erwachsene, konkrete Diskriminierungen an, vor allem im Hinblick auf berufliche Beschränkungen vonseiten des Staates selbst. An erster Stelle werden hier Hindernisse für eine akademische Karriere genannt, die es für Juden unmöglich gemacht hätten, eine ordentliche Universitätsprofessur zu erlangen, so dass als Alternative für jüdische Gelehrte nur „eine freie wissenschaftliche, eine journalistische, eine drama-

---

286 Claß, *Wider den Strom*, 94f.; Eckardstein, *Lebenserinnerungen*, I, 9 („Diese Periode (…) steht unter dem Zeichen einer fortgesetzten offiziell organisierten Täuschung der öffentlichen Meinung."); Engel, *Menschen und Dinge*, 233; vgl. auch Weisbach, *„Und alles ist zerstoben"*, 310, zur freien Rede im Londoner Hyde Park und zur „Gelassenheit" der britischen Regierung demgegenüber, wobei der Vergleich mit den seiner Meinung nach durch alles andere als „Gelassenheit" gekennzeichneten Verhältnissen in Deutschland bzw. Preußen implizit mitschwingt.

287 Claß, *Wider den Strom*, 222.

288 Tresckow, *Von Fürsten*, 48.

289 Rudolf Eucken, *Erinnerungen. Ein Stück deutschen Lebens*, 2., erw. Aufl. Leipzig 1922, 91; vgl. Litzmann, *Lebenserinnerungen*, 135.

290 Michaelis, *Für Staat und Volk*, 375. Vgl. unten, Kap. IV. 9.

291 Baumgarten, *Meine Lebensgeschichte*, 131; Heyl, *Aus meinem Leben*, 56; Jagemann, *Fünfundsiebzig Jahre*, 173; Lubarsch, *Ein bewegtes Gelehrtenleben*, 144f. und 562f.; Martens, *Schonungslose Lebenschronik*, I, 108; Oppenheimer, *Erlebtes*, passim; Wermuth, *Ein Beamtenleben*, 333 („Religions- und Rassengegensätze"); Wolzogen, *Wie ich mich ums Leben brachte*, 107; Arthur Eloesser, Erinnerungen eines Berliner Juden, in: *Jüdische Rundschau 39/1934*, hier Nr. 90, 12 (bezogen auf die akademische Welt); Hutten-Czapski, *Sechzig Jahre*, I, 377; Bruno Metzel, *Von der Pike auf. Aus einem Buchdruckerleben*, Leipzig [1935], 45; Unger-Winkelried, *Von Bebel zu Hitler*, 63–65 (bezogen auf Sozialdemokratie und Gewerkschaften).

turgische oder sonst benachbarte Tätigkeit" geblieben sei.[292] Gleiches habe für die höheren Laufbahnen im Schulwesen, in der Verwaltung und im Militär gegolten.[293] Rund ein Dutzend Autobiographen hält dagegen die Stellung der jüdischen Minderheit in Staat und Gesellschaft im umfassenderen Sinn für bedeutend. Zwei von ihnen konstatieren dabei mit deutlich negativer Konnotation, dass „Presse, Theater, Wirtschaft fast ganz, Politik, Kunst, Wissenschaft zu einem sehr großen Teil in jüdischen, ihre Macht ständig vermehrenden Händen waren", zum Schaden aller genannten Bereiche.[294] Speziell mit Blick auf die Gebiete Kunst und Kultur sowie Presse und öffentliche Meinung unterstreichen dies sieben Autoren (noch einmal)[295], wobei einer jedoch konzediert, dass im Bereich von Literatur und Theater die Moderne ohne das Wirken jüdischer Schriftsteller, Regisseure usw. nicht zum Durchbruch gelangt wäre.[296] Drei Verfasser betonen besonders die ökonomische Macht von Juden, einer ohne[297], zwei mit negativer Wertung.[298] Ebenfalls drei äußern sich darüber hinaus näher zum Bereich der Innen- und Außenpolitik: In der Wilhelminischen Zeit hätten Juden aufgrund des zunehmenden Desinteresses christlicher Deutscher zwangsläufig mehr und mehr Führungspositionen besetzt[299] und dabei generell für den – allerdings verderblichen – politischen Fortschritt (im Sinne einer Parlamentarisierung) gesorgt[300]; im Ausland hätten jüdische Kaufleute und Reisende durch ihre Erscheinung ein negatives Deutschenbild erzeugt.[301] Zur Rolle der jüdischen Bevölkerung in der Gesellschaft des wilhelminischen Kaiserreichs äußern sich schließlich vier Verfasser. Drei von ihnen dokumentieren ein zunehmend erfolgreiches Streben wirtschaftlich aufgestiegener jüdischer Bürger nach gleichberechtigter Aufnahme in den führenden sozialen Schichten[302], was in einem Fall als Bedrohung für „das ganze Volk" qualifiziert

---

292 Eloesser, Erinnerungen, Nr. 90, 12, und Nr. 92, 10; vgl. auch Grotjahn, *Erlebtes*, 75 (speziell zum Bereich der Medizin); Weisbach, *„Und alles ist zerstoben"*, 382.

293 Eloesser, Erinnerungen, Nr. 90, 12; Lubarsch, *Ein bewegtes Gelehrtenleben*, 139 (der in diesem Zusammenhang als Alternative auch die kaufmännische Tätigkeit nennt); Weisbach, *„Und alles ist zerstoben"*, 110.

294 Scholz, *An Ilm und Isar*, 68 (Zitat); vgl. ebd., 67; Claß, *Wider den Strom*, 88f.

295 Claß, *Wider den Strom*, 269; Brandl, *Zwischen Inn und Themse*, 254; Eberhard Dennert, *Hindurch zum Licht! Erinnerungen aus einem Leben der Arbeit und des Kampfes*, Stuttgart 1937, 219; Litzmann, *Lebenserinnerungen*, 139f.; Martens, *Schonungslose Lebenschronik*, I, 108; Scholz, *An Ilm und Isar*, 181; Wolzogen, *Wie ich mich ums Leben brachte*, 103, 244f. und 254.

296 Wolzogen, *Wie ich mich ums Leben brachte*, 245.

297 Baumgarten, *Meine Lebensgeschichte*, 131.

298 Claß, *Wider den Strom*, 30f.; Selchow, *Hundert Tage*, 195f.

299 Lubarsch, *Ein bewegtes Gelehrtenleben*, 144f.

300 Wolzogen, *Wie ich mich ums Leben brachte*, 245.

301 Claß, *Wider den Strom*, 165f.; Wolzogen, *Wie ich mich ums Leben brachte*, 110.

302 Lubarsch, *Ein bewegtes Gelehrtenleben*, 570 („Das Ziel der reichen und wohlhabenden Juden war (…) ein glanzvolles Kaiserreich, in dem ihre Söhne – ungetauft oder getauft – ebenso Gardekavallerieoffiziere, Regierungsassessoren und Gesandtschaftsattachés werden könnten, wie solche vom alten Adel oder der Industrie, und es schien auf dem besten Wege dahin zu sein."); Pless, *Tanz*, I, 67.

wird[303]; eine Stimme beklagt unterdessen einen verderblichen jüdischen Einfluss auf die vom *„patriotischen Bürgertum"* im Hinblick auf ihre Bildung vernachlässigten „Arbeiterfrauen und -mädchen".[304]

2. Preußische Ostprovinzen und polnische Bevölkerung

Das Problem der polnischen Minderheit in Deutschland und der Politik des Reichs bzw. Preußens in dessen Ostprovinzen wird in rund 20 Erinnerungswerken behandelt. Zehn Verfasser verweisen dabei zunächst generell auf die „Polenfrage"[305] als wichtiges Thema der Zeit zwischen 1890 und 1914 bzw. auf die Problematik der preußischen Polenpolitik.[306] Diese sei, so die divergierenden Urteile rund eines halben Dutzends weiterer Autoren, entweder zu milde[307], zu hart[308] oder aber durch einen unbestimmten, der Sache schädlichen „Zickzackkurs"[309] geprägt gewesen; eine Einzelstimme spricht neutral von verstärkten Integrationsbemühungen, um die Gegensätze zwischen Deutschen und Polen abzubauen,[310] die übrigen Verfasser gehen indes von einer sukzessiven Verschärfung dieser Gegensätze aus. Hauptkonfliktpunkt war dabei nach Darstellung in den Lebenserinnerungen die deutsche Ansiedlungspolitik im Allgemeinen[311] wie im Speziellen, wobei hier das Enteignungsgesetz von 1908[312] pars pro toto hervorgehoben wird – von einem

---

303 Hahn, *Dein Vater*, 65.

304 Unger-Winkelried, *Von Bebel zu Hitler*, 53. Zur Arbeiterbildung s. unten, Kap. VIII. 2.

305 Baumgarten, *Meine Lebensgeschichte*, 253; Claß, *Wider den Strom*, 86 und 89; Pless, *Tanz*, I, 183 (vgl. ebd., 282); Rumpf, *Lebenserinnerungen*, 38; Baum, *Rückblick*, 95.

306 Bernhardi, *Denkwürdigkeiten*, 171f. und 323; Brentano, *Mein Leben*, 277f. und öfter; Jagemann, *Fünfundsiebzig Jahre*, 157 und 188; Reischach, *Unter drei Kaisern*, 190; Hutten-Czapski, *Sechzig Jahre*, I, 503, und II, passim.

307 Claß, *Wider den Strom*, 86, 89 und 181; Litzmann, *Lebenserinnerungen*, 109.

308 Wilamowitz-Moellendorff, *Erinnerungen*, 247; ausführlicher Hutten-Czapski, *Sechzig Jahre*, I, 191, 193f., 317f., 400, 504f. und 508, sowie II, 36 und 114f., der eine stufenweise Verschärfung der Regierungsmaßnahmen zwischen 1890 und 1914 feststellt und eine der Ursachen dafür ebd., I, 319, 415 und 420f., in einer verfehlten Personalpolitik der Regierung bzw. des Kaisers und Königs Wilhelm II. sieht.

309 Jungmann, *Von Bundestag bis Nationalversammlung*, 45 (Zitat); vgl. auch Pless, *Tanz*, I, 183: „Jahrelang hatte Preußen abwechselnd Polen kajoliert und unterdrückt, und den dem deutschen Reiche einverleibten Teil von Polen schlecht regiert"; entsprechend Michaelis, *Für Staat und Volk*, 239. Vgl. dagegen Reinke, *Mein Tagewerk*, 255, der „die angebliche Unterdrückung der Polen im preußischen Staate" bezweifelt.

310 Kühnemann, *Mit unbefangener Stirn*, 132ff.

311 Vgl. Bernhardi, *Denkwürdigkeiten*, 171f. und 323; Jagemann, *Fünfundsiebzig Jahre*, 157 und 188. Durch den Aufkauf polnischen Grundbesitzes und die darauf folgende Ansiedlung deutscher Bauern sollten in den preußischen Provinzen Posen und Westpreußen die polnischstämmige Bevölkerungsmehrheit zurückgedrängt und das Deutschtum gestärkt werden. Mit der entsprechenden gesetzlichen Verankerung wurde im Jahr 1886 hierfür eine eigens ins Leben gerufene sogenannte Ansiedlungskommission zuständig (Hertz-Eichenrode, *Deutsche Geschichte 1871–1890*, 51; ders., *Deutsche Geschichte 1890–1918*, 183).

312 Da die preußische staatliche Ansiedlungskommission nach 1900 beim Aufkauf polnischen Grundbesitzes nur ungenügende Erfolge vorweisen konnte, wurde ihr mit dem Enteignungs-

Verfasser als richtige, doch nicht ausreichend umgesetzte Maßnahme[313], von dreien dagegen als Ausdruck einer übertriebenen, letztlich kontraproduktiven weil die Feindschaft der Polen schürenden und erfolglosen Germanisierungs- und „Gewaltpolitik"[314], die überdies auch außenpolitisch von Nachteil gewesen sei.[315] Einer der letztgenannten Autoren unterstreicht darüber hinaus die fördernde Wirkung auch der „Maßnahmen der Regierung gegen das Polentum und zur Stärkung des Deutschtums (…) auf kulturellem Gebiet" auf den polnischen Widerstand.[316] Es habe sich vor Ort mit der Zeit „ein regelrechter deutsch-polnischer Kleinkrieg" entwickelt, so derselbe und zwei weitere Verfasser sinngemäß[317], wobei wiederum drei andere Autobiographen nicht die preußische Politik und Verwaltung dafür verantwortlich machen wollen, sondern (vor allem vom katholischen Klerus getragene) hasserfüllte polnische Propaganda.[318]

gesetz das Recht eingeräumt, solche Aufkäufe gegen Entschädigung zwangsweise vornehmen zu können (Huber, *Deutsche Verfassungsgeschichte*, III, 504f.).

313 Claß, *Wider den Strom*, 46 und 156.

314 Michaelis, *Für Staat und Volk*, 238–240 (das Zitat 238); Hutten-Czapski, *Sechzig Jahre*, I, 520f., 530 und 533, sowie II, 53f. und 115.

315 Reischach, *Unter drei Kaisern*, 190 (Beförderung der Isolierung Deutschlands; vgl. unten, Kap. IV. 3.); Hutten-Czapski, *Sechzig Jahre*, I, 533, sowie II, 38, 53f. und öfter (Belastung des Bündnisses mit Österreich-Ungarn wegen den Unmut der slawischen Völker erregender Maßnahmen während der Balkankrise 1912; vgl. unten, Kap. IV. 7.).

316 Hutten-Czapski, *Sechzig Jahre*, I, 413 (Zitat), 504 und 507f., der ebd., I, 318 und 508, sowie II, passim, auch auf die unrühmliche Rolle des Ostmarkenvereins hinweist, der sukzessive mehr Druck auf die Regierung ausgeübt und dadurch wie durch seine Agitation zur Verschlechterung der Verhältnisse beigetragen habe. Zu den Maßnahmen „auf kulturellem Gebiet" vgl. auch Lubarsch, *Ein bewegtes Gelehrtenleben*, 124ff. und öfter (zum Ostmarkenverein ebd., passim); Kühnemann, *Mit unbefangener Stirn*, 130. Schmitz, *Ergo sum*, 300, konstatiert die generelle Unterdrückung der „kulturelle[n] Eigenart" Angehöriger fremder Nationen im Reich. – Der Ostmarkenverein wurde 1894 als Reaktion auf die angeblich ungenügende (weil zu lasche) Polenpolitik Preußens gegründet, um die Regierung durch Agitation zu einer härteren Gangart zu bewegen (Hertz-Eichenrode, *Deutsche Geschichte 1890–1918*, 51f.). – Neben dem 1887 begonnenen Versuch, die polnische Kultur in den Ostprovinzen durch die gesetzliche Verbannung der polnischen Sprache aus dem Schulunterricht sukzessive zu schwächen (Hertz-Eichenrode, *Deutsche Geschichte 1890–1918*, 182f.) stand nach 1900 das Bestreben der preußischen Regierung, das Deutschtum speziell in Posen durch die Einrichtung deutscher Bildungsinstitutionen in der gleichnamigen Provinzhauptstadt (Königliche Akademie, Kaiser-Wilhelm-Bibliothek und Kaiser-Wilhelm-Museum) zu stärken. S. hierzu im Detail Christoph Schutte, *Die Königliche Akademie in Posen (1903–1919) und andere kulturelle Einrichtungen im Rahmen der Politik zur „Hebung des Deutschtums"* (Materialien und Studien zur Ostmitteleuropa-Forschung, 19), Marburg 2008.

317 Hutten-Czapski, *Sechzig Jahre*, I, 413 (Zitat); vgl. Pless, *Tanz*, I, 282; Lubarsch, *Ein bewegtes Gelehrtenleben*, 139f. und 143f. („Überhaupt waren ja die Brücken zwischen Polen und Deutschen damals so gut wie völlig abgebrochen; einen gesellschaftlichen Verkehr zwischen ihnen gab es nicht mehr; ja er wurde förmlich von beiden Seiten als strafwürdig angesehen").

318 Claß, *Wider den Strom*, 87; Litzmann, *Lebenserinnerungen*, 107; Michaelis, *Für Staat und Volk*, 239. Vgl. zum Einfluss der katholischen Kirche auf die polnische Bevölkerung (für die angeblich „polnisch" gleich „katholisch" war und umgekehrt) Lubarsch, *Ein bewegtes Gelehrtenleben*, 143 und öfter.

Abgesehen von kulturellen und zivilisatorischen, sozialen und religiösen Unterschieden zwischen den Ostprovinzen und dem übrigen Reich, die einige der Autoren als prägende Tatsache der Wilhelminischen Zeit ansehen[319], konstatiert ein Verfasser einen wirtschaftlichen Aufschwung für die polnischstämmige Mittelschicht[320], ein weiterer dagegen die generelle wirtschaftliche Rückständigkeit dieser Gebiete, die zu einer massiven Abwanderung in westliche Industriezentren geführt habe, so dass ab der Jahrhundertwende

> „neben der Polenfrage im Osten auch eine Polenfrage im Westen entstand. In dem kerndeutschen Teile des Reichs entstand eine polnische Kolonie, die, je schärfer die gegen die Polen gerichteten Maßnahmen wurden, sich in dem Land ihrer Niederlassung immer exklusiver gegen die Deutschen zusammenschloß."[321]

Während zwei weitere Erinnerungswerke dem beschriebenen Phänomen ebenfalls nachteilige Folgen zurechnen[322], wertet eine Verfasserin das ihrer Ansicht nach aufgrund der umfangreichen polnischen Binnenmigration eingetretene bedeutende Wachstum der Industrie im Westen höher.[323] Zwei andere Autoren verweisen schließlich auf ein ähnlich gelagertes Phänomen: den verbreiteten Ersatz von im Zuge der rasanten Industrialisierung[324] in die Großstädte abgewanderten deutschen Landarbeitern im Osten durch polnische Arbeitskräfte.[325]

3. Elsass-Lothringen, seine Bevölkerung und das Reich

Das spannungsreiche Verhältnis zwischen dem „Reichsland" Elsass-Lothringen und der Zentrale wird von insgesamt 17 Autobiographen als epochenrelevant eingestuft, wobei fünf davon das Problem generell als bedeutend bzw. sogar als eines der wichtigsten der Wilhelminischen Zeit kennzeichnen.[326] Zur deutschen Politik gegenüber bzw. in Elsass-Lothringen und den Verhältnissen im Land selbst äußern sich darüber hinaus zehn Verfasser. In zwei Erinnerungswerken wird dabei schon die prekäre Rechtsstellung der Provinzen, denen bis zur Verfassung von 1911 der Status eines Bundesstaats verweigert wurde[327], für Spannungen zwi-

---

319 Vgl. unten, Kap. XIII. 1.
320 Hutten-Czapski, *Sechzig Jahre*, I, 318.
321 Brentano, *Mein Leben*, 278.
322 Claß, *Wider den Strom*, 86f.; Michaelis, *Für Staat und Volk*, 240.
323 Baum, *Rückblick*, 102f.
324 S. dazu unten, Kap. VI.
325 Oldenburg-Januschau, *Erinnerungen*, 44; Gerlach, *Von rechts nach links*, 169.
326 Brentano, *Mein Leben*, 225f. und öfter; Pless, *Tanz*, I, 183 (wichtigstes Thema neben der Polenpolitik); Scheidemann, *Memoiren*, 197; Robert Wollenberg, *Erinnerungen eines alten Psychiaters*, Stuttgart 1931, 114f.; Hutten-Czapski, *Sechzig Jahre*, I, 198f.
327 Elsass-Lothringen wurde damit von einer durch das Reich verwalteten bloßen Provinz zu einem Staat mit einer den übrigen vergleichbaren Regierungs- und Verwaltungsstruktur; ebenso erhielt es das Stimmrecht im Bundesrat (Ernst Rudolf Huber, *Deutsche Verfassungsgeschichte seit 1789. Band IV: Struktur und Krisen des Kaiserreichs*. Zweite, verbess. u. erg. Aufl. Stuttgart u. a. 1982, 471ff.).

schen Einheimischen und Reichsdeutschen verantwortlich gemacht.[328] Während ein weiterer Autor nun konstatiert, das Elsass sei Objekt einer „wesentlich gerechten und wirtschaftlichen Regierung von Berlin aus" gewesen[329], ein anderer sogar darauf besteht, dass dort „(…) Friedensarbeit (…)'" geleistet worden sei[330], kritisieren drei einen Mangel an Engagement der Zentrale und deren defizitäre Kenntnis der Verhältnisse vor Ort, was sich in kontraproduktiven Maßnahmen geäußert habe:

> „Berlin tat das Denkbare an bürokratischem Unverstand, um die Abneigung [der Elsässer] gegen das Aufgehen in Deutschland zu unterhalten und zu verstärken (…)."[331]

Einer von ihnen macht darüber hinaus „die Schwäche und Instinktlosigkeit der deutschen Verwaltung" vor Ort für das Aufblühen deutschfeindlicher Bestrebungen und eine zunehmend provokative Haltung der Einheimischen verantwortlich.[332]

Eine (wachsende) feindliche Einstellung gegenüber deutschstämmigen Mit- und zugewanderten Reichsbürgern kennzeichnete dementsprechend für fünf Verfasser die Verhältnisse in Elsass-Lothringen, wobei einer von ihnen zwischen unproblematischen privaten sowie prekären „beruflichen Beziehungen" – mit Ausstrahlung auf die gesellschaftlichen Kontakte – differenziert[333]; lediglich eine Einzelstimme sieht auf diesem Gebiet eine Verbesserung durch „das Erwachsensein der nach 1870 Geborenen" eingetreten.[334] Für die Spannungen verantwortlich machen zwei Autoren den einheimischen Klerus und eine frankreichfreundliche Oberschicht vor allem im Elsass, die eifrig Propaganda gegen alles Deutsche betrieben hätten.[335] Einer anderer sieht darüber hinaus eine die deutschen Tugenden und die konkreten Erwartungen aus dem Reich konterkarierende nachlässige Haltung der Einheimischen als die Beziehungen grundsätzlich belastendes Moment an.[336] Er macht aber – ebenso wie ein weiterer Verfasser –, die Schuld im Ganzen eher auf Seiten der deutschen Zuwanderer und dabei nicht zuletzt der Militärangehörigen aus, wobei die Zabern-Affäre[337] als Sinnbild für die Entfremdung be-

---

328 Claß, *Wider den Strom*, 149; Reinke, *Mein Tagewerk*, 280f.

329 Brandl, *Zwischen Inn und Themse*, 241.

330 Reinke, *Mein Tagewerk*, 283 (Zitat); vgl. ebd., 280.

331 Alfred Hoche, *Jahresringe. Innenansicht eines Menschenlebens*, München 1934, 128 (Zitat; ff. mit zahlreichen Beispielen); vgl. Bernhardi, *Denkwürdigkeiten*, 351; Claß, *Wider den Strom*, 89, 155, 182–185 und 283.

332 Claß, *Wider den Strom*, 195 (Zitat; ff. mit diversen Beispielen). Vgl. auch Litzmann, *Lebenserinnerungen*, 122; Hoche, *Jahresringe*, 130.

333 So Hoche, *Jahresringe*, 132f.; s. außerdem Bernhardi, *Denkwürdigkeiten*, 351 und öfter; Adam Josef Cüppers, *Aus zwei Jahrhunderten. Lebenserinnerungen eines Schulmannes und Schriftstellers*, Düsseldorf 1928, 168; Reinke, *Mein Tagewerk*, 278; Raff, *Blätter*, 183.

334 Anselma Heine, *Mein Rundgang. Erinnerungen*, Stuttgart u. a. 1926, 85.

335 Claß, *Wider den Strom*, 174, 189 und 201; Litzmann, *Lebenserinnerungen*, 121f.

336 Hoche, *Jahresringe*, 124ff. und öfter.

337 Im elsässischen Zabern kam es gegen Ende 1913 zu Auseinandersetzungen zwischen der Zivilbevölkerung und Soldaten der dortigen Garnison, die durch die Provokationen eines jungen Offiziers ausgelöst worden waren. Das rüde, teils ungesetzliche Vorgehen des Militärs

sonders hervorgehoben wird.[338] Für drei Autoren hatte diese wie auch eine verfehlte Berliner Politik insofern negative Auswirkungen auf die Außenbeziehungen, als sich das Verhältnis des Reichs zu Frankreich dadurch verschlechtert habe
bzw. der dortige Revanchegeist befeuert worden sei.[339]

4. Schleswig und die Dänen

Lediglich drei Autoren äußern sich zur Lage der dänischen Minderheit in Nord-
schleswig: Während einer die Problematik[340] grundsätzlich von der deutschen Regierung nicht angemessen behandelt sieht[341], konstatieren die übrigen zwei eine
im Hinblick auf die wünschenswerte Integration der Dänen verfehlte, kontraproduktive Politik der preußischen Führung.[342]

IV. AUßENPOLITIK UND INTERNATIONALE BEZIEHUNGEN

1. Rahmenbedingungen, Ziele und Qualität der deutschen Außenpolitik

Knapp drei Dutzend Lebenserinnerungen nehmen Stellung zu den grundsätzlichen
Bedingungen, unter denen das Deutsche Kaiserreich in der Wilhelminischen Zeit
Außenpolitik treiben musste, zu den Zielen dieser Politik sowie zu ihren Kennzeichen, ihrer Qualität und ihren Ergebnissen im Allgemeinen und im Besonderen.
Dabei äußern sich zunächst fünf Autoren zu den unveränderlichen Größen, mit
denen man zu kalkulieren gehabt habe: Zwei von ihnen verweisen ebenso auf die
problematische geographische Lage des Reichs inmitten Europas wie auf eine
allgemeine Tendenz zur „Weltpolitik" und zum Welthandel, der man sich nicht
habe entziehen können[343]; ein weiterer betont ebenfalls „unsere zentrale Lage in
Europa" als entscheidenden Faktor[344], von den übrigen zwei Autobiographen wiederum werden nur Weltpolitik und Imperialismus genannt.[345] In neun Erinnerungswerken finden sich daneben Aussagen zu den generellen Zielen der deutschen Politik: Während ein Verfasser die Saturiertheit des Reichs als bereits zeit-

---

wurde in der Öffentlichkeit mit Empörung aufgenommen (Hertz-Eichenrode, *Deutsche Geschichte 1890–1918*, 189f.).
338 Hoche, *Jahresringe*, 130f.; Hutten-Czapski, *Sechzig Jahre*, II, 129.
339 Margarete Gfin. von Bünau, *Neununddreißig Jahre Hofdame bei I.K.H. der Landgräfin von
Hessen, Prinzessin Anna von Preußen*, Berlin 1929, 136; Engel, *Menschen und Dinge*, 201f.;
Selchow, *Hundert Tage*, 225f.
340 Auch hier ging es um den Umgang mit der kulturellen Eigenart einer nationalen Minderheit,
vgl. Nipperdey, *Deutsche Geschichte*, II, 281f.
341 Claß, *Wider den Strom*, 89.
342 Wilamowitz-Moellendorff, *Erinnerungen*, 247; Baumgarten, *Meine Lebensgeschichte*, 140.
343 Freytag-Loringhoven, *Menschen und Dinge*, 139f.; Wermuth, *Ein Beamtenleben*, 250.
344 Hindenburg, *Am Rande*, 202.
345 Lancken Wakenitz, *Meine dreissig Dienstjahre*, 81; Reinke, *Mein Tagewerk*, 262.

genössisch offenkundige „weltgeschichtliche Wahrheit" bezeichnet[346], bescheinigen ihm sechs andere imperialistische Ambitionen[347], wobei drei davon als Zweck die „Gleichberechtigung" Deutschlands mit den übrigen Mächten sehen[348], ein weiterer hingegen die deutsche Weltpolitik als unlimitiert brandmarkt.[349] Dass Deutschland die Weltherrschaft allein für sich habe erlangen wollen, postuliert schließlich eine Stimme[350], während eine andere dies verneint und als Hirngespinst der ihrerseits „raubgierig[en]" Nachbarstaaten abtut.[351] Rund 30 und damit ungleich mehr Urheber von Autobiographien und Memoiren thematisieren darüber hinaus die generellen Kennzeichen, Qualitäten und Ergebnisse bzw. Folgen von deutscher Außenpolitik und Diplomatie zwischen 1890 und dem Ersten Weltkrieg. 17 davon bescheinigen dem nach Bismarck außenpolitisch verantwortlichen Personal generell und ohne Ausnahme Unfähigkeit bzw. törichtes, fehlerhaftes Vorgehen im Hinblick auf die anstehenden Aufgaben und die Versuche, diese zu bewältigen[352]; drei weitere konstatieren außerdem verfehlte Schwerpunktsetzungen der Diplomatie.[353] Konkreter bemängeln ein Dutzend Autoren die angeblich permanente Verkennung der außenpolitischen Situation durch eine in Wunschdenken befangene deutsche Führung, die „das rechte Augenmaß für das Notwen-

---

346 Woermann, *Lebenserinnerungen*, 314.

347 Vgl. Brentano, *Mein Leben*, 215f.; Wermuth, *Ein Beamtenleben*, 278.

348 Lubarsch, *Ein bewegtes Gelehrtenleben*, 533f.; Schäfer, *Mein Leben*, 149; Selchow, *Hundert Tage*, 175f.

349 Martens, *Schonungslose Lebenschronik*, I, 107f.

350 Leo Koenigsberger, *Mein Leben*, Heidelberg 1919, 188.

351 Bonn, *Mein Künstlerleben*, 64 und 82.

352 Ebd., 215; Bürgel, *Vom Arbeiter zum Astronomen*, 123; Claß, *Wider den Strom*, 106; Eckardstein, *Lebenserinnerungen*, I, 218 („die lächerlichste und gefährlichste Politik, welche je dagewesen ist (…), denn sie war weit schlimmer als perfide, sie war idiotisch."), sowie II, 359, und III, 172; Eucken, *Erinnerungen*, 97; Huch, *Mein Leben*, 43; Jungmann, *Von Bundestag bis Nationalversammlung*, 40; Korschelt, *Das Haus an der Minne*, 173; Litzmann, *Lebenserinnerungen*, 178; Lubarsch, *Ein bewegtes Gelehrtenleben*, 533; Martens, *Schonungslose Lebenschronik*, II, 63 („Ganz offensichtlich, zur Schadenfreude unsrer Feinde, wurden wir dumm und schlecht regiert."); Monts de Mazin, *Erinnerungen*, 294 („Man fuhr in längst ausgefahrenen politischen Gleisen weiter, machte daneben aber reichlich Fehler (…), die für die auswärtigen Beziehungen des Reiches sich als irreparabel erwiesen."); Scheidemann, *Memoiren*, 181; Schmidt, *Wandern*, 58 („Denn die Entwicklung Deutschlands vom 20. März 1890 bis zum Ausbruch des Weltkrieges, ist eine einzige Reihe von aussichtslosen Versuchen, eine Geltung zu behaupten, die wir nicht mehr besitzen, eine Kette von Fehlschlägen und Demütigungen (…)."); Thoma, *Erinnerungen*, 155 und 240f. (ebd., 240: „Deutschland war in den Sattel gesetzt, aber reiten hat es nicht können; es überließ die Führung unsicheren Händen. Dünkelhafter Dilettantismus hat die Möglichkeit unseres Untergangs geschaffen."); Woermann, *Lebenserinnerungen*, 315 („Aber man braucht auch nur die Zeit seit Bismarcks Entlassung offenen Auges miterlebt zu haben, um keinen Zweifel daran zu hegen, daß die völlige Unfähigkeit unserer nachbismarckischen Staatskunst die Hauptschuld an unserem Verhängnis trug."); Zorn, *Aus einem deutschen Universitätsleben*, 89.

353 Baum, *Rückblick*, 156; Freytag-Loringhoven, *Menschen und Dinge*, 139; Wermuth, *Ein Beamtenleben*, 278.

dige und das Mögliche" vermissen gelassen[354] bzw. in regelmäßiger Selbsttäuschung einen sträflichen Optimismus kultiviert habe.[355] Sieben Verfasser rügen
außerdem mangelnde Konstanz und Zuverlässigkeit sowie „Ziellosigkeit" in der
wilhelminischen Außenpolitik.[356] Neun Autobiographen kritisieren darüber hinaus
Feigheit und Inkonsequenz sowie eine übertriebene Friedensliebe und Verhand-
lungsbereitschaft[357], während drei andere Stimmen dem Reich gerade den Willen
bzw. die Fähigkeit zur Friedenspolitik direkt oder indirekt absprechen.[358] Im Ergebnis, so schließlich sieben Verfasser, sei Deutschland nicht für die Rolle einer
(beherrschenden) Weltmacht befähigt gewesen[359], vielmehr seien der kontinuierli-

354 Eucken, *Erinnerungen*, 97 (Zitat). Vgl. Bernhardi, *Denkwürdigkeiten*, 306, 327 und 377 („Die
Diplomatie hatte wieder einmal theoretisch alles zum besten eingerichtet, auf die wirklichen
Verhältnisse dagegen wenig Rücksicht genommen."); Eckardstein, *Lebenserinnerungen*, I–
III, passim; Hoff, *Erinnerungen*, 124; Jungmann, *Von Bundestag bis Nationalversammlung*,
45 („Die realen Verhältnisse wurden in fast unbegreiflicher Kurzsichtigkeit übersehen.");
Lerchenfeld-Koefering, *Erinnerungen*, 434; Lancken Wakenitz, *Meine dreissig Dienstjahre*,
268; Martens, *Schonungslose Lebenschronik*, II, 35 und 143; Werner Werdeland, *Unter neuen
Göttern. Ein Lebensbekenntnis*, Berlin 1929, 48.
355 Bernhardi, *Denkwürdigkeiten*, 335; Freytag-Loringhoven, *Menschen und Dinge*, 141 („Die
bei uns übliche Schönfärberei wirkte peinlich auf jeden, der sich noch etwas gesunden Men-
schenverstand und damit ein nüchternes Urteil bewahrt hatte. (…) Unsere ganze Politik neigte
fortgesetzt dazu, die Dinge so zu sehen, wie sie es wünschte, und hat die Mentalität des Auslandes niemals richtig eingeschätzt. Scheinerfolge wurden von ihr als wirkliche gebucht.");
Monts de Mazin, *Erinnerungen*, 294; Hans Vaihinger, Wie die Philosophie des Als Ob entstand, in: Raymund Schmidt (Hg.), *Die Philosophie der Gegenwart in Selbstdarstellungen*,
[Bd. 2], Leipzig ²1923, 183–212, hier 201, Anm. 1 („Ein unberechtigter Optimismus (…) hatte die deutsche Politik seit langer Zeit zur Unvorsichtigkeit, zur Voreiligkeit, zum Übermut
verführt. Ein rationeller [!] Pessimismus hätte uns vor dem Unheil des Weltkrieges bewahren
können.").
356 Bernhardi, *Denkwürdigkeiten*, 231 und 351; Claß, *Wider den Strom*, 106 (Zitat); Engel, *Menschen und Dinge*, 198 („Keine fremde Regierung glaubte das, was ein Deutscher Botschafter
amtlich ausgesprochen hatte; keine wußte, was eigentlich Deutschlands Absicht war. Es gab
eben keine deutsche Absicht, oder es gab täglich eine andre. Es gab in der Außenpolitik
Deutschlands nichts Feststehendes (…)."); Freytag-Loringhoven, *Menschen und Dinge*, 142
(„Sprunghaftigkeit"); Lerchenfeld-Koefering, *Erinnerungen*, 407 („Schaukelpolitik"); Monts
de Mazin, *Erinnerungen*, 216; Thoma, *Erinnerungen*, 155 („Zickzackkurs").
357 Bernhardi, *Denkwürdigkeiten*, 327 und 350f.; Claß, *Wider den Strom*, 106; Eckardstein, *Lebenserinnerungen*, II, 145; Eucken, *Erinnerungen*, 97 („unsere Politik schwankte zwischen
großsprechenden, ja verletzenden Worten und kleinen Taten"); Freytag-Loringhoven, *Menschen und Dinge*, 147; Jungmann, *Von Bundestag bis Nationalversammlung*, 36 („Die Politik
des Deutschen Reiches seit 1890 (…) nahm häufig einen großen Anlauf, um im entscheidenden Augenblick mutig zurückzuweichen, und hat sich durch ihr Buhlen um die Gunst Fremder bloßgestellt. Ihre Absicht war gewiß gut, sie wollte den Frieden unter allen Umständen
erhalten; ihre Wirkung aber war unheilvoll (…)."); Litzmann, *Lebenserinnerungen*, 178;
Monts de Mazin, *Erinnerungen*, 216; Oldenburg-Januschau, *Erinnerungen*, 124.
358 Lerchenfeld-Koefering, *Erinnerungen*, 368; Scheidemann, *Memoiren*, 189 („Diplomatie der
gesträubten Schnurrbartspitzen (…) der eisengepanzerten Faust"); Zorn, *Aus einem deutschen
Universitätsleben*, 99.
359 Vgl. Bernhardi, *Denkwürdigkeiten*, 366; Weisbach, *„Und alles ist zerstoben"*, 341.

che Verlust von Ansehen[360] bzw. von Einfluss und Bedeutung des Reichs in der Welt[361] sowie schließlich seine Isolierung[362] als Folgen der defizitären Politik zu verzeichnen gewesen.

2. Die Protagonisten und ihr Apparat

Die für die deutsche Außenpolitik nach Bismarcks Entlassung verantwortlichen Personen[363] werden in gut zwei Dutzend Autobiographien und Memoiren benannt und im Hinblick auf ihre Bedeutung charakterisiert. Dabei sprechen zunächst drei Verfasser Reichskanzler Caprivi die Fähigkeiten zur Bewältigung seiner Aufgaben ab[364], ein weiterer stuft dagegen zumindest die „Grundzüge" seiner Außenpolitik als „zweifellos richtig" ein.[365] Drei dieser Stimmen halten außerdem auch den unter Caprivi und in den Anfangsjahren Hohenlohes amtierenden Außenstaatssekretär Adolf Marschall von Bieberstein (1890–1897) für ungeeignet[366], während eine Hohenlohe selbst für „an Jahren bereits zu alt" hält, „um unter den schwierigen Verhältnissen eine führende Rolle spielen zu können"[367]; ein weiterer Autor bescheinigt ihm zumindest das Bemühen um die Bewahrung der seit Bismarck bestehenden Mächteverhältnisse und Bündnisse.[368]

Der Fokus der meisten Lebenserinnerungen liegt unterdessen auf Bernhard von Bülow, dem Nachfolger Marschalls als Staatssekretär (1897–1900) und dann Hohenlohes als Reichskanzler. Gut ein Dutzend Verfasser charakterisieren Bülow, der einer Stimme zufolge nicht nur aktiv und gestaltungswillig darum bemüht war, „Deutschland einen ‚Platz an der Sonne' zu verschaffen", sondern auch Erfolge in der Kolonial- und Handelspolitik erzielte bzw. ermöglichte.[369] Zwei weitere konzedieren ihm immerhin, dass er in schwierigen Situationen für Deutschland Schlimmeres verhütet habe und 1914 eher in der Lage gewesen wäre, den Ausbruch des Weltkriegs zu verhindern, als sein Nachfolger.[370] Von sieben Autoren wird Bülow unterdessen generell als unfähig, seine Politik als fehlerhaft bzw.

---

360 Bernhardi, *Denkwürdigkeiten*, 231.

361 Ebd., 182; Liebert, *Aus einem bewegten Leben*, 131; vgl. Claß, *Wider den Strom*, 114.

362 Bürgel, *Vom Arbeiter zum Astronomen*, 123; Martens, *Schonungslose Lebenschronik*, II, 143; Oldenburg-Januschau, *Erinnerungen*, 124.

363 Zur Rolle des Kaisers s. oben, Kap. I. 3.

364 Hutten-Czapski, *Sechzig Jahre*, I, 243 und 306f.; Liebert, *Aus einem bewegten Leben*, 139; Reischach, *Unter drei Kaisern*, 172.

365 Eckardstein, *Lebenserinnerungen*, I, 130.

366 Ebd., 131; Hutten-Czapski, *Sechzig Jahre*, I, 308; Reischach, *Unter drei Kaisern*, 172. S. zu Marschall *Neue Deutsche Biographie*, hg. v. der Historischen Kommission bei der Bayerischen Akademie der Wissenschaften, 25 Bde., Berlin 1953–2013, Bd. 16 (1990), 256f.

367 Eckardstein, *Lebenserinnerungen*, I, 280.

368 Hutten-Czapski, *Sechzig Jahre*, I, 393.

369 Ebd., 393 (Zitat) und 482.

370 Eckardstein, *Lebenserinnerungen*, II, 431f.; Hindenburg, *Am Rande*, 198f.

„schlecht" eingestuft.[371] Acht – zum Teil mit den vorigen identische – Stimmen bescheinigen ihm Wankelmut, Entscheidungsschwäche, mangelnde Urteilskraft und Kurzsichtigkeit[372]; einer dieser Verfasser sowie ein weiterer tadeln darüber hinaus konkreter einen Mangel Bülows an militärischem Verständnis[373] bzw. seine angebliche „Unterordnung unter politisch urteilslose Generale und Admirale".[374] Zwei hier bereits zitierte Autobiographen attestieren ihm schließlich, ein fatales außenpolitisches Erbe hinterlassen zu haben.[375]

Auch die Rolle Friedrich von Holsteins, bis 1906/09 als Vortragender Rat in der Politischen Abteilung des Auswärtigen Amts eine „Graue Eminenz" der deutschen Außenpolitik[376], wird von vergleichsweise vielen Autobiographen hervorgehoben. Von den gut zehn Erinnerungswerken, die Holstein eine epochenrelevante Stellung bescheinigen, weisen ihm alle eine mit dem Abgang Herbert von Bismarcks als Außenstaatssekretär 1890[377] bzw. spätestens mit der Übernahme dieser Funktion durch Bülow beginnende bzw. vollendete, nicht nur das Auswärtige Amt, sondern die deutsche Außenpolitik im Ganzen dominierende Stellung zu: „[E]r hat drei Reichskanzler und drei Staatssekretäre beherrscht."[378] Dieser

---

371 Claß, *Wider den Strom*, 69 („Bülows schlechter Politik"); Engel, *Menschen und Dinge*, 47f.; Freytag-Loringhoven, *Menschen und Dinge*, 141; Monts de Mazin, *Erinnerungen*, 159 („die schwersten Fehler begangen"); Martens, *Schonungslose Lebenschronik*, II, 34; Rumpf, *Lebenserinnerungen*, 66f.; Treuberg, *Zwischen Politik und Diplomatie*, 28.

372 Claß, *Wider den Strom*, 108; Einem, *Erinnerungen*, 63f. und 110 („Hier wie dort ging er einer klaren, festen Entscheidung aus dem Wege, versuchte die auftretenden Schwierigkeiten durch diplomatisches Jonglieren zu meistern und steuerte den für uns ebenso erfolglos wie später verhängnisvoll gewordenen Zickzackkurs."; vgl. ebd., passim); Lancken Wakenitz, *Meine dreissig Dienstjahre*, 64; Lerchenfeld-Koefering, *Erinnerungen*, 383 („nur zu bald wurde es ersichtlich, daß die Politik Bülows bloßen Augenblickerfolgen [!] die Zukunft geopfert hatte."); Liebert, *Aus einem bewegten Leben*, 185f.; Monts de Mazin, *Erinnerungen*, 220f. („Politik des Fortwurstelns"); Reischach, *Unter drei Kaisern*, 187; Weisbach, *„Und alles ist zerstoben"*, 391 („einen diplomatischen Jongleur, dem es an einem festen, ein erkanntes und gewolltes Ziel ins Auge fassenden Kurs (…) gebrach.").

373 Monts de Mazin, *Erinnerungen*, 263.

374 Eckardstein, *Lebenserinnerungen*, II, 161.

375 Hutten-Czapski, *Sechzig Jahre*, II, 4 („Die äußere Lage, die Bethmann vorfand, war schwierig, wenn nicht ernst. Daß Bülow die Balkanfragen ungelöst hinterlassen hatte, daß die deutsch-englischen Beziehungen trotz aller Bemühungen nicht besser geworden waren, daß Frankreich die deutsche Marokkopolitik nicht vergessen hatte und auf seine Stunde wartete (…)".); Monts de Mazin, *Erinnerungen*, 150. Zu den hier erwähnten bilateralen Beziehungen und internationalen Krisen vgl. die nachfolgenden Unterkapitel.

376 Holstein „avancierte zwar nicht zum alles bewegenden Drahtzieher hinter den Kulissen", übte aber dennoch in vielen entscheidenden Situationen bedeutenden Einfluss auf die deutsche Außenpolitik aus (Klaus Hildebrand, *Das vergangene Reich. Deutsche Außenpolitik von Bismarck bis Hitler 1871–1945*, Stuttgart 1995, passim, das Zitat 153). Vgl. zu seiner Rolle in der Wilhelminischen Zeit auch oben, Kap. II. 2.

377 Vgl. Kolb, *Bismarck*, 128; zur Person Herbert von Bismarcks *Neue Deutsche Biographie*, Bd. 2 (1955), 268.

378 Lerchenfeld-Koefering, *Erinnerungen*, 389 (Zitat; vgl. ebd., 388: „Mit dem Rücktritt des Fürsten Bismarck und seines Sohnes setzte das ein, was man als die Ära Holstein im Auswärtigen Amte bezeichnen darf."; vgl. auch ebd., 390f.). Vgl. Bernhardi, *Denkwürdigkeiten*, 299

Einfluss, so vier dieser Stimmen, habe auch nach seiner Demission bis zu seinem Tod im Jahr 1909 angedauert[379]; er gründete sich – so wiederum vier Verfasser – auf Holsteins überragende Aktenkenntnis[380] sowie auf ein auch über die eigene Behörde hinaus bis in andere Reichsämter und die deutschen Botschaften hinein reichendes Netzwerk.[381] Dabei charakterisieren drei Autoren Holstein als derart verschroben, theoretisierend und realitätsfern, „daß dieser Mann (…) eine Politik verfolgt hat, die nicht der wirklichen Weltlage entsprach"[382], zwei weitere bezeichnen ihn als Person „hysterischen Temperaments"[383] bzw. gar als „Geisteskranke[n]".[384] Seine Entscheidungen seien nachteilig bzw. desaströs für das Reich gewesen[385], ja hätten sogar die fatale bündnispolitische Situation des Juli 1914 (mit)verursacht.[386]

Theobald von Bethmann Hollweg als zu Kriegsbeginn amtierender Reichskanzler in acht autobiographischen Darstellungen berücksichtigt. Während ein Autor ihm zugesteht, 1909 ein schweres Erbe angetreten zu haben[387], kritisiert ein anderer, dass Bethmann mit der übernommenen Lage überfordert gewesen sei.[388] Im Übrigen werden ihm Unfähigkeit und „Versagen" vorgeworfen[389] sowie man-

---

(„dem damals allmächtigen Herrn von Holstein") und 304; Eckardstein, *Lebenserinnerungen*, I, 120 und 123, sowie III, 126 und öfter; Freytag-Loringhoven, *Menschen und Dinge*, 147; Hindenburg, *Am Rande*, 130; Hutten-Czapski, *Sechzig Jahre*, I, 175, 286, 398 und öfter; Lancken Wakenitz, *Meine dreissig Dienstjahre*, 35f. („Seit Bismarcks Abgang wuchs sein Einfluß je länger, je mehr und wurde bald so stark, daß, wenigstens unter Bülows Staatssekretariat und Kanzlerschaft, wohl keine wichtige Entscheidung gefaßt worden ist, die nicht von Holstein eingegeben oder wenigstens gutgeheißen war."); Monts de Mazin, *Erinnerungen*, 187–190; Schoenaich, *Mein Damaskus*, 107; Wermuth, *Ein Beamtenleben*, 193; Zorn, *Aus einem deutschen Universitätsleben*, 90.

379 Bernhardi, *Denkwürdigkeiten*, 315; Hutten-Czapski, *Sechzig Jahre*, I, 472; Lancken Wakenitz, *Meine dreissig Dienstjahre*, 36 und 55; Monts de Mazin, *Erinnerungen*, 191.

380 Lancken Wakenitz, *Meine dreissig Dienstjahre*, 35f.; vgl. Hutten-Czapski, *Sechzig Jahre*, I, 472.

381 Bernhardi, *Denkwürdigkeiten*, 299 und 305; Lancken Wakenitz, *Meine dreissig Dienstjahre*, 58f.; Wermuth, *Ein Beamtenleben*, 193.

382 Hutten-Czapski, *Sechzig Jahre*, I, 466, 474 (Zitat) und 557 („Ein Fehler und ein Unglück für die deutsche Außenpolitik war es, daß ihr heimlicher Leiter in seiner abseitigen Natur keine Gegengewichte fand gegen seinen überscharfen, komplizierenden Verstand in einem Gefühl für die einfachen, großen Triebkräfte und Instinkte der Nationen und der einzelnen Menschen, daß er ein Sklave war seiner am Schreibtisch errechneten Vorstellungen, die nichts wußten von dem Leben, das draußen brauste."). Vgl. Eckardstein, *Lebenserinnerungen*, II, passim; Zorn, *Aus einem deutschen Universitätsleben*, 99.

383 Lerchenfeld-Koefering, *Erinnerungen*, 389.

384 Schoenaich, *Mein Damaskus*, 107.

385 Eckardstein, *Lebenserinnerungen*, II, 357; Hutten-Czapski, *Sechzig Jahre*, I, 474; Lancken Wakenitz, *Meine dreissig Dienstjahre*, 35.

386 Hutten-Czapski, *Sechzig Jahre*, I, 474 und 557; Lerchenfeld-Koefering, *Erinnerungen*, 392; Schoenaich, *Mein Damaskus*, 106f.

387 Hutten-Czapski, *Sechzig Jahre*, II, 4.

388 Reischach, *Unter drei Kaisern*, 191.

389 Claß, *Wider den Strom*, 156 (Zitat); Eckardstein, *Lebenserinnerungen*, I, 224.

gelndes Verständnis für seine Aufgaben bzw. Unerfahrenheit[390], Schwäche[391] oder gar ein Übermaß an Ehrlichkeit bescheinigt[392], was sich im Hinblick auf den Weltkrieg negativ ausgewirkt habe. Über den 1908/09 vertretungsweise, 1910–1912 regulär als Außenstaatssekretär fungierenden Diplomaten Alfred von Kiderlen-Waechter[393] urteilen dagegen drei Verfasser ganz entgegengesetzt, wenn sie seinen Tod als schweren Schlag für die deutsche Außenpolitik bezeichnen[394] bzw. bedauern, dass mit ihm

> „gerade in der Zeit [vor 1910], wo der richtige Mann an der richtigen Stelle hätte stehen müssen, eine Kraft brach lag, die vielleicht der deutschen äußeren Politik eine andere Wendung gegeben hätte"[395].

Zwei andere Stimmen warnen freilich davor, die Fähigkeiten und Möglichkeiten Kiderlens in seinem Amt zu überschätzen.[396]

Schließlich wird in den untersuchten Erinnerungswerken – wenn auch in einer äußerst geringen Anzahl – noch zwei weiteren außenpolitischen Akteuren Bedeutung zugemessen: Admiral und Marinestaatssekretär (1897–1916) Alfred von Tirpitz wird von zwei Verfassern einerseits eine enorme Machtfülle – im Vergleich mit dem Auswärtigen Amt und selbst mit den Reichskanzlern – bescheinigt, andererseits die Fähigkeit abgesprochen, die ihm zugewachsenen Aufgaben zu bewältigen.[397] Der letzte Außenstaatssekretär vor dem Weltkrieg Gottlieb von Jagow (1913–1916)[398] schließlich war einer Stimme zufolge ebenfalls für die negative Entwicklung mitverantwortlich und für seinen Posten ungeeignet.[399]

Über dies alles hinaus charakterisieren rund ein Dutzend Autobiographen die Tätigkeit der nachgeordneten Stellen im Auswärtigen Amt sowie des diplomatischen Diensts, insbesondere der Botschafter und Gesandten. Acht Verfasser urteilen dabei über die fachlichen Qualitäten des Personals: Sechs bemängeln direkt oder indirekt ein Überwiegen „der in der wilhelminischen Ära großgezüchteten kleinen Geister"[400] auf allen Ebenen, die „diplomatisch und politisch" untauglich gewesen seien[401]; zwei dieser Autoren differenzieren dabei insoweit, als sie die erst langsame Ablösung des unter Bismarck in den Dienst gekommenen Personals

---

390 Hutten-Czapski, *Sechzig Jahre*, II, 5; Liebert, *Aus einem bewegten Leben*, 185f.; Monts de Mazin, *Erinnerungen*, 263 (bezogen auf militärische Angelegenheiten, vgl. o. die Ausführungen zu Bülow).

391 Bernhardi, *Denkwürdigkeiten*, 337; Eckardstein, *Lebenserinnerungen*, II, 161 („Unterordnung unter politisch urteilslose Generale und Admirale", vgl. o. die Ausführungen zu Bülow).

392 Bansi, *Mein Leben*, 109f.

393 S. *Neue Deutsche Biographie*, Bd. 11 (1977), 574f.

394 Hutten-Czapski, *Sechzig Jahre*, II, 106; vgl. Monts de Mazin, *Erinnerungen*, 187.

395 Lerchenfeld-Koefering, *Erinnerungen*, 397f.

396 Hindenburg, *Am Rande*, 261; Lancken Wakenitz, *Meine dreissig Dienstjahre*, 103.

397 Hutten-Czapski, *Sechzig Jahre*, I, 334; Monts de Mazin, *Erinnerungen*, 197 und 202.

398 S. *Neue Deutsche Biographie*, Bd. 10 (1974), 299f.

399 Eckardstein, *Lebenserinnerungen*, III, 180.

400 Ebd., I, 174.

401 Ebd., 171 und 228 (Zitat), sowie II, 21; Monts de Mazin, *Erinnerungen*, 268; Freytag-Loringhoven, *Menschen und Dinge*, 145–147; Hutten-Czapski, *Sechzig Jahre*, II, 141 und öfter; Gerlach, *Von rechts nach links*, 127; Rumpf, *Lebenserinnerungen*, 67.

sowie dessen positiven, freilich bis zur Jahrhundertwende stetig abnehmenden Einfluss auf die Geschäfte hervorheben.[402] Die übrigen zwei Stimmen loben dagegen die „ausgezeichnete" Qualität[403] der deutschen Diplomaten bzw. deren Überlegenheit gegenüber den Vertretern anderer Nationen in Auftreten und Bildung.[404] Im Hinblick auf die Tätigkeit der Botschaften kritisiert ein Autor die Tendenz zur Entstehung „einer militärischen Sonderdiplomatie" durch die unabgestimmte Berichterstattung der Militärattachés direkt an Wilhelm II. und die daraus entstehenden Widersprüche[405]; ein anderer bemängelt den Hang „mancher deutsche[r] Diplomat[en]" zur ungebetenen Anfertigung von erfundenen Berichten über Länder, in die sie versetzt werden wollten, um den Kaiser entsprechend zu manipulieren.[406] Drei weitere Verfasser verweisen darüber hinaus auf eine quasi inoffizielle Vorschrift,

> „nur rosenrote Schilderungen der Lage nach Berlin zu senden. Leute, die dieser Instruktion nicht folgten, wurden als unbequeme Untergebene auf andere Posten verschoben",

an der Realität orientierte Stellungnahmen seien ignoriert worden.[407] Eine dieser Stimmen betont außerdem, dass die deutschen Botschafter nach außen hin als bloßes Sprachrohr ihrer Regierung völlig uneigenständig gewesen und dabei überdies aufgrund der unsteten Politik des Reichs in ihren Gastländern nicht ernst genommen worden seien.[408] Daneben zeihen zwei Autoren deutsche Diplomaten des Geheimnisverrats in beachtlichem Ausmaß, sei es aus Unvorsichtigkeit bzw. Unbekümmertheit[409] oder aufgrund persönlicher Verstrickungen[410]; zwei andere konstatieren schließlich – korrespondierend mit der oben zitierten Kritik an der Berichterstattung der Militärattachés – ein Spannungsverhältnis zwischen den deutschen Diplomaten und hohen Militärpersonen, die angeblich immer wieder Einfluss auf die Geschehnisse zu nehmen suchten.[411]

3. Das Reich und die anderen Mächte im Ganzen

Das Verhältnis Deutschlands zu den übrigen Groß- und Weltmächten im Ganzen ist Thema in gut 50 Erinnerungswerken, in mehr als einem Drittel also der in die Untersuchung insgesamt einbezogenen Darstellungen. Dabei konstatieren zunächst acht Verfasser generell eine Zunahme „außenpolitischer Spannungen" zu-

---

402 Eckardstein, *Lebenserinnerungen*, 174f.; Monts de Mazin, *Erinnerungen*, 268.

403 Engel, *Menschen und Dinge*, 198.

404 Schäfer, *Mein Leben*, 123f.

405 Hutten-Czapski, *Sechzig Jahre*, I, 176f. (das Zitat 177).

406 Eckardstein, *Lebenserinnerungen*, I, 171.

407 Ehrhardt, *Hammerschläge*, 101 (Zitat); vgl. Bernhardi, *Denkwürdigkeiten*, 299; Engel, *Menschen und Dinge*, 199.

408 Engel, *Menschen und Dinge*, 198.

409 Treuberg, *Zwischen Politik und Diplomatie*, 33.

410 Tresckow, *Von Fürsten*, 113 („daß manche Geheimnisse zum Schaden des Deutschen Reichs von homosexuellen Diplomaten (…) verraten worden sind.").

411 Eckardstein, *Lebenserinnerungen*, II, 46; Liebert, *Aus einem bewegten Leben*, 156.

ungunsten des Reichs und eine wachsende Kriegsgefahr[412], fünf weitere sehen Deutschland konkret von seinen „Todfeinde[n]" Frankreich, Großbritannien und Russland umzingelt und bedrängt.[413] Von einer regelrechten sukzessiven Einkreisung bzw. Isolierung des Reichs sprechen insgesamt knapp zwei Dutzend Autoren[414], von denen rund drei Viertel auch einen oder mehrere Verantwortliche für diesen Prozess benennen. Diese Schuldzuweisungen fallen freilich sehr disparat aus: Sechs Stimmen bezichtigen Großbritannien bzw. den englischen König Edward VII. (1901–1910) einer planmäßigen „Einkreisungspolitik"[415], wobei vier davon Deutschland aufgrund dessen angeblich falscher Strategie eine Mitverantwortung zuweisen.[416] Drei andere Verfasser sehen dagegen Großbritannien und Frankreich als Neider des deutschen Aufstiegs gemeinsam am Werk[417], während zwei weitere nur den direkten Nachbarn im Westen als Ausgangspunkt der Umzingelung ausmachen.[418] Wiederum zwei andere Autoren unterstellen Frankreich und Russland, im Verbund die Isolation Deutschlands planmäßig betrieben zu haben[419], wobei einer von ihnen ungeschicktes Gebaren der Reichsregierung bzw. des Kaisers selbst als gleichgewichtigen Faktor hervorhebt.[420] Dass das Reich aufgrund einer verfehlten Bündnispolitik allein für seine mehr und mehr prekäre Lage verantwortlich gewesen ist, ist schließlich die Ansicht von fünf weiteren

412 Brandl, *Zwischen Inn und Themse*, 265, 303–308 und öfter; Einem, *Erinnerungen*, 83 und 108; Freytag-Loringhoven, *Menschen und Dinge*, 136; Hutten-Czapski, *Sechzig Jahre*, I, 338 (Zitat) und 568, sowie II, 114; Scheidemann, *Memoiren*, 199; Schoenaich, *Mein Damaskus*, 120 und 124–127; Wagemann, *Prinzessin Feodora*, 174; Zorn, *Aus einem deutschen Universitätsleben*, 133.

413 Engel, *Menschen und Dinge*, 74 (Zitat); Korschelt, *Das Haus an der Minne*, 174; Litzmann, *Im alten Deutschland*, 349; Charlotte Niese, *Von Gestern und Vorgestern. Lebenserinnerungen. Mit einer Vorrede von Dr. Reinhold Conrad Muschler*, Leipzig ²1924, 204; Waldeyer-Hartz, *Lebenserinnerungen*, 376 und öfter.

414 Bernhardi, *Denkwürdigkeiten*, 240 und 305; Eckardstein, *Lebenserinnerungen*, II, 426, sowie III, 171, 185 und öfter; Ehrhardt, *Hammerschläge*, 101f.; Engel, *Menschen und Dinge*, 46; Halbe, *Jahrhundertwende*, 406; Hindenburg, *Am Rande*, 249; Hoff, *Erinnerungen*, 166–168; Jungmann, *Von Bundestag bis Nationalversammlung*, 36, 40 und 49; Lancken Wakenitz, *Meine dreissig Dienstjahre*, 53 und 63; Lerchenfeld-Koefering, *Erinnerungen*, 398; Lubarsch, *Ein bewegtes Gelehrtenleben*, 486; Martens, *Schonungslose Lebenschronik*, II, 64 und 143; Monts de Mazin, *Erinnerungen*, 165 und 191; Oldenburg-Januschau, *Erinnerungen*, 124 und 173; Pless, *Tanz*, I, 125ff. und 133; Raff, *Blätter*, 248; Reischach, *Unter drei Kaisern*, 187; Reinke, *Mein Tagewerk*, 271 und 273; Scheidemann, *Memoiren*, 182; Schröder, *Aus Hamburgs Blütezeit*, 270; Treuberg, *Zwischen Politik und Diplomatie*, 18; Woermann, *Lebenserinnerungen*, 304f.; Zorn, *Aus einem deutschen Universitätsleben*, 117.

415 Vgl. Oldenburg-Januschau, *Erinnerungen*, 122 (Zitat); Raff, *Blätter*, 248.

416 Bernhardi, *Denkwürdigkeiten*, 305, 314f. und 531f.; Jungmann, *Von Bundestag bis Nationalversammlung*, 36 und 49; Lancken Wakenitz, *Meine dreissig Dienstjahre*, 37; Schröder, *Aus Hamburgs Blütezeit*, 270.

417 Lubarsch, *Ein bewegtes Gelehrtenleben*, 486; Reinke, *Mein Tagewerk*, 273; Woermann, *Lebenserinnerungen*, 313f.

418 Hindenburg, *Am Rande*, 249; Hoff, *Erinnerungen*, 122 und öfter.

419 Vgl. Engel, *Menschen und Dinge*, 46.

420 So Eckardstein, *Lebenserinnerungen*, I–III, passim, der überdies ebd., I, 205, und II, 204, Edward VII. von jeglicher Verantwortung ausdrücklich freispricht.

Stimmen.[421] Unabhängig davon stellen knapp 20 Autobiographen in konkreterer Weise Fehlkalkulationen bzw. Fehlleistungen der deutschen Diplomatie bei der Behandlung der äußeren Angelegenheiten fest. Vier Verfasser konstatieren dabei zunächst, dass die Mächtekonstellationen und -interessen in Europa und der Welt von der deutschen Politik falsch eingeschätzt worden seien.[422] Zwei davon sowie zwei weitere bescheinigen der Regierung bzw. dem Kaiser unzureichende Maßnahmen „gegen die Vereinigung der fünf Großmächte wider uns und unsere nicht gerade überstarken Alliierten"[423]; eine Einzelstimme wertet dagegen den von Wilhelm II. mit Zar Nikolaus II. ausgehandelten Vertrag von Björkö (1905) als Schritt in die richtige Richtung.[424] Fünf Autoren werfen dem Reich und seinem Oberhaupt darüber hinaus vor, durch unberechenbares Handeln, überzogene Ansprüche und beleidigendes Auftreten die späteren Gegner verprellt zu haben.[425] Speziell die deutsche Flottenpolitik[426] thematisieren in diesem Zusammenhang knapp zehn Verfasser, wobei einer Einzelstimme zufolge in der

> „Ära Tirpitz (…) der Ausbau der Flotte in einem Tempo und Umfange erfolgte, daß sie dadurch geradezu zum Angelpunkt unserer ganzen Außenpolitik gemacht wurde."[427]

---

421 Ehrhardt, *Hammerschläge*, 103; Halbe, *Jahrhundertwende*, 406; Martens, *Schonungslose Lebenschronik*, II, 64 und 143; Pless, *Tanz*, I, 364; Reischach, *Unter drei Kaisern*, 187 und 190.

422 Monts de Mazin, *Erinnerungen*, passim; vgl. Litzmann, *Im alten Deutschland*, 349; Martens, *Schonungslose Lebenschronik*, II, 64; Oppenheimer, *Erlebtes*, 182 und 219.

423 Monts de Mazin, *Erinnerungen*, 229 (Zitat); vgl. Bernhardi, *Denkwürdigkeiten*, 235 und 354 (es waren „alle günstigen Gelegenheiten verpaßt worden (…) um mit unseren Gegnern auf dem Festlande *einzeln* abzurechnen"); Jungmann, *Von Bundestag bis Nationalversammlung*, 49 („Die deutsche Diplomatie hatte es nicht verstanden, den zahlreichen Gegnern das Wasser abzugraben."); Martens, *Schonungslose Lebenschronik*, II, 35 („naive Illusion des Kaisers, daß durch Fürstenbesuche die Freundschaft der Nationen gewonnen und erhalten werden könnte").

424 Hindenburg, *Am Rande*, 203. Die zwischen den beiden Herrschern im finnischen Björkö getroffene Vereinbarung über eine Defensivallianz wurde freilich von verantwortlichen Politikern und Diplomaten beider Seiten vor dem Hintergrund der jeweils spezifischen außenpolitischen Interessen sowie bereits bestehender vertraglicher Verpflichtungen gegenüber anderen Mächten als untauglich erachtet und zu Fall gebracht (Hildebrand, *Das vergangene Reich*, 229f.; Nipperdey, *Deutsche Geschichte*, II, 666).

425 Eckardstein, *Lebenserinnerungen*, I, 213 („bewegte sich die deutsche Politik weiter in den seit dem Regierungsantritt Wilhelms II. beschrittenen Bahnen, die darin bestanden, die ganze Welt ohne jeden Grund anzuärgern"), und II, 145; Hindenburg, *Am Rande*, 202f.; Jagemann, *Fünfundsiebzig Jahre*, 195; Lerchenfeld-Koefering, *Erinnerungen*, 432 (zum „Panthersprung" von 1911: „Die Methode Kiderlens erinnerte etwas an Bismarck, dessen starke Hand die Welt ertragen hatte, weil es eben die Hand Bismarcks war. Den Nachfolgern nahm man dagegen solche Methoden übel."); Pless, *Tanz*, I, 194 und 363f.

426 Vgl. auch das nachfolgende Unterkapitel zu den Beziehungen zwischen Deutschland und Großbritannien; zu Fragen der Rüstung unabhängig von den Außenbeziehungen s. unten, Kap. V. 1.

427 Einem, *Erinnerungen*, 59. S. zum sogenannten „Tirpitz-Plan" Hildebrand, *Das vergangene Reich*, 200ff.

Während vier weitere Autobiographen betonen, dass die Aufrüstung zur See den Schutz des Reichs, seiner Kolonien und seines Außenhandels zum Zweck gehabt habe[428], sehen drei andere die Flottenpolitik als Gefahr und Ursache für sich mehrende „internationale Verwickelungen"[429]; eine Einzelstimme konstatiert einen Abschreckungseffekt der deutschen Militärmacht im Ganzen.[430] Unterdessen wertet schließlich ein Autor ein angebliches Missverhältnis zwischen wachsender militärischer und ökonomischer Stärke des Reichs einerseits, andererseits einer „Friedenspolitik, die überall zurückwich, wo sie auf ernsteren Widerstand stieß", als ursächlich für die Einigung der Gegner Deutschlands im „Glauben an unsere Schwäche und Entschlußlosigkeit".[431]

Speziell die Außenwirkung der deutschen Politik im Hinblick auf das Ansehen des Reichs in Europa und in der Welt sowie auf die gegen bzw. von Deutschland aus betriebene Propaganda ist Teil der Schilderungen in gut zwei Dutzend Autobiographien. Während zwei das hohe Ansehen Kaiser Wilhelms II. insbesondere in den USA hervorheben[432], stellen zwei weitere fest, dass Deutschland im Ganzen aufgrund seiner immer wieder riskanten außenpolitischen Aktionen bzw. der kaiserlichen Vorliebe für militärische Schauspiele weithin als Gefahr für den Weltfrieden betrachtet worden sei.[433] Vier Verfasser machen unterdessen ein militärisch-überhebliches, dabei beschränktes Wesen der wilhelminischen Deutschen generell als Ursache für einen dramatischen Ansehensverfall „in der Welt" aus[434], drei weitere geißeln in diesem Zusammenhang speziell ihr Auftreten im Ausland[435], wobei ein Autor zu Bedenken gibt, dass „die große Mehrheit der gebildeten Deutschen sich wie die Gebildeten der übrigen Welt benahmen und kleideten", jedoch

„nur jene anderen als Deutsche auffielen und halbgebildete oder gesellschaftlich unerzogene Gebildete keines anderen Landes, selbst Englands und Amerikas nicht, soviel in der Welt umherreisten wie Deutsche."[436]

---

428 Baumgarten, *Meine Lebensgeschichte*, 240; Brentano, *Mein Leben*, 272; Schröder, *Aus Hamburgs Blütezeit*, 214. Vgl. auch Freytag-Loringhoven, *Menschen und Dinge*, 156f., der der deutschen Flotte den Erfolg bei diesem Bemühen abspricht.

429 Eckardstein, *Lebenserinnerungen*, II, 210 (Zitat); vgl. Scheidemann, *Memoiren*, 185; Schoenaich, *Mein Damaskus*, 113.

430 Lerchenfeld-Koefering, *Erinnerungen*, 382f.

431 Bernhardi, *Denkwürdigkeiten*, 531f.

432 Wien, Ein Rückblick, 42; Wolzogen, *Wie ich mich ums Leben brachte*, 287. Vgl. zu den Bemühungen Wilhelms um die Beziehungen zwischen Deutschland und den USA auch Lubarsch, *Ein bewegtes Gelehrtenleben*, 486; Waldeyer-Hartz, *Lebenserinnerungen*, 319.

433 Bernhardi, *Denkwürdigkeiten*, 327; Hutten-Czapski, *Sechzig Jahre*, I, 269.

434 Ludwig, *Geschenke*, 174 („den gewissen neudeutschen Ton (…), der uns in der Welt so beliebt gemacht hat."); Martens, *Schonungslose Lebenschronik*, II, 59–61; Schoenaich, *Mein Damaskus*, 119f.

435 Roloff, *In zwei Welten*, 158f.; Wilamowitz-Moellendorff, *Erinnerungen*, 227.

436 Woermann, *Lebenserinnerungen*, 315 („Zu unserer Unbeliebtheit im Ausland trug aber auch das laute und herausfordernde oder kleinbürgerlich unerfahrene Auftreten halbgebildeter Einzeldeutscher auf Reisen das seine bei."). Zum Reisen in der Wilhelminischen Zeit s. unten, Kap. XIII. 2.

Eine weitere Einzelstimme postuliert dagegen eine erdrückende Dominanz von Juden unter den Auslandsreisenden („90 Prozent"), die als repräsentativ für alle Deutschen angesehen worden und für deren schlechten Ruf verantwortlich zu machen seien.[437] Sechs Autobiographen werfen außerdem der inländischen linksorientierten Opposition und ihrer Presse[438] oder aber der alldeutschen (publizistischen) Agitation[439] mit ihrer scharfen Kritik an Kaiser und Regierung bzw. ihrem sich in den Vordergrund drängenden militaristischen Gebaren vor, das deutsche Negativbild im Ausland maßgeblich mitbestimmt zu haben. Die Bedeutung ausländischer bzw. vom Ausland aus betriebener verleumderischer Propaganda betonen unterdessen sieben Autoren[440], wobei drei von ihnen explizit Großbritannien und Frankreich als Urheber bzw. Ausgangspunkt entsprechender Aktivitäten nennen.[441] Vier weitere Stimmen bezichtigen die Gegner des Reichs konkret, Deutschland bzw. Wilhelm II. wider besseren Wissens Kriegsgelüste angedichtet[442] oder gezielt mit Blick auf den kommenden Krieg die Verächtlichmachung der „Angehörigen der deutschen Oberschicht (...) als Scheusäler, als Feinde der Menschheit" betrieben zu haben.[443] Vier andere Autoren bescheinigen den offiziellen Stellen des Reichs in diesem Zusammenhang, solcherlei Vorgängen wie auch der erforderlichen Gegenpropaganda bei weitem zu wenig Aufmerksamkeit geschenkt[444] und im Zweifel durch dilettantische Versuche, auf die Presseorgane in den Nachbarstaaten Einfluss zu nehmen, sogar noch kontraproduktiv gewirkt zu haben.[445]

---

437 Wolzogen, *Wie ich mich ums Leben brachte*, 110. Vgl. oben, Kap. III. 1.

438 Eckardstein, *Lebenserinnerungen*, II, 259; Eucken, *Erinnerungen*, 91 („Ungünstig war es auch, daß unsere radikale Presse die deutschen Zustände recht schwarz zu malen liebte; sie dachte nur an das Inland, nicht an die Wirkung auf die anderen; das hat uns sehr geschadet."); Michaelis, *Für Staat und Volk*, 375 („hervorgerufen durch eine zersetzende vaterlandsfeindliche Presse, deren Hintermänner sich klar waren, daß im deutschen Heere eine gewaltige Quelle innerer Kraft lag."); Oldenburg-Januschau, *Erinnerungen*, 82 („Die Linke machte sich nur allzu gern zum Sturmbock des Auslandes und beschuldigte die Regierung, das Geld des deutschen Volkes würde allein in die Bewaffnung des Heeres gesteckt (...).").

439 Brentano, *Mein Leben*, 209; Schoenaich, *Mein Damaskus*, 74 („dieses bösen Geistes neuer alldeutscher Richtung. Ich glaube, daß wenige Politiker durch ihre Schriften so dazu beigetragen haben, die Welt gegen uns zu einen wie er [Friedrich von Bernhardi] (...).").

440 Vgl. allgemein Kühnemann, *Mit unbefangener Stirn*, 237.

441 England und Frankreich: Hindenburg, *Am Rande*, 226f. und 265. Frankreich: Litzmann, *Lebenserinnerungen*, 121f. England: Sternheim, *Vorkriegseuropa*, 121.

442 Claß, *Wider den Strom*, 59; Dryander, *Erinnerungen*, 233f. Vgl. oben, Kap. I. 3.

443 Hindenburg, *Am Rande*, 234f. (Zitat); vgl. Wilke, *Alt-Berliner Erinnerungen*, 145, mit Hinweis auf die „Reihe von Skandalaffären" am Hof bzw. innerhalb der herrschenden Kreise (s. oben, Kap. I. 2.) als willkommene Anlässe für entsprechende feindliche Propaganda.

444 Hutten-Czapski, *Sechzig Jahre*, II, 84f.; Tresckow, *Von Fürsten*, 48.

445 Eckardstein, *Lebenserinnerungen*, II, 173; Eucken, *Erinnerungen*, 91.

4. Das Verhältnis zu Großbritannien

Speziell den Beziehungen des Reichs zu Großbritannien messen knapp 40 Erinnerungswerke epochenrelevante Bedeutung bei. Dabei gehen zunächst acht Darstellungen von einem (zunehmenden) „Gegensatz" zwischen den beiden Staaten in der Zeit zwischen 1890 und 1914 aus.[446] Ebenfalls als Konstante nennen fünf weitere eine tief verankerte Feindschaft der Engländer gegenüber den Deutschen[447], während eine Stimme auf eine verbreitete „Anglophobie" im Reich hinweist[448] und dort „bereits seit 1890 eine ganz lächerliche, künstlich konstruierte Hetze gegen England und alles Englische" am Werk sieht, die ganz konkret für den „Gegensatz" verantwortlich zu machen sei.[449] Unterdessen beurteilen drei Verfasser die bilateralen Beziehungen zur Mitte der 1890er Jahre als zwar angespannt, doch nicht feindlich.[450] Einer davon sowie zwei weitere Autoren stellen einen Wandel hin zum Schlechteren erst für die Zeit der Jahrhundertwende bzw. die Jahre unmittelbar danach fest[451], zwei andere verorten das Verhältnis gegen 1910 auf einem Tiefpunkt[452], während wiederum zwei Autobiographen den Konflikt konkret im englischen König Edward VII. verkörpert sehen[453] (den eine Einzelstimme jedoch von „Deutschenhaß" freispricht[454]). Schließlich geht ein Autor für das Jahr 1912 von einer Verbesserung der Beziehungen aus[455], zwei weitere konstatieren indessen für die Zeit unmittelbar vor dem Weltkrieg (1913) eine manifeste britische Abneigung gegen alles Deutsche.[456]

Als problematisch für das deutsch-englische Verhältnis bzw. ausschlaggebend für dessen Verschlechterung werden in den untersuchten Autobiographien und Memoiren insgesamt drei Problemfelder angesehen: die Burenpolitik Großbritanniens und die Reaktionen des Reichs darauf, die deutsche Flottenrüstung sowie die Handelsinteressen der beiden Nationen. Acht Verfasser heben in diesem Zu-

---

446 Borbein, *Werde, der du bist*, 126; Hadeln, *In Sonne und Sturm*, 100; Heyl, *Aus meinem Leben*, 66; Monts de Mazin, *Erinnerungen*, 198; Pless, *Tanz*, I, 88; Schäfer, *Mein Leben*, 165; Selchow, *Hundert Tage*, passim; Emma Vely, *Mein schönes und schweres Leben. 2. Buch*, Leipzig 1929, 434.

447 Claß, *Wider den Strom*, 62; Hindenburg, *Am Rande*, 207 und öfter; Lubarsch, *Ein bewegtes Gelehrtenleben*, 287ff.; Reischach, *Unter drei Kaisern*, 243 und 251–254; Scheidemann, *Memoiren*, 182.

448 Eckardstein, *Lebenserinnerungen*, I–II, passim.

449 Ebd., I, 179.

450 Procksch, [Selbstdarstellung], 175; Alice Salomon, Jugend- und Arbeitserinnerungen, in: *Führende Frauen Europas. In sechzehn Selbstschilderungen*, herausgegeben und eingeleitet von Elga Kern. *Mit einem Selbstporträt von Käthe Kollwitz und sechzehn Porträts*, München 1928, 3–34, hier 26f.; Eckardstein, *Lebenserinnerungen*, I, 210 und 213.

451 Claß, *Wider den Strom*, 84 und 91; Eckardstein, *Lebenserinnerungen*, II, 114f. und 178f., sowie III, 171f.; Schmitz, *Dämon Welt*, 169.

452 Brentano, *Mein Leben*, 273 („die Hetze gegen Deutschland war in England ebenso im Gang wie die umgekehrte gegen England in Deutschland."); Einem, *Erinnerungen*, 118.

453 Monts de Mazin, *Erinnerungen*, 230f.; Scholz, *An Ilm und Isar*, 45.

454 Eckardstein, *Lebenserinnerungen*, I, 205.

455 Hutten-Czapski, *Sechzig Jahre*, II, 89.

456 Wilamowitz-Moellendorff, *Erinnerungen*, 314; Wollenberg, *Erinnerungen*, 126.

sammenhang die Burenfrage hervor: Während einer von ihnen die Unstimmigkeiten darüber lediglich als Produkt einer bereits bestehenden gegenseitigen Abneigung charakterisiert[457], machen die übrigen in der Affäre um die Krüger-Depesche[458] Kaiser Wilhelms II. einen Wendepunkt in den deutsch-britischen Beziehungen hin zum Schlechteren aus. Drei Stimmen betonen dabei die abschreckende Wirkung des englischen Vorgehens auf das Reich und das Entstehen berechtigter Ressentiments[459] bzw. unberechtigten Neids und Hasses auf deutscher Seite[460], eine Einzelstimme macht das Einsetzen politischer „Hetze" auf beiden Seiten aus und konstatiert deren angebliche, fatale Eigendynamik[461]; insgesamt vier Verfasser unterstreichen das Aufkommen von deutschfeindlichen Stimmungen im England des Jahres 1896 mit „weltgeschichtliche[n] Folgen"[462], und zwei bereits zitierte Stimmen messen schließlich dem Andauern der Differenzen eine verstärkende Wirkung der Deutsch-[463] bzw. Englandfeindlichkeit[464] zu. Die deutsche Flottenpolitik betrachten mit knapp 20 ungleich mehr Autobiographen (ebenfalls) als neuralgischen Punkt: Als Ursache der sich steigernden Spannungen zwischen der alten und der neuen Seemacht bis hin zur Feindschaft werten fünf Stimmen die deutschen Rüstungsaktivitäten seit Mitte/Ende der 1890er Jahre.[465] Vier weitere teilen diese Einschätzung, betonen aber zugleich die Notwendigkeit dieser Anstrengungen, um gegenüber Großbritannien nicht an politischem Gewicht zu verlieren und mit Blick auf den Außenhandel eine wirtschaftliche Abhängigkeit vom Nachbarland zu vermeiden[466] (wobei wiederum drei Verfasser diese Absicht als

---

457 Engel, *Menschen und Dinge*, 72.
458 Der Kaiser hatte zu Jahresbeginn 1896 dem Präsidenten der südafrikanischen Buren, Paulus „Ohm" Krüger, telegrafisch zur erfolgreichen Abwehr eines Überfalls britischer Kaufleute auf „das von den Buren beanspruchte Gebiet des Transvaal" (der von London aus weder veranlasst noch gebilligt worden war) gratuliert und damit die um eine Bereinigung der Lage bemühte englische Regierung wie die Öffentlichkeit im Vereinigten Königreich „unnötig provoziert" (Hildebrand, *Das vergangene Reich*, 179f.).
459 Brandl, *Zwischen Inn und Themse*, 304f.; Lerchenfeld-Koefering, *Erinnerungen*, 434.
460 Pless, *Tanz*, I, 71.
461 Eckardstein, *Lebenserinnerungen*, I, 320f.
462 Brentano, *Mein Leben*, 194; Claß, *Wider den Strom*, 62f.; Hutten-Czapski, *Sechzig Jahre*, I, 277 (Zitat) und 339f.; Lerchenfeld-Koefering, *Erinnerungen*, 374 und 405.
463 Eckardstein, *Lebenserinnerungen*, II, 406.
464 Pless, *Tanz*, I, 71.
465 Bernhardi, *Denkwürdigkeiten*, 275f., 292f., 303 und 312ff.; Freytag-Loringhoven, *Menschen und Dinge*, 156; Hoff, *Erinnerungen*, 121; Pless, *Tanz*, I, 228f., 233–237, 242, 255 und 264f., sowie II, 10f.; Reinke, *Mein Tagewerk*, 273. S. zum Flottenbauplan des Admirals und seit 1897 Marinestaatssekretärs Alfred von Tirpitz sowie zu seiner Umsetzung in konkrete Rüstungsaktivitäten Hildebrand, *Das vergangene Reich*, 200ff. Großbritannien mit seiner weit überlegenen, weltweit operierenden Flotte musste dabei weniger der Umfang des deutschen Schlachtschiffbaus als vielmehr dessen Ausrichtung darauf beunruhigen, dem Königreich „vor seiner Haustür" in der Nordsee Paroli bieten zu können (ebd., 203).
466 Brentano, *Mein Leben*, 303f. und 314; Oldenburg-Januschau, *Erinnerungen*, 121f.; Schäfer, *Mein Leben*, 130f.; Selchow, *Hundert Tage*, 162.

verfehlt bzw. den Zweck als nicht erreicht ansehen[467]). Die Schuld an der Verschlechterung der Beziehungen weisen dabei zehn Autoren dem Deutschen Reich zu, wobei Ausmaß und Tempo der Flottenrüstung[468] und die damit einhergehende Propaganda bzw. Agitation[469] (auch privater Vereinigungen) ebenso genannt werden wie Fehleinschätzungen der Regierung im Hinblick auf die britischen Interessen bzw. Befürchtungen und Reaktionen.[470] Lediglich einer dieser Verfasser sowie ein weiterer sehen (auch) England in der Verantwortung, das die Anstrengungen des Reichs als willkommenen Anlass für Stimmungsmache genutzt habe[471] bzw. ein Flottenabkommen nur um den Preis einer dauerhaft inferioren Stellung Deutschlands zu schließen bereit gewesen sei.[472] Dass eine Ursache für die Entfremdung auf dem Gebiet der Wirtschaft bzw. des Außenhandels zu suchen sei, vermitteln schließlich knapp zehn Erinnerungswerke[473], wobei fünf Stimmen Konkurrenzdenken bzw. zunehmenden Neid Großbritanniens angesichts der deutschen Expansion und des deutschen ökonomischen Aufschwungs dafür verantwortlich machen[474], eine weitere zugleich übertriebenen Ehrgeiz und ein unnötiges Anheizen der Entwicklung vonseiten des Reichs tadelt.[475]

Darüber hinaus lenken 15 Urheber von Lebenserinnerungen den Blick speziell auf die – letztlich erfolglosen – Annäherungsversuche und Bündnisbestrebungen der beiden Nationen. Fünf Verfasser halten hier zunächst fest, dass es den maßgeblichen Politikern im Reich an Verständnis bzw. Kenntnis der Interessen, der

---

467 Monts de Mazin, *Erinnerungen*, 202 und 302f.; Freytag-Loringhoven, *Menschen und Dinge*, 144; Lerchenfeld-Koefering, *Erinnerungen*, 433.

468 Eckardstein, *Lebenserinnerungen*, I, 219, und II, 431; Lerchenfeld-Koefering, *Erinnerungen*, 211 und 402; Rumpf, *Lebenserinnerungen*, 68.

469 Eckardstein, *Lebenserinnerungen*, I, 219 („Beschimpfungen und Drohungen, mit welchen der deutsche Flottenverein nebst seinen Organen England fortgesetzt bedachte"; vgl. zum Flottenverein unten, Kap. IV. 9.); Hutten-Czapski, *Sechzig Jahre*, I, 277; Lerchenfeld-Koefering, *Erinnerungen*, 211 und 402 („laute Propaganda, die in Deutschland für die Flotte gemacht wurde."); Rumpf, *Lebenserinnerungen*, 68.

470 Einem, *Erinnerungen*, 60; Engel, *Menschen und Dinge*, 47 („Das Anwachsen der deutschen Flotte in einem Maße, das von England mit Recht für eine Bedrohung seiner Sicherheit und Weltgeltung angesehen wurde, mußte England zwingen, sich mit Deutschlands Todfeinden zu verbünden."); Freytag-Loringhoven, *Menschen und Dinge*, 143f. („unsere Kriegsflotte hat sicherlich stark aufreizend gegenüber England gewirkt.") und 157; Hoff, *Erinnerungen*, 122f.; Hutten-Czapski, *Sechzig Jahre*, I, 550; Monts de Mazin, *Erinnerungen*, 200f.; Oppenheimer, *Erlebtes*, 182.

471 Monts de Mazin, *Erinnerungen*, 196 und 198.

472 Liebert, *Aus einem bewegten Leben*, 192.

473 Vgl. Eckardstein, *Lebenserinnerungen*, II, 430f.; Pless, *Tanz*, II, 10f.

474 Brandl, *Zwischen Inn und Themse*, 307; Claß, *Wider den Strom*, 217; Jungmann, *Von Bundestag bis Nationalversammlung*, 49 („Der steigende Wohlstand des deutschen Volkes, seine Arbeitsamkeit in allen Zweigen des wirtschaftlichen Lebens erregten den Neid Englands (…)."); Litzmann, *Lebenserinnerungen*, 137f. („Das seegewaltige England (…) neidete uns das wunderbare Aufblühen unsers [!] Welthandels und fürchtete, durch die Leistungen unserer Industrie und Technik und durch die Tüchtigkeit unserer Kaufherrn, Schiffsingenieure und Seeleute in den Hintergrund gedrängt zu werden."); Rumpf, *Lebenserinnerungen*, 81.

475 Lerchenfeld-Koefering, *Erinnerungen*, 211 und 402f.

Denkweise und der Mentalität ihrer britischen Pendants gemangelt habe, mithin
an den Voraussetzungen für eine realistische Politik gegenüber dem Nachbarn und
Konkurrenten.[476] Während nun eine Stimme die angeblich unter deutschen Politikern dominierende Auffassung von der Möglichkeit eines Ausgleichs mit England
als grundsätzlich falsch darstellt[477], halten vier weitere fest, dass es um die Jahrhundertwende zahlreiche Gelegenheiten zu einem Bündnis gegeben habe, bei denen das Reich letztlich zu seinem eigenen Schaden nicht auf die Offerten des
Nachbarn zur See eingegangen sei[478] – in dieser Sicht ein „schweres Versäumnis"
der deutschen Regierung[479] bzw. vor allem Bernhard von Bülows als Außenminis-
ter bzw. Reichskanzler: „In die [!] Zeit seiner Kanzlerschaft hat die Schicksals-
stunde Deutschlands geschlagen. England hat uns die Hand geboten, wir haben sie
nicht ergriffen."[480] Die Ursachen für das Scheitern eines oder mehrerer Abkommen sehen vier Autoren in überzogenen Forderungen, die die deutsche Seite in
den Verhandlungen vorgebracht habe[481], bzw. in einer brüskierenden Entschluss-
losigkeit der Reichsregierung[482]; zwei weitere werfen Admiral von Tirpitz konti-
nuierliche „Sabotage" vor.[483] Einer der beiden letztzitierten Autobiographen weist
zugleich Bülow und Holstein eine Mitverantwortung zu, da sie aufgrund ihrer
festen Überzeugung, Großbritannien und Russland würden angesichts ihrer komplett divergierenden Interessen niemals miteinander kooperieren, mit den Bünd-
nisvorschlägen Englands fahrlässig umgegangen seien; auch die Gegensätze zwischen Großbritannien und Frankreich seien von Deutschland überschätzt worden.[484] Weitere vier Verfasser teilen die Ansicht, dass die führenden Politiker im
Reich die Möglichkeit eines Zusammengehens von England mit Russland, Frankreich oder beiden Mächten verkannten, wobei ebenfalls Bülow und Holstein so-

---

476 Brandl, *Zwischen Inn und Themse*, 253f., 306 und 318f.; Eckardstein, *Lebenserinnerungen*, I,
316; Bertha von Kröcher, *Die alte Generation. Nach Familienbriefen und eigenen Erinnerungen*, Braunschweig ²1920, 255; Lerchenfeld-Koefering, *Erinnerungen*, 413; Wolzogen,
Wie ich mich ums Leben brachte, 136.

477 Bernhardi, *Denkwürdigkeiten*, 377.

478 Vgl. Eckardstein, *Lebenserinnerungen*, I, 212f. und 308f., sowie II, 117 und 272; Reinke,
Mein Tagewerk, 218f. und 273 („*der erste Schritt zu unserem Verderben*"). Vgl. zu den zwi-
schen 1898 und 1901 von den beiden Mächten immer wieder aufgenommenen Verhandlun-
gen über ein gemeinsames Vorgehen bzw. eine Abstimmung bei konkreten außenpolitischen
Aktionen – nicht aber über „ein umfassendes Allianzprojekt" – Hildebrand, *Das vergangene
Reich*, 213ff. (das Zitat 213).

479 Freytag-Loringhoven, *Menschen und Dinge*, 143.

480 Lerchenfeld-Koefering, *Erinnerungen*, 434; vgl. auch ebd., 415f.

481 Hindenburg, *Am Rande*, 61; Eckardstein, *Lebenserinnerungen*, I, 281f., sowie II, 277 und
289–291.

482 Lerchenfeld-Koefering, *Erinnerungen*, 400 und 411 („Die englischen Staatsmänner, die uns
immer wieder gesucht hatten, waren durch die Art, mit der ihre Anerbietungen von Deutschland weder mit ja oder nein, sondern mit einem mißtrauischen Zögern pariert wurden (...)
verekelt."); Hutten-Czapski, *Sechzig Jahre*, II, 134.

483 Hoff, *Erinnerungen*, 123f.; Monts de Mazin, *Erinnerungen*, 198.

484 Monts de Mazin, *Erinnerungen*, 192 und 199 (Zitat).

wie zusätzlich Bethmann Hollweg genannt werden.[485] Im Ergebnis, so schließlich zwei Stimmen resümierend, seien die deutschen Politiker wie auch der Kaiser zu dumm und ungeschickt gewesen, ein leicht zu erreichendes, unabdingbares Bündnis mit England zu realisieren, und hätten dieses stattdessen in die spätere Kriegskoalition getrieben.[486]

5. Das Verhältnis zu Frankreich und Russland

Den Beziehungen Deutschlands zu Frankreich räumen knapp 20 Autobiographen einen Platz in ihren Ausführungen zur Wilhelminischen Epoche ein. Drei Autoren sehen Animositäten und Revanchegedanken in Frankreich als Konstante in den beiderseitigen Beziehungen nach 1890 an[487] (bei einer Gegenstimme[488]), vier weitere gehen korrespondierend dazu vor dem Hintergrund der Elsass-Lothringen-Frage von einem unüberbrückbaren Gegensatz zwischen Deutschland und seinem westlichen Nachbarn aus.[489] Dagegen verweisen sechs Autoren auf Möglichkeiten bzw. Anzeichen einer dauerhaften Besserung des Verhältnisses zwischen den beiden Gegnern von 1870/71 in der „Periode kurz vor und während der Weltausstellung [des Jahres 1900], wo die französische Revanche-Idee nahezu am Einschlafen war"[490], so dass

„es (…) aussehen mochte, als würden die Bahnen Deutschlands und Frankreichs fortan in friedlichem und freundschaftlichen Fahrwasser nebeneinander verlaufen"[491],

eine Entwicklung, die jedoch bald wieder in ihr Gegenteil umgeschlagen sei[492]; zwei weitere Autoren halten – letztlich unwirksame – Verständigungsbemühun-

---

485 Bernhardi, *Denkwürdigkeiten*, 303f.; Eckardstein, *Lebenserinnerungen*, II, 100, 159 („Darin lag ja eben die entsetzliche, so verderbliche Verblendung in Deutschland, daß man immer glaubte, die Russen und Franzosen würden sich für die blauen Augen des deutschen Michels gegen England ins Zeug legen. Deutschland hatte in der Tat nichts Reelles zu bieten (…).") und 177f., sowie III, passim; Engel, *Menschen und Dinge*, 76 („Kein einsichtsvoller Deutscher hat in jenen Jahren geglaubt, daß England in einem Kriege Rußlands und Frankreichs gegen Deutschland neutral bleiben würde. Aber zwei deutsche Kanzler (…) haben fest daran geglaubt, und einer von ihnen ist vor Verblüffung zusammengebrochen, als England sich im August 1914 an die Seite unsrer zwei Todfeinde stellte. Wir hatten seit 18 Jahren alles getan, es zum Dritten in deren Bunde zu machen."); Treuberg, *Zwischen Politik und Diplomatie*, 34.
486 Eckardstein, *Lebenserinnerungen*, I, 213, und III, passim; Hahn, *Dein Vater*, 250.
487 Bünau, *Neununddreißig Jahre*, 136; Körner, *Erinnerungen*, 136; Raff, *Blätter*, 180–183 und 272.
488 Tews, *Aus Arbeit und Leben*, 186.
489 Einem, *Erinnerungen*, 61; Hindenburg, *Am Rande*, 31 und 249; Monts de Mazin, *Erinnerungen*, 210; Selchow, *Hundert Tage*, 225f.
490 Lancken Wakenitz, *Meine dreissig Dienstjahre*, 38 (Zitat); vgl. ebd., 37; Schmitz, *Dämon Welt*, 169.
491 Rudolf Alexander Schröder, *Aus Kindheit und Jugend. Erinnerungen und Erzählungen*, Hamburg 1935, 167 (Zitat); vgl. Liebert, *Aus einem bewegten Leben*, 170; Schoenaich, *Mein Damaskus*, 112; Zorn, *Aus einem deutschen Universitätsleben*, 93.

gen auf der Ebene der Wissenschaft und der Kirche[493] sowie der sozialistischen Bewegung[494] für bedeutsam. Dass die bilateralen Beziehungen schlecht gewesen seien bzw. sich verschlechtert hätten, schreiben sechs Verfasser dem Reich zu, das die Chance zur Jahrhundertwende nicht genutzt habe[495]: Die Infragestellung des französischen Protektorats über die katholische Christenheit in der Welt durch die Orientreise Wilhelms II. von 1898[496] und dessen Inanspruchnahme der Schutzherrschaft über die deutschen Katholiken ebendort sei dafür ebenso verantwortlich gewesen[497] wie Kanzler Bülows „Dogma von der unbedingten Unmöglichkeit einer Verständigung" als „Dominante seiner (…) Politik"[498] und die gegenüber den europäischen Mächten generell an den Tag gelegten Ungeschicklichkeiten einer übermäßig auftrumpfenden und provozierenden deutschen Diplomatie.[499] Zwei weitere Stimmen halten unterdessen Bülows Einschätzung für richtig und sehen den Fehler des Reichs in einer zu ängstlichen bzw. die Konfrontation offensichtlich scheuenden Handlungsweise.[500]

Das Verhältnis des Reichs zum großen Nachbarn im Osten beleuchten 17 Autobiographien und Memoiren. Zunächst konstatieren drei Verfasser, dass „die russisch-preußische Freundschaft nach Bismarcks Entlassung allmählich in Entfremdung und Feindschaft umschlug"[501], ein anderer ist dagegen der Ansicht, dass „nach dem Regierungsantritt Wilhelms II. in der Politik die Entspannung eintrat (…)."[502] Für die Zeit nach 1890 werten fünf Autoren konkret die Nichtverlängerung des Rückversicherungsvertrages und das „Abbrechen des russischen Fadens" als entscheidenden Fehler, vor allem im Hinblick auf das bald folgende Zusammengehen des Zarenreichs mit Frankreich[503], dessen Tragweite drei weiteren

492 Lancken Wakenitz, *Meine dreissig Dienstjahre*, 106; Liebert, *Aus einem bewegten Leben*, 170; Schmitz, *Dämon Welt*, 169.

493 Schäfer, *Mein Leben*, 163f.

494 Scheidemann, *Memoiren*, 227–229.

495 Vgl. Lancken Wakenitz, *Meine dreissig Dienstjahre*, 37f.

496 Zu dieser Reise, die den Monarchen in verschiedene Städte der heutigen Türkei, Israels, des Libanon und Syriens führte, im Detail John C. G. Röhl, *Wilhelm II. [Bd. 2:] Der Aufbau der Persönlichen Monarchie 1888–1890*, München 2001, 1050ff.

497 Hutten-Czapski, *Sechzig Jahre*, I, 357f.; Selchow, *Hundert Tage*, 233f.

498 Lancken Wakenitz, *Meine dreissig Dienstjahre*, 55f.; vgl. Claß, *Wider den Strom*, 114.

499 Eckardstein, *Lebenserinnerungen*, III, passim; Lancken Wakenitz, *Meine dreissig Dienstjahre*, 96f.; Schmitz, *Dämon Welt*, 169.

500 Monts de Mazin, *Erinnerungen*, 220, 229 und öfter; vgl. Claß, *Wider den Strom*, 145, 150 und 211f.

501 Wilke, *Alt-Berliner Erinnerungen*, 179 (Zitat); vgl. Hutten-Czapski, *Sechzig Jahre*, I, 158; Freytag-Loringhoven, *Menschen und Dinge*, 170.

502 Oskar Wulff, *Lebenswege und Forschungsziele. Eine Rückschau nach Vollendung des 70. Lebensjahres, ergänzt durch kunsttheoretische Abhandlungen und ein Schriftenverzeichnis des Verfassers*, Leipzig u. a. 1936, 21.

503 Bernhardi, *Denkwürdigkeiten*, 171f.; Jungmann, *Von Bundestag bis Nationalversammlung*, 44; Lerchenfeld-Koefering, *Erinnerungen*, 400; Ludwig, *Geschenke*, 546; Oldenburg-Januschau, *Erinnerungen*, 121 (Zitat). Vgl. auch Liebert, *Aus einem bewegten Leben*, 137. Vgl. zu dem im Jahr 1892 zwischen Russland und Frankreich geschlossenen Bündnis Hildebrand, *Das vergangene Reich*, 174.

Stimmen zufolge vom Reich unterschätzt wurde[504]; eine Einzelstimme vertritt im Hinblick auf den Rückversicherungsvertrag die gegenteilige Ansicht[505], eine andere charakterisiert unterdessen den 1894 mit Russland abgeschlossenen Handelsvertrag als geschickt erarbeiteten Vorteil.[506] Während außerdem zwei weitere Verfasser den Verzicht auf ein Bündnis mit Russland vor dem Weltkrieg grundsätzlich für fatal halten[507], beklagen dagegen drei für die Zeit nach der Jahrhundertwende den angeblichen Irrglauben insbesondere Bülows an ein notwendiges und auch mögliches Bündnis mit dem Zarenreich, das tatsächlich der eigentliche Feind gewesen sei und die deutschen Politiker über seine Absichten bewusst getäuscht habe.[508] Infolgedessen sei Russland (so eine dieser Stimmen und eine weitere) dem weit wichtigeren Großbritannien als Partner vorgezogen worden, und auch den Dreibund habe man vonseiten des Reichs deswegen vernachlässigt.[509]

6. Der Dreibund und die Dreibundpartner

Zur Qualität des Dreibunds sowie zu den Beziehungen Deutschlands zu den Bundesgenossen Österreich-Ungarn und Italien äußern sich gut 15 Verfasser. Zunächst betonen vier von ihnen die Brüchigkeit dieses Bündnisses[510], das einer weiteren Stimme zufolge von Deutschland in seiner Festigkeit überschätzt wurde.[511] Als „höchst unzuverlässig" sehen in diesem Zusammenhang neun Autoren das Königreich Italien an[512], das sich ab ca. 1900 vom Dreibund ab- und Frankreich zugewandt habe, was nach wenigen Jahren auch offenkundig geworden sei.[513] Die deutschen Diplomaten und vor allem Kanzler Bernhard von Bülow, aber auch

---

504 Engel, *Menschen und Dinge*, 46, 232 und 279ff.; Hutten-Czapski, *Sechzig Jahre*, I, 300; Monts de Mazin, *Erinnerungen*, 197.

505 Eckardstein, *Lebenserinnerungen*, III, 52f.

506 Wermuth, *Ein Beamtenleben*, 250. Vgl. zu diesem Abkommen Hildebrand, *Das vergangene Reich*, 170f.

507 Einem, *Erinnerungen*, 60f.; Hindenburg, *Am Rande*, 201f.

508 Claß, *Wider den Strom*, 173 („die Verlogenheit der russischen Politik und die Harmlosigkeit der deutschen Staatsleiter (...), wenn wieder einmal von einer Annäherung Rußlands an das Reich gesprochen wurde."), 252, 263 und 266; Eckardstein, *Lebenserinnerungen*, I, 256, 293 und öfter, sowie II, 82 („fiel der deutsche Michel in üblicher Weise auf alles das, was der ölige Moskowiter ihm zuflüsterte, herein."), und III, passim; Monts de Mazin, *Erinnerungen*, 193 („Bülow verkannte die Todfeindschaft des panslawistisch orientierten Zarentums"), 229 und 302f.

509 Eckardstein, *Lebenserinnerungen*, II, 432, und III, 54; Hutten-Czapski, *Sechzig Jahre*, I, 300 und 461f.

510 Bernhardi, *Denkwürdigkeiten*, 316 und öfter; Cüppers, *Aus zwei Jahrhunderten*, 153; Hindenburg, *Am Rande*, 244; Treuberg, *Zwischen Politik und Diplomatie*, 18.

511 Monts de Mazin, *Erinnerungen*, 192.

512 Vgl. Bernhardi, *Denkwürdigkeiten*, 303 (Zitat); Claß, *Wider den Strom*, 283; Hindenburg, *Am Rande*, 239f.; Lancken Wakenitz, *Meine dreissig Dienstjahre*, 43; Litzmann, *Lebenserinnerungen*, 138; Scheidemann, *Memoiren*, 182.

513 Hindenburg, *Am Rande*, 109 und 246; Hutten-Czapski, *Sechzig Jahre*, I, 340, 439 und 537; Monts de Mazin, *Erinnerungen*, 147, 205f., 217 und 222f.; Roloff, *In zwei Welten*, 196f.

Wilhelm II. seien jedoch dem Irrtum der italienischen Bündnistreue erlegen, so insgesamt sechs Stimmen.[514] Dagegen bescheinigt ein Autor den involvierten deutschen Politikern und Militärs, lediglich der Wirkung offizieller Bündnistreue Vorrang gegenüber ihren ganz realistischen Bedenken hinsichtlich der Unzuverlässigkeit Italiens eingeräumt zu haben.[515] Eben wegen dessen Ansprüchen, so wiederum eine der regierungskritischen Stimmen, sei die Beibehaltung des Dreibunds zunehmend problematisch geworden.[516] Zwei Verfasser nennen hier konkret den Krieg Italiens mit der dem Reich befreundeten Türkei um Libyen 1911/12[517] sowie Interessenkonflikte mit Österreich auf dem Balkan[518] und betonen das fortwährende Bemühen des Reichs, zwischen seinen beiden Partnern ausgleichend zu wirken sowie Alleingänge nach Möglichkeit zu verhindern: „Von den Dreibundpartnern hatte nur Deutschland damals sich nichts vorzuwerfen, höchstens zu viel Nachsicht und Geduld."[519] Was schließlich Österreich-Ungarn für sich genommen angeht, äußern sich sieben Autobiographen: Während zwei davon die Bedeutung des direkten Nachbarn als letztlich einzigen sicheren Bündnispartners hervorheben[520], dessen Haltung allerdings einer weiteren Stimme zufolge unter persönlichen Ressentiments seitens führender österreichischer Politiker litt[521], bemängeln insgesamt fünf Autoren „das aus Bismarcks Entlassung und unserer Isolierung erwachsene Hörigkeitsverhältnis Wien gegenüber", auch mit Blick auf den Kriegsausbruch im Jahr 1914.[522]

---

514 Engel, *Menschen und Dinge*, 46; Hutten-Czapski, *Sechzig Jahre*, I, 341; Liebert, *Aus einem bewegten Leben*, 192; Monts de Mazin, *Erinnerungen*, 193 („Bülow (…) rechnete trotz aller Warnungen auf den ganz unzuverlässigen Bundesgenossen Italien.") und 229; Roloff, *In zwei Welten*, 196f.; Treuberg, *Zwischen Politik und Diplomatie*, 28.

515 Hindenburg, *Am Rande*, 244f.

516 Monts de Mazin, *Erinnerungen*, 219.

517 Italien konnte hier die nordafrikanische Provinz für sich gewinnen (Nipperdey, *Deutsche Geschichte*, II, 678).

518 Hutten-Czapski, *Sechzig Jahre*, I, 548, und II, 67; vgl. Hindenburg, *Am Rande*, 229 und 233.

519 Hindenburg, *Am Rande*, 246; vgl. ebd., 243. Vgl. Hutten-Czapski, *Sechzig Jahre*, II, 111 („Deutschland sah seine Aufgabe darin, zwischen den vielfach divergierenden Interessen seiner beiden Bundesgenossen zu vermitteln, sie an einseitigem Vorgehen zu hindern und ihren Wünschen, soweit dies ohne Konflikt möglich schien, zur Erfüllung zu verhelfen."), der allerdings ebd., 77 und 79, auch darauf hinweist, dass scharfe deutsche Kritik am Vorgehen Italiens gegen die Türkei für die bilateralen Beziehungen wie für das Dreierbündnis kontraproduktiv gewesen sei.

520 Claß, *Wider den Strom*, 252; Monts de Mazin, *Erinnerungen*, 164.

521 Lancken Wakenitz, *Meine dreissig Dienstjahre*, 70f.

522 Monts de Mazin, *Erinnerungen*, 270 (Zitat); vgl. Eckardstein, *Lebenserinnerungen*, III, 182; Hutten-Czapski, *Sechzig Jahre*, I, 549; Jungmann, *Von Bundestag bis Nationalversammlung*, 44; Liebert, *Aus einem bewegten Leben*, 192.

7. Die europäischen Krisen nach 1900 und ihre Folgen

Die Marokkokrisen von 1905/06 und 1911 sowie die Balkankrisen von 1908/09 und 1912/13 werden in zehn Autobiographien und Memoiren für wichtig erachtet, wenn es um die besonderen Merkmale der Zeit vor dem Ersten Weltkrieg geht. Alle Verfasser widmen sich dabei zunächst den Vorgängen in Nordafrika: Während zwei das Ergebnis der Krise von 1905/06[523] im Hinblick auf seine Außenwirkung diametral entgegengesetzt beurteilen, d. h. es entweder für einen Ansehensverlust des Reichs verantwortlich machen[524] oder aber schon zeitgenössisch als „bedeutenden Prestigeerfolg" gewertet sehen[525], machen beide Autoren sowie zwei weitere als verheerende politische Folge die Isolierung des zumindest töricht und unüberlegt agierenden Kaiserreichs aus[526], wobei eine dieser Stimmen eine direkte Linie von hier aus über die zweite Marokkokrise und die Balkankrise von 1912/13 bis zum August 1914 zieht, mithin also 1905/06 den Grundstein zum Weltkrieg gelegt sieht.[527] Eine Einzelstimme konstatiert unterdessen eine „gewisse politische Entspannung" durch das Marokko-Abkommen von 1909.[528] Die Krise von 1911 habe dann nach Ansicht zweier Verfasser aufgrund des deutschen Zurückweichens[529] „unser bereits stark gesunkenes Ansehen in der Welt noch weiter herab" gedrückt[530], zwei weitere schreiben den Ereignissen eine Verschär-

---

523 Deutschland wollte Frankreichs illegitime Einflussnahme auf das (den Interessen vieler Mächte ausgesetzte) Sultanat Marokko zum Ausgangspunkt dafür nehmen, die seit Kurzem bestehende Entente seines Nachbarn mit Großbritannien wieder zu beseitigen; hierzu sollte einer der beiden Staaten per Ausgleich an das Reich gebunden werden. Die zu diesem Zweck vom Kaiserreich betriebene, in der ersten Jahreshälfte 1906 in Algeciras stattfindende Konferenz über die Abgrenzung der Befugnisse in Marokko erbrachte dagegen zwar einerseits dessen Anerkennung als Völkerrechtssubjekt, „für die sich Deutschland stark gemacht hatte", andererseits jedoch „die ungleich schwerer wiegende Konzession gegenüber Frankreich, Marokko nach seinem Willen erschließen zu dürfen (…)." Überdies wurde hier bereits deutlich, dass das Reich auf Gedeih und Verderb mit Österreich-Ungarn als einzigem Rückhalt in der Staatenwelt verbunden war; von einer Trennung Frankreichs und Englands konnte keine Rede sein (Hildebrand, *Das vergangene Reich*, 227ff., die Zitate 234).

524 Claß, *Wider den Strom*, 113f.

525 Hutten-Czapski, *Sechzig Jahre*, I, 447.

526 Claß, *Wider den Strom*, 114; Eckardstein, *Lebenserinnerungen*, III, 93f.; Oldenburg-Januschau, *Erinnerungen*, 123f.; Hutten-Czapski, *Sechzig Jahre*, I, 457 und 538f.

527 Eckardstein, *Lebenserinnerungen* I, 238f.

528 Lancken Wakenitz, *Meine dreissig Dienstjahre*, 87. Deutschland kam Frankreich hier bei der Regelung strittiger Fragen hinsichtlich der Rechte im Land „sehr weit entgegen" (Hildebrand, *Das vergangene Reich*, 246).

529 Deutschlands mit Macht vorgetragenes Ansinnen, einen erneuten französischen Rechtsbruch in Marokko nur gegen nennenswerte „Kompensationen" auf kolonialem Gebiet hinnehmen zu wollen, endete damit, dass Großbritannien offen mit Krieg drohte und das von seinen Bündnispartnern im Stich gelassene Reich für weitgehende Zugeständnisse an Frankreichs marokkanische Interessen im Gegenzug lediglich einige schmale, nutzlose Landstücke in Mittelafrika erhielt (Hildebrand, *Das vergangene Reich*, 260ff.).

530 Lerchenfeld-Koefering, *Erinnerungen*, 430f. (Zitat); vgl. Bernhardi, *Denkwürdigkeiten*, 351f. (ebd., 351: „untergrub in der ganzen Welt auf die entscheidendste Weise den Rest von Ansehen, den das deutsche Reich noch genoß.").

fung der ohnehin bereits prekären außenpolitischen Lage zu.[531] Zusammenfassend charakterisieren fünf Autobiographen das deutsche Agieren in den Marokkokrisen als völlig verfehlt, die Folgen als schädlich oder sogar „katastrophal".[532] Lediglich drei der über die Marokkokrisen urteilenden Verfasser sowie ein weiterer nehmen schließlich auch die Balkankrisen in den Blick, in die das Reich über seine Verbündeten involviert war: Zwei von ihnen bescheinigen den deutschen Verantwortlichen Selbsttäuschung über die tatsächlich für den europäischen Frieden bedrohliche Lage während der Bosnischen Annexionskrise von 1908/09[533], die beiden anderen sehen den Konflikt von 1912/13 ebenfalls als Gefahrenzeichen und Vorboten für den Weltkrieg.[534]

8. Kolonien und Kolonialpolitik

20 der untersuchten Darstellungen haben auch die deutsche Kolonialpolitik zum Thema. Für sechs Verfasser steht hier grundsätzlich fest, dass das Reich „für seinen Überschuß an Menschen und Wirtschaftsenergien ein Feld der Betätigung in Kolonien [habe] suchen müsse[n]."[535] Zwei davon sowie zwei weitere Stimmen werfen dem Reich bzw. seinen führenden Kreisen zugleich mangelndes Interesse, Zögerlichkeit und Fehlplanungen in kolonialen Fragen vor[536], während drei ande-

---

531 Hindenburg, *Am Rande*, 233; Hutten-Czapski, *Sechzig Jahre*, II, 59.

532 Eckardstein, *Lebenserinnerungen*, II, 93f. und 428 („Schlußstein zur großen Weltkatastrophe"), sowie III, 89 („dieser heillosen, für die Zukunft Deutschlands so katastrophalen Marokkopolitik"). Vgl. Claß, *Wider den Strom*, 222; Lerchenfeld-Koefering, *Erinnerungen*, 427; Waldeyer-Hartz, *Lebenserinnerungen*, 375; Wulff, *Lebenswege*, 87.

533 Bernhardi, *Denkwürdigkeiten*, 331; Claß, *Wider den Strom*, 252. Deutschland stärkte hier Österreich-Ungarn in dessen Interessenkonflikt mit Russland offen den Rücken durch die Versicherung unbedingter Unterstützung – „Das Deutsche Reich nahm bewußt das Risiko in Kauf, sich mit dem Schutzherrn der Serben und dem Balkanrivalen der Österreicher (…) zu schlagen", wobei das Zarenreich freilich weder kriegsbereit war noch auf seine Verbündeten zählen konnte (Hildebrand, *Das vergangene Reich*, 244ff., das Zitat 246).

534 Hutten-Czapski, *Sechzig Jahre*, II, 99 und 104 („Mit vieler Mühe konnte der Balkanbrand noch einmal auf seinen Herd beschränkt werden; der Zündstoff, der allenthalben in Europa zwischen den Großmächten aufgehäuft lag, ging diesmal noch nicht mit hoch. Aber niemand, der die Entwicklung verfolgte, konnte sich ernstester Sorgen erwehren."); Litzmann, *Lebenserinnerungen*, 143. Vgl. zu den militärisch ausgetragenen Konflikten der Balkanmächte, hinter denen die Interessen Österreich-Ungarns und Russlands standen, sowie zu den daraus resultierenden diplomatischen Spannungen auf europäischer Ebene und deren schließlich noch einmal friedlichen Beilegung Hildebrand, *Das vergangene Reich*, 283ff.

535 Hutten-Czapski, *Sechzig Jahre*. I, 481 (Zitat); vgl. Claß, *Wider den Strom*, 106; Eckardstein, *Lebenserinnerungen*, I, 214; Lancken Wakenitz, *Meine dreissig Dienstjahre*, 76 („dringendste Lebensnotwendigkeit"); Monts de Mazin, *Erinnerungen*, 290 und 301; Oldenburg-Januschau, *Erinnerungen*, 122. Zum Wirtschaftsaufschwung vgl. unten, Kap. VI.

536 Claß, *Wider den Strom*, 62f., 99, 104–106, 209f. und öfter; Eckardstein, *Lebenserinnerungen*, I, 214 und 312, sowie II, 40f.; Hadeln, *In Sonne und Sturm*, 84; Albrecht Wilhelm Sellin, *Erinnerungen aus dem Berufs- und Seelenleben eines alten Mannes*, Konstanz 1920, 100, 148 und öfter.

re ein beachtliches Engagement von Staat und Bevölkerung in diesen Angelegenheiten konstatieren.[537] Einer der zitierten skeptischen Autoren schreibt zusätzlich den verantwortlichen Politikern einen Mangel an Bewusstsein für die durch ihre chaotische Handlungsweise heraufbeschworenen äußeren Gefahren zu[538]; derselbe sowie vier weitere lasten der deutschen Kolonialpolitik außerdem die Preisgabe von Positionen zugunsten Englands an, sei es aus Ungeschicklichkeit oder aus Gutgläubigkeit gegenüber dem Konkurrenten.[539] Fünf Autobiographen sehen unterdessen (auch) die Reichstagsparteien, allen voran Zentrum und Sozialdemokratische Partei als Blockierer in kolonialen Fragen und werfen ihnen mangelndes Verständnis für die Notwendigkeiten sowie Kleinlichkeit in finanziellen Dingen vor.[540] Was daneben das Regiment der deutschen Kolonialherren vor Ort (Afrika) angeht, konstatieren drei Stimmen (ungewöhnliche) Härte gegenüber den Einheimischen[541], eine weitere betont hingegen, „wieviel wertvolle Kulturarbeit von Deutschland in den letzten Jahren in den afrikanischen Schutzgebieten geleistet worden ist."[542] Der wirtschaftliche und politische Nutzen der deutschen Kolonien wird schließlich von drei Autoren gering bzw. negativ angesetzt[543], während ein anderer in ihnen den Grund für den Aufstieg des Reichs „zur höchsten Höhe seiner Geltung" zwischen 1888 und dem Weltkrieg sieht[544] und drei weitere Stimmen eine mit der Kolonialpolitik einhergehende Stärkung des Auslandsdeutschtums positiv hervorheben.[545]

---

537 Liebert, *Aus einem bewegten Leben*, 134 und 152f.; Wermuth, *Ein Beamtenleben*, 255, 279 und 282f.; Woermann, *Lebenserinnerungen*, 314.

538 Eckardstein, *Lebenserinnerungen*, I, 306 („Um sich bei den Hauptträgern dieser planlosen Expansionsgelüste, den sogenannten Kolonial- und Marinekreisen, lieb Kind zu machen, wetteiferten die maßgebenden politischen Persönlichkeiten in Berlin untereinander. Fast jeder wollte bei der öffentlichen Meinung als Mehrer des Reiches erscheinen, und nur sehr wenige erkannten die Gefahren, welche dieses sinnlose Treiben für die allgemeine Weltstellung und Sicherheit des Reiches in sich barg.").

539 Bernhardi, *Denkwürdigkeiten*, 171f.; Claß, *Wider den Strom*, 284–286; Eckardstein, *Lebenserinnerungen*, I, 281f.; Monts de Mazin, *Erinnerungen*, 301; Schäfer, *Mein Leben*, 132f.

540 Hadeln, *In Sonne und Sturm*, 84; Hutten-Czapski, *Sechzig Jahre*, I, 486f.; Liebert, *Aus einem bewegten Leben*, 177 („die Parteien, die für die Entwicklung der Kolonien kein Interesse verspürten und sich die notwendigsten Bewilligungen stets nur mit Mühe und Gewalt entreißen ließen."); Selchow, *Hundert Tage*, 162f.; Woermann, *Lebenserinnerungen*, 314.

541 Eckardstein, *Lebenserinnerungen*, I, 151; Hadeln, *In Sonne und Sturm*, 84; Wermuth, *Ein Beamtenleben*, 208.

542 Gustav Noske, *Noske* (Wie ich wurde. Selbstbiographien volkstümlicher Persönlichkeiten), Berlin 1919, 27.

543 Eckardstein, *Lebenserinnerungen*, I, 213; Hindenburg, *Am Rande*, 31; Lerchenfeld-Koefering, *Erinnerungen*, 403f. („kosteten uns die Kolonien viel Geld und zogen uns mehr in die Weltpolitik hinein, als bei der ohnehin exponierten Lage Deutschlands gut war.").

544 Woermann, *Lebenserinnerungen*, 207.

545 Ettlinger, *Lebenserinnerungen*, 169; Kühnemann, *Mit unbefangener Stirn*, 176; Roloff, *In zwei Welten*, 113 („Mit unsern andern Kolonien haben wir auch unsere beste verloren, nämlich das Deutschtum im Auslande (...).").

9. Deutsche Öffentlichkeit und deutsche Außenpolitik

Die Haltung der deutschen Öffentlichkeit zur Außen-, speziell zur Flotten- und Kolonialpolitik des Reichs wird von insgesamt rund 20 Autobiographen thematisiert. Dabei kritisiert ein Verfasser das angeblich zunehmende, erfolgreiche Bestreben des Außenamtes, die Misserfolge der deutschen Diplomaten gegenüber dem Inland entweder zu verschweigen oder schönzufärben und so die Öffentlichkeit dauerhaft über die tatsächliche Lage zu täuschen.[546] Korrespondierend damit attestieren drei weitere Autoren der deutschen Bevölkerung, die außenpolitische Situation des Reichs permanent falsch beurteilt und dabei die eigene Stellung und die eigenen Möglichkeiten über-, die anderen Mächte und die drohenden Gefahren unterschätzt zu haben[547]; zwei andere Stimmen bescheinigen den wilhelminischen Deutschen unterdessen (ohne darüber zu urteilen) ein „Dauerbewußtsein (...), Angehörige eines großen, freien, gefürchteten Vaterlandes zu sein"[548] bzw. eine Konzentration ihres Interesses auf die „Kolonial- und Flottenfrage."[549] Daneben verweisen fünf Autoren auf das Aufkommen und Erstarken pazifistischer Strömungen seit der Jahrhundertwende.[550]

Speziell dem Einfluss bzw. den Einflussversuchen von Interessenverbänden schenken gut zehn Verfasser Aufmerksamkeit. Einer Stimme zufolge waren außenpolitische Fehler des Reichskanzlers Leo von Caprivi ausschlaggebend für die Gründung des Alldeutschen Verbands[551] und der Kolonialgesellschaft[552] als Vertretungsorganen einer „nationale[n] Bewegung" zu Beginn der 1890er Jahre.[553] Diesen beiden Organisationen messen dabei auch die meisten anderen Stimmen Bedeutung bei: Drei von ihnen sehen den Alldeutschen Verband als notwendigen, wenn auch weithin überhörten Mahner zu einer langfristig denkenden, konsistenten Politik und rechtzeitigen Kriegsvorbereitungen[554], sowie als Vorreiter in Sachen Flottenrüstung und Kolonieerwerb[555]; drei andere Autoren charakterisieren

---

546 Eckardstein, *Lebenserinnerungen*, II, 118, 191f., 194 und 429 („Ganz besonders in den letzten Jahren der Kanzlerschaft des Fürsten Bülow sowie seines Nachfolgers (...) bestand die Tätigkeit der Presseabteilung der Wilhelmstraße lediglich in der Vertuschung der Wahrheit, indem sie bestrebt war, die ungeheuerlichen Fehler, welche von Wilhelm II. und seinen Ratgebern fortgesetzt begangen wurden, den Blicken des Volkes zu entziehen.").

547 Martens, *Schonungslose Lebenschronik*, I, 170f. und 210; Lerchenfeld-Koefering, *Erinnerungen*, 412; Schäfer, *Mein Leben*, 158f.

548 Hoche, *Jahresringe*, 182.

549 Borbein, *Werde, der du bist*, 126.

550 Bäumer, *Lebensweg*, 209; Jagemann, *Fünfundsiebzig Jahre*, 258 und 273; Litzmann, *Lebenserinnerungen*, 178f.; Ludwig, *Geschenke*, 109f.; Zorn, *Aus einem deutschen Universitätsleben*, 88.

551 Vgl. oben, Kap. II. 2.

552 1887 ins Leben gerufen, suchte diese Vereinigung „das deutsche Kolonialengagement" zu stärken (Nipperdey, *Deutsche Geschichte*, II, 601).

553 Liebert, *Aus einem bewegten Leben*, 137.

554 Lubarsch, *Ein bewegtes Gelehrtenleben*, 267, 284 und 533f.; Voigtländer, Robert Voigtländer, 197.

555 Claß, *Wider den Strom*, 63, 82 und 107.

die Alldeutschen dagegen als irregeleitete „Kriegsverkündiger und Kriegshet-
zer"[556] mit verderblichem Einfluss auf die deutsche Außenpolitik.[557] Die Kolonialgesellschaft findet in drei Erinnerungswerken Erwähnung[558], von denen zwei ihr
eine wichtige Rolle für die Popularisierung der überseeischen Besitzungen (bzw.
deren Erwerb) und deren Weiterentwicklung zusprechen.[559] Der Flottenverein[560]
schließlich wird von zwei Verfassern unterschiedlich beurteilt (als staatlich ge-
steuertes Sprachrohr des Kaisers[561] oder aber erfolgreicher Mahner der Regierung[562]), der Wehrverein[563] von einer Einzelstimme als in der Politik weithin ver-
schmähter, in der Bevölkerung zunehmend goutierter Anwalt für rechtzeitige
Kriegsvorbereitungen dargestellt.[564]

10. Kriegserwartung und Kriegsschuld

In zahlreichen Autobiographien und Memoiren finden sich Aussagen zur Einschätzung der Gefahrenlage durch die Zeitgenossen vor 1914 sowie zur Schuld
am Ersten Weltkrieg. Die Erwartung bzw. die Furcht vor einem bevorstehenden
großen Krieg ist dabei ein Thema für knapp 50 Verfasser: Ein gutes Dutzend von
ihnen konstatiert, dass der Krieg im August 1914 für die Deutschen völlig überraschend ausgebrochen und auch früher nicht erwartet worden sei.[565] Knapp 20 weitere teilen diesen Befund und führen dies auf ein verbreitetes unrealistisches Si-
cherheitsempfinden zurück[566], das für fünf Verfasser in schlichter Ignoranz auf-

---

556 Rumpf, *Lebenserinnerungen*, 80 (Zitat); vgl. Lerchenfeld-Koefering, *Erinnerungen*, 411.

557 Lancken Wakenitz, *Meine dreissig Dienstjahre*, 51f.

558 Vgl. Claß, *Wider den Strom*, 85.

559 Hutten-Czapski, *Sechzig Jahre*, I, 481–483; Heyl, *Aus meinem Leben*, 82f.

560 Der Deutsche Flottenverein war eine 1898 auf Initiative aus der Industrie gegründete „erfolgreiche Massenorganisation zur Propagierung des Flottenbaus in der öffentlichen Meinung"
(Nipperdey, *Deutsche Geschichte*, II, 601).

561 Claß, *Wider den Strom*, 83.

562 Eckardstein, *Lebenserinnerungen*, II, 145f.

563 Erst 1912 ins Leben gerufen, setzte sich der Wehrverein für eine stärkere Aufrüstung des
deutschen Heeres ein (Hertz-Eichenrode, *Deutsche Geschichte 1890–1918*, 187).

564 Litzmann, *Lebenserinnerungen*, 138f., 177f. und öfter. Zur Rüstung s. unten, Kap. V. 1.

565 Bansi, *Mein Leben*, 107; Baumgarten, *Meine Lebensgeschichte*, 265; Bünau, *Neununddreißig
Jahre*, 121 und öfter; Dryander, *Erinnerungen*, 205 und 256f.; Ettlinger, *Lebenserinnerungen*,
188 und 190; Hutten-Czapski, *Sechzig Jahre*, II, 129; Jungmann, *Von Bundestag bis Nationalversammlung*, 49f.; Liebert, *Aus einem bewegten Leben*, 191; Litzmann, *Lebenserinnerungen*, 135; Maltzahn, *An stillen Feuern*, 254f.; Lita zu Putlitz, *Aus dem Bildersaal meines Lebens. 1862–1931*, Leipzig 1931, 156; Reinke, *Mein Tagewerk*, 285; Werdeland, *Unter neuen
Göttern*, 61; Wollenberg, *Erinnerungen*, 126.

566 Vgl. Baum, *Rückblick*, 125; Hindenburg, *Am Rande*, 40 („meine Generation hielt Kriege in
Europa für unwahrscheinlich") und 61; Lubarsch, *Ein bewegtes Gelehrtenleben*, 267f. und
290; Pless, *Tanz*, I, 302; Raff, *Blätter*, 252, 255, 267 und 268 („Dennoch herrschte das Vertrauen auf die Friedensliebe aller Völker und die Geschicklichkeit der europäischen Staaten-
lenker vor."); Wilhelm von Scholz, *Eine Jahrhundertwende. Lebenserinnerungen*, Leipzig
1936, 124, sowie ders., *An Ilm und Isar*, 253, 295 und 298f.; Heinrich Spiero, *Schicksal und*

grund einer rein materialistischen Denkweise wurzelte[567], für sechs andere dagegen aus einer allmählichen Gewöhnung an spannungsreiche Krisensituationen und sich immer wieder auflösende Gefahrenlagen seit der Jahrhundertwende resultierte.[568] Dass vielmehr die Öffentlichkeit im Zweifel bzw. besorgt über die Möglichkeit eines Krieges gewesen sei, halten unterdessen drei andere Stimmen fest[569], während acht davon ausgehen, dass das Bevorstehen einer größeren militärischen Auseinandersetzung – früher oder später – für jedermann offenkundig war bzw. immer wahrscheinlicher wurde.[570] Der deutschen Führung bescheinigen schließlich vier Autoren mangelndes Gefahrenbewusstsein bzw. Ignoranz gegenüber der Richtung der außenpolitischen Entwicklung[571], zwei weitere Stimmen gehen dagegen von einer realistischen Einschätzung der Lage „in den leitenden Kreisen" aus.[572]

Zur Frage der konkreten Kriegsschuld – abseits einzelner Fehlentscheidungen und längerfristig wirkender politischer Strategien – beziehen gut drei Dutzend Verfasser Position. Drei davon machen England (Konkurrenzdenken)[573], vier da-

Anteil. Ein Lebensweg in deutscher Wendezeit, Berlin 1929, 152 und 227f.; Franziska Tiburtius, *Erinnerungen einer Achtzigjährigen*, Berlin 1925, 216.

567 Ehrhardt, *Hammerschläge*, 100 („Wir lebten in den letzten Jahren vor dem Kriege in einer bis zur Fieberhitze gesteigerten industriellen Tätigkeit und nahmen die politischen Wetterzeichen nicht recht ernst."); Halbe, *Jahrhundertwende*, 418f. („Aber selbst jetzt noch, bis zum allerletzten Moment klammerte dieses überarbeitete und genießerische Geschlecht sich an den Wahn von der Unmöglichkeit einer solchen Weltkatastrophe"; vgl. ebd., 40f.); vgl. Korschelt, *Das Haus an der Minne*, 158f.; Monts de Mazin, *Erinnerungen*, 294; Weisbach, *„Und alles ist zerstoben"*, 163 (zur Tendenz, „sich angesichts eines glänzenden Scheins von Wohlergehen Illusionen hinzugeben und die dem deutschen Geschick drohenden Gefahren zu verkennen.") und 392. S. dazu unten, Kap. X. 1.

568 Freytag-Loringhoven, *Menschen und Dinge*, 187 („Hatte man sich doch, lange schon in einer Zeit politischer Spannung lebend, daran gewöhnt, so manches gefährliche Gewitter wieder zerteilt zu sehen."); Michaelis, *Für Staat und Volk*, 267; Agnes Sapper, *Ein Gruß an die Freunde meiner Bücher*, Stuttgart 1922, 81; Schmidt, *Wandern*, 174 („immer eine friedliche Lösung gefunden"); Schröder, *Aus Hamburgs Blütezeit*, 270, 272 und 277f.; Tews, *Aus Arbeit und Leben*, 208.

569 Fehling, *Aus meinem Leben*, 113; Körner, *Erinnerungen*, 131 und 135; Woermann, *Lebenserinnerungen*, 316.

570 Bernhardi, *Denkwürdigkeiten*, passim; Brandl, *Zwischen Inn und Themse*, 313–315; Brentano, *Mein Leben*, 304; Claß, *Wider den Strom*, 160 und 210; Martens, *Schonungslose Lebenschronik*, II, 132; Scheidemann, *Memoiren*, 224 und 226; Schlatter, *Erlebtes*, 18 („Von Sommer zu Sommer befestigte sich nun die Erwartung des Kriegs"); Sternheim, *Vorkriegseuropa*, 120f. und 137 („die politischen Hintergründe (...) waren durch Frankreichs offene, wilde Revanchelust für die Niederlage 1870–71, Edwards VII. zur Schau getragenen Abscheu gegen seinen Neffen Wilhelm II. und dessen Auftreten, so dunkel wie möglich; *jeder überzeugt, die schallende Herrlichkeit würde aus diesen Gründen nicht allzulange dauern!*").

571 Bonn, *Mein Künstlerleben*, 205; Brandl, *Zwischen Inn und Themse*, passim; Eckardstein, *Lebenserinnerungen*, I, 222; Tresckow, *Von Fürsten*, 238.

572 Bürgel, *Vom Arbeiter zum Astronomen*, 122 (Zitat); vgl. Pless, *Tanz*, II, 12f.

573 Dryander, *Erinnerungen*, 246 und 257; Hadeln, *In Sonne und Sturm*, 100 und 107; Jagemann, *Fünfundsiebzig Jahre*, 138.

gegen Frankreich (Verlangen nach Revanche)[574] für den Ausbruch der Feindseligkeiten verantwortlich, eine Einzelstimme sieht wiederum Russland als Urheber.[575] Knapp ein Dutzend Darstellungen rechnen darüber hinaus den Gegnern Deutschlands im Ganzen die Schuld am Krieg zu[576], wobei sieben davon konkret Neid, Missgunst und Hass als Motive benennen.[577] Dem Kaiserreich dagegen wird von 15 Autoren jeglicher Kriegswille abgesprochen[578]; drei Autobiographen lasten Deutschland insofern eine Teilschuld an, als sie der Führung Leichtfertigkeit, Unbedarftheit und das Fehlen eines klaren Kurses in der Phase der Kriegsentstehung vorwerfen.[579] Einer davon sowie drei weitere sehen die ansonsten vielzitierten Grundübel der deutschen Außenpolitik[580] als Grund für den Weltkrieg an[581], zwei Stimmen nennen konkret die Politik des Reichs gegenüber Großbritannien

---

574 Bansi, *Mein Leben*, 107; Engel, *Menschen und Dinge*, 202; Hoff, *Erinnerungen*, 123; Lancken Wakenitz, *Meine dreissig Dienstjahre*, 106 und 112f.

575 Treuberg, *Zwischen Politik und Diplomatie*, 315f.

576 Vgl. Ehrhardt, *Hammerschläge*, 101; Hindenburg, *Am Rande*, 31, 57 und 234f.; Monts de Mazin, *Erinnerungen*, 141f.; Waldeyer-Hartz, *Lebenserinnerungen*, 375.

577 Franz Behrens, Franz Behrens, in: *25 Jahre christliche Gewerkschaftsbewegung 1899–1924. Festschrift*, Berlin 1924, 153–162, hier 160; Bernhardi, *Denkwürdigkeiten*, passim; Bonn, *Mein Künstlerleben*, 200 und 202; Bürgel, *Vom Arbeiter zum Astronomen*, 121–123; Claß, *Wider den Strom*, 173, 274, 290 und 297; Scholz, *An Ilm und Isar*, 253; Zorn, *Aus einem deutschen Universitätsleben*, 117.

578 Bansi, *Mein Leben*, 110 („Ganz sicher hat den Krieg in Deutschland kein Mensch, insbesondere nicht der Kaiser, gewollt."); Einem, *Erinnerungen*, 143 („der Irrtum, uns den benötigten ‚Platz an der Sonne' auf friedlichem Wege erkämpfen zu können, lag keinesfalls nur seiten des Kaisers. Er wurde von seinen verantwortlichen Ratgebern ebenso geteilt wie vom Reichstage und dem ganzen Volke.") und 156; Hindenburg, *Am Rande*, 94; Hoff, *Erinnerungen*, 122; Kühnemann, *Mit unbefangener Stirn*, 236; Lerchenfeld-Koefering, *Erinnerungen*, 398 („Deutschland, das nie den Krieg gewollt"); Liebert, *Aus einem bewegten Leben*, 188; Litzmann, *Lebenserinnerungen*, 138 („1914 (…) war die militärpolitische Lage Deutschlands so ungünstig wie nur möglich. 1906 war sie günstig gewesen; da hätten wir in gesunder Selbstsucht zupacken müssen. Wir scheuten die Tat aus blöder Korrektheit. 1914 dachte niemand daran, den Krieg zu wünschen, weder der Kaiser, noch die Regierung, noch der Generalstab, noch das deutsche Volk."); Michaelis, *Für Staat und Volk*, 268 und 374; Monts de Mazin, *Erinnerungen*, 285; Carl Theodor Müller, *Begegnungen und Erlebnisse in 70 Lebensjahren*, Berlin 1936, 144f. (ebd., 145: „Der Krieg war da! Wir hatten ihn wahrhaftig nicht gewollt! Nur um den Frieden zu erhalten, hatte das deutsche Heer gerüstet (…)."); Reinke, *Mein Tagewerk*, 271 („Kein vernünftiger Mensch dachte daran, die Nachbarstaaten mit Krieg zu überziehen, um Eroberungen zu machen, oder um Ruhm zu ernten, oder um inneren Spannungen Luft zu schaffen. Wir wünschten, in Frieden unsern Platz an der Sonne zu behaupten, im Schutze des Friedens der Tagesarbeit nachzugehen.") und 294f. (ebd., 295: „Der Krieg wurde uns aufgedrungen (…) ein Verteidigungskrieg."); Schmitz, *Ergo sum*, 184; Wagemann, *Prinzessin Feodora*, 55; Waldeyer-Hartz, *Lebenserinnerungen*, 357.

579 Baumgarten, *Meine Lebensgeschichte*, 245; Liebert, *Aus einem bewegten Leben*, 192; Schmitz, *Ergo sum*, 74f.

580 Vgl. die Ausführungen in den vorangegangenen Unterkapiteln.

581 Eckardstein, *Lebenserinnerungen*, I, 220, 239 und 309, sowie II, 431 und III, 186f.; Scheidemann, *Memoiren*, 180; Schmitz, *Ergo sum*, 74f.; Vaihinger, *Wie die Philosophie*, 201, Anm. 1.

als ursächlich[582], und dass das Reich den Krieg bewusst herbeigeführt habe, wird in ebenfalls zwei Erinnerungswerken postuliert[583] bzw. als Möglichkeit in den Raum gestellt.[584] Abseits dessen gehen zwei Verfasser angesichts der seit der Jahrhundertwende sich häufenden Krisen von einem Automatismus aus[585]; eine Stimme schließlich sieht eine von finanziellen Interessen gelenkte Presse als Verursacherin des Weltkriegs an.[586]

V. DAS MILITÄR

1. Qualität und Entwicklung der Streitkräfte

Leistungsfähigkeit und Entwicklung des deutschen Militärs[587] in der Wilhelminischen Zeit hinsichtlich Umfang und Ausstattung sind in den Darstellungen von insgesamt rund zwei Dutzend Autobiographen ein Thema. Fünf Stimmen werten zunächst Qualität und Schlagkraft der Streitkräfte generell als herausragend[588], zwei weitere beziehen sich dabei speziell auf die von Tirpitz neu aufgebaute Marine.[589] Im Hinblick auf den Umfang konstatieren fünf Autoren ein kontinuierliches Wachstum des Heeres[590] und der Marine[591] bzw. der deutschen Militärmacht im Ganzen.[592] Unterdessen bemängeln ebenfalls fünf Verfasser einen Rüstungsrückstand gegenüber den späteren Kriegsgegnern bzw. eine unzureichende militärische Vorbereitung des Reichs auf den zu erwartenden Ernstfall[593]; einer von ihnen sieht dennoch in der gezielten Vorbereitung der deutschen Landstreitmacht

582 Borbein, *Werde, der du bist*, 163; Monts de Mazin, *Erinnerungen*, 193 („Die ungeschickte Behandlung der englischen Annäherungsversuche um die Wende des Jahrhunderts (…) gebar den Weltkrieg.").

583 Ludwig, *Geschenke*, 546.

584 Pless, *Tanz*, I, 298.

585 Halbe, *Jahrhundertwende*, 40; Siegfried, *Aus dem Bilderbuch*, III, 41.

586 Brandl, *Zwischen Inn und Themse*, 319.

587 „Das deutsche Heer war ein *Reichsheer*, d. h. eine substantiell einheitliche Reichseinrichtung, die sich nur organisatorisch in Landeskontingente gliederte (…)." Die unter Wilhelm II. neu geschaffene Marine war dagegen im Ganzen „eine Einrichtung des Reichs" (Huber, *Deutsche Verfassungsgeschichte*, III, 992f.).

588 Bünau, *Neununddreißig Jahre*, 82; Hindenburg, *Am Rande*, 57 („Der deutsche militärische Apparat galt damals als der beste in der Welt"); Lancken Wakenitz, *Meine dreissig Dienstjahre*, 38; Martens, *Schonungslose Lebenschronik*, II, 35; Reinke, *Mein Tagewerk*, 272.

589 Claß, *Wider den Strom*, 82; Einem, *Erinnerungen*, 153 („daß die von ihm geschaffene Flotte qualitativ hervorragend sei und von keiner anderen Marine übertroffen werden könne.").

590 Freytag-Loringhoven, *Menschen und Dinge*, 124.

591 Hutten-Czapski, *Sechzig Jahre*, I, 317; Reinke, *Mein Tagewerk*, 183; Rumpf, *Lebenserinnerungen*, 67 (zugleich mit Kritik an „der übertriebenen Entwicklung der Kriegsflotte").

592 Oldenburg-Januschau, *Erinnerungen*, 58.

593 Bernhardi, *Denkwürdigkeiten*, 316, 353, 370–378 und öfter; Claß, *Wider den Strom*, 159f. und 219f.; Freytag-Loringhoven, *Menschen und Dinge*, 144; Hutten-Czapski, *Sechzig Jahre*, II, 123f.; Schäfer, *Mein Leben*, 160 und öfter.

auf den „Massenkrieg" einen Vorteil gegenüber den feindlichen Heeren[594], ein weiterer verzeichnet unterdessen „Maßnahmen (…), die geeignet waren, unser deutsches Vaterland *wehrfähig* zu machen".[595] In diesem Zusammenhang ist für zehn Autobiographen konkret die allgemeine Wehrpflicht ein wichtiges Thema: Zwei davon stellen das Entstehen eines „Millionenheeres" nach 1890 fest[596], wobei jedoch einer darauf verweist, dass „die zur Verteidigung des Vaterlandes zur Verfügung stehenden Menschenkräfte bei uns bei weitem nicht ausgeschöpft waren (…)."[597] Sieben andere Autoren üben darüber hinaus teils scharfe Kritik an der ihrer Meinung nach (im Vergleich zu den Nachbarstaaten) nicht annähernd hinreichend in die Praxis umgesetzten Wehrpflicht[598] – was im Krieg fatale Folgen gehabt habe –, während eine Einzelstimme die angeblich „rücksichtslose Durchführung der allgemeinen Wehrpflicht" geißelt.[599] Die Schuld an der von ihnen festgestellten Misere schreiben drei der zitierten Stimmen dem Reichstag und (noch mehr) den zuständigen Behörden[600], der Regierung[601] oder der kaiserlichen Entourage[602] zu, eine weitere verweist konkreter auf die prekären Reichsfinanzen und deren sich hinziehende Reform[603] im Hinblick auf den generellen Rüstungsrückstand.[604] Darüber hinaus sehen sieben Verfasser für die Rüstung im Ganzen ein entscheidendes Moment in den (umstrittenen) Heeres- und Marinevorlagen der Regierung[605], die noch in den Jahren vor Kriegsbeginn unzureichend ausgefallen seien.[606] Einer davon verweist dabei jedoch zugleich auf den „ausschlaggebenden" Einfluss des „Reichstag[s] für das Schicksal aller Heeres- und Flottenvorlagen"[607], ein anderer sowie drei weitere werfen konkret „Zentrum, Freisinn und Sozialdemokratie" eine Blockadehaltung gegenüber den Begehren der Staatsfüh-

---

594 Freytag-Loringhoven, *Menschen und Dinge*, 103 (Zitat) und 123.

595 Behrens, Franz Behrens, 160.

596 Einem, *Erinnerungen*, 42 (Zitat) und 116.

597 Claß, *Wider den Strom*, 301. Tatsächlich war im Jahr 1913 nur rund die Hälfte der wehrpflichtigen Deutschen für den Militärdienst ausgebildet (Nipperdey, *Deutsche Geschichte*, II, 239).

598 Freytag-Loringhoven, *Menschen und Dinge*, 141 und 151 („daß die allgemeine Wehrpflicht nur noch auf dem Papier stand"); Hutten-Czapski, *Sechzig Jahre*, I, 244; Liebert, *Aus einem bewegten Leben*, 187f.; Litzmann, *Lebenserinnerungen*, 137; Monts de Mazin, *Erinnerungen*, 256 („die nicht genügende Ausschöpfung der Volkskraft") und 259; Reinke, *Mein Tagewerk*, 267 („der allmählich in Verfall geratenen allgemeinen Wehrpflicht des deutschen Volkes"); Scheidemann, *Memoiren*, 219.

599 Martens, *Schonungslose Lebenschronik*, I, 258.

600 Freytag-Loringhoven, *Menschen und Dinge*, 151.

601 Liebert, *Aus einem bewegten Leben*, 188.

602 Hutten-Czapski, *Sechzig Jahre*, I, 244.

603 S. dazu unten, Kap. VI.

604 Bernhardi, *Denkwürdigkeiten*, 293–299 und öfter.

605 Vgl. Hutten-Czapski, *Sechzig Jahre*, I, 346, sowie II, 122 und öfter; Scheidemann, *Memoiren*, 191 und öfter; Reinke, *Mein Tagewerk*, 267–270.

606 Claß, *Wider den Strom*, 221f. und 275; Eckardstein, *Lebenserinnerungen*, II, 160; Freytag-Loringhoven, *Menschen und Dinge*, 151; Litzmann, *Lebenserinnerungen*, 143 und 177.

607 Freytag-Loringhoven, *Menschen und Dinge*, 158.

rung vor[608], und eine Einzelstimme bescheinigt dem (neutralen) Ausland insgesamt mehr Verständnis für die deutschen Rüstungsnotwendigkeiten als dem Inland.[609] Wieder ein anderer Autobiograph konzediert hingegen dem Parlament, die Wünsche des Admirals Tirpitz uneingeschränkt erfüllt zu haben[610], und vermerkt schließlich ebenso wie vier weitere eine Konkurrenz von Heer und Marine um die zur Verfügung stehenden Mittel[611], aus der die Marine zum Schaden des vernachlässigten Heeres und damit zum Schaden des Ganzen als Siegerin hervorgegangen sei.[612]

Speziell Organisation, Schulung und Ausstattung des deutschen Militärs nehmen knapp zehn Urheber von Autobiographien und Memoiren in den Blick: „Bewaffnung, Ausrüstung, Taktik und Truppeneinteilung" sowie Ausbildung werden dabei von zwei Verfassern im Ganzen als überholt charakterisiert, Neuerungen gegenüber habe bei den Verantwortlichen die nötige Aufgeschlossenheit gefehlt.[613] Im Einzelnen stellt ein Autor den Ausbildungsstand der Soldaten als ausgezeichnet dar[614], während ein anderer einen Mangel an „Einheitlichkeit der Gefechtsausbildung" rügt.[615] Beide sowie ein weiterer Verfasser sprechen außerdem den jährlichen Kaisermanövern[616] jeglichen Nutzen, ausdrücklich aber auch eine schädliche Wirkung auf die Truppe ab[617], die wiederum eine vierte Stimme als eindeutig gegeben ansieht[618]; die alltäglichen militärischen Übungen und Manöver dagegen hält einer der hier bereits mehrfach zitierten Autobiographen in ihren Anforderungen für überzogen und kontraproduktiv[619], zwei weitere konstatieren unterdessen das Gegenteil.[620] Darüber hinaus hebt ein Autobiograph die Einführung eines neuen Exerzierreglements für die Fußtruppen in der Zeit vor dem Weltkrieg her-

---

608 Bernhardi, *Denkwürdigkeiten*, 278 und öfter; Litzmann, *Lebenserinnerungen*, 143 und 176 (Zitat); Oldenburg-Januschau, *Erinnerungen*, 76–78; Schäfer, *Mein Leben*, 159f.

609 Lubarsch, *Ein bewegtes Gelehrtenleben*, 534f.

610 Einem, *Erinnerungen*, 152.

611 Vgl. Hutten-Czapski, *Sechzig Jahre*, I, 243.

612 Einem, *Erinnerungen*, 59, 61 und 65; Freytag-Loringhoven, *Menschen und Dinge*, 158; Monts de Mazin, *Erinnerungen*, 288f.; Wermuth, *Ein Beamtenleben*, 278, 280, 309, 311 und öfter.

613 Monts de Mazin, *Erinnerungen*, 256 (Zitat); vgl. die ausführliche Kritik bei Bernhardi, *Denkwürdigkeiten*, 189, 201ff., 214–217, 225–230, 277, 339ff. und öfter.

614 Einem, *Erinnerungen*, 134f.

615 Freytag-Loringhoven, *Menschen und Dinge*, 119.

616 S. oben, Kap. I. 1.

617 Bernhardi, *Denkwürdigkeiten*, 126, 212, 215 und 263; Einem, *Erinnerungen*, 146 und 151; Freytag-Loringhoven, *Menschen und Dinge*, 105–108 und 133.

618 Schoenaich, *Mein Damaskus*, 82–84.

619 Freytag-Loringhoven, *Menschen und Dinge*, 128f. („Ohne Frage sind bei zunehmender kriegsmäßiger Gestaltung unserer Manöver den Truppen Anstrengungen zugemutet worden, die ihnen nicht selten die Luft benahmen. (...) Schlimmer noch stand es um die Pferde (...). Wir haben vor allem in dieser Hinsicht vor dem Krieg viel zu sehr auf Kosten des Materials gearbeitet.").

620 Hindenburg, *Am Rande*, 61f. („Auch überwog das Prinzip im Frieden, niemals äußerste Leistungen von der Truppe [zu] verlangen."); vgl. Hutten-Czapski, *Sechzig Jahre* I, 146.

vor[621], während zwei andere der angeblichen Unreformierbarkeit des überholten Kavalleriereglements fatale Folgen zuschreiben.[622] Im Hinblick auf die taktische Ausrichtung monieren zwei Verfasser das Vorherrschen veralteter Ansichten bzw. Ignoranz gegenüber der modernen Kriegführung im Allgemeinen[623], drei weitere bemängeln speziell das starre Festhalten an den althergebrachten Truppengattungen (Kavallerie, Grenadiere) bei gleichzeitiger Reserviertheit gegenüber technischen Neuerungen.[624] Unterdessen bescheinigen jedoch zwei dieser letztzitierten Autoren sowie ein weiterer dem deutschen Heer im Ganzen, schon deutlich vor dem Krieg den Anschluss an die moderne Entwicklung etwa im Fernmeldewesen, in der Motorisierung sowie auf dem Gebiet der Artillerie gefunden zu haben – wenn auch zum Teil gegen erhebliche Widerstände und mit deutlichen Verzögerungen.[625] Eine Einzelstimme rügt schließlich „die unzureichende Ausstattung der Reservekorps, namentlich mit Artillerie und Maschinengewehren".[626]

2. Innere Verfassung, Organisation und Führung

Rund zwei Dutzend Autobiographien und Memoiren berücksichtigen die innere Verfassung, Organisation und Führung der deutschen Land- und Seestreitkräfte unter Wilhelm II. Dieser habe, so zwei Stimmen, das Heer vor allem als „Volkserziehungsstätte"[627], die Marine als Ort der Menschenbildung und inneren Befreiung aufgefasst[628]; hier waren dann auch zwei weiteren Stimmen zufolge „ein fröhlicher und fortschrittlicher Geist"[629] sowie „viele weitblickende und vorurteilsfreie Persönlichkeiten" unter den Offizieren[630] anzutreffen. „In den militärischen Dienstbetrieb kam unter Wilhelm II. schnell ein frischer Zug" – so wiederum die Einschätzung zweier anderer Verfasser im Hinblick auf das Heer[631], von denen jedoch einer ebenso wie ein weiterer unrealistische bzw. auf Nebensächlichkeiten konzentrierte Eingriffe Wilhelms II. sowie Kritik der Armeeführung an allzu ra-

---

621 Einem, *Erinnerungen*, 90 und 93.

622 Bernhardi, *Denkwürdigkeiten*, 281–288, 302 und 339; Schoenaich, *Mein Damaskus*, 74.

623 Litzmann, *Lebenserinnerungen*, 88, 104 und 113f.; Monts de Mazin, *Erinnerungen*, 265, 295 und öfter.

624 Ehrhardt, *Hammerschläge*, 82, 84 und 107; Freytag-Loringhoven, *Menschen und Dinge*, 107, 125 und 160f. (Aufbau der Luftwaffe); Hindenburg, *Am Rande*, 61f.

625 Ehrhardt, *Hammerschläge*, 79, 83f., 86, 88 und 97; Einem, *Erinnerungen*, 48f., 82–88 und 107; Freytag-Loringhoven, *Menschen und Dinge*, 108 und 124.

626 Monts de Mazin, *Erinnerungen*, 256.

627 Michaelis, *Für Staat und Volk*, 374.

628 Selchow, *Hundert Tage*, 205f.

629 Baumgarten, *Meine Lebensgeschichte*, 118; vgl. ebd., 117.

630 Hutten-Czapski, *Sechzig Jahre*, I, 243.

631 Schoenaich, *Mein Damaskus*, 80 (Zitat); vgl. Freytag-Loringhoven, *Menschen und Dinge*, 62: „Nicht nur bei der Infanterie, sondern auch bei den anderen Waffen durchflutete damals [1888] neues, frisches Leben das Heer, gefördert vom jungen Kaiser, auf den große Hoffnungen gesetzt wurden."

schen „Reformen" des jungen Kaisers hervorheben.[632] Ein hier bereits mehrfach zitierter Verfasser beurteilt die oberste Führung auch sonst kritisch: Das Militärkabinett[633] habe immer wieder in Personalfragen unglückliche Entscheidungen getroffen und negativen Einfluss in der Frage „der adeligen und unadeligen Regimenter" sowie auf die Militärgerichtsbarkeit ausgeübt.[634] Ein weiterer Autor lobt unterdessen zwar die neue Militärstrafgerichtsordnung von 1898[635], bemängelt allerdings deren überlange Entstehungsgeschichte.[636] Zur Frage „der adeligen und unadeligen Regimenter" äußern sich daneben fünf Urheber von Erinnerungswerken: Drei von ihnen stellen fest,

> „daß – auch außerhalb der Garde und sogar in ein und demselben Standort und in derselben Waffe – rein adlige Regimenter neben den ‚gemischten' entstanden"[637]

(gegebenenfalls mit dem Zugeständnis einiger Bürgerlicher im Offizierskorps, bei gleichzeitiger Geringschätzung der Sanitäts- und Veterinäroffiziere[638]), und konstatieren darüber hinaus eine generelle Bevorzugung des Adels in der Armee[639], während eine andere Stimme einen „Gegensatz zwischen adligen und bürgerlichen Offizieren" negiert.[640] Ebenfalls ein weiterer Autobiograph verneint eine strenge Hierarchie der Truppenteile[641], ein anderer weist unterdessen auf Rangdifferenzierungen und Dünkel bereits unter den Garderegimentern hin.[642]

Was die Qualität der Offiziere als „Führungspersonal" angeht, unterstreichen zunächst zwei Verfasser die Leistungen der Berliner Kriegsakademie und ihr Hineinwirken in die Armee[643], wobei jedoch eine dieser Stimmen die angebliche zeitgenössische Unterschätzung und finanzielle Vernachlässigung der Akademie bemängelt.[644] Zwei weitere Autoren machen einen generellen Qualitätsverfall im Offizierskorps[645] bzw. nur „im Offiziersersatz"[646] aus, und ein dritter konstatiert,

---

632 Wilke, *Alt-Berliner Erinnerungen*, 210 und 214 (Verbot von Zivilkleidung für Offiziere: „Das drakonische Verbot des Ziviltragens war in Berlin in der Tat undurchführbar, und Gesetze, Vorschriften, die doch nicht befolgt werden, schwächen die Autorität ihres Urhebers.") sowie 226f. (Zitat); Schoenaich, *Mein Damaskus*, 86f. (besonderes Engagement in Fragen der Armeebekleidung; ebd., 87: „Ueber [!] Sporen und Stiefeln übersah man, daß Altes stürzte und Neues sich anbahnte, ohne daß das besporente Deutschland dabei war.").

633 S. oben, Kap. I. 2.

634 Schoenaich, *Mein Damaskus*, 71f.

635 Die neue Militärstrafgerichtsordnung (MSGO) vereinheitlichte ab 1900 den Militärstrafprozess im ganzen Reich (Huber, *Deutsche Verfassungsgeschichte*, III, 996).

636 Hutten-Czapski, *Sechzig Jahre*, I, 349f.

637 Litzmann, *Lebenserinnerungen*, 136 (Zitat); vgl. Schönburg-Waldenburg, *Erinnerungen*, 150.

638 Schoenaich, *Mein Damaskus*, 72, 74f. und 122.

639 Litzmann, *Lebenserinnerungen*, 117 und 136f.; Schoenaich, *Mein Damaskus*, 73.

640 Freytag-Loringhoven, *Menschen und Dinge*, 113.

641 Lubarsch, *Ein bewegtes Gelehrtenleben*, 147.

642 Schoenaich, *Mein Damaskus*, 48 und 50.

643 Vgl. Bernhardi, *Denkwürdigkeiten*, 212. Die preußische Kriegsakademie war faktisch ein Organ „des Reichsmilitärwesens" (Huber, *Deutsche Verfassungsgeschichte*, IV, 939).

644 Litzmann, *Lebenserinnerungen*, 126.

645 Rumpf, *Lebenserinnerungen*, 87f.

646 Martens, *Schonungslose Lebenschronik*, II, 35.

dass sich unter den Offizieren zwar viele „schlechte Erzieher" befunden hätten, deren Karriere jedoch regelmäßig gestoppt worden sei.[647] Fünf Autobiographen loben unterdessen die Erziehung der Soldaten aller Ränge und Waffengattungen zu Disziplin, Pflichtbewusstsein und Tatkraft[648], wobei eine dieser Stimmen betont, dass in der Marine „der Dienst und Verkehr (…) so wenig kommißmäßig und pedantisch-subordiniert wie denkbar" gewesen sei[649], eine andere für die Armee ähnliche Verhältnisse postuliert.[650] Drei weitere Verfasser stellen hingegen für das Heer das Gegenteil fest[651] und kritisieren die Heranbildung von „Garnisonstypen"[652] bzw. „typisch kleingeistige[n] Kommissoldat[en]".[653] Für ebenfalls drei Stimmen stellen hierarchisches Denken und Gehorsam im kaiserlichen Militär unterdessen positive bzw. erwähnenswerte Aspekte dar[654], eine weitere beklagt einen Verfall des Gehorsams in den Jahren vor dem Krieg.[655]

Die Unteroffiziere bildeten einer Stimme zufolge das „Rückgrat der Armee"[656], eine weitere hingegen macht sie – als von der Obrigkeit vernachlässigte Ränge – für häufig vorkommende Misshandlungen der einfachen Soldaten verantwortlich[657], die auch drei andere Verfasser kritisieren.[658] Einzelne Autoren machen darüber hinaus als Miss-Stände in Armee und Marine generell „Prostitution" und Homosexualität[659] sowie Alkoholmissbrauch[660], außerdem das Glücksspiel unter Offizieren[661] aus. Insgesamt sieben Verfasser setzen sich schließlich mit den

647 Schoenaich, *Mein Damaskus*, 130.
648 Baumgarten, *Meine Lebensgeschichte*, 118; Dryander, *Erinnerungen*, 196; Freytag-Loringhoven, *Menschen und Dinge*, 98; Schönburg-Waldenburg, *Erinnerungen*, 178; Sternheim, *Vorkriegseuropa*, 85.
649 Baumgarten, *Meine Lebensgeschichte*, 118.
650 Freytag-Loringhoven, *Menschen und Dinge*, 125f.
651 Hutten-Czapski, *Sechzig Jahre*, I, 557; Schoenaich, *Mein Damaskus*, 52 und 132f.
652 Martens, *Schonungslose Lebenschronik*, I, 125.
653 Schoenaich, *Mein Damaskus*, 119.
654 Freytag-Loringhoven, *Menschen und Dinge*, 178; Wilhelm Langewiesche-Brandt, Die Brüder Langewiesche, in: Gerhard Menz (Hg.), *Der deutsche Buchhandel der Gegenwart in Selbstdarstellungen*, Leipzig 1925, 71–121, hier 89; Müller, *Begegnungen*, 125.
655 So Hutten-Czapski, *Sechzig Jahre*, II, 127f., der die Zabernaffäre von 1913 als „das erste Zeichen, daß sich in dem Gefüge der Armee ein Riß aufgetan hatte", sieht: „Die Bedeutung der Zaberner Angelegenheit lag vor allem darin, daß die Unbotmäßigkeit eines Untergebenen nicht die notwendige Sühne fand." Vgl. zur Zabern-Affäre oben, Kap. III. 3.
656 Müller, *Begegnungen*, 117.
657 Freytag-Loringhoven, *Menschen und Dinge*, 87f. („daß der Staat für diese Leute (…) viel zu wenig tat. Man hätte sie besser stellen und für ihr späteres Fortkommen in ausgiebigerer Weise sorgen sollen, dann würden auch gebildetere Elemente zum Kapitulieren zu bewegen und weniger Mißhandlungen zu beklagen gewesen sein. So aber war der Mann zu sehr geneigt, im Unteroffizier seinesgleichen zu sehen, was es diesem erschwerte, seine Autorität aufrecht zu erhalten, ihn daher leicht zu deren Wahrung zu unerlaubten Mitteln greifen ließ.").
658 Liebert, *Aus einem bewegten Leben*, 152; Scheidemann, *Memoiren*, 172. Vgl. auch Einem, *Erinnerungen*, 70f., dem zufolge „diese Ausschreitungen infolge der scharfen Bestimmungen der Heeresverwaltung ganz beträchtlich zurückgegangen waren" (ebd., 71).
659 Schoenaich, *Mein Damaskus*, 98–100.
660 Heyl, *Aus meinem Leben*, 95; Schoenaich, *Mein Damaskus*, 81.
661 Litzmann, *Lebenserinnerungen*, 90.

bereits zeitgenössisch umstrittenen Ehrenhändeln auseinander, die vor allem innerhalb des Offizierskorps eine wichtige Rolle spielten[662]: Während eine Stimme hier vom „Wahnsinn des Duells" spricht[663], erwähnen drei weitere dessen Gebrauch zur außergerichtlichen Konfliktregelung als bloße Tatsache[664]; wiederum zwei weisen auf (erfolgreiche) Maßnahmen insbesondere Kaiser Wilhelms II. zur zumindest partiellen Eindämmung dieser Gepflogenheit hin, betonen aber zugleich – ebenso wie die siebte Stimme – traditionelle Verankerung und erzieherische Wirkung des Duellwesens im Hinblick auf das Verhalten in der Gesellschaft.[665]

3. Militär, Staat und Gesellschaft

Das Verhältnis des Militärs zu Staat und Politik in der Wilhelminischen Zeit ist Thema in einem Dutzend Autobiographien und Memoiren. Hier halten zunächst drei Verfasser eine traditionelle „Sonderstellung der Armee im Staate" fest, auch im Sinne eines Vorrangs vor den Zivilbehörden[666]; eine dieser Stimmen betont dabei eine zunehmende Abhängigkeit des Heeres von der kaiserlichen Umgebung und insbesondere dem Militärkabinett – bei gleichzeitiger Ausschaltung des preußischen Kriegsministers – zumindest seit der Jahrhundertwende[667], eine weitere negiert eine solche Entwicklung.[668] Unterdessen erwähnen insgesamt fünf Autoren fortwährende Kritik der linksorientierten Parteien an der Armee und kontroverse Reichstagsdebatten über (angebliche) Miss-Stände wie das Duellwesen oder Soldatenmisshandlungen[669], wobei einer Stimme zufolge solche und andere Kritik von außen von der Militärführung scharf abgelehnt wurde[670], während eine andere festhält, dass vonseiten der Regierung immer wieder Offiziere, die in Ehrenhändeln „streng nach den geschriebenen und ungeschriebenen Vorschriften gehandelt

---

662 Vgl. dazu Nipperdey, *Deutsche Geschichte*, II, 224f.
663 Schoenaich, *Mein Damaskus*, 51.
664 Baumgarten, *Meine Lebensgeschichte*, 253; Oldenburg-Januschau, *Erinnerungen*, 78; Scholz, *Eine Jahrhundertwende*, 121f.
665 Einem, *Erinnerungen*, 71f.; Hutten-Czapski, *Sechzig Jahre*, I, 265f.; Sternheim, *Vorkriegseuropa*, 50.
666 Hutten-Czapski, *Sechzig Jahre*, I, 265 (Zitat); vgl. Gerlach, *Von rechts nach links*, 91 und 205 („Im alten Deutschland war es immer so, daß bei Meinungsverschiedenheiten zwischen Militär und Zivil das Zivil einfach zu kuschen hatte."); Hindenburg, *Am Rande*, 58 („Der Soldat war der erste Mann im Staate.").
667 Hutten-Czapski, *Sechzig Jahre*, I, 244f.
668 Bernhardi, *Denkwürdigkeiten*, 123.
669 Vgl. Einem, *Erinnerungen*, 58, 70–75, 81, 158 und öfter (vgl. ebd., 70: „In den Debatten waren es fast ausnahmslos, Jahr um Jahr, immer wieder dieselben alten Ladenhüter, die der Armeeverwaltung von der Opposition, namentlich der Sozialdemokratie, präsentiert wurden."); Hutten-Czapski, *Sechzig Jahre*, I, 265; Oldenburg-Januschau, *Erinnerungen*, 83.
670 Schoenaich, *Mein Damaskus*, 78.

hatte[n]", als Bauernopfer gebracht worden seien.[671] Offiziere selbst, so schließlich vier Autobiographen direkt oder indirekt, hätten sich nur in Ausnahmefällen
aktiv in der deutschen Politik betätigt.[672]

Das Verhältnis von Militär und Gesellschaft bzw. das Verhalten von Militärangehörigen in der Gesellschaft beleuchten gut 20 der untersuchten Lebenserinnerungen. Fünf Darstellungen gehen dabei von „der Bevorzugung des Offiziers,
auch des Reserveoffiziers, im gesellschaftlichen und höfischen Leben" als Konstante in der Epoche ab 1890 aus[673], eine davon bemängelt zugleich – ebenso wie
eine zusätzliche – die Überhandnahme von Reserveoffizieren im Reich.[674] Unterdessen kritisieren drei weitere Stimmen das ihrer Ansicht nach gezierte, arrogante
und auf Äußerlichkeiten bedachte, ja karikaturhafte „Benehmen und Auftreten des
deutschen Offiziers"[675] – das vom Kaiser noch gefördert worden sei –[676], während
drei andere diesen Befund zumindest relativieren[677] und seine Verbreitung „den
damaligen Witzblättern" zuschreiben.[678] Über Berufsauffassung und Lebensstil
äußern sich daneben fünf Autobiographen: Während einer von ihnen dem Offizierskorps bescheinigt, sich der allgemeinen Tendenz zu einer immer aufwendigeren Lebensführung ein Stück weit entzogen zu haben[679], tadeln drei weitere einen
zunehmenden Hang zum Luxus und zu materiellen Genüssen in diesen Kreisen
(bei gleichzeitiger Vernachlässigung der Berufspflichten und Kultivierung eines
hochmütigen „Kastengeists")[680], was von Wilhelm II. unbewusst ebenfalls noch

---

671 Scholz, *Eine Jahrhundertwende*, 121–123 (das Zitat 122). Vgl. auch Scheidemann, *Memoiren*, 172: „In der guten alten Zeit waren die Offiziere Halbgötter und wer *einen* von ihnen an-
klagte, wurde stets beschuldigt, ‚das Offizierskorps beleidigt' zu haben, war ein vaterlandslo-
ser Geselle, der sich auf dem besten Wege zum Landesverrat befand."

672 Hutten-Czapski, *Sechzig Jahre*, I, 257; Körner, *Erinnerungen*, 132; Lancken Wakenitz, *Meine
dreissig Dienstjahre*, 38; Liebert, *Aus einem bewegten Leben*, 173.

673 Michaelis, *Für Staat und Volk*, 375 (Zitat); vgl. Hindenburg, *Am Rande*, 59–61; Hutten-
Czapski, *Sechzig Jahre*, I, 265; Schoenaich, *Mein Damaskus*, 138f.; Scheidemann, *Memoiren*,
172.

674 Rumpf, *Lebenserinnerungen*, 89f.; Schoenaich, *Mein Damaskus*, 58.

675 Rudolf Georg Binding, *Erlebtes Leben*, Frankfurt am Main 1928, 143f. (das Zitat 143); Martens, *Schonungslose Lebenschronik*, I, 124 (das Offizierskorps als „köstliche Naturalien-
sammlung adelsstolzer, arroganter, geckenhafter Zweifüßler") und 129.

676 Tresckow, *Von Fürsten*, 35: „Bei seinen Truppenbesichtigungen verlief alles in leerer Theatralik, und Offiziere von hoher eleganter Figur, die schöne Pferde ritten und Kleiderpracht
trieben, gefielen seinem nur auf den äußeren Eindruck eingestellten Auge mehr als weniger
gut bemittelte, wenn sie auch noch so tüchtig waren."

677 Olga Heydecker-Langer, *Lebensreise im Komödiantenwagen. Erinnerungen einer Schauspielerin*, 2 Bde., München 1928, hier II, 73 („der deutsche Soldat – oder gar der preußische –
war ein himmelweites Musterexemplar an Ernst und Würde"); Kühnemann, *Mit unbefangener Stirn*, 142.

678 Scholz, *Eine Jahrhundertwende*, 93; vgl. ebd., 94.

679 Lubarsch, *Ein bewegtes Gelehrtenleben*, 146f. Vgl. unten, Kap. VII. 2.

680 Litzmann, *Lebenserinnerungen*, 111; Martens, *Schonungslose Lebenschronik*, II, 35f. („Die
junge Offiziersgeneration betrachtete es nicht mehr als ihre vornehmste Pflicht, in ihrem
Mannschaftsmaterial das Volk zu erziehen, sondern legte den Schwerpunkt auf die gesellschaftliche Repräsentation, die [!] nur darauf bedacht war, ihre Privilegien wahrzunehmen,
ohne sich um die Tradition zu kümmern, durch die sie erworben wurden. Eine Generation, die

unterstützt worden sei, obwohl er per Kabinettsordres Abhilfe zu schaffen versucht habe[681]; diese Sorge des Kaisers um den Lebenswandel seiner Offiziere hält schließlich auch ein weiterer Verfasser fest.[682] Unterdessen, so einer der hier bereits mehrfach zitierten Autoren, habe das Ansehen zumindest der unteren Offiziersränge im Volk dramatisch abgenommen, „die Kluft" in der Gesellschaft sich mehr und mehr vergrößert[683]. Sechs Autobiographen stellen nichtsdestotrotz eine enge Verbundenheit zwischen Zivilbevölkerung und Armee fest, die sich in der Vorliebe für Uniformen, Paraden, Kaisermanöver und sonstige militärische Schaustellungen geäußert habe[684], und zwei weitere konstatieren eine verbreitete Beliebtheit „der mehr bürgerlichen Marine".[685] Eine Einzelstimme verweist schließlich auf die Gegenwart des Militärischen im (familiären) Alltag[686], eine weitere auf die Übernahme militärischer Umgangsformen in das Zivilleben.[687]

VI. TECHNISCHER FORTSCHRITT UND WIRTSCHAFTSENTWICKLUNG

75 Autobiographien und Memoiren beinhalten Ausführungen zur Entwicklung von Technik, Industrie und Wirtschaft in der Epoche vor dem Ersten Weltkrieg sowie zu deren Folgen. Neun Autoren kennzeichnen dabei den von 1890 bis 1914 reichenden Abschnitt deutscher Geschichte generell als Zeit der rasanten Fortschritte bzw. eines enormen Aufschwungs auf den Gebieten der Technik (inklusive der einschlägigen Wissenschaften), des Verkehrs, der Wirtschaft und des Handels sowie des wachsenden Wohlstands und der Bevölkerungszunahme.[688]

in einer Zeit aufs äußerste verschärfter sozialer Gegensätze den Kastengeist in unerreichter Vollendung kultivierte, die es als störend empfand, wenn jemand aus ihrer Mitte es mit dem Dienste unbequem ernst nahm oder dem Bürger gegenüber bescheiden auftrat, die den Kommiß der Mannschaften und das deutsche Volk ungefähr gleich hoch einschätzte und über ihre Stabsoffiziere spottete, wenn die keine Manschetten, sondern ‚Röllchen' trugen.").

681 Tresckow, *Von Fürsten*, 33f.

682 Wilke, *Alt-Berliner Erinnerungen*, 169f. („Wilhelm II. hatte gegen den Rennsport (…) insofern eine Abneigung, als sich die Gefahr einer Verleitung seiner Offiziere zu Aufwand und Wetten in seiner Vorstellung damit verband.").

683 Martens, *Schonungslose Lebenschronik*, II, 35 („die Entfremdung (…) war der Boden, auf dem der Umsturz keimte.").

684 Bansi, *Mein Leben*, 103 und öfter; Freytag-Loringhoven, *Menschen und Dinge*, 70; Michaelis, *Für Staat und Volk*, 375; Putlitz, *Aus dem Bildersaal*, 98f.; Roloff, *In zwei Welten*, 26; Wollenberg, *Erinnerungen*, 113.

685 Monts de Mazin, *Erinnerungen*, 196 (Zitat); vgl. Einem, *Erinnerungen*, 62.

686 Marie Feesche, *Bei mir daheim. Ein wenig aus eigenem Leben und neue Gedichte*, Hannover 1925, 20 (über ihren Bruder als „Einjährigen": „konnte ich noch als ‚schwesterlicher Putzer' helfen, ihm Dienste tun, von denen jetzt kein deutsches Mädchen mehr weiß: Koppel umschnallen, Strippen aufknöpfen usw.").

687 Eloesser, Erinnerungen, Nr. 90, 12.

688 Bäumer, *Lebensweg*, 130, 149f., 170 und 223f.; Jagemann, *Fünfundsiebzig Jahre*, 258 und öfter; Lange, *Lebenserinnerungen*, 196f.; Litzmann, *Lebenserinnerungen*, 137f.; Monts de Mazin, *Erinnerungen*, 300; Reinke, *Mein Tagewerk*, 360; Reinhold Seeberg, Die wissenschaftlichen Ideale eines modernen Theologenlebens und die Versuche ihrer Verwirklichung,

Für gut 40 Verfasser stellen speziell die Innovationen auf dem Gebiet der Technik ein herausstechendes Epochenmerkmal dar, wobei rund 15 von ihnen dies zunächst im übergreifenden Sinne kundtun.[689] Während nun vier Erinnerungswerke eine Zunahme des Verkehrs im Ganzen konstatieren[690], heben rund ein Dutzend aus unterschiedlicher Perspektive die fortschreitende Verbreitung des Automobils ab Anfang bzw. Mitte der 1890er Jahre hervor[691], wobei allerdings gut die Hälfte davon dieses Verkehrsmittel – im Vergleich zu anderen – dennoch als Seltenheit ansieht und erst für die Zeit nach 1918 seine Dominanz ausmacht.[692] Gut 12 Autoren stellen für denselben Zeitraum einen bedeutenden Aufschwung der Fliegerei fest – mit dem Zeppelin als vielgenanntem Symbol dafür –[693], wobei hier zumindest zwei Stimmen den Versuchscharakter der meisten Unternehmungen betonen.[694] Für sieben Autobiographen ist die Waffentechnik in diesem Zusammenhang wichtig[695]; die Mehrzahl verweist hier auf die Errungenschaften des

in: Erich Stange (Hg.), *Die Religionswissenschaft der Gegenwart in Selbstdarstellungen*, [Bd. 1], Leipzig 1925, 173–206, hier 191; Spiero, *Schicksal*, 227; Sternheim, *Vorkriegseuropa*, 79.

689 Bansi, *Mein Leben*, passim; Brentano, *Mein Leben*, 273 („großartige technische Fortschritte in Deutschland"); Claß, *Wider den Strom*, 121f.; Dennert, *Hindurch zum Licht!*, 196; Ehrhardt, *Hammerschläge*, passim; Einem, *Erinnerungen*, 48f. und 107; Heitefuß, *An des Meisters Hand*, 155ff.; Heyl, *Aus meinem Leben*, 55f.; Lubarsch, *Ein bewegtes Gelehrtenleben*, 446 („Die Erfolge der Technik"); Michaelis, *Für Staat und Volk*, 166; Oldenburg-Januschau, *Erinnerungen*, 43f.; Scheidemann, *Memoiren*, 164f.; Wilhelm von Scholz, *Berlin und Bodensee. Erinnerungen einer Jugend*, Leipzig 1934, 273f. („Der ungeheure Aufschwung der Naturwissenschaft (…) mit seiner unerhörten technischen Auswirkung"); Werdeland, *Unter neuen Göttern*, 42 („Technik, die schon ein Wunder nach dem anderen schuf") und 59f. (ebd., 60: „Die schwersten Fesseln der Menschen: Raum und Zeit schienen auf einmal überwunden zu werden."). Zu den Naturwissenschaften vgl. unten, Kap. XI. 3.
690 Engel, *Menschen und Dinge*, 316; Hoff, *Erinnerungen*, passim; Waldeyer-Hartz, *Lebenserinnerungen*, 386; Wilamowitz-Moellendorff, *Erinnerungen*, 245.
691 Ehrhardt, *Hammerschläge*, 67; Einem, *Erinnerungen*, 48f. und 107; Jagemann, *Fünfundsiebzig Jahre*, 242; Korschelt, *Das Haus an der Minne*, 49; Elsa Reger, *Mein Leben mit und für Max Reger. Erinnerungen*, Leipzig 1930, 102; Reischach, *Unter drei Kaisern*, 234 und 249; vgl. Heydecker-Langer, *Lebensreise*, I, 187: „Die größte Sensation war das erste Motorrad!" (um 1898/99).
692 Putlitz, *Aus dem Bildersaal*, 142; Hindenburg, *Am Rande*, 179; Schoenaich, *Mein Damaskus*, 102; Scholz, *Eine Jahrhundertwende*, 166 und öfter, sowie ders., *An Ilm und Isar*, 244; Schönburg-Waldenburg, *Erinnerungen*, 178 und öfter; Wilke, *Alt-Berliner Erinnerungen*, 186 und öfter.
693 Baum, *Rückblick*, 47f.; Claß, *Wider den Strom*, 121f.; Einem, *Erinnerungen*, 161; Hadeln, *In Sonne und Sturm*, 99; Heydecker-Langer, *Lebensreise*, I, 179; Raff, *Blätter*, 244; Reinke, *Mein Tagewerk*, 227f.; Reischach, *Unter drei Kaisern*, 261f.; Scheidemann, *Memoiren*, 63; Scholz, *Berlin und Bodensee*, 217, sowie ders., *An Ilm und Isar*, 257f.; Selchow, *Hundert Tage*, 18f.; Vely, *Mein schönes und schweres Leben*, 449.
694 Hindenburg, *Am Rande*, 31, 187 und 214; Korschelt, *Das Haus an der Minne*, 158 (erwähnt für das Jahr 1910 „die freilich noch ziemlich in ihren Anfängen befindliche Fliegerei (…). Gegenüber der heutigen Entwicklung waren es nur schwache Versuche. Weit flog man noch nicht und hoch erst recht nicht; anscheinend war man froh, sich einigermaßen über den Boden erheben und das Gelände umfliegen zu können.").
695 Vgl. Ehrhardt, *Hammerschläge*, 58, 79, 83f., 86, 88 und 97; Einem, *Erinnerungen*, 115f.; Woermann, *Lebenserinnerungen*, 52f.

Schiffbaus bzw. der sonstigen Marinetechnik.[696] Darüber hinaus werden von neun Verfassern weitere Bereiche des technischen Fortschritts als bedeutend angeführt, wobei Film und Schallplatte, Telegraphenwesen, Feuerlöschwesen und Maschinenbau zur Sprache kommen.[697]

Die Entwicklung der deutschen Wirtschaft ist ebenfalls für etwa 40 Verfasser ein Kennzeichen der betrachteten Zeit. Rund zwei Dutzend Erinnerungswerke konstatieren für die Jahre von Bismarcks Entlassung bis zum Beginn des Ersten Weltkriegs ein ungewöhnlich rasches und starkes, durch die Zunahme des Handels und der Industrialisierung bedingtes Wirtschaftswachstum im Reich.[698] Acht Stimmen heben darüber hinaus gesondert „das schnelle Emporblühen der Industrie" hervor[699], wobei aber eine davon sowie fünf weitere als negative Folgen dieser Entwicklung eine Tendenz zur Unternehmenskonzentration bzw. Kartellbildung, die Verdrängung mittelständischer Unternehmen und die verbreitete Verletzung von Patentrechten ausmachen.[700] Im Hinblick auf den Außenhandel und das

---

696 Eckardstein, *Lebenserinnerungen*, I, 98f.; Noske, *Noske*, 28; Schröder, *Aus Hamburgs Blütezeit*, 208; Selchow, *Hundert Tage*, 176 und 230.

697 Bonn, *Mein Künstlerleben*, 157f.; Einem, *Erinnerungen*, 48 und 107; Heydecker-Langer, *Lebensreise*, II, 91; Lancken Wakenitz, *Meine dreissig Dienstjahre*, 47; Metzel, *Von der Pike auf*, 49 und 58; Müller, *Begegnungen*, 128; Scholz, *An Ilm und Isar*, 168; Schröder, *Aus Hamburgs Blütezeit*, 126f.; Siegfried, *Aus dem Bilderbuch*, II, 161; Stegerwald, *Aus meinem Leben*, 4.

698 Baum, *Rückblick*, 89 und 103; Baumgarten, *Meine Lebensgeschichte*, 213 und 246; Behrens, *Franz Behrens*, 160; Bernhardi, *Denkwürdigkeiten*, 327 und 337; Brentano, *Mein Leben*, 273; Claß, *Wider den Strom*, 97; Ehrhardt, *Hammerschläge*, 100 („Wir lebten in den letzten Jahren vor dem Kriege in einer bis zur Fieberhitze gesteigerten industriellen Tätigkeit (…)."); Einem, *Erinnerungen*, 64f.; Freytag-Loringhoven, *Menschen und Dinge*, 143 und 151 („Der beispiellos schnelle wirtschaftliche Aufstieg der Nation"); Grotjahn, *Erlebtes*, 105; Halbe, *Jahrhundertwende*, 224; Heitefuß, *An des Meisters Hand*, 189 („Deutschland war stark, war reich geworden. Die Industrialisierung der Wirtschaft hatte eingesetzt und machte schnelle Fortschritte."); Jungmann, *Von Bundestag bis Nationalversammlung*, 5; Lancken Wakenitz, *Meine dreissig Dienstjahre*, 38; Liebert, *Aus einem bewegten Leben*, 131 („glanzvolle wirtschaftliche Entwicklung des Reiches"); Litzmann, *Lebenserinnerungen*, 143; Martens, *Schonungslose Lebenschronik*, I, 170f. („Handel und Wandel nahmen mächtigen Aufschwung"); Monts de Mazin, *Erinnerungen*, 287 und 290; Salomon, *Jugend- und Arbeitserinnerungen*, 20; Schäfer, *Mein Leben*, 130f.; Scheidemann, *Memoiren*, 164f.; Schröder, *Aus Hamburgs Blütezeit*, 207 („Zeiten des großen wirtschaftlichen Aufschwunges"); Thoma, *Erinnerungen*, 178 und 267; Woermann, *Lebenserinnerungen*, 297 („der große wirtschaftliche Aufschwung Deutschlands, der seine Bäume in den Himmel wachsen lassen zu wollen schien"). Vgl. auch Paul Adam, *Lebenserinnerungen eines alten Kunstbuchbinders*, 2., vermehrte Aufl. Leipzig 1929, 146–149, zur Handwerksentwicklung allgemein sowie passim zum Aufschwung speziell des Buchbindergewerbes.

699 Baum, *Rückblick*, 71, 98, 100 und öfter; Brandl, *Zwischen Inn und Themse*, 225; Claß, *Wider den Strom*, 247; Freytag-Loringhoven, *Menschen und Dinge*, 148 (Zitat); Heitefuß, *An des Meisters Hand*, 305f.; Lerchenfeld-Koefering, *Erinnerungen*, 402; Michaelis, *Für Staat und Volk*, 189; Raff, *Blätter*, 214.

700 Baum, *Rückblick*, 61f. und 98; Brentano, *Mein Leben*, 234; Wilke, *Alt-Berliner Erinnerungen*, 176; Ehrhardt, *Hammerschläge*, 77 und öfter; Ettlinger, *Lebenserinnerungen*, 159; vgl. auch Hahn, *Dein Vater*, 75 und 246., die eine „Bedrohung des Mittelstandes" und des Hand-

Verhältnis zu den übrigen europäischen Mächten verweisen sechs Verfasser auf die ihrer Meinung nach ebenfalls bedeutende Ausdehnung des deutschen Welthandels[701]; zwei markieren die ökonomische Konkurrenz mit Großbritannien als Konstante[702], während schließlich vier eine international herausgehobene Stellung der deutschen Wirtschaft und einen Vorsprung des Reichs vor den (meisten) anderen Staaten als gegeben sehen.[703] Eine Einzelstimme gibt unterdessen zu bedenken, dass die deutsche Industrie aufgrund ihrer „Macht und Mannigfaltigkeit" nicht dazu geeignet gewesen sei, „sie in Reih und Glied zu stellen und geschlossen gegen das Ausland einzuexerzieren."[704]

Die Wirtschaftspolitik der Reichsregierung, die einschlägige Gesetzgebung des Reichstags und die daraus resultierenden Effekte werden schließlich in acht Erinnerungswerken zusammengefasst und beurteilt, wobei zugleich der Bereich der Landwirtschaft im Mittelpunkt steht; lediglich eine Einzelstimme wertet die reglementierende Handwerksgesetzgebung des Reichs als Hemmschuh für den Mittelstand.[705] Fünf Autoren werfen unterdessen der deutschen Regierung eine verfehlte Agrarpolitik vor, wobei sie aus unterschiedlichen Perspektiven vor allem die heftig umstrittene Zollgesetzgebung[706] bewerten: Zwei von ihnen geißeln die Senkungen der Einfuhrzölle unter Reichskanzler Caprivi als vernichtend für die Landwirtschaft, die ohnehin durch die Industrie in Bedrängnis geraten sei; erst durch die Wende zur Schutzzollpolitik unter Bülow sei die Agrarproduktion gesichert und auch kriegsfähig gemacht worden.[707] Dagegen sehen die anderen drei eben das System der Schutzzölle auf Getreideeinfuhren, von dem lediglich „Agrarier" und Industrielle profitiert hätten, als nachteilig für die Lebensmittelversorgung der Bevölkerung generell und auch als Ursache für Versorgungsmängel im Krieg an.[708] Darüber hinaus kreiden zwei weitere Stimmen den angeblich inkompetenten Spitzen von Verwaltung und Militär insgesamt an, „das Reich als Staat wirtschaftlich auf einen Krieg in keiner Weise vorbereitet" zu haben.[709]

werks durch das Aufkommen von Kaufhäusern konstatiert (ebd., 75). Bittmann, *Werken und Wirken*, II, 138–146, macht überdies einen Rück- bzw. Untergang alter Gewerbe aus.

701 Bernhardi, *Denkwürdigkeiten*, 531f.; Brandl, *Zwischen Inn und Themse*, 307; Freytag-Loringhoven, *Menschen und Dinge*, 140; Hutten-Czapski, *Sechzig Jahre*, I, 155 und 482; Lerchenfeld-Koefering, *Erinnerungen*, 211; Woermann, *Lebenserinnerungen*, 175.

702 Claß, *Wider den Strom*, 217; Eckardstein, *Lebenserinnerungen*, II, 430f.

703 Reinke, *Mein Tagewerk*, 273; Bittmann, *Werken und Wirken*, II, 106f.; Hoff, *Erinnerungen*, 123; Woermann, *Lebenserinnerungen*, 313. Heyl, *Aus meinem Leben*, 67, differenziert diesen Befund bzw. seinen Ursprung: „Die menschliche Arbeit war in England unendlich viel teurer als bei uns. Das maschinelle Wesen und die Massenherstellung weit entwickelter."

704 Wermuth, *Ein Beamtenleben*, 165.

705 Jagemann, *Fünfundsiebzig Jahre*, 120.

706 Vgl. dazu im Detail Hertz-Eichenrode, *Deutsche Geschichte 1890–1918*, 105ff.

707 Oldenburg-Januschau, *Erinnerungen*, 36–38 und 62f.; Wermuth, *Ein Beamtenleben*, 194, 196, 251, 356 und öfter.

708 Scheidemann, *Memoiren*, 168–170; Brentano, *Mein Leben*, 210f., 274f., 318 und öfter; Hahn, *Dein Vater*, 247f.

709 Claß, *Wider den Strom*, 229f. (das Zitat 229); Freytag-Loringhoven, *Menschen und Dinge*, 153f.

Geht es nach dem Eindruck von acht Autobiographen, die die Lage der Staats-
finanzen für beachtenswert halten, konnte die Zentrale nicht vom allgemeinen
Aufschwung profitieren:

> „Geld (…) war (…) in dem wirtschaftlich mächtig aufstrebenden Land an sich durchaus vorhanden,
> doch floß es nicht zur Genüge in die bedürftigen Kassen des Reiches."[710]

Verantwortlich für die Misere sei zunächst grundsätzlich das sorglose Finanzge-
baren bzw. Ausgabeverhalten von Regierung und Parlament gewesen, wie zwei
Verfasser feststellen[711]; zwei weitere nennen hier konkret die Zollpolitik sowie
Korruption[712] bzw. die ausufernde deutsche „Wettrüstungs- und Weltmachtspoli-
tik"[713] als Ursachen, eine Einzelstimme verweist auf den „Kampf zwischen Preußen und dem Reich" um „die direkten Steuern".[714] Die 1909 erfolgte „Finanzreform"[715] halten darüber hinaus drei Autoren für wichtig, stufen sie allerdings zugleich als verspätet bzw. erfolglos ein.[716]
    Die direkten Auswirkungen der wirtschaftlichen Entwicklung auf die Bevöl-
kerung – abseits der Verschärfung sozialer Probleme[717] – werden in den untersuchten Lebenserinnerungen zu zwei Aspekten zusammengefasst: Acht Stimmen
konstatieren eine enorme Bevölkerungszunahme[718], zwei weisen dabei auf ein
Anwachsen der Städte hin[719], drei sprechen hier gar von „Übervölkerung".[720] Für
ebenfalls acht andere Verfasser ist ein permanent wachsender „Wohlstand" in allen Schichten Kennzeichen der Wilhelminischen Epoche.[721]

---

710 Einem, *Erinnerungen*, 64f.
711 Wermuth, *Ein Beamtenleben*, 310 und öfter; Jagemann, *Fünfundsiebzig Jahre*, 116, 148, 174,
     181, 189, 250 und 308.
712 Brentano, *Mein Leben*, 274.
713 Scheidemann, *Memoiren*, 105.
714 So Michaelis, *Für Staat und Volk*, 256, der ebd., 253, betont, „daß die preußischen Finanzen
     zu den geordnetsten aller Staaten gehörten." – Das Reich konnte nur indirekte Steuern erhe-
     ben (vor allem auf den Verbrauch), das Recht der direkten Besteuerung lag bei den Bundes-
     staaten. „Zu den in der Verfassung (…) in Aussicht gestellten [direkten] Reichssteuern (…)
     ist es nicht gekommen", die Auseinandersetzungen darüber zwischen der zunehmend klam-
     men Zentrale und den Einzelstaaten hielten an (Nipperdey, *Deutsche Geschichte*, II, 168ff.,
     das Zitat 169).
715 Vgl. zu dieser Steuerreform Hertz-Eichenrode, *Deutsche Geschichte 1890–1918*, 176f.
716 Bernhardi, *Denkwürdigkeiten*, 293–299, 307, 320 und öfter; Einem, *Erinnerungen*, 65 und
     108; Hutten-Czapski, *Sechzig Jahre*, I, 563.
717 S. unten, Kap. VIII. 1.
718 Brentano, *Mein Leben*, 173; Cüppers, *Aus zwei Jahrhunderten*, 139; Freytag-Loringhoven,
     Menschen und Dinge, 151; Oldenburg-Januschau, *Erinnerungen*, 38, 41 und 122. Vgl. in die-
     sem Zusammenhang auch den Hinweis bei Oppenheimer, *Erlebtes*, 161, auf den Rückgang
     der Säuglingssterblichkeit in Deutschland bis 1914.
719 Oldenburg-Januschau, *Erinnerungen*, 77; Spiero, *Schicksal*, 76f. und 218.
720 Claß, *Wider den Strom*, 106 (Zitat); Hutten-Czapski, *Sechzig Jahre*, I, 481; Lancken Wake-
     nitz, *Meine dreissig Dienstjahre*, 76.
721 Bernhardi, *Denkwürdigkeiten*, 306; Einem, *Erinnerungen*, 65; Eckardstein, *Lebenserinnerun-
     gen*, I, 238; Jungmann, *Von Bundestag bis Nationalversammlung*, 49; Litzmann, *Im alten
     Deutschland*, 355; Monts de Mazin, *Erinnerungen*, 287f.; Waldeyer-Hartz, *Lebenserinnerun-
     gen*, 386; indirekt auch Adam, *Lebenserinnerungen*, 140 und 142 (anhand des auf Kunstge-

VII. DIE GESELLSCHAFT

1. Gesellschaftsstruktur und soziale Veränderungen

Die Schichtung der wilhelminischen Gesellschaft, der Wandel innerhalb einzelner ihrer Gruppen sowie Verschiebungen in der Gesamtstruktur sind Thema in knapp 30 der untersuchten Autobiographien und Memoiren. Dabei konstatieren zunächst gut ein Dutzend Verfasser – überwiegend kritisch bis ablehnend – eine strikte Hierarchisierung und scharfe Abgrenzung der sozialen Schichten voneinander[722], wobei je nach weltanschaulicher Couleur mal von „Standesgrenzen"[723], mal von einer „Klassengesellschaft"[724] die Rede ist, deren Gegensätze, so eine Einzelstimme, durch Technisierung und Industrialisierung noch verfestigt[725], unterdessen aber nie öffentlich diskutiert worden seien.[726] Ein Autor weist dabei auf eine zusätzliche Binnendifferenzierung bzw. -hierarchisierung der Schichten nach der beruflichen Position hin[727], drei andere stellen regionale Unterschiede im Sinne einer Abnahme des „Kastengeistes" im Reich von Norden nach Süden hin fest.[728] Mit Entwicklungstendenzen und konkreten Verschiebungen innerhalb des Gesellschaftssystems befassen sich daneben ebenfalls mehr als ein Dutzend Stimmen: Sieben von ihnen verweisen auf die Herausbildung „traditionsloser Schichten von Neureichen"[729], d. h. von wirtschaftlich aufgestiegenen Angehörigen des mittleren Bürgertums, die erfolgreich auch nach gesellschaftlichem Aufstieg gestrebt, sich mit den traditionellen Eliten (Beamte, Professoren, Offiziere) zu einer neuen Führungsschicht verbunden und schließlich selbst die „Herrschaft auf allen Gebieten des Lebens" übernommen hätten[730], dabei teilweise mithilfe ihres Vermögens sogar in den Adelsstand aufgestiegen seien.[731] Die Ablösung des alten Adels als Führungsschicht durch das (neue) Bürgertum, sei es im Zuge eines Wettbewerbs

---

werbeausstellungen sichtbaren Reichtums und der übermäßigen Verwendung von Gold bei der Gestaltung von Buchdeckeln; zum „Aufschwung" des Kunstgewerbes vgl. auch Schmitz, *Dämon Welt*, 195f.).

722 Vgl. Baum, *Rückblick*, 54f. und 89; Bonn, *Mein Künstlerleben*, 28ff.; Bürgel, *Vom Arbeiter zum Astronomen*, 87 und öfter; Litzmann, *Im alten Deutschland*, 386; Oppenheimer, *Erlebtes*, 125f.; Rudolf Paulsen, *Mein Leben. Natur und Kunst* (Die Lebenden), Berlin 1936, 42; Wilke, *Alt-Berliner Erinnerungen*, 233f.

723 Vgl. Hutten-Czapski, *Sechzig Jahre*, II, 3; Schmitz, *Ergo sum*, 81.

724 Vgl. Scheidemann, *Memoiren*, 78.

725 Vgl. zum Verhältnis von Arbeiterstand und übriger Gesellschaft unten, Kap. VII. 2.

726 Sternheim, *Vorkriegseuropa*, 79 und 162.

727 Schoenaich, *Mein Damaskus*, 72f.

728 Halbe, *Jahrhundertwende*, 36f. (das Zitat 36) und 143; Sternheim, *Vorkriegseuropa*, 48; Weisbach, *„Und alles ist zerstoben"*, 132. S. dazu auch unten, Kap. XIII. 1.

729 Monts de Mazin, *Erinnerungen*, 300.

730 Sternheim, *Vorkriegseuropa*, 39f. und 125 (Zitat); vgl. Binding, *Erlebtes Leben*, 144; Grünfeld, *In Dur und Moll*, 244; Halbe, *Jahrhundertwende*, 26f.; Lubarsch, *Ein bewegtes Gelehrtenleben*, 138 und 145f.

731 Wilke, *Alt-Berliner Erinnerungen*, passim.

um die angestammten Positionen[732], sei es durch das Hineindrängen der „Hochfinanz" in die Hofgesellschaft aufgrund zunehmender kaiserlicher Nobilitierungen[733] oder aber infolge unstandesgemäßer, für den Adel aus ökonomischen Gründen gebotener Heiraten[734], wird darüber hinaus von zwei dieser Autoren sowie von vier weiteren für bedeutsam erachtet, während eine Einzelstimme dem traditionellen Adel zugute hält, vor 1914 zumindest damit begonnen zu haben, seine eigene „lächerlich engherzige Ueberheblichkeit [!] abzustreifen."[735] Unterdessen werten drei Autobiographen die „Vorkriegsepoche" als „Blütezeit des deutschen Bürgertums"[736]; eine dieser Stimmen sowie zwei weitere sehen diese Schicht jedoch mit Blick auf den Zusammenbruch von 1918 im Niedergang begriffen, wobei die Ursachen – Versagen angesichts der sich stellenden Aufgaben, „Überkultur und Barbarei" – wenig konkret angegeben werden.[737]

Abseits dessen gehen 15 Erinnerungswerke auf die Lage der Familien und das Verhältnis der Generationen ein. Was dabei zunächst die Familie als kleinste soziale Einheit angeht, beklagen fünf Verfasser deren sukzessive Auflösung und den damit einhergehenden Verlust ihrer gesellschaftlichen Bindekraft. Vier Stimmen machen dafür eine zunehmende Fokussierung auf den ökonomischen Erfolg[738] und die Berufstätigkeit der Frauen[739] verantwortlich[740], eine davon und eine weitere verweisen zusätzlich auf die zerstörerische Wirkung einer verbreiteten „doppelten Moral"[741] bzw. der zunehmenden Zweckheiraten.[742] Bezogen auf die Generationenfrage verzeichnen drei Autobiographen für die Jahre um 1900 einen Dauerkonflikt zwischen Jugend und Alter[743], wobei eine weitere Stimme darauf hinweist, dass zeitgenössisch die Altersgruppe „zwischen 45 und 50 Jahren als die ‚Jungen' angesprochen"[744], mithin überhaupt erst gesellschaftlich wahrgenommen

---

732 Halbe, *Jahrhundertwende*, 245; Sternheim, *Vorkriegseuropa*, 162.

733 Wilke, *Alt-Berliner Erinnerungen*, 186f., 219 und 232 („Kaiser Wilhelm II. hat der Hochfinanz die Türen zum Weißen Saale im alten Schlosse an der Spree weiter geöffnet als seine Vorgänger auf dem Throne. Und ohne den Sturz der Monarchie würde sich die Zahl der von ihm nobilitierten Bank- und Industriemagnaten noch alljährlich vergrößert haben.").

734 Hahn, *Dein Vater*, 65; Wagemann, *Prinzessin Feodora*, 162f.

735 Schoenaich, *Mein Damaskus*, 129.

736 Halbe, *Jahrhundertwende*, 56 (Zitat) und öfter; vgl. Bäumer, *Lebensweg*, 177; Schmitz, *Ergo sum*, 173.

737 Baum, *Rückblick*, 116 und 118; Martens, *Schonungslose Lebenschronik*, I, 170 (Zitat) und 250; Schmitz, *Dämon Welt*, 52f.

738 Vgl. dazu unten, Kap. X. 1.

739 Vgl. dazu unten, Kap. IX.

740 Baum, *Rückblick*, 105; Bäumer, *Lebensweg*, 223f.; Bertha Gfin. von der Schulenburg, Streiflichter aus einem Leben, in: Ernst Fischer (Hg.), *Schaffende Frauen*, Dresden 1935, 137–162, hier 147; Tews, *Aus Arbeit und Leben*, 185.

741 S. dazu unten, Kap. VII. 3.

742 Bäumer, *Lebensweg*, 230 (Zitat); Martens, *Schonungslose Lebenschronik*, I, 236.

743 Litzmann, *Im alten Deutschland*, 337 (der gar von einem „Kampf auf Tod und Leben zwischen Alter und Jugend, wie man ihn seit Menschengedenken in Deutschland nicht erlebt" gehabt habe, spricht); Schmitz, *Dämon Welt*, 149; Julie Schlosser, *Aus dem Leben meiner Mutter. Zweiter Band: Wir beide*, Berlin 1928, 142 und öfter.

744 Salomon, *Jugend- und Arbeitserinnerungen*, 11.

wurde. Passend dazu konstatiert ein Verfasser, dass die Generation der Eltern nicht gemerkt habe, dass die

> „heranwachsende Jugend ernster, strebsamer, tüchtiger war als die einer früheren Zeit, daß sie sich von alten Mißständen, vom hochmütigen Kastengeiste wie vom verderblichen Saufen abgewandt hatte und körperliche Tüchtigkeit in viel höherem Maße zu schätzen begann."[745]

Eine der hier bereits zitierten Autorinnen bemängelt unterdessen an der „jungen Generation" Profil- und Farblosigkeit[746], eine andere Stimme die angeblich schlechten Manieren der „Jugend"[747], während dagegen ein weiterer Verfasser feststellt, dass die Anforderungen im Benehmen schon an die Kinder im Vergleich zur Schreibgegenwart immens gewesen seien.[748] Daneben stellen zwei Autoren die Gründung von Jugendorganisationen als zeittypisch heraus[749], zwei weitere umreißen das Entstehen einer „Jugendbewegung".[750]

2. Statuswahrung und Repräsentation

Mit Fragen der Erlangung gesellschaftlichen Ansehens bzw. einer sozial hohen Position sowie der Statuspflege befassen sich gut 50 Autobiographen. Als für die Angehörigen von (altem und neuem) gehobenem Bürgertum und Adel infrage kommende Berufe bzw. Berufsfelder nennen sechs von ihnen den Dienst als Offizier in der Armee sowie in den höheren Rängen von Staatsverwaltung und diplomatischem Dienst, während ein Leben als „Kaufmann" oder ein sonstiger freier Beruf für den Adel unmöglich[751], für das traditionelle Bürgertum „nur zulässig [gewesen sei], wenn sich besonders große Erfolge einstellten."[752] Wichtige Karrierefaktoren waren drei weiteren Verfassern zufolge im Ganzen „die vier Elemente Adel, [Studenten-]Korps, Reserveoffiziertum, Vermögen, gegebenenfalls eines vom andern ersetzt"[753], wobei einer von ihnen diesen Befund dahingehend einschränkt, dass „noch höhere und wichtigere Anforderungen" zu erfüllen gewesen

745 Thoma, *Erinnerungen*, 236f.

746 Schlosser, *Aus dem Leben*, 142.

747 Rumpf, *Lebenserinnerungen*, 90.

748 Sternheim, *Vorkriegseuropa*, 29.

749 Gustav Binz, *Aus dem Leben eines Landkindes*, Karlsruhe [1926], 47 (Karlsruher Jugendbildungsverein und Jung-Deutschland-Bund Baden); Paulsen, *Mein Leben*, 14 (Gründung des „Wandervogel" in Steglitz [1896]). Zentral für diese neu entstehenden Vereinigungen waren die Ablehnung der modernen städtischen Zivilisation und das gemeinsame Naturerlebnis; vgl. dazu Nipperdey, *Deutsche Geschichte*, I, 115f. und 118ff.

750 Schmidt, *Wandern*, 119; Schmitz, *Ergo sum*, 215.

751 Hindenburg, *Am Rande*, 46f.

752 Wien, Ein Rückblick, 16 (Zitat). Vgl. Eloesser, Erinnerungen, Nr. 90, 12; Lubarsch, *Ein bewegtes Gelehrtenleben*, 570; Scholz, *Berlin und Bodensee*, 293f.; indirekt auch Thoma, *Erinnerungen*, 169 und 246.

753 Bittmann, *Werken und Wirken*, I, 168 (Zitat); vgl. Schmitz, *Dämon Welt*, 55 und öfter; Sternheim, *Vorkriegseuropa*, 50.

seien.[754] Mit der gesellschaftlichen Bedeutung von Orden und Ehrentiteln setzen sich darüber hinaus gut ein Dutzend Autoren auseinander: Vier von ihnen betonen den ihrer Meinung nach enormen Stellenwert solcher Auszeichnungen in der betrachteten Zeit[755], vier andere illustrieren anhand unterschiedlicher Beispiele bzw. Ausnahmen von der Regel strikte Vergaberichtlinien[756], drei weitere Stimmen konstatieren unterdessen eine generelle Lockerung unter Wilhelm II.[757], der „den Wünschen von Millionären nach Auszeichnungen nach[gekommen]" sei, doch mit der „Bedingung gemeinnütziger Spenden oder Stiftungen (...)."[758] Wiederum ein anderer Verfasser geißelt die seiner Ansicht nach für die Verleihung ausschlaggebende Rückgratlosigkeit eines Großteils der Neudekorierten[759], während schließlich zwei Stimmen die Ablehnung von Geheimratstiteln durch die Professorenschaft der Universität Straßburg als Ausnahme von der Regel loben.[760]

Mit Blick auf die gängigen Mittel zur Wahrung des gesellschaftlichen Zusammenhalts bzw. des individuellen Status kommen gut 15 Erinnerungswerke zu Aussagen. 13 Autobiographen verweisen dabei auf die Wichtigkeit offizieller, in ihrer Form genau geregelter Geselligkeiten und Feste in den oberen sozialen Schichten[761], wobei vier von ihnen „die pflichtmäßigen Gesellschaften aus beruflichen Kreisen"[762], fünf andere dagegen regelmäßige Zusammenkünfte von Beam-

---

754 Bittmann, *Werken und Wirken*, I, 168.

755 Oldenburg-Januschau, *Erinnerungen*, 113; Roloff, *In zwei Welten*, 68 („die titel- und ordensüchtige Vergangenheit"); Schönburg-Waldenburg, *Erinnerungen*, 143 und 186; vgl. auch Litzmann, *Lebenserinnerungen*, 123.

756 Vgl. Wollenberg, *Erinnerungen*, 113 („Zu unserer Zeit stand der Universitätsprofessor in der Rangordnung nicht sehr hoch. Man bekam seinen Roten Adler-Orden IV. Klasse meist reichlich spät, und brachte es, wenn alles sehr gut ging, im hohen Alter zu einem sog. Halsorden. Der Exzellenz-Titel wurde nur ausnahmsweise an Männer der Wissenschaft verliehen."); Reinke, *Mein Tagewerk*, 191 (zum Titel des „Geheimen Regierungsrats" als „unvermeidliche[r] Alters- und Invalidenbescheinigung"). Vgl. außerdem Hutten-Czapski, *Sechzig Jahre*, I, 487f. („Schon wenige Wochen nach seiner Ernennung [zum Kolonialstaatssekretär] wurde Dernburg Wirklicher Geheimer Rat. Damit erhielt er eine Auszeichnung, die damals in solchen Fällen ganz außergewöhnlich war."); Reger, *Mein Leben*, 119 (zum Titel des Generalmusikdirektors: „Für einen Mann von 40 Jahren damals [1913] eine Aufsehen erregende Auszeichnung."). Vgl. auch nochmals Hutten-Czapski, *Sechzig Jahre*, I, 186, zur turnusmäßigen Beförderung von Offizieren und den im Falle einer Verzögerung eintretenden gesellschaftlichen Nachteilen.

757 Vgl. Liebert, *Aus einem bewegten Leben*, 152, für die Vergabepraxis von Auszeichnungen „beim Militär".

758 Wilke, *Alt-Berliner Erinnerungen*, 233 (Zitat; ebd.: „Deshalb von einer ‚Käuflichkeit' von Orden und Adel zu sprechen, war zumindest übertrieben, nicht selten der Ausfluß von Neid und Mißgunst."); vgl. außerdem Tresckow, *Von Fürsten*, 39, dem zufolge nach 1890 „auch der Schwarze Adlerorden wohlfeil wie Brombeeren geworden" sei.

759 Engel, *Menschen und Dinge*, 315.

760 Brandl, *Zwischen Inn und Themse*, 239 („Straßburg hielt sich mitten in kaiserlicher Zeit gut arbeitsmäßig."); Hoche, *Jahresringe*, 134f.

761 Vgl. allgemein Hahn, *Dein Vater*, 60; Jagemann, *Fünfundsiebzig Jahre*, 212f.; Vely, *Mein schönes und schweres Leben*, passim.

762 Litzmann, *Lebenserinnerungen*, 100; vgl. Borbein, *Werde, der du bist*, 139; Korschelt, *Das Haus an der Minne*, 108f.; Wollenberg, *Erinnerungen*, 111f.

ten bzw. Regierungsmitgliedern mit Offizieren sowie vor allem auch Gelehrten, Diplomaten und Unternehmern jeweils vergleichbaren Rangs als typisch ansehen[763]; ein Verfasser bemängelt den Zwangscharakter von derlei Veranstaltungen und das Entstehen beruflicher Nachteile für Personen, die sich diesem Zwang verweigerten.[764] Vier weitere Stimmen konstatieren unterdessen Änderungen in der Form der Gesellschaften und Empfänge[765] bzw. deren Veralten schon vor dem Weltkrieg[766] sowie ein Aufbrechen der Grenzen um den Kreis der Teilnehmer.[767]

Während nun drei Verfasser generell eine mehr und mehr luxuriöse Lebensführung in den oberen Gesellschaftsschichten kritisieren[768], beklagen zwölf den ihrer Ansicht nach übertriebenen Aufwand und die zunehmende Üppigkeit bei Gastmählern im Rahmen der o. a. Festivitäten[769], vier Autoren kritisieren die dadurch entstehenden immensen Kosten, die vor allem Angehörige der Beamtenschaft oftmals in finanzielle Nöte gestürzt bzw. zur Verschuldung gezwungen hätten[770]; zwei Stimmen machen dabei regionale Unterschiede im Sinne einer zunehmenden Lockerung der Verhältnisse nach Süden hin geltend[771], während ein Verfasser nach Berufsgruppen differenziert und den Diners bei hohen Beamten bzw. Regierungsmitgliedern im Vergleich zu den Essen bei Unternehmern ausgesprochene Bescheidenheit attestiert.[772] Damit korrespondierend macht ein weiterer Autor „nicht zum geringsten (…) das Eindringen wohlhabender und reicher, aus

---

763 Bansi, *Mein Leben*, 65f. (mit zusätzlicher Nennung von Landtagsabgeordneten); Lubarsch, *Ein bewegtes Gelehrtenleben*, 146; Binding, *Erlebtes Leben*, 144; Pless, *Tanz*, I, 217 (zusätzlich Hochadel); Wermuth, *Ein Beamtenleben*, 298.

764 Michaelis, *Für Staat und Volk*, 197.

765 Wagemann, *Prinzessin Feodora*, 152.

766 Martens, *Schonungslose Lebenschronik*, I, 222.

767 Hutten-Czapski, *Sechzig Jahre*, I, 310; Weisbach, „*Und alles ist zerstoben*", 370 („Neben einer in Steifheit und Kastengeist befangenen Geselligkeit gab es aber doch (…) andere von einem freieren und künstlerischen Hauch berührte Kreise, die nicht auf Rang, Klasse und Geld sahen.").

768 Binding, *Erlebtes Leben*, 205f.; Lubarsch, *Ein bewegtes Gelehrtenleben*, 561; Sternheim, *Vorkriegseuropa*, 96.

769 Vgl. Binding, *Erlebtes Leben*, 144; Hahn, *Dein Vater*, 55; Paulsen, *Mein Leben*, 17; Reinke, *Mein Tagewerk*, 260; Vely, *Mein schönes und schweres Leben*, 337 („Meine einfachen Butterbrotabende ließen sich gegenüber den unerhörten Ansprüchen, die Mode geworden, nicht mehr durchführen.").

770 Bunsen, *Die Welt*, 185f. („Dann verbreitete sich das alleingültige Diner; (…) immer ein üppiges, kostspieliges Übermaß, denn es hieß, ‚das wird heutzutage verlangt'."); Jagemann, *Fünfundsiebzig Jahre*, 212; Michaelis, *Für Staat und Volk*, 197–199 (ebd., 198: „Mit dem Gehalt auszukommen, galt als unmöglich. Wer mit seiner Familie auf sein Gehalt angewiesen war, schied stillschweigend aus dem oberen Gesellschaftskreise aus. Wer nichts erheiratet oder ererbt hatte, gehörte nicht dazu. Wie viele haben eine bessere Karriere gemacht, als sie verdienten, weil sie eine elegante, geschickte Frau hatten und gute Diners gaben."; ebd., 199: „Wie viele glaubten, es ginge ohne Schulden, und ohne das Gehalt und die Zinsen nicht reichten, lebten sie über die Verhältnisse (…)."); Woermann, *Lebenserinnerungen*, 120 und 122 („Die damaligen Gepflogenheiten gegenseitiger üppiger Bewirtung bei allen Zusammenkünften legten auch den Wohlhabenden natürliche Beschränkungen auf.").

771 Bunsen, *Die Welt*, 186; Halbe, *Jahrhundertwende*, 28–30. Vgl. unten, Kap. XIII. 1.

772 Wermuth, *Ein Beamtenleben*, 299.

Nichtbeamtenkreisen stammender Männer und deren Frauen" in die Kreise der Verwaltung für deren Abkehr von einstmaliger Sparsamkeit verantwortlich.[773] Zwei Stimmen stellen unterdessen fest, dass Gesellschaften, in denen die geistreiche Konversation und nicht das Tafeln im Mittelpunkt stand[774], bis zum Krieg nicht ganz hätten verdrängt werden können bzw. sogar überwogen hätten.[775]

Ein besonderes Augenmerk auf die Verhältnisse am deutschen Kaiser- und preußischen Königshof – als Bezugspunkt der Führungsschichten – legen 17 Autobiographen. Während drei davon dem Hof im Alltag und auf Reisen größere oder geringere Neigung zum „Luxus" bescheinigen als unter den Vorgängern Wilhelms II.[776], stufen zwei weitere speziell die Bewirtung bei festlichen Anlässen als wesentlich einfacher bzw. quantitativ bescheidener ein als „bei vielen anderen Trägern der Geselligkeit".[777] Das Gros – 15 Stimmen – bewertet unterdessen (auch) den Charakter der Hoffestlichkeiten im Ganzen: Während zwei ihnen ebenfalls Bescheidenheit bzw. auch „Zwanglosigkeit" attestieren[778], verzeichnen vier ohne zu werten die Anwendung eines strengen Reglements und (zugleich) große, zunehmende Prachtentfaltung bei Hoffesten[779], fünf andere heben letzteres als positiv hervor[780], und wiederum vier Stimmen üben Kritik daran.[781]

Ansätze zu alternativen Lebensformen außerhalb der gängigen Konventionen werden schließlich von vier Verfassern beschrieben, wobei drei die Lebensreform- und „Gartenstadtbewegung"[782] bzw. die Gründung genossenschaftlicher Siedlungen[783] erwähnen, ein weiterer auf den außerhalb der Gesellschaft stehen-

---

773 Lubarsch, *Ein bewegtes Gelehrtenleben*, 146, der ebd., 146f., dem Offizierskorps größere Zurückhaltung auf diesem Gebiet bescheinigt (vgl. oben, Kap. V. 3.).

774 Heydecker-Langer, *Lebensreise*, II, 117 („Etwas von den wirklichen schöngeistigen Salons, bei denen es mehr auf esprit als auf eine garnierte Kalbskeule ankam, war damals noch am Werk.").

775 Scholz, *Eine Jahrhundertwende*, 29.

776 Größer: Bunsen, *Die Welt*, 93. Geringer: Reischach, *Unter drei Kaisern*, 245f.; Schönburg-Waldenburg, *Erinnerungen*, 170f.

777 Einem, *Erinnerungen*, 124 (Zitat); vgl. Freytag-Loringhoven, *Menschen und Dinge*, 68.

778 Freytag-Loringhoven, *Menschen und Dinge*, 68; Reinke, *Mein Tagewerk*, 257f. (das Zitat 258).

779 Dryander, *Erinnerungen*, 207f.; Einem, *Erinnerungen*, 124; Hadeln, *In Sonne und Sturm*, 91ff.; Hutten-Czapski, *Sechzig Jahre*, I, 406, sowie II, 121 und öfter.

780 Heyl, *Aus meinem Leben*, 93ff.; Putlitz, *Aus dem Bildersaal*, 141–144 und öfter; Hoff, *Erinnerungen*, 159 („Eine besonders schöne Feier war das jährliche Ordens- und Krönungsfest. Mochte auch viel Gepränge und Glanz vorgeführt und hier und da beim Hofgefolge scharfer Verstand durch Unterwürfigkeit ersetzt werden; wer teilgenommen hat, möchte solche Erinnerungen an jene Zeit nicht missen."); Jagemann, *Fünfundsiebzig Jahre*, 211; Wermuth, *Ein Beamtenleben*, 299.

781 Pless, *Tanz*, I, 64–67 und 356f.; Wilke, *Alt-Berliner Erinnerungen*, 220; Reischach, *Unter drei Kaisern*, 175f.; Wilamowitz-Moellendorff, *Erinnerungen*, 258.

782 Baum, *Rückblick*, 52 und 88 (Zitat); Weisbach, *„Und alles ist zerstoben"*, 317.

783 Oppenheimer, *Erlebtes*, 155f., 160 und öfter. Alle diese „Bewegungen" stellten Versuche dar, nicht nur die sozialen Probleme, sondern auch die (dafür verantwortlich gemachte) Gesellschafts- und Wirtschaftsordnung der Zeit durch eine Neuorganisation des Zusammenlebens zu überwinden (Nipperdey, *Deutsche Geschichte*, I, 149f.).

den „damals auftretenden Menschentypus, der sich am ehesten den mittelalterlichen Vaganten vergleichen läßt: überalterte Wandervögel"[784], hinweist.

3. Konventionen, Geschlechterverhältnis, Moralvorstellungen

Mit Umgangsformen und Bekleidungsnormen in der Wilhelminischen Epoche setzen sich knapp zwei Dutzend Verfasser auseinander. Zehn von ihnen thematisieren zunächst das übliche Verhalten in der Gesellschaft und die dabei wirksamen ungeschriebenen Gesetze, wobei sieben Erinnerungswerke festhalten, dass die – aufs Ganze gesehen zeittypischen – Umgangsformen in Preußen bzw. im Norden des Reichs „steifer" und strenger geregelt sowie sanktioniert gewesen seien als im Süden[785], im Rheinland oder auch in Großbritannien, wo Ungezwungenheit und Unkompliziertheit vorgeherrscht hätten.[786] Zwei der übrigen drei Stimmen heben unterdessen den ihrer Meinung nach großen Beitrag der deutschen Höfe bzw. des Kaiserhofs und der dort herrschenden Etikette „zur Verfeinerung der Umgangsformen" hervor[787], während die dritte das gesellschaftliche Miteinander in der Vergangenheit generell für liebenswürdiger erachtet als in der Schreibgegenwart.[788] Die speziell bei Geselligkeiten und Festivitäten erwarteten Umgangs- und Verhaltensformen schließlich hatten drei Autoren zufolge unabhängig von Region und Schicht „etwas Steifes, Monotones, Abgezirkeltes – es war, als ob militärischer Geist auch darauf abfärbte, man fühlte sich wie im ,Dienst'."[789]

Fragen der korrekten Bekleidung und der äußeren Erscheinung halten darüber hinaus rund ein Dutzend Autoren für bedeutsam. Während ein Autobiograph übertriebenen Aufwand in den Unterschichten rügt[790], verweisen zwei im Hinblick auf die generell gültigen Konventionen für Männer auf die Notwendigkeit förmlicher Bekleidung („Stehkragen und Krawatte") auch im Alltag[791]; einer dieser Verfasser sowie ein weiterer stellen außerdem fest, dass *lange* Kleider" für Männer bzw. für Erwachsene generell Pflicht gewesen seien.[792] Dass Frauen knöchellange Röcke bzw. Kleider zu tragen gehabt hätten, verzeichnen darüber hin-

---

784 Scholz, *An Ilm und Isar*, 254.

785 Vgl. dazu unten, Kap. XIII. 1.

786 Charakter des Nordens: Putlitz, *Aus dem Bildersaal*, 142; Pless, *Tanz*, I, 50f. und 155–160. Süden (bzw. pars pro toto München): Halbe, *Jahrhundertwende*, 199; Hindenburg, *Am Rande*, 215; Siegfried, *Aus dem Bilderbuch*, II, 209–211; Weisbach, *„Und alles ist zerstoben"*, 188. Rheinland: Lubarsch, *Ein bewegtes Gelehrtenleben*, 265. Großbritannien: Pless, *Tanz*, I, 165 und öfter; Weisbach, *„Und alles ist zerstoben"*, 252f.

787 Freytag-Loringhoven, *Menschen und Dinge*, 68 (Zitat); vgl. Wagemann, *Prinzessin Feodora*, 115 („diese vollkommene körperliche und geistige Selbstbeherrschung und die Sicherheit in den besten gesellschaftlichen Formen, wie sie am Hof verlangt wurde") und 146.

788 Engel, *Menschen und Dinge*, 313f.

789 Weisbach, *„Und alles ist zerstoben"*, 369f. (das Zitat 369). Vgl. Hadeln, *In Sonne und Sturm*, 68f.; Hahn, *Dein Vater*, 55 und 61f.

790 Tews, *Aus Arbeit und Leben*, 182.

791 Grotjahn, *Erlebtes*, 96 (Zitat); vgl. Weisbach, *„Und alles ist zerstoben"*, 270.

792 Grotjahn, *Erlebtes*, 145 (Männer); Oppenheimer, *Erlebtes*, 117 (Zitat; Erwachsene generell).

aus drei Erinnerungswerke sowohl für den Alltag als auch für Festlichkeiten[793], zwei nennen zusätzliche Bekleidungsvorschriften für besondere Gelegenheiten[794]; in Restaurants, so außerdem eine Einzelstimme, sei bei Frauen noch nicht die übertriebene Garderobe der Nachkriegszeit üblich gewesen.[795] Überdies stellen zwei Autobiographen fest, dass der dominierende Frauentypus sich vom „Rubens"-Modell nach und nach hin zur schlanken, sportlichen Erscheinung gewandelt sowie in Haltung und Sprechweise den Kaiser imitiert habe[796]; dieser sei darüber hinaus für die Männerwelt zum Vorbild in Sachen Bartmode geworden[797], was auch in zwei anderen Autobiographien Bestätigung findet[798], während eine weitere auf den Vollbart als Statussymbol verweist.[799] Für Frauen, so schließlich zwei Stimmen, sei die „Kurzschnittfrisur" zumindest ungewöhnlich gewesen.[800]

Stellenwert und Ausprägung von „Moral", die Bedingungen für Liebe und Ehe sowie der Umgang mit Sexualität in der wilhelminischen Gesellschaft werden in rund zwei Dutzend Lebenserinnerungen für bedeutsam erachtet. Was zunächst die Verhältnisse im Ganzen anbelangt, werten vier Autoren eine von ihnen so gesehene Entwicklung „der modernen Zeit mit ihrer Duldsamkeit, ja Anspornung zur Entsittlichung und dem über die Moralstellen" negativ oder zumindest kritisch[801], während zwei andere für Begegnungen von Mann und Frau in der Öffentlichkeit die Geltung überzogener Moralvorstellungen ausmachen[802] und dabei konkret – ebenso wie zwei weitere Stimmen – auf Einschränkungen für Frauen beim Tanzen, Radfahren oder Reiten hinweisen.[803]

Unterdessen gehen gut 15 Autobiographien und Memoiren genauer auf den vorehelichen Umgang der Geschlechter und den Stellenwert der Ehe ein. Der gesellschaftlichen Norm nach, so drei von ihnen, seien die Möglichkeiten vorehelicher Kontakte stark eingeschränkt gewesen, habe man insbesondere von (bürger-

---

793 Hadeln, *In Sonne und Sturm*, 68f.; Heydecker-Langer, *Lebensreise*, I, 201; Litzmann, *Lebenserinnerungen*, 118.

794 Heydecker-Langer, *Lebensreise*, I, 105 („daß man bei festlichen Gelegenheiten Glacéhandschuhe anziehen mußte!"); Tiburtius, *Erinnerungen*, 211 (Kleider mit weitem Ausschnitt und Schmuck bei Hof).

795 Wilke, *Alt-Berliner Erinnerungen*, 219.

796 Sternheim, *Vorkriegseuropa*, 24 („Mädchen, Frauen gaben sich ein herzhaft Blondes, Heldisches.") und 40; vgl. Weisbach, *„Und alles ist zerstoben"*, 240.

797 Sternheim, *Vorkriegseuropa*, 24.

798 Binding, *Erlebtes Leben*, 143; Raff, *Blätter*, 236f.

799 Korschelt, *Das Haus an der Minne*, 163.

800 Grotjahn, *Erlebtes*, 145 (Zitat); Heydecker-Langer, *Lebensreise*, I, 142.

801 Vely, *Mein schönes und schweres Leben*, 464 (Zitat); vgl. Bunsen, *Die Welt*, 201 („Diese geräuschlose, verschleierte Evolution der gesellschaftlichen Moral [in Richtung Verfall] gehört zum Bild der Wilhelminischen Zeit."); Schlatter, *Erlebtes*, 23; Schmitz, *Dämon Welt*, 253. Sternheim, *Vorkriegseuropa*, 49, stuft die Moralvorstellungen im Süden (Bayern) als lockerer ein. Vgl. dazu unten, Kap. XIII. 1.

802 Pless, *Tanz*, I, 62f.; Weisbach, *„Und alles ist zerstoben"*, 240.

803 Heine, *Mein Rundgang*, 92; Heydecker-Langer, *Lebensreise*, I, 186 und 201; Pless, *Tanz*, I, 55; Weisbach, *„Und alles ist zerstoben"*, 243.

lichen) jungen Frauen Keuschheit erwartet[804]; eine weitere Stimme konstatiert analog dazu eine generelle „Ächtung der unehelichen Mutter".[805] Demgegenüber weist eine Verfasserin auf „die Anfänge bewußter Geburtenregelung" hin[806], und zwei weitere Stimmen betonen, dass sich die Konventionen mehr und mehr gelockert hätten und die „Jugend" zunehmend freier miteinander umgegangen sei.[807] Vier Autoren halten hierzu fest, dass unangesehen allen Freiheitsdranges und bisweilen auch vorehelicher sexueller Kontakte die Heirat von jungen Menschen nicht nur als gesellschaftliche, sondern auch moralische Verpflichtung empfunden und in der Regel angestrebt worden sei.[808] Einer davon sowie zwei weitere Verfasser verweisen (zugleich) auf wenige Ausnahmen von der Norm, nur innerhalb der eigenen sozialen Kreise die Ehe zu schließen[809], sowie auf die Erwartung zählbarer beruflicher Leistungen des Bräutigams vonseiten der Brauteltern.[810] Sechs Stimmen geißeln unterdessen die ihrer Meinung nach herrschende „Doppelmoral" in allen (gehobenen) Schichten, die Männern, zunehmend aber auch Frauen – zumindest in den höchsten Kreisen – Ehebruch und außereheliche Beziehungen stillschweigend gestattet habe, auch wenn es immer wieder zu Skandalen gekommen sei.[811] Dass sich zumindest für Männer in der Regel weder berufliche noch private Komplikationen aus einem „Verhältnis" ergeben hätten, konstatieren darüber hinaus zwei Verfasser[812], von denen einer, ebenso wie zwei weitere Stimmen, im Gegenzug auch anführt, dass Scheidungen schwierig und von ihren Ehemännern getrennt lebende oder regulär geschiedene Frauen – als selten vorkommende Erscheinung – gesellschaftlich benachteiligt gewesen seien.[813]

Neun Autobiographen gehen schließlich auf die Haltung der Öffentlichkeit zum Thema Sexualität ein. Zwei von ihnen machen zunächst eine sich verstärken-

804 Heydecker-Langer, *Lebensreise*, I, 129f., 139 und 172; Ludwig, *Geschenke*, 141; Sternheim, *Vorkriegseuropa*, 27f.

805 Bäumer, *Lebensweg*, 231.

806 Baum, *Rückblick*, 105.

807 Hadeln, *In Sonne und Sturm*, 69 („Die jungen Menschen hatten sich zu jener Zeit, ebenso wie jetzt, eine Menge zu sagen. Es wurde gescherzt, gelacht und auch von vielen geflirtet."); Weisbach, *„Und alles ist zerstoben"*, 366 („Vorurteile und Konventionen, die damals in bürgerlichen Kreisen gang und gebe waren, hatten sich gelockert; freiere Sitten und Gewohnheiten kamen in Aufnahme. (…) Sport und gemeinsame Bewegung in der Natur wurde verbindendes Element. Verkehr zwischen jugendlichen Menschen verschiedenen Geschlechtes löste sich aus den ihnen [!] früher angelegten Fesseln.").

808 Halbe, *Jahrhundertwende*, 48; Lange, *Lebenserinnerungen*, 232; Ludwig, *Geschenke*, 140; Schmitz, *Ergo sum*, 45.

809 Bonn, *Mein Künstlerleben*, 17; Schmitz, *Dämon Welt*, 182.

810 Schmitz, *Dämon Welt*, 250f.; Ludwig, *Geschenke*, 166 und 177.

811 Bäumer, *Lebensweg*, 230; Bunsen, *Die Welt*, 201f.; Heydecker-Langer, *Lebensreise*, I, 181 und öfter; Lange, *Lebenserinnerungen*, 231; Martens, *Schonungslose Lebenschronik*, I, 152f.; Sternheim, *Vorkriegseuropa*, 85. Wilke, *Alt-Berliner Erinnerungen*, 141, ist ohne direkten Bezug hierauf der Meinung, „daß die Hofgesellschaft in sittlicher Hinsicht turmhoch stand über dem neuzeitigen Berlin vom Kurfürstendamm." – Vgl. dazu unten, Kap. IX. 1.

812 Schmitz, *Dämon Welt*, 132f.; Scholz, *Eine Jahrhundertwende*, 114.

813 Martens, *Schonungslose Lebenschronik*, I, 236; Schmitz, *Dämon Welt*, 67; Treuberg, *Zwischen Politik und Diplomatie*, 35.

de publizistische Behandlung einschlägiger Themen aus, verweisen allerdings zugleich auf im Gegensatz zur Schreibgegenwart immense Hürden für die öffentliche Diskussion.[814] Zwei andere treffen die gleiche Feststellung speziell für das Gebiet der Prostitution[815], das einer Einzelstimme zufolge überhaupt ein wichtiges Thema der betrachteten Zeit war[816], dessen konkrete Behandlung aber laut zwei weiteren Stimmen behördlicherseits wie in der Öffentlichkeit von Heuchelei und Bigotterie geprägt war.[817] Drei Autobiographen konstatieren schließlich die gesellschaftliche Ächtung von Homosexuellen und kritisieren in diesem Zusammenhang die ihrer Ansicht nach zerstörerische Wirkung des Strafrechtsparagraphen 175[818], wobei einer von ihnen im Hinblick auf die Eulenburg-Affäre unterschiedliche Maßstäbe „von Seiten der Obrigkeit" rügt[819], während ein anderer dem „Uranismus"', „der (…) sich bald am Hofe Wilhelms II. einbürgerte und den Eulenburg-Skandal zeitigte"[820], eine „plumpe, rohe und zugleich süßliche Manier" bescheinigt, die sich angeschickt habe, „Ton eines Teiles der vornehmen Welt zu werden."[821] Auch eine weitere Einzelstimme sieht korrespondierend dazu das „Geschwür" der Homosexualität fest in der Hofgesellschaft verwurzelt.[822]

VIII. SOZIALE FRAGE – SOZIALPOLITIK – SOZIALDEMOKRATIE UND GEWERKSCHAFTEN

1. Die Soziale Frage – Gesellschaft und Arbeiterschaft, Sozialfürsorge und Sozialpolitik

Rund zwei Dutzend Autobiographen thematisieren die Lage der Unterschichten, ihre konkreten Ausprägungen und ihre ökonomischen wie gesellschaftlichen Ursachen, wenn es um die Zeit von 1890–1914 als Epoche geht. Dabei stellen zunächst zehn von ihnen eine grundsätzliche, hohe Bedeutung der „Sozialen Frage"

---

814 Lange, *Lebenserinnerungen*, 230–232; vgl. Bunsen, *Die Welt*, 152.
815 Bäumer, *Lebensweg*, 195 („Es kostete mehr Selbstüberwindung, als man nach Jahrzehnten abstumpfender Indiskretion auf diesem Gebiet noch ahnt, etwa die Bekämpfung der Prostitution in öffentlicher Versammlung zu besprechen (…)."); Heyl, *Aus meinem Leben*, 99.
816 Martens, *Schonungslose Lebenschronik*, I, 239.
817 Thoma, *Erinnerungen*, 236f.; Tresckow, *Von Fürsten*, 217.
818 Vgl. Martens, *Schonungslose Lebenschronik*, I, 225, und II, 41; Schoenaich, *Mein Damaskus*, 94.
819 Bonn, *Mein Künstlerleben*, 124 (Zitat) und öfter.
820 Vgl. dazu oben, Kap. I. 2.
821 Martens, *Schonungslose Lebenschronik*, I, 225.
822 Jagemann, *Fünfundsiebzig Jahre*, 158. In der Sicht eines der oben bereits zitierten, die Ächtung Homosexueller und das Strafrecht kritisierenden Autoren war sogar „[d]as ganze politische, wirtschaftliche und gesellschaftliche Leben" der Wilhelminischen Zeit „im geheimen durchsetzt von einem Netz" von Homosexuellen, die in allen Bereichen „schädigend" gewirkt hätten (Schoenaich, *Mein Damaskus*, 93–108; das Zitat 103).

fest.[823] Als konkrete Probleme der betroffenen ländlichen und städtischen Bevölkerungsgruppen nennen darüber hinaus acht (zum Teil mit den oben zitierten identische) Verfasser Wohnungsnot bzw. Obdachlosigkeit, schlechte Bezahlung und Armut sowie politische und gesellschaftliche Benachteiligung.[824] Zu den Ursachen für die von ihnen festgestellte Steigerung der Misere in der Wilhelminischen Zeit äußern sich zehn Erinnerungswerke, von denen sieben

„die zunehmende Industrialisierung Deutschlands, die Abwanderung der Bevölkerung vom Land in die Stadt und die dadurch entstehende Proletarisierung der Bevölkerung"

anführen[825]; drei Verfasser verweisen zusätzlich auf die zwangsläufig eintretenden politischen Folgen[826], wobei zwei konkret ein „Anwachsen der Sozialdemokratie" damit verbinden.[827]

Knapp 15 Verfasser nehmen im Rahmen ihrer Epochencharakterisierung das Verhältnis der Arbeiterschaft zur übrigen Gesellschaft in den Blick. Zehn konstatieren eine strikte gesellschaftliche Trennung[828] zwischen Arbeitern auf der einen,

---

823 Bäumer, *Lebensweg*, 129, 160 und 179; Borbein, *Werde, der du bist*, 92; Martin Dibelius, Zeit und Arbeit, in: Erich Stange (Hg.), *Die Religionswissenschaft der Gegenwart in Selbstdarstellungen*, [Bd. 5], Leipzig 1929, 3–33, hier 27 („Unter allen Problemen des öffentlichen Lebens habe ich das soziale damals als das wichtigste erkennen gelernt."); Heyl, *Aus meinem Leben*, 57; Martens, *Schonungslose Lebenschronik*, I, 299; Schlatter, *Erlebtes*, 23; Schulenburg, Streiflichter, 145f.; Zorn, *Aus einem deutschen Universitätsleben*, 80 („die (…) himmelschreiende Not der unteren Klassen"). Vgl. außerdem Baum, *Rückblick*, 65 („Arbeiter- und Frauenfrage"), und Freytag-Loringhoven, *Menschen und Dinge*, 148 („Während wir noch daran waren, das Reich auszubauen, stellte uns bereits die Soziale Frage vor neue Schwierigkeiten.") mit einer Anknüpfung an andere Problembereiche der betrachteten Zeit.

824 Bansi, *Mein Leben*, 36 und 38f.; Behrens, Franz Behrens, 160; Brentano, *Mein Leben*, 183 und 237f.; Gerlach, *Von rechts nach links*, 163–167; Sapper, *Ein Gruß*, 35; Spiero, *Schicksal*, 227f.; Thoma, *Erinnerungen*, 236f.; Vely, *Mein schönes und schweres Leben*, 436 und 440.

825 Michaelis, *Für Staat und Volk*, 142 (Zitat). Vgl. Bäumer, *Lebensweg*, 110–113, 127, 129 und 179f.; Brentano, *Mein Leben*, 278; Heitefuß, *An des Meisters Hand*, 189 („Deutschland war stark, war reich geworden. Die Industrialisierung der Wirtschaft hatte eingesetzt und machte schnelle Fortschritte. In alten und schnell hingezauberten Großstädten ballten sich die Massen zusammen. Über Nacht (…) hatte sich ein neuer Stand, der Arbeiterstand, gebildet. Der Scholle entwurzelt und in großer Gefahr, mit allen Sicherungen der Tradition zu brechen.") und 305f. („Das platte Land entvölkerte sich. In großen, unerfreulichen Zentren ballten sich entwurzelte Volksmassen zusammen und stellten die Volksgemeinschaft vor Entscheidungen, die irgendwann und irgendwie einmal getroffen werden mußten. Der neuerstandene, asozial gerichtete Arbeiterstand forderte sein Recht auf Eingliederung in das Volksganze."); Oldenburg-Januschau, *Erinnerungen*, 43f. (mit Hinweis auch auf die Freisetzung ländlicher Arbeitskräfte „durch die Technisierung der Landwirtschaft"); Baumgarten, *Meine Lebensgeschichte*, 251; Selchow, *Hundert Tage*, 194. Lediglich Gerlach, *Von rechts nach links*, 169, macht für die auch von ihm festgestellte Entwicklung nicht Industrialisierung und Technisierung, sondern Rechtlosigkeit verantwortlich: „Die Landarbeiter waren soziales Freiwild. Es gab nur eine Rettung für sie: Landflucht."

826 Brentano, *Mein Leben*, 227.

827 So wortgleich Freytag-Loringhoven, *Menschen und Dinge*, 148, und Monts de Mazin, *Erinnerungen*, 300.

828 Vgl. allgemein oben, Kap. VII. 1.

Bürgertum und Adel auf der anderen Seite[829], wobei das Gros ein bewusstes „kastenmäßiges Abschließen und (…) Standesdünkel" der oberen Schichten dafür verantwortlich macht[830]; ein weiterer Verfasser hält die angeblich angestrebte Vorbildfunktion der gehobenen Gesellschaftsschichten gegenüber „dem von der Sozialdemokratie verseuchten Proletariat" für ein Hirngespinst.[831] Vier stellen unterdessen ein „Erwachen des sozialen Mitgefühls"[832] in Bürgertum und Adel bzw. die wachsende Erkenntnis der Notwendigkeit sozialer Fürsorge zur Überwindung der Gegensätze wie zur Eindämmung der Sozialdemokratie fest, was sich in der Gründung bzw. Unterstützung vor allem wohltätiger Vereinigungen durch vermögende Bürgerliche konkretisiert habe[833]; zugleich sei jedoch die Problematik im Kern verkannt und die Wirksamkeit solcherlei Maßnahmen überschätzt worden.[834]

Die staatliche Sozialpolitik in der Zeit Wilhelms II. und ihre Auswirkungen sind für knapp 30 Autoren relevant. Zehn von ihnen weisen diesem Feld grundsätzlich eine hohe Bedeutung zu[835], wobei drei eine Vorreiterrolle Deutschlands postulieren[836], zwei weitere auf die mit der Person des Kaisers verbundenen Erwartungen hinweisen.[837] Zwei Dutzend Verfasser bewerten dessen Initiativen bzw. das staatliche Handeln und seine Ergebnisse, wobei drei die ersten Schritte zum Arbeiterschutz in den 1890er Jahren[838] zwar grundsätzlich positiv sehen, jedoch auf lange Sicht als unzureichend charakterisieren, weil die hier eingeschlagene Linie nicht konsequent weiterverfolgt worden sei.[839] Sieben dieser Autoren

---

829 Vgl. Hadeln, *In Sonne und Sturm*, 96; Schmitz, *Dämon Welt*, 137.

830 So Unger-Winkelried, *Von Bebel zu Hitler*, 21, der ebd. Bürgertum und Adel vor diesem Hintergrund anlastet, „daß die Sozialdemokratie sich der Arbeiterschaft bemächtigen konnte und das alte Deutschland ein so unglückliches Ende nahm!" Vgl. Baum, *Rückblick*, 74; Baumgarten, *Meine Lebensgeschichte*, 123; Behrens, *Franz Behrens*, 160; Bürgel, *Vom Arbeiter zum Astronomen*, 67 und 92; Freytag-Loringhoven, *Menschen und Dinge*, 148f. (für den jedoch eine „schroff oppositionelle Stellung" der Arbeiter diese Tendenz beförderte); Heitefuß, *An des Meisters Hand*, 305f.; Scheidemann, *Memoiren*, 105f.

831 Martens, *Schonungslose Lebenschronik*, I, 153.

832 Grotjahn, *Erlebtes*, 45 (Zitat); vgl. Weisbach, *„Und alles ist zerstoben"*, 109f.

833 Borbein, *Werde, der du bist*, 89; Weisbach, *„Und alles ist zerstoben"*, 96f.

834 Weisbach, *„Und alles ist zerstoben"*, 97; vgl. Freytag-Loringhoven, *Menschen und Dinge*, 148f.

835 Vgl. Bittmann, *Werken und Wirken*, II, 17; Johannes Giesberts, *Aus meinem Leben*, Berlin 1924, 5; Heyl, *Aus meinem Leben*, 70; Michaelis, *Für Staat und Volk*, 173f.; Wermuth, *Ein Beamtenleben*, 265f.

836 Bäumer, *Lebensweg*, 206; Freytag-Loringhoven, *Menschen und Dinge*, 148; Schäfer, *Mein Leben*, 159.

837 Brentano, *Mein Leben*, 157; Kröcher, *Die alte Generation*, 254.

838 Vgl. zu den zwischen 1890 und 1892 getroffenen Maßnahmen (u. a. Erweiterung der Sozialversicherung, Verbesserung des Arbeitsschutzes, Einrichtung von Arbeitervertretungen in den Unternehmen, Schaffung von Gewerbegerichten) im Detail Huber, *Deutsche Verfassungsgeschichte*, IV, 1215ff.

839 Martens, *Schonungslose Lebenschronik*, I, 107; Michaelis, *Für Staat und Volk*, 170 und 172; Bruno Wille, *Aus Traum und Kampf. Mein 60jähriges Leben* (Wie ich wurde. Selbstbiographien volkstümlicher Persönlichkeiten), Berlin ³1920, 26. Vgl. Hutten-Czapski, *Sechzig Jah-*

beklagen darüber hinaus die Widersprüchlichkeit der kaiserlichen bzw. Regierungspolitik, konkret den wachsenden Einfluss der Arbeitgeberseite, nicht gehaltene Versprechen und kontraproduktive Maßnahmen wie etwa die „Zuchthausvorlage"[840] (spätestens ab der Jahrhundertwende) oder ganz allgemein die öffentliche Verdammung der Sozialdemokratie bzw. streikender Arbeiter durch das Reichsoberhaupt[841]; ebenfalls sieben Verfasser sehen außerdem den fehlenden Willen von Großgrundbesitzern und Industriellen zur Durchführung gesetzlicher Bestimmungen zum Arbeiterschutz bzw. ihr mangelndes Verständnis für die Anliegen der Arbeiter generell als Hemmnis.[842] Zwei Stimmen werten die Reformen insofern als Fehlschlag, als die „steigende Flut der Sozialdemokratie" damit nicht eingedämmt[843] bzw. die Leistungsbereitschaft der Arbeiter dadurch gemindert worden sei.[844] Dagegen machen drei Erinnerungswerke nennenswerte Erfolge für Arbeiterinnen sowie in den Bereichen des Kinderschutzes und der Heimarbeit aus[845], während eine Einzelstimme wiederum die Gruppe der Landarbeiter als allseits

re, I, 313, dem zufolge die kaiserlichen Ansichten zur Sozialpolitik „den zuständigen Faktoren im [!] Reich und Staat die größten Schwierigkeiten bereitet haben"; außerdem Bittmann, *Werken und Wirken*, I, 108f., sowie II, 184–188 und 192, der vor allem die dezentrale Organisation und die unterschiedliche Gesetzgebung in den deutschen Bundesstaaten als nachteilig ansieht. Vgl. darüber hinaus Siegfried, *Aus dem Bilderbuch*, II, 231, der der Sozialgesetzgebung der 1880er Jahre nach 1890 eine zweifelhafte Wirkung bescheinigt.

840 Dieser 1899 in den Reichstag eingebrachte Gesetzentwurf, der die Nötigung zur Arbeitsniederlegung unter Strafe stellte, scheiterte dort an einer breiten Mehrheit (Huber, *Deutsche Verfassungsgeschichte*, IV, 1235f.).

841 Brentano, *Mein Leben*, 161, 207 und 228; Claß, *Wider den Strom*, 53; Engel, *Menschen und Dinge*, 215; Grotjahn, *Erlebtes*, 66; Scheidemann, *Memoiren*, 60, 99f. und 183f.; Unger-Winkelried, *Von Bebel zu Hitler*, 79. Stegerwald, *Aus meinem Leben*, 21, bescheinigt Wilhelm II. darüber hinaus die bewusste Förderung des „Dreiklassenstaates'". – Das Ansehen des Monarchen in der Arbeiterschaft wird unterdessen von drei weiteren Verfassern kontrovers beurteilt: Einem, *Erinnerungen*, 143 („Undank"); Schoenaich, *Mein Damaskus*, 82 („Hochachtung der Person des Kaisers bis tief in die sozialistische Arbeiterschaft"); Unger-Winkelried, *Von Bebel zu Hitler*, 79 („Es ist die Tragik des letzten deutschen Monarchen, daß er ein *Arbeiterkaiser* sein wollte und doch nie ein wärmeres Verhältnis zum Arbeiter gewann. (…) Der Haß gegen den Kaiser war indes gar nicht so groß, wie es den Anschein hatte."; vgl. ebd., 79f.).

842 Baumgarten, *Meine Lebensgeschichte*, 123; Bittmann, *Werken und Wirken*, I, 109, sowie II, 196–200 und öfter; Brentano, *Mein Leben*, 199–201 und 244f.; Giesberts, *Aus meinem Leben*, 4f.; Roloff, *In zwei Welten*, 56f.; so im Kern auch Gerlach, *Von rechts nach links*, 147, mit der Feststellung, „daß selbst die vorsichtigste Behandlung der Landarbeiterfrage Acht und Bann seitens der Großgrundbesitzer bedeutete." Vgl. auch Stegerwald, *Aus meinem Leben*, 8, zu „den den alten Staat beherrschenden kapitalistischen und engstirnigen reaktionären Kräften, die für die Bestrebungen der aufwärtsstrebenden Lohnarbeiter keinerlei Verständnis zeigten (…)." Vgl. zu dieser Einschätzung oben, Kap. II. 1.

843 Schäfer, *Mein Leben*, 159.

844 Claß, *Wider den Strom*, 247.

845 Baum, *Rückblick*, 72f.; Bittmann, *Werken und Wirken*, II, 138f., 150f., 153, 162 und 177–180; Salomon, *Jugend- und Arbeitserinnerungen*, 11 und 18. Vgl. auch Heyl, *Aus meinem Leben*, 70 („Kinderschutzbestrebungen").

vernachlässigt darstellt.[846] Speziell im Hinblick auf Lohnfragen bzw. das Tarifver-
tragswesen urteilen zwei autobiographische Schriften ambivalent[847], die Entwicklungen im Versicherungswesen bis 1909[848] werden von vieren als wichtig erachtet, wobei sie dem Staat in der Praxis kaum Einflussmöglichkeiten bescheinigen
und Umsetzungsschwierigkeiten festhalten[849]; eine Einzelstimme hebt schließlich
die per Reichsgesetz vorgeschriebene, in den Ländern allerdings unterschiedlich
ausgestaltete und gehandhabte Gewerbeaufsicht hervor.[850]

15 Autoren halten schließlich Bestrebungen zur Arbeiterbildung für bedeutsam. Während zwei Verfasser Bildungsferne der ländlichen wie der städtischen
Arbeiterschaft konstatieren[851], betonen vier andere den „Bildungshunger" der Unterschichten[852], die jedoch – so zwei davon zusätzlich – durch die Sozialdemokratie fehlgeleitet und zu Feinden von Staat und Gesellschaft gemacht worden sei-
en[853], wobei die Sozialdemokratische Partei „nicht über die Enge und das Kul-
turniveau des Handarbeiters hinausblick[t]e (...)."[854] Unterdessen heben vier Verfasser die Bildungstätigkeit von sozialdemokratischen Vereinen und sozialistischen Gewerkschaften (lobend) hervor[855], wobei einer davon ausdrücklich die höheren Gesellschaftsschichten und die Obrigkeit für die Vernachlässigung der Arbeiterbildung tadelt, ja sogar einen Grund für den Untergang des Kaiserreichs in
diesem Versäumnis und der dadurch erst möglichen Einflussnahme der Sozialdemokratie sieht[856]; drei weitere unterstreichen ebenfalls die Ablehnung bzw. Ver-

846 Gerlach, *Von rechts nach links*, 168.
847 Baum, *Rückblick*, 75 und 89 (Hoffnungszeichen für die friedliche Beilegung von Konflikten
    zwischen Arbeitnehmern und Arbeitgebern); Wiedeberg, Josef Wiedeberg, passim (anstei-
    gende, aber unzureichende Entlohnung).
848 Die Fortentwicklung der Bismarckschen Arbeiter-Sozialversicherung(en) wurde freilich erst
    mit der Reichsversicherungsordnung von 1911 abgeschlossen, die „neben manchen Verbesse-
    rungen vor allem Vereinheitlichung und Vereinfachung" sowie die Erfassung auch der Ange-
    stellten mit sich brachte (Nipperdey, *Deutsche Geschichte*, I, 346).
849 Bittmann, *Werken und Wirken*, II, 205f.; Hoff, *Erinnerungen*, 88 und 95f.; Liebert, *Aus einem
    bewegten Leben*, 185; Imbusch, *Die Brüder Imbusch*, 10.
850 Bittmann, *Werken und Wirken*, II, 231f. Zu den Bestimmungen des Arbeiterschutzes im Ein-
    zelnen vgl. Nipperdey, *Deutsche Geschichte*, I, 358ff.
851 Bürgel, *Vom Arbeiter zum Astronomen*, 68f.; Unger-Winkelried, *Von Bebel zu Hitler*, 27
    („Lesen galt bei der Landbevölkerung als Zeitverschwendung. (...) Bauern- und Handwer-
    kerkinder hatten nicht zu lesen, die sollten sich ihrer Arbeit widmen.").
852 Heinrich Lange, *Aus einer alten Handwerksburschen-Mappe. Eine Geschichte von Heimat,
    Werden und Wirken*, Leipzig [1925], 151; Thoma, *Erinnerungen*, 236f.
853 Schmitz, *Ergo sum*, 39; vgl. Wilamowitz-Moellendorff, *Erinnerungen*, 251, Anm. 1.
854 Schmitz, *Ergo sum*, 76.
855 Lange, *Aus einer alten Handwerksburschen-Mappe*, 161ff.; Selchow, *Hundert Tage*, 94;
    Stegerwald, *Aus meinem Leben*, passim.
856 Unger-Winkelried, *Von Bebel zu Hitler*, 47, 50f. und 53f. (vgl. ebd., 51: „Unter den Augen
    der bürgerlichen Gesellschaft, unter den Augen der kaiserlichen Regierung, unter den Augen
    der Kirche wurden hier wissensdurstige junge Deutsche systematisch dem Vaterlande ent-
    fremdet und niemand fand Anlaß, etwas dagegen zu unternehmen! Man ließ sehenden Blickes
    den *Arbeiter der Sozialdemokratie* zutreiben und setzte sein ganzes Vertrauen in die *Poli-
    zei*!").

kennung von Bildungsbestrebungen der Unterschichten als Fehler der herrschenden Kreise.[857] Zwei Autoren bescheinigen den Bestrebungen zur Volksbildung insgesamt positive Effekte[858], während eine Stimme zu bedenken gibt, dass unterdessen die Schaffung „einer eigenen Kultur" der Arbeiter zwar angestrebt, aber kaum möglich gewesen sei.[859]

2. Die Sozialdemokratie und ihr Verhältnis zu Gesellschaft und Staat

In mehr als 30 Erinnerungswerken wird die Rolle der Sozialdemokratie als politischer Vertretung der Arbeiterschaft im Deutschen Reich diskutiert. Rund 20 Autoren kennzeichnen dabei zunächst die Entwicklung der Partei und der sie umgebenden bzw. tragenden Bewegung generell, wobei 17 von ihnen ein Anwachsen der Sozialdemokratie – auch gemessen an den errungenen Reichstagsmandaten[860] – nach dem Fall des Sozialistengesetzes im Jahr 1890 ausmachen, mit überwiegend neutraler bis wohlwollender Bewertung dieses so gesehenen Faktums.[861] Während zwei Verfasser darüber hinaus (mit erkennbarem Bedauern) die Unmöglichkeit eines neuen Ausnahmegesetzes mit dem unter Wilhelm II. vorhandenen Personal konstatieren[862], weisen zwei Stimmen auf das Fortbestehen bürokratischer bzw. polizeilicher Hemmnisse für die Tätigkeit sozialdemokratischer Organisationen[863] bzw. auf eine unverminderte politische Benachteiligung der Arbeiter[864] hin. Einer der hier bereits zitierten Autobiographen macht überdies lange nachwirkende, negative Folgen des Sozialistengesetzes für die Organisation der

---

857 Brentano, *Mein Leben*, 196; Bürgel, *Vom Arbeiter zum Astronomen*, 89; Paulsen, *Mein Leben*, 58 („die Gebildeten glaubten, Volkskultur museal pflegen und Volksbildung vom Katheder aus betreiben zu sollen.").

858 Wille, *Aus Traum und Kampf*, 29 und 34f.; Bittmann, *Werken und Wirken*, II, 114–116.

859 Baum, *Rückblick*, 90.

860 Vom Einbruch bei den Wahlen des Jahres 1907 abgesehen stimmt diese Einschätzung mit den Realitäten überein. Vgl. zu den Reichstagswahlergebnissen von 1890 bis 1912 Hertz-Eichenrode, *Deutsche Geschichte 1890–1918*, 29; Nipperdey, *Deutsche Geschichte*, II, 505 und 522.

861 Binz, *Aus dem Leben*, 42; Bittmann, *Werken und Wirken*, I, 105; Brentano, *Mein Leben*, 228f.; Bürgel, *Vom Arbeiter zum Astronomen*, 64–66; Giesberts, *Aus meinem Leben*, 5; Hadeln, *In Sonne und Sturm*, 87 und öfter; Liebert, *Aus einem bewegten Leben*, 175; Monts de Mazin, *Erinnerungen*, 290; Noske, *Noske*, 21; Oppenheimer, *Erlebtes*, 159; Scheidemann, *Memoiren*, 98, 100 und öfter; Scholz, *Berlin und Bodensee*, 272; Woermann, *Lebenserinnerungen*, 208; Zorn, *Aus einem deutschen Universitätsleben*, 70. Dezidiert negativ wertet Schulenburg, *Streiflichter*, 146, die „antimonarchische und antichristliche kommunistische Bewegung"; vgl. Jagemann, *Fünfundsiebzig Jahre*, 170 und 179; Bernhardi, *Denkwürdigkeiten*, 171.

862 Monts de Mazin, *Erinnerungen*, 177 und 291; vgl. Lerchenfeld-Koefering, *Erinnerungen*, 302 (Bismarcks „Nachfolger verzichteten ohne Ausnahme auf das Abwehrmittel des Sozialistengesetzes. Soweit nicht der Staat im Strafgesetzbuch gegen Umsturzbestrebungen geschützt war, hatte die Sozialdemokratie freie Bahn.").

863 Lange, *Aus einer alten Handwerksburschen-Mappe*, 134ff. und 156.

864 Behrens, *Franz Behrens*, 160.

Sozialdemokratie durch das Entstehen streng voneinander abgegrenzter „Cliquen"
aus und weist außerdem auf sich manifestierende Richtungsstreitigkeiten und
Auseinandersetzungen zwischen diesen Gruppen hin, was die Partei nur ge-
schwächt und mithin ihren Gegnern genutzt habe.[865] Letzteres stellen auch fünf
weitere Verfasser fest[866], wobei vier konkret die Bildung eines radikalen Lagers
und eines gemäßigten Reformflügels nennen, der zur Mitarbeit im Reich bereit
gewesen sei.[867]

Acht Verfasser halten das Verhältnis von Arbeitervertretung und oberen Gesellschaftsschichten für bedeutsam. Dabei charakterisieren vier die Jahre um die
Jahrhundertwende als „Zeit lebhaftester bürgerlicher Feindseligkeit gegen die
Sozialdemokratie"[868] und stellen fest, dass Bürgerliche, die sich offen zum Sozialismus bzw. zur Sozialdemokratie bekannten, von ihren Standesgenossen quasi
ausgestoßen worden seien[869]; zwei von ihnen weisen aber zugleich auch auf ein
ausgeprägtes „Mißtrauen gegenüber den Überläufern aus dem Bürgertum" unter
den Sozialdemokraten[870] bzw. sogar „Haß (...) gegen ‚die bürgerliche Gesellschaft' in den verfemten Genossen"[871] hin. Vier dieser Stimmen zeihen die Sozialdemokratie dementsprechend der „klassenkämpferischen Starrheit"[872], machen
einen nach und nach wachsenden verderblichen Einfluss auf die Jugend aus[873]
oder werfen der Partei generell „Zersetzung" im Innern vor.[874]

Das Verhältnis von Sozialisten und Staat thematisiert unterdessen rund die
Hälfte der hier einschlägigen Autobiographien und Memoiren, wobei vier Verfasser für wichtig halten, dass „die damalige Sozialdemokratie" aus dogmatischen
Gründen sich alles andere als patriotisch gegeben habe, vielmehr „noch völlig
international war"[875], was nach Meinung eines dieser Autoren sogar interessierte

---

865 Scheidemann, *Memoiren*, 84 (Zitat), 126f., 147, 175 und öfter.

866 Vgl. Wille, *Aus Traum und Kampf*, 27f.

867 Brentano, *Mein Leben*, 169f.; Grotjahn, *Erlebtes*, 98f. und 147; Oppenheimer, *Erlebtes*, 153f.;
Unger-Winkelried, *Von Bebel zu Hitler*, passim.

868 Lange, *Lebenserinnerungen*, 230 (Zitat). Vgl. Grotjahn, *Erlebtes*, 148 („die vollständige gesellschaftliche Isolierung, die selbst in Berlin den Sozialdemokraten gegenüber herrschte");
Weisbach, *„Und alles ist zerstoben"*, 109f.

869 Scheidemann, *Memoiren*, 201; Weisbach, *„Und alles ist zerstoben"*, 109f.; vgl. Grotjahn,
Erlebtes, 49.

870 Grotjahn, *Erlebtes*, 59.

871 Scheidemann, *Memoiren*, 202 (Zitat). Vgl. auch hier Grotjahn, *Erlebtes*, 61, und seine Feststellung, „daß nicht bloß der Obrigkeitsstaat an der großen Kluft schuld hatte, welche die Sozialdemokratie vom übrigen Volke trennte, sondern auch sie selbst, weil sie sich nicht rechtzeitig und nicht mit der nötigen Offenheit in den Rahmen des Staates, der auch damals nicht
nur Klassenstaat war, einzufügen wußte."

872 Bäumer, *Lebensweg*, 205 (Zitat); analog dazu Baumgarten, *Meine Lebensgeschichte*, 161,
sowie ebenfalls Grotjahn, *Erlebtes*, 99 und 106.

873 Baumgarten, *Meine Lebensgeschichte*, 209; Borbein, *Werde, der du bist*, 89.

874 Claß, *Wider den Strom*, 210.

875 So Brentano, *Mein Leben*, 229, der allerdings ebd., 240, auf eine wachsende Bereitschaft der
Sozialdemokraten zur Verteidigung des Reichs hinweist. Vgl. Baumgarten, *Meine Lebensgeschichte*, 216; Unger-Winkelried, *Von Bebel zu Hitler*, 76f.

Akademiker von einer Mitwirkung in der Partei abhielt.[876] Ebenso dogmatisch habe der politische Arm der Arbeiterschaft „den Kampf gegen den bestehenden Staat mit aller Energie aufgenommen" und – zum Schaden der eigenen Klientel – im umfassenden Sinne Fundamentalopposition betrieben, wie in acht Erinnerungswerken direkt oder indirekt postuliert wird[877]; eine Einzelstimme konzediert den Vertretern der Sozialdemokratie immerhin, „nach 1890 mehr und mehr von den Mitteln Gebrauch" gemacht zu haben, „welche die bestehende Ordnung ihnen zur Besserung ihrer Lage bot"[878], während eine weitere ihnen eine „zweideutige Stellung zwischen Revolutionarismus und Opportunismus" vorhält.[879] Zwei Verfassern zufolge richtete sich die Ablehnung dabei nicht zuletzt (ungerechtfertigterweise) gegen den Kaiser selbst.[880] Auf der anderen Seite machen zwei Autoren Wilhelm II. bzw. die (Reichs-)Behörden, die „der Sozialdemokratie mit verfehlten Gewaltmitteln zu Leibe gegangen" seien, für deren Entfremdung von Krone und Staat mitverantwortlich.[881] Fünf weitere bestätigen die kontraproduktive Wirkung von Restriktionen durch Gesetzgebung (Vereinsrecht[882]), Rechtsprechung und Exekutive im Reich und in Preußen als dominierendem größten Bundesstaat.[883] Ein Verfasser zeiht unterdessen die Reichsregierung einer (noch zu) „laschen Auffassung über die Gefährlichkeit der Sozialdemokratie".[884]

876 Grotjahn, *Erlebtes*, 105f., 154 und öfter.
877 Bäumer, *Lebensweg*, 258; Baumgarten, *Meine Lebensgeschichte*, 226f.; Bernhardi, *Denkwürdigkeiten*, 171; Binz, *Aus dem Leben*, 42; Einem, *Erinnerungen*, 67 (Zitat); Jagemann, *Fünfundsiebzig Jahre*, 250; Wermuth, *Ein Beamtenleben*, 265; Thoma, *Erinnerungen*, 270 („Die Sozialdemokratie aber (...) hat den Angriff gegen die gefährlichen Schadenstifter [in der Staatsführung] abgeschwächt, von ihnen abgelenkt durch maßlose und doktrinäre Polemik gegen den Kapitalismus."). Vgl. auch Schmitz, *Ergo sum*, 42, der der Partei „ressentimenthaften Fanatismus" vorwirft. Zur dementsprechenden Beurteilung der Reichstagsfraktion vgl. oben, Kap. II. 2.
878 Brentano, *Mein Leben*, 198.
879 Grotjahn, *Erlebtes*, 60f.
880 Einem, *Erinnerungen*, 143; vgl. Unger-Winkelried, *Von Bebel zu Hitler*, 39 und 79.
881 Claß, *Wider den Strom*, 53; Weisbach, *„Und alles ist zerstoben"*, 163 (Zitat).
882 Das in der Zeit vor 1871 wurzelnde restriktive Reichsvereinsrecht wurde nach 1890 vor allem gegen sozialdemokratische Zusammenschlüsse zur Anwendung gebracht; das sogenannte „Verbindungsverbot" wurde dann 1899 per Reichsgesetz gekappt (Hertz-Eichenrode, *Deutsche Geschichte 1890–1918*, 70f.).
883 Brentano, *Mein Leben*, 199f.; Grotjahn, *Erlebtes*, 52, 59 und 67f.; Michaelis, *Für Staat und Volk*, 188; Scheidemann, *Memoiren*, 98f., 122 und öfter; Wille, *Aus Traum und Kampf*, 30. Vgl. auch Scheidemann, *Memoiren*, 159, zur „Diätenlosigkeit" im Reichstag, die angeblich den Sinn hatte, die Mandatsausübung „von armen Schluckern" zu verhindern (für sozialdemokratische Abgeordnete sei im Zweifelsfall die Parteikasse eingesprungen). – Erst 1906 wurde das verfassungsmäßig verankerte „Diätenverbot" im Reich (faktisch) aufgehoben, die Reichstagsabgeordneten erhielten von nun an eine „Aufwandsentschädigung" (Huber, *Deutsche Verfassungsgeschichte*, IV, 894f.).
884 Einem, *Erinnerungen*, 68; vgl. ebd., 158f.

3. Die Sozialdemokratische Partei und ihre Konkurrenten – Die Gewerkschaften

Gut ein Dutzend Lebenserinnerungen thematisieren das Verhältnis der Sozialdemokratischen Partei zu den übrigen Reichstagsparteien sowie zu außerparlamentarischen Organisationen und deren Haltung zur Sozialen Frage. Analog zum oben zitierten Postulat der Fundamentalopposition[885] stellt ein Verfasser fest, „daß die Arbeiterpartei es nicht verstand, auf dem Boden der monarchistischen [!] Verfassung Realpolitik mit Koalitionspolitik zu treiben", und durch ihre letztlich kompromisslos radikale Haltung auch die Chance auf eine Erweiterung ihrer Anhängerschaft durch enttäuschte Wähler der Liberalen verspielt habe.[886] Zwei weitere Autoren schreiben unterdessen dem linksliberalen Lager im Reichstag ein ausgeprägtes Engagement für die Arbeiterinteressen zu[887]; eine Einzelstimme nennt die Bewegungen um Stoecker und Naumann bzw. deren Organisationen als außerparlamentarische Streiter gegen den ausufernden Kapitalismus neben der Sozialdemokratischen Partei.[888] Die christlich-soziale und vor allem die nationalsoziale Bewegung werden darüber hinaus von neun Autobiographen für bedeutsam gehalten[889], wobei drei ihre Konkurrenzstellung zur Sozialdemokratie betonen[890], drei weitere das Scheitern der Naumannschen Alternative besonders vermerken.[891] Während dagegen eine Einzelstimme dem Zentrum mangelndes „Verständnis für die rote Gefahr" vorwirft[892], verweisen diese und zwei weitere auf den „Reichsverband gegen die Sozialdemokratie"[893], dessen Wirken positiv hervorgehoben[894]

---

885 Zur Sozialdemokratischen Partei als fundamentaloppositioneller Kraft auch im Reichstag (neben dem Zentrum), zum preußischen Dreiklassenwahlrecht als Konfliktpunkt und zur generellen Rolle anderer Parteien im Reich s. oben, Kap. II. 2.

886 Grotjahn, *Erlebtes*, 102–104, 105 (Zitat) und 147.

887 Brentano, *Mein Leben*, 261 und öfter; Roloff, *In zwei Welten*, 95. Baumgarten, *Meine Lebensgeschichte*, 217, bescheinigt unterdessen den Nationalliberalen einen „Mangel an sozialer Gerechtigkeit und sozialem Reformtrieb."

888 Baum, *Rückblick*, 89. Bereits 1878 hatte der Theologe und Hofprediger Adolf Stoecker die sozialreformerische Christlich-Soziale Partei (mit antisemitischer Grundfärbung) gegründet, die sich bald mit der Deutschkonservativen Partei verband und 1896 einging. Im selben Jahr gründete der ehemalige Anhänger Stoeckers und Pfarrer Friedrich Naumann den „Nationalsozialen Verein" mit dem Ziel, „die Einheit von Monarchie, Staat und Arbeiterbewegung [zu] stiften"; der Verein stürzte bei den Reichstagswahlen von 1903 in die Bedeutungslosigkeit ab und wurde bald danach aufgelöst (Hertz-Eichenrode, *Deutsche Geschichte 1890–1918*, 30f. und 35).

889 Christlich-soziale Bewegung/Stoecker: Behrens, *Franz Behrens*, 155 und 157; Siegfried, *Aus dem Bilderbuch*, II, 166; Schulenburg, *Streiflichter*, 143f. Nationalsoziale Bewegung/Naumann: Brentano, *Mein Leben*, 230; Raff, *Blätter*, 231.

890 Brentano, *Mein Leben*, 228f.; Roloff, *In zwei Welten*, 56; Unger-Winkelried, *Von Bebel zu Hitler*, 49.

891 Grotjahn, *Erlebtes*, 102; Roloff, *In zwei Welten*, 95; Wulff, *Lebenswege*, 90.

892 Liebert, *Aus einem bewegten Leben*, 177.

893 1904 gegründet, sah der „Reichsverband" als „national und nationalistisch" ausgerichtete Massenorganisation seine Hauptaufgabe in der „Gründung ‚reichstreuer' Arbeiterorganisationen" in Konkurrenz zur Sozialdemokratie und den Gewerkschaften, wobei der Erfolg bescheiden blieb (Nipperdey, *Deutsche Geschichte*, II, 606f.).

oder aber als verantwortlich für eine zunehmende „Gehässigkeit" der konservativen Kräfte in den Wahlkämpfen und einen Niveauverfall im Umgang der Abgeordneten untereinander gebrandmarkt wird.[895]

Die in der Wilhelminischen Epoche sich herausbildenden Gewerkschaften, ihre unterschiedlichen ideologischen Prägungen und Zielsetzungen, ihre Tätigkeit sowie ihr Verhältnis untereinander sind Gegenstand der Erörterungen in zehn Erinnerungswerken. Analog zu den oben angeführten Aussagen zur Entwicklung der Sozialdemokratie konstatieren dabei drei Verfasser einen starken Aufschwung auch der Gewerkschaften nach 1890, wobei besonders die Vielfalt und damit Uneinheitlichkeit der entstehenden Organisationen hervorgehoben wird.[896] Zwei davon sowie sechs weitere Autoren gehen auf diese Unterschiede näher ein: Mit der allmählichen Herausbildung christlicher Gewerkschaften in den 1890er Jahren[897] sei die Konkurrenz zwischen diesen und den sozialdemokratisch geprägten Organisationen zu einer Konstante geworden, wobei die erbittert geführten Auseinandersetzungen nicht selten von persönlichen Feindschaften geprägt gewesen seien und oftmals auch vor Gericht geendet hätten.[898] Innerhalb der christlichen Gewerkschaften, so drei dieser Verfasser anhand unterschiedlicher Beispiele, führten Zentralisierungsbestrebungen, konfessionelle Streitigkeiten und fachliche Trennungen immer wieder zu Irritationen und Beeinträchtigungen der Arbeit.[899] Was schließlich konkrete Aktivitäten und ihre Ergebnisse anbelangt, bescheinigen vier Autoren den Gewerkschaften ein intensives Bemühen um eine Verbesserung der Lage der Arbeiter und auch Einsatzbereitschaft in diesem Punkt[900], wobei allerdings nur einer Erfolge im Bereich „der wirtschaftlichen Lage eines beträchtlichen Teiles der Arbeiterschaft" sieht[901]; zwei andere bemängeln hingegen den hemmenden Einfluss „parteipolitische[r] Kampfinteressen"[902] bzw. die Diskrepanz zwischen den Hoffnungen der Klientel und den tatsächlichen Möglichkeiten der

894 Claß, *Wider den Strom*, 100; Liebert, *Aus einem bewegten Leben*, 175.
895 Scheidemann, *Memoiren*, 88 (Zitat), 93f. und 117.
896 Bittmann, *Werken und Wirken*, II, 104f. und öfter; Behrens, *Franz Behrens*, 161f.; Brentano, *Mein Leben*, 198 und 312. Vgl. auch Jagemann, *Fünfundsiebzig Jahre*, 150, der mit Blick auf das Streikwesen eine Entwicklung hin zum jeweiligen Ausstand nur einer Berufsgruppe, nicht der gesamten Arbeiterschaft innerhalb eines Industriezweigs bzw. Unternehmens feststellt.
897 Bittmann, *Werken und Wirken*, I, 164; Giesberts, *Aus meinem Leben*, 6; vgl. auch Baumgarten, *Meine Lebensgeschichte*, 253.
898 Behrens, *Franz Behrens*, 155–158 und öfter; Giesberts, *Aus meinem Leben*, 5f.; Imbusch, *Die Brüder Imbusch*, 5, 10 und öfter; Stegerwald, *Aus meinem Leben*, 7f. und öfter; Wiedeberg, *Josef Wiedeberg*, 215f. Unger-Winkelloh, *Von Bebel zu Hitler*, 63, betont darüber hinaus eine schrittweise Vereinnahmung der freien Gewerkschaften durch die Sozialdemokratie.
899 Behrens, *Franz Behrens*, 159f.; Imbusch, *Die Brüder Imbusch*, 7; Stegerwald, *Aus meinem Leben*, 9.
900 Behrens, *Franz Behrens*, passim, Giesberts, *Aus meinem Leben*, passim; Imbusch, *Die Brüder Imbusch*, passim.
901 Noske, *Noske*, 25f.
902 Behrens, *Franz Behrens*, 160.

(hier christlichen) Gewerkschaften.[903] Eine Einzelstimme verweist schließlich auf Anfeindungen und Repressionen durch staatliche gelenkte Presse und Justiz.[904]

IX. FRAUEN UND FRAUENBEWEGUNG

1. Frauen in der Gesellschaft

Die prinzipielle Stellung der Frau in der wilhelminischen Gesellschaft spielt in rund zehn Autobiographien und Memoiren eine Rolle. Fünf Verfasserinnen konstatieren dabei zunächst Unselbständigkeit und geringes Ansehen von Frauen als Konstanten in der betrachteten Epoche.[905] Sechs Autoren gehen detaillierter auf die Aufgaben bzw. Möglichkeiten ein, die dem weiblichen Geschlecht in der Gesellschaft zugedacht waren: Junge Frauen hätten sich in ihren Familien grundsätzlich in einer abhängigen, dienenden Position befunden und dieser Lage meist durch eine Heirat zu entkommen gesucht.[906] Als Alternativen hätten sich „soziales" Engagement[907] oder aber Berufstätigkeit angeboten, wobei jedoch, wie zwei Autobiographinnen bemerken bzw. ausführen, die Möglichkeiten eng begrenzt gewesen und zumindest im (gehobenen) Bürgertum Erwerbsarbeit auch „als nicht standesgemäß erachtet" worden sei.[908] Darüber hinaus bemängeln zwei Stimmen den „Zustand der ‚doppelten Moral' mit seiner Unwahrhaftigkeit, mit seinen Demütigungen der Frau in und außerhalb der Ehe"[909], d. h. die allgemeine Akzeptanz außerehelicher sexueller Beziehungen von Männern, dem „gegenüber gleichwohl um jeden Preis die Fiktion des Nichtwissens aufrechterhalten werden mußte (…) als Ausdruck zugleich schweigenden Sichabfindens (…)."[910]

---

903 Giesberts, *Aus meinem Leben*, 6.

904 Imbusch, *Die Brüder Imbusch*, 9f.

905 Bäumer, *Lebensweg*, 183; Hahn, *Dein Vater*, 36; Pless, *Tanz*, I, 55 („Warum konnte ein Mann alles tun und eine Frau nichts?"); Treuberg, *Zwischen Politik und Diplomatie*, 34 („Aber was eine Frau sagte oder riet, war in den Wind gesprochen."); Schlosser, *Aus dem Leben*, 149.

906 Salomon, *Jugend- und Arbeitserinnerungen*, 7f.; vgl. Feesche, *Bei mir daheim*, 28; Scholz, *An Ilm und Isar*, 114.

907 Salomon, *Jugend- und Arbeitserinnerungen*, 9f.

908 Raff, *Blätter*, 214 („Mit dem mächtigen Anwachsen der Industrie hatte die Abwanderung junger Mädchen in die Fabriken und Geschäfte eingesetzt. Den Töchtern der sog. besseren Stände blieb nur die Wahl zwischen dem Beruf der Lehrerin, der Erzieherin, der Gesellschafterin oder der Krankenpflegerin. Von den meisten heutigen Frauenberufen wußte man noch nichts (…). Und erst recht nichts von der zu alledem erforderlichen gründlichen Schulung. War ein junges Mädchen für eine Kunst besonders veranlagt, so hatte sie [!] (…) meist große Schwierigkeiten seitens der Familie zu überwinden."); vgl. Rhoda Erdmann, Typ eines Ausbildungsganges weiblicher Forscher, in: *Führende Frauen Europas. In sechzehn Selbstschilderungen*, herausgegeben und eingeleitet von Elga Kern. *Mit einem Selbstporträt von Käthe Kollwitz und sechzehn Porträts*, München 1928, 35–54, hier 41 (Beruf der Lehrerin).

909 Bäumer, *Lebensweg*, 230. Vgl. dazu oben, Kap. VII. 3.

910 Lange, *Lebenserinnerungen*, 231. Vgl. auch ebd., 227: „das Philistertum und die Herrenmoral, die den Frauen entgegenstanden".

Was nun die Veränderungen in der Wilhelminischen Zeit anbelangt, strebten die Frauen zwei Erinnerungswerken zufolge mehr und mehr nach Selbständigkeit und forderten erweiterte Perspektiven für sich ein.[911] Darüber sei es jedoch zu einer Vernachlässigung der familiären Pflichten bzw. zum Verlust der für die Haushalts- und Familienführung erforderlichen Fähigkeiten gekommen[912], bemängelt eine weitere Stimme, während wiederum eine andere die Kausalitäten umgekehrt sieht, indem sie ein verstärktes Streben von Frauen nach besserer schulischer Bildung, Berufstätigkeit und öffentlichem Engagement in einer Auflösung der Familien(strukturen) und einem damit einhergehenden Schwinden weiblichen Einflusses begründet sieht, was habe kompensiert werden müssen.[913] Zwei Autobiographinnen begründen unterdessen das von ihnen ebenfalls konstatierte zunehmende Streben der Frauen in den Beruf mit wirtschaftlichen Notwendigkeiten[914] bzw. einem Generationenkonflikt „von Müttern und Töchtern", in dem die Jugend nach Eigenständigkeit verlangt habe.[915] Auch auf dem Gebiet von Liebe und Ehe, so drei Verfasser, habe man nach „Emanzipation" gestrebt, und zwar, wie zwei davon betonen, im Sinne gleicher Maßstäbe für das Handeln von Mann und Frau und für die Verwirklichung des Ideals der Ehe[916], während es der dritten Stimme zufolge vor allem um „Kettenzerreißen" ging.[917] In gewisser Weise resümiert schließlich ein Autobiograph diese Feststellungen, wenn er konstatiert, dass

„viele moderne deutsche Mädchen (...) grundsätzlich durchaus den Weg zur Freiheit gehen [wollten], ohne aber gefühlsmäßig frei zu sein von den ererbten Bindungen, die sich durch frühere Generationen bewährt hatten."[918]

2. Die Frauenbewegung – Aufgaben, Ziele, Organisation

Für 20 Urheber von Lebenserinnerungen bilden die Frauenbewegung und ihre Tätigkeit einen relevanten Themenkomplex. Fast alle nennen dabei zunächst grundsätzlich die Frauenbewegung bzw. das organisierte Streben nach Emanzipation als (folgenreiches) Epochenphänomen[919], drei mit deutlich abwertendem bzw.

---

911 Bäumer, *Lebensweg*, 177 und 183; vgl. Heine, *Mein Rundgang*, 113f.

912 Auguste Sprengel, *Erinnerungen aus meinem Schulleben*, Berlin 1932, 43 („Es bestand die Gefahr, daß für unser Volksleben wichtige Werte verloren gingen (...).").

913 Schulenburg, Streiflichter, 147. Zur Lage der Familien s. oben, Kap. VII. 1.

914 Baumgarten, *Meine Lebensgeschichte*, 254.

915 Salomon, Jugend- und Arbeitserinnerungen, 13. Vgl. auch hierzu Schulenburg, Streiflichter, 145; oben, Kap. VII. 1.

916 Lange, *Lebenserinnerungen*, 232; Oppenheimer, *Erlebtes*, 132.

917 Heine, *Mein Rundgang*, 89 (Zitat) und 114.

918 Schmitz, *Ergo sum*, 45.

919 Vgl. Bäumer, *Lebensweg*, 140 und 210f.; Hahn, *Dein Vater*, 29; Heyl, *Aus meinem Leben*, 103 und 133f.; Kröcher, *Die alte Generation*, 257f.; Lange, *Lebenserinnerungen*, 214; Martens, *Schonungslose Lebenschronik*, II, 67; Raff, *Blätter*, 206 und 215; Salomon, Jugend- und Arbeitserinnerungen, 11 und 17; Schlosser, *Aus dem Leben*, 149f.; Scholz, *An Ilm und Isar*, 19; Unger-Winkelried, *Von Bebel zu Hitler*, 52 und öfter; Vely, *Mein schönes und schweres Leben*, 415ff., 466, 473f., 478f. und öfter; Else Wentscher, *Mutterschaft und geistige Arbeit*

kritischen Unterton.[920] Zu den Aufgaben der Frauenbewegung äußern sich sieben Verfasser: Vier davon weisen zunächst auf die prinzipielle Unbegrenztheit des Tätigkeitsfeldes bzw. seine Bedingtheit durch die Zeitläufte hin,

> „[d]enn es gab ja kein Sachgebiet und keine seelische Lebensfrage, die nicht berührt, keine geistigen Kräfte, die nicht für diesen großen Umbau des Frauenschicksals positiv oder negativ wirksam wurden.“[921]

Drei von diesen sowie zwei weitere Stimmen nennen dann auch die durch die zunehmende Industrialisierung verstärkten sozialen Probleme bzw. die Lage der Arbeiterschaft, außerdem die Friedens-[922] und die Jugendbewegung[923] als quasi untrennbar mit den Anliegen der Frauen und der Frauenbewegung verknüpfte Bereiche.[924] Konkret führen schließlich drei Autobiographinnen Fragen des Vormundschaftswesens und der Fürsorgeeinrichtungen[925], des Mutterschutzes[926] sowie der freien Berufswahl von Frauen[927] als zu lösende Aufgaben an.

Die Organisationsformen der Frauenbewegung bzw. die aus ihr hervorgegangenen Vereine und Verbände sowie die Möglichkeiten der politischen Betätigung werden in sieben Erinnerungswerken näher beleuchtet. Die Gründung zahlreicher Frauenvereine bzw. „Frauenklubs“ sowie diverser Hilfs- und Unterstützungsvereine und ihre sukzessive Vermehrung finden dabei im Ganzen Erwähnung in fünf Rückblicken[928]: Der 1894 ohne „die konfessionellen Verbände und die Sozialdemokratinnen“ gegründete „Bund Deutscher Frauenvereine als Dachorganisation“, die alle Schichten des Bürgertums wie auch den Adel einschloss, wird von zwei Verfasserinnen hervorgehoben[929]; zwei weitere Stimmen konstatieren korrespondierend dazu, dass die „Arbeiterinnenbewegung (…) in scharfem Gegensatz ge-

---

(Schriften zur Frauenbildung, 10 = Friedrich Mann's Pädagogisches Magazin. Abhandlungen vom Gebiete der Pädagogik und ihrer Hilfswissenschaften, 1115), Langensalza 1926, 11; Weisbach, *„Und alles ist zerstoben“*, 366; Wolzogen, *Wie ich mich ums Leben brachte*, 187f.

920 Heine, *Mein Rundgang*, 89; Jagemann, *Fünfundsiebzig Jahre*, 246 („das (…) Treiben von extravaganten Frauen für Straflosigkeit von Ehebruch, Konkubinat und Abtreibung“) und 258 („Frauenrechtlerei“); Martens, *Schonungslose Lebenschronik*, I, 239, und II, 67 („Die Frauenbewegung hatte es leicht, wo es an rechten Männern fehlte (…).“).

921 Bäumer, *Lebensweg*, 170, 173 und 216f. (Zitat); vgl. Baum, *Rückblick*, 111; Heyl, *Aus meinem Leben*, 74; Lange, *Lebenserinnerungen*, 226.

922 Vgl. dazu oben, Kap. IV. 9.

923 Vgl. oben, Kap. VII. 1.

924 Baum, *Rückblick*, 65 und 111; Bäumer, *Lebensweg*, 160, 179f. und 209; Lange, *Lebenserinnerungen*, 196f. und 228; Schmitz, *Ergo sum*, 215; Schulenburg, *Streiflichter*, 148.

925 Baum, *Rückblick*, 90f. und 108.

926 Salomon, *Jugend- und Arbeitserinnerungen*, 17f. Vgl. auch Lange, *Lebenserinnerungen*, 222f.

927 Lange, *Lebenserinnerungen*, 196f.

928 Baum, *Rückblick*, 66; Bäumer, *Lebensweg*, 232 und 235f.; Heine, *Mein Rundgang*, 115; Heyl, *Aus meinem Leben*, 70–79 und 127; Salomon, *Jugend- und Arbeitserinnerungen*, 13 und 26.

929 Baum, *Rückblick*, 112 (Zitat); vgl. Lange, *Lebenserinnerungen*, 219, 223–226 und 240. Vgl. zum Dachverband wie zu weiteren (Unter-)Organisationen und Berufsverbänden Nipperdey, *Deutsche Geschichte*, I, 82f. und 85ff.

gen die sogenannte ‚bürgerliche Frauenbewegung' entstand (...)."[930] Einzelstimmen nennen außerdem den 1914 ins Leben gerufenen Hausfrauenbund[931] und den Lehrerinnenverband[932] und verweisen darüber hinaus auf die Entstehung weiterer ausdifferenzierter „Berufsvereine" sowie spezieller Organisationen für Teilprobleme der Frauenbewegung.[933] Was schließlich die Möglichkeiten genuin politischer Betätigung angeht, halten zwei Autorinnen fest, dass Frauen vor dem Weltkrieg kein Wahlrecht hatten[934], ebenfalls zwei konstatieren einen Drang nach Mitwirkung, der jedoch von mannigfachen Vorurteilen seitens der männlichen Politiker gehemmt worden sei.[935] Eine der letztzitierten Verfasserinnen sowie zwei weitere weisen in diesem Zusammenhang darauf hin, dass Frauen bis zum Reichsvereinsgesetz von 1908 fast überall gesetzlich von der Mitgliedschaft in politischen Vereinigungen ausgeschlossen waren[936], die Parteien jeglicher Couleur allerdings auch oftmals kein Interesse an einer Mitarbeit weiblicher Kräfte gehabt hätten[937]; nach 1908 habe sich die Lage dann geändert, seien etwa den etablierten Parteien entsprechende Frauenvereinigungen angegliedert worden.[938]

3. Mädchen und Frauen in Schule, Universität und Berufsleben

20 Autobiographen halten das weibliche Streben nach dem Zugang zu höherer schulischer sowie akademischer Bildung, die damit verbundenen Probleme bzw. Hemmnisse sowie die Ergebnisse dieser Bemühungen für bedeutsam. Was zunächst die Lage um 1890 und in den Jahren danach angeht, weisen zehn Autoren auf den verbreiteten Wunsch nach einer Verbesserung der schulischen Mädchenbildung[939], der Einrichtung von regulären Gymnasien und der Zulassung von Frauen zum Hochschulstudium hin, für die sich auch die Frauenbewegung eingesetzt habe[940], während sich Staat und Universitäten ablehnend verhalten hätten.[941] Zwei Verfasserinnen verzeichnen daneben die Einrichtung privater Kurse, die

---

930 Salomon, Jugend- und Arbeitserinnerungen, 18 (Zitat); vgl. Unger-Winkelried, *Von Bebel zu Hitler*, 53.
931 Bäumer, *Lebensweg*, 248.
932 Lange, *Lebenserinnerungen*, 181f.
933 Ebd., 197 und 220; vgl. Heyl, *Aus meinem Leben*, 106 und 112.
934 Bäumer, *Lebensweg*, 220; Lange, *Lebenserinnerungen*, 241.
935 Baum, *Rückblick*, 65f.; Bäumer, *Lebensweg*, 220.
936 Zu den Erleichterungen und Vereinheitlichungen von 1908 vgl. Huber, *Deutsche Verfassungsgeschichte*, IV, 296.
937 Lange, *Lebenserinnerungen*, 222 und 237–239; Unger-Winkelried, *Von Bebel zu Hitler*, 59.
938 Bäumer, *Lebensweg*, 240f.
939 Vgl. ebd., 97f., zur Dürftigkeit des Unterrichts im Allgemeinen sowie in Literatur und Geschichte im Besonderen.
940 Brandl, *Zwischen Inn und Themse*, 251; Erdmann, Typ eines Ausbildungsganges, 40; Lange, *Lebenserinnerungen*, 175, 179f., 200 und 204; Raff, *Blätter*, 214; Tiburtius, *Erinnerungen*, 191; Waldeyer-Hartz, *Lebenserinnerungen*, 196; Zorn, *Aus einem deutschen Universitätsleben*, 114.
941 Baum, *Rückblick*, 28; Lange, *Lebenserinnerungen*, 213f.; Wentscher, *Mutterschaft*, 6.

jungen Frauen schon ab Beginn der 1890er Jahre Möglichkeiten höherer Bildung eröffnet und zur Mitte des Jahrzehnts erste Abiturientinnen hervorgebracht hätten, sowie die generelle Zulassung von Frauen zum Gymnasialexamen im Jahr 1898 durch einen Bundesratsbeschluss[942], was dann auch drei anderen Stimmen zufolge für erste Studentinnen an den Universitäten im Reich sorgte, wenngleich es noch keine einheitlichen Regelungen für deren Zulassung gegeben habe.[943] Von regelrechten Mädchengymnasien war unterdessen, wie zwei Erinnerungswerke festhalten, um 1900 noch kaum die Rede[944], was sich dann flächendeckend mit der preußischen Mädchenschulreform von 1908[945] geändert habe, die vier weitere Autobiographien als „epochemachend" festhalten, auch hinsichtlich der Ausrichtung des Schulstoffs auf „die Verstandesbildung sowie die Erziehung zu selbständiger und selbsttätiger Beurteilung".[946] Zwei der hier zitierten Verfasserinnen heben in diesem Zusammenhang die Mitwirkung der Frauenverbände an der Reform hervor, auch als „etwas wie eine erste amtliche Anerkennung der Frauenbewegung"[947], während eine andere dagegen die Gesetzgebung von 1908 für die Verhinderung „weibliche[r] Leitung öffentlicher Mädchenschulen" rügt, die ihrer Meinung nach Teil eines organisierten Kampfes gegen die Frauenbewegung insgesamt war.[948] Im Ganzen jedenfalls halten vier Autobiographen das ab 1908 generell mögliche Frauenstudium für epochenrelevant[949]; drei Verfasserinnen konstatieren allerdings, dass weibliche Studenten in der Wilhelminischen Zeit grundsätzlich etwas Ungewöhnliches gewesen seien.[950] Abseits der beschriebenen Entwicklungen werden schließlich von sechs Stimmen die Möglichkeiten beruflicher Bildung vor dem Weltkrieg thematisiert und dabei vor allem die schrittweise Einrichtung von „sozialen Frauenschulen"[951], aber auch speziell die angeblich mangelhafte Aus- und Fortbildung von Industriearbeiterinnen[952], das Aufkommen „der hauswirt-

---

942 Lange, *Lebenserinnerungen*, 204f. und 210f.; Tiburtius, *Erinnerungen*, 206 und 219.
943 Heyl, *Aus meinem Leben*, 104; Salomon, Jugend- und Arbeitserinnerungen, 16f.; Wentscher, *Mutterschaft*, 10.
944 Baum, *Rückblick*, 88; Erdmann, Typ eines Ausbildungsganges, 42.
945 Vgl. dazu Huber, *Deutsche Verfassungsgeschichte*, IV, 921f.
946 Baumgarten, *Meine Lebensgeschichte*, 203f. (das Zitat 204); Bäumer, *Lebensweg*, 211; Borbein, *Werde, der du bist*, 127 und 152; Lange, *Lebenserinnerungen*, 211f. („Niemand hätte wohl damals gedacht, daß noch zwölf Jahre ins Land gehen würden, bis Preußen sich zu dem Entschluß durchrang, das weltstürzende Experiment einer ordnungsmäßigen Zulassung weiblicher Abiturienten zu seinen Hochschulen zu wagen.").
947 Bäumer, *Lebensweg*, 211 (Zitat); vgl. Lange, *Lebenserinnerungen*, 245f.
948 Lange, *Lebenserinnerungen*, 252–255 und 274 (das Zitat 253); vgl. dazu auch Borbein, *Werde, der du bist*, 154.
949 Baum, *Rückblick*, 88; Tiburtius, *Erinnerungen*, 220; Schlatter, *Erlebtes*, 47; Sprengel, *Erinnerungen*, 42f. Vgl. dazu Huber, *Deutsche Verfassungsgeschichte*, IV, 921f.
950 Bäumer, *Lebensweg*, 134f. und 153–155; Schlosser, *Aus dem Leben*, 150–152 und 159; Hahn, *Dein Vater*, 36.
951 Feesche, *Bei mir daheim*, 21; Salomon, Jugend- und Arbeitserinnerungen, 13f. und 24f.; Schulenburg, Streiflichter, 148f. Vgl. zur „Ausbildung für Sozialarbeit", die schon früh ein Anliegen der Frauenbewegung war, Nipperdey, *Deutsche Geschichte*, I, 81f. (das Zitat 82).
952 Baum, *Rückblick*, 92.

schaftlichen Bildung"[953] sowie eine im Ganzen zu Wünschen übrig lassende Vorbereitung auf den Lehrberuf[954] erwähnt.

Die Situation von berufstätigen Frauen hat in der Darstellung von sieben Erinnerungswerken einen Platz. Eine Verfasserin verweist summarisch auf die in der Wilhelminischen Epoche stark anwachsenden, vielfältigen Möglichkeiten der Berufsausübung[955], drei nennen konkret Pflegeberufe[956], den wissenschaftlichen Bibliotheksdienst[957] und die Tätigkeit als Ärztin[958], wobei die letztzitierte Stimme zugleich auf die parallel sich einstellende Akzeptanz in Staat und Gesellschaft hinweist; eine weitere konstatiert auch den Wegfall „nackte[r] oder verhüllte[r] Konkurrenzfurcht" vonseiten der männlichen Kollegen[959], schreibt solchem Konkurrenzdenken allerdings speziell für das ebenfalls wachsende Berufsfeld der Lehrerin ebenso wie eine weitere Autorin große Bedeutung als hemmendes Moment zu.[960] Während schließlich eine bereits zitierte Verfasserin darüber hinaus die Bedeutung von Frauenarbeit für die deutsche Wirtschaft betont[961], macht eine andere zumindest die Gefahr der „Zerstörung weiblicher Eigenart" durch die zunehmende Berufstätigkeit aus.[962]

4. Reaktionen von Staat und Gesellschaft

Wie Staat und Gesellschaft zu den Ambitionen vieler Frauen, den Aktivitäten der Frauenbewegung und den erreichten Verbesserungen standen, wird von zehn Autobiographen festgehalten. Drei Stimmen verzeichnen zunächst das Bestehen von Vorurteilen und Ressentiments gegenüber der Frauenbewegung im Ganzen[963],

---

953 Heyl, Aus meinem Leben, 106.

954 Bäumer, *Lebensweg*, 114, 118 und 147f.; Heyl, *Aus meinem Leben*, 103f.

955 Heyl, *Aus meinem Leben*, 135 („Die Frauen standen im Mittelpunkt des Interesses. Industrie und Handel zogen sie mehr und mehr in ihre Kreise und die Vereine gaben sich die größte Mühe, ihre Schulungsmöglichkeiten zu vervollständigen und zu verbessern sowohl für Gewerbe, Handwerk, soziale Arbeit, Kunstgewerbe und Kunst. Die einschlägige Presse nahm zu – das Studium eröffnete höhere Lehrfächer und im Bank[-] und Handelsfach stieg die Zahl der darin beschäftigten Frauen.").

956 Schröder, *Aus Hamburgs Blütezeit*, 143.

957 Ilse Franke-Oehl, Aus dem Wunderwald meines Lebens. Dichtung und Lichtung, in: Maria Köchling (Hg.), *Dichters Werden. Bekenntnisse unserer Schriftsteller*, Freiburg im Breisgau 1919, 75–106, hier 92.

958 Tiburtius, *Erinnerungen*, 192 und 218.

959 Lange, Lebenserinnerungen, 259.

960 Ebd., 181 und 248; vgl. Bäumer, *Lebensweg*, 134. Vgl. auch Sprengel, *Erinnerungen*, 37: „Dem Lehrermangel gegenüber gab es, nachdem die staatliche Prüfung eingeführt war und verschiedene Privatschulen (…) sich Seminare angegliedert hatten, bald ein Überangebot von Lehrerinnen (…)."

961 Heyl, Aus meinem Leben, 126.

962 Maltzahn, *An stillen Feuern*, 131.

963 Baum, *Rückblick*, 65; Heyl, *Aus meinem Leben*, 70 („daß die Frauenbewegung in Deutschland durchschnittlich sehr unpopulär war"); Raff, *Blätter*, 213 und 215 („die vielgehaßte Frauenbewegung").

eine davon sowie fünf weitere Autoren verweisen speziell auf den Vorwurf des schrankenlosen Individualismus[964], auf Misstrauen und Skepsis gegenüber weiblicher gymnasialer und akademischer Bildung[965], auf die Unterschätzung von Pflegeberufen[966], auf die Einstufung konstruktiver Beteiligung „junge[r] Mädchen" an politischen Versammlungen als „geradezu revolutionär"[967] sowie auf die Anrüchigkeit der schriftstellerischen Behandlung „erotische[r] Probleme" durch Frauen.[968] Während nun eine Autobiographin verbreitete Ignoranz nicht nur in der Männerwelt gegenüber der Arbeit der Frauenbewegung, sondern auch unter beruflich bzw. gesellschaftlich getrennten Frauengruppen gegenüber „den Leistungen der Mitschwestern" beklagt[969], sehen vier weitere regelrechten passiven wie aktiven Widerstand von Behörden, Gesellschaft und Familien gegen die Bewegung im Ganzen wie gegen das Streben einzelner Frauen nach Ausbildung und Berufstätigkeit am Werk.[970] Zwei der hier zitierten Stimmen konstatieren nichtsdestotrotz eine wachsende

> „Aufmerksamkeit, die den wichtigen Fragen der Erziehung, Ausbildung und der Erwerbsmöglichkeiten des weiblichen Geschlechts in der gesamten Kulturwelt entgegengebracht"

worden sei[971]; eine weitere ist der Meinung, dass „[d]er Wandel in den sozialen Anschauungen der maßgebenden Kreise (...) sich (...) auch in der Beurteilung der Frauenfrage" vollzog.[972] Vier Verfasserinnen schließlich sehen die Frauenbewegung überdies in „ihrem Drang nach freier Entwicklung im *Einverständnis* mit der herrschenden Zeitrichtung", d. h. mit dem Streben der jüngeren Generationen nach der Überwindung von Konventionen und nach geistiger wie persönlicher Freiheit.[973]

---

964 Baum, *Rückblick*, 236f.
965 Heine, *Mein Rundgang*, 133; Lange, *Lebenserinnerungen*, 204f.
966 Müller, *Begegnungen*, 106.
967 Salomon, Jugend- und Arbeitserinnerungen, 11.
968 Weisbach, *„ Und alles ist zerstoben"*, 143.
969 Heyl, *Aus meinem Leben*, 113f.
970 Baum, *Rückblick*, 112; Erdmann, Typ eines Ausbildungsganges, 39 („Viel besser kommen jene Frauen fort, die man einfach links liegen läßt. Das war um die Jahrhundertwende eine beliebte Art, die Frauen nicht zur Produktion gelangen zu lassen. Hatte die Frau aber genügend Widerstandskraft und wirklich inneren Beruf zum Forschen, so *verzögerte* im allgemeinen nur diese Methode ihren Aufstieg."); Heine, *Mein Rundgang*, 116; Lange, *Lebenserinnerungen*, 186 („Hieß es doch damals daß ganze Mißvergnügen von Behörden, Vorgesetzten, Kollegen, vielleicht auch Familie und Freundschaft auf sich ziehen, wenn man sich zu einer Gemeinschaft bekannte, die so im Gegensatz zum Hergebrachten, zur ganzen offiziellen Pädagogik stand.") und 253.
971 Heyl, *Aus meinem Leben*, 117 (Zitat); vgl. Heine, *Mein Rundgang*, 114 („Es war, als habe man die Frau plötzlich neu erfunden. Jedes Buch, das man aufschlug, sei Mann oder Frau der Verfasser, jede Zeitschrift handelte von ihr.").
972 Schulenburg, Streiflichter, 148.
973 Heine, *Mein Rundgang*, 118f. (das Zitat 118); Lange, *Lebenserinnerungen*, 196f. und 226; Salomon, Jugend- und Arbeitserinnerungen, 13; Schulenburg, Streiflichter, 145. Vgl. oben, Kap. VII. 1.

X. WELTANSCHAUUNG, GEISTESHALTUNG, MENTALITÄT

1. Christentum, weltliche Ideologien und Lebenseinstellung

Für knapp 20 Autobiographen kennzeichnet eine gesellschaftlich breit gelagerte Abwendung vom Christentum bzw. ein Verlust der Religiosität die Wilhelminische Epoche. Als Faktum stellen zunächst sieben von ihnen dieses Phänomen heraus.[974] Als Ursache dafür wird in elf Erinnerungswerken der Aufschwung von Technik, Naturwissenschaften und Wirtschaft[975] genannt, der rationalistisches Denken und eine Konzentration auf materielle Fragen gefördert habe:

> „Das Lebensgefühl der Menschheit verschob sich, ihre Teilnahme rückte immer weiter fort von den ewigen Dingen zu den so viel schwerer gewordenen praktischen Angelegenheiten des Tages. (…) Der ungeheure Aufschwung der Naturwissenschaft (…) verführte mit seiner unerhörten technischen Auswirkung (…) zu dem trügerischen Gedanken, daß das Letzte, Höchste, Tiefste, das Menschen von Leben und Welt überhaupt zu erfassen gegeben ist, hier zu erreichen sei."[976]

Zwei der so reflektierenden Autoren sowie vier weitere sehen hinter diesem Phänomen den negativen Einfluss bestimmter sich ausbreitender politischer bzw. weltanschaulicher Strömungen am Werk; konkret genannt werden hier die Sozialdemokratie bzw. der Sozialismus („Marxismus") und die ihm zu eigene rein ökonomische Betrachtungsweise aller Verhältnisse[977], der „Monismus" Ernst Haeckels mit seiner naturwissenschaftlichen Ausrichtung[978] sowie der mit Technik und Wirtschaft eng verknüpfte „Liberalismus" schlechthin.[979]

---

974 Baum, *Rückblick*, 17; Bäumer, *Lebensweg*, 145 und 229; Dibelius, Zeit und Arbeit, 5; Eucken, *Erinnerungen*, 78; Schlatter, *Erlebtes*, 44; Scholz, *Eine Jahrhundertwende*, 181; Werdeland, *Unter neuen Göttern*, 42 und 45.

975 Vgl. dazu oben, Kap. VI.; zu den Naturwissenschaften unten, Kap. XI. 3.

976 Scholz, *Berlin und Bodensee*, 273f. (vgl. auch ders., *Eine Jahrhundertwende*, 47f.); vgl. Baum, *Rückblick*, 113 und 115; Bäumer, *Lebensweg*, 130f.; Baumgarten, *Meine Lebensgeschichte*, 159; Dryander, *Erinnerungen*, 229; Heitefuß, *An des Meisters Hand*, 189f. (ebd., 189: „Die Technik, als führende Großmacht, brachte unerhörte kulturelle Fortschritte mit sich. Sie zwang das Denken des Menschen auf ein ganz neues Geleise. Er dachte fortan rational: welchen Nutzen habe ich persönlich davon? Das Gemüt verödete, und der Sonntag bekam ein neues Gesicht."); Lubarsch, *Ein bewegtes Gelehrtenleben*, 446; Sternheim, *Vorkriegseuropa*, 55, 80 („Christi Nächstenliebe, die nicht nur das eigene, des Mitmenschen Wohl dazuwill [!], war durch ,exakte Tatsachen' im weltbürgerlichen Leben ausgerottet!") und 122f.; Voigtländer, Robert Voigtländer, 199; Werdeland, *Unter neuen Göttern*, 59 („Wir glaubten an die Idee des Jahrhunderts, an die Idee des Fortschrittes wie an eine selbstverständliche Religion.") und 60f.; Wille, *Aus Traum und Kampf*, passim.

977 Bäumer, *Lebensweg*, 165, 199, 227 und 229; Dennert, *Hindurch zum Licht!*, 172, 176–178 und öfter.

978 Dennert, *Hindurch zum Licht!*, 180 und 196f. Haeckel propagierte die Gültigkeit der Lehren Darwins im Gegensatz zur christlichen Schöpfungslehre und lehnte damit das Christentum insgesamt ab; „er erhob den Monismus", wie er seine Lehre bezeichnete, „mit geradezu messianischem Ton selbst zur Religion" und stieß damit auf breite Resonanz (Nipperdey, *Deutsche Geschichte*, I, 509f., das Zitat 509).

979 Heitefuß, *An des Meisters Hand*, 305f. („Absolute Diesseitigkeit, Absage an jegliche Gemütswerte waren sein Gepräge."); Kühnemann, *Mit unbefangener Stirn*, 120f.; Oldenburg-Janu-

Für einen Teil der insgesamt vier Dutzend Stimmen, die Weltanschauung und Geisteshaltung der Deutschen (auch) unabhängig von der Lage der Religion thematisieren, spielte der „Liberalismus" grundsätzlich eine wichtige Rolle in der Epoche vor dem Weltkrieg, und zwar im Sinne eines zunehmenden Individualismus, eines „Drang[s] nach freier Entwicklung"[980], der zugleich dem Egoismus Vorschub geleistet[981] und auch eine ideologische Beliebigkeit beinhaltet habe[982], wie hier fünf Erinnerungswerke – bei einer Gegenstimme[983] – festhalten. Zwei weitere beklagen analog dazu, dass den Deutschen „in der Vielheit des Vorhandenen (…) ein gemeinsames Ideal" gefehlt habe[984], während fünf die bereits oben angeführte Tendenz zu rationalistisch-pragmatischem, fortschrittsorientierten Denken als Ursache für einen Verfall der Ideale generell nennen.[985] Das Gros der einschlägig interessierten Autoren beschreibt darüber hinaus konkrete Symptome dieses Verfalls, zu denen ein weit verbreitetes Epigonentum, ein Hang zur Oberflächlichkeit bzw. eine Überbewertung von Äußerlichkeiten sowie ein ausgeprägter „Materialismus" gezählt werden.[986] Dabei rügen neun Stimmen ein Ausruhen weiter Teile der Bevölkerung auf den politischen, geistigen und kulturellen Errungenschaften früherer Generationen, die man immer wieder für sich reklamiert und gefeiert habe, ohne selbst bereit gewesen zu sein, sich für den Erhalt oder die Fortentwicklung des Erreichten einzusetzen.[987] Diese Diskrepanz von „Scheinen"

schau, *Erinnerungen*, 89. Vgl. auch die nicht ganz eindeutig zuzuordnende Charakterisierung der verantwortlichen Kräfte bei Schmitz, *Ergo sum*, 202: „die, welche nach damaliger Zeitmode in Rußland schlechterdings das Heil für uns Deutsche erblicken wollten, dabei aber nur die barbarische Triebkraft meinten, *als die Befreierin von Staat und Gesellschaft, Form und Tradition*, jedoch den Gegenpol der russischen Bestie, den russischen Christus, kaum sahen" (Hervorhebung d. Verf.).

980 Heine, *Mein Rundgang*, 118 (Zitat); vgl. Eucken, *Erinnerungen*, 77.

981 Sternheim, *Vorkriegseuropa*, 29 und 139.

982 Scholz, *An Ilm und Isar*, 67; vgl. Wolzogen, *Wie ich mich ums Leben brachte*, 136.

983 Bäumer, *Lebensweg*, 206: „Unsere Generation stand schon ganz unter dem Zwang der sozialen Frage und sah die Probleme nicht mehr individualistisch."

984 Raff, *Blätter*, 238 (Zitat); vgl. Dibelius, *Zeit und Arbeit*, 8. Vgl. dagegen Brentano, *Mein Leben*, 230, dem zufolge Friedrich Naumann „das große Verdienst [zukam], die heranwachsende Jugend mit einem neuen Ideal erfüllt zu haben." Zu Naumann vgl. oben, Kap. VIII. 3.

985 Bernhardi, *Denkwürdigkeiten*, 306 und 532; Borbein, *Werde, der du bist*, 89–92; Halbe, *Jahrhundertwende*, 280f. (ebd., 281: „Der ganze Norden, Osten und Westen des Reiches folgte Berlin auf seinem immer entschiedeneren Wege zu einer reinen Verstandes- und Nützlichkeitspflege, zu einem unbedingten Diesseits-Kultus, der sich luftdicht gegen alle etwa noch vorhandenen Einwirkungen einer immateriellen Welt abschloß und auch die letzten Reste eines irrationalen Seins in sich auszutilgen versuchte, um am Ende in einen flachen und uferlosen Materialismus zu münden."); Martens, *Schonungslose Lebenschronik*, II, 98; Scholz, *Berlin und Bodensee*, 282–284 und 287.

986 Vgl. im Ganzen Niese, *Von Gestern und Vorgestern*, 231; Schoenaich, *Mein Damaskus*, 92 („Die ungeheuren äußeren politischen und materiellen Erfolge der Bismarckschen Zeit hatten ein überhebliches und rein materialistisches Geschlecht aufwachsen lassen, das den Glanz von heute höher wertet als die Arbeit um das werdende Morgen."); Voigtländer, *Robert Voigtländer*, 199.

987 Bernhardi, *Denkwürdigkeiten*, 321 (der hier angeblich aus dem Brief eines Dritten zitiert, „der die Verhältnisse meines Erachtens richtig beurteilte": „Die Zustände sind im letzten Jahre

und „Sein" wird auch von zehn (zum Teil mit den zuvor zitierten identischen)
Autobiographen kritisiert, die der wilhelminischen Gesellschaft einen unangemes-
senen Hang zum „Festefeiern"[988] bzw. zur „festlichen Phrase"[989] vorwerfen und
generell einen „Hang zu Äußerlichkeiten" und „reklamehaften, aufdringlichen
Manieren"[990] ausmachen, die nur zur Verdeckung egoistischen Macht- und Geld-
strebens gedient hätten[991], bei gleichzeitig zunehmender geistiger Zerstreuung und
Verflachung[992] sowie einem Überhandnehmen von „Angeberei, Klatsch und Ver-
leumdungssucht".[993] Ungleich mehr Lebenserinnerungen – rund 25 – geißeln die
massive „Unterdrückung einer Geisteskultur durch eine bloße Arbeitskultur"[994],
manifestiert in einer sich mehr und mehr durchsetzenden Lebenshaltung, die, ausgelöst bzw. befördert durch den kontinuierlichen ökonomischen Aufstieg des
Reichs, ausschließlich an wirtschaftlichem Erfolg, materiellem Besitz und physi-
schem Genuss orientiert gewesen sei[995], „ein Zeichen inneren Verfalls"[996], das

nicht viel anders geworden, als wir sie schon seit langem kennen: viel Worte, viel Feste, wenig Taten. Wir berauschen uns an unserer ererbten, aber kaum bewahrten Größe und gehen,
wo es irgend möglich ist, jeder Schwierigkeit aus dem Wege."), 369 und öfter; Binding, *Erlebtes Leben*, 144f. und 205f.; Bittmann, *Werken und Wirken*, II, 109f.; Eucken, *Erinnerungen*, 78; Jagemann, *Fünfundsiebzig Jahre*, 272 („überhaupt in der öffentlichen Meinung ver-
gaß man viel zu oft den Bismarckschen Gesichtspunkt notwendiger Korrelativität von Leistung und Empfang, Pflichterfüllung und Recht."); Kühnemann, *Mit unbefangener Stirn*, 100
(„Die deutsche Jugend jener Tage begriff Deutschland nicht als ein Volkstum, um das zu
kämpfen sei. Sie lebten [!] im Glauben an Deutschland als einen für immer gesicherten Glanz
und Besitz."); Martens, *Schonungslose Lebenschronik*, II, 106 („Die Kultur der Deutschen
war längst zur öffentlichen Phrase geworden; man glaubte sie an allen vier Zipfeln und an den
Schuhen abgelaufen zu haben."); Paulsen, *Mein Leben*, 24; Selchow, *Hundert Tage*, 57.
988 Hutten-Czapski, *Sechzig Jahre*, II, 123f. (Zitat); vgl. Bittmann, *Werken und Wirken*, II, 80
(„in den Zeiten rascher Festbereitschaft").
989 Langewiesche-Brandt, Die Brüder Langewiesche, 87.
990 Freytag-Loringhoven, *Menschen und Dinge*, 70 und 173.
991 Rumpf, *Lebenserinnerungen*, 38 („Der geschickte Streber fand im alten Reich einen günstigen Boden. Hurrahpatriotismus, Fahnenschwenken und begeisterte Reden bei festlichen Gelegenheiten gaben einen guten Hintergrund zur Verdeckung egoistischer Bestrebungen
(...)."); Sternheim, *Vorkriegseuropa*, 161–163 (ebd., 161: „der Bürger (...) da war hinter einem Wall verabredeter Ideologien, Gaswolken von Apotheosen, Schützengräben von Meta-
phern – des Geschäftes, der Tratten und Verrechnungsschecks erhabene, riskierte Wirklichkeit!"). Vgl. dazu auch Weisbach, *„Und alles ist zerstoben"*, 348: „Menschliche Würde, takt-
volle Rücksicht und zartere seelische Empfindungen zu verletzen, fiel bei der herrschenden
Gesinnung wenig ins Gewicht, ja das Organ dafür ging verloren."
992 Baum, *Rückblick*, 118; Sternheim, *Vorkriegseuropa*, 40f. und 162; Weisbach, *„Und alles ist
zerstoben"*, 94.
993 Tresckow, *Von Fürsten*, 149 (Zitat); vgl. Michaelis, *Für Staat und Volk*, 198.
994 Eucken, *Erinnerungen*, 94, Anm. (Zitat); vgl. ebd., 78, 82, 93 und 98; Baum, *Rückblick*, 112;
Spiero, *Schicksal*, 214.
995 Claß, *Wider den Strom*, 97 und 142; Engel, *Menschen und Dinge*, 268; Grünfeld, *In Dur und
Moll*, 263 („der materiellen Genüsse, die einst die vorherrschenden waren"); Halbe, *Jahrhundertwende*, 17, 27 („Die Blütezeit des deutschen Bürgertums begann, wenn man unter Blütezeit vor allem auch Wohlstand und Wohllebigkeit verstehen will."), 30f., 207 („des ebenso
geschäftstüchtigen wie genießerischen Zeitalters"), 353 und 357 („zwei der hervorstechendsten Merkmale jener Wilhelminischen Generation (...): Auf die Spitze getriebene Arbeitsleis-

freilich niemand habe sehen wollen.[997] Während unterdessen zwei der hier zitierten Autobiographen vor einer Verabsolutierung dieses Urteils warnen und retardierende Momente bzw. gegenläufige (wenngleich erfolglose) Tendenzen im Gesamtbild der Wilhelminischen Zeit berücksichtigt wissen wollen[998], betonen vier
weitere Verfasser echte Schaffensfreude und das ungebrochene, wenn auch durch
die Gesamtentwicklung beeinträchtigte Vorhandensein geistiger Interessen in der
damaligen deutschen Bevölkerung.[999]

2. Selbstverständnis, politisches Denken und Haltung zur Obrigkeit

Die Selbsteinschätzung der Deutschen als Nation, ihr Verhältnis zur Politik und
ihre Haltung der Obrigkeit gegenüber ist für insgesamt rund 30 Autobiographen
bedeutsam. Zehn gehen dabei zunächst auf eine gängige Vorstellung von
Deutschland als gewichtiger politischer, militärischer und ökonomischer Größe
ein, wobei zwei auf „das stolze, siegesbewußte und hoffnungsvolle politische
Grundgefühl" in der Bevölkerung verweisen, das aus der Steigerung von Macht
und Ansehen des Reichs erwachsen sei[1000], während eine andere Stimme den wilhelminischen Deutschen Selbstüberschätzung attestiert, indem sie einen Zusammenhang zwischen Fortschrittsglauben und Kriegsentstehung postuliert.[1001] „Mili-

tung und auf die Spitze getriebene[r] Genuß."); Hoff, *Erinnerungen*, 125; Litzmann, *Lebenserinnerungen*, 139 und 147; Litzmann, *Im alten Deutschland*, 343; Michaelis, *Für Staat und
Volk*, 197f. („daß frühere Wesen der Oberflächlichkeit, Genußsucht und Verschwendung";
vgl. auch ebd., 198: „Gerade das Beamtentum der Staatsverwaltung war in diesen Materialismus mitverwickelt. (…) in die Lebenshaltung war ein Geist der Verwöhnung und Anma-
ßung eingedrungen, der schwere Gefahren in sich trug."); Monts de Mazin, *Erinnerungen*,
287f.; Reinke, *Mein Tagewerk*, 360 („Daß es seiner [= Wilhelms II.] Regierung gelungen ist,
Deutschland auf den Wegen materiellen Wohlstandes, in Handel, Seeverkehr, Gewerben usw.
mächtig zu fördern (…). Es wurde dadurch aber auch in weiten Volkskreisen ein ‚praktischer
Materialismus' großgezogen, der dem Tanz um das goldene Kalb nahe kam."); Roloff, *In
zwei Welten*, 76; Rumpf, *Lebenserinnerungen*, 90; Schäfer, *Mein Leben*, 159; Schmitz, *Ergo
sum*, 73–75; Sternheim, *Vorkriegseuropa*, 76; Weisbach, *„Und alles ist zerstoben"*, 201 und
369; Wilamowitz-Moellendorff, *Erinnerungen*, 238f.; Wulff, *Lebenswege*, 25.
996 Jungmann, *Von Bundestag bis Nationalversammlung*, 49 (Zitat); vgl. Seeberg, Die wissen-
     schaftlichen Ideale, 191; Zorn, *Aus einem deutschen Universitätsleben*, 80.
997 Martens, *Schonungslose Lebenschronik*, I, 153 („Nie war eine Gesellschaft selbstgerechter
     und in all ihrer munteren Genußsucht mehr davon überzeugt, daß sie die Hüterin des guten
     Tones und reinen Lebenswandels sei.") und 170f. („deutsche Décadence wurde für eine leere
     Phrase, für albernen Widersinn gehalten.").
998 Schmitz, *Dämon Welt*, 153, sowie ders., *Ergo sum*, 22; Weisbach, *„Und alles ist zerstoben"*,
     162f., 369 und 393.
999 Freytag-Loringhoven, *Menschen und Dinge*, 150f.; Lubarsch, *Ein bewegtes Gelehrtenleben*,
     147; Niese, *Von Gestern und Vorgestern*, 230; Schönburg-Waldenburg, *Erinnerungen*, 124f.
1000 Scholz, *Eine Jahrhundertwende*, 30; Hoche, *Jahresringe*, 182 („Die Zeit vor dem Kriege, in
     der wir von dem Dauerbewußtsein getragen wurden, Angehörige eines großen, freien, ge-
     fürchteten Vaterlandes zu sein (…).").
1001 Werdeland, *Unter neuen Göttern*, 67f.

tärischer Größenwahn" machte sich einem weiteren Verfasser zufolge – ausgehend vom Offizierskorps – in Deutschland breit[1002], ein anderer brandmarkt „ein[en] mit Größenwahn eng verbundene[n] Chauvinismus", für den nach seiner Einschätzung

> „in erster Linie das Beispiel Wilhelms II., ferner der rapide wachsende Wohlstand, der falsch verstandene Kürassierstiefel Bismarcks sowie auch in gewissen intellektuellen Kreisen der falsch verstandene ‚Übermensch' von Nietzsche"

verantwortlich gewesen seien.[1003] Dass Nietzsches Begriff vom „Übermenschen" oder „Herrenmenschen"[1004] in der Wilhelminischen Zeit von breiten Kreisen aufgenommen, aber missinterpretiert worden sei, konstatieren drei andere Autoren[1005], während zwei Stimmen analog zum o. a. Zitat darauf hinweisen, dass seine Werke „nur in wenigen kleineren Kreisen gelesen" worden seien[1006], und zwei weitere Verfasser einen generellen Mangel an „Heldenverehrung" in Deutschland negativ hervorheben.[1007]

Die grundsätzliche Einstellung der deutschen Bevölkerung zur Politik sowie ihre Haltung zur Obrigkeit vor dem Krieg macht ein Verfasser mitverantwortlich für den Untergang des Kaiserreichs: „Übertriebene Vorstellungen von Untertanenpflichten, Liebedienerei, allgemeine Indolenz, Gleichgültigkeit gegen die Politik im besonderen" seien im Reich verbreitet gewesen und hätten entsprechende Folgen gehabt.[1008] Die einzelnen Elemente seiner Charakterisierung tauchen auch in insgesamt 17 weiteren Erinnerungswerken auf: Acht Autoren konstatieren zunächst ein gesellschaftlich breit gelagertes Desinteresse an politischen Dingen generell, was mit einer Ausnahme[1009] deutlich negativ gewertet und zum Teil ebenfalls als Grund für den Umbruch im bzw. nach dem Weltkrieg gesehen wird[1010]; zumindest eine Stimme verweist dabei auch auf einen verbreiteten „Ma-

---

1002 Rumpf, *Lebenserinnerungen*, 89f.

1003 Eckardstein, *Lebenserinnerungen*, I, 238.

1004 Für Nietzsche war dies per Definition „der innengeleitete, wirklich autonome Mensch", als Herr über sich selbst, jenseits der „bürokratisch-zivilisatorisch[en]" Zwänge (Nipperdey, *Deutsche Geschichte*, I, 514).

1005 Engel, *Menschen und Dinge*, 347; Max Halbe, *Scholle und Schicksal. Geschichte meines Lebens*, München 1933, 409; Wulff, *Lebenswege*, 29.

1006 Ettlinger, *Lebenserinnerungen*, 171 (Zitat); vgl. auch Raff, *Blätter*, 213.

1007 Procksch, [*Selbstdarstellung*], 168; Wolzogen, *Wie ich mich ums Leben brachte*, 136.

1008 Reinke, *Mein Tagewerk*, 361f. (das Zitat 362).

1009 Putlitz, *Aus dem Bildersaal*, 100: „Das Leben war damals so einfach, die Politik ging ihren Weg, man stand selber abseits von dem, was einen nicht persönlich betraf. (...) Man war eben auch ein Kind der Zeit."

1010 Claß, *Wider den Strom*, 75 („die ungeheuerlichste Urteilslosigkeit in politischen und wirtschaftlichen Dingen") und 81; Eckardstein, *Lebenserinnerungen*, II, 192; Halbe, *Jahrhundertwende*, 17 („Die Abwesenheit jedes tieferen politischen Interesses in den breitesten deutschen Volksschichten, von unten bis nach oben hinauf", jedoch mit Ausnahme der „große[n] sozialistische[n] Bewegung"); Litzmann, *Im alten Deutschland*, 342; Martens, *Schonungslose Lebenschronik*, I, 175 (das Bürgertum als „Klasse (...), die unbelehrbar in den Tag hineinlebe und blindlings in ihr Verderben renne."); Monts de Mazin, *Erinnerungen*, 139.

terialismus" als Ursache.[1011] Darüber hinaus teilen ein Dutzend Verfasser das Verdikt der Obrigkeitshörigkeit, wobei alle den Deutschen der Wilhelminischen Zeit generell „Autoritätsdusel" und „Knechtseligkeit" vorhalten[1012]; auch hier hält eine Stimme die Fokussierung auf den wirtschaftlichen Erfolg für ausschlaggebend.[1013] Drei weitere Autoren verweisen unterdessen auf eine zunehmende Tendenz zur Kritik an Staat und Gesellschaft[1014], befördert etwa durch die Verbreitung satirischer Publikationen nach Art des „Simplicissimus", was zwei dieser Stimmen negativ vermerken[1015], während zwei andere aufgrund der negativen Reaktionen auf Kritik oder gar „Witz" den Deutschen nach 1890 den Verlust ihrer vormals angeblich ausgeprägten Fähigkeit zur Selbstkritik bescheinigen.[1016]

3. Kirchen und Konfessionen

Zur Lage der christlichen Kirchen und Konfessionen in der Epoche von 1890 bis 1914 finden sich Aussagen bei neun Autobiographen. Fünf von ihnen verweisen zunächst auf Richtungsstreitigkeiten innerhalb der evangelischen Kirche[1017]; während dabei eine Stimme die „immer größeren (…) Spaltungen der evangelischen Christenheit" auf den Gegensatz „zwischen Bekenntnistreue des Kirchentums und freiforschendem Persönlichkeits- und Gewissensgeist" zurückführt[1018], bemängelt eine andere konkreter die angebliche Überhandnahme von liberalistischen, antiorthodoxen Tendenzen.[1019] Die angebliche Abkehr weiter Teile der Bevölkerung („Millionen") von der evangelischen Kirche wird unterdessen von einem weiteren Verfasser mit dogmatischer Enge innerhalb dieser Institution erklärt.[1020] Einer der

---

1011 Ehrhardt, *Hammerschläge*, 103.

1012 Eckardstein, *Lebenserinnerungen*, II, 192 (erstes Zitat); Roloff, *In zwei Welten*, 45 (zweites Zitat). Vgl. Binding, *Erlebtes Leben*, 203; Claß, *Wider den Strom*, 123 und 158; Korschelt, *Das Haus an der Minne*, 44; Ludwig, *Geschenke*, 172; Pless, *Tanz*, I, 359f. („Die Deutschen und besonders die Preußen waren glücklich, beherrscht und in strenger Rangordnung gehalten zu werden, und begrüßten es mit Befriedigung, wenn sie viel Gelegenheit hatten, Absätze zusammenzuklappen und Hände zu küssen."); Reischach, *Unter drei Kaisern*, 218; Sternheim, *Vorkriegseuropa*, 65 („Kasernengeistzeit"); Treuberg, *Zwischen Politik und Diplomatie*, 29; Weisbach, *„Und alles ist zerstoben"*, 163 („byzantinische Liebedienerei") und 376. Vgl. dazu auch oben, Kap. I. 4.

1013 Thoma, *Erinnerungen*, 267 und 270.

1014 Jagemann, *Fünfundsiebzig Jahre*, 259, bezeichnet das wilhelminische Deutschland vor diesem Hintergrund als „Gebiet der Schimpferei".

1015 Raff, *Blätter*, 238 („Ein ironisch-kritischer Geist begann obzuwalten in Betreff unserer Regierung, unserer Schulen und Hochschulen, unseres Heeres, unserer Rechtspflege."); Sternheim, *Vorkriegseuropa*, 85 („der auf allen Seiten einsetzenden Kritik an deutschen Dingen") und 135.

1016 Thoma, *Erinnerungen*, 235; vgl. Wolzogen, *Wie ich mich ums Leben brachte*, 136.

1017 Vgl. Dryander, *Erinnerungen*, 170, 176, 178 und öfter; Michaelis, *Für Staat und Volk*, 193; Procksch, [Selbstdarstellung], 178; Roloff, *In zwei Welten*, 74.

1018 Baumgarten, *Meine Lebensgeschichte*, 151 und 153.

1019 Procksch, [Selbstdarstellung], 179f.

1020 Baumgarten, *Meine Lebensgeschichte*, 164 (Zitat) und 173.

bereits zitierten sowie zwei weitere Autoren führen daneben in Bezug auf die katholische Kirche im Reich den Streit um den „Modernismus" als bedeutend an.[1021] Das Verhältnis der Konfessionen untereinander wird darüber hinaus in drei Autobiographien und Memoiren als äußerst spannungsreich, ja feindlich beschrieben[1022], während eine andere Stimme speziell für Studentenkreise eine gegenläufige Haltung konstatiert.[1023] Das Verhältnis von evangelischer Kirche und Staat schließlich war drei Verfassern zufolge ebenfalls spannungsreich und dabei einerseits gekennzeichnet von nachteiligen Folgen des Staats- und Hofkirchentums[1024] und geprägt von verbreiteten Bemühungen um eine „Auflösung der Staatskirche" (in Preußen)[1025], andererseits bestimmt von Versuchen Kaiser Wilhelms II., die deutschen Landeskirchen zu einer Einheit zusammenzufügen.[1026]

XI. BILDUNG UND WISSENSCHAFT

1. Die Bildung der Deutschen im Allgemeinen

Zu Fragen der Bildung im Deutschen Reich nach 1890 im Allgemeinen äußern sich rund 15 Autobiographen. Vier stellen fest, dass die oberen und mittleren Gesellschaftsschichten kaum bzw. keinerlei geistige Interessen gehabt hätten, vielmehr Halbbildung in diesen Kreisen die Regel gewesen sei[1027], wobei eine Stimme zusätzlich mehr „Bildungshunger" in den Unterschichten ausmacht.[1028] Zwei weitere heben unterdessen hervor, dass das Bildungsniveau im Reich höher als in

---

1021 Reinke, *Mein Tagewerk*, 264f.; Roloff, *In zwei Welten*, 242f.; Spahn, Selbstbiographie, 481. Die Reformbewegung des (von seinen Gegnern so genannten) „Modernismus" strebte nach der Vereinbarung von Glauben und Kirche mit den Erscheinungen der modernen Welt, „ohne doch irgend den Kernbestand des Katholizismus preiszugeben"; sie wurde von der Zentrale in Rom heftig bekämpft (Nipperdey, *Deutsche Geschichte*, I, 445ff., das Zitat 445).

1022 Michaelis, *Für Staat und Volk*, 152f.; Roloff, *In zwei Welten*, 102, 247 und öfter; Rumpf, *Lebenserinnerungen*, 38, 64–66 und öfter.

1023 Korschelt, *Das Haus an der Minne*, 138.

1024 Michaelis, *Für Staat und Volk*, 381.

1025 Baumgarten, *Meine Lebensgeschichte*, 131, 154 (Zitat), 169, 173f., 178, 180 und 184–186.

1026 Ebd., 164; Dryander, *Erinnerungen*, 203. Die Kirchenhoheit lag nach 1871 nicht beim Reich (die Verfassung enthielt keine einschlägigen Bestimmungen), sondern bei den Bundesstaaten bzw. den Bundesfürsten („landesherrliches Kirchenregiment"); vgl. Huber, *Deutsche Verfassungsgeschichte*, IV, 646ff.

1027 Halbe, *Jahrhundertwende*, 23f.; Schmidt, *Wandern*, 132; Schmitz, *Dämon Welt*, 150. Vgl. auch Weisbach, *„Und alles ist zerstoben"*, 335, zu „den wenigen Menschen in Deutschland, die sich auf die Kunst des Gesprächs verstanden."

1028 Wilamowitz-Moellendorff, *Erinnerungen*, 251, Anm. 1 („Die Abneigung gegen das Griechische saß in den Halbgebildeten der höheren Klassen, die auf der Schule nichts gelernt hatten und sich in ihrer Bildungslosigkeit überlegen vorkamen, blasiert, zynisch oder auch muckerisch. Daneben die satten Bourgeois, die nur Geldverdienen und den Dienst des Gottes Bauch anerkennen. Die Bildungshungrigen der Arbeiterklasse, die eigentlich für die Sozialdemokratie zu schade sind, dachten anders."). Vgl. dazu oben, Kap. VIII. 2.

Großbritannien gewesen sei.[1029] Im Hinblick auf die tatsächlich vorherrschenden Interessen geißeln vier Autoren die Bevorzugung ausländischer Literatur und Kunst unter den deutschen „Gebildeten"[1030], ein weiterer spricht neutral von der „tiefen Liebe des deutschen Volkes zu Shakespeare".[1031] Zwei andere Verfasser konstatieren dagegen – zumindest für die 1890er Jahre – eine weitgehende Distanz zu Literatur fremdsprachigen Ursprungs im Reich.[1032] Mehrere Einzelstimmen beklagen schließlich einen Mangel an politischer[1033] und naturwissenschaftlicher[1034] Bildung sowie an Kenntnis der

> „schönsten deutschen Legenden, die zu jener Zeit der deutsche Bürger nur in der Wagnerischen Schwüle kennenlernte. Nibelungen- und Tristan-Sage, Venusberg und Parzifal las niemand in den Urformen (…)."[1035]

2. Der Schulunterricht – Schule, Staat und Kirche

Ausrichtung und Qualität des Unterrichts generell sowie in den verschiedenen Schulstufen bzw. Schulformen werden in knapp 20 Erinnerungswerken thematisiert.[1036] Dabei beurteilen zunächst neun Autoren die Verhältnisse im Ganzen: Fünf bemängeln die angebliche Starrheit eines jegliche Begeisterung erstickenden Unterrichts[1037], der allem selbständigen Denken entgegengewirkt habe[1038]; einer Stimme zufolge war allerdings zumindest das süddeutsche „Schulwesen in lebhafter Fortentwicklung begriffen, allen Neuerungen zugewandt".[1039] Im Hinblick auf die inhaltliche Ausrichtung kritisieren insgesamt fünf Verfasser die Dominanz der klassischen deutschen Literatur[1040], den Verzicht auf „Staatskunde" im Unterricht[1041], die Vernachlässigung bzw. unzureichende Vermittlung der Naturwissen-

---

1029 Procksch, [Selbstdarstellung], 175; Weisbach, „Und alles ist zerstoben", 245.

1030 Halbe, Jahrhundertwende, 165f.; Langewiesche-Brandt, Die Brüder Langewiesche, 105 („daß nicht deutsche, sondern englische, französische, russische und skandinavische Bücher die Ereignisse im geistigen Leben unserer Gebildeten waren"); Roloff, In zwei Welten, 196 („Bei deutschen Künstlerinnen und gebildeten Frauen überhaupt fand ich nicht selten ein töricht einseitiges Verherrlichen des Italienertums auf Kosten der verkannten heimisch deutschen Art."); Scholz, An Ilm und Isar, 198.

1031 Brandl, Zwischen Inn und Themse, 288.

1032 Kühnemann, Mit unbefangener Stirn, 87 (Ibsen, Tolstoi u. a.); Sternheim, Vorkriegseuropa, 77 (französische Literatur).

1033 Jagemann, Fünfundsiebzig Jahre, 251f.; Reinke, Mein Tagewerk, 246.

1034 Dennert, Hindurch zum Licht!, 171.

1035 Ludwig, Geschenke, 96.

1036 S. speziell zur Frauenbildung oben, Kap. IX. 3.

1037 Bäumer, Lebensweg, 96f.; Cüppers, Aus zwei Jahrhunderten, 135; Paulsen, Mein Leben, 12.

1038 Heydecker-Langer, Lebensreise, I, 88; Schoenaich, Mein Damaskus, 140 („das größte Schuldkonto unserer Schulen (…), daß sie andere Gedanken als die oben genehmen überhaupt an die Köpfe der Schüler gar nicht heranließen.").

1039 Tews, Aus Arbeit und Leben, 176.

1040 Heydecker-Langer, Lebensreise, I, 75.

1041 Reinke, Mein Tagewerk, 246.

schaften und der Mathematik[1042] oder aber eine übermäßige Förderung der „Technik".[1043] Während sich nun konkret zur Lage der Volksschulen nur drei Stimmen äußern, die dem Unterricht mangelnde Qualität bescheinigen[1044] bzw. das Abgrenzungsbedürfnis der Oberschichten als Faktor der Schulentwicklung problematisieren[1045], nehmen gut ein Dutzend Autobiographen Stellung zur Entwicklung der höheren Schulen, insbesondere der Gymnasien im Reich. Vier von ihnen kritisieren dabei generell weltanschauliche Beliebigkeit bzw. Einseitigkeit des Unterrichts im Hinblick auf „die (…) physikalisch-mechanisch-darwinistische Weltanschauung"[1046], Irrelevanz des Stoffs für die Berufspraxis und Vernachlässigung der „Herzensbildung" auf den höheren Lehranstalten sowie pädagogische Rückständigkeit des Lehrkörpers.[1047] Einer dieser Autoren sowie drei weitere stellen unterdessen eine „Verherrlichung des Krieges" und der Leistungen des Kaiserhauses bzw. einen militärischen Grundzug als Konstante im Schulalltag fest, überwiegend mit negativem[1048], in einem Fall mit positivem Tenor.[1049] Hinsichtlich des Fächerkanons kritisieren auch hier zwei Erinnerungswerke das Fehlen von Lehreinheiten in Politik[1050] bzw. Naturwissenschaften[1051], während zwei weitere Autoren den Unterricht in der englischen[1052], wiederum zwei andere den in den alten Sprachen für unzureichend halten[1053] – erstere mit Hinweis auf sukzessive Verbesserungen durch staatliche Reformen[1054], letztere mit Hinweis auf eben diese Maßnahmen als Ursache für die Misere.

Die Entwicklung der Schulformen, der Einfluss der Kirche sowie staatliche Reformmaßnahmen werden in 15 der untersuchten Lebenserinnerungen für wichtig erachtet. Acht Verfasser gehen dabei auf Zustand und Entwicklung der Schullandschaft im Reich ein: Drei davon heben das Entstehen und die rasche Verbrei-

---

1042 Dennert, *Hindurch zum Licht!*, 160, 162, 164, 171, 198 und öfter; Paulsen, *Mein Leben*, 12.

1043 Schmidt, *Wandern*, 132.

1044 Bernhardi, *Denkwürdigkeiten*, 341 („Mit ihr [= der Volksschule] aber liegt es bei uns im argen. Sie leistet gar nichts für die Hebung der patriotischen und kriegerischen Gesinnung der Nation; der Religionsunterricht läßt die Jugend völlig gleichgültig, und auch an tatsächlichen Kenntnissen wird nur ein dürftiges Minimum übermittelt, das in gar keinem Verhältnisse steht zu der verwendeten Zeit."), 368 und 375; vgl. Schmidt, *Wandern*, 123f.

1045 Tews, *Aus Arbeit und Leben*, 122f.

1046 Baumgarten, *Meine Lebensgeschichte*, 159.

1047 Dibelius, Zeit und Arbeit, 7 (Zitat); Ludwig, *Geschenke*, 87 („Fand schon der Kopf beinahe nichts, was er später verwenden konnte, so blieb erst recht das junge Herz ohne Nahrung, und was der Körper brauchte, mußte er sich vollends außerhalb suchen."); Sternheim, *Vorkriegseuropa*, 53.

1048 Grotjahn, *Erlebtes*, 45 (Zitat); Ludwig, *Geschenke*, 90; Sternheim, *Vorkriegseuropa*, 29.

1049 Schmidt, *Wandern*, 123f. („bemühte man sich, in den höheren Schulen, besonders in den Gymnasien alten Stils, die volle Hingebung an das Reich und an das Deutschtum für einen kleineren Kreis von bewußten Vaterlandsfreunden aufrecht zu erhalten.").

1050 Paulsen, *Mein Leben*, 27.

1051 Dennert, *Hindurch zum Licht!*, 166f.

1052 Borbein, *Werde, der du bist*, 103, 120f., 137f., 142 und öfter; Brandl, *Zwischen Inn und Themse*, 318f.

1053 Paulsen, *Mein Leben*, 43; Wilamowitz-Moellendorff, *Erinnerungen*, 229, 251f. und 285f.

1054 Vgl. dazu das nachfolgende Unterkapitel.

tung der „höheren Schulen realer Art" (Real- und Oberrealschule sowie Realgymnasium) hervor[1055], wobei einer davon feststellt, dass „viele Eltern aus den sozial höherstehenden Schichten" für die Ausbildung ihrer Kinder lieber das klassische Gymnasium gewählt hätten.[1056] Daneben verweisen zwei Autoren auf das Aufkommen einer Reformschulpädagogik und entsprechender Einrichtungen[1057], Einzelstimmen auf erfolgreiche Bestrebungen zur Gründung staatlicher Berufsschulen[1058] sowie die Anfänge der Volkshochschulen.[1059] Im Hinblick auf die konfessionelle Ausrichtung der (preußischen) staatlichen Lehranstalten halten zwei Autobiographen fest, dass es in der betrachteten Zeit zunehmend öffentliche Auseinandersetzungen um die Frage nach „Simultanschule" oder „Bekenntnisschule" gegeben habe.[1060] Der konkrete Einfluss der Kirche auf den Unterricht und die Schulformen wird darüber hinaus von einer Reihe derjenigen – knapp ein Dutzend – Stimmen angesprochen, die sich dem Gebiet der staatlichen Schulpolitik widmen. Eine grundsätzliche Abhängigkeit der Schulen von Staat und Kirche gleichermaßen bzw. eine enge Verknüpfung von Schule und Kirche postulieren dabei zunächst drei Verfasser[1061] (für das ganze Reich wie speziell für Preußen), ein anderer stellt hingegen bedauernd einen staatlicherseits verschuldeten „Riß zwischen der Schule und der Kirche" fest.[1062] Ein weiterer Autor bestätigt unterdessen die erstgenannte Einschätzung mit dem Hinweis auf die Kirchenfreundlichkeit des vom preußischen Kultusminister Robert von Zedlitz-Trützschler zu Beginn der 1890er Jahre vorgelegten Entwurfs für ein neues Volksschulgesetz[1063], mit dem Preußen seine Rückständigkeit gegenüber den anderen Ländern unter Beweis gestellt und „einen der erbittertsten Schulkämpfe der neueren Zeit entfacht" habe.[1064] Am Beispiel Preußens bemängelt zusätzlich eine Stimme die Vernachlässigung der Volksschulen.[1065] Zu den Schulreformen des Reichs verzeich-

---

1055 Brandl, *Zwischen Inn und Themse*, 225 (Zitat); Paulsen, *Mein Leben*, 13–15. Vgl. zur schrittweisen Etablierung dieser Schulformen, die im Gegensatz zum althergebrachten humanistischen Gymnasium den Schwerpunkt auf Technik und Naturwissenschaften legten und zunächst auch nur für die entsprechenden Studiengänge qualifizierten, Nipperdey, *Deutsche Geschichte*, I, 549ff.

1056 Borbein, *Werde, der du bist*, 145.

1057 Ebd., 117 („Ausbreitung des Reformschulgedankens in Norddeutschland"); Scholz, *An Ilm und Isar*, 242 („das Landerziehungsheimwesen (…), das damals seinen reformatorischen Angriff gegen die alte Schule und ihre Pädagogik vortrug.") und 248f.

1058 Cüppers, *Aus zwei Jahrhunderten*, 143.

1059 Lubarsch, *Ein bewegtes Gelehrtenleben*, 125.

1060 Baumgarten, *Meine Lebensgeschichte*, 199, 201 und öfter; Tews, *Aus Arbeit und Leben*, 150f. Vgl. unten zum Entwurf für ein neues Volksschulgesetz in Preußen von 1892.

1061 Baumgarten, *Meine Lebensgeschichte*, 201; Cüppers, *Aus zwei Jahrhunderten*, 188; Hermann Stehr, *Mein Leben* (Die Lebenden), Berlin 1934, 15.

1062 Schlatter, *Erlebtes*, 23.

1063 Der Entwurf von 1892 sah im Kern eine starke Betonung des Religionsunterrichts, eine deutliche konfessionelle Ausrichtung der Volksschulen und die Erweiterung der kirchlichen Aufsichtsrechte vor; er stieß auf breiten Widerstand – bis hin zum Kaiser – und wurde nicht in die Praxis umgesetzt (Huber, *Deutsche Verfassungsgeschichte*, IV, 889ff.).

1064 Tews, *Aus Arbeit und Leben*, 140f., 156, 165 (Zitat) und öfter.

1065 Michaelis, *Für Staat und Volk*, 178f.

nen außerdem vier Autoren die ab 1890 stattfindenden Konferenzen[1066] und deren Entscheidungen als bemerkenswert[1067], zwei davon tadeln dabei Versäumnisse auf dem Gebiet der Lehrereignung und der Unterrichtsmethode[1068] bzw. des Fremdsprachenunterrichts.[1069] Eine weitere Stimme kritisiert darüber hinaus, dass „die Vornahme und die Unterlassung bestimmter persönlicher und sachlicher Maßnahmen auf dem Gebiete (...) des höheren und niederen Unterrichts" Verhandlungsobjekt zwischen Regierung und Parlament gewesen sei.[1070]

Die Kennzeichen der Lehrerschaft sowie ihre Position gegenüber dem Staat sind ebenfalls Thema in einem Teil (genau elf) der Autobiographien und Memoiren. Zur generellen Charakterisierung bescheinigen zwei Stimmen dabei den deutschen Lehrern unabhängig von Schulform und Region entweder „Freidenkertum"[1071] oder aber „Militarismus" und „Geschäftsmäßigkeit"[1072], jeweils mit abwertendem Unterton. Der Mehrheit der Gymnasiallehrer schreibt darüber hinaus eine Stimme Unbildung, „pompöses" Auftreten und Selbstüberschätzung zu.[1073] Deutlich breiter, nämlich von sechs Verfassern, wird unterdessen die Lage der Volksschullehrer in Preußen wie im Reich thematisiert[1074]: Ihre gesellschaftliche Stellung sei unangemessen niedrig gewesen[1075]; überdies habe sich ihre Besoldung bis Ende der 1890er Jahre zwar verbessert, sei aber dann deutlich abgefallen – was zugleich einen eklatanten Lehrermangel[1076] nach sich gezogen und damit die Qualität des Unterrichts deutlich gemindert habe –, bis 1909 als Ergebnis langwieriger Auseinandersetzungen der Lehrervertretungen mit dem Staat wieder eine Verbesserung eingetreten sei.[1077] Ihre „Sehnsucht zugleich nach mehr Freiheit und nach mehr Lebensgehalt" habe sich in intensiven Bestrebungen zur Akademisierung der Ausbildung geäußert, die zwar an den Universitäten Widerhall gefunden hätten, vom Staat jedoch nicht berücksichtigt worden seien.[1078] Dabei hätten sich die Fronten zwischen den Volksschullehrern einerseits, Staat und Kir-

---

1066 Vgl. dazu Huber, *Deutsche Verfassungsgeschichte*, IV, 915ff. Die Konferenzen von 1890 und 1900 ergaben im Wesentlichen die Einrichtung und Gleichstellung der oben genannten neuen Schulformen.

1067 Borbein, *Werde, der du bist*, 89, 135f., 143, 145, 153f., 158f. und öfter; Sprengel, *Erinnerungen*, passim.

1068 Roloff, *In zwei Welten*, 53, 86 und 88.

1069 Wilamowitz-Moellendorff, *Erinnerungen*, 229 und 251f.

1070 Brentano, *Mein Leben*, 282. Vgl. oben, Kap. II. 2.

1071 Heitefuß, An des Meisters Hand, 161.

1072 Roloff, *In zwei Welten*, 71f. und 76.

1073 Sternheim, *Vorkriegseuropa*, 29f.

1074 Zu allen im Folgenden genannten Aspekten insgesamt Cüppers, *Aus zwei Jahrhunderten*, 183–190.

1075 Tews, *Aus Arbeit und Leben*, 151 und 165.

1076 Vgl. Sprengel, *Erinnerungen*, 36.

1077 Tews, *Aus Arbeit und Leben*, 114f., 148f. und 164; vgl. Baumgarten, *Meine Lebensgeschichte*, 202. Vgl. zu den preußischen Besoldungsgesetzen von 1897 und 1909 Huber, *Deutsche Verfassungsgeschichte*, IV, 901 und 905.

1078 Baumgarten, *Meine Lebensgeschichte*, 191, 195 und 211f.; Eucken, *Erinnerungen*, 80 (Zitat); Tews, *Aus Arbeit und Leben*, 143–148.

che andererseits zunehmend verhärtet[1079]; die Lehrerschaft sei schon in der Ausbildung kurz gehalten, opponierende Tendenzen dann später mit repressiven
Maßnahmen beantwortet worden.[1080]

> „Wer sich in den neueren Verhältnissen ein weiteres Wirkungsfeld schaffen wollte, mußte eine höhere
> berufliche Stellung als Schulleiter, Schulaufsichtsbeamter oder Mitglied der staatlichen Schulverwal-
> tung anstreben"[1081],

was jedoch nur ausnahmsweise von Erfolg gekrönt gewesen sei, da Nichtfachleute
zumindest in der Verwaltung dominiert hätten.[1082]

3. Universität und Wissenschaft: Arbeitsbedingungen und Fachkonjunkturen

Mit der Lage der Hochschulen bzw. der akademischen Bildung im Reich, den
Rahmenbedingungen für ihre Tätigkeit, der generellen fachlichen Ausrichtung
sowie den Entwicklungen in einzelnen Disziplinen befassen sich knapp 50, mithin
mehr als ein Drittel der untersuchten Autobiographien und Memoiren. Den Einflüssen von Staat und Gesellschaft auf die Universitäten generell schenken dabei
zunächst gut ein Dutzend Verfasser ihre Aufmerksamkeit. Vier von ihnen verweisen auf eine enorme staatliche Förderung der akademischen Forschung und Lehre[1083], wobei eine dieser Stimmen der materiellen Ausstattung sowie der „Kraft
und Sicherheit der Nation" ursächliche Bedeutung für Arbeitsfreude, Wissen-
schaftsbegeisterung und Optimismus an den Hochschulen zuschreibt[1084], während
eine andere und ein weiterer Autor negative Auswirkungen des Zeitgeists bemängeln: Das Vordringen „nichtzünftige[r] Kräfte" in den Geistes- und den verwandten Wissenschaften sowie die Verlagerung von Kapazitäten und Kompetenzen
„auf die technischen Hochschulen und die Arbeitsstätten der Großindustrie" infolge einer zunehmenden Fortschrittsgläubigkeit[1085] von Politik und Gesellschaft
habe die herausgehobene Stellung der Universitäten nachhaltig erschüttert.[1086] Die
Freiheit der Wissenschaft bzw. die geistige Freiheit an den Hochschulen der Wilhelminischen Zeit sehen daneben zwei Autobiographen durch staatliche Einwir-
kung bzw. Rücksichtnahme auf die Wünsche der jeweiligen Mehrheitsparteien
und anderer Interessengruppen stark eingeschränkt[1087], zwei anderen dagegen er-

---

1079 Baumgarten, *Meine Lebensgeschichte*, 206.

1080 Stehr, *Mein Leben*, 11 und 15; Tews, *Aus Arbeit und Leben*, 120 und 141f.

1081 Tews, *Aus Arbeit und Leben*, 124.

1082 Borbein, *Werde, der du bist*, 134.

1083 Brentano, *Mein Leben*, 218; so sinngemäß auch Lubarsch, *Ein bewegtes Gelehrtenleben*,
263; Körner, *Erinnerungen*, 129f.; indirekt auch Brandl, *Zwischen Inn und Themse*, 225 (zunehmende Hörerzahlen).

1084 Bäumer, *Lebensweg*, 149f.

1085 Vgl. oben, Kap. X. 1.

1086 Lubarsch, *Ein bewegtes Gelehrtenleben*, 445f. (Zitat); vgl. Wilamowitz-Moellendorff, *Erinnerungen*, 309. Vgl. zu Gründung, Ausbau und Aufwertung der Technischen Hochschulen
besonders nach 1890 Nipperdey, *Deutsche Geschichte*, I, 568f.

1087 Brentano, *Mein Leben*, 282–284; vgl. Schoenaich, *Mein Damaskus*, 140.

scheint „der trotz manchen staatlichen Machteingriffen immerhin noch beträchtliche Spielraum für Freiheit des Geistes" und für die akademischen Traditionen bedeutsam[1088]; ebenfalls zwei Autoren verzeichnen sogar – wenngleich mit negativer Konnotation – eine Zunahme liberaler bzw. sozialdemokratischer Strömungen in der akademischen Welt.[1089] Eine Einzelstimme diagnostiziert unterdessen insgesamt eine Verfallsbewegung:

> „Noch [1892] besaß (…) die Universität (…) den ganzen Nimbus ihrer glorreichen Vergangenheit, den erst das spätere Wilhelminische Zeitalter in Deutschland zerstört hat."[1090]

Ein anderer Verfasser sieht dagegen das Reich „[i]m wissenschaftlichen Leben (…) anerkanntermaßen an der Spitze der Weltbewegung"[1091], und drei weitere halten den von Deutschland betriebenen regen internationalen Austausch in der Wissenschaft für bedeutend.[1092]

Zu den vorherrschenden Fachrichtungen und der äußeren Entwicklung akademischer Disziplinen nehmen knapp 15 Erinnerungswerke Stellung. Vier von ihnen halten zunächst eine wachsende Dominanz der Natur- und der technischen Wissenschaften bzw. der „exakten" Methode gegenüber den Geisteswissenschaften fest.[1093] Naturwissenschaften und Mathematik werden darüber hinaus von vier weiteren Verfassern als aufstrebende Disziplinen charakterisiert.[1094] Den Geisteswissenschaften bescheinigt unterdessen eine Verfasserin „eine kräftige Nachblüte"[1095], während fünf andere Einzelstimmen speziell die Geschichte[1096], die englische Sprach- und Literaturwissenschaft[1097], die Kunstwissenschaften[1098] sowie im

---

1088 Weisbach, *„Und alles ist zerstoben"*, 390 (Zitat); Hoche, *Jahresringe*, 156f.

1089 Oldenburg-Januschau, *Erinnerungen*, 89; Schmidt, *Wandern*, 123f.

1090 Schmitz, *Dämon Welt*, 51.

1091 Woermann, *Lebenserinnerungen*, 52.

1092 Kühnemann, *Mit unbefangener Stirn*, passim; Waldeyer-Hartz, *Lebenserinnerungen*, 266 und öfter (vgl. vor allem ebd. die Kapitel VII und VIII im Ganzen); Wilamowitz-Moellendorff, *Erinnerungen*, 238.

1093 Lubarsch, *Ein bewegtes Gelehrtenleben*, 398; Martens, *Schonungslose Lebenschronik*, II, 67 („An den Universitäten stellten Physiker, Chemiker und Chirurgen die Historiker und Philosophen arg in den Schatten."); Paulsen, *Mein Leben*, 43; Schmidt, *Wandern*, 132.

1094 Bürgel, *Vom Arbeiter zum Astronomen*, 81f. (am Beispiel der Astronomie); Koenigsberger, *Mein Leben*, 207; Scholz, *Berlin und Bodensee*, 273f. („Der ungeheure Aufschwung der Naturwissenschaft"); Karl Esselborn, *Rückblicke eines Siebzigjährigen*, 2., neu bearb. Aufl. Leipzig 1923, 39 (unter Hinweis auf den „immer größer werdenden Umfang der technischen Literatur").

1095 Bäumer, *Lebensweg*, 150 (mit expliziter Nennung von „Geschichte, Literatur und Kunstwissenschaft").

1096 Wilamowitz-Moellendorff, *Erinnerungen*, 281 (anhand der vom preußischen Staat geförderten archäologischen Aktivitäten der „Berliner Museen").

1097 Brandl, *Zwischen Inn und Themse*, 243–246, 298 und 320.

1098 Weisbach, *„Und alles ist zerstoben"*, 121; Hans Franck, *Mein Leben und Schaffen* (Bekenntnisse. Eine Schriftenfolge von Lebens- und Seelenbildern heutiger Dichter, 14), Chemnitz 1929, 10f. (bezogen auf die Hochschule für Bühnenkunst in Düsseldorf, „die (…) als erstes Institut seiner Art staatliche Geltung und Gleichberechtigung mit den andern Kunsthochschulen erhalten sollte (…)".).

allgemeineren Sinne die politische Bildung[1099] im Aufblühen begriffen sehen, ohne dies allerdings in Relation zur Entwicklung in anderen (jüngeren) Fachgebieten
zu setzen. Gleiches gilt für die Sozialwissenschaften[1100], während die Theologie
einem Verfasser zufolge unter einem deutlichen Rückgang der Studentenzahlen zu
leiden hatte.[1101]

Der inneren Entwicklung einzelner Fächergruppen und Disziplinen widmen
sich darüber hinaus mehr als 30 Autobiographen. Den Geisteswissenschaften generell bescheinigen dabei zwei Stimmen „Kleinlichkeit und Zeitverschwendung"
durch übertriebene Spezialisierung bzw. Detailversessenheit und ausfernde An-
merkungsapparate[1102], ein weiterer Verfasser sieht sie im Ganzen als rückständig
im Vergleich zu seiner Schreibgegenwart an.[1103] Für den Bereich der Geschichtswissenschaft halten zwei andere Autoren die Fortentwicklung der Altertumskun-
de[1104] und die „materialistische Geschichtsauffassung" Karl Lamprechts für bedeutsam.[1105] Vier Autobiographen gehen auf den Bereich der Sprach- und Litera-
turwissenschaften ein; einer davon bemängelt speziell hier einen übertriebenen
Hang zu „Anmerkungen, Einleitungen und Kleinabhandlungen"[1106], die übrigen
drei konstatieren Defizite im Hinblick auf die mangelnde Einbeziehung biographi-
scher Fakten bei der Literaturanalyse[1107] oder aber Neuerungen hinsichtlich einer
nicht mehr „rein ästhetischen Würdigung", sondern „mehr realistische[n] Auffassung" klassischer Werke[1108] sowie hinsichtlich der Untersuchung auch zeitgenössischer Literatur.[1109] Dem akademischen Kunstbetrieb wird in einem Erinnerungswerk „Geschmäcklertum" vorgeworfen[1110], zwei weitere konstatieren eine
Fortentwicklung etwa im Hinblick auf die fruchtbringende Anwendung der „Stil-
kritik" oder den Einsatz technischer Hilfsmittel für Vervielfältigungen.[1111] Für die
Sozial- und Wirtschaftswissenschaften verweist eine Autobiographie auf die Bedeutung des „historischen Materialismus"[1112], zwei anderen Darstellungen zufolge
spielten die Lehren Karl Marx' im universitären Kontext jedoch kaum eine Rolle[1113]; eine weitere Stimme konstatiert eine generelle Theorie- und Methodenab-

---

1099 Jagemann, *Fünfundsiebzig Jahre*, 251f.
1100 Bäumer, *Lebensweg*, 171; Grotjahn, *Erlebtes*, 123f. und öfter.
1101 Baumgarten, *Meine Lebensgeschichte*, 159.
1102 Schlosser, *Aus dem Leben*, 161f. (das Zitat 162); Scholz, *Eine Jahrhundertwende*, 159.
1103 Schröder, *Aus Kindheit und Jugend*, 186.
1104 Wilamowitz-Moellendorff, *Erinnerungen*, 283 und öfter.
1105 Wulff, *Lebenswege*, 31 („wennglich [!] sie noch nicht zur universalhistorischen Forschungs-
weise ausgereift war.").
1106 Brandl, *Zwischen Inn und Themse*, 239.
1107 Kühnemann, *Mit unbefangener Stirn*, 83; Litzmann, *Im alten Deutschland*, 358.
1108 Borbein, *Werde, der du bist*, 102.
1109 Litzmann, *Im alten Deutschland*, 335 und 340.
1110 Paulsen, *Mein Leben*, 32.
1111 Weisbach, *„Und alles ist zerstoben"*, 126–128, 180 und 202 (Zitat); Wulff, *Lebenswege*,
97ff. und öfter.
1112 Eloesser, Erinnerungen, Nr. 90, 12.
1113 Bäumer, *Lebensweg*, 199; Grotjahn, *Erlebtes*, 56.

stinenz dieser Disziplinen[1114], wiederum eine andere die Ausweitung der Betrachtungsgegenstände auf die „Frauenfrage" und die „Arbeiterfrage".[1115]

Das weitaus größte Interesse finden unterdessen die Naturwissenschaften einschließlich der Medizin: Die Fortschritte in Physik und Chemie werden dabei in zwei Erinnerungswerken unterstrichen.[1116] Den Bereich der Biologie betreffend beklagen drei Verfasser den hemmenden Einfluss des Darwinismus bzw. seiner Vertreter auf die Vererbungslehre[1117], ein weiterer sieht die „Vererbungsbiologie" seiner Zeit als kaum entwickelt an[1118]; eine Einzelstimme schließlich verweist auf Fortschritte in der Meereskunde.[1119] In Sachen Medizin stellt ein Autor fest, dass „[d]er Theaterdonner der Epoche *Wilhelms II.*" auch diesen Bereich „nicht verschont" habe[1120]; drei andere betonen unterdessen den medizinischen Fortschritt im Allgemeinen sowie die zunehmende Ausdifferenzierung von Teilfächern.[1121] Konkreter nennen hier drei hier bereits zitierte Autoren die Krebsforschung[1122], die Ohrenheilkunde[1123] sowie die Sozialhygiene[1124] als aufstrebende Disziplinen; geschlossen konstatieren sie außerdem – ebenso wie ein zusätzlicher Autobiograph – das Aufkommen und die starke Stellung der Bakteriologie (zum Teil mit kritischem Unterton).[1125] Ein weiteres Erinnerungswerk enthält darüber hinaus einen Hinweis auf die „experimentelle Zellforschung" als eigene Disziplin[1126], während ein Verfasser die wachsende Dominanz des Experiments als Forschungsmethode kritisiert.[1127] Im Gegensatz dazu verweist eine Stimme auf die verbreitete Ablehnung von Homöopathie und Naturheilkunde[1128], fünf Autoren sehen Psychiatrie und Psychoanalyse als Stiefkinder der Medizin vor dem Weltkrieg.[1129] Dem mit der Medizin eng verbundenen Gesundheitswesen schenken schließlich vier Autobiographen ihre Aufmerksamkeit: Nach und nach habe die Bakteriologie

1114 Oppenheimer, *Erlebtes*, 188–192.

1115 Lange, *Lebenserinnerungen*, 228.

1116 Wien, Ein Rückblick, passim; Baum, *Rückblick*, 61.

1117 Dennert, *Hindurch zum Licht!*, 213; Erdmann, Typ eines Ausbildungsganges, 43; Korschelt, *Das Haus an der Minne*, 154f.

1118 Grotjahn, *Erlebtes*, 118.

1119 Reinke, *Mein Tagewerk*, passim.

1120 Grotjahn, *Erlebtes*, 51.

1121 Hutten-Czapski, *Sechzig Jahre*, I, 494–496; Körner, *Erinnerungen*, passim; Lubarsch, *Ein bewegtes Gelehrtenleben*, 191.

1122 Lubarsch, *Ein bewegtes Gelehrtenleben*, 169f.

1123 Körner, *Erinnerungen*, 110, 116, 119–124 und öfter.

1124 Grotjahn, *Erlebtes*, 123f., 135f., 146 und öfter. Vgl. zu dieser damals neuen, eugenisch orientierten Richtung eigentlich der Biologie Nipperdey, *Deutsche Geschichte*, I, 629.

1125 Grotjahn, *Erlebtes*, 128, 135 und 144 („die Überschätzung der Bakteriologie"); vgl. Lubarsch, *Ein bewegtes Gelehrtenleben*, 396; Körner, *Erinnerungen*, passim; Rumpf, *Lebenserinnerungen*, passim.

1126 Erdmann, Typ eines Ausbildungsganges, 45.

1127 Grotjahn, *Erlebtes*, 144.

1128 Lubarsch, *Ein bewegtes Gelehrtenleben*, 193.

1129 Hoche, *Jahresringe*, 119f.; Ludwig, *Geschenke*, 312; Schmitz, *Ergo sum*, 150; Sternheim, *Vorkriegseuropa*, 56 (mit deutlicher Ablehnung „der psychoanalytischen Relativitätspest"; vgl. ebd., 58); Wollenberg, *Erinnerungen*, 84.

nach Robert Koch Eingang auch in die „amtliche öffentliche Gesundheitspflege" gefunden[1130], deren Erfolge[1131] bei der „Städteassanierung" allerdings auch zu einer Überschätzung der Möglichkeiten geführt habe[1132]; die Hamburger Choleraepidemie von 1892 sei unterdessen trotz bereits hohen Hygienestandards aufgrund von „Unterlassungssünden" ausgebrochen.[1133]

Lediglich fünf Verfasser äußern sich zu Fragen der akademischen Lehre, deren Qualität einer von ihnen durch die üblicher Weise zu zahlenden Kollegiengelder befördert sieht[1134]; ein anderer hält generell das in Vorlesungen vermittelte Wissen für unzulänglich[1135], während drei Stimmen die Dominanz dieser Lehrform feststellen und aus didaktischen Gründen ablehnen.[1136]

4. Die Verhältnisse der Universitätsangehörigen

Mit den Verhältnissen des Universitätspersonals, der staatlichen Einflussnahme auf dieses sowie dem Charakter der Studentenschaft der Wilhelminischen Epoche befassen sich insgesamt knapp zwei Dutzend Lebenserinnerungen. Aus dem Bereich der „Interna" thematisieren dabei zunächst sieben Autobiographen die prekäre Stellung von Privatdozenten; diese hätten im Einzelfall erst nach vielen Jahren ein Ordinariat erlangen können und seien unterdessen allenfalls zu außerordentlichen Professoren ernannt worden[1137], wie vier Verfasser betonen; zwei davon verweisen auf das erfolglose Bemühen etwa von Hochschullehrertagen, hier Abhilfe zu schaffen.[1138] Die ordentlichen Professoren, so zwei weitere Stimmen, hätten unterdessen die Bedeutung ihrer rangniederen Kollegen für den Lehr- und Forschungsbetrieb nicht nur nicht hinreichend gewürdigt, sondern ihnen gegenüber „Selbstüberhebung und ein dem Obrigkeitsstaat entwachsendes dünkelhaftes

---

1130 Lubarsch, *Ein bewegtes Gelehrtenleben*, 396 (Zitat); vgl. Schröder, *Aus Hamburgs Blütezeit*, 82.

1131 Vgl. Heyl, *Aus meinem Leben*, 101f.

1132 Grotjahn, *Erlebtes*, 137.

1133 Niese, *Von Gestern und Vorgestern*, 215 (Zitat); vgl. Schröder, *Aus Hamburgs Blütezeit*, 82.

1134 Brandl, *Zwischen Inn und Themse*, 225.

1135 Sternheim, *Vorkriegseuropa*, 53.

1136 Erdmann, Typ eines Ausbildungsganges, 44 („Es war in der damaligen Zeit noch nicht erkannt, daß die Vorlesung eigentlich eine Vorbereitung oder Erweiterung dessen sein sollte, was der Student durch eigene Arbeit sich mit geschickter Anleitung aneignen sollte oder angeeignet hatte. So wurde auf das Wort noch viel zu viel Wert gelegt (...)."); vgl. Litzmann, *Im alten Deutschland*, 360f. („Unzulänglichkeit der herkömmlichen Methode des akademischen Unterrichts, in dem immer noch das Schwergewicht auf die monologische Unterweisung und Anregung durch große Vorlesungen gelegt wurde"); Lubarsch, *Ein bewegtes Gelehrtenleben*, 87 (indirekt durch Hinweis auf den Ausnahmecharakter medizinischer Übungen Anfang der 1890er Jahre).

1137 Brentano, *Mein Leben*, passim; Lubarsch, *Ein bewegtes Gelehrtenleben*, 117 und öfter; Wollenberg, *Erinnerungen*, 89; Wilamowitz-Moellendorff, *Erinnerungen*, 296.

1138 Brentano, *Mein Leben*, 283ff.; vgl. Lubarsch, *Ein bewegtes Gelehrtenleben*, 117.

Standesbewußtsein" gezeigt.[1139] Die „Bildung von ‚Schulen' und Cliquen", so eine Einzelstimme darüber hinaus, sei in der Wissenschaft wenig ausgeprägt gewesen.[1140]

Die Beziehung zwischen Professoren und staatlichem Dienstherrn charakterisieren knapp eineinhalb Dutzend Autoren. Drei davon weisen zunächst direkt oder indirekt auf die straffe Führung der Universitäten in Preußen hin[1141], zwei weitere konstatieren eine Abhängigkeit der Professoren von den Regierungen generell[1142] bzw. einen geringen Einfluss der Parteien auf die Besetzung von Lehrstühlen.[1143] Ausdrücklich nicht nur auf Preußen, sondern auch auf das Reich bezogen wird darüber hinaus von 15 Verfassern dem bis 1907 während „System Althoff"[1144] Epochenrelevanz zugeschrieben: Der Ministerialdirektor im preußischen Kultusministerium Friedrich Althoff[1145] sei „in Universitätssachen allmächtig" gewesen, und es hätten „die nichtpreußischen Kultusminister bis nach Österreich nur zu willig auf seine Anregungen" gehört[1146] – diese Einschätzung, vor allem im Hinblick auf die Berufungs- bzw. Versetzungspraxis, findet sich außer in dem hier zitierten explizit oder implizit auch in allen übrigen Lebenserinnerungen mit einschlägigem Interesse[1147], wobei nur ein Autor Althoff uneingeschränkt zugute hält, die „Universitäten in ungewöhnlicher Weise gefördert"[1148], fünf andere ihm jedoch (zugleich) vorwerfen, das Staatsinteresse über die Wissenschaft gestellt zu haben und dabei im Zweifel mit „rücksichtsloser Gewalttätigkeit" vorgegangen zu sein[1149], schließlich „die Überlieferungen aus den besten Zeiten der Universitäten und den Geist des Bekennermutes im Lehrkörper" vor allen anderen zu zerstören

---

1139 Weisbach, *„Und alles ist zerstoben"*, 130 (Zitat); vgl. Reinke, *Mein Tagewerk*, 263 („patriarchalisches Regiment der Ordinarien"), der ebd. Karl Lamprecht als Gegenbeispiel („moderner Menschen") anführt.

1140 Oppenheimer, *Erlebtes*, 203.

1141 Wilamowitz-Moellendorff, *Erinnerungen*, 295; Grotjahn, *Erlebtes*, 51 („diente man trotz aller Hohenzollernbegeisterung nicht gern in Preußen, sondern bevorzugte eine süddeutsche Universitätsgarnison oder Leipzig."); Körner, *Erinnerungen*, 111 („wie der Staat Preussen Universitätsprofessoren auszunutzen verstand").

1142 Brentano, *Mein Leben*, 220ff.

1143 Oppenheimer, *Erlebtes*, 203.

1144 Vgl. dazu Nipperdey, *Deutsche Geschichte*, I, 573.

1145 Althoff wurde 1882 Referent für das Universitätswesen im preußischen Kultusministerium, 1897 Ministerialdirektor und zusätzlich Referent für das höhere Schulwesen; beide Abteilungen leitete er bis 1907 (*Neue Deutsche Biographie*, Bd. 1 [1953], 222–224).

1146 Brentano, *Mein Leben*, 282.

1147 Vgl. Grotjahn, *Erlebtes*, 114; Hoche, *Jahresringe*, 149ff.; Hutten-Czapski, *Sechzig Jahre*, I, 509 und öfter; Kühnemann, *Mit unbefangener Stirn*, 122–125 und öfter; Lange, *Lebenserinnerungen*, 249; Rumpf, *Lebenserinnerungen*, passim; Salomon, Jugend- und Arbeitserinnerungen, 22; Scholz, *Eine Jahrhundertwende*, 13; Wien, Ein Rückblick, 26; Wilamowitz-Moellendorff, *Erinnerungen*, 249–251 und öfter.

1148 Korschelt, *Das Haus an der Minne*, 142.

1149 Brentano, *Mein Leben*, 218 und 281 (Zitat); vgl. auch Hoche, *Jahresringe*, 151 („Selbstherrlichkeit").

geholfen zu haben.[1150] Begrenzt worden sei Althoffs Macht, so eine Einzelstimme, lediglich durch den Willen des Kaisers.[1151]

Zu den Verhältnissen der Studentenschaft äußern sich schließlich die Urheber von sieben Erinnerungswerken. Zwei von ihnen verzeichnen direkt oder indirekt einen (kontinuierlichen Anstieg) der Hörerzahlen bei deutlich steigendem Anteil der gesellschaftlichen Mittelschichten.[1152] Im Hinblick auf die studentischen Verbindungen stellt eine Stimme einen generellen Gegensatz zwischen „feudalen" und einfacheren Korporationen fest[1153], eine weitere konstatiert eine unter den Studierenden weit verbreitete Ablehnung gegenüber konfessionell abgegrenzten Verbindungen und Gruppierungen.[1154] Während daneben ein Autor auf das allmähliche Eindringen alldeutschen Gedankenguts in Hochschulen und Universitäten hinweist[1155], schätzt ein weiterer dagegen die Studenten der Zeit zwischen 1890 und 1914 als gänzlich unpolitisch ein.[1156] Was schließlich die Einstellung zum Studium angeht, widersprechen sich zwei Verfasser in ihrem Urteil; demnach habe für die deutschen Studenten zumindest partiell der Freizeitwert den Studienort bestimmt[1157] oder aber die Lebensplanung ihr Verhalten dominiert, wobei sie „durchweg einseitig auf das Studien- und praktische Lebensziel eingestellt" und dabei „im Gedränge des wirtschaftlichen Lebenskampfes Anpassungsfähigkeit und Geschäftssinn bis in die akademische Jugend verbreitet" gewesen seien.[1158]

1150 Lubarsch, *Ein bewegtes Gelehrtenleben*, 219 (Zitat); vgl. Weisbach, *„Und alles ist zerstoben"*, 99: „So groß die Althoff nachgerühmten Verdienste für die Entwicklung des höheren Unterrichtswesens sein mögen, durch die Art seiner Menschenbehandlung hat er verderblich gewirkt (…)." Zu Fehlern und Verdiensten Althoffs vgl. auch Rumpf, *Lebenserinnerungen*, 72f.

1151 Engel, *Menschen und Dinge*, 298 („Welcher Unterrichtsminister hätte gewagt, einen noch so hervorragenden Hochschullehrer zum Professor, natürlich nur zum Außerordentlichen, zu ernennen, über dem die Wetterwolke der hochobigen Ungnade schwebte? Das hätte selbst der allgewaltige Althoff nicht gewagt.").

1152 Litzmann, *Im alten Deutschland*, 354f.; vgl. auch Brandl, *Zwischen Inn und Themse*, 225 (zunehmende Hörerzahlen aufgrund der raschen Verbreitung der Realgymnasien).

1153 Paulsen, *Mein Leben*, 20.

1154 Korschelt, *Das Haus an der Minne*, 138.

1155 Körner, *Erinnerungen*, 131.

1156 Wollenberg, *Erinnerungen*, 103: Sie seien „vor allem begeisterte und frohe Söhne der geliebten Göttin, ,Jugend' genannt", gewesen.

1157 So Lubarsch, *Ein bewegtes Gelehrtenleben*, 273, am Beispiel Kiels, das aufgrund der dort liegenden Flotte und den Möglichkeiten des Segelsports bevorzugt worden sei.

1158 Wulff, *Lebenswege*, 25.

XII. KUNST UND KULTUR

1. Grundtendenzen und Rahmenbedingungen

Die generelle Ausrichtung und die Lage der Künste in der Wilhelminischen Zeit charakterisieren rund 20 Autobiographen. Drei betonen dabei die Weltgeltung der deutschen Kunst in allen Bereichen.[1159] Unterdessen kennzeichnen vier Autoren den zeitgenössischen Stil generell als effekthascherisch und hohl[1160] bzw. als verworren[1161]; einer davon macht sogar einen „perversen Zug" aus, „der alles Schiefe und Kranke bevorzugt", ein weiterer Autor pflichtet dem sinngemäß bei.[1162] Lediglich eine Einzelstimme sieht die Gesamtentwicklung positiv:

> „Kunst und Kultur rangen sich los aus den Fesseln einer veralteten Konvention, nahmen einen Aufschwung zur Wahrheit, Freiheit und Verinnerlichung, schrieben sich neue, wirksamere Formgesetze vor. Sie scheuten sich nicht mehr, die Dinge beim rechten Namen zu nennen, übten scharfe Kritik an der Zeit und der Natur des Menschen (…)."[1163]

Als Kulturzentren benennen drei Verfasser München und Berlin, die permanent in Konkurrenz um die Vorreiterrolle in Deutschland gestanden hätten.[1164] Einer davon bescheinigt dabei dem Münchner Hof eine weitaus größere Offenheit für Neuerungen in der Kunst als seinem Berliner Pendant; Wilhelm II. und seine Umgebung hätten in Verabsolutierung des (schlechten) kaiserlichen Geschmacks die Entwicklungen und die Präsenz der Kunst im öffentlichen Raum massiv steuern und kontrollieren wollen, seien damit jedoch letztlich gescheitert.[1165] In fünf weiteren Autobiographien wird diese Einschätzung bestätigt und die unpassende, „philisterhafte Kulturpolitik" des Kaisers gegeißelt[1166], wobei eine Stimme ihn sogar als „Schädling" für die moderne Kunst bezeichnet und eine „Kunstdiktatur" ausmacht[1167]; ein weiterer Verfasser betont dagegen, dass der Monarch in Übereinstimmung mit „vielen" Kunstinteressierten gehandelt habe.[1168] Zwei Stimmen

---

1159 Weisbach, *„Und alles ist zerstoben"*, 353f.; Woermann, *Lebenserinnerungen*, 52–55; vgl. Sternheim, *Vorkriegseuropa*, 166.

1160 Halbe, *Jahrhundertwende*, 27; Paulsen, *Mein Leben*, 56 und öfter.

1161 Binding, *Erlebtes Leben*, 206; Bonn, *Mein Künstlerleben*, 83.

1162 Bonn, *Mein Künstlerleben*, 102 (Zitat) und 123; vgl. Scholz, *An Ilm und Isar*, 229.

1163 Martens, *Schonungslose Lebenschronik*, I, 161.

1164 Halbe, *Jahrhundertwende*, 35 und 87; Thoma, *Erinnerungen*, 265; Weisbach, *„Und alles ist zerstoben"*, 132 und 136; vgl. auch Ettlinger, *Lebenserinnerungen*, 187 (München vs. Wien).

1165 Weisbach, *„Und alles ist zerstoben"*, 137, 296f. und 347.

1166 Oppenheimer, *Erlebtes*, 182 (Zitat); vgl. Baumgarten, *Meine Lebensgeschichte*, 155; Hutten-Czapski, *Sechzig Jahre*, I, 411; Thoma, *Erinnerungen*, 265. Vgl. auch Bunsen, *Die Welt*, 152: „Wie zahllose Bilder zweiter, dritter und vierter Güte sind in eben dieser Zeit von der Kaiserlichen Schatulle angekauft worden!"

1167 Bunsen, *Die Welt*, 192. Vgl. auch Martens, *Schonungslose Lebenschronik*, I, 131, und seine Kritik an den „immer wiederkehrenden Versuche[n], Kunst mit irgendwelchen Vorschriften, schulmeisterlichen oder gar polizeilichen Verboten knebeln zu wollen (…)."

1168 Bonn, *Mein Künstlerleben*, 83.

stellen unterdessen lediglich die Förderung der Künste durch den Kaiser fest[1169], der damit der Volkserziehung habe dienen wollen.[1170] Auf der anderen Seite bescheinigen zwei Verfasser den angeblich bedrängten Vertretern zeitgenössischer Kunst Staats- bzw. Monarchenferne, sei es aus Angst[1171], sei es aus Selbstbewusstsein[1172], wobei einer davon feststellt, dass „[d]ie geringschätzige Behandlung, die sich die deutschen Dichter immer wieder von der Bureaukratie gefallen lassen mußten", auch zur Herausbildung „staatsfeindliche[r] Tendenzen" geführt habe.[1173] Was unterdessen die materielle Lage der Künstlerschaft im Allgemeinen angeht, konstatieren zwei Autorinnen permanente finanzielle Probleme[1174], während zwei ihrer männlichen Pendants (mit Hinweis auf potente Käufer und Mäzenaten) genau das Gegenteil feststellen[1175]; ein anderer Verfasser hebt die positive Wechselwirkung von künstlerischer Qualität und Verdienst hervor.[1176] Unabhängig davon kritisieren schließlich vier Autoren nachteilige Einflüsse der politischen „Zeitfragen"[1177] bzw. der sich ausbreitenden materialistischen Denkweise[1178] auf Kunst und Kultur.[1179]

2. Theater und Literatur

Die Entwicklung des Theaters bzw. der Dramatik wie der Literatur generell spielt in rund 35 Erinnerungswerken als epochenrelevantes Gebiet eine Rolle. Als Literatur- bzw. Schauspielzentren werden zunächst von neun Autoren auch hier vor allem Berlin und München genannt[1180] – mit divergierender Gewichtung –, ver-

1169 Dryander, *Erinnerungen*, 189.
1170 Brandl, *Zwischen Inn und Themse*, 262f.
1171 Ludwig, *Geschenke*, 449f.
1172 Martens, *Schonungslose Lebenschronik*, II, 41.
1173 Ebd., 133f.
1174 Heydecker-Langer, *Lebensreise*, II, 98 und öfter; Heyl, *Aus meinem Leben*, 100.
1175 Weisbach, *„Und alles ist zerstoben"*, 372 („kaum jemals haben sie [= die Künstler] es in Deutschland in materieller Hinsicht so gut gehabt und so viel verdient."); vgl. Sternheim, *Vorkriegseuropa*, 137.
1176 Halbe, *Jahrhundertwende*, 238f.
1177 Scholz, *Berlin und Bodensee*, 280 („das politische Zeitalter (…) zwang die Scharen der unentschiedenen Künstler wie mit der Gewalt eines ungeprüften doch geglaubten Dogmas hinüber zu den Ändernwollern") und 290 („Die Zeitfragen sind in die Kunst hineingefälscht worden.").
1178 S. oben, Kap. X. 1.
1179 Werdeland, *Unter neuen Göttern*, 51 („war der Kult auch überaus gefährlich für die Kunst, so daß diese wahrhaft schöpferische Tätigkeit immer mehr verkümmern mußte."). Vgl. auch die rhetorische Frage von Weisbach, *„Und alles ist zerstoben"*, 370, „[o]b es der Kunst (…) zugute kam, daß ihre Pflege zum großen Teil in die Hände einer richtungslosen Bourgeoisie gelegt war (…)."
1180 Dibelius, Zeit und Arbeit, 21; Halbe, *Scholle und Schicksal*, sowie ders., *Jahrhundertwende*, passim; Heydecker-Langer, *Lebensreise*, passim; Martens, *Schonungslose Lebenschronik*, I, 217f.; Raff, *Blätter*, 231; Scholz, *An Ilm und Isar*, 215.

einzelt außerdem Weimar sowie Hamburg und Dresden[1181]; ein Verfasser wertet es dabei als „Zug der Zeit (...), daß überall neue Schauspielbühnen entstanden."[1182]

Speziell der Bühnenkunst schenken knapp 20 Verfasser ihre Aufmerksamkeit. Das Aufkommen des Naturalismus in Gestalt des modernen Dramas vermerken rund 15 Autobiographien als wichtige, wenn auch umstrittene Erscheinung der 1890er Jahre, wobei vor allem Gerhart Hauptmann, aber auch Max Halbe, Henrik Ibsen und Hermann Sudermann als Protagonisten genannt werden.[1183] Positiv wertet dabei nur eine Verfasserin diese Entwicklung[1184], drei äußern sich im Hinblick auf die Dominanz bzw. einen angeblichen Absolutheitsanspruch dieser Richtung kritisch[1185], und drei weitere werten die Prägung des Theaters „sowohl von psychologischer Zerfaserung wie von naturalistischer Nachmalung des Kleinen und Engen"[1186] als Niedergang „auf der Ebene der Sittlichkeit, des Schönheitsempfindens und der reinen Vernunft".[1187] Vier dieser kritisch bzw. negativ urteilenden Autoren konstatieren zugleich die Überwindung des Naturalismus durch den Symbolismus und weitere sich anschließende Strömungen um bzw. nach 1900[1188], wobei zwei auf deren Kurzlebigkeit hinweisen[1189], eine Stimme gar

---

1181 Brandl, *Zwischen Inn und Themse*, 295, 301 und öfter; Spiero, *Schicksal*, 110f.; Woermann, *Lebenserinnerungen*, 117.

1182 Halbe, *Jahrhundertwende*, 301.

1183 Vgl. Martens, *Schonungslose Lebenschronik*, I, 187; Oppenheimer, *Erlebtes*, passim; Schoenaich, *Mein Damaskus*, 51; Spiero, *Schicksal*, 70; Stehr, *Mein Leben*, 18 und 20; Weisbach, *„Und alles ist zerstoben"*, 271; Wilke, *Alt-Berliner Erinnerungen*, 197–199; Woermann, *Lebenserinnerungen*, 54; Wulff, *Lebenswege*, 23f.

1184 Bunsen, *Die Welt*, 146 und 148 („Es war eine glänzende, unvergeßliche Bühnenzeit. (...) Die mit Recht gepriesene, die unerreichte Vollendung jener Berliner Theaterzeit bezog sich fast ausnahmslos auf das moderne, in Bürgerkreisen oder im Volk sich abrollende Schauspiel (...)".).

1185 Halbe, *Scholle und Schicksal*, 418, sowie ders., *Jahrhundertwende*, 93; Thoma, *Erinnerungen*, 182f. und 198f.; Wolzogen, *Wie ich mich ums Leben brachte*, 95, 150, 152, 172, 194 und öfter.

1186 Scholz, *An Ilm und Isar*, 17, 42 (Zitat) und 100; s. außerdem ders., *Eine Jahrhundertwende*, 148.

1187 Sternheim, *Vorkriegseuropa*, 57 (Zitat; vgl. ebd.: „Orkane entfesselten Banausentums fegten die Schaubühne von den wenigen, erhabenen Resten wirklicher, deutscher Dramatik frei"); weitere Ausführungen ebd., 58. Vgl. außerdem Heine, *Mein Rundgang*, 72ff., 77, 102 und öfter (ebd., 81: „Durchweg Dramen, die geeignet waren, dem zufriedenen Bürger einen Stoß vor die Brust zu versetzen. Und das eben wollte ja die vielgestaltige ‚Moderne'. In ihr hatten die Fanatiker des Pessimismus die lauteste Stimme. Not, Grauen, körperliche und seelische Qualen galten als einzig statthafte Kunstmotive. Ein Drama mit optimistischer Lebensauffassung oder gar einem Ausgang, in dem ‚sie sich kriegen', galt für ‚kitschig'. – Es hat viel Unheil angerichtet, dieses damals entstandene Modewort, mit dem man sich gegen das Süßrosige der Vergangenheit und Gegenwart wehrte.").

1188 Vgl. Scholz, *An Ilm und Isar*, 113, 127, 201 und 224; Heine, *Mein Rundgang*, 121; Halbe, *Jahrhundertwende*, 347 (Der auch hieran Kritik übt: „jene Werdezeit (...) mit ihrem Suchen nach anderen Stoffgebieten, nach neuen sprachlichen Ausdrucksmitteln, nach einer gewandelten Formgebung, sei es auch um den Preis einer völligen Lockerung oder Auflösung der dramatischen Form überhaupt!"). Vgl. zur Ablösung des Naturalismus durch die „verschie-

„nach der Ebbe der Hauptmannschen Spießbürgerphantasien (…) nichts Erwäh-
nenswertes" in puncto Theater zu verzeichnen hat.[1190] Zwei bereits zitierte und ein
weiterer Autobiograph bemerken unabhängig davon einen Aufschwung des Kaba-
retts und der Kleinkunst, die dabei nach Meinung einer Stimme nicht wenig zum
Umschwung weg vom Naturalismus beitrugen[1191], einer anderen zufolge „auch
der Verflachung des Massengeschmacks durch die Wiener Tanzoperette oder deren noch blödere Berliner Spielart" entgegenwirkten.[1192] Diesen Formen der Bühnenkunst bescheinigt indessen eine bereits zitierte Autobiographie, die „stumpfsinnigen Filme und Theaterstücke" an Qualität „bei weitem" übertroffen zu haben.[1193] Unterschiede zum Theaterwesen ihrer Schreibgegenwart machen darüber
hinaus schließlich zwei weitere Stimmen aus, und zwar im Hinblick auf die vor
dem Weltkrieg angeblich größeren Möglichkeiten unbekannter Dramatiker, ihre
Werke zur Aufführung zu bringen, und den seinerzeit respektvolleren Umgang der
Regisseure mit den Textbüchern[1194] sowie die vormals noch begrenzte Freizügigkeit der Darbietungen.[1195]

Das Gebiet der Literatur (im Ganzen) ist in rund 20 Autobiographien und Memoiren ein Thema. Analog zu den oben zitierten Ausführungen über die Entwicklung der Bühnenkunst gehen auch hier zunächst gut ein Dutzend Verfasser auf die
Abfolge verschiedener Strömungen[1196] ein. Vier von ihnen vermerken ebenfalls
das Aufkommen des Naturalismus als bedeutende Tatsache – „Die Bühne zog die
Romane nach"[1197]; einer davon sowie zwei weitere konstatieren allerdings auch
das Fortbestehen bzw. Nachwirken älterer Traditionen (des Realismus), die durch
Paul Heyse und Wilhelm Raabe verkörpert worden seien.[1198] Der Schaden, den
die Moderne angerichtet habe, so zwei Verfasser, sei dann von den nachfolgenden
literarischen Generationen wieder beseitigt worden („die im Anschluß an große
Vorbilder den Wiederaufbau oder die Wiederauffüllung ausgehöhlter [!] oder acht-

denen Spielarten des Anti- und Postnaturalismus" Nipperdey, *Deutsche Geschichte*, I, 795f.
(das Zitat 795).

1189 So Halbe, *Jahrhundertwende*, 339, der außerdem noch Neuromantik, Dadaismus und Ex-
pressionismus nennt: „In dem hochsommerlichen, halbtropischen Geistesklima dieser Epoche reifte alles früher, um ebenso rasch wider dahinzuwelken."; vgl. Heine, *Mein Rundgang*,
78 („Bis dann später die Symbolisten kamen, neue Götter aufstellten, neues Bekenntnis und
damit wieder eine Strecke zurücklegten auf dem arabeskenreichen Wege der Zeit.").

1190 Sternheim, *Vorkriegseuropa*, 88.

1191 Halbe, *Jahrhundertwende*, 339f.; vgl. außerdem Schröder, *Aus Kindheit und Jugend*, 204;
Wolzogen, *Wie ich mich ums Leben brachte*, 202, 213 und 229.

1192 Wolzogen, *Wie ich mich ums Leben brachte*, 228.

1193 Sternheim, *Vorkriegseuropa*, 26.

1194 Halbe, *Scholle und Schicksal*, 425 und 435.

1195 Heydecker-Langer, *Lebensreise*, II, 24.

1196 Vgl. dazu Nipperdey, *Deutsche Geschichte*, I, 758ff.

1197 So Vely, *Mein schönes und schweres Leben*, 335; vgl. Martens, *Schonungslose Lebenschronik*, I, 130f.; Schlosser, *Aus dem Leben*, 100f.; Scholz, *Berlin und Bodensee*, 275f. und 281f.,
sowie ders., *Eine Jahrhundertwende*, 22 und 76.

1198 Scholz, *Eine Jahrhundertwende*, 176; Siegfried, *Aus dem Bilderbuch*, II, 168; Spiero,
Schicksal, 153f., 158 und 167f.

los zertrümmerter Formen auf eigene Faust betrieben")[1199], und noch sechs weitere Autoren stellen diesen Wandel – wiederum analog zur Entwicklung des Theaters – fest[1200], von denen zwei allerdings „den Erfolg des Mittelmäßigen (...) auch im Schrifttum" beklagen.[1201] Fünf oben zum Teil bereits zitierte Autoren weisen auf die Unterstützung des Umschwungs durch die neu aufkommenden literarischen Zeitschriften hin[1202], wobei allerdings zwei die Kurzlebigkeit solcherlei Unternehmungen unterstreichen.[1203] Unabhängig davon ereignete sich zwei Erinnerungswerken zufolge auf literarischem Gebiet ein Umschwung zum Individualismus[1204] bzw. zur sittlichen Entgrenzung.[1205] Drei Verfasser weisen darüber hinaus auf das Entstehen der (antimodernen) Heimatdichtung[1206] bzw. ein wachsendes Bemühen um wertvolle Jugendliteratur[1207] hin. Differenzen zur Zeit nach dem Zusammenbruch werden schließlich in drei Autobiographien festgehalten: Zwei konstatieren eine Zunahme der von Laien verfassten Literatur in der Schreibgegenwart bei gleichzeitigem Sinken der Ansprüche an die Qualität[1208], und einer Stimme zufolge war die deutsche Literatur „in den Jahren um die Jahrhundertwende wesentlich munterer, reichhaltiger und hoffnungsvoller (...) als heut[e]".[1209]

Zum Zeitbezug bzw. zur zeitgenössischen Wirkung von Bühnenstücken und Literatur, zur Aufnahme beim Publikum und bei der Kritik sowie zu etwaigen Reaktionen von staatlicher Seite nehmen rund 20 der in die Untersuchung einbe-

1199 Schröder, *Aus Kindheit und Jugend*, 188 (Zitat); vgl. Schmitz, *Dämon Welt*, 87 und 107.

1200 Halbe, *Jahrhundertwende*, 165 (mit dem erneuten Hinweis auf Neuromantik und Symbolismus); Sternheim, *Vorkriegseuropa*, 141ff.; Voigtländer, Robert Voigtländer, 168; Wolzogen, *Wie ich mich ums Leben brachte*, 182f. und 209f.

1201 Scholz, *An Ilm und Isar*, 127 (Zitat) und 168; Paulsen, *Mein Leben*, 29 und 55f.

1202 Paulsen, *Mein Leben*, 20ff. und 30; Weisbach, *„Und alles ist zerstoben"*, 295f. Vgl. vor allem Thoma, *Erinnerungen*, 200 und 208; Scholz, *Eine Jahrhundertwende*, 240: „Diese Zeitschriften wurden allgemein gelesen, waren meist fesselnd, unterhaltend, belustigend geschrieben und halfen wie wenig anderes den ‚Jungen' zum Durchdringen in die breitere Öffentlichkeit. Ebenso taten dies die in Berlin und München entstehenden dramatischen Gesellschaften, die Versuchsbühnen." Die hier angesprochenen literarischen bzw. Künstlervereinigungen – unterschiedlicher Couleur – werden auch in einigen weiteren der oben schon zitierten Erinnerungswerke als Zeichen der Zeit erwähnt: vgl. Heine, *Mein Rundgang*, 79; Martens, *Schonungslose Lebenschronik*, I, 143, und II, 114; Paulsen, *Mein Leben*, 31; Scholz, *An Ilm und Isar*, 100; Thoma, *Erinnerungen*, 214 und 260; Vely, *Mein schönes und schweres Leben*, 396; Wolzogen, *Wie ich mich ums Leben brachte*, 174, 188 und öfter.

1203 Scholz, *An Ilm und Isar*, 170; Schröder, *Aus Kindheit und Jugend*, 168 und 205.

1204 Eucken, *Erinnerungen*, 77.

1205 Heine, *Mein Rundgang*, 89f. und 93.

1206 Ettlinger, *Lebenserinnerungen*, 171; Scholz, *Eine Jahrhundertwende*, 32. Vgl. dazu Nipperdey, *Deutsche Geschichte*, I, 787ff.

1207 Tews, *Aus Arbeit und Leben*, 138f.

1208 Engel, *Menschen und Dinge*, 317; Sternheim, *Vorkriegseuropa*, 46. Vgl. dagegen aber Vely, *Mein schönes und schweres Leben*, 332, der zufolge schon damals „so manchem ganz kleinen, nur höchst mittelmäßigen Talente aus diesem oder jenem Grunde" Förderung zuteil wurde und „man Posaunenstöße für überschätzte Bücher erklingen ließ (...)." Vgl. auch Sapper, *Ein Gruß*, 56: „die Flut unbegehrter Bücher".

1209 Schröder, *Aus Kindheit und Jugend*, 186.

zogenen Lebenserinnerungen Stellung. Sechs Verfasser bescheinigen dem Theater (ohne explizite Beschränkung auf eine konkrete Strömung), „Spiegel der Zeit, der Gesellschaft, der sozialen Konflikte" gewesen zu sein[1210] und dabei große Wirkung insbesondere auf die Jugend im Sinne einer Befreiung von überkommenen Konventionen und Zwängen entfaltet zu haben[1211], was jedoch eine Stimme als schädlich wertet: *„Überall war das gleiche Ziel: der elementaren, menschlichen Bestie Entfesselung!"*[1212] Was unterdessen den Geschmack des deutschen Publikums bzw. der Leserschaft angeht stellen vier Autoren fest, dass vor allem die naturalistischen Stücke „als unanständig, schmutzig, kraß und unerquicklich gerade vom gebildeten Publikum (...) schroff abgelehnt oder ignoriert" worden seien[1213] –

> „Man hatte es satt, die Welt nur immer im Miniaturformat bürgerlicher oder proletarischer Stuben zu sehen, und sehnte sich nach Buntheit, Regellosigkeit, Entfesselung aller Künste des Theaters."[1214]

Eine verbreitete Vorliebe für die leichte Muse verzeichnen korrespondierend damit auch zwei weitere Autobiographien[1215], drei machen einen Hang „der bildungssüchtigen und reichgewordenen Bourgeoisie" zur „schwulstigen" Darstellungsweise[1216] bzw. „zu tollkühn-bürgerlicher Pseudoromantik"[1217] aus. Der zeitgenössischen Literatur- und Theaterkritik kreiden unterdessen drei Stimmen eine undifferenzierte Verdammung des Naturalismus an[1218], während zwei weitere in diametralem Gegensatz dazu eine Dominanz kompromissloser und mit unsauberen Mitteln kämpfender Befürworter naturalistischer Dichtung beklagen.[1219] Was schließlich das Verhältnis von Dichtkunst und Staat angeht, verurteilen acht Autoren die ihrer Meinung nach zunehmende und dabei zum Teil auch widerrechtliche Zensur von Bühne und Druckwerken.[1220]

1210 Dibelius, Zeit und Arbeit, 5; Eloesser, Erinnerungen, Nr. 90, 12; Weisbach, *„Und alles ist zerstoben"*, 187.

1211 Brandl, *Zwischen Inn und Themse*, 258; Halbe, *Jahrhundertwende*, 226; Weisbach, *„Und alles ist zerstoben"*, 186f. („Bürgerliche Beschränktheit, Prüderie und Verlogenheit wurden von verschiedenen Seiten aufs Korn genommen. Natürliche, nicht durch Konvention und Vorurteile verfälschte und erstickte Empfindungen und Triebe sollten in ihr Recht gesetzt werden. Man hatte den Eindruck, gegenüber der vorhergehenden Generation in einem großen Befreiungskampfe zu stehen.") und 366. Scholz, *An Ilm und Isar*, 19, zufolge profitierten konkret „Frauenfrage, Ehe vor allem, [und] Soziales".

1212 Sternheim, *Vorkriegseuropa*, 122f. (das Zitat 123).

1213 Martens, *Schonungslose Lebenschronik*, I, 144.

1214 Halbe, *Jahrhundertwende*, 340 (Zitat); vgl. ebd., 65; Heine, *Mein Rundgang*, 103; Siegfried, *Aus dem Bilderbuch*, II, 167. Woermann, *Lebenserinnerungen*, 110f., konstatiert für die Mehrheit der Leser dagegen ein Verlangen nach „moderner" Dichtung.

1215 Heydecker-Langer, *Lebensreise*, I, 141, und II, 145; Oppenheimer, *Erlebtes*, 119.

1216 Halbe, *Jahrhundertwende*, 26f. (Zitat); Niese, *Von Gestern und Vorgestern*, 227.

1217 Sternheim, *Vorkriegseuropa*, 41.

1218 Stehr, *Mein Leben*, 26–28 und 33; Bunsen, *Die Welt*, 149; Martens, *Schonungslose Lebenschronik*, 144.

1219 Engel, *Menschen und Dinge*, 50, 176 und öfter; vgl. Paulsen, *Mein Leben*, 29f.

1220 Bonn, *Mein Künstlerleben*, passim; Halbe, *Jahrhundertwende*, 318; Heine, *Mein Rundgang*, 103; Martens, *Schonungslose Lebenschronik*, I, 176, und II, 132f.; Scholz, *Berlin und Bo-*

3. Malerei – Einrichtung und Architektur – Musik

Über die zeitgenössische Malerei und verwandte Kunstrichtungen äußern sich elf Autobiographen, wobei die Entwicklung der Stile im Vordergrund steht. Während vier Autoren die von ihnen für Anfang bzw. Mitte der 1890er Jahre angesetzte – langsame – Ablösung des Naturalismus durch Impressionismus und Romantik für epochenkennzeichnend halten[1221], unterstreichen zwei die Bedeutung bestimmter Malerpersönlichkeiten; genannt werden hier Hans Thoma und Wilhelm Steinhausen[1222] bzw. Franz von Lenbach.[1223] Eine Bewertung nehmen zwei andere Verfasser vor, deren einer „das unbedingte künstlerische Unvermögen und die Sucht nach dem Ordinären" geißelt[1224], während der andere dem Leser ein „Zeitalter so lebendiger, zum mindesten so viel wollender und experimentierender Malerei" vor Augen stellt[1225]; eine weitere Stimme bescheinigt dem Naturalismus unterdessen ebensolche begeisterte Aufnahme und befreiende Wirkung beim jungen Publikum wie schroffe Ablehnung in der arrivierten Gesellschaft.[1226] Unabhängig davon verweisen schließlich zwei Autobiographen auf technische Neuerungen bei der Anfertigung von Kupferstichen und Drucken.[1227]

Entwicklungen auf dem Gebiet der Inneneinrichtung und der Architektur sind in zehn Erinnerungswerken ein Thema. Insgesamt sechs Autoren vermerken dabei das Vorherrschen einer dumpfen Atmosphäre in der Wohnungseinrichtung, mit fabrikmäßiger Renaissance-Möblierung, gedeckter Farbgebung und überladener Dämmung durch Teppiche und Vorhänge noch in den 1890er Jahren[1228] sowie die langsame Überwindung dieses Zustands durch den aufkommenden Jugendstil ab um 1900[1229], hin zu mehr und mehr geschmackvoller, leichter Ausstattungsweise.[1230] Unterdessen machen fünf Stimmen für die betrachtete Zeit einen Wandel auch in der Architektur aus: Während zwei die Eigenständigkeit einer nicht näher spezifizierten, aber eindeutig positiv bewerteten „neue[n] deutsche[n] Baukunst" hervorheben[1231], bemängeln die drei übrigen das Aufkommen eines schwülstigen,

densee, 279, sowie ders., *An Ilm und Isar*, 23f.; Sternheim, *Vorkriegseuropa*, 146; Thoma, *Erinnerungen*, 234–238; Wolzogen, *Wie ich mich ums Leben brachte*, 196.

1221 Halbe, *Jahrhundertwende*, 112–114; Woermann, *Lebenserinnerungen*, 57ff. und 100; Weisbach, *„Und alles ist zerstoben"*, 137f., 165f., 346 und 378; Wulff, *Lebenswege*, 24. Vgl. hierzu Nipperdey, *Deutsche Geschichte*, I, 698ff.

1222 Schlosser, *Aus dem Leben*, 100f.

1223 Siegfried, *Aus dem Bilderbuch*, II, 215 und öfter.

1224 Bernhardi, *Denkwürdigkeiten*, 270f. (das Zitat 271).

1225 Scholz, *An Ilm und Isar*, 216.

1226 Weisbach, *„Und alles ist zerstoben"*, 138 und 298.

1227 Langewiesche-Brandt, Die Brüder Langewiesche, 99; Voigtländer, Robert Voigtländer, 168.

1228 Bunsen, *Die Welt*, 137 und 158; Scholz, *Eine Jahrhundertwende*, 30; Weisbach, *„Und alles ist zerstoben"*, 274f.; Wilke, *Alt-Berliner Erinnerungen*, 222.

1229 Vgl. hierzu Nipperdey, *Deutsche Geschichte*, I, 715ff.

1230 Schmitz, *Dämon Welt*, 248; Weisbach, *„Und alles ist zerstoben"*, 191, 314f., 353 und 367. Schröder, *Aus Kindheit und Jugend*, 176, spottet hier über „die Schlängelpfade des (…) grassierenden Jugend- und Bandwurmstiles" (vgl. auch ebd., 177f.).

1231 Kühnemann, *Mit unbefangener Stirn*, 234 (Zitat); Woermann, *Lebenserinnerungen*, 54.

mit Zierrat überladenen, plakativen pseudohistorischen Architekturstils im Reich, dessen Ziel es gewesen sei, „aus jeder Mietskaserne, jedem Bierhaus einen Fürstenpalast zu machen".[1232]

Für acht Autobiographen spielt der Bereich der Musik eine Rolle. Die Dominanz der Werke Richard Wagners bzw. der in Bayreuth gesetzten Maßstäbe konstatieren dabei vier Verfasser, zwei per neutraler Feststellung[1233], zwei mit unverhohlener Missbilligung[1234]; ein weiterer erklärt Wagners Kompositionen gar als schwere Bürde und Hemmnis für die Versuche der entsprechend geprägten nachfolgenden Tonsetzergenerationen, „eine künstlerisch vornehme und dabei doch einschmeichelnde, melodisch leicht faßliche Musik zu schreiben".[1235] Eine Autorin stellt unterdessen fest, dass Versuche in „moderner" Musik von der Öffentlichkeit nicht goutiert worden seien.[1236] Eine weitere Einzelstimme rügt die Abhängigkeit weniger bekannter Komponisten von den Launen ungebildeter Mäzene.[1237] Zu dem „bekanntesten deutschen Komponisten jener Zeit" wird schließlich von einem Verfasser Richard Strauß erklärt.[1238]

XIII. LEBENSWELTLICHE BESONDERHEITEN

1. Unterschiede und Gegensätze zwischen den Regionen im Reich

In zahlreichen Lebenserinnerungen werden – in der Regel im Zusammenhang mit in den vorangegangenen Kapiteln behandelten Themengebieten[1239] – teils starke regionale Unterschiede in den Lebensgewohnheiten und -bedingungen im Reich als epochentypisch festgestellt.[1240] Reichsweite Uneinheitlichkeiten machen dabei drei Verfasser auf dem Gebiet von Recht, Gesetzgebung und Verwaltung – mit jeweils negativen Folgen – aus.[1241] Der weitaus größte Teil der einschlägig interessierten Autobiographen zieht jedoch klare geographische Trennungslinien: Insgesamt rund ein Dutzend Verfasser postulieren einen Nord-Süd-Gegensatz im

---

1232 Halbe, *Jahrhundertwende*, 26f. (Zitat); Siegfried, *Aus dem Bilderbuch*, II, 185; Weisbach, *„Und alles ist zerstoben"*, 148.

1233 Grünfeld, *In Dur und Moll*, 255f.; Ludwig, *Geschenke*, 316.

1234 Binding, *Erlebtes Leben*, 136f.; Wolzogen, *Wie ich mich ums Leben brachte*, 172.

1235 Wolzogen, *Wie ich mich ums Leben brachte*, 198.

1236 Reger, *Mein Leben*, 89 und öfter.

1237 Siegfried, *Aus dem Bilderbuch*, II, 208f.

1238 Hindenburg, *Am Rande*, 232.

1239 Auf entsprechende Rückverweise wird im Folgenden verzichtet.

1240 Vgl. dagegen Müller, *Begegnungen*, 116f., der mit Blick auf die in Berlin um 1900 einberufenen Rekruten ausdrücklich betont: „Elsasser [!] und Ostpreußen, Holsteiner und Sachsen kannten alle gleich gut den Text der Volkslieder (…)."

1241 Adam, *Lebenserinnerungen*, 134 (Landrechte); Bittmann, *Werken und Wirken*, II, 184–188, 192 (Dezentralisierung des Arbeiterschutzes) und 231f. (Gewerbeaufsicht in den Ländern); Michaelis, *Für Staat und Volk*, 178f. (Volksschulgesetzgebung). Vgl. auch Salomon, *Jugend- und Arbeitserinnerungen*, 16f., zur im Vergleich mit dem Süden des Reichs verspäteten Einführung des Frauenstudiums in Preußen.

Kaiserreich der Zeit zwischen 1890 und 1914, der von ihnen entweder generell behauptet[1242] oder an einem konkreten Bereich menschlichen Denkens und Handelns festgemacht wird. Während dabei eine Einzelstimme auf die größeren Schwierigkeiten für das Zustandekommen gemischtkonfessioneller Ehen im Süden verweist[1243] und zwei andere im Hinblick auf die Entwicklungen im Bereich der Literatur bzw. der bildenden Kunst eine größere Offenheit des Südens als des Nordens gegenüber modernen Strömungen hervorhebt (am Beispiel der Zentren München und Berlin einschließlich der dortigen Höfe)[1244], beziehen sieben Verfasser – inklusive der beiden letztgenannten – ihre Beobachtung auf den Bereich der Lebenseinstellung, der Mentalität und der gesellschaftlichen Konventionen.[1245] Dabei wird dem deutschen Süden – auch hier immer wieder in Gestalt Bayerns und dessen Hauptstadt München – grundsätzlich eine gemütvollere bzw. emotionalere Grundhaltung als dem Norden – häufig in Gestalt Preußens und dessen Hauptstadt Berlin – bescheinigt.[1246] Darüber hinaus seien die sozialen Grenzen im Süden weit weniger strikt gezogen, die Umgangsformen im Privaten wie in der Öffentlichkeit und auch bei Hofe erheblich ungezwungener und die Haltung gegenüber der Obrigkeit deutlich weniger von Unterwürfigkeit geprägt gewesen als im Norden.[1247] Überdies sei der Süden im Gegensatz zum Westen und Osten des Reichs weitgehend immun gegenüber dem vom Norden her sich ausbreitenden „Materialismus", der ausschließlichen Orientierung am wirtschaftlichen Erfolg und der Pflege eines luxuriösen Lebensstils gewesen.[1248]

Dagegen manifestierten sich für fünf Autoren die Unterschiede im Reich dezidiert entlang der staatlichen bzw. verwaltungsmäßigen Grenzen und damit ausdrücklich jenseits des vergröbernden Nord-Süd-Schemas, auch wenn hier das in den oben zitierten Stellungnahmen häufig als Sinnbild für den Norden fungierende Preußen eine besondere Rolle spielt: Neben einem latenten Gegensatz zwi-

1242 Ettlinger, *Lebenserinnerungen*, passim; Halbe, *Jahrhundertwende*, 31f.; Heydecker-Langer, *Lebensreise*, II, 19; Martens, *Schonungslose Lebenschronik*, 60f. und öfter.

1243 Reger, *Mein Leben*, 37f.

1244 Halbe, *Jahrhundertwende*, 87; Weisbach, *„Und alles ist zerstoben"*, 136f. und 187.

1245 Für Sternheim, *Vorkriegseuropa*, 47, „wirkte die gründliche, äußere Verschiedenheit des Bayernvolks und seiner Seinsweise Preußen gegenüber so stark, als sei ich von einem Erdteil in den von ihm am weitesten entfernten verschlagen (...)" (vgl. auch ebd., 51); vgl. zu Unterschieden in der Lebensauffassung bzw. -haltung generell auch Scholz, *Eine Jahrhundertwende*, 137.

1246 Halbe, *Jahrhundertwende*, 205; Hindenburg, *Am Rande*, 184f.

1247 Halbe, *Jahrhundertwende*, 36f., 143 und 199; Hindenburg, *Am Rande*, 215; Schmitz, *Dämon Welt*, 52; Siegfried, *Aus dem Bilderbuch*, II, 209–211; Sternheim, *Vorkriegseuropa*, 47f. („Ich kam aus einem Obrigkeitsstaat, in dem die Welt nach vernünftiger Vorschrift lebte, in eine Provinz, in der jeder (...) sich mit Wucht des Temperamentes seinen natürlichsten Bedürfnissen hingab."), 48f. und 52; Weisbach, *„Und alles ist zerstoben"*, 132 und 188f. Positiv bewertet dabei Claß, *Wider den Strom*, 268f., die seiner Einschätzung nach größere Königstreue der Konservativen und Aufstiegswilligen in Preußen.

1248 Halbe, *Jahrhundertwende*, 28–31 und 281; Weisbach, *„Und alles ist zerstoben"*, 167f.; vgl. auch Bunsen, *Die Welt*, 185f. (die hier wiederum den Westen ebenfalls ausnimmt).

schen der Zentrale und den nach dem Krieg von 1866 einverleibten Provinzen[1249] sowie „gegenseitige[r] Abneigung" zwischen Preußen und dem verbliebenen Königreich Sachsen[1250] bzw. einer reservierten Haltung in allen übrigen Ländern[1251] werden hier Unterschiede speziell hinsichtlich der gesellschaftlichen Bedeutung des Militärs[1252] sowie auf dem Gebiet der Verwaltung[1253] und der Schulgesetzgebung bzw. -entwicklung kenntlich gemacht.[1254]

Sechs andere Verfasser dokumentieren schließlich einen Ost-West-Gegensatz[1255] in Deutschland. Neben einem generellen Entwicklungs- bzw. zivilisatorischen Rückstand des Ostens[1256], dem Fehlen des „Geldadels" als einer im übrigen Reich neu etablierten, gesellschaftlich einflussreichen Schicht[1257] sowie einem Christianisierungsdefizit speziell in der Provinz Posen[1258] werden hier auch die gedanklichen Barrieren angesprochen, die zwischen den Reichsteilen bestanden:

„Wenn bei uns da unten in der südwestlichsten Ecke Deutschlands von Ostpreußen die Rede war, dachten wir an Rußland, ans Ende der Welt, an eine entsetzliche, verlorene Gegend."[1259]

2. Reisen – Sport

Immerhin ein Dutzend Autobiographen thematisieren das Reisen in der Wilhelminischen Zeit, dessen Zunahme einer von ihnen als „Ausdruck zunehmenden Wohlstandes und Wohlergehens" wertet[1260], während eine weitere Stimme betont, dass im Vergleich „halbgebildete oder gesellschaftlich unerzogene Gebildete keines anderen Landes (...) soviel in der Welt umherreisten wie Deutsche."[1261] Als bevorzugtes Ziel wird von drei Verfassern Italien genannt[1262], wobei einer von ih-

---

1249 Bünau, *Neununddreißig Jahre*, 122f. und öfter.

1250 Lubarsch, *Ein bewegtes Gelehrtenleben*, 201.

1251 Pless, *Tanz*, I, 351.

1252 Spiero, *Schicksal*, 87 (in Hamburg auffallend geringer).

1253 Lubarsch, *Ein bewegtes Gelehrtenleben*, 112 (größere Bedeutung von Juristen in den mecklenburgischen Behörden) und 196 („Die ganze Luft schien mir [in Dresden] eine reinere als im preußischen Kultusministerium und die Behandlung geistiger Arbeiter nach Form und Sache eine würdigere als dort.").

1254 Tews, *Aus Arbeit und Leben*, 141 und 176 (Rückstand Preußens).

1255 Besonders hervorgehoben im Ganzen bei Heitefuß, *An des Meisters Hand*, passim (vgl. ebd., 94ff., 110 und 125); vgl. auch Procksch, [Selbstdarstellung], 177.

1256 Kühnemann, *Mit unbefangener Stirn*, 128; Lubarsch, *Ein bewegtes Gelehrtenleben*, 134; Roloff, *In zwei Welten*, 97 und öfter; Heitefuß, *An des Meisters Hand*, 145.

1257 Kühnemann, Mit unbefangener Stirn, 130.

1258 Heitefuß, *An des Meisters Hand*, 104f.; vgl. auch ebd., 120.

1259 Unger-Winkelried, *Von Bebel zu Hitler*, 43 (Zitat); vgl. Kühnemann, *Mit unbefangener Stirn*, 128; Lubarsch, *Ein bewegtes Gelehrtenleben*, 140f. („die aus dem Rheinland und Hessen stammenden (...), denen die Gegend östlich von Berlin mit den Begriffen Unkultur und Schmutz verbunden war (...).").

1260 Halbe, *Jahrhundertwende*, 31f.

1261 Woermann, *Lebenserinnerungen*, 315 (Zitat). Vgl. Paulsen, *Mein Leben*, 32, über „die von vielen reisenden Deutschen betonte allgemeine Bildung".

1262 Esselborn, *Rückblicke*, 32; Halbe, *Jahrhundertwende*, 174; Schmidt, *Wandern*, 112.

nen und auch ein weiterer die im Vergleich zur Schreibgegenwart angeblich generell niedrigen Kosten hervorheben:

> „Das Reisen war in jenen Jahren übrigens viel billiger und bei den vorzüglichen Einrichtungen unserer
> Eisenbahnen auch bequemer und angenehmer (…). Auch in den Gasthöfen lebte man bei bester Ver-
> pflegung weit billiger (…)."[1263]

Eine Einzelstimme beklagt demgegenüber die Eintönigkeit des beginnenden Massentourismus und verweist zugleich auf die vor 1914 größere Freizügigkeit bei
grenzüberschreitenden Reisen.[1264] Im Hinblick auf die bevorzugten Reisemittel
nennt ein Autor die Eisenbahn[1265], während ein weiterer gerade deren Ablösung
(ebenso wie die der Kutschen) durch das Automobil konstatiert[1266], welches wiederum von einem Autobiographen als zwar vorteilhaft, zugleich aber im Hinblick
auf schlechte Straßenverhältnisse und mangelnde Akzeptanz in der Bevölkerung
als keineswegs unproblematisch eingestuft wird, wobei auch die Reisestrecken
noch bescheiden bemessen gewesen seien.[1267] Zwei weitere Einzelstimmen verweisen dagegen auf Rad- bzw. Schiffsreisen als typisch (letztere für die vermö-
genden Teile der Gesellschaft).[1268]

Lediglich sieben Verfasser heben die Entwicklung des Sports bzw. das Aufkommen bestimmter Formen der körperlichen Ertüchtigung als Epochenkennzeichen hervor. Vier von ihnen konstatieren eine Steigerung der Aktivitäten auf diesem Gebiet von bescheidenen Anfängen um 1890 bis zu einem ersten Höhepunkt
um die Jahrhundertwende: „Sport und gemeinsame Bewegung in der Natur wurde
verbindendes Element."[1269] Zugleich führen einer dieser Autoren sowie eine weitere Stimme als Beispiel für eine mehr und mehr betriebene Sportart das Tennis-
spiel an und verweisen zudem auf das Radfahren als in der Gesellschaft zunehmend beliebte Art der Bewegung.[1270] Letzteres wird auch in zwei anderen Autobiographien als zeittypisch angeführt[1271], während eine weitere das Aufkommen
des Wanderns als „Sportart" zumindest andeutet.[1272] In allen hier zitierten Lebens-

---

1263 Cüppers, *Aus zwei Jahrhunderten*, 168.

1264 Schröder, *Aus Kindheit und Jugend*, 134 und 136 (ebd., 164: „Damals (…) war Wien noch
     die alte, Berlin die neue Kaiserstadt; man fuhr, wenn einen die Laune ankam, nach Paris oder
     nach Rom, ohne sich viel dabei zu denken (…).").

1265 Selchow, *Hundert Tage*, 67f.

1266 Reischach, *Unter drei Kaisern*, 234 und 249 (am Beispiel des Kaiserhofs).

1267 Hindenburg, *Am Rande*, 181 und 184; ebd., 220: „Einmal fuhren wir an einem Tage von
     Prag zurück nach München, was damals noch als große Tour galt." Vgl. zu den üblichen
     Strecken innerhalb des Reichs auch Heydecker-Langer, *Lebensreise*, I, 74: „die Reise von
     Lindau nach Weimar war vor 35 Jahren noch allerhand (…)."

1268 Scholz, *Eine Jahrhundertwende*, 166 und öfter (Rad); Vely, *Mein schönes und schweres
     Leben*, passim (Schiff; vgl. ebd. 418, 424 und 470).

1269 Weisbach, *„Und alles ist zerstoben"*, 366 (Zitat); vgl. Halbe, *Jahrhundertwende*, 121f.;
     Wollenberg, *Erinnerungen*, 87 und 102.

1270 Wollenberg, *Erinnerungen*, 87 und 102 (der überdies für die Jahrhundertwende auch das
     Reiten erwähnt); Bunsen, *Die Welt*, 139f.

1271 Heydecker-Langer, *Lebensreise*, I, 186; Wilamowitz-Moellendorff, *Erinnerungen*, 245.

1272 Paulsen, *Mein Leben*, 18.

erinnerungen wird zugleich deutlich, dass es sich bei den beschriebenen Aktivitäten um solche der oberen Gesellschaftsschichten handelte.

XIV. DIE EPOCHE IM GANZEN

Insgesamt 52 Verfasser nehmen in ihren Erinnerungswerken explizit oder implizit eine Gesamtcharakterisierung der Wilhelminischen Zeit vor, die sich nicht konkret einem der in dieser Untersuchung abgegrenzten Teilbereiche menschlichen Denkens und Handelns zuordnen lässt bzw. übergreifend angelegt ist, d. h. Zusammenhänge zwischen diesen Bereichen herstellt. Schon der Hinweis auf die Eingangszäsur, also die Thronbesteigung Kaiser Wilhelms II. bzw. die Entlassung Bismarcks als Reichskanzler, wird dabei in 20 Autobiographien und Memoiren zugleich mit der sehr knappen Skizzierung einer Entwicklungstendenz der sich anschließenden Epoche verknüpft, gewissermaßen als deren generelles Signum. Diese Skizzierung fällt durchgehend negativ aus: Die Ereignisse von 1888 bzw. 1890 werden als Anfang vom Ende charakterisiert, als schicksalhafter Wendepunkt und Eröffnung des Weges durch unruhige und unsichere Zeiten hin zum Zusammenbruch.[1273] Vom ihrem Ende her bewerten dagegen lediglich fünf – zum Teil mit den oben zitierten identische – Stimmen die Epoche vor dem Ersten Weltkrieg; drei von ihnen beschreiben sie als Zeit des Verfalls und des Abstiegs, verdichtet in dem von ihnen gebrauchten Begriff des „fin de siècle"[1274], die beiden übrigen hingegen sehen mit dem Weltkrieg das Abbrechen positiver Entwicklungen in vielen Bereichen verbunden.[1275] Solcherlei divergierende Aussagen finden sich schließlich auch innerhalb der Gruppe derjenigen rund ein Dutzend Autoren,

---

1273 Bansi, *Mein Leben*, 31f.; Baum, *Rückblick*, 20 („Schicksalhaftigkeit" des Dreikaiserjahres); Bernhardi, *Denkwürdigkeiten*, 170 („Es war keine glückliche Zeit, die wir nach dem Sturze Bismarcks durchlebten. Der allmähliche Niedergang Deutschlands hatte begonnen."); Bünau, *Neununddreißig Jahre*, 64 und 75; Claß, *Wider den Strom*, 22, 91 und öfter; Eckardstein, *Lebenserinnerungen*, I, 112 und öfter; Ettlinger, *Lebenserinnerungen*, 166; Hoff, *Erinnerungen*, 53; Hutten-Czapski, *Sechzig Jahre*, I, 141f.; Maltzahn, *An stillen Feuern*, 129f. (ebd., 129: „Ein Sturmwind fegte [1888] die klassische Ruhe des wilhelminischen Zeitalters [!] hinweg. Bismarck stand allein. Der letzte Ritter des alten Deutschlands."); Monts de Mazin, *Erinnerungen*, 151 („Indem Wilhelm II. und mit ihm sehr weite führende Kreise des Volkes (…) den Schöpfer des Deutschen Reiches von seinem noch unvollendeten Werke und in noch ungebrochener Kraft fortschickten, begingen sie einen Akt, der dem Selbstmord zu vergleichen ist und der sich bei der politischen Unzulänglichkeit von Fürst und Volk so entsetzlich rächen mußte."); Pless, *Tanz*, I, 80 („Das Hinscheiden der Kaiserin [Augusta] [!] und die Verabschiedung Bismarcks öffneten die verhängnisvolle Bahn, die zur Zerstörung des Kaiserreiches führte."); Raff, *Blätter*, 198; Reischach, *Unter drei Kaisern*, 167f.; Schmidt, *Wandern*, 58, 123 und 156; Scholz, *Berlin und Bodensee*, 195; Sellin, *Erinnerungen*, 102 und 106; Spahn, Selbstbiographie, 487 („Daß deutsche Sterben, das schon vor dem großen Kriege mit der Regierung Kaiser Wilhelms II. begonnen (…) hatte"); Wien, Ein Rückblick, 12.

1274 Halbe, *Jahrhundertwende*, 17, 21, 40, 272 und öfter; Martens, *Schonungslose Lebenschronik*, I, 170 und 256; Procksch, [Selbstdarstellung], 168 und 181.

1275 Bansi, *Mein Leben*, passim; Schmidt, *Wandern*, passim.

die die betrachtete Zeit nicht im Zusammenhang mit den Zäsuren bewerten: Zwei von ihnen kennzeichnen sie als Phase des „Niedergangs"[1276], drei weitere sprechen mit erkennbarer Ironie von der „guten alten Zeit"[1277] bzw. „jener glücklichen Zeit".[1278] Unterdessen gedenkt eine Einzelstimme differenzierend (und ohne Ironie) „der friedlichen, trotz sehr vieler Mängel guten alten Zeit"[1279], während die übrigen sieben die Wilhelminische Epoche als Zeit des allgemeinen Aufschwungs und Fortschritts[1280] oder aber des Friedens, des Wohlergehens und der Lebensfreude[1281] sehen.

Darüber hinaus finden sich bei 27 Autobiographen komplexere Aussagen zu den Grundproblemen und -kennzeichen des Zeitalters. Für vier von ihnen stehen dabei im umfassenden Sinne die Aspekte der Modernisierung und Beschleunigung, des Wachstums und der Ausdehnung sowie des Bruchs mit den Traditionen im Vordergrund, die mit durchaus kritischem Unterton beispielhaft veranschaulicht werden:

> „Alle Droschken wurden schneller, die Mahlzeiten üppiger, die Weinkarten länger. Dialekt vorzulesen und Klassiker zu zitieren galt für altmodisch; man ging dafür ins Theater zur ‚modernen Bühne' und in die Kunstausstellung zur ‚Sezession'. Die Politik wurde ‚aktuell', die Religionsdinge ‚sozial', und wenn ein neues Unternehmen gedeihen sollte, mußte im Titel das Wort ‚Welt' oder ‚zentral' vorkommen."[1282]

1276 Sternheim, *Vorkriegseuropa*, 80; Vaihinger, Wie die Philosophie, 201, Anm. 1.

1277 Engel, *Menschen und Dinge*, passim; Scheidemann, *Memoiren*, 170 und 172.

1278 Claß, *Wider den Strom*, 76.

1279 Jagemann, *Fünfundsiebzig Jahre*, 276.

1280 Kühnemann, *Mit unbefangener Stirn*, 154 („das neue Deutschland mit seinem Hochgefühl und Vorwärtsstreben") und 235; Schröder, *Aus Hamburgs Blütezeit*, 223f., 228, 233f. und 239.

1281 Feesche, *Bei mir daheim*, 22 („Es lag so viel Sonnenschein über den Jahren. (…) Kein Krieg, keine Not und Entbehrungen!"); Hindenburg, *Am Rande*, 61 („Kaum jemals ist die Lebensfreude intensiver, beharrlicher gewesen, als während der zwanzig Jahre vor dem großen Kriege."); Körner, *Erinnerungen*, 132; Sapper, *Ein Gruß*, 13 („dieser gesegneten Zeit"); Woermann, *Lebenserinnerungen*, 139 („Ach, waren das schöne Zeiten, als man ohne Sorgen seinen gleichgesinnten, geistig und seelisch gleichgestimmten Freunden von Land zu Land und von Stadt zu Stadt nicht nur die Tore seines Herzens, sondern auch seines Hauses weit und gastlich öffnen konnte!").

1282 Brandl, *Zwischen Inn und Themse*, 250. Vgl. Halbe, *Jahrhundertwende*, 39 („O glückliches, wohllebiges, genießerisches Deutschland (…)! Deine Städte blühten und wuchsen. Deine Bauern hatten genug, in manchen Gauen sogar im Überfluß. Deine Arbeiter, trotz vieler Not, Beschwerden und Klagen, kannten noch nicht die Hölle der Arbeitslosigkeit. Deine Schiffe zeigten ihre Flagge auf allen Meeren. Dein Handel umspannte den Erdball. Deine Macht war gefürchtet in allen Landen. Deine Wissenschaft rang vor den anderen um die Palme des Sieges. Deine Technik eroberte die Welt."); Heine, *Mein Rundgang*, 88f. („Der Rausch der Jahrhundertwende war über die Stadt gekommen. ‚Berlin wird Weltstadt', das war der Refrain jedes Gesprächs. Die Menschen jubelten es einander zu; sie waren bemüht, sich dem neuen Tempo anzupassen (…). Eine Epidemie von Modernitis machte alle krank. Alles Frühere sollte eingerissen werden, alles größer und pompöser wiedererstehen. (…) ‚Los von der Tradition!'[,] ‚Nieder mit der Pietät!'[,] ‚Neu, neu, neu!' Das war die Losung des Tages. Auch im Moralischen."); Sternheim, *Vorkriegseuropa*, 39 („Das Tempo in Berlin (…) war seit Bismarcks Fortgang (…) hastiger auf allen Lebensgebieten geworden. *Es schien, die*

Eine Autorin betont speziell den Aspekt des technischen Fortschritts, in dem sie zugleich eine die menschliche Persönlichkeit und „die menschlichen Ordnungen" zunehmend bestimmende Kraft wirksam sieht, die sich in einer „Überhandnahme der Mittel, der Apparatur, der Organisation" geäußert, während man sie im Reich allerdings zu beherrschen geglaubt habe.[1283] Vier andere Stimmen sehen unterdessen in technischem Fortschritt und wirtschaftlichem Aufschwung einerseits, zunehmendem Werteverfall und „moralische[m] Abstieg des deutschen Volkes seit 1890" als deren Folge andererseits unauflöslich miteinander verbundene Zeichen der Zeit.[1284] Dieser Werteverfall im Sinne einer „Verschiebung sittlicher[,] religiöser und sozialer Grundsätze" steht daneben auch für eine weitere Autobiographin im Vordergrund[1285], während zwei ihrer männlichen Pendants speziell Unwahrhaftigkeit und Blendertum im Umgang der Menschen miteinander als dominierende Merkmale der Epoche ansehen.[1286] Eng mit diesem Befund verbunden ist wiederum die Quintessenz der Epochencharakterisierung in neun weiteren Darstellungen, denen zufolge das gesamte (öffentliche) Leben im wilhelminischen Deutschland (auch) von einer Diskrepanz zwischen Schein und Sein[1287], einer Dominanz der auftrumpfenden Äußerlichkeit bei gleichzeitiger Substanzlosigkeit geprägt war.[1288] Eine Einzelstimme sieht unterdessen konkreter die Machtstaat-

---

Deutschen (...) brachen auf mystischen, inneren Anruf zu einem formidabel Motorischen auf!").

1283 Bäumer, *Lebensweg*, 149f. und 224 (Zitate). Vgl. Sternheim, *Vorkriegseuropa*, 41: „im Zeitalter der sich überall gegen den Menschen drohend durchsetzenden Mechanik".

1284 Bonn, *Mein Künstlerleben*, 88 („Die emporgeschossene Industrie hatte Deutschland reich und sittenlos gemacht, hatte hunderttausende Fabriken getrieben wo sie unmöglich gut und zufrieden bleiben konnten. Alles was aus dunkler Gier nach Genuß, von gesunder Landluft in den giftigen Brodem großer Städte gezogen und dort zerrieben worden war, das alles wurde zu weißen Blutkörperchen im Staatsorganismus.") und 121; Jungmann, *Von Bundestag bis Nationalversammlung*, 5 („wie mit einem kaum vorher dagewesenen *materiellen Aufschwunge* der moralische Abstieg des deutschen Volkes seit 1890 Fortschritte machte."); Lange, *Lebenserinnerungen*, 196f.; Thoma, *Erinnerungen*, 266 („die natürlichen Folgen eines großen, schnell angehäuften Reichtums, (...) des ungeheuren Wachstums, bei dem es zur natürlichen Entwicklung einer bodenständigen Kultur nicht kommen konnte").

1285 Maltzahn, *An stillen Feuern*, 131 (Zitat), 269 und öfter.

1286 Binding, *Erlebtes Leben*, 128ff. (ebd., 128: „Es war bezeichnend für das Leben jener Jahre und Jahrzehnte. Man belog sich. Das Leben nahm diesen Charakter unweigerlich an, er wurde ihm zu teil, er kam ihm offenbar zu. Es war *die Form des Lebens*, war dieser Zeit Form, war *unsere Form*."); Thoma, *Erinnerungen*, 317 („das rückgratlose Philistertum, die verlogene Phrase").

1287 Vgl. oben, Kap. X. 1., speziell zur Geisteshaltung.

1288 Dibelius, *Zeit und Arbeit*, 5 („In einer Zeit, (...) deren öffentliches Leben (...) ein falsches Pathos erfüllte"); Engel, *Menschen und Dinge*, 236 („Zeitalter der bewegten Luft!") und 243; Grotjahn, *Erlebtes*, 51 („Der Theaterdonner der Epoche *Wilhelms II.*"); Halbe, *Jahrhundertwende*, 21; Lubarsch, *Ein bewegtes Gelehrtenleben*, 149; Martens, *Schonungslose Lebenschronik*, I, 161, und II, 66f.; Scholz, *Berlin und Bodensee*, 273 (1888 „ging ein (...) noch innerlich großes, nach außen geräuschloses Zeitalter in ein nach außen prunkendes, lauter redendes, im Innern ausgehöhltes über."); Sternheim, *Vorkriegseuropa*, 40 („Hatte das Durchschnittliche sich bisher nicht regen dürfen (...), riskierten jetzt Leute, die vor den Dingen, die sie sprachen, wie die Kuh vor dem neuen Tor standen, eine mächtige Lippe; *brach-*

lichkeit „des Militarismus, des Marinismus und der Kolonialpolitik" als bestimmendes Signum der Jahre zwischen 1890 und 1914 an.[1289]

Nicht eine negative Wechselwirkung miteinander verknüpfter Entwicklungsstränge, die – wie oben angeführt – von einigen Verfassern für den Komplex Fortschritt-Werte postuliert wird, sondern eine ausgesprochene Gegensätzlichkeit, ja Widersprüchlichkeit von Erscheinungen auf verschiedenen Gebieten menschlichen Denkens und Handelns prägten nach Ansicht dreier hier noch nicht zitierter Autobiographen die Wilhelminische Zeit. Festgemacht wird dies an einer jeweils so gesehenen Diskrepanz zwischen technischem und wissenschaftlichem Fortschritt einerseits, überkommenem Gesellschaftssystem und traditionellem Politikstil andererseits[1290], zwischen der Machtpolitik des Reichs und der Herausforderung zunehmender sozialer Probleme[1291] sowie zwischen wachsendem Wohlstand und abnehmender Zufriedenheit, wobei dieser letztgenannte Gegensatz wiederum als Symptom eines grundsätzlicheren Zeitphänomens gesehen wird: „Ein Widerstreitendes, ein Auseinanderstreben der Kräfte ward auf vielen Gebieten sichtbar."[1292] In diesem Sinne generalisierend bzw. abstrahierend definieren auch neun weitere Verfasser die Epoche vor 1914 als krisenhaft, aber auch als im Wandel begriffen. Eine Einzelstimme spricht dabei ausdrücklich von einer „Kulturkrise" bzw. „einer fragwürdig gewordenen Gesamtkultur" im Deutschland der Jahre Kaiser Wilhelms II.[1293], und fünf weitere sehen analog zu der oben zitierten Feststellung Unsicherheit und Unordnung bzw. mangelnde Einheitlichkeit sowie Nervosität als hervorstechende Zeitmerkmale an.[1294] Eine dieser Stimmen sowie zwei weitere konstatieren daneben das parallele Wirken traditioneller und moderner Strömungen bzw. Entwicklungslinien, und zwar negativ wertend als „Ineinanderspiel der erhaltenden und der umstürzlerischen erneuernden Mächte"[1295], neutral feststellend als bloße Tatsache[1296] – oder in positiver Weise urteilend als Fundament für „eine vergleichsweise reiche und glückliche" Epoche.[1297] Ein Verfasser

---

ten einen Dilettantismus in Mode, der dem Land bald gefährlich wurde!") und 137; Tiburtius, *Erinnerungen*, 212.

1289 Scheidemann, *Memoiren*, 155.

1290 Bürgel, *Vom Arbeiter zum Astronomen*, 93f.

1291 Freytag-Loringhoven, *Menschen und Dinge*, 148 („Unsere ganze Entwicklung erhielt dadurch etwas gekünsteltes.").

1292 Raff, *Blätter*, 227.

1293 Baum, *Rückblick*, 89 und 111.

1294 Eucken, *Erinnerungen*, 80 („in dieser zerissenen und unsicheren Zeit") und 98; Heine, *Mein Rundgang*, 89 („all dem Unregelmäßigen und Unruhigen") und 121; Schoenaich, *Mein Damaskus*, 91; Sternheim, *Vorkriegseuropa*, 80; Weisbach, *„Und alles ist zerstoben"*, 384. Heine, *Mein Rundgang*, 97, kontrastiert ihren Befund mit einem ungebrochenen Optimismus der Zeitgenossen: „so viel das deutsche Leben auch an Problemen enthielt, ein weiterer Aufstieg schien in Aussicht (...)."

1295 Scholz, *Berlin und Bodensee*, 273, 288 und 292 (Zitat).

1296 Heine, *Mein Rundgang*, 92–96 und öfter.

1297 Schröder, *Aus Kindheit und Jugend*, 183ff. (ebd., 183: „viel altes, großes Erbe war noch lebendig und schien grade [!] in jenem Moment erst mit seiner eigentlichen Wirkung hervor-

schließlich bündelt wesentliche Elemente der in diesem Kapitel zitierten, überwiegend negativ ausfallenden Einschätzungen

> „der Wilhelminischen Zeit, die damals [um 1900] ihre Machtmittel am glänzendsten und üppigsten entfaltete, [mit] ihrer protzigen und anmaßenden Überheblichkeit, ihrem Byzantinismus und ihrem innerlich zerfahrenen Wesen (…).“[1298]

XV. ZWISCHENFAZIT: ZUSCHNITT UND CHARAKTER DES EPOCHENBILDES DER LEBENSERINNERUNGEN

Die in den vorangegangenen Kapiteln durchgeführte Bestandsaufnahme hat gezeigt, dass die Wilhelminische Epoche in den untersuchten Autobiographien und Memoiren sehr breit und facettenreich sowie auch differenziert geschildert wird, wobei deutlich mehr Themen und Einzelaspekte zur Sprache kommen, als dies die Forschung zu den Geschichtsdiskussionen der Zeit zwischen 1918 und 1939 bislang vermuten ließ.[1299] Dabei stehen neben eindeutigen Urteilen bzw. Einschätzungen bestimmter Sachverhalte durch eine mehr oder minder große Anzahl von Verfassern immer wieder auch Kontroversen, bei denen etwa gleich große Gruppen von Autobiographen unterschiedliche oder entgegengesetzte Meinungen vertreten oder zumindest starke „Minderheitsvoten" auffallen. Dennoch lassen sich in den meisten Fällen Sichtweisen ausmachen, die in den Erinnerungswerken dominieren und damit – so die hier vertretene Annahme – das durch die Gesamtheit der Veröffentlichungen erzeugte Bild der Wilhelminischen Zeit bestimmten. Eine Zusammenfassung dieses Bildes soll im nachfolgenden Teil C. der Untersuchung versucht werden, wo sie im unmittelbaren Vergleich mit den Ansichten der Historiographie sowie der Populärwissenschaft und Publizistik mehr Sinn hat, als an dieser Stelle.

Festhalten lässt sich freilich schon hier, dass die Autobiographien und Memoiren der Zwischenkriegszeit die deutsche Geschichte der Jahre von 1890 bis 1914 insgesamt sehr kritisch betrachten und viele negative Entwicklungen ausmachen, was sich zwar unmittelbar mit dem verbreiteten Bedürfnis nach Erklärung und Sinnstiftung angesichts des Zusammenbruchs in Verbindung bringen lässt, nicht aber mit dem Wunsch begründet werden kann, in der (eigenen) Vergangenheit Vorbilder und Orientierungspunkte auszumachen und zu pflegen, den die Forschung ebenfalls als Motor der Geschichtsdiskussionen nach 1918 ausgemacht hat.[1300] Hierauf – wie generell auf das Verhältnis der Befunde dieser Untersuchung zum bisherigen Stand der Forschung – wird am Schluss der Arbeit einzugehen sein.

---

zutreten, unzählige neue Kräfte waren am Werk, unübersehbare Entwicklungen kündigten sich an oder schienen sich doch anzukündigen.").

1298 Weisbach, „*Und alles ist zerstoben*", 391.
1299 Vgl. die Einleitung (Teil A.), Kap. I. 1.
1300 Vgl. ebd.

Daneben ist deutlich geworden, dass die in Teil B. abgegrenzten Epochenteil-bereiche in den Erinnerungswerken unterschiedlich häufig thematisiert werden. Für die Gesamtheit der Verfasser waren bestimmte Bereiche menschlichen Den-kens und Handelns im Rückblick offenbar mehr, andere weniger epochenrelevant; die Extreme stellen dabei einerseits das Gebiet der Außenpolitik, das in knapp drei Vierteln der Erinnerungswerke eine Rolle spielt, andererseits die Themen „Lebenswelten" und „Frauen und Frauenbewegung" dar, die jeweils nur in gut einem Viertel der Publikationen Beachtung finden. Folgende, eindeutige Reihung und damit zugleich Gewichtung der Teilbereiche lässt sich feststellen:

1. Genau 101 Autobiographen, also knapp drei Viertel der untersuchten Ge-samtzahl von 141, thematisieren Aspekte der deutschen Außenpolitik und der in-ternationalen Beziehungen, wenn es um die Charakterisierung der Zeit von 1890 bis zum Ersten Weltkrieg geht.

2. Deutlich seltener sehen die Erinnerungswerke den Kaiser, seine Persön-lichkeit und Amtsführung als epochenrelevantes Thema an. Insgesamt 77, damit aber immer noch mehr als die Hälfte der in die Untersuchung einbezogenen Auto-ren halten die mit Wilhelm II. verbundenen Probleme für epochenrelevant.

3. Kaum weniger häufig werden technischer Fortschritt und Wirtschaftsent-wicklung thematisiert: Ebenfalls mehr als die Hälfte aller Autobiographen (genau 75) machen Aussagen hierzu.

4. Nur geringfügig seltener kommen die Lebenserinnerungen auf die wilhel-minische Gesellschaft zu sprechen. Insgesamt 73 und damit rund die Hälfte der untersuchten Werke nehmen dazu Stellung bzw. erachten Aspekte dieses Themas für epochenrelevant.

5. Fragen von Weltanschauung, Geisteshaltung und Mentalität wird in den Autobiographien und Memoiren eine wiederum nur etwas geringere Bedeutung zugemessen – 70, also (fast) die Hälfte aller Verfasser äußern sich hierzu.

6. Mit bereits etwas deutlicherem quantitativen Abstand beziehen die Erinne-rungswerke den Themenkomplex Soziale Frage – Sozialpolitik – Sozialdemokra-tie und Gewerkschaften in ihre Epochendarstellung ein; 64 von ihnen, also mehr als zwei Fünftel des Korpus enthalten einschlägige Informationen.

7. In der Häufigkeit damit fast gleichauf werden in den Lebenserinnerungen Aspekte von Verfassung, Regierung, Parteien und Behörden angesprochen: 63 Autobiographen – mehr als zwei Fünftel der Gesamtzahl – beziehen Aspekte aus diesem Gebiet in ihre Epochencharakterisierung ein.

8. Nur geringfügig weniger Erinnerungswerke – genau 60, d. h. gut zwei Fünftel aller Darstellungen – äußern sich zu Fragen von Bildung und Wissen-schaft in der Wilhelminischen Zeit.

9. Mehr als ein Drittel (52) und damit knapp unterdurchschnittlich viele der untersuchten Veröffentlichungen[1301] charakterisieren unabhängig von einzelnen

---

1301 Im Durchschnitt kommen die Themen, die die Kap. I. bis XIV. benennen, in jeweils rund 60 der 141 untersuchten Autobiographien und Memoiren (also in gut zwei Fünfteln davon) zur Sprache.

Themengebieten und deren Aspekten durch prägnante Aussagen die Epoche im Ganzen.

10. Weit seltener kommt der Themenbereich Kunst und Kultur zur Sprache. Immerhin noch 48 Autobiographen, also gut ein Drittel des gesamten Verfasserkorpus, messen Entwicklungen auf diesen Gebieten in der Zeit nach 1890 epochenprägende Bedeutung bei.

11. Mit vergleichsweise deutlichem quantitativen Abstand werden die Verhältnisse der Minderheiten und Grenzlande beleuchtet, nämlich von 43 Autoren, einem knappen Drittel also der Gesamtzahl.

12. Exakt genauso häufig ist das Militärwesen als Thema in den Erinnerungswerken vertreten.

13. Wiederum signifikant weniger oft stehen lebensweltliche Unterschiede und Besonderheiten im Deutschland der Vorkriegszeit im Blick der Autobiographen; 38 von ihnen und damit rund ein Viertel der Gesamtheit äußert sich dazu.

14. Etwa den gleichen Stellenwert hat in den Erinnerungswerken schließlich das Thema Frauen und Frauenbewegung. Ein gutes Viertel der Autoren (37) sieht diesen Problemkomplex für die Zeit vor 1914 als epochenrelevant an.

Ein eindeutiger Schwerpunkt auf „harten" (Außen- und Innenpolitik, Militär usw.) oder „weichen" Themen (Gesellschaft, Weltanschauung, Kunst u. ä.) lässt sich hier nicht ausmachen. Die Gewichtung der epochenrelevanten Teilbereiche scheint vielmehr keinem klaren Muster zu folgen, wobei der mit Blick auf den verlorenen Weltkrieg nachvollziehbare, herausgehobene Stellenwert der Außenbeziehungen nicht täuschen sollte: Dieses Thema ist in den Lebenserinnerungen keineswegs so dominant, dass es alles andere in den Schatten stellen würde; vielmehr scheint die Autobiographik der Zwischenkriegszeit darum bemüht, ein vielschichtiges Bild der Wilhelminischen Zeit widerzuspiegeln, um ihr vollständig gerecht zu werden.

C. DIE ERINNERUNGSWERKE UND DIE ZEITGENÖSSISCHE HISTORIOGRAPHIE, POPULÄRWISSENSCHAFT UND PUBLIZISTIK

I. EXKURS: ZUR RELEVANZ VON ZÄSUREN DER ZWISCHENKRIEGSZEIT FÜR DIE UNTERSUCHUNG – DAS BEISPIEL 1933

Die Frage, ob tatsächlich nur der große Umbruch von 1918 und nicht auch die Binnenzäsuren der Zwischenkriegszeit die Vergangenheitsdarstellung in den Autobiographien und Memoiren beeinflusst haben, wurde in der Untersuchung bislang nicht berücksichtigt. In erster Linie kommt hier natürlich – was wohl nicht näher begründet werden muss – das Jahr 1933 mit der (beginnenden) Machtübernahme der Nationalsozialisten in Deutschland als neuralgischer Punkt infrage – wenn sich mit *diesem* Umbruch nichts oder nur wenig an der Tendenz der Sichtweisen auf die Wilhelminische Epoche geändert hat, dann dürfen hier wohl mit Recht auch die „kleineren" Zäsuren von 1923 und 1929 vernachlässigt werden. Haben also die Ereignisse des Jahres 1933 die gesamtgesellschaftliche Diskussion um Wesen und Kennzeichen der Wilhelminischen Epoche in eine andere Richtung gelenkt? Die Forschung hat eine generelle Wirkung auf das Bewusstsein der Zeitgenossen bereits infrage gestellt und darauf hingewiesen, dass mit der NS-Machtübernahme keineswegs unmittelbar einschneidende Veränderungen auch im Denken verbunden waren, da „der Übergang von Demokratie zu Diktatur (…) sich schleichend schon seit 1930 vollzogen" hatte.[1] Der Befund für die hier zum Vergleich mit den Lebenserinnerungen heranzuziehenden Werke der Geschichtswissenschaft sowie der Populärwissenschaft und der Publizistik deutet eindeutig in dieselbe Richtung.[2]

Gleichwohl kann es dabei nicht belassen, muss diese Frage vielmehr speziell für die ausgewerteten Quellen geprüft werden. Dabei sind freilich vor dem Hintergrund des gewählten Forschungsansatzes nicht einzelne nach 1933 erschienene Lebenserinnerungen im Ganzen nach ihren Besonderheiten und etwaigen Unterschieden zu anderen, früher veröffentlichten Autobiographien und Memoiren zu befragen. Es hat bei dieser Überprüfung vielmehr nur um das Bild der Wilhelminischen Zeit zu gehen, das die Erinnerungswerke entwerfen, also nicht darum, ob sie generell eine nationalsozialistische Weltanschauung der Verfasser oder Hinweise auf ein vom Exil geprägtes Denken enthalten, sondern allein darum, ob –

---

1   Martin Sabrow, Autobiographie und Systembruch im 20. Jahrhundert, in: ders. (Hg.), *Autobiographische Aufarbeitung. Diktatur und Lebensgeschichte im 20. Jahrhundert* (Helmstedter Colloquien, 14), Leipzig 2012, 9–24, hier 10.

2   Vgl. die Einleitung (Teil A.), Kap. I. 1.

und wenn ja, in welchem konkreten Ausmaß – sich gegebenenfalls eine solche Haltung in der rückblickenden Charakterisierung der Zeit von 1890 bis 1914 in nennenswertem Umfang im Gesamtkorpus der ausgewerteten Quellen niederschlägt.

Konkret ist dabei zunächst festzustellen, ob sich der Bruch von 1933 in den in Teil B. dieser Untersuchung dokumentierten Debatten derart widerspiegelt, dass zentrale Elemente der NS-Ideologie signifikant häufiger in Autobiographien und Memoiren eine Rolle spielen, die nach 1933 erschienen sind, als in denen der Weimarer Zeit. Sodann soll es umgekehrt auch darum gehen, ob in dieser Untergruppe des Quellenkorpus in auffälliger Weise Haltungen bzw. Einschätzungen zum Tragen kommen, die der NS-Ideologie ablehnend oder zumindest kritisch gegenüberstehen, sei es aus der Perspektive des (latenten) Widerstands im Reich oder aus der Perspektive des Exils. Schließlich ist bei der Bewertung der Äußerungen gegebenenfalls zu berücksichtigen, dass von der NS-Ideologie abweichende Einschätzungen in der Zeit nach der Machtübernahme von einigen Autoren möglicherweise bewusst vermieden wurden, um nicht in offenen Gegensatz zum Regime zu geraten. In allen Fällen hat die bereits in der Einleitung festgestellte Verteilung von knapp 75 % vor 1933 und gut 25 % danach erschienenen Erinnerungswerken als Maßstab zu dienen: Wo im Zusammenhang mit einschlägigen Aspekten der Epochencharakterisierung eine signifikante Abweichung von diesem Verhältnis vorliegt, muss diese im Sinne einer Rückführbarkeit auf die Zäsur von 1933 hinterfragt werden.

Für die Beeinflussung der Lebenserinnerungen durch die Zäsur von 1933 im oben ausgeführten Sinn spricht nun zunächst die Beurteilung der Rolle der Juden im wilhelminischen Kaiserreich[3]: Einen negativen Einfluss dieser Minderheit auf die Verhältnisse und Entwicklungen hielten vor 1933 vier der untersuchten Autobiographen fest, danach jedoch sechs und damit ein deutlich größerer Anteil, als ihn die Lebenserinnerungen aus der NS-Zeit am Quellenkorpus dieser Studie ausmachen. Das Gegenteil, also einen positiven Einfluss der deutschen Juden auf Staat und Gesellschaft, verbunden mit Kritik an ihrer Diskriminierung, konstatierten dagegen vor der Zäsur drei, danach zwei – und zwar aus der Perspektive des Exils[4], also (so die naheliegende Annahme) als Reaktion auf die zunehmenden Einschränkungen und Verfolgungen unter dem Regime Hitlers, aus dessen erster Hälfte keine entsprechenden Äußerungen aus dem Reich vorliegen.[5] Für einen

---

3   Zur herausragenden Rolle des Antisemitismus in der NS-Ideologie vgl. etwa Heinz Schreckenberg, *Ideologie und Alltag im Dritten Reich*, Frankfurt am Main u. a. 2003, 152ff.; Eberhard Jäckel, *Hitlers Weltanschauung. Entwurf einer Herrschaft*. Erw. u. überarb. Neuausgabe, Stuttgart 1986, 55ff. und 79; Friedrich Pohlmann, Nationalsozialistische Feindbilder – Antibolschewismus und Antisemitismus, in: Manuel Becker / Stephanie Bongartz (Hgg.), *Die weltanschaulichen Grundlagen des NS-Regimes. Ursprünge, Gegenentwürfe, Nachwirkungen. Tagungsband der XXIII. Königswinterer Tagung im Februar 2010* (Schriftenreihe der Forschungsgemeinschaft 29. Juli 1944 e. V., 15), Berlin/Münster 2011, 63–77.

4   Arthur Eloesser, Werner Weisbach. Vgl. die Literaturangaben im Anhang (F.), ebenso wie für Carl Sternheim, auf den weiter unten hingewiesen wird.

5   S. Teil B., Kap. III. 1., mit den entsprechenden Nachweisen in den dortigen Anmerkungen.

Einfluss der NS-Machtübernahme auf die Erinnerungswerke spricht daneben eine offenkundige Scheu der im Anschluss daran schreibenden Autoren, die Sozialdemokratie der Zeit vor 1914 positiv oder auch nur neutral zu bewerten; äußerten sich vor 1933 zwölf von ihnen entsprechend, waren es später lediglich zwei, also nur rund 14 % anstatt 25 % aller Verfasser, die damit gegen den „Antimarxismus"[6] der NSDAP Stellung bezogen.[7]

Eine Anpassung der Darstellungen an die NS-Ideologie lässt sich daneben in einigen Punkten weder ausschließen noch sicher belegen. Geht es um die Beurteilung der starren gesellschaftlichen Schichtung und Abgrenzung im wilhelminischen Deutschland – die der von den Nationalsozialisten propagierten „Volksgemeinschaft" diametral zuwiderlief[8] –, finden sich aus der Zeit vor 1933 zu diesem Phänomen zwölf kritische Stimmen unter den Autobiographen, aus der Zeit danach neun[9], von denen allerdings zwei aus dem Exil kamen[10] und insofern „unverdächtig" sind. Rechnet man sie entsprechend heraus, ergibt sich noch immer ein Anteil der – potentiell, nicht nachweisbar – vom NS-Gedankengut beeinflussten Verfasser von 33 %. Gleiches gilt für die Frage nach dem Umgang des Reichs mit den 1919 verlorengegangenen Grenzprovinzen im Westen: Im Sinne der „Lebensraum"-Ideologie Hitlers und der NSDAP zu den rückzugewinnenden deutschen Gebieten zählend[11], war das „Reichsland" Elsass-Lothringen nach Meinung von drei Autobiographen (die nicht exiliert waren) aus der Zeit nach der Machtübernahme in der Wilhelminischen Epoche schlecht regiert und verwaltet worden, was Nachteile für das Deutschtum vor Ort mit sich gebracht habe; bei sechs entsprechenden Äußerungen aus der Zeit vor 1933 ein Anteil von ebenfalls einem Drittel. Dasselbe Verhältnis besteht nun allerdings, wenn man nach positiven Einschätzungen der deutschen Politik im „Reichsland" fragt, wobei freilich das Gewicht der Stimmen in absoluten Zahlen (zwei vor, eine nach 1933) noch marginaler ausfällt[12] – ebenso, wie die Fragwürdigkeit der Berechnung von prozentualen Anteilen nochmals deutlich steigt. Sowohl für als auch gegen einen Einfluss der NS-Propaganda können schließlich die Meinungen zur – angeblich – gesellschaftlich breit gelagerten Abwendung von Religion und Christentum in der Wilhelminischen Zeit gewertet werden. Übten vor 1933 sieben Autobiographen Kritik an diesem Phänomen, waren es nach der Machtübernahme ebenfalls sieben (inklusi-

---

6   Dieser bezog die Sozialdemokratie mit ein; vgl. Barbara Zehnpfennig, Nationalsozialismus als Anti-Marxismus? Hitlers programmatisches Selbstverständnis in „Mein Kampf", in: Manuel Becker / Stephanie Bongartz (Hgg.), *Die weltanschaulichen Grundlagen des NS-Regimes. Ursprünge, Gegenentwürfe, Nachwirkungen. Tagungsband der XXIII. Königswinterer Tagung im Februar 2010* (Schriftenreihe der Forschungsgemeinschaft 29. Juli 1944 e. V., 15), Berlin/Münster 2011, 79–98, hier 84ff.

7   S. Teil B., Kap. VIII. 2.

8   Schreckenberg, *Ideologie und Alltag*, 101ff.

9   S. Teil B., Kap. VII. 1. und VIII. 1.

10   Carl Sternheim, Werner Weisbach.

11   Schreckenberg, *Ideologie und Alltag*, 117ff.; Jäckel, *Hitlers Weltanschauung*, 30ff.

12   S. Teil B., Kap. III. 3.

ve eines exilierten Autors[13]) und damit 50 % der einschlägig interessierten Stimmen. Deren Haltung kann nun als Gegenreaktion bzw. (versteckte) Kritik an der Ablehnung des herkömmlichen (d. h. nicht angepassten) Christentums durch das NS-Regime[14] gedeutet werden – muss es aber nicht.

Gegen eine signifikante Veränderung der autobiographischen Vergangenheitsbilder infolge der Zäsur von 1933 sprechen nun ungleich mehr Befunde. Der oben erwogene, potentielle Einfluss der „Lebensraum"-Ideologie etwa lässt sich in Bezug auf die (hier ungleich wichtigeren) Ostgebiete nicht feststellen – im Gegenteil: Kritik an einer zu laschen, der deutschen Sache schädlichen Verwaltung der Provinzen Westpreußen und Posen vor 1914 wird ausschließlich in Lebenserinnerungen geübt, die vor 1933 erschienen sind; eine zu harte Polenpolitik mit demselben Ergebnis kritisierten in dieser Zeit drei Autobiographen, danach einer[15], was wiederum genau der Verteilung innerhalb des Quellenkorpus entspricht. Negative Beurteilungen der Sozialdemokratie in der Wilhelminischen Zeit finden sich, analog zum oben bereits erwähnten „Antimarxismus", vor der NS-Machtübernahme zwölfmal, danach viermal[16], also ebenfalls nicht in abweichendem Maße. Kritik am wilhelminischen Bürgertum und seiner Anfälligkeit für Liberalismus und Materialismus[17] findet sich in 33 Erinnerungswerken aus der Zeit bis 1933, dazu in zwei Exil-Autobiographien[18], ansonsten jedoch in nur sieben nach der Zäsur verfassten Rückblicken[19], also in 20 % und damit wiederum weniger, als hier im Durchschnitt zu erwarten gewesen wäre. Schließlich ist zu prüfen, ob bzw. inwieweit die nationalsozialistische Auffassung vom „Führerstaat" als gegen Föderalismus, Demokratie und Parteiwesen gerichtetes Konzept[20] einen Niederschlag in den untersuchten Autobiographien und Memoiren gefunden hat. Fünfzehn Autoren aus den Jahren vor 1933, fünf aus der Folgezeit bewerten partikularistische und parlamentarisierende Tendenzen der Wilhelminischen Zeit sowie das Fehlen einer starken Führung(spersönlichkeit) erkennbar negativ.[21] 22 und sieben Stimmen – also ebenfalls etwa drei Viertel zu einem Viertel aller einschlägig interessierten Verfasser – stufen außerdem die Macht der politischen Parteien vor 1914 als zu stark ein und kritisieren deren Wirken; entgegengesetzte Urteile finden sich weder aus der Zeit vor noch nach der Machtübernahme (also nicht einmal aus dem Exil).[22]

Alles in allem spricht also deutlich mehr gegen eine signifikante Beeinflussung der Vergangenheitsdarstellung in den Erinnerungswerken durch die Zäsur

---

13   Carl Sternheim.
14   Schreckenberg, *Ideologie und Alltag*, 174ff.
15   S. Teil B., Kap. III. 2.
16   S. ebd., Kap. VIII. 3.
17   Zur NS-Ideologie in diesem Punkt Zehnpfennig, Nationalsozialismus als Anti-Marxismus?, 92ff.
18   Carl Sternheim, Weisbach
19   S. Teil B., Kap. VII. 1. und X. 1.
20   Schreckenberg, *Ideologie und Alltag*, 472f.; Jäckel, *Hitlers Weltanschauung*, 86f. und 94f.
21   S. Teil B., Kap. II. 1.
22   S. ebd., Kap. II. 2.

von 1933 als dafür. Ein Blick auf die Häufigkeit der Thematisierung einschlägiger Aspekte erhärtet diesen Befund noch: Die meisten der oben genannten – und in den Erinnerungswerken überhaupt zu findenden –, für die Überprüfung auf Antizipation oder Abwehr der NS-Ideologie relevanten Punkte werden lediglich von rund 10 % oder weniger der hier betrachteten Autobiographen überhaupt für wichtig erachtet, wenn es um die Charakterisierung der Wilhelminischen Zeit geht; teilweise tendiert die Aufmerksamkeit sogar deutlich gegen Null. Anders verhält es sich gerade dort, wo Folgewirkungen der Machtübernahme eindeutig nicht zu belegen sind: Die fragwürdige Verfassung des Bürgertums in der Wilhelminischen Zeit ist Thema für 42 von 141 Autobiographen (rund 30 % der Gesamtheit), Parteienkritik üben 29 (gut 20 %), Systemkritik 20 Stimmen (etwa 14 %); erwähnenswert ist daneben noch die ablehnende Feststellung gesellschaftlicher Trennlinien in 21 Erinnerungswerken, wobei aber, wie erläutert, eine Steigerung des Interesses in der Zeit nach 1933 nicht zweifelsfrei nachweisbar ist. Vor diesem Hintergrund und mit Blick auf die eingangs noch einmal angesprochenen Ergebnisse der Forschung scheint es nun vollauf gerechtfertigt, die Zäsur von 1933 auch für die weitere Untersuchung außer Acht zu lassen, ebenso wie etwaige sonstige Brüche innerhalb der Geschichte der Weimarer Republik.

II. ESSENZ UND VERGLEICH

1. Vorbemerkung

Angesichts der breiten gesellschaftlichen und damit anzunehmenderweise auch weltanschaulichen Streuung der Autobiographen liegt die Vermutung nahe, dass sich in fast jedem Themenbereich Entsprechungen zwischen einzelnen Erinnerungswerken und dem einen oder anderen historiographischen oder populärwissenschaftlichen bzw. publizistischen Werk finden lassen. Vor diesem Hintergrund scheint es zur Erarbeitung eines Gesamtbilds und einer Gesamteinschätzung der Diskussionen um die Wilhelminische Zeit umso mehr sinnvoll und geboten – wie in der Einleitung bereits angedeutet[23] –, bei der Einordnung der Aussagen aus den Lebenserinnerungen in den zeitgenössischen Kontext einen Mittelweg zwischen Zusammenfassung und Differenzierung zu beschreiten und dabei die mit (zumeist überdeutlicher) Mehrheit vertretenen Positionen in den Vordergrund zu stellen, ebenso aber solche Aspekte zu berücksichtigen, die zu etwa gleichen Teilen umstritten sind, sowie daneben auch die Ansichten starker Minderheiten der Verfasser. Ähnlich muss dann auch mit den Inhalten der Vergleichswerke verfahren werden, um ein nicht zu detailliertes, auf den Kern der Aussagen fokussiertes, dabei aber wiederum keinesfalls alle Unterschiede in den Darstellungen der Wilhelminischen Epoche nivellierendes Bild zu erhalten. Dabei ist zu berücksichtigen, dass den Stellungnahmen der einzelnen Historiker und Autoren aus Populärwissenschaft und Publizistik aufgrund der ungleich geringeren Gruppengröße ein

---

23   Vgl. Teil A., Kap. III. 1.

deutlich höheres Gewicht zukommt als im Vergleich den Meinungen einzelner Autobiographen. Einzelstimmen werden hierbei gleichwohl in der Regel ebenfalls vernachlässigt.

Berücksichtigt werden muss bei der Zeichnung eines solchen Gesamtbilds nun auch, dass nicht alle der in den Lebenserinnerungen angesprochenen Themengebiete gleich häufig dort berührt werden, wie bereits im Zwischenfazit zu Teil B. festgestellt worden ist. Dieser Gewichtung – und ebenso der dominierenden Stellung der Lebenserinnerungen in der Diskussion um die Wilhelminische Zeit – soll beim nachfolgenden Vergleich dadurch Rechnung getragen werden, dass die Teilgebiete der Epochencharakterisierung in drei Abschnitten gebündelt werden, die jeweils Themen beinhalten, die ähnlich intensiv in den Autobiographien und Memoiren diskutiert werden. Ausgenommen von dieser Zuordnung wird der mit deutlichem Abstand am häufigsten angesprochene Bereich der Außenbeziehungen, dem zunächst aufgrund des Umfangs und der Detailfreudigkeit der Darstellungen ein eigener Abschnitt vorbehalten ist. Ausgenommen werden aber auch die Gesamturteile über die Wilhelminische Epoche, denen aufgrund ihres Sondercharakters ebenfalls ein eigener, nachgestellter Abschnitt zukommt.

2. Das Hauptthema: Außenpolitik und internationale Beziehungen

Als Rahmenbedingungen für die deutschen außenpolitischen Aktivitäten werden in den Lebenserinnerungen die angreifbare Lage des Reichs in der Mitte Europas sowie ein allgemeines Streben der Mächte nach Einfluss und Gewinn in der Welt genannt, an dem sich Deutschland beteiligt habe, wobei Berechtigung und Ausmaß dieses Engagements umstritten sind. Die Historiker Goetz, Hartung, Oncken, Schmitthenner und Schnabel stufen ebenfalls den Imperialismus als zeittypische, prägende Erscheinung ein[24]; Goetz, Oncken und Schmitthenner sehen in ihm zugleich die Ursache für zunehmende Spannungen und Frontstellungen bzw. Gruppenbildungen unter den Großmächten.[25] Das Deutsche Reich habe sich dabei aufgrund seines enormen Wirtschaftswachstums und der starken Bevölkerungszunahme dem allgemeinen Trend nicht entziehen können und aus einer inneren Notwendigkeit heraus vor allem ökonomisch expandiert und in der Welt Fuß gefasst, wie Hartung, Mommsen, Oncken, Schmitthenner und Schnabel hier festhalten[26], wobei Hartung und Schmitthenner zusätzlich eine gleichzeitige Vernachläs-

---

24 Goetz u. a., *Das Zeitalter des Imperialismus*, 134–137; Hartung, *Deutsche Geschichte*, 143ff. (3. Aufl.: 153ff.); Oncken, *Das Deutsche Reich*, II, 419ff. und 481; Schmitthenner, *Geschichte der Zeit*, 230 und 313; Schnabel, *1789–1919*, 145; ders., *Deutschland*, 197.

25 Goetz u. a., *Das Zeitalter des Imperialismus*, 133–137; Oncken, *Das Deutsche Reich*, II, 423f. und 763; Schmitthenner, *Geschichte der Zeit*, 230 und 248.

26 Hartung, *Deutsche Geschichte*, 146f. und 162 (3. Aufl.: 157f. und 173); Mommsen, *Politische Geschichte*, 132; Oncken, *Das Deutsche Reich*, II, 424f., 463 und 659–661; Schmitthenner, *Geschichte der Zeit*, 270, 273 und 328; Schnabel, *1789–1919*, 136; ders., *Deutschland*, 199f.

sigung der Machtpolitik als groben Fehler kritisieren[27] – die Historiker beziehen hier also im Gegensatz zu den Erinnerungswerken eindeutig Stellung. Von den Populärwissenschaftlern und Publizisten stimmen Endres, Ullmann, Wilhelm II. und im Kern auch Wulff darin überein, dass die internationalen Beziehungen nach 1890 von einem stark ökonomisch geprägten Imperialismus bestimmt worden seien, wobei auch Deutschland sich entsprechend engagiert habe.[28] Boehm, Nowak und Wulff stufen die deutsche Expansion angesichts der Gesamtentwicklung als legitim ein[29] und fällen damit ebenfalls ein klares Urteil, wie auch Jäger und Wilhelm II., die unterdessen anders als die Historiker die Begrenztheit bzw. Bescheidenheit der deutschen Weltpolitik loben.[30]

Das für die Außenpolitik zuständige Personal sei generell ungeeignet gewesen, so die Erinnerungswerke, sein Handeln fehlerträchtig; Realitätsferne, Kurzsichtigkeit und Unstetigkeit sowie ein allzu starker Drang nach Harmonie und Frieden (der von einigen Stimmen jedoch positiv gewertet wird) hätten die deutsche Außenpolitik geprägt, so dass das Reich nicht in der Lage gewesen sei, eine führende Rolle in der Welt zu spielen, vielmehr habe man das Gegenteil erreicht. Auch im Einzelnen wird an den Protagonisten kaum ein gutes Haar gelassen: Caprivi, Marschall, Hohenlohe und Bethmann werden als unfähig bzw. ungeeignet zur Bewältigung der außenpolitischen Aufgaben und Probleme charakterisiert, Bülow und Holstein (der ab 1891/97 bis 1909 tatsächlich die deutsche Politik bestimmt habe) darüber hinaus als ziellos und weltfremd sowie vor allem als verantwortlich für zahlreiche Fehlentscheidungen und einen verderblichen Kurs im Ganzen. Lediglich Kiderlen-Wächter beurteilen die Autobiographen kontrovers, weitere Beamte und Diplomaten dagegen durchweg negativ, so wie überhaupt das gesamte nachgeordnete Personal im Auslandsdienst (mit leichten Einschränkungen), wobei dessen Tätigkeit auf verschiedene Weise von der Zentrale aus eingeengt bzw. in eine falsche Richtung gelenkt worden sei, aber auch unter eigennützigem Handeln gelitten habe. Die Historiker Hartung, Rosenberg, Schmitthenner und Schnabel sehen zunächst als wichtigstes Ziel der deutschen „Weltpolitik" das Erreichen der „Gleichberechtigung" mit den übrigen Mächten an[31], während Oncken und Ziekursch die Lösung innerer Probleme als vorrangig nennen[32]; Bornhak, Mommsen und auch Rosenberg gehen unterdessen davon aus, dass die Reichsführung letztlich kein schlüssiges Gesamtkonzept verfolgt habe.[33] Einig

---

27 Hartung, *Deutsche Geschichte*, 163, 167 und 172f. (3. Aufl.: 193f.); Schmitthenner, *Geschichte der Zeit*, 328.

28 [Endres], *Die Tragödie Deutschlands*, 93f. und 211; Ullmann, *Deutschland*, 35f.; Wilhelm II., *Ereignisse und Gestalten*, 261f.; Wulff, *Die persönliche Schuld*, 12 und 51f.

29 Boehm, *Ruf der Jungen*, 39; Nowak, *Das dritte deutsche Kaiserreich*, II, 141f.; Wulff, *Die persönliche Schuld*, 44 und 52.

30 Jäger, *Erinnerungen*, 1; Wilhelm II., *Ereignisse und Gestalten*, 108.

31 Hartung, *Deutsche Geschichte*, 161 (3. Aufl.: 178f. und 194); Rosenberg, *Die Entstehung*, 63; Schmitthenner, *Geschichte der Zeit*, 238.

32 Oncken, *Das Deutsche Reich*, II, 421; Ziekursch, *Politische Geschichte*, III, 175 und öfter.

33 Bornhak, *Deutsche Geschichte*, 115; Mommsen, *Politische Geschichte*, 114 und 117; Rosenberg, *Die Entstehung*, 39.

sind sich nahezu alle Historiker darin, dass Deutschland – bzw. der Kaiser – seine außenpolitischen Ziele uneingeschränkt auf friedlichem Wege zu erreichen gesucht habe, was nur Goetz und Schmitthenner uneingeschränkt positiv werten, während die überwiegende Mehrheit analog zur Mehrheit der Autobiographen kritisiert, dass man aussichtsreiche Gelegenheiten, erfolgreiche Separatkriege zu führen (vor allem gegen Frankreich um 1905) ungenutzt habe verstreichen lassen.[34] Ohne Ausnahme stimmen die Historiker auch mit dem vernichtenden Urteil der Lebenserinnerungen über die Protagonisten der deutschen Außenpolitik und den Ergebnissen ihres Handelns überein[35], wobei auch unter ihnen die Bewertung Kiderlens umstritten ist: Mommsen und Schmitthenner beurteilen sein Wirken uneingeschränkt positiv, während Goetz und Oncken ihn zwar als fähig, doch auch als rabiat und risikofreudig einschätzen.[36] Darüber hinaus herrscht wiederum große Einigkeit in der (über die Autobiographien hinausgehenden) Einschätzung, die deutsche Führung sei nach 1890 nicht in der Lage gewesen, Bismarcks Bündnissystem aufrechtzuerhalten (oder auch nur zu verstehen) bzw. die außenpolitischen Maximen des Reichsgründungskanzlers unter den veränderten Bedingungen fruchtbar weiter zu verfolgen[37]; Bornhak, Mommsen, Oncken und Schmitthenner nennen dabei dezidiert die Nichtverlängerung des Rückversicherungsvertrags mit Russland als ebenso symptomatisch wie folgenreich.[38] Hartung, Mommsen und Wahl bescheinigen der deutschen Diplomatie in diesem Zusammenhang ein politikfremdes, von rein juristischen Erwägungen geprägtes Beharren auf dem Wortlaut internationaler Verträge in äußeren Angelegenheiten.[39] Insgesamt wird die Wilhelminische Epoche von mehr als der Hälfte der Historiker als Zeit eines –

34 Bornhak, *Deutsche Geschichte*, 41; Goetz u. a., *Das Zeitalter des Imperialismus*, 282 und 355; Hartung, *Deutsche Geschichte*, passim; Mommsen, *Politische Geschichte*, 112, 115, 136 und 158; Oncken, *Das Deutsche Reich*, II, 588, 657f., 660f., 753 und 765; Rosenberg, *Die Entstehung*, 59f. und 66; Schmitthenner, *Geschichte der Zeit*, 238; Wahl, *Deutsche Geschichte*, III, 196, 352, 412, 429f. und öfter, sowie IV, 269–271 und 567; Ziekursch, *Politische Geschichte*, III, 156–158 und 287f.

35 Bornhak, *Deutsche Geschichte*, 40, 46, 69, 116, 242 und 312; Goetz u. a., *Das Zeitalter des Imperialismus*, 153f., 249, 270, 276, 299 und 327–330; Hartung, *Deutsche Geschichte*, 147, 158f., 166, 174, 254f. und 272 (3. Aufl.: passim); Mommsen, *Politische Geschichte*, 111, 114–116 und 137; Oncken, *Das Deutsche Reich*, II, 385f., 449, 468, 507f., 585, 596, 662f. und 761f.; Rosenberg, *Die Entstehung*, 61 und 63; Schmitthenner, *Geschichte der Zeit*, 240, 246, 294, 328, 443f. und 447; Schnabel, *1789–1919*, 154; ders., *Deutschland*, 206 und 225; Wahl, *Deutsche Geschichte*, III, 150, 155f., 213, 296–298 und öfter, sowie IV, 71, 466, 492f., 497, 510 und öfter; Ziekursch, *Politische Geschichte*, III, 15–19, 87–89, 95, 110 und 138.

36 Goetz u. a., *Das Zeitalter des Imperialismus*, 330; Mommsen, *Politische Geschichte*, 148; Oncken, *Das Deutsche Reich*, II, 664; Schmitthenner, *Geschichte der Zeit*, 447.

37 Vgl. Goetz u. a., *Das Zeitalter des Imperialismus*, 139; Hartung, *Deutsche Geschichte*, 172f. und öfter (3. Aufl.: 191ff.); Schnabel, *1789–1919*, 135; ders., *Deutschland*, 201–203; Wahl, *Deutsche Geschichte*, III, 158, 162 und 206; Ziekursch, *Politische Geschichte*, III, 25f.

38 Bornhak, *Deutsche Geschichte*, 68–70; Mommsen, *Politische Geschichte*, 111–113 und 115f.; Oncken, *Das Deutsche Reich*, II, 388f., 391f., 395, 398, 416f. und öfter; Schmitthenner, *Geschichte der Zeit*, 233, 240 und 259.

39 Hartung, *Deutsche Geschichte*, 165, 254 und 256; Mommsen, *Politische Geschichte*, 131; Wahl, *Deutsche Geschichte*, III, 259 und 353f., sowie IV, passim.

unangesehen einzelner Erfolge – dramatischen außenpolitischen Abstiegs des Reichs betrachtet[40]; als für die Reichsleitung entlastendes Moment stufen Mommsen, Oncken, Schmitthenner und Wahl die komplexe, schwer handzuhabende Mächtekonstellation in Europa ein[41], Goetz, Schmitthenner, Schnabel und Wahl verweisen – grundsätzlicher – auf die strategisch ungünstige geographische Lage des Reichs.[42] Auch die Mehrheit der Populärwissenschaftler und Publizisten charakterisiert die wilhelminische Außenpolitik als desaströs[43], wobei Mann und Wulff das Streben nach Macht als klares Anliegen der Führung benennen.[44] Boehm, Ludwig, Rathenau, Wilhelm II. und Wulff betonen unterdessen die Friedfertigkeit der deutschen Regierung bzw. speziell des Kaisers selbst, wobei jedoch Boehm, Rathenau und Wulff einschränkend darauf verweisen, dass nach außen hin ein anderer Eindruck vermittelt worden sei[45]; Endres und Mann beharren sogar darauf, dass der Wille zum Krieg vorgeherrscht habe.[46] In der Beurteilung des verantwortlichen Personals stimmt die zweite Vergleichsgruppe wiederum fast vollständig mit Autobiographen und Historikern überein[47], jedoch mit ein paar auffälligen Ausnahmen im Detail: Kanzler Hohenlohe wird hier von Nowak und Wilhelm II. positiv eingeschätzt.[48] Bülow beschreiben Ludwig, Wilhelm II. und Wolff als sachkundig, geschickt und überwiegend erfolgreich in der Außenpolitik;

40 Bornhak, *Deutsche Geschichte*, 48, 115 und 174; Hartung, *Deutsche Geschichte*, 268; Mommsen, *Politische Geschichte*, 117; Schmitthenner, *Geschichte der Zeit*, 239 und 313; Schnabel, *1789–1919*, 151; ders., *Deutschland*, 225; Wahl, *Deutsche Geschichte*, III, passim, sowie IV, 7; Ziekursch, *Politische Geschichte*, III, 173.

41 Mommsen, *Politische Geschichte*, 114; Oncken, *Das Deutsche Reich*, II, 425f.; Schmitthenner, *Geschichte der Zeit*, 239; Wahl, *Deutsche Geschichte*, III, 150.

42 Goetz u. a., *Das Zeitalter des Imperialismus*, 138; Schmitthenner, *Geschichte der Zeit*, 232, 239 und 328; Schnabel, *1789–1919*, 133f.; Wahl, *Deutsche Geschichte*, III, 150.

43 Boehm, *Ruf der Jungen*, 38f.; [Endres], *Die Tragödie Deutschlands*, 26f., 67, 89, 106 und 138; Ludwig, *Wilhelm der Zweite*, 400; Rathenau, *Der Kaiser*, 41; Ullmann, *Deutschland*, 4, 8, 35 und 43; Wilhelm II., *Ereignisse und Gestalten*, 63; Wolff, *Das Vorspiel*, 16, 18f. und 147; Wulff, *Die persönliche Schuld*, 42–44, 48, 50 und 52.

44 [Endres], *Die Tragödie Deutschlands*, 88; Mann, Kaiserreich, 218; Wulff, *Die persönliche Schuld*, 44.

45 Boehm, *Ruf der Jungen*, 38f. und 44f.; Ludwig, *Wilhelm der Zweite*, 277, 391 und 413; Rathenau, *Der Kaiser*, 33; Wilhelm II., *Ereignisse und Gestalten*, 106, 112, 265, 274 und 276; Wulff, *Die persönliche Schuld*, 47.

46 [Endres], *Die Tragödie Deutschlands*, 45f.; Mann, Kaiserreich, 219f. und 233.

47 Binder, *Die Schuld*, 4; [Endres], *Die Tragödie Deutschlands*, 115, 117, 157, 199, 203f., 209 und 241; Eulenberg, *Die Hohenzollern*, 402–404; Ludwig, *Wilhelm der Zweite*, 120f., 132–137, 148, 217 und 397f.; Nowak, *Das dritte deutsche Kaiserreich*, I, 152–155 und 159, sowie II, 63–65 und 265; Schmidt-Pauli, *Der Kaiser*, 114, 126, 185–188 und 190f.; Ullmann, *Deutschland*, 10 und 12–14; Wilhelm II., *Ereignisse und Gestalten*, 51, 63–65, 83–85, 112 und 204f.; Wolff, *Das Vorspiel*, 43, 73–75, 77, 79 und 154; Wulff, *Die persönliche Schuld*, 50.

48 Nowak, *Das dritte deutsche Kaiserreich*, II, 135f.; Wilhelm II., *Ereignisse und Gestalten*, 68f.

Nowak schließt sich dem nur mit deutlichen Einschränkungen an.[49] Kiderlen loben wiederum Ludwig (mit Einschränkungen) und Wilhelm II.[50] Insgesamt, so Endres, Ludwig, Ullmann und Wilhelm II. korrespondierend mit dem Urteil der Gelehrten, hätten Bismarcks Erben es nicht verstanden, sein außenpolitisches System aufrecht zu erhalten bzw. die Geschäfte in seinem Sinne zu führen.[51] Das diplomatische Personal im Ausland schließlich wurde laut Binder und Endres vom Kaiser nicht nach seinen Fähigkeiten, sondern nach Herkunft und Vermögen ausgesucht und sei dementsprechend untauglich gewesen[52]; Wolff bescheinigt den Botschaftern und Gesandten ebenfalls mangelnde Kenntnisse, weist jedoch ebenso wie Ludwig darauf hin, dass von der Führung ohnehin lediglich realitätsferne, schönfärberische Berichte akzeptiert worden seien[53] – alles in allem auch hier also eine sehr ähnliche Einschätzung der Verhältnisse wie in den Erinnerungswerken.

Im Ganzen, so die Autobiographen weiter, sei die außenpolitische Entwicklung geprägt gewesen durch zunehmende Spannungen und die Einkreisung Deutschlands durch seine Gegner, wofür vor allem England, aber auch Frankreich (im Verbund mit anderen) verantwortlich gemacht werden, weniger Russland oder das Kaiserreich selbst. Grundfehler der deutschen Politik sei es gewesen, die Absichten der anderen Mächte dauerhaft falsch beurteilt, ihre Zusammenschlüsse nicht verhindert und unterdessen die späteren Kriegsgegner immer wieder brüskiert zu haben; Sinnhaftigkeit und Auswirkungen der kaiserlichen bzw. Tirpitzschen Flottenpolitik werden hier unterschiedlich beurteilt. Dabei hätten das deutsche Vorgehen selbst und auch die Form außenpolitischer Verlautbarungen bzw. das Verhalten Deutscher im Ausland, nicht zuletzt des Kaisers, auch zu einem Reputationsverlust geführt, wozu allerdings ebenso die Agitation der inländischen Opposition von rechts und links gegen die eigene Führung und noch mehr die Propaganda des Auslands selbst beigetragen hätten, der vom Reich nur unzulänglich begegnet worden sei. Auch Goetz, Oncken, Rosenberg, Schmitthenner und Schnabel sind der Auffassung, dass Großbritannien – vor allem in Gestalt König Edwards VII. – zielgerichtet und erfolgreich die Einkreisung und Isolierung Deutschlands betrieben habe.[54] Bornhak und Hartung teilen diese Ansicht, stellen aber eine deutliche Mitschuld des Reichs fest, das sich außenpolitisch ungeschickt verhalten habe[55], was auch Wahl betont, der jedoch ebenso wie Ziekursch Frank-

49   Ludwig, *Wilhelm der Zweite*, 230, 346 und 382f.; Nowak, *Das dritte deutsche Kaiserreich*, II, 228–239, 265 und 281; Wilhelm II., *Ereignisse und Gestalten*, 81–83; Wolff, *Das Vorspiel*, 42f., 197f., 293, 300f. und 303.

50   Ludwig, *Wilhelm der Zweite*, 399; Wilhelm II., *Ereignisse und Gestalten*, 111.

51   [Endres], *Die Tragödie Deutschlands*, 125; Ludwig, *Wilhelm der Zweite*, 120f. und 124; Ullmann, *Deutschland*, 34f.; Wilhelm II., *Ereignisse und Gestalten*, 86.

52   Binder, *Die Schuld*, 8f. und 17; [Endres], *Die Tragödie Deutschlands*, 105.

53   Ludwig, *Wilhelm der Zweite*, 328; Wolff, *Das Vorspiel*, 32f. und 180f.

54   Goetz u. a., *Das Zeitalter des Imperialismus*, 332f.; Oncken, *Das Deutsche Reich*, II, 545f., 583f., 608f. und 672f.; Rosenberg, *Die Entstehung*, 63; Schmitthenner, *Geschichte der Zeit*, 430f., 436, 439 und 474; Schnabel, *1789–1919*, 150f.; ders., *Deutschland*, 231.

55   Bornhak, *Deutsche Geschichte*, 41, 108, 115f., 225 und öfter; Hartung, *Deutsche Geschichte*, 156, 166, 172, 227, 248, 256, 258 und 261f. (3. Aufl.: vgl. 271ff.).

reich als Motor der Umzingelung ausmacht[56], während Mommsen wiederum keinen eindeutigen Schuldigen benennen will und nirgendwo einen Willen zur Einkreisung feststellen kann, den entsprechenden Effekt der Ententen[57] gleichwohl
konzediert[58] – die Meinungen der Historiker sind also in diesem Punkt ähnlich
verteilt wie die der Autobiographen. Zusätzlich führen dabei Goetz, Hartung, Rosenberg und Schmitthenner die ablehnende Haltung der Entente- und weiterer
Mächte gegenüber Deutschland auf dessen Erfolge im Welthandel zurück.[59] Der
Reichsleitung selbst werfen wiederum ebenso fast alle Historiker vor, die außenpolitischen (Bündnis-)Optionen und Interessen Englands, Frankreichs und Russlands sowie die Bedeutung der sich herausbildenden Konstellationen verkannt und
ihre lavierende Politik der „freien Hand" somit ohne realistische Grundlage betrieben zu haben.[60] Dies sei auch der Grund, so Mommsen, Schmitthenner und
Schnabel ergänzend, warum man temporäre Zerwürfnisse oder Schwächephasen
der Gegner nicht zum eigenen Vorteil zu nutzen verstanden habe.[61] Besonders
sinnfällig kommt diese Fehlkalkulation für Bornhak, Mommsen, Oncken und
Schmitthenner im (ab 1898 parallel laufenden) deutschen Engagement in Ostasien
und in der Türkei bzw. dem Vorderen Orient – das hier auch Goetz nennt – zum
Ausdruck, mit dem sich das Reich vor allem Großbritannien und Russland gleichermaßen zu Feinden gemacht habe, ohne dies zu ahnen oder gar zu wollen.[62]
Daneben – auch hier geht die Historiographie über die Lebenserinnerungen hinaus – kritisieren Bornhak und Wahl generell die ungeschickte Preisgabe von Optionen durch die deutsche Regierung, mit einer der anderen Großmächte ein
Bündnis einzugehen, was angesichts der europäischen Konstellationen unbedingt
hätte geschehen müssen[63]; Hartung, Mommsen, Oncken, Schmitthenner und
Schnabel nennen auch hier konkret England und Russland als denkbare Partner,

---

56 Wahl, *Deutsche Geschichte*, III, 429, 438–440 und öfter, sowie IV, 239, 241, 338f. und 531f.;
   Ziekursch, *Politische Geschichte*, III, 171, 224f., 242f., 257f. und 287.

57 1907 verständigten sich England und Russland im großen Stil über ihre Interessenssphären in
   Asien; dieser Ausgleich ließ das (seit 1892 ja bereits mit Frankreich verbündete) Zarenreich
   faktisch Teil der französisch-britischen Entente werden (Hildebrand, *Das vergangene Reich*,
   240).

58 Mommsen, *Politische Geschichte*, 135 und 138.

59 Goetz u. a., *Das Zeitalter des Imperialismus*, 138; Hartung, *Deutsche Geschichte*, 162; Rosenberg, *Die Entstehung*, 60; Schmitthenner, *Geschichte der Zeit*, 238 und 274.

60 Bornhak, *Deutsche Geschichte*, 225, 325 und 330f.; Goetz u. a., *Das Zeitalter des Imperialismus*, 276f. und 299; Hartung, *Deutsche Geschichte*, 147f., 169 (Zitat), 172, 247, 262, 268
   und 280f. (3. Aufl.: 187, 271 und öfter); Mommsen, *Politische Geschichte*, 115, 130, 135 und
   139; Oncken, *Das Deutsche Reich*, II, 400–403, 417 und 543–545; Schmitthenner, *Geschichte der Zeit*, 246–248, 294, 299 und 444–446; Schnabel, *1789–1919*, 149f.; Wahl, *Deutsche
   Geschichte*, III und IV, passim; Ziekursch, *Politische Geschichte*, III, 25, 133f., 157f. und
   268f.

61 Mommsen, *Politische Geschichte*, 116; Schmitthenner, *Geschichte der Zeit*, 316f.; Schnabel,
   Deutschland, 224f.

62 Bornhak, *Deutsche Geschichte*, 108; Goetz u. a., *Das Zeitalter des Imperialismus*, 314 und
   317–320; Mommsen, *Politische Geschichte*, 129 und 141; Oncken, *Das Deutsche Reich*, II,
   467, 511 und 513; Schmitthenner, *Geschichte der Zeit*, 273, 276 und 310.

63 Bornhak, *Deutsche Geschichte*, 116; Wahl, *Deutsche Geschichte*, III, 247.

zwischen denen eine klare Entscheidung notwendig und auch möglich gewesen, jedoch versäumt worden sei, während Rosenberg und Ziekursch nur Großbritannien als unabdingbare Stütze gegen Russland vom Reich verprellt sehen.[64] Die deutsche Flottenrüstung – hier herrscht wieder Übereinstimmung mit den Autobiographen – wird von Hartung, Schmitthenner und Wahl mit Blick auf die außenpolitischen Herausforderungen als notwendig und richtig, jedoch zu gering eingeschätzt[65]; Mommsen, Oncken, Schnabel und Ziekursch sehen ihren Umfang dagegen als Problem im Verhältnis zu den Ententemächten an.[66] Hinsichtlich der Landstreitkräfte sind Goetz, Oncken und Schmitthenner der Ansicht, dass das Reich trotz allen Anstrengungen mit der Zeit deutlich ins Hintertreffen geriet.[67] Zusätzlich ist sich auch die große Mehrheit der Historiker darüber einig, dass die deutschen Diplomaten auf den Haager Friedenskonferenzen[68] als einzige ehrlich und wahrhaftig aufgetreten seien, mit ihrem Eintreten gegen unrealistische bzw. nur vordergründig betriebene Abrüstungspläne anderer Mächte jedoch zugleich die grobe Ungeschicklichkeit begangen hätten, den Gegnern des Reichs einen willkommenen Anknüpfungspunkt für feindselige, verleumderische Propaganda zu liefern.[69] Überhaupt, so die Hälfte der Gelehrten, habe die Presse der Ente-Staaten – vor allem Englands – mehr und mehr gegen Deutschland gehetzt und in der Welt Stimmung zu machen gesucht[70]; andererseits habe insbesondere die alldeutsche Agitation dem Ausland ein negatives Bild vom Reich vermittelt und Anknüpfungspunkte für den Vorwurf des aggressiven Expansionsstrebens geliefert,

---

64 Hartung, *Deutsche Geschichte*, 173f., 256f. und 269–271; Mommsen, *Politische Geschichte*, 129–131 und 140f.; Oncken, *Das Deutsche Reich*, I, 351f., und II, 529f.; Rosenberg, *Die Entstehung*, 61–63; Schmitthenner, *Geschichte der Zeit*, 246f., 287f. und 300; Schnabel, *Deutschland*, 205 und 230f.; Ziekursch, *Politische Geschichte*, III, 44, 113–115, 140f., 154f. und 171.

65 Hartung, *Deutsche Geschichte*, 159ff. (3. Aufl.: 181ff.); Schmitthenner, *Geschichte der Zeit*, 288, 294 und 331; Wahl, *Deutsche Geschichte*, III, 467f., 472f., 493, 501, 506 und öfter, sowie IV, 453f., 591, 595–617f. und öfter.

66 Mommsen, *Politische Geschichte*, 139f.; Oncken, *Das Deutsche Reich*, II, 674 und 744; Schnabel, *1789–1919*, 135; ders., *Deutschland*, 205; Ziekursch, *Politische Geschichte*, III, 111, 113–115, 240 und 243f.

67 Goetz u. a., *Das Zeitalter des Imperialismus*, 138 und 354; Oncken, *Das Deutsche Reich*, II, 607; Schmitthenner, *Geschichte der Zeit*, 471.

68 Auf den beiden 1897 und 1908 in Den Haag stattfindenden Konferenzen „erregten die Deutschen [zwar] als taktlose Störenfriede abstoßendes Aufsehen", doch unterschied sich ihre skeptische Haltung gegenüber der von Russland aus Eigennutz angeregten allgemeinen Abrüstung nicht von derjenigen der übrigen Mächte (Hildebrand, *Das vergangene Reich*, 208f., das Zitat 208).

69 Bornhak, *Deutsche Geschichte*, 112–114 und 234; Goetz u. a., *Das Zeitalter des Imperialismus*, 266 und 304f.; Hartung, *Deutsche Geschichte*, 167 und 259–261 (3. Aufl.: 290ff.); Mommsen, *Politische Geschichte*, 141; Oncken, *Das Deutsche Reich*, II, 497f. und 606–608; Schmitthenner, *Geschichte der Zeit*, 345–348; Schnabel, *Deutschland*, 225; Ziekursch, *Politische Geschichte*, III, 200.

70 Bornhak, *Deutsche Geschichte*, 112 und 343; Hartung, *Deutsche Geschichte*, 247f. und 258; Oncken, *Das Deutsche Reich*, II, 532f., 540 und 554f.; Schmitthenner, *Geschichte der Zeit*, 348f., 429, 470 und 476; Wahl, *Deutsche Geschichte*, III, 328f., sowie IV, 331 und 636–638.

wie Hartung, Mommsen, Oncken und Wahl bemerken[71] – beides wiederum Punkte, die sich auch in den Autobiographien und Memoiren finden. Aus der zweiten Vergleichsgruppe sehen Endres, Ullmann, Wilhelm II. und Wolff Deutschland vor dem Ersten Weltkrieg ebenfalls als Objekt zunehmender Einkreisungsbemühungen der Ententemächte – wie auch Jäger und Schmidt-Pauli –, wobei sie dezidiert den englischen König Edward VII. als treibende Kraft benennen[72]; Boehm, Wilhelm II. und Wulff unterstellen den Gegnern des Reichs ebenfalls wirtschaftlichen Neid als Motiv für ihre feindselige Haltung.[73] Während hier von den übrigen Ententestaaten keiner dezidiert als verantwortlich für die Einkreisung genannt wird, weist die Hälfte der Autoren der deutschen Außenpolitik mit ihren diversen Fehltritten eine maßgebliche Mitverantwortung an der fatalen Entwicklung zu.[74] Endres, Jäger, Ludwig, Nowak, Rathenau und Wolff konstatieren – analog zu Autobiographen und Historikern – eine krasse Fehleinschätzung der Interessen und (Bündnis-)Optionen der übrigen Länder durch die Reichsleitung[75], während Schmidt-Pauli und Wilhelm II. deren Lavieren zwischen den Mächten als den jeweiligen Umständen geschuldet rechtfertigen.[76] Sowohl der Ex-Kaiser als auch Wolff machen zudem sogar erfolgreiche Bemühungen Deutschlands nach 1900 aus, bi- und multilaterale Beziehungen durch vertrauensstiftende Maßnahmen zu verbessern.[77] Endres, Ludwig und Wolff werten unterdessen – wie manche Historiker auch – als entscheidenden Fehler, dass man es versäumt habe, rechtzeitig mit Großbritannien oder Russland ein Bündnis zu schließen.[78] Die deutschen Rüstungsaktivitäten halten Boehm und Wilhelm II. angesichts der Bedrohung durch die Nachbarn für berechtigt und notwendig.[79] Speziell den Flottenbau sehen Nowak und Wilhelm II. hier als unabdingbar an, um die Grenzen und Besitzungen

---

71 Hartung, *Deutsche Geschichte*, 163; Mommsen, *Politische Geschichte*, 145; Oncken, *Das Deutsche Reich*, II, 710f.; Wahl, *Deutsche Geschichte*, III, 344–348, 352f., 369f. und 444, sowie IV, 56, 179 und 342–372.

72 [Endres], *Die Tragödie Deutschlands*, 132f. und 136; Jäger, *Erinnerungen*, 6; Schmidt-Pauli, *Der Kaiser*, 157f.; Ullmann, *Deutschland*, 37; Wilhelm II., *Ereignisse und Gestalten*, 61f. und 264; Wolff, *Das Vorspiel*, 224f.

73 Boehm, *Ruf der Jungen*, 39 und 44f.; Wilhelm II., *Ereignisse und Gestalten*, 261f.; Wulff, *Die persönliche Schuld*, 43.

74 [Endres], *Die Tragödie Deutschlands*, 70, 108f., 117, 121f., 125, 127ff. und 132; Eulenberg, *Die Hohenzollern*, 381; Ludwig, *Wilhelm der Zweite*, 272, 368, 382, 391f. und 397; Mann, Kaiserreich, 221 und 230; Nowak, *Das dritte deutsche Kaiserreich*, I, 102f., sowie II, 258 und 343; Wolff, *Das Vorspiel*, 146 und 310–303; Wulff, *Die persönliche Schuld*, 43, 46, 54 und 58f.

75 [Endres], *Die Tragödie Deutschlands*, 56, 117 und 221; Jäger, *Erinnerungen*, 82; Ludwig, *Wilhelm der Zweite*, 136; Nowak, *Das dritte deutsche Kaiserreich*, II, 197f., 200f., 238 und 276–281; Rathenau, *Der Kaiser*, 32; Wolff, *Das Vorspiel*, 97f., 146, 159f., 269 und 279f.

76 Schmidt-Pauli, *Der Kaiser*, 120f.; Wilhelm II., *Ereignisse und Gestalten*, 68 und 86.

77 Wilhelm II., *Ereignisse und Gestalten*, 265 und 275f.; Wolff, *Das Vorspiel*, 215–218.

78 [Endres], *Die Tragödie Deutschlands*, 66f., 94f., 141, 199, 205 und 296; Ludwig, *Wilhelm der Zweite*, 238f.; Wolff, *Das Vorspiel*, 82 und 301.

79 Boehm, *Ruf der Jungen*, 39; Wilhelm II., *Ereignisse und Gestalten*, 108.

sowie die Stellung Deutschlands in der Welt zu schützen.[80] Endres und Mann dagegen werten die Seestreitkräfte als Mittel für ein aggressives Vorgehen[81]; Endres und Eulenberg bescheinigen der deutschen Marine unterdessen, mangelhaft gerüstet bzw. nicht kriegstauglich gewesen zu sein[82] – ein differenziertes Bild also auch in diesem Punkt. Während Eulenberg und Mann der Reichsleitung bzw. dem Kaiser das Scheitern der Haager Friedenskonferenzen anlasten[83], differenzieren Endres, Ludwig und Wolff wie einige Historiker ihr Urteil dahingehend, dass Deutschland zwar mit seiner skeptischen Haltung gegenüber den von niemandem ernst genommenen Abrüstungsvorschlägen im Recht gewesen sei, den späteren Gegnern aber durch das ungeschickte, undiplomatische Verhalten seiner Gesandten Anlass gegeben habe, von grober Kriegsbereitschaft des Reichs auszugehen.[84] Endres, Ludwig und Wolff zufolge machte das Auftreten des Kaisers Deutschland grundsätzlich angreifbar, auch wenn die Wirkung seiner Reden meist nicht lange angehalten habe[85]; Boehm, Endres, Jäger und Ullmann sehen die aggressive, chauvinistische Propaganda des Alldeutschen Verbands als äußerst schädlich für das Verhältnis zu den Nachbarn an[86] – wiederum zwei Punkte, die auch die Erinnerungswerke enthalten, sich allerdings bei den Historikern nicht in dieser Gegenüberstellung finden.

Was die europäischen Mächte im Einzelnen angeht, dominiert in den Autobiographien und Memoiren die Betrachtung der Beziehungen zwischen Deutschland und Großbritannien. Hier werden wachsende Spannungen ausgemacht, wobei die Verantwortung im Ganzen (überwiegend) bei England gesehen wird, das dem Nachbarn auf dem Kontinent gegenüber zunehmend abgeneigt gewesen sei; das Ausmaß dieses Gegensatzes wird kontrovers beurteilt. Neuralgische Punkte im beiderseitigen Verhältnis seien die Burenfrage (wobei hier die Ursachen bzw. Verantwortlichkeiten für das konkrete Zerwürfnis umstritten sind), die deutsche Flottenrüstung (als bloßes Faktum sowie hinsichtlich Umfang, Geschwindigkeit und begleitender Propaganda; eine Minderheit sieht sie als notwendig bzw. berechtigt an) sowie die Handelskonkurrenz zwischen den beiden Staaten gewesen (mit dem Neid bzw. der Konkurrenzfurcht Englands als entscheidendem Faktor). Die deutsche Führung habe dabei die für eine Verständigung notwendigen Kenntnisse über den Nachbarn, seine Befindlichkeiten und Interessen vermissen lassen und vor diesem Hintergrund die um 1900 gegebenen Bündnismöglichkeiten leichtfertig verspielt, während sie irrtümlich andere Optionen Großbritanniens ne-

---

80 Nowak, *Das dritte deutsche Kaiserreich*, II, 240f.; Wilhelm II., *Ereignisse und Gestalten*, 44, 133, 193 und 195.

81 [Endres], *Die Tragödie Deutschlands*, 70 und 241; Mann, Kaiserreich, 218.

82 [Endres], *Die Tragödie Deutschlands*, 241; Eulenberg, *Die Hohenzollern*, 387.

83 Eulenberg, *Die Hohenzollern*, 400; Mann, Kaiserreich, 219.

84 [Endres], *Die Tragödie Deutschlands*, 53 und 76–80; Ludwig, *Wilhelm der Zweite*, 256–259; Wolff, *Das Vorspiel*, 220f. und 223.

85 [Endres], *Die Tragödie Deutschlands*, 104f., 113 und 133f.; Ludwig, *Wilhelm der Zweite*, 262f. und 271; Wolff, *Das Vorspiel*, 16–18 und 40f.

86 Boehm, *Ruf der Jungen*, 40f.; [Endres], *Die Tragödie Deutschlands*, 22–26, 29–31, 37 und 54f.; Jäger, *Erinnerungen*, 1 und 40; Ullmann, *Deutschland*, 32.

giert habe, was schließlich der Ausgangspunkt für eine fatale Gesamtentwicklung gewesen sei. Auch die Historiker Mommsen, Oncken, Schnabel und Wahl sehen das Verhältnis von Deutschland und Großbritannien in der Wilhelminischen Zeit von einer wachsenden Abneigung geprägt, die ihren Ausdruck vor allem in einer auf beiden Seiten immer feindseliger werdenden öffentlichen Meinung gefunden habe (von der auch die Politik beeinflusst worden sei).[87] Die Verantwortung für die Entzweiung wird auch in dieser Gruppe überwiegend England und seiner Presse zugewiesen (Bornhak, Goetz, Schmitthenner, Wahl)[88], weniger dem Reich (Hartung, Ziekursch).[89] Grundsätzlich, so Goetz, Oncken und Wahl, sei Deutschland Großbritannien als mächtiger Konkurrent in der Welt ein Dorn im Auge gewesen und als Störfaktor für das Mächtegleichgewicht erschienen – freilich unbegründet –, so dass England gemeinsam mit den erfolgreich beeinflussten Partnern Frankreich und Russland mehr und mehr auf Kriegskurs gegangen sei.[90] Bornhak und Schmitthenner erachten konkret das deutsche Engagement im Orient und in Ostasien, wo man Großbritannien immer wieder in die Quere gekommen sei, als ausschlaggebend für dessen feindliche Haltung.[91] Ansonsten stellen die Gelehrten dieselben Streitpunkte wie die Autobiographen heraus: Schmitthenner und Schnabel verzeichnen in der Affäre um die Krüger-Depesche Fehler auf deutscher Seite[92], fast alle ihre Kollegen werten das Agieren des Reichs im Jahr 1896 explizit als ungeschickt und äußerst nachteilig für die zukünftige Entwicklung[93] – gegenüber dem unklaren Urteil der Lebenserinnerungen also eine eindeutige Schuldzuweisung. Der deutschen Flottenrüstung sprechen Rosenberg und Wahl einen direkten Einfluss auf die Beziehungen zu England ab (Mommsen teilt diese Einschätzung für die Zeit bis 1907) und sehen sie lediglich als Anknüpfungspunkt für die aus anderen Gründen feindlichen Bestrebungen des Kontrahenten.[94] Die übri-

---

87   Mommsen, *Politische Geschichte*, 138; Oncken, *Das Deutsche Reich*, II, 447, 522, 535–538, 562–564 und 710; Schnabel, *1789–1919*, 153; ders., *Deutschland*, 225f.; Wahl, *Deutsche Geschichte*, III, 192f., 230f., 238, 266, 344 und öfter, sowie IV, 245f., 461f., 470, 499 und öfter.

88   Bornhak, *Deutsche Geschichte*, 224f.; Goetz u. a., *Das Zeitalter des Imperialismus*, 310; Schmitthenner, *Geschichte der Zeit*, 315, 330 und 428; Wahl, *Deutsche Geschichte*, III, 243–245 und 320–325.

89   Hartung, *Deutsche Geschichte*, 169; Ziekursch, *Politische Geschichte*, III, 134.

90   Goetz u. a., *Das Zeitalter des Imperialismus*, 302f.; Oncken, *Das Deutsche Reich*, II, 520, 522, 539, 553–555, 589, 600 und 603–605; Wahl, *Deutsche Geschichte*, III, 193f., 198f., 208–211, 224, 230, 287, 295, 302–306, 379, 382 und 441f., sowie IV, 515, 557f., 576 und 591.

91   Bornhak, *Deutsche Geschichte*, 209, 213 und 219f.; Schmitthenner, *Geschichte der Zeit*, 262, 297, 328 und 339.

92   Schmitthenner, *Geschichte der Zeit*, 262f.; Schnabel, *1789–1919*, 149; ders., *Deutschland*, 225.

93   Bornhak, *Deutsche Geschichte*, 98–101; Goetz u. a., *Das Zeitalter des Imperialismus*, 234f. und 247f.; Hartung, *Deutsche Geschichte*, 158–160; Mommsen, *Politische Geschichte*, 117; Oncken, *Das Deutsche Reich*, II, 437–439, 441–445, 495, 498, 504–506 und 533f.; Wahl, *Deutsche Geschichte*, III, 224, 232, 238–243, 246f. und 333–337; Ziekursch, *Politische Geschichte*, III, 96–101.

94   Mommsen, *Politische Geschichte*, 139; Rosenberg, *Die Entstehung*, 63f.; Wahl, *Deutsche Geschichte*, III, 439, 493 und 506–508, sowie IV, 246, 449f., 452, 455f., 469, 618 und öfter.

gen Historiker messen der Flottenfrage dagegen entscheidende Bedeutung für die Beziehungen zu. Das Gros übt dabei Kritik an beiden Seiten: Einerseits trage die Reichsleitung Schuld an der sukzessiven Verschärfung der Spannungen bis hin zur Unauflösbarkeit des Problems, und zwar aufgrund ihres kompromisslosen, konfrontativen Gebarens sowie der Strategie, England mithilfe der Flotte politisch unter Druck zu setzen, wobei sich in der zu allem Unglück auch noch gespaltenen und damit uneinheitlich agierenden Führung Tirpitz mit seinem Expansionskurs durchgesetzt habe; andererseits sei England vorzuwerfen, die Bestrebungen der Kontinentalmacht Deutschland ängstlich oder böswillig als Angriff auf seine Stellung interpretiert und das Reich durch mangelndes Entgegenkommen, Wettrüsten und Einkreisungspolitik in seinem Vorgehen noch bestärkt zu haben.[95] Goetz und Mommsen sehen dagegen in erster Linie die deutsche Seite in der Verantwortung[96] – alles in allem also ein deutlich differenzierteres, ausgeglicheneres Bild in diesem Punkt als in den Erinnerungswerken. Schließlich hätten der Wirtschaftsaufschwung des Reichs, seine Erfolge und seine Expansion im Welthandel sowie die damit verbundene Konkurrenzstellung, ja nahezu Überflügelung Großbritanniens dort Angst, Missgunst und Neid hervorgerufen und die Gegnerschaft ebenfalls gefestigt – hierin stimmen fast alle Historiker untereinander und mit den Autobiographen überein[97], lediglich Mommsen und Oncken erachten den Aspekt der ökonomischen Konkurrenz als unbedeutend für das Verhältnis der beiden Länder.[98] Die in den Lebenserinnerungen weitgehend vernachlässigte Daily-Telegraph-Affäre[99] stufen daneben Goetz, Schmitthenner und Ziekursch als nachteilig

---

95 Bornhak, *Deutsche Geschichte*, 203f., 209, 224f., 231, 233f., 313f., 325–327 und 330; Hartung, *Deutsche Geschichte*, 275f.; Oncken, *Das Deutsche Reich*, II, 450f., 502–504, 555f., 559, 561, 597, 603, 611–621, 629f., 647–650, 674f., 714, 716ff., 720–726, 729 und 779f.; Schmitthenner, *Geschichte der Zeit*, 294f., 315, 330, 429, 439, 443f., 447f. und 455f.; Schnabel, *1789–1919*, 133, 135, 148f. und 154; ders., *Deutschland*, 203–205 und 231f.; Ziekursch, *Politische Geschichte*, III, 112f., 125f., 151f., 200f., 202, 211–213, 225f., 235f. und 238f.

96 Goetz u. a., *Das Zeitalter des Imperialismus*, 303–307, 309f., 329, 339, 341 und 350; Mommsen, *Politische Geschichte*, 139f. und 149f.

97 Bornhak, *Deutsche Geschichte*, 224f.; Goetz u. a., *Das Zeitalter des Imperialismus*, 137; Hartung, *Deutsche Geschichte*, 162, 244f. und 272; Rosenberg, *Die Entstehung*, 60; Schmitthenner, *Geschichte der Zeit*, 220ff., 328 und 453; Schnabel, *1789–1919*, 148f.; ders., *Deutschland*, 225f.; Wahl, *Deutsche Geschichte*, III, 245 und 441; Ziekursch, *Politische Geschichte*, III, 149–151.

98 Mommsen, *Politische Geschichte*, 138; Oncken, *Das Deutsche Reich*, II, 447–449.

99 Wilhelm II. hatte einem befreundeten britischen Oberst Ende 1907 ein „Interview" gegeben, das von diesem in guter Absicht rund ein Jahr später in der englischen Tageszeitung „Daily Telegraph" veröffentlicht wurde, aufgrund der darin enthaltenen plumpen Selbstdarstellung des Kaisers als Englandfreund und seiner schulmeisterlichen Attitüde gegenüber dem Königreich und dessen Bevölkerung jedoch dort wie in Deutschland Bestürzung und Entrüstung auslöste. Noch 1908 wurde daraufhin erstmals im Reichstag offen über die fortwährenden Entgleisungen des Monarchen und auch etwaige Beschränkungen seiner Befugnisse debattiert, wobei Reichskanzler von Bülow – der wohl die Hauptschuld an der Veröffentlichung des zuvor behördlicherseits nicht ausreichend geprüften „Interviews" trägt – den Kaiser nicht vorbehaltlos in Schutz nahm. Die Affäre verlief im Sande, nicht ohne dem Ansehen Wilhelms

für das Verhältnis zu Großbritannien ein, während Hartung und Wahl ihr keine große Bedeutung zusprechen.[100] Einen großen Stellenwert innerhalb der deutsch-britischen Beziehungen nach 1890 weisen schließlich auch die Historiker der Bündnisfrage zu, mit dem Hauptfokus auf den von Großbritannien angestoßenen Verhandlungen der Jahre von 1898 bis 1901. Bis auf Oncken und Rosenberg schildern und bewerten sie die Ablehnung bzw. Vereitelung eines Bündnisses durch Deutschland entsprechend der Darstellung in den Autobiographien und Memoiren.[101] Auch wenn ein Abkommen nach den Vorstellungen Englands auf die Instrumentalisierung des Reichs für britische Interessen abgezielt habe, so Bornhak, Hartung, Rosenberg, Schmitthenner und Schnabel ergänzend, hätte man um der bloßen Bindung willen zustimmen müssen.[102] Im Ergebnis seien die Fronten und Bündnisse in Europa ab 1902/04 unverrückbar gewesen, diverse Übereinkommen zwischen Deutschland und England in Spezialfragen hätten daran nichts mehr ändern können und seien von der Reichsleitung in ihrer Bedeutung überschätzt worden, so das mehrheitliche Urteil der hier einbezogenen Historiographen[103], die damit in diesem Punkt wiederum den Lebenserinnerungen sehr nahe stehen. Unter den Populärhistorikern und Publizisten überwiegt im Gegensatz zu Autobiographen und Gelehrten die Ansicht, dass nicht England mit seiner Presse (wie Ullmann und Wulff betonen)[104], sondern die deutsche Seite Schuld an der Entfremdung der beiden Länder hatte (Endres, Jäger, Schmidt-Pauli, Wolff).[105] Nowak und Wilhelm II. weisen unterdessen differenzierend auf eine Phase freundlicher beiderseitiger Stimmung im ersten Jahrzehnt des 20. Jahrhunderts hin.[106] Endres, Nowak, Wolff und Wulff halten ähnlich wie eine Reihe von Historikern fest, dass Großbritannien das Deutsche Reich als Konkurrenten in allen Belangen betrachtet und daher entsprechende feindliche Maßnahmen ergriffen ha-

II. erheblich zu schaden und sein Verhältnis zu Bülow nachhaltig zu trüben (Clark, *Wilhelm II.*, 227ff.).

100 Goetz u. a., *Das Zeitalter des Imperialismus*, 307f.; Hartung, *Deutsche Geschichte*, 229; Schmitthenner, *Geschichte der Zeit*, 393; Wahl, *Deutsche Geschichte*, IV, 34–36; Ziekursch, *Politische Geschichte*, III, 191f.

101 Bornhak, *Deutsche Geschichte*, 206–209; Goetz u. a., *Das Zeitalter des Imperialismus*, 224 und 267–276; Hartung, *Deutsche Geschichte*, 147f., 169, 171f., 243, 247–249, 268f. und 275; Mommsen, *Politische Geschichte*, 129–131; Schmitthenner, *Geschichte der Zeit*, 287–289, 293f., 297f. und 300; Schnabel, *1789–1919*, 147–149; ders., *Deutschland*, 227; Wahl, *Deutsche Geschichte*, III, 188f., 203, 208, 211, 356–368, 391f., 395, 400 und öfter, sowie IV, 240 und öfter; Ziekursch, *Politische Geschichte*, III, 120, 132–135, 147f. und 169.

102 Bornhak, *Deutsche Geschichte*, 208f.; Hartung, *Deutsche Geschichte*, 168; Rosenberg, *Die Entstehung*, 61; Schmitthenner, *Geschichte der Zeit*, 299f.; Schnabel, *Deutschland*, 227f.

103 Bornhak, *Deutsche Geschichte*, 330; Goetz u. a., *Das Zeitalter des Imperialismus*, 278–280, 352 und 354; Mommsen, *Politische Geschichte*, 150; Oncken, *Das Deutsche Reich*, II, 729 und 778–780; Rosenberg, *Die Entstehung*, 63; Schmitthenner, *Geschichte der Zeit*, 313, 316, 453 und 455f.

104 Ullmann, *Deutschland*, 34; Wulff, *Die persönliche Schuld*, 48.

105 [Endres], *Die Tragödie Deutschlands*, 37, 79, 88, 108 und 124; Jäger, *Erinnerungen*, 1; Schmidt-Pauli, *Der Kaiser*, 161; Wolff, *Das Vorspiel*, 67f.

106 Nowak, *Das dritte deutsche Kaiserreich*, II, 60f.; Wilhelm II., *Ereignisse und Gestalten*, 86f., 107, 119 und 121.

be.[107] Binder und Nowak gehen ebenfalls speziell auf Reibereien der beiden Mächte im Orient und in Afrika ein, die das bilaterale Verhältnis beeinträchtigt hätten.[108] Die Verstimmung über die Burenfrage führt die Hälfte der Autoren ebenfalls analog zur Autobiographik auf Fehler sowohl der englischen als auch der deutschen Seite zurück.[109] Eulenberg, Ludwig, Nowak und Wolff sehen die Flottenrivalität generell als äußerst nachteilig für die beiderseitigen Beziehungen an.[110] Die deutsche Rüstung charakterisieren Nowak und Wilhelm II. als Mittel zum Schutz vor britischen Übergriffen und dezidiert nicht als offensive Maßnahme[111]; Endres, Ludwig und Wulff konstatieren (indirekt) das Gegenteil.[112] Binder und Ludwig zufolge erregte die deutsche Flotte den Konkurrenzneid Englands[113], wobei Ludwig aber auch festhält (ebenso wie Endres, Jäger und Wolff), dass die ungeschickten Äußerungen des Kaisers wie generell die aggressive Flottenpropaganda im Reich Großbritannien verprellt und zu Gegenmaßnahmen veranlasst hätten.[114] Versuche, 1908/09 zu einem Abkommen über die Begrenzung der Rüstungen zu kommen, scheiterten laut Ludwig und Wolff trotz den Warnungen des Reichskanzlers an der ablehnenden Haltung vor allem des Kaisers und Tirpitz', woraufhin sich England verstärkt den Gegnern des Reichs zugewandt habe[115]; die Haldane-Mission von 1912 werten dagegen Schmidt-Pauli und Wilhelm II. als bloßes britisches Täuschungsmanöver[116] – so ergibt sich hier innerhalb der zweiten Vergleichsgruppe ein ebenso ausgeglichenes bzw. uneindeutiges Bild wie bei den Historikern, angereichert mit weiteren Details. Daneben werfen Endres, Wilhelm II. und Wolff (indirekt) dem britischen Konkurrenten Handelsneid – als Grund für eine feindselige Haltung gegenüber Deutschland – vor[117], worüber also insgesamt im Vergleich kaum ein Zweifel besteht. Die Daily-Telegraph-Affäre hatte unterdessen, Jäger und Schmidt-Pauli zufolge – im Gegensatz zu einer Mehrheit der Historiker – keine nachteiligen Folgen für das Verhältnis zu Eng-

---

107 [Endres], *Die Tragödie Deutschlands*, 37–39; Nowak, *Das dritte deutsche Kaiserreich*, II, 80f.; Wolff, *Das Vorspiel*, 215 und 225–232; Wulff, *Die persönliche Schuld*, 48f.

108 Binder, *Die Schuld*, 5; Nowak, *Das dritte deutsche Kaiserreich*, II, 68f., 75f. und 77f.

109 Binder, *Die Schuld*, 5f.; [Endres], *Die Tragödie Deutschlands*, 108; Ludwig, *Wilhelm der Zweite*, 195f.; Nowak, *Das dritte deutsche Kaiserreich*, II, 148 und 158–164; Schmidt-Pauli, *Der Kaiser*, 123–126; Wilhelm II., *Ereignisse und Gestalten*, 68–71; Wolff, *Das Vorspiel*, 60–62.

110 Eulenberg, *Die Hohenzollern*, 387; Ludwig, *Wilhelm der Zweite*, 148 und 265; Nowak, *Das dritte deutsche Kaiserreich*, II, 241; Wolff, *Das Vorspiel*, 43 und 98.

111 Nowak, *Das dritte deutsche Kaiserreich*, II, 241; Wilhelm II., *Ereignisse und Gestalten*, 133 und 262.

112 [Endres], *Die Tragödie Deutschlands*, 70 und 241; Ludwig, *Wilhelm der Zweite*, 267f.; Wulff, *Die persönliche Schuld*, 49f.

113 Binder, *Die Schuld*, 4; Ludwig, *Wilhelm der Zweite*, 268.

114 [Endres], *Die Tragödie Deutschlands*, 106; Jäger, *Erinnerungen*, 80; Ludwig, *Wilhelm der Zweite*, 270f.; Nowak, *Das dritte deutsche Kaiserreich*, II, 244; Wolff, *Das Vorspiel*, 44, 57, 104f. und 133.

115 Ludwig, *Wilhelm der Zweite*, 280f. und 396f.; Wolff, *Das Vorspiel*, 232–236.

116 Schmidt-Pauli, *Der Kaiser*, 163 und 165; Wilhelm II., *Ereignisse und Gestalten*, 129–133.

117 [Endres], *Die Tragödie Deutschlands*, 38 und 90f.; Wilhelm II., *Ereignisse und Gestalten*, 265f.; Wolff, *Das Vorspiel*, 57f.

land.[118] Für das Scheitern der Bündnisgespräche der Zeit um 1900 und die Folgen machen die meisten „populären" Autoren ebenfalls vor allem Deutschland verantwortlich.[119] Folgerichtig, so auch Endres und Schmidt-Pauli zusätzlich, sei das 1912 angestrebte Neutralitätsabkommen mit Großbritannien zu dieser Zeit gar nicht mehr möglich gewesen[120]; eine echte Chance zum Ausgleich und zur Verhinderung des Krieges hätten jedoch – hier weichen die Meinungen erneut von denen der Historiker ab – die Kolonialvereinbarungen vom Sommer 1914 geboten, deren Ratifizierung dann aber durch den Ausbruch des Weltkriegs verhindert worden sei.[121]

Das Verhältnis zu Frankreich, so die Autobiographen, sei von dessen Feindschaft aufgrund der Niederlage von 1871 und den damit verbundenen Gebietsabtretungen geprägt gewesen; zwischenzeitlich habe sich zwar die Chance zu einer Entspannung geboten, doch sei sie von Deutschland nicht genutzt worden, das zudem durch Überheblichkeit und Provokationen ein Übriges zur negativen Stimmung beigetragen habe. Die Beziehungen zu Russland hätten sich nach 1890 sukzessive bis hin zur Feindschaft des Nachbarn im Osten verschlechtert, wofür vor allem die Nichtverlängerung des Rückversicherungsvertrages ausschlaggebend gewesen sei. Das Erfordernis eines Bündnisses mit dem Zarenreich in der Folgezeit ist in den Erinnerungswerken umstritten, die Mehrheit kritisiert dabei eine fatale Fixierung der deutschen Führung auf ein erneutes Zusammengehen mit dem eigentlichen Hauptfeind und eine Vernachlässigung anderer Optionen. Auch nahezu alle Historiker heben das Streben des westlichen Nachbarn nach Revanche als belastende Konstante im Verhältnis Deutschlands zu Frankreich hervor, die maßgeblich zur Entstehung des Weltkriegs beigetragen habe.[122] Hartung, Schmitthenner und Ziekursch betonen in diesem Zusammenhang zusätzlich die französischen Bemühungen, Elsass-Lothringen propagandistisch zu beeinflussen bzw. zu unterwandern[123]; Mommsen, Oncken und Schmitthenner verweisen auf die bedrohliche militärische Aufrüstung Frankreichs.[124] Mit Blick auf das Zarenreich

---

118 Jäger, *Erinnerungen*, 71; Schmidt-Pauli, *Der Kaiser*, 139.

119 Binder, *Die Schuld*, 4 und 7; [Endres], *Die Tragödie Deutschlands*, 89, 104, 106, 118, 121 und 124–128; Jäger, *Erinnerungen*, 71; Ludwig, *Wilhelm der Zweite*, 231–242; Mann, Kaiserreich, 218f.; Nowak, *Das dritte deutsche Kaiserreich*, II, 187–203, 221–228, 256–270, 275f., 285 und 290; Schmidt-Pauli, *Der Kaiser*, 155 und 190; Wolff, *Das Vorspiel*, 63–65, 68–71, 78–86, 89f., 98–103 und 133f.

120 [Endres], *Die Tragödie Deutschlands*, 140; Schmidt-Pauli, *Der Kaiser*, 156–159.

121 [Endres], *Die Tragödie Deutschlands*, 146 und 310; Schmidt-Pauli, *Der Kaiser*, 165.

122 Bornhak, *Deutsche Geschichte*, 336; Goetz u. a., *Das Zeitalter des Imperialismus*, 133f., 251f. und öfter; Hartung, *Deutsche Geschichte*, 237, 248 und 273; Mommsen, *Politische Geschichte*, 150f.; Oncken, *Das Deutsche Reich*, II, 400–404, 433, 677 und 711f.; Schmitthenner, *Geschichte der Zeit*, 271, 285, 313, 431–433 und 459f.; Schnabel, *1789–1919*, 147; Wahl, *Deutsche Geschichte*, III, 179, 181 und 319, sowie IV, 298, 512f., 593f. und öfter; Ziekursch, *Politische Geschichte*, III, 35, 148 und 156f.

123 Hartung, *Deutsche Geschichte*, 237f.; Schmitthenner, *Geschichte der Zeit*, 459f.; Ziekursch, *Politische Geschichte*, III, 226.

124 Mommsen, *Politische Geschichte*, 121; Oncken, *Das Deutsche Reich*, II, 405, 407 und 766; Schmitthenner, *Geschichte der Zeit*, 400.

wird ebenfalls der Nichtverlängerung des Rückversicherungsvertrags entscheidende Bedeutung beigemessen: Lediglich Schnabel und Wahl sprechen ihr eine längerfristige Wirkung ab, da ein Bündnis zwischen Russland und Frankreich ohnehin nicht zu verhindern gewesen sei[125]; alle übrigen sehen die deutsche Ablehnung als ursächlich für die vertragliche Vereinigung Russlands mit Frankreich und damit für die spätere fatale Zweifronten-Konstellation an.[126] Als weiterer Grund für die zunehmende Verstimmung zwischen Deutschland und dem Zarenreich nennen Bornhak, Mommsen, Rosenberg, Schmitthenner und Wahl die erratische deutsche Weltpolitik, insbesondere die Kollision mit russischen Interessen in Ostasien und im Vorderen Orient.[127] Ein wünschenswertes Bündnis, so wiederum fast alle Historiker (die hier zumeist auf den Vertrag von Björkö hinweisen), sei unterdessen sowohl an Ungeschicklichkeiten der deutschen Diplomatie und ihrer Verkennung der russischen Interessen als auch an Russlands enger Bindung an Frankreich bzw. an dessen Widerstand gescheitert[128] – hier also ein deutlicher Unterschied zu den Erinnerungswerken in der Sichtweise. Schließlich herrscht – auch dies ergänzen die Historiker – mehrheitlich Einigkeit darüber, dass Frankreich und Russland gezielt auf den Krieg hingearbeitet hätten, um ihre außen- bzw. machtpolitischen Ziele (Revanche gegen Deutschland bzw. Dominanz auf dem Balkan und Besitz der Meerengen) zu erreichen, wobei zumeist Frankreich als Hauptmotor gesehen wird.[129] Unter den „populären" Schriftstellern sehen Binder, Ullmann und Wilhelm II. das französische Streben nach Revanche als Konstante im Verhältnis zu Deutschland an[130]; anders als bei den Historikern gibt es jedoch auch hier wie unter den Autobiographen nicht wenige Stimmen, die darauf hinweisen, dass nach 1900 diese Stimmung abgeflaut sei und eine Versöhnung möglich gewesen wäre, die das Reich aber durch ungeschicktes und provozieren-

---

125 Schnabel, *1789–1919*, 133f.; Wahl, *Deutsche Geschichte*, III, 159–168.

126 Bornhak, *Deutsche Geschichte*, 69–71; Goetz u. a., *Das Zeitalter des Imperialismus*, 223f. und 226f.; Hartung, *Deutsche Geschichte*, 153f.; Mommsen, *Politische Geschichte*, 115; Oncken, *Das Deutsche Reich*, I, 347, 387–392 und 395; Rosenberg, *Die Entstehung*, 61; Schmitthenner, *Geschichte der Zeit*, 240 und 245–247; Ziekursch, *Politische Geschichte*, III, 25–28.

127 Bornhak, *Deutsche Geschichte*, 215f.; Mommsen, *Politische Geschichte*, 140f.; Rosenberg, *Die Entstehung*, 62; Schmitthenner, *Geschichte der Zeit*, 274–276 und 298f.; Wahl, *Deutsche Geschichte*, III, 168, 170, 177f. und 276–278.

128 Bornhak, *Deutsche Geschichte*, 204f.; Goetz u. a., *Das Zeitalter des Imperialismus*, 241–245 und 292–295; Hartung, *Deutsche Geschichte*, 168, 173 und 270f.; Mommsen, *Politische Geschichte*, 116 und 137; Oncken, *Das Deutsche Reich*, II, 529f., 556–558, 561, 580–582 und 678–681; Schmitthenner, *Geschichte der Zeit*, 254f., 317f. und 448; Schnabel, *1789–1919*, 149; ders., *Deutschland*, 228 und 232–234; Wahl, *Deutsche Geschichte*, III, 189, 204, 206, 214, 231, 264, 337ff., 416, 555 und 558, sowie IV, 281f.

129 Bornhak, *Deutsche Geschichte*, 340f.; Mommsen, *Politische Geschichte*, 152f.; Oncken, *Das Deutsche Reich*, II, 453f., 610f., 677f. und 767–775; Schmitthenner, *Geschichte der Zeit*, 472 und 474; Schnabel, *1789–1919*, 154 und 156; Wahl, *Deutsche Geschichte*, III, 180, 187, 318f. und 330–332, sowie IV, 438, 587 und öfter; Ziekursch, *Politische Geschichte*, III, 258.

130 Binder, *Die Schuld*, 8; Ullmann, *Deutschland*, 36; Wilhelm II., *Ereignisse und Gestalten*, 106 und 263.

des Verhalten verhindert habe (Endres, Jäger, Ludwig, Nowak, Wolff).[131] Die Nichtverlängerung des Rückversicherungsvertrags mit Russland wird in dieser Vergleichsgruppe noch divergenter beurteilt als bei den Historikern: Eulenberg, Ludwig, Ullmann und Wolff sehen hierin einen fatalen, folgenreichen Fehler[132], während Endres, Nowak, Schmidt-Pauli und Wilhelm II. den deutschen Verzicht als irrelevant für die Entwicklungen betrachten.[133] Als weitere Gründe für die zunehmende Verstimmung zwischen den beiden Ländern führen Nowak und Wilhelm II. eine prinzipielle Unberechenbarkeit, Eigennützigkeit und Feindseligkeit des Zarenreichs in die Debatte ein[134], während Endres und Wolff konkreter auf den russischen Panslawismus und die daraus resultierende Frontstellung gegen Deutschland als Unterstützer Österreichs auf dem Balkan hinweisen.[135] Ludwig und Wolff führen daneben – ebenfalls zusätzlich – das ungeschickte persönliche Auftreten des Kaisers gegenüber dem Zaren sowie die Ermunterung Russlands durch das Reich, den schließlich verlorenen Krieg von 1904/05 gegen Japan zu beginnen, als folgenreich an.[136] Das Zustandekommen eines Bündnisses durch den Vertrag von Björkö sei dann vor allem von russischer Seite verhindert worden, um die Allianz mit Frankreich nicht zu gefährden, so Ludwig, Nowak, Schmidt-Pauli und Wolff[137] noch klarer als die Historiker. Einig sind sich schließlich auch Endres, Jäger, Schmidt-Pauli, Ullmann und Wilhelm II. über den Kriegswillen und das gezielte Hinarbeiten Frankreichs und Russlands auf einen Krieg gegen Deutschland.[138]

Mit Blick auf die tatsächlichen Bündnispartner des Reichs wird der Dreibund in den Lebenserinnerungen als prekär eingestuft, vor allem wegen Italien als unsicherem Kantonisten, dessen wachsende Abtrünnigkeit von der deutschen Führung aber nicht gesehen worden sei; überdies hätten Italiens Expansionsbestrebungen immer wieder für Unruhe und Schlichtungsbedarf innerhalb des Bundes gesorgt. Darüber hinaus wird dem Reich eine fatale Fixierung auf Österreich-Ungarn als schließlich einzigem verbliebenen Freund unter den Mächten bescheinigt. Bis auf

---

131 [Endres], *Die Tragödie Deutschlands*, 30–34, 128f. und 139; Jäger, *Erinnerungen*, 50f.; Ludwig, *Wilhelm der Zweite*, 276; Nowak, *Das dritte deutsche Kaiserreich*, II, 338–340; Wolff, *Das Vorspiel*, 109f., 114f., 126–132 und 163f.

132 Eulenberg, *Die Hohenzollern*, 381; Ludwig, *Wilhelm der Zweite*, 120, 123–125, 174 und 391; Ullmann, *Deutschland*, 36; Wolff, *Das Vorspiel*, 262–266.

133 [Endres], *Die Tragödie Deutschlands*, 116; Nowak, *Das dritte deutsche Kaiserreich*, I, 234–239, sowie II, 15–20, 22–28, 32–38 und 42–44; Schmidt-Pauli, *Der Kaiser*, 114–116; Wilhelm II., *Ereignisse und Gestalten*, 45 und 279f.

134 Nowak, *Das dritte deutsche Kaiserreich*, II, 125ff., 174–178, 219, 246–249 und 255; Wilhelm II., *Ereignisse und Gestalten*, 106 und 268–270.

135 [Endres], *Die Tragödie Deutschlands*, 40 und 141; Wolff, *Das Vorspiel*, 267–269.

136 Ludwig, *Wilhelm der Zweite*, 243ff.; Wolff, *Das Vorspiel*, 272–278.

137 Ludwig, *Wilhelm der Zweite*, 247–254; Nowak, *Das dritte deutsche Kaiserreich*, II, 288f., 315, 319, 322, 325f. und 333–336; Schmidt-Pauli, *Der Kaiser*, 127f. und 131; Wolff, *Das Vorspiel*, 201–211 und 214.

138 [Endres], *Die Tragödie Deutschlands*, 140–143; Jäger, *Erinnerungen*, 1 und 80; Schmidt-Pauli, *Der Kaiser*, 152, 156f. und 231f.; Ullmann, *Deutschland*, 36; Wilhelm II., *Ereignisse und Gestalten*, 149, 217 und 263f.

Wahl stimmen alle Historiker mit dem letztgenannten Punkt überein und ergänzen, dass die Donaumonarchie aufgrund ihrer Instabilität bzw. ihrer gegenläufigen Interessen und ihres Egoismus ein problematischer Partner gewesen sei.[139] Italien als Dritter im Bunde sei ab Mitte der 1890er Jahre vor allem von Frankreich und Großbritannien, später auch von Russland durch koloniale Zugeständnisse in Nordafrika bzw. Absprachen über Balkanfragen nach und nach auf die Seite der Ententemächte gezogen worden und habe sich so, erst verdeckt, nach 1900 aber immer offener, Deutschland und Österreich entfremdet, auch wenn es den Dreibund – der seinen Interessen nicht dienlich war – bis zuletzt nicht verließ, so fast alle Historiker.[140] Der Dreibund, an den das Reich laut Hartung, Oncken und Ziekursch ebenfalls fest gebunden war[141], habe unter den Defiziten beider deutschen Partner gelitten, wie Schnabel und Wahl konstatieren[142]; Schmitthenner schließt sich diesem Urteil mit Blick auf Österreich an[143], Bornhak, Goetz, Mommsen und Oncken sehen dagegen Italien als den entscheidenden Schwachpunkt[144], so dass sich insgesamt ein differenzierteres, gleichwohl ebenfalls prekäres Bild des Bündnisses ergibt. Zu allem Überfluss, so nahezu alle Gelehrten, hätten Interessenkonflikte zwischen Österreich und Italien auf dem Balkan und im Orient das Bündnis belastet[145] – hier gilt im Vergleich dasselbe wie im vorgenannten Punkt. Vor dem Hintergrund des sukzessiven Abfalls Italiens sei, so die Mehrheit der Historiker präzisierend, bereits die Verlängerung des Dreibunds im Jahr 1902 nur ein Scheinerfolg gewesen[146]; Hartung, Oncken und Schmitthenner sehen die Prolon-

---

139 Bornhak, *Deutsche Geschichte*, 70f. und 85f.; Goetz u. a., *Das Zeitalter des Imperialismus*, 223f. und 326f.; Hartung, *Deutsche Geschichte*, 154 und 246; Mommsen, *Politische Geschichte*, 113, 146 und 152; Oncken, *Das Deutsche Reich*, II, 389, 665–667 und 740; Rosenberg, *Die Entstehung*, 64f.; Schmitthenner, *Geschichte der Zeit*, 258f., 401 und 406; Schnabel, *Deutschland*, 236; Ziekursch, *Politische Geschichte*, III, 31, 104f. und 269.

140 Bornhak, *Deutsche Geschichte*, 216, 219, 314 und 324; Goetz u. a., *Das Zeitalter des Imperialismus*, 144, 277–279 und 331; Hartung, *Deutsche Geschichte*, 245; Mommsen, *Politische Geschichte*, 135; Oncken, *Das Deutsche Reich*, II, 396, 398, 411, 443f., 531f. und 668f.; Schmitthenner, *Geschichte der Zeit*, 241f., 266f., 286, 304f., 431 und 446; Schnabel, *1789–1919*, 151; ders., *Deutschland*, 232; Wahl, *Deutsche Geschichte*, III, 176f., 192, 198, 202f., 253–258, 260f., 419, 426–429 und 440, sowie IV, 282 und 645f.; Ziekursch, *Politische Geschichte*, III, 102, 104, 143, 152 und 223f.

141 Hartung, *Deutsche Geschichte*, 154; Oncken, *Das Deutsche Reich*, II, 664f.; Ziekursch, *Politische Geschichte*, III, 32.

142 Schnabel, *Deutschland*, 236; Wahl, *Deutsche Geschichte*, III, 190 und 252f.

143 Schmitthenner, *Geschichte der Zeit*, 300–302.

144 Bornhak, *Deutsche Geschichte*, 219; Goetz u. a., *Das Zeitalter des Imperialismus*, 144; Mommsen, *Politische Geschichte*, 117; Oncken, *Das Deutsche Reich*, II, 531f.

145 Bornhak, *Deutsche Geschichte*, 216–218 und 321–323; Goetz u. a., *Das Zeitalter des Imperialismus*, 337f.; Hartung, *Deutsche Geschichte*, 245f. und 274; Oncken, *Das Deutsche Reich*, II, 732; Schmitthenner, *Geschichte der Zeit*, 286, 446, 453 und 477; Schnabel, *1789–1919*, 151; ders., *Deutschland*, 232; Wahl, *Deutsche Geschichte*, III, 425f.; Ziekursch, *Politische Geschichte*, III, 224 und 244f.

146 Bornhak, *Deutsche Geschichte*, 218f. und 341; Goetz u. a., *Das Zeitalter des Imperialismus*, 277–279; Mommsen, *Politische Geschichte*, 134; Schmitthenner, *Geschichte der Zeit*, 287

gierung von 1907 in entsprechendem Licht[147], während schließlich Bornhak und Ziekursch die Verlängerung von 1912 als vordergründiges Zeichen für die Bündnistreue Italiens werten, das Deutschland und Österreich getäuscht habe.[148] Die deutsche Abhängigkeit von Österreich kennt auch knapp die Hälfte der „populären" Autoren[149], ebenso finden sich bei ihnen der sukzessive Abfall Italiens (Endres, Nowak, Wilhelm II., Wolff)[150], die latenten Spannungen zwischen Österreich und Italien als den Dreibund (zusätzlich) schwächendes Moment (Endres, Nowak)[151] und auch Hinweise auf Erneuerungen des Dreibunds trotz dessen offenkundig prekären Zustands nach 1900 (Endres, Wolff).[152]

Die europäischen Krisen ab 1904 erfahren unterdessen in den Autobiographien und Memoiren vergleichsweise wenig Berücksichtigung: Die erste Marokkokrise habe das Reich isoliert, durch die zweite sei die Lage dann noch schlechter geworden; insgesamt habe Deutschland hier eine gänzlich falsche Politik mit weitreichenden Folgen betrieben. Die Balkankrisen dagegen seien im Hinblick auf die tatsächliche Gefahrenlage unterschätzt worden. Nahezu alle Historiker stimmen mit der o. a. Einschätzung der Marokko-Krisen überein; dabei halten sie zusätzlich fest, dass Deutschland beide Male von Frankreich provoziert worden sei bzw. auf das rechtswidrige französische Vorgehen habe reagieren müssen, in den sich anschließenden Verhandlungen jedoch – vgl. die Lebenserinnerungen – unglücklich und letztlich erfolglos agiert sowie seine Lage dadurch selbst verschlechtert habe, nicht zuletzt dadurch, dass der gegnerischen Propaganda neue Angriffsflächen geboten worden seien. Mit Blick auf die erste Krise betonen Bornhak, Goetz, Oncken und Schmitthenner besonders die Beförderung der Lagerbildung in Europa durch die Entente, speziell die zweite Krise werten Bornhak, Hartung, Schmitthenner, Schnabel und Ziekursch als Beginn einer Phase gesteigerter Kriegsgefahr – ausgehend von den Ententemächten –, die in den Juli 1914 mündete.[153] Die Balkankrisen bildeten nach Meinung der überwiegenden Mehr-

---

und 305f.; Wahl, *Deutsche Geschichte*, III, 419, 422 und 425f.; Ziekursch, *Politische Geschichte*, III, 104 und 143.

147 Hartung, *Deutsche Geschichte*, 256; Oncken, *Das Deutsche Reich*, II, 667; Schmitthenner, *Geschichte der Zeit*, 431.

148 Bornhak, *Deutsche Geschichte*, 323f.; Ziekursch, *Politische Geschichte*, III, 246.

149 [Endres], *Die Tragödie Deutschlands*, 198f.; Eulenberg, *Die Hohenzollern*, 405; Ludwig, *Wilhelm der Zweite*, 392 und 409f.; Nowak, *Das dritte deutsche Kaiserreich*, II, 277; Schmidt-Pauli, *Der Kaiser*, 152; Ullmann, *Deutschland*, 26f. und 29.

150 [Endres], *Die Tragödie Deutschlands*, 135; Nowak, *Das dritte deutsche Kaiserreich*, II, 153 und 276f.; Wilhelm II., *Ereignisse und Gestalten*, 106; Wolff, *Das Vorspiel*, 141, 149ff. und 224.

151 [Endres], *Die Tragödie Deutschlands*, 44f.; Nowak, *Das dritte deutsche Kaiserreich*, II, 153f.

152 [Endres], *Die Tragödie Deutschlands*, 135; Wolff, *Das Vorspiel*, 141.

153 Bornhak, *Deutsche Geschichte*, 228–231, 236f., 243f. und 317–321; Goetz u. a., *Das Zeitalter des Imperialismus*, 280, 282–284, 298, 328 und 334–337; Hartung, *Deutsche Geschichte*, 249–256 und 271–273; Mommsen, *Politische Geschichte*, 136f. und 148f.; Oncken, *Das Deutsche Reich*, II, 566–579, 584–589, 593–595 und 683–709; Schmitthenner, *Geschichte der Zeit*, 329, 336–339, 450 und 452; Schnabel, *1789–1919*, 152; ders., *Deutschland*, 233–235; Wahl, *Deutsche Geschichte*, IV, 247–249, 255–257, 262–264, 267f., 285 und 294, sowie

heit der – hier weit über die Autobiographien hinausgehenden – Geschichtswissenschaftler einen entscheidenden Beitrag zur Verfestigung der Machtblöcke (gerade auch der Bindung Deutschlands an Österreich) und verschärften die Kriegsgefahr (gerade auch mit Blick auf den Unruheherd Balkan), wobei die Krise von 1908/09 nur einen Scheinerfolg für das Reich erbracht und die von Deutschland und England gemeinsam forcierte Vermittlung während der Kriege 1912/13 allenfalls vorübergehend zu einer Entspannung geführt habe; die Verantwortung für die Zuspitzung der Gefahr wird dabei im Zusammenhang mit der Bosnien-Krise überwiegend dem Reich, im Zusammenhang mit den Balkankriegen überwiegend den Ententemächten zugewiesen.[154] Lediglich Bornhak und Goetz werten das Ergebnis der Kriege von 1912/13 – bei Übereinstimmung mit ihren Kollegen in der Einschätzung der Bosnienkrise – als positiv, weil die Gefahr eines großen Krieges der Bündnisse vorübergehend beseitigend.[155] Vertreter der zweiten Vergleichsgruppe teilen mit Blick auf die erste (Binder, Endres, Ludwig, Schmidt-Pauli, Wilhelm II., Wolff)[156] und die zweite Marokkokrise (Endres, Ludwig, Wilhelm II., Wolff) im Wesentlichen die Wertung der Autobiographen, was Ursachen und Folgen angeht.[157] Die Bedeutung der ersten Balkankrise sehen Endres, Ludwig und Wolff darin, dass die deutsche Führung Österreich trotz dessen unabgesprochenen Vorpreschens in Bosnien rückhaltlos unterstützte, um nicht auch noch den letzten Bündnispartner zu verlieren, wodurch man sich aber die Feindschaft Russlands und der anderen Ententemächte eingehandelt habe, die zuvor bestehenden Mächtekonstellationen sich noch verfestigt hätten.[158] Im Zusammenhang mit der zweiten Balkankrise ist für Endres, Jäger und Ludwig die inkonsequente Haltung des Reichs gegenüber den Begehrlichkeiten der Donaumonarchie von Bedeutung[159] – eine gewisse Nähe zum Urteil der Autobiographien über die Unbedarftheit der deutschen Führung weisen beide Einschätzungen auf.

IV, 294, 478–497 und 509–515; Ziekursch, *Politische Geschichte*, III, 155f., 160–162, 166–168, 229–231 und 233.

154 Hartung, *Deutsche Geschichte*, 263 und 277–280; Mommsen, *Politische Geschichte*, 148 und 150f.; Oncken, *Das Deutsche Reich*, II, 624–629, 641–647, 734–736, 742 und 745–763; Rosenberg, *Die Entstehung*, 65f.; Schmitthenner, *Geschichte der Zeit*, 437–443, 456f., 459, 461–466 und 468–470; Schnabel, *1789–1919*, 152f.; ders., *Deutschland*, 235f.; Wahl, *Deutsche Geschichte*, IV, 388–438, 533–548, 574f. und 580–590; Ziekursch, *Politische Geschichte*, III, 207–209 und 252–255.

155 Bornhak, *Deutsche Geschichte*, 240, 242, 332–335 und 337–340; Goetz u. a., *Das Zeitalter des Imperialismus*, 320–325, 330, 340, 342, 344f. und 347–350.

156 Binder, *Die Schuld*, 8; [Endres], *Die Tragödie Deutschlands*, 128f. und 134; Ludwig, *Wilhelm der Zweite*, 272, 275f., 342 und 346; Schmidt-Pauli, *Der Kaiser*, 133–138; Wilhelm II., *Ereignisse und Gestalten*, 90–93, 96f. und 267; Wolff, *Das Vorspiel*, 124, 144f., 154–159, 162, 165–168, 171–178, 182–198 und 237–241.

157 [Endres], *Die Tragödie Deutschlands*, 134 und 139; Ludwig, *Wilhelm der Zweite*, 400f.; Wilhelm II., *Ereignisse und Gestalten*, 106f. und 121f.; Wolff, *Das Vorspiel*, 242.

158 [Endres], *Die Tragödie Deutschlands*, 136–138; Ludwig, *Wilhelm der Zweite*, 393–395; Wolff, *Das Vorspiel*, 245, 280, 282–289 und 294.

159 [Endres], *Die Tragödie Deutschlands*, 143; Jäger, *Erinnerungen*, 1; Ludwig, *Wilhelm der Zweite*, 406–408.

Ausführlicher wiederum wird in den Erinnerungswerken die Kolonialpolitik thematisiert: Kolonien seien für das Reich angesichts des Wirtschafts- und Bevölkerungswachstums unabdingbar gewesen; ob die deutschen Aktivitäten ausreichten, wird dabei kontrovers diskutiert. Eine verfehlte Strategie England gegenüber habe dieses auf Kosten Deutschlands in Übersee profitieren lassen, doch auch das Verhalten der Mitte (Zentrum) und der Linken im Reichstag habe sich hemmend auf den Fortschritt auf diesem Gebiet ausgewirkt. Die Verwaltung der erworbenen Länder wird unterdessen negativ beurteilt, der reale Nutzen der deutschen Schutzgebiete ist in den Lebenserinnerungen umstritten. Unter den Historikern gilt dies für die Kolonialpolitik im Grundsätzlichen: Hartung, Oncken, Schmitthenner und Wahl sehen die deutschen Aktivitäten als berechtigt und notwendig an[160], Goetz und Schnabel erachten das Kolonialstreben dagegen als verzichtbar, weil das Bevölkerungswachstum damit nicht aufzufangen gewesen sei.[161] Die konkreten Erwerbungen der Wilhelminischen Zeit sind freilich nach Ansicht einer Mehrheit der Historiker – die hier also eindeutig Stellung beziehen – zu gering gewesen[162]; insbesondere habe man in kolonialen Fragen England gegenüber ungeschickt agiert bzw. zu große Zugeständnisse gemacht[163] (worin wiederum Kongruenz mit den Erinnerungswerken besteht). Hervorgehoben werden im Einzelnen besonders der Erwerb von Helgoland, Kiautschou und West-Samoa.[164] Als nachteilig für die deutsche Kolonialpolitik werten Goetz, Hartung, Schmitthenner, Wahl und Ziekursch ebenfalls eine Blockadehaltung der Opposition im Reichstag gegen notwendige Ausgaben[165]; Bornhak, Schmitthenner und Wahl verweisen darüber hinaus auf teils scharfe öffentliche Kritik bzw. Desinteresse[166], was sich Hartung und Oncken zufolge mit der Zeit jedoch wandelte.[167] Goetz, Hartung und Wahl konstatieren schließlich – anders als die Autobiographen – beachtenswerte Leistungen

---

160 Hartung, *Deutsche Geschichte*, 146f. und 162; Oncken, *Das Deutsche Reich*, II, 483f.; Schmitthenner, *Geschichte der Zeit*, 276; Wahl, *Deutsche Geschichte*, III, 268–270 und 493.

161 Goetz u. a., *Das Zeitalter des Imperialismus*, 70; Schnabel, *1789–1919*, 136.

162 Bornhak, *Deutsche Geschichte*, 98 und 107; Hartung, *Deutsche Geschichte*, 159; Mommsen, *Politische Geschichte*, 117; Oncken, *Das Deutsche Reich*, II, 482f.; Schmitthenner, *Geschichte der Zeit*, 220ff.; Schnabel, *1789–1919*, 135; Wahl, *Deutsche Geschichte*, III, 269.

163 Bornhak, *Deutsche Geschichte*, 72–74, 114f. und 206f.; Goetz u. a., *Das Zeitalter des Imperialismus*, 272; Hartung, *Deutsche Geschichte*, 156 und 276f.; Mommsen, *Politische Geschichte*, 116 und 129; Oncken, *Das Deutsche Reich*, II, 484f. und 487f.; Schmitthenner, *Geschichte der Zeit*, 218 und 220ff.; Wahl, *Deutsche Geschichte*, III, 173 und 267–270; Ziekursch, *Politische Geschichte*, III, 30 und 117f.

164 Vgl. Bornhak, *Deutsche Geschichte*, 72–74, 106f., 114 und 207; Goetz u. a., *Das Zeitalter des Imperialismus*, 263 und 286f.; Mommsen, *Politische Geschichte*, 116 und 129; Oncken, *Das Deutsche Reich*, II, 395 und 507; Schmitthenner, *Geschichte der Zeit*, 218, 276, 278 und 290; Schnabel, *1789–1919*, 135; ders., *Deutschland*, 203f.

165 Goetz u. a., *Das Zeitalter des Imperialismus*, 175f.; Hartung, *Deutsche Geschichte*, 175; Schmitthenner, *Geschichte der Zeit*, 392; Wahl, *Deutsche Geschichte*, III, 476; Ziekursch, *Politische Geschichte*, III, 185f.

166 Bornhak, *Deutsche Geschichte*, 73; Schmitthenner, *Geschichte der Zeit*, 218; Wahl, *Deutsche Geschichte*, III, 476.

167 Hartung, *Deutsche Geschichte*, 219f.; Oncken, *Das Deutsche Reich*, II, 394f. und 454f.

der deutschen Kolonialverwaltung vor Ort.[168] Von den „populären" Autoren stellen Nowak und Wilhelm II. das Helgoland-Abkommen – das auch Schmidt-Pauli lobt –, den Erwerb von Kiautschou und West-Samoa sowie den Jangtse-Vertrag als wichtige Schritte der deutschen Kolonial- bzw. Weltpolitik heraus[169], ohne eine prinzipielle Wertung oder Einordnung vorzunehmen. Jäger und Wolff bemängeln indessen die restriktive Haltung der Oppositionsfraktionen im Reichstag am Beispiel der Problematik des Aufstandes in Deutsch-Südwest-Afrika im Jahr 1906.[170]

Die deutsche Öffentlichkeit baute nach Aussage der Lebenserinnerungen bei alledem auf die Macht des Reichs, sie habe sich jedoch über die tatsächlichen außenpolitischen Verhältnisse bzw. die jeweilige Lage getäuscht oder täuschen lassen. Ein Aufleben des Pazifismus wird konstatiert; Rolle und Bedeutung des Alldeutschen Verbands und seiner Agitation sind umstritten (notwendig oder gefährlich), die Tätigkeit anderer Interessenverbände (Kolonialgesellschaft, Flottenverein, Wehrverein) wird im Ganzen positiv beurteilt. Mommsen, Oncken und Rosenberg bescheinigen den wilhelminischen Deutschen im Gros ähnlich wie die Autobiographen Sorglosigkeit gegenüber dem Problemen der Außenpolitik[171]; Hartung, Wahl und Ziekursch gehen dementsprechend von einem mangelhaften Informationsstand der Bevölkerung aus, wobei Wahl jedoch diesen Befund einschränkt, indem er ebenso wie Schmitthenner und Schnabel auf ein verbreitetes Interesse am Flottenbau hinweist, das aus einer richtigen Einschätzung des Verhältnisses zu England hervorgegangen sei.[172] Hartung und Schmitthenner messen zugleich dem Pazifismus im Reich eine geringe Verbreitung zu[173], anders als die Erinnerungswerke. Entschiedene öffentliche Kritik, so Bornhak, Oncken und Schmitthenner, sei erstmals am Helgoland-Abkommen von 1890 geübt worden, was zugleich die Gründung des Alldeutschen Verbandes inspiriert habe.[174] Dessen öffentliches Wirken, insbesondere seine Kritik am Kaiser und an der Politik der Regierung vermerken Bornhak, Mommsen, Schmitthenner und Schnabel positiv[175], während Oncken sie scharf kritisiert[176]; mildere Kritik am Alldeutschen

---

168 Goetz u. a., *Das Zeitalter des Imperialismus*, 70; Hartung, *Deutsche Geschichte*, 219f.; Wahl, *Deutsche Geschichte*, III, 486 und 491, sowie IV, 71f.

169 Nowak, *Das dritte deutsche Kaiserreich*, II, 59, 182, 218 und 256f.; Schmidt-Pauli, *Der Kaiser*, 122; Wilhelm II., *Ereignisse und Gestalten*, 46f., 54f., 58 und 77.

170 Jäger, *Erinnerungen*, 30; Wolff, *Das Vorspiel*, 243. Vgl. zu den Krisen in den afrikanischen Schutzgebieten nach 1900 und der Rationalisierung der Kolonialherrschaft durch Dernburg Hertz-Eichenrode, *Deutsche Geschichte 1890–1918*, 167f.

171 Mommsen, *Politische Geschichte*, 132; Oncken, *Das Deutsche Reich*, II, 710f.; Rosenberg, *Die Entstehung*, 60.

172 Schmitthenner, *Geschichte der Zeit*, 331; Schnabel, *1789–1919*, 135; Wahl, *Deutsche Geschichte*, III, 496f. und 503.

173 Hartung, *Deutsche Geschichte*, 259; Schmitthenner, *Geschichte der Zeit*, 218, 344f. und 349.

174 Bornhak, *Deutsche Geschichte*, 73; Oncken, *Das Deutsche Reich*, II, 394f.; Schmitthenner, *Geschichte der Zeit*, 218.

175 Bornhak, *Deutsche Geschichte*, 316; Mommsen, *Politische Geschichte*, 145; Schmitthenner, *Geschichte der Zeit*, 387; Schnabel, *Deutschland*, 234f.

176 Oncken, *Das Deutsche Reich*, II, 394f., 602 und 710f.

Verband üben Hartung und Ziekursch – so dass dennoch das gespaltene Bild der Lebenserinnerungen hier eine Entsprechung findet –, die darüber hinaus auch den Flottenverein als bedeutsam anführen, ebenso wie Bornhak, Goetz, Mommsen und Oncken.[177] Auch Endres, Jäger und Wolff als Vertreter von Populärwissenschaft und Publizistik charakterisieren die wilhelminischen Deutschen als in außenpolitischen Fragen weitgehend uninformiert und auch desinteressiert bzw. unkritisch – ebenso wie Schmidt-Pauli – und fällen dieses Urteil zudem speziell über die Reichstagsabgeordneten.[178] Ludwig und Wilhelm II. verweisen unterdessen aber wie manche Historiker auf eine zunehmende Begeisterung für die Flotten- und Weltpolitik in der Bevölkerung.[179] Pazifistische Strömungen, so Endres und Ludwig (indirekt), seien im Reich in der Minderheit und wenig angesehen gewesen[180], auch hier also eine Übereinstimmung mit den Gelehrten, nicht mit den Autobiographen. Dem Alldeutschen Verband halten Boehm, Endres und Ludwig Chauvinismus und nach innen wie nach außen verderbliche Propaganda vor[181] und fällen damit ein eindeutiges Urteil. Die Propaganda des Flottenvereins stellen wiederum Endres und Nowak als einflussreich heraus.[182]

Der Weltkrieg sei dann – so eine Mehrheit der Autobiographen – für die deutsche Bevölkerung vor dem Hintergrund eines trügerischen Gefühls der Sicherheit (aus Konzentration auf ökonomische Fragen oder Gewöhnung an krisenhafte Zustände) überraschend ausgebrochen; eine beachtenswerte Minderheit von Verfassern geht jedoch von verbreiteter Kriegsahnung bzw. unübersehbaren Vorzeichen für den Weltkrieg aus. Auch das Bewusstsein der deutschen Führung für die Gefahrenlage ist in den Lebenserinnerungen umstritten (und wird ihr eher abgesprochen). Die Verantwortung für den Krieg wird konkret Großbritannien (Handelsneid) oder Frankreich (Revanchelust) zugeschrieben, wobei jedoch überwiegend die Ansicht vertreten wird, dass alle Gegner des Reichs ihn gemeinsam herbeiführten (aus Hass). Deutschland sei gegen den Krieg gewesen, habe ihn aber durch seine verfehlte Politik (mit)verursacht. Die Historiker – für die das Bewusstsein der Menschen im Reich kein Thema ist – machen dagegen mehrheitlich Frankreich und Russland für den Weltkrieg verantwortlich, die mit ihrem Streben nach Revanche bzw. nach der Herrschaft über den Balkan bewusst und gezielt auf den großen Konflikt hingearbeitet hätten.[183] An ihrer Seite habe Großbritannien

---

177 Bornhak, *Deutsche Geschichte*, 103; Goetz u. a., *Das Zeitalter des Imperialismus*, 168; Hartung, *Deutsche Geschichte*, 167 und 175; Mommsen, *Politische Geschichte*, 145; Oncken, *Das Deutsche Reich*, II, 710; Ziekursch, *Politische Geschichte*, III, 31, 116f., 234f. und 237.

178 [Endres], *Die Tragödie Deutschlands*, 21, 25, 49, 76, 89, 117, 131, 199, 248 und 275; Jäger, *Erinnerungen*, 74f.; Schmidt-Pauli, *Der Kaiser*, 168; Wolff, *Das Vorspiel*, 162f., 180f., 243 und 245.

179 Ludwig, *Wilhelm der Zweite*, 277; Wilhelm II., *Ereignisse und Gestalten*, 198.

180 [Endres], *Die Tragödie Deutschlands*, 29 und 55; Ludwig, *Wilhelm der Zweite*, 388.

181 Boehm, *Ruf der Jungen*, 40; [Endres], *Die Tragödie Deutschlands*, 21f., 26 und 29; Ludwig, *Wilhelm der Zweite*, 277.

182 [Endres], *Die Tragödie Deutschlands*, 27 und 241; Nowak, *Das dritte deutsche Kaiserreich*, II, 242.

183 Goetz u. a., *Das Zeitalter des Imperialismus*, 356–358, 361, 365, 368 und öfter; Mommsen, *Politische Geschichte*, 152f. und 158f.; Oncken, *Das Deutsche Reich*, II, 771, 775f., 783f.,

nach Ansicht Mommsens, Ziekurschs und Wahls nur deswegen am Krieg teilgenommen, um seine Stellung in der Welt nicht zu gefährden[184]; Bornhak, Goetz,
Oncken, Schmitthenner und Schnabel sind jedoch der Meinung, dass England mit
seiner gegen den Konkurrenten Deutschland gerichteten (Einkreisungs-)Politik
und auch sonst im Rahmen der Entente ebenfalls aktiv und maßgeblich zum Ausbruch des Konflikts beitrug[185], so dass sich insgesamt in diesem Punkt nur ein
leicht von den Erinnerungswerken abweichendes Bild ergibt. Wiederum mehrheitlich wird hier unterdessen dem Kaiserreich und seiner Führung bescheinigt, friedliebend gewesen zu sein und den Krieg weder gewollt noch bewusst ausgelöst zu
haben.[186] Ergänzend verweist die Hälfte der Gelehrten auf Vermittlungsversuche
des Kaisers und der Reichsregierung in der Julikrise.[187] Hartung und Oncken vermerken allerdings speziell mit Blick auf die Vorgeschichte des Weltkriegs eine
problematische Abhängigkeit Deutschlands von Österreich-Ungarn[188]; Goetz,
Oncken, Rosenberg und Schnabel werfen dem Reich in diesem Zusammenhang
vor, im Juli 1914 unvorsichtig bzw. fahrlässig agiert zu haben.[189] Überdies, so
jeweils eine Mehrheit der Historiker, habe die deutsche Führung die Absichten der
Großmächte in der Krise falsch eingeschätzt und die sich zuspitzende Kriegsgefahr verkannt[190], außerdem mit ihrer verfehlten Weltpolitik schon längere Zeit
zuvor den Weg in die Verstrickungen beschritten, die dann zum Krieg führten[191] –
letztlich also stimmen Autobiographen und Historiker überein, was die Bedeutung

---

795, 798–804 und 812f.; Schmitthenner, *Geschichte der Zeit*, 456f., 464, 472, 487f., 494 und
497f.; Schnabel, *1789–1919*, 154 und 156; Wahl, *Deutsche Geschichte*, IV, 641, 677, 685,
692–694, 702, 715f., 719 und 721; Ziekursch, *Politische Geschichte*, III, 274, 277 und 282–
287.

184 Mommsen, *Politische Geschichte*, 152; Wahl, *Deutsche Geschichte*, IV, 699f.; Ziekursch, *Politische Geschichte*, III, 278f. und 287.

185 Bornhak, *Deutsche Geschichte*, 239, 324 und 344; Goetz u. a., *Das Zeitalter des Imperialismus*, 356 und 369f.; Oncken, *Das Deutsche Reich*, II, 590f., 729, 776, 796ff., 814 und 821;
Schmitthenner, *Geschichte der Zeit*, 339, 491, 494, 496 und öfter; Schnabel, *1789–1919*, 151,
154 und 156f.; ders., *Deutschland*, 200 und 237.

186 Bornhak, *Deutsche Geschichte*, 48f.; Goetz u. a., *Das Zeitalter des Imperialismus*, 355, 361
und 366f.; Hartung, *Deutsche Geschichte*, 282; Mommsen, *Politische Geschichte*, 138f. und
145; Oncken, *Das Deutsche Reich*, II, 657f., 765 und 813f.; Rosenberg, *Die Entstehung*, 59,
63 und 66f.; Schmitthenner, *Geschichte der Zeit*, 478, 480, 484 und 501f.; Wahl, *Deutsche
Geschichte*, IV, 706, 734 und öfter.

187 Goetz u. a., *Das Zeitalter des Imperialismus*, 365f.; Mommsen, *Politische Geschichte*, 152;
Oncken, *Das Deutsche Reich*, II, 806–809 und 811f.; Schmitthenner, *Geschichte der Zeit*,
491; Ziekursch, *Politische Geschichte*, III, 281–284.

188 Hartung, *Deutsche Geschichte*, 282; Mommsen, *Politische Geschichte*, 155.

189 Goetz u. a., *Das Zeitalter des Imperialismus*, 361f.; Oncken, *Das Deutsche Reich*, II, 790–795
und 812; Rosenberg, *Die Entstehung*, 66f.; Schnabel, *1789–1919*, 156.

190 Bornhak, *Deutsche Geschichte*, 346; Goetz u. a., *Das Zeitalter des Imperialismus*, 362; Hartung, *Deutsche Geschichte*, 282; Oncken, *Das Deutsche Reich*, II, 793, 795, 801, 810, 816
und 822; Schmitthenner, *Geschichte der Zeit*, 486 und 494; Ziekursch, *Politische Geschichte*,
III, 268 und 270.

191 Bornhak, *Deutsche Geschichte*, 40; Hartung, *Deutsche Geschichte*, 282; Mommsen, *Politische Geschichte*, 158; Oncken, *Das Deutsche Reich*, II, 729; Rosenberg, *Die Entstehung*,
39f., 59f., 63 und 66; Ziekursch, *Politische Geschichte*, III, 438.

der deutschen Politik für den Ausbruch des Weltkriegs angeht. Unangesehen all' dessen sehen Mommsen, Oncken, Schmitthenner und Schnabel den Ersten Weltkrieg aus größerer Perspektive als das Ergebnis einer hochkomplexen Mächtekonstellation, deren Funktionsmechanismen sich schließlich verselbständigt hätten.[192] Ähnlich wie viele der Gelehrten machen Endres, Schmidt-Pauli und Wilhelm II. für den Ausbruch des Weltkriegs Frankreich (Revanchestreben) und Russland (Panslawismus bzw. Machtstreben im Balkan- und Mittelmeerraum) verantwortlich, die 1914 den großen Konflikt gezielt herbeigeführt hätten.[193] Eine Mitschuld Großbritanniens, das eher im Hintergrund gewirkt habe, konstatieren Endres, Ludwig und Schmidt-Pauli.[194] Die Entente im Ganzen sehen Boehm, Ludwig, Nowak, Ullmann, Schmidt-Pauli und Wilhelm II. (zusätzlich) in der Verantwortung; sie habe aus imperialistischen Motiven den Krieg gegen das Reich gezielt vorbereitet und zum Ausbruch gebracht[195] – so besteht auch innerhalb der zweiten Vergleichsgruppe eine gewisse Nähe zu den Lebenserinnerungen. Davon abweichend schreiben jedoch Eulenberg, Mann und Wulff Deutschland die alleinige Schuld am Weltkrieg zu, begründet in Militarismus und aggressivem Wesen und Handeln von Volk und Führung.[196] Endres sieht in diesen Faktoren zumindest eine Mitschuld des Reichs begründet, ebenso im riskanten Pokerspiel des Kaisers um eine Lokalisierung des Konflikts in der Julikrise, womit wiederum Ludwig übereinstimmt.[197] Daneben werten Endres, Ullmann und Wolff mit Blick auf den Kriegsausbruch die enge Bindung Deutschlands an Österreich, das die Auseinandersetzung ebenfalls gewollt und das Reich mitgezogen habe, als groben Fehler.[198] Gänzlich schuldlos war Deutschland nach Ansicht von Binder, Boehm, Jäger, Schmidt-Pauli und Wilhelm II., wobei die vier letztgenannten nicht nur konstatieren, dass die Reichsführung keinerlei Kriegsvorbereitungen getroffen habe, sondern ihr zugleich ein ausgesprochen friedfertiges Denken und Handeln bescheinigen[199] – in diesem Punkt halten sich die Übereinstimmungen mit den Autobiographen also in Grenzen. Aus größerer Perspektive machen schließlich En-

---

192 Mommsen, *Politische Geschichte*, 158; Oncken, *Das Deutsche Reich*, II, 655f. und 813; Schmitthenner, *Geschichte der Zeit*, 450; Schnabel, *1789–1919*, 156; ders., *Deutschland*, 239.

193 [Endres], *Die Tragödie Deutschlands*, 145f. und 159f.; Schmidt-Pauli, *Der Kaiser*, 231f.; Wilhelm II., *Ereignisse und Gestalten*, 211, 217 und 263f.

194 [Endres], *Die Tragödie Deutschlands*, 145–148 und 162; Ludwig, *Wilhelm der Zweite*, 420; Schmidt-Pauli, *Der Kaiser*, 232f.

195 Boehm, *Ruf der Jungen*, 44; Ludwig, *Wilhelm der Zweite*, 424; Nowak, *Das dritte deutsche Kaiserreich*, II, 343; Ullmann, *Deutschland*, 36; Schmidt-Pauli, *Der Kaiser*, 167; Wilhelm II., *Ereignisse und Gestalten*, 62, 212–219 und 262.

196 Eulenberg, *Die Hohenzollern*, 408; Mann, Kaiserreich, 230 und 232; Wulff, *Die persönliche Schuld*, 63f.

197 [Endres], *Die Tragödie Deutschlands*, 47, 80f., 152, 156–158, 200 und 219; Ludwig, *Wilhelm der Zweite*, 413f., 417, 420f. und 423f.

198 [Endres], *Die Tragödie Deutschlands*, 150f.; Ullmann, *Deutschland*, 28; Wolff, *Das Vorspiel*, 247.

199 Binder, *Die Schuld*, 18; Boehm, *Ruf der Jungen*, 44f.; Jäger, *Erinnerungen*, 1f.; Schmidt-Pauli, *Der Kaiser*, 224–230 und 238; Wilhelm II., *Ereignisse und Gestalten*, 209–212, 270, 276, 278, 280 und öfter.

dres, Ludwig, Rathenau und Wolff in ganz Europa einen allgemeinen Zug zum Krieg aus, begründet vor allem in einem verbreiteten Chauvinismus, Nationalismus und Militarismus sowie – Endres und Rathenau betonen dies – in ökonomischen Interessen.[200]

Ebenso wie die Autobiographen zeichnen also alles in allem auch die Vertreter der Geschichtswissenschaft ein negatives Bild der deutschen Außenbeziehungen, wobei ihre Darstellungen einige Ergänzungen enthalten, die diese Gesamttendenz noch unterstreichen, wie etwa den Hinweis auf die Unfähigkeit der deutschen Politik, das Bismarcksche Bündnissystem aufrecht zu erhalten, die eingehendere Schilderung der Defizite des Dreibunds bzw. der Dreibundpartner oder die ungleich ausführlichere Beschreibung der Gefahren, die die Balkankrisen mit sich brachten; daneben versteht es sich im Grunde von selbst, dass die Historiographie immer wieder auch Einordnungen aus größerer Perspektive vornimmt (und etwa den Krieg als Ausfluss der Spielregeln des Mächtesystems einstuft). Unterdessen finden sich in den Darstellungen der Historiker aber auch Zusätze und Einschätzungen, die die deutschen Außenbeziehungen letztlich in einem etwas anderen Licht erscheinen lassen, wie etwa das Postulat eines allgemeinen Konkurrenzneids der anderen Mächte und einer größeren Schuld Großbritanniens am bilateralen Zerwürfnis, die Hinweise auf Frankreichs Einflussversuche auf bzw. mittels Elsass-Lothringen und seine aggressive Haltung im Marokko-Konflikt sowie nicht zuletzt die Hervorhebung des Kriegswillens Frankreichs und Russlands. Einige deutliche Abweichungen vom Bild der Lebenserinnerungen unterstreichen diesen Befund: Neben der Kritik an mangelndem Expansions- bzw. Machtstreben des Reichs und dem angeblich mitverschuldeten Scheitern eines notwendigen Bündnisses mit Russland sind dies vor allem das Fehlen eines Hinweises auf die Beförderung der französischen Revanchelust durch die deutsche Politik, die positivere Darstellung des deutschen Kolonialstrebens und das Lob für den Alldeutschen Verband. Die deutsche Führung wird auch dadurch ein Stück weit entlastet, den späteren Kriegsgegnern eine größere Schuld an den Entwicklungen zugemessen.

Populärwissenschaft und Publizistik präsentieren in ihrem insgesamt negativen Bild ebenfalls eine Reihe von Ergänzungen und Einordnungen, die großteils denen der Historiographie entsprechen. Daneben finden sich bei ihnen Zusätze mit gegenläufigen Einschätzungen zu den Autobiographien und Memoiren; hierzu gehört der Hinweis auf den Kriegswillen Frankreichs und Russlands ebenso wie die Aufzählung wichtiger kolonialer Erwerbungen durch das Reich und – im Gegensatz zur Historiographie – die negative Einschätzung des Alldeutschen Verbands. Außerdem bieten die „populären" Autoren eine Reihe von inhaltlichen Abweichungen: Einerseits wird die deutsche Teilhabe am Imperialismus als bescheiden gelobt, das verantwortliche Personal teilweise exkulpiert bzw. freundlicher charakterisiert, den gegnerischen Mächten Konkurrenzneid vorgeworfen, die Nichtverlängerung des Rückversicherungsvertrages mit Russland und die Ver-

---

200 [Endres], *Die Tragödie Deutschlands*, 46f. und 149; Ludwig, *Wilhelm der Zweite*, 414f.; Rathenau, *Der Kaiser*, 47, 52 und öfter; Wolff, *Das Vorspiel*, 301f.

schlechterung des Verhältnisses dem Reich deutlich weniger zur Last gelegt und eine Mitschuld Deutschlands am Ausbruch des Weltkriegs nicht eindeutig festgestellt, andererseits wird die Friedfertigkeit des Reichs angezweifelt und diesem eine größere Schuld an den internationalen Spannungen zugewiesen, als es die Lebenserinnerungen (und auch die Historiographie) tun. Diese partielle Inhomogenität der Darstellungen wird noch unterstrichen durch eine Reihe von „Ausschlägen", die sich gegenseitig neutralisieren und die Gesamteinschätzung gegenüber den Erinnerungswerken kaum verändern: Mit Blick auf das Verhältnis zu Großbritannien z. B. wird Deutschland zwar eine größere Schuld an dem Zerwürfnis gegeben, bei den einzelnen Konfliktpunkten erscheint jedoch in summa England als graduell verantwortlicher, während schließlich der Beitrag des Reichs zum Scheitern der Bündnisverhandlungen im Vergleich relativiert wird.

3. Themen größerer Bedeutung: Kaiser, Fortschritt, Gesellschaft, Weltanschauung

Wo es um *Persönlichkeit und Amtsführung Kaiser Wilhelms II.* geht, zeichnen die Autobiographen mehrheitlich das Bild eines Monarchen, der weit überdurchschnittliche geistige Fähigkeiten und breit gestreute Interessen, dabei jedoch zugleich auffällige Persönlichkeitsdefizite bzw. charakterliche Schwächen gezeigt habe, wodurch sowohl sein überzogenes Amts- und Selbstverständnis als Herrscher von Gottes Gnaden als auch die Art seiner unsteten Amtsführung nachteilig bestimmt worden seien, ebenso wie sein unsensibles Umgehen mit Menschen; uneins ist man sich über die Kritikfähigkeit des Kaisers und seinen guten Willen bei der Erfüllung seiner Aufgaben, wobei jedoch die positiven Einschätzungen überwiegen. Im Hinblick auf die Wirkung Wilhelms II. in der Öffentlichkeit zwischen würdig und unwürdig, einnehmend und abstoßend ebenfalls gespalten, bemängeln die Verfasser wiederum mehrheitlich eine starke Diskrepanz zwischen kaiserlichem Schein und Sein und verweisen auf den Hang des Reichsoberhaupts zur großen Phrase, zu Theatralik und Schauspielerei, demgegenüber keine entsprechenden Taten zu verzeichnen gewesen seien. Auch unter den Historikern sind die Ansichten über den Monarchen deutlich negativ gefärbt, sei es, dass sie wie Hartung, Schmitthenner und Ziekursch eine auffällige Diskrepanz zwischen Vorzügen und nachteiligen Eigenschaften feststellen und das öffentliche Auftreten Wilhelms II. sowie seinen Hang zu Äußerlichkeiten bemängeln[201], sei es, dass sie wie Bornhak, Goetz, Mommsen, Oncken und Rosenberg die Defizite von Persönlichkeit und Charakter des Kaisers deutlich über seine Vorzüge stellen; letztere betonen dabei vor allem seine Unbeständigkeit sowie – analog zu Schnabel – seinen Redeeifer und in Ergänzung der Lebenserinnerungen die Widersprüchlichkeit seines zwischen Tradition und Moderne hin- und hergerissenen Wesens.[202] Die

---

201 Hartung, *Deutsche Geschichte*, 127, 148, 150–152 und 226f.; Schmitthenner, *Geschichte der Zeit*, 238, 348 und 394; Ziekursch, *Politische Geschichte*, II, 447, sowie III, 5–7, 10f. und 85f.
202 Bornhak, *Deutsche Geschichte*, 24–30, 39–47, 195 und 288; Goetz u. a., *Das Zeitalter des Imperialismus*, 147, 149f. und 329; Mommsen, *Politische Geschichte*, 100, 107–109 und 111;

Kritikfähigkeit des Kaisers wird hier weit überwiegend verneint: Bornhak und Rosenberg zufolge war diese Eigenschaft auf Detailfragen beschränkt, Hartung und Ziekursch sprechen sie dem Monarchen komplett ab[203], ebenso wie Goetz und Mommsen, die zugleich bemängeln, dass Wilhelm II. sich aus diesem Grund vor allem mit schwachen, inkompetenten Schmeichlern umgeben habe.[204] Mommsen und Schmitthenner sehen den Kaiser insgesamt als Repräsentanten der neudeutschen Schwächen, der ebenso wie sein Volk einen schwankenden, unsicheren Kurs eingeschlagen habe[205]; dabei sei, so Mommsen und Oncken, vor allem eben die Diskrepanz zwischen Tradition und Moderne signifikant gewesen.[206] Ähnlich eindeutig fällt das Verdikt der Populärwissenschaftler und Publizisten aus: Während Endres und Mann ein vernichtendes Urteil über die Persönlichkeit des Reichsoberhaupts fällen[207], Binder, Eulenberg, Jäger, Ludwig, Ullmann, Wolff und Wulff die negativen Eigenschaften bei Wilhelm II. (deutlich) überwiegen sehen[208] und Rathenau und Schmidt-Pauli gleichgewichtig auch positive Charaktermerkmale anführen[209], ist sich diese weit überwiegende Mehrheit der Autoren gleichwohl darin einig, dass die hervorstechendsten Züge des Kaisers Oberflächlichkeit, ein Hang zu Äußerlichkeiten und ein Drang zu lautem und rohem Exponieren seiner selbst gewesen seien. In der Frage der Kritikfähigkeit schlägt das Pendel hier aber in die andere Richtung aus: Rathenau und Schmidt-Pauli sprechen ihm diese Eigenschaft zu, ebenso wie auch Wilhelm II. sich selbst, wobei er allerdings darauf hinweist, dass die Würde seines Amtes hier Einschränkungen notwendig gemacht habe.[210] Ludwig und Nowak stimmen damit überein und stellen zugleich fest, dass die Umgebung des Monarchen ungeachtet dessen kaum Kritik gewagt habe, was wiederum auch Wolff konstatiert, der aber in der Frage der Kritikfähigkeit keine Entscheidung treffen will.[211] Eine besondere Vorliebe

---

Oncken, *Das Deutsche Reich*, II, 360, 365, 513, 631, 659, 661f. und 720; Rosenberg, *Die Entstehung*, 37, 39, 59 und 61; Schnabel, *1789–1919*, 139; ders., *Deutschland*, 200.

203 Bornhak, *Deutsche Geschichte*, 34; Hartung, *Deutsche Geschichte*, 227 und 230; Rosenberg, *Die Entstehung*, 39; Ziekursch, *Politische Geschichte*, III, 6f.

204 Goetz u. a., *Das Zeitalter des Imperialismus*, 149 und 151; Mommsen, *Politische Geschichte*, 107f. und 111.

205 Mommsen, *Politische Geschichte*, 108; Schmitthenner, *Geschichte der Zeit*, 238f.

206 Mommsen, *Politische Geschichte*, 109; Oncken, *Das Deutsche Reich*, II, 659.

207 Mann, Kaiserreich, 221–223; [Endres], *Die Tragödie Deutschlands*, 38, 49, 59, 67, 88, 96–102, 105–107, 110 und 113.

208 Binder, *Die Schuld*, 10f., 13f., 16, 21, 29, 34, 38, 43 und 47; Eulenberg, *Die Hohenzollern*, 375–378, 380, 383–386, 390–397 und 401f.; Jäger, *Erinnerungen*, 11–13, 17, 60, 64–66, 77–79 und 88; Ludwig, *Wilhelm der Zweite*, 19, 21, 38f., 70f., 88, 91–93, 107, 156, 158–164, 251, 287–290, 293–312, 322, 370–372, 377–379 und 388–390; Ullmann, *Deutschland*, 6–9; Wolff, *Das Vorspiel*, 19–26, 29 und 39; Wulff, *Die persönliche Schuld*, 12–15, 21f., 24, 26f. und 31–33.

209 Rathenau, *Der Kaiser*, 11, 18–20, 23, 26–39 und 45f.; Schmidt-Pauli, *Der Kaiser*, 132, 147, 149, 180, 197f., 203–205, 208–214 und 219.

210 Rathenau, *Der Kaiser*, 36; Schmidt-Pauli, *Der Kaiser*, 215f.; Wilhelm II., *Ereignisse und Gestalten*, 95.

211 Ludwig, *Wilhelm der Zweite*, 310f., 317 und 321–325; Nowak, *Das dritte deutsche Kaiserreich*, I, 139, sowie II, 92 und 252f.; Wolff, *Das Vorspiel*, 21.

für Militärisches, insbesondere das Schauspiel der Kaisermanöver, bei denen er sich freilich als unfähig erwiesen habe, attestieren dem Hohenzollern ergänzend Binder, Endres, Eulenberg, Ludwig und (mit Einschränkungen) Schmidt-Pauli.[212] Als Exponenten seiner Epoche stufen ihn Mann, Rathenau und Ullmann ein (analog zu einigen Historikern)[213]; die Schuld an ihren Fehlentwicklungen wollen Rathenau und Schmidt-Pauli aber nur zum Teil bei Wilhelm II. sehen.[214]

Konkret die Amtsführung betreffend wird in den Autobiographien und Memoiren nicht nur der Wille des Kaisers zum „persönlichen Regiment" mehrheitlich als gegeben gesehen (und negativ bewertet), sondern auch die praktische Umsetzung des Anspruchs auf Alleinregierung, wobei jedoch eine nicht zu vernachlässigende kleinere Gruppe von Autoren die Verwirklichung dieser Idee durch einen Mangel an entsprechenden Fähigkeiten Wilhelms II. verhindert sieht. Seine konkreten, in der Regel unerwarteten Eingriffe in die Tagespolitik seien jedenfalls im Sinne einer konsistenten Staatsführung von Nachteil gewesen. Berücksichtigt werden müsse dabei aber auch die nicht zu unterschätzende Rolle der in der Regel unzulänglichen Angehörigen der kaiserlichen Umgebung, die das Reichsoberhaupt getäuscht, sich zwischen dieses und die verantwortlichen Politiker bzw. Beamten geschoben und maßgeblichen Einfluss ausgeübt hätten. Ähnlich uneinheitlich äußern sich die Historiker zum „persönlichen Regiment" Wilhelms II.: Hartung, Mommsen, Schnabel und Ziekursch sehen bei ihm einen ausgeprägten Drang zur Alleinregierung, sprechen ihm aber die dafür erforderlichen Fähigkeiten ab.[215] Goetz und Schmitthenner schreiben dem Kaiser ganz ähnlich solche Ambitionen zu, tatsächlich habe er jedoch nicht regiert.[216] Oncken und Schnabel wiederum sehen das „persönliche Regiment" in die Tat umgesetzt, ebenso wie Bornhak (mit gewissen Einschränkungen) und Rosenberg, die den Monarchen jedoch zugleich ebenfalls als unzureichend qualifiziert einstufen, woraus zahlreiche politische Missgriffe erwachsen seien.[217] Das öffentliche Auftreten Wilhelms II. und seine konkreten Einmischungsversuche in die Politik generell werten Bornhak, Hartung, Oncken und Ziekursch als störend, kontraproduktiv und Kräfte

---

212 Binder, *Die Schuld*, 21; [Endres], *Die Tragödie Deutschlands*, 60 und 98; Eulenberg, *Die Hohenzollern*, 385–387; Ludwig, *Wilhelm der Zweite*, 166–168, 292 und 300f.; Schmidt-Pauli, *Der Kaiser*, 195–197.

213 Mann, Kaiserreich, 222f. und 230; Rathenau, *Der Kaiser*, 23f., 44 und 46; Ullmann, *Deutschland*, 7f.

214 Rathenau, *Der Kaiser*, 48; Schmidt-Pauli, *Der Kaiser*, 168 und 206.

215 Hartung, *Deutsche Geschichte*, 126f., 148, 150, 152, 176, 226 und 284; Mommsen, *Politische Geschichte*, 99, 102f., 107, 112 und 142; Schnabel, *1789–1919*, 133; ders., *Deutschland*, 220; Ziekursch, *Politische Geschichte*, II, 424 und 447, sowie III, 4f., 7–10, 13f., 287 und 442.

216 Goetz u. a., *Das Zeitalter des Imperialismus*, 147f. und 151; Schmitthenner, *Geschichte der Zeit*, 387f. und 393f.

217 Bornhak, *Deutsche Geschichte*, 30–32, 34f., 39, 45f., 65, 67f., 96, 116, 271 und 288; Oncken, *Das Deutsche Reich*, II, 364, 427, 507, 632f., 635 und 661f.; Rosenberg, *Die Entstehung*, 38–40 und 55–57; Schnabel, *1789–1919*, 133.

bindend[218], während Goetz, Schnabel und Wahl sie als irrelevant weil folgenlos einstufen.[219] Unterdessen macht mehr als die Hälfte der Gelehrten analog zu den Erinnerungswerken einen großen Einfluss der kaiserlichen Umgebung bzw. der Untergebenen auf die Staatsführung aus, gegen die Wilhelm II. nicht angekommen sei.[220] Bornhak und Oncken differenzieren hier noch zwischen einflussreichen, informell bedeutenden Persönlichkeiten wie Eulenburg und Holstein einerseits sowie den Reichskanzlern andererseits, von denen allenfalls Bülow begrenzte Möglichkeiten zur Steuerung des Reichsoberhaupts gehabt habe.[221] Mommsen und Oncken weisen schließlich auf eine zunehmende Beeinflussung des Reichsoberhaupts durch die Militärführung hin.[222] Auch die Autoren der zweiten Vergleichsgruppe haben in der Frage des „persönlichen Regiments" unterschiedliche Ansichten: Nowak, Rathenau, Schmidt-Pauli und Ullmann sehen das Streben des Kaisers nach absoluter Macht als Tatsache an, in der Praxis jedoch – so auch Wilhelm II. selbst – habe davon keine Rede sein können[223]; Binder, Jäger und Wolff zufolge erhob der Monarch zwar den Anspruch auf Alleinherrschaft, besaß jedoch nicht die dafür erforderlichen Fähigkeiten.[224] Diese sprechen auch Endres und Ludwig dem Kaiser ab, sehen aber dennoch den Willen zum „persönlichen Regiment" (wenngleich Wilhelm II. vielfach von außen gesteuert worden sei) realisiert, ebenso wie es Eulenberg und auch Wulff tun, wobei letzterer wiederum ebenfalls wie Endres und Ludwig die nachteiligen Folgen dieser Regierungsweise hervorhebt.[225] Unabhängig davon wird das politische Handeln des Kaisers in unterschiedlichen Abstufungen kritisiert: Ludwig und Nowak stufen Wilhelm II. lediglich als Störfaktor für die Arbeit der eigentlich Verantwortlichen ein, ebenso wie Jäger, der allerdings dem öffentlichen Auftreten des Hohenzollern fatale Fol-

218 Bornhak, *Deutsche Geschichte*, 27f., 39 und 95f.; Hartung, *Deutsche Geschichte*, 131 und 226; Oncken, *Das Deutsche Reich*, II, 384ff., 632f., 637 und 663; Ziekursch, *Politische Geschichte*, III, 13.

219 Goetz u. a., *Das Zeitalter des Imperialismus*, 151; Schnabel, *1789–1919*, 133; Wahl, *Deutsche Geschichte*, IV, 57.

220 Goetz u. a., *Das Zeitalter des Imperialismus*, 150f., 294f. und öfter; Hartung, *Deutsche Geschichte*, 151f. und 226f.; Mommsen, *Politische Geschichte*, 107f., 112 und 142; Schmitthenner, *Geschichte der Zeit*, 387f.; Wahl, *Deutsche Geschichte*, III, 154 (vgl. ebd., III, 129, 136f., 161, 273, 607f. und öfter, sowie IV, 42, 49, 50 und 57); Ziekursch, *Politische Geschichte*, II, 436 und III, 6.

221 Bornhak, *Deutsche Geschichte*, 34, 43, 66f., 93, 96, 279, 292 und 296; Oncken, *Das Deutsche Reich*, II, 386, 507, 635f. und 663.

222 Mommsen, *Politische Geschichte*, 112; Oncken, *Das Deutsche Reich*, II, 635.

223 Nowak, *Das dritte deutsche Kaiserreich*, I, 139, sowie II, 88, 135 und 342; Rathenau, *Der Kaiser*, 24 und 43; Schmidt-Pauli, *Der Kaiser*, 137f. und 183ff.; Ullmann, *Deutschland*, 6 und 10; Wilhelm II., *Ereignisse und Gestalten*, 118.

224 Binder, *Die Schuld*, 4; Jäger, *Erinnerungen*, 60, 64 und 67–69; Wolff, *Das Vorspiel*, 28, 37, 39f. und 244.

225 [Endres], *Die Tragödie Deutschlands*, 38 und 109; Eulenberg, *Die Hohenzollern*, 396, 400 und 406; Ludwig, *Wilhelm der Zweite*, 74f., 91–93, 125, 157, 160, 169f. und 291; Wulff, *Die persönliche Schuld*, 17–19, 22f., 25f., 33f. und 53.

gen zuschreibt.[226] Binder, Eulenberg, Wolff und Wulff dagegen werten die konkreten, chaotischen kaiserlichen Eingriffe als verfehlt und kontraproduktiv.[227] Was das Personal um Wilhelm II. angeht, habe dieser – so Eulenberg und Wulff an dieser Stelle ergänzend – durch sein Gebaren dafür gesorgt, dass seine Umgebung nur aus unterwürfigen Schmeichlern bestand.[228] Binder, Endres und Jäger sehen darin sogar eine bewusste Entscheidung des Kaisers, der ausschließlich gefügige, unfähige Menschen mit Posten versehen habe.[229] Ullmann teilt diese Ansicht, unterstreicht aber ebenso wie Nowak und Schmidt-Pauli, dass gar keine andere Möglichkeit bestanden habe, da überhaupt nur unfähige, charakterlose Persönlichkeiten zur Auswahl vorhanden gewesen seien.[230] Was den Einfluss der kaiserlichen Umgebung bzw. der Spitzenbeamten auf die Staatsgeschäfte angeht, schreiben ihm Endres und Wolff eine eher geringe Rolle zu[231], über die Hälfte ihrer „Kollegen" hält ihn dagegen wie die Autobiographen und Historiker für bedeutend oder gar ausschlaggebend[232] (die Eulenburg-Affäre zeichnen Ludwig und Schmidt-Pauli außerdem als menschliche und politische Tragödie[233]).

Speziell mit Blick auf das Feld der Außenbeziehungen bescheinigen die Erinnerungswerke dem Kaiser auf breiter Front, friedliebend gewesen zu sein bzw. keinerlei kriegerische Ambitionen gehabt zu haben. Sein von Spontaneität geprägtes, (ungewollt) provozierendes öffentliches Auftreten und seine unüberlegten Eingriffe hätten sich jedoch als kontraproduktiv erwiesen und sich nachteilig auf die deutsche Außenpolitik sowie deren Erscheinungsbild ausgewirkt, was vor allem das Verhältnis zu Großbritannien getrübt habe, wie nicht zuletzt auch die kaiserliche Flottenbegeisterung und -förderung. Auch eine deutliche Mehrheit der Historiker unterstreicht den unbedingten Friedenswillen Wilhelms II. und seine uneingeschränkte Aversion gegen den Krieg.[234] Dabei habe er jedoch durch sein

---

226 Jäger, *Erinnerungen*, 5, 63f., 66, 73 und 88; Ludwig, *Wilhelm der Zweite*, 265; Nowak, *Das dritte deutsche Kaiserreich*, I, 129.

227 Binder, *Die Schuld*, 4f., 12, 18 und 21; Eulenberg, *Die Hohenzollern*, 396 und 410; Wolff, *Das Vorspiel*, 23, 26–29, 31 und 201; Wulff, *Die persönliche Schuld*, 41.

228 Eulenberg, *Die Hohenzollern*, 410; Wulff, *Die persönliche Schuld*, 34.

229 Binder, *Die Schuld*, 4f., 15 und 18f.; [Endres], *Die Tragödie Deutschlands*, 116 und 187; Jäger, *Erinnerungen*, 73 und 79. Als König von Preußen konnte Wilhelm II. die preußischen Minister, als Kaiser die Reichsbeamten (also auch die Staatssekretäre als Leiter der obersten Behörden im Reich) ernennen und entlassen (Huber, *Deutsche Verfassungsgeschichte*, III, 56 und 820).

230 Nowak, *Das dritte deutsche Kaiserreich*, I, 36f. und 138f.; Schmidt-Pauli, *Der Kaiser*, 182 und 216f.; Ullmann, *Deutschland*, 14.

231 [Endres], *Die Tragödie Deutschlands*, 49f., 64, 99 und 114; Wolff, *Das Vorspiel*, 74f. und 299–301.

232 Binder, *Die Schuld*, 10f. und 19; Eulenberg, *Die Hohenzollern*, 402 und 404; Jäger, *Erinnerungen*, 69 und 77–79; Ludwig, *Wilhelm der Zweite*, 140–145, 148–151, 169, 218–222, 229, 273, 327f., 336f., 340, 362 und 403; Rathenau, *Der Kaiser*, 30, 39 und 43; Schmidt-Pauli, *Der Kaiser*, 142–145, 162, 190, 192 und 217; Wilhelm II., *Ereignisse und Gestalten*, 118; Wulff, *Die persönliche Schuld*, 14f. und 42.

233 Ludwig, *Wilhelm der Zweite*, 353–359; Schmidt-Pauli, *Der Kaiser*, 43–45.

234 Bornhak, *Deutsche Geschichte*, 41; Goetz u. a., *Das Zeitalter des Imperialismus*, 150 und 282; Mommsen, *Politische Geschichte*, 112; Oncken, *Das Deutsche Reich*, II, 586, 593 und

Auftreten und seine Handlungen Schaden angerichtet, so ebenfalls die große Mehrheit der Historiker, und nicht zuletzt die Flottenpolitik – als sein besonderes Steckenpferd, wie Bornhak, Oncken und Schnabel hervorheben[235] – und ihre „Begleitmusik" hätten das Verhältnis zu Großbritannien beeinträchtigt, was Bornhak, Goetz, Mommsen und Schnabel hier für besonders bedeutsam halten[236], wiederum in deckungsgleicher Übereinstimmung mit den Autobiographen. Von den Autoren der zweiten Vergleichsgruppe heben rund zwei Drittel die grundsätzliche Friedensliebe bzw. die antikriegerische Gesinnung (oder Kriegsfurcht) Wilhelms II. hervor[237]; nichtsdestotrotz schreiben ihm Binder, Endres, Eulenberg und Wulff maßgebliche Verantwortung für den Ausbruch des Ersten Weltkriegs zu.[238] Ebenso breit werden die Verfehlungen des Kaisers auf dem Gebiet der Außenpolitik thematisiert und deutlich herausgestellt, dass er etwa durch ungeschicktes Anbiedern, Indiskretionen, unberechenbare Handlungen und unüberlegtes Drohen zum Schaden des Reichs agiert habe.[239] Dabei habe er keine Ahnung von den außenpolitischen Erfordernissen gehabt, so Eulenberg und Wolff ergänzend[240], vielmehr durch hektisches, unüberlegtes Handeln Chancen vertan, so Endres und Ullmann[241], und durch sein eigenmächtiges Handeln immer wieder Kräfte des Außenamtes gebunden, das seine Fehler habe berichtigen müssen, so Jäger und Ullmann.[242] Überschätzt habe der Monarch auch die Möglichkeiten der dynastischen Politik, wie Eulenberg, Ludwig und Ullmann konstatieren.[243] Ebenso wird dem

öfter; Rosenberg, *Die Entstehung*, 59 und 62f.; Schmitthenner, *Geschichte der Zeit*, 348; Wahl, *Deutsche Geschichte*, II, 454f. und 457, sowie III, 196, 283f., 412 und öfter, sowie IV, 36, 45, 271f. und öfter; Ziekursch, *Politische Geschichte*, III, 230 und 287f.

235 Bornhak, *Deutsche Geschichte*, 40, 96f. und 104; Oncken, *Das Deutsche Reich*, II, 450 und 502; Schnabel, *1789–1919*, 133; ders., *Deutschland*, 203.

236 Bornhak, *Deutsche Geschichte*, 29 und 40f.; Goetz u. a., *Das Zeitalter des Imperialismus*, 245, 272 und 306f.; Hartung, *Deutsche Geschichte*, 151f., 157f., 161, 163, 171, 174 und 228; Mommsen, *Politische Geschichte*, 108, 139 und 141; Oncken, *Das Deutsche Reich*, II, 572, 586, 602 und 637; Rosenberg, *Die Entstehung*, 37, 42, 59 und 61–63; Schnabel, *1789–1919*, 149 und 154; ders., *Deutschland*, 204f.; Ziekursch, *Politische Geschichte*, III, 8, 91, 112f., 129–131, 202 und 286.

237 [Endres], *Die Tragödie Deutschlands*, 96 und 106; Eulenberg, *Die Hohenzollern*, 380; Ludwig, *Wilhelm der Zweite*, 82, 305 und 413; Mann, Kaiserreich, 230; Nowak, *Das dritte deutsche Kaiserreich*, II, passim; Schmidt-Pauli, *Der Kaiser*, 169, 172f. und 185; Wilhelm II., *Ereignisse und Gestalten*, 171; Wolff, *Das Vorspiel*, 29 und 31; Wulff, *Die persönliche Schuld*, 44.

238 Binder, *Die Schuld*, 3f.; [Endres], *Die Tragödie Deutschlands*, 113; Eulenberg, *Die Hohenzollern*, 384 und 401; Wulff, *Die persönliche Schuld*, 63f.

239 Boehm, *Ruf der Jungen*, 38; [Endres], *Die Tragödie Deutschlands*, 89, 102 und 105–107; Eulenberg, *Die Hohenzollern*, 378–381 und 405f.; Jäger, *Erinnerungen*, 71 und 78; Ludwig, *Wilhelm der Zweite*, passim; Mann, Kaiserreich, 230; Rathenau, *Der Kaiser*, 27; Schmidt-Pauli, *Der Kaiser*, 140f. und 159; Ullmann, *Deutschland*, 10; Wolff, *Das Vorspiel*, 24, 26–28, 272f. und öfter; Wulff, *Die persönliche Schuld*, 18, 42–44, 53 und 59.

240 Eulenberg, *Die Hohenzollern*, 401; Wolff, *Das Vorspiel*, 30f.

241 [Endres], *Die Tragödie Deutschlands*, 107; Ullmann, *Deutschland*, 9f.

242 Jäger, *Erinnerungen*, 77; Ullmann, *Deutschland*, 34.

243 Eulenberg, *Die Hohenzollern*, 406; Ludwig, *Wilhelm der Zweite*, 418; Ullmann, *Deutschland*, 34.

Kaiser die gravierende Verschlechterung des Verhältnisses zwischen Deutschland und England angelastet (von Binder, Endres, Eulenberg, Jäger, Ludwig und Wolff)[244], was Nowak allerdings nur eingeschränkt gelten lässt und Schmidt-Pauli sowie Wilhelm II. selbst negieren.[245] Auf die Flottenrüstung als Faktor weisen dabei nur Eulenberg und Ludwig hin.[246] Neben diesen werten auch Schmidt-Pauli, Wolff und Wulff den Aufbau der deutschen Flotte ganz als Projekt des Kaisers (der Tirpitz zu Hilfe geholt habe).[247] Pauschal weisen knapp die Hälfte der Autoren dem Reichsoberhaupt einen nicht unwesentlichen, nachteiligen Einfluss auf die deutsche Außenpolitik zu[248], der Regierung bzw. der kaiserlichen Umgebung bescheinigen unterdessen ebenso viele generell großen Einfluss und damit Verantwortung für die deutsche Außenpolitik, die der Kaiser eben nicht allein getragen habe[249]; Nowak, Schmidt-Pauli, Wilhelm II. selbst sowie Wulff verweisen zugleich darauf, dass die Führung dem Monarchen immer wieder Informationen vorenthalten habe, die zur richtigen Orientierung unabdingbar gewesen seien[250], so dass die o. a. Mängel in ihrer Bedeutung von den populären Autoren und Publizisten letztlich doch ein gutes Stück relativiert werden.

Zwischen Kaiser und Volk, so die Erinnerungswerke, habe unterdessen ein gespanntes Verhältnis bestanden, wobei die Berechtigung immer wieder lautstark geübter Kritik am Reichsoberhaupt unter denjenigen Autobiographen, die diese Haltung als dominierend ansehen, umstritten ist; eine etwa gleich große Zahl von ihnen bescheinigt der Bevölkerung dagegen Begeisterung für Wilhelm II. bis hin zur Unterwürfigkeit, was den Kaiser in seinen Missgriffen und verfehlten Ansprüchen noch bestärkt habe. Die Historiker verzeichnen hier ausschließlich eine kritische Öffentlichkeit, wobei eine relative Mehrheit (Bornhak, Hartung, Mommsen, Schmitthenner) das Auftreten und die Reden des Hohenzollern als Auslöser nennt[251], während eine Minderheit (Rosenberg und Wahl) vor allem eine politisch interessierte Presse am Werk sieht.[252] Nach der Daily-Telegraph-Affäre habe der

244 Binder, *Die Schuld*, 6f.; [Endres], *Die Tragödie Deutschlands*, 37 und 103; Eulenberg, *Die Hohenzollern*, 381–383; Jäger, *Erinnerungen*, 71; Ludwig, *Wilhelm der Zweite*, 177–186, 190f., 270, 278 und 406; Wolff, *Das Vorspiel*, 62, 78 und 225f.

245 Nowak, *Das dritte deutsche Kaiserreich*, I, 129f. und 164; Schmidt-Pauli, *Der Kaiser*, 159–161; Wilhelm II., *Ereignisse und Gestalten*, 22.

246 Eulenberg, *Die Hohenzollern*, 383; Ludwig, *Wilhelm der Zweite*, 178, 267, 270 und 411.

247 Schmidt-Pauli, *Der Kaiser*, 198; Wolff, *Das Vorspiel*, 43; Wulff, *Die persönliche Schuld*, 27.

248 Jäger, *Erinnerungen*, 77; Ludwig, *Wilhelm der Zweite*, 137 und 231; Rathenau, *Der Kaiser*, 33; Ullmann, *Deutschland*, 34; Wolff, *Das Vorspiel*, 16; Wulff, *Die persönliche Schuld*, 50.

249 Binder, *Die Schuld*, 18; Ludwig, *Wilhelm der Zweite*, 137f., 140, 349, 351 und 389f.; Nowak, *Das dritte deutsche Kaiserreich*, II, 341 und öfter; Schmidt-Pauli, *Der Kaiser*, 114, 126–131, 175, 178f., 183ff. und öfter; Wilhelm II., *Ereignisse und Gestalten*, 51, 85, 268 und öfter; Wolff, *Das Vorspiel*, 29.

250 Nowak, *Das dritte deutsche Kaiserreich*, II, passim; Schmidt-Pauli, *Der Kaiser*, 179f. und 224; Wilhelm II., *Ereignisse und Gestalten*, 116; Wolff, *Das Vorspiel*, 106f. und öfter.

251 Bornhak, *Deutsche Geschichte*, 27–29, 48, 200 und 270; Hartung, *Deutsche Geschichte*, 226 und 228f.; Mommsen, *Politische Geschichte*, 141f.; Schmitthenner, *Geschichte der Zeit*, 394.

252 Rosenberg, *Die Entstehung*, 43; Wahl, *Deutsche Geschichte*, II, 457, sowie IV, 49, 50–52 und 56–59.

Kaiser sich zurückgenommen, so Mommsen ergänzend, wie auch Schmitthenner, der freilich ebenso wie Bornhak und Goetz darauf hinweist, dass die Empörung über den angeblichen Fehltritt des Monarchen in diesem Fall unberechtigt gewesen sei, da dieser nicht die Verantwortung getragen habe.[253] Geteilt bzw. differenziert sind dagegen wiederum die Meinungen innerhalb der zweiten Vergleichsgruppe: Kritik an der Amtsführung und dem Gebaren des Kaisers sei von der ganzen Bevölkerung zunehmend geübt worden, so Binder und Wulff[254]; Ludwig, Ullmann und Wilhelm II. selbst weisen auf die Missbilligung des Monarchen durch oppositionelle Persönlichkeiten aus Politik und Gesellschaft hin.[255] Jäger, Ludwig, Schmidt-Pauli, wiederum Wilhelm II. selbst und Wulff nennen auch die Daily-Telegraph-Affäre als Anlass für heftige Empörung und scharfe Missbilligung im Reich.[256] Die bürgerliche Oberschicht, so Rathenau und Wolff einschränkend, habe bei allem Unwillen angesichts der Entgleisungen des Reichsoberhaupts nur im Geheimen Kritik geübt, um ihre Privilegien nicht zu gefährden[257]; Endres, Ludwig, Schmidt-Pauli und Ullmann negieren dies und werfen dem (Wirtschafts-)Bürgertum generell Unterwürfigkeit vor.[258] Rund zwei Drittel der Autoren konstatieren daneben in der Bevölkerung aller Schichten wie in der Umgebung des Kaisers „Byzantinismus" als Grundhaltung.[259]

Das Verhältnis zwischen Wilhelm II. und Bismarck von dessen Entlassung bis Mitte der 1890er Jahre schließlich wird in den Lebenserinnerungen als spannungsreich beschrieben, die vor allem auf Bismarcks Presseagitation gegen den „Neuen Kurs" hinweisen, wobei der Altkanzler gleichwohl eine wichtige Größe im politischen Leben dargestellt habe. Die Waage halten sich hier unterdessen divergierende Einschätzungen über die (in jedem Fall negativen) Folgen der Entlassung Bismarcks für die Stimmung in Deutschland, die wahlweise als Spaltung der Bevölkerung in Kaiser- und Bismarckanhänger oder aber als Einsetzen einer breit gelagerten Bismarck-Verehrung bei gleichzeitiger Distanzierung weiter Gesellschaftskreise vom Reich beschrieben werden. Die scharfe Kritik des entlassenen Bismarck am „Neuen Kurs" heben auch nahezu alle Historiker hervor.[260] Eine

---

253 Bornhak, *Deutsche Geschichte*, 287; Goetz u. a., *Das Zeitalter des Imperialismus*, 307f.; Mommsen, *Politische Geschichte*, 142; Schmitthenner, *Geschichte der Zeit*, 393f.

254 Binder, *Die Schuld*, 24f.; Wulff, *Die persönliche Schuld*, 31.

255 Ludwig, *Wilhelm der Zweite*, 317; Ullmann, *Deutschland*, 6; Wilhelm II., *Ereignisse und Gestalten*, 45f. und 86.

256 Jäger, *Erinnerungen*, 70f.; Ludwig, *Wilhelm der Zweite*, 368f.; Schmidt-Pauli, *Der Kaiser*, 139f. und 142; Wilhelm II., *Ereignisse und Gestalten*, 98; Wulff, *Die persönliche Schuld*, 54 und 57–59.

257 Rathenau, *Der Kaiser*, 22 und 24f.; Wolff, *Das Vorspiel*, 20 und 33–36.

258 [Endres], *Die Tragödie Deutschlands*, 62 und 275; Ludwig, *Wilhelm der Zweite*, 325–331, 334f. und 388; Schmidt-Pauli, *Der Kaiser*, 205; Ullmann, *Deutschland*, 9.

259 Binder, *Die Schuld*, 14f.; Eulenberg, *Die Hohenzollern*, 408–410; Jäger, *Erinnerungen*, 66, 73 und 88; Ludwig, *Wilhelm der Zweite*, 325; Mann, Kaiserreich, 223; Rathenau, *Der Kaiser*, 18–20, 24 und 40; Schmidt-Pauli, *Der Kaiser*, 205 und 216–219; Wolff, *Das Vorspiel*, 37; Wulff, *Die persönliche Schuld*, 32f.

260 Bornhak, *Deutsche Geschichte*, 90f.; Hartung, *Deutsche Geschichte*, 172; Mommsen, *Politische Geschichte*, 104f.; Oncken, *Das Deutsche Reich*, II, 384 und 386; Rosenberg, *Die Ent-*

Mehrheit von ihnen weist zudem auf die nach und nach anwachsende Bismarck-Begeisterung und den schließlich großen Rückhalt in der Bevölkerung für den Altkanzler hin.[261] Kaiser und Regierung hätten auf Bismarcks Attacken überempfindlich reagiert, so Bornhak, Mommsen, Oncken, Schmitthenner, Wahl und Ziekursch ergänzend, wobei sie besonders die Wiener Affäre von 1892[262] kritisieren; als Schlusspunkt der Auseinandersetzungen werten sie – wie indirekt auch die Autobiographen – die „Versöhnung" zwischen der Führung und dem Altkanzler zwei Jahre später[263], wobei Bornhak, Oncken und Schmitthenner den Beitrag Kanzler Hohenlohes dazu hervorheben.[264] Daneben verurteilt jedoch die Hälfte der Historiker die Verweigerung von Glückwünschen zum 80. Geburtstag Bismarcks durch den Reichstag im Jahr 1895.[265] Von den Autoren der zweiten Vergleichsgruppe hebt knapp die Hälfte ebenfalls Bismarcks öffentliche Kritik am „Neuen Kurs" hervor.[266] Seine Entlassung sei zunächst weithin begrüßt bzw. nicht bedauert worden, so Ludwig und Schmidt-Pauli differenzierend[267]; bald jedoch, so wiederum Ludwig und Wilhelm II. selbst, habe sich in der Bevölkerung eine auch gegen den Monarchen gerichtete Begeisterung für den Reichsgründer entwickelt.[268] Die „Versöhnung", so schließlich Ludwig, Nowak, Schmidt-Pauli und auch Wilhelm II. im Gegensatz zu den Autobiographen und Gelehrten, habe tatsächlich nicht zu einer grundlegenden Verbesserung des Verhältnisses zwischen Kaiser und Altkanzler geführt.[269]

Die Historiker stimmen hier alles in allem in hohem Maß mit den Autobiographen überein. Neben einigen Ergänzungen des Bildes (Einfluss speziell der Militärführung auf die Staatsführung, Daily-Telegraph-Affäre als Anlass für – ungerechtfertigte – Kritik am Kaiser, Versöhnung, aber schändliches Verhalten des

stehung, 43; Schmitthenner, *Geschichte der Zeit*, 237; Schnabel, *Deutschland*, 201; Wahl, *Deutsche Geschichte*, III, 564–566; Ziekursch, *Politische Geschichte*, III, 70–72.

261 Bornhak, *Deutsche Geschichte*, 65, 91f. und 96; Mommsen, *Politische Geschichte*, 105 und 111; Oncken, *Das Deutsche Reich*, II, 382f.; Rosenberg, *Die Entstehung*, 43; Schmitthenner, *Geschichte der Zeit*, 234 und 237; Schnabel, *Deutschland*, 201f.; Wahl, *Deutsche Geschichte*, III, 579f.

262 Auf Betreiben Wilhelms II. wurde Bismarck, der im Sommer zur Hochzeit seines Sohnes nach Wien gereist war, dort nicht vom österreichischen Kaiser empfangen (vgl. Clark, *Wilhelm II.*, 77).

263 Vgl. zum Treffen des Kaisers mit Bismarck im Januar 1894 Clark, *Wilhelm II.*, 77.

264 Bornhak, *Deutsche Geschichte*, 91–93 und 95; Mommsen, *Politische Geschichte*, 104; Oncken, *Das Deutsche Reich*, II, 408 und 426; Schmitthenner, *Geschichte der Zeit*, 237 und 388; Wahl, *Deutsche Geschichte*, III, 564–567; Ziekursch, *Politische Geschichte*, III, 71f.

265 Goetz u. a., *Das Zeitalter des Imperialismus*, 167f.; Mommsen, *Politische Geschichte*, 105; Schmitthenner, *Geschichte der Zeit*, 237; Schnabel, *Deutschland*, 202; Wahl, *Deutsche Geschichte*, III, 577f.

266 Ludwig, *Wilhelm der Zweite*, 196f. und 201–204; Nowak, *Das dritte deutsche Kaiserreich*, II, 92–95; Schmidt-Pauli, *Der Kaiser*, 98; Wilhelm II., *Ereignisse und Gestalten*, 32 und 45f.; Wolff, *Das Vorspiel*, 9; Wulff, *Die persönliche Schuld*, 31.

267 Ludwig, *Wilhelm der Zweite*, 118f. und 196; Schmidt-Pauli, *Der Kaiser*, 99.

268 Ludwig, *Wilhelm der Zweite*, 201 und 203; Wilhelm II., *Ereignisse und Gestalten*, 32.

269 Ludwig, *Wilhelm der Zweite*, 205–216; Nowak, *Das dritte deutsche Kaiserreich*, II, 111–115; Schmidt-Pauli, *Der Kaiser*, 98; Wilhelm II., *Ereignisse und Gestalten*, 76.

Reichstags gegenüber Bismarck) weisen ihre Darstellungen zwar die Gesamtbewertung abmildernde Elemente auf (eher keine Alleinregierung, geringe Relevanz von Störungen der Regierungsarbeit), mehr aber noch Tendenzen, die das Negativurteil verstärken (deutliche Mitschuld des Kaisers an im Volk dominierender Kritik, Überreaktionen auf die Angriffe Bismarcks, keine Spaltung der Bevölkerung, sondern nur Begeisterung für den Altkanzler), wobei vor allem die noch kritischere Haltung gegenüber Charakter und Amtsführung Wilhelms II. auffällt und die Einordnungen der Person des Monarchen in größere Zusammenhänge (Verkörperung der zeittypischen Diskrepanz von Tradition und Moderne, Repräsentant der Schwächen seines Volkes) ein Übriges dazu beitragen.

Die Populärwissenschaftler und Publizisten teilen ebenfalls weitgehend die Auffassungen der Lebenserinnerungen über Wilhelm II. und bieten gleichermaßen eine Reihe von Ergänzungen (kaiserliche Vorliebe für das Militär bei gleichzeitiger militärischer Unfähigkeit, schlechte Personalauswahl ohne Alternative, dynastische Politik als Fehler, Daily-Telegraph-Affäre als Anlass für Kritik, nur vordergründige Versöhnung mit Bismarck). Abgesehen von der auch bei ihnen zu findenden Einordnung des Monarchen als Exponenten seiner Epoche halten sich hier Urteile, die das Gesamtbild weiter trüben (Hauptschuld Wilhelms II. am Weltkrieg, Bindung von Kräften des Außenamtes zur Bereinigung kaiserlicher Fehltritte, keine Spaltung der Deutschen, sondern ebenfalls nur Begeisterung für Bismarck) und solche, die es aufhellen (Verantwortung in der Außenpolitik gleichermaßen bei Führung und Beratern, fragliche Wirkung des Kaisers gegenüber England, mehr Unterwürfigkeit als Kritik im Volk) in etwa die Waage.

Im Bereich der *wirtschaftlichen und technischen Entwicklung* Deutschlands sehen zahlreiche Autobiographen signifikante Merkmale der Wilhelminischen Zeit, wobei ihre Darstellungen durchgehend von einer rasanten Fort- bzw. Aufwärtsentwicklung auf diesen Gebieten ausgehen. In Sachen Technik und Verkehr werden dabei vor allem eine Zunahme der Kraft- und Luftfahrt sowie Entwicklungen der Waffentechnik, insbesondere im Bereich der Kriegsmarine registriert. Damit einhergegangen sei ein außergewöhnliches ökonomisches Wachstum wie speziell des industriellen Sektors, ebenso eine enorme Ausdehnung des Handels, so dass das Reich nach Zahlen eine führende Position in der Welt eingenommen habe. Abgesehen von geringfügigen Abweichungen und Differenzierungen, die hier vernachlässigt werden können, zeichnen alle untersuchten Werke der Historiographie – mit Ausnahme der Darstellung Rosenbergs, die dieses Thema nicht abdeckt – ein sehr ähnliches Bild.[270] Ausnahmslos werden die genannten Aspekte auch von den Autoren der zweiten Vergleichsgruppe thematisiert, wobei Boehm,

---

270 Bornhak, *Deutsche Geschichte*, 175, 178f. und 190–195; Goetz u. a., *Das Zeitalter des Imperialismus*, 66, 86–88, 106f., 111, 113f., 118 und 155f.; Hartung, *Deutsche Geschichte*, 162, 196f. und 207–209; Mommsen, *Politische Geschichte*, 108 und 132; Oncken, *Das Deutsche Reich*, II, 421 und 658; Schmitthenner, *Geschichte der Zeit*, 238f., 273, 328, 342–344, 353 und 400f.; Schnabel, *1789–1919*, 136 und 139; ders., *Deutschland*, 207–211 und 218; Wahl, *Deutsche Geschichte*, II, 449, sowie III, 66–69, 72ff., 77f., 447 und 599f., sowie IV, 31, 93, 100 und 132; Ziekursch, *Politische Geschichte*, II, 423, sowie III, 43, 55, 58, 69, 137 und 273.

Jäger, Ullmann, Wilhelm II., Wolff und Wulff das Gesamtphänomen festhalten[271], Endres, Mann, Nowak, Rathenau, Schmidt-Pauli und Ullmann nur auf die rasante ökonomische Entwicklung verweisen[272] und die Bedeutung bestimmter technischer Innovationen wie etwa des Zeppelins von Binder, Boehm, Endres, Ludwig und Wilhelm II. unterstrichen wird.[273]

Was die Struktur von Wirtschaft und Handel im Reich angeht, vermerken die Erinnerungswerke lediglich eine zunehmende Bildung von Großunternehmen und Preisabsprachen auf Kosten des Mittelstands. Die Befunde der Geschichtswissenschaft sind hier weitaus umfänglicher und facettenreicher: Schmitthenner und Schnabel zufolge fand ein Konkurrenzkampf zwischen Industrie und Landwirtschaft statt[274]; Goetz und Mommsen erachten den Agrarsektor – gemessen an der Zahl der Beschäftigten – als im Abschwung begriffen.[275] Sowohl in einer starken Bevölkerungszunahme (vgl. u.) als auch in Versäumnissen der deutschen Wirtschaftspolitik sieht eine Mehrheit der Historiker das Phänomen begründet, dass bei steigenden industriellen Exporten mit der Zeit Lebensmittelimporte zur Bedarfsdeckung unverzichtbar geworden seien.[276] Zugleich wird auch von einigen Gelehrten eine Tendenz zu Konzentration und Kartellbildung in der Industrie und im Finanzsektor festgestellt, die Bornhak, Hartung und Schnabel aufgrund der damit verbundenen Preissteigerungen und der Verdrängung kleinerer Betriebe als problematisch ansehen[277], wobei Schnabel aber auch auf die Vorteile dieses Prozesses im Hinblick auf die Behauptung der Großunternehmen am Weltmarkt hinweist[278], während Goetz die von seinen Kollegen genannten nachteiligen Folgen negiert.[279] Daneben konstatieren Bornhak, Goetz, Hartung, Schmitthenner und Wahl einen deutlichen Ausbau der industrierelevanten Infrastruktur, insbesondere

271 Boehm, *Ruf der Jungen*, 35 und 43; Jäger, *Erinnerungen*, 11 und 82; Ullmann, *Deutschland*, 8f. und 17; Wilhelm II., *Ereignisse und Gestalten*, 94, 110, 151 und 261; Wolff, *Das Vorspiel*, 9 und 35; Wulff, *Die persönliche Schuld*, 42.

272 [Endres], *Die Tragödie Deutschlands*, 274; Mann, Kaiserreich, 217; Nowak, *Das dritte deutsche Kaiserreich*, II, 276; Rathenau, *Der Kaiser*, 24, 26 und 41; Schmidt-Pauli, *Der Kaiser*, 200; Ullmann, *Deutschland*, 18.

273 Binder, *Die Schuld*, 28; Boehm, *Ruf der Jungen*, 42f.; [Endres], *Die Tragödie Deutschlands*, 101; Ludwig, *Wilhelm der Zweite*, 373f.; Wilhelm II., *Ereignisse und Gestalten*, 151.

274 Schmitthenner, *Geschichte der Zeit*, 384; Schnabel, *1789–1919*, 138.

275 Goetz u. a., *Das Zeitalter des Imperialismus*, 118, 120 und 155; Mommsen, *Politische Geschichte*, 132.

276 Bornhak, *Deutsche Geschichte*, 188; Goetz u. a., *Das Zeitalter des Imperialismus*, 155; Oncken, *Das Deutsche Reich*, II, 421; Schmitthenner, *Geschichte der Zeit*, 401; Schnabel, *Deutschland*, 217f.; Wahl, *Deutsche Geschichte*, IV, 102.

277 Bornhak, *Deutsche Geschichte*, 189f. und 193–195; Hartung, *Deutsche Geschichte*, 195 und 209; Schnabel, *Deutschland*, 210f. und 213f.

278 Schnabel, *Deutschland*, 212.

279 Goetz u. a., *Das Zeitalter des Imperialismus*, 62–64, 90–96, 98 und 124–126.

der Verkehrswege im Reich[280] – dies ist der einzige Aspekt, der auch von zwei „Laienhistorikern" (Schmidt-Pauli und Wilhelm II.) angesprochen wird.[281]

Kontrovers beurteilen die Autobiographen die Zollpolitik bzw. -gesetzgebung des Reichs in ihren Auswirkungen einerseits auf den Agrarsektor (erst belastend, dann förderlich, tendenziell also positiv), andererseits auf die Lebensmittelversorgung der Bevölkerung (Verschlechterung durch Schutzzölle, der Tendenz nach also negativ). Unzureichend sei die wirtschaftliche Vorbereitung Deutschlands auf einen Krieg gewesen – ein Urteil das Hartung und Schmitthenner teilen.[282] Die Außenwirtschaftspolitik der Regierung in Gestalt der Handelsverträge und der damit verbundenen Zollgesetzgebung sprechen ansonsten mit Ausnahme Rosenbergs alle hier einbezogenen Historiker an, wobei neben einigen Differenzierungen ebenfalls deutliche Divergenzen zu beobachten sind, das Spektrum der Einschätzungen aber dennoch in etwa mit dem der Lebenserinnerungen übereinstimmt: Während Schmitthenner lediglich die genannten Maßnahmen rekapituliert[283], werten Bornhak, Goetz, Hartung und Schnabel die Handelsverträge und Zollsenkungen als gut für den industriellen Export, jedoch als schädlich für die Landwirtschaft (hierauf verweist auch Wahl[284]), was dann nach 1900 durch neue Verträge und Schutzzölle – teilweise – wieder bereinigt worden sei.[285] Oncken dagegen sieht die Handelsverträge der 1890er Jahre als positiven Schritt zum Freihandel[286], während Mommsen und Ziekursch ihnen dezidiert nachteilige Folgen für den Agrarsektor absprechen und die spätere Schutzzollpolitik Bülows für eine Beeinträchtigung der Lebensmittelversorgung im Reich verantwortlich machen.[287] Ein gänzlich negatives Bild zeichnen hier nur einige wenige Autoren aus Populärwissenschaft und Publizistik (Jäger, Nowak und Ullmann), indem sie die Zollgesetzgebung der 1890er Jahre als nachteilig für den Agrarsektor werten und sich weiterer Ausführungen dazu enthalten.[288]

Die Ursachen für das trotz Aufschwung wachsende Defizit des Reichshaushalts sind unter den Erinnerungswerken umstritten – Verschwendung, Korruption, Rüstungsausgaben oder Vorteile der Länder bei der Besteuerung –; einig sind sich dagegen die sehr wenigen Stimmen über die Wichtigkeit der Finanzreform von 1909 in diesem Zusammenhang, die freilich nicht ausgereicht habe. Auch in den

280 Bornhak, *Deutsche Geschichte*, 191f.; Goetz u. a., *Das Zeitalter des Imperialismus*, 51, 54 und 116; Hartung, *Deutsche Geschichte*, 209; Schmitthenner, *Geschichte der Zeit*, 342; Wahl, *Deutsche Geschichte*, IV, 95f.

281 Schmidt-Pauli, *Der Kaiser*, 202; Wilhelm II., *Ereignisse und Gestalten*, 143–149 und 159.

282 Hartung, *Deutsche Geschichte*, 207; Schmitthenner, *Geschichte der Zeit*, 401 und 478.

283 Schmitthenner, *Geschichte der Zeit*, 386 und 391.

284 Wahl, *Deutsche Geschichte*, III, 554–558 und 562–564.

285 Bornhak, *Deutsche Geschichte*, 85–88, 120 und 245f.; Goetz u. a., *Das Zeitalter des Imperialismus*, 72, 74, 78f., 160, 162 und 172; Hartung, *Deutsche Geschichte*, 181f., 197–200 und 203f.; Schnabel, *1789–1919*, 136; ders., *Deutschland*, 215–217.

286 Oncken, *Das Deutsche Reich*, II, 398.

287 Mommsen, *Politische Geschichte*, 118 und 132; Ziekursch, *Politische Geschichte*, III, 58f., 61f. und 177f.

288 Jäger, *Erinnerungen*, 60f.; Nowak, *Das dritte deutsche Kaiserreich*, II, 86f.; Ullmann, *Deutschland*, 18.

geschichtswissenschaftlichen Publikationen finden sich unterschiedliche Begründungen für die prekäre Finanzlage des Reichs, nur Rosenberg erwähnt diese Problematik nicht (ebenso wie die Gesamtheit der Populärwissenschaftler und Publizisten). Dabei halten Bornhak, Schmitthenner und Wahl die Steuer- bzw. Finanzreformen der Zeit nach 1900 für erfolgreich[289], während die übrigen analog zu den Autobiographen das Gegenteil konstatieren. Mommsen, Schnabel und Ziekursch verweisen zusätzlich auf die gelungene preußische Steuerreform Miquels von 1891/93[290] als Gegenbeispiel bzw. Kontrapunkt.[291]

Schließlich werden in den Lebenserinnerungen weithin ein enormes Wachstum und eine Zunahme des Wohlstands der gesamten Bevölkerung konstatiert – und wiederum fehlt lediglich Rosenberg, wenn es den Historikern darum geht, dem wilhelminischen Deutschland eine gewaltige Bevölkerungszunahme zu bescheinigen[292]; Bornhak und Goetz halten außerdem ein enormes Städtewachstum fest[293], Goetz, Oncken, Schmitthenner und Wahl machen schließlich eine allgemeine Steigerung des Wohlstands nach 1890 aus.[294] Auch unter den „populären" Autoren findet sich schließlich eine Reihe von Stimmen, die Bevölkerungszunahme (Jäger, Ullmann, Wolff)[295] und Wohlstandsmehrung (Rathenau, Schmidt-Pauli, Schmitthenner, Wolff) für wichtig halten.[296]

Die Gelehrten schildern diesen Teilbereich der Epoche damit weitgehend analog zu den Autobiographen (bei hier und da detaillierterer Analyse wie z. B. im Fall der Zollgesetzgebung) und ergänzen das so entstehende, kaum getrübte Bild von Aufschwung und Modernisierung noch durch eine Reihe von Aspekten (Strukturwandel der Wirtschaft, Industrieexport vs. Lebensmitteleinfuhr; Infrastrukturausbau; preußische Steuerreform als positives Beispiel, Städtewachstum); dass eine beachtenswerte Minderheit von ihnen die Reichsfinanzreform als Erfolg ansieht, ändert daran kaum etwas. Die Schilderungen der zweiten Vergleichs-

---

289 Bornhak, *Deutsche Geschichte*, 248–251 und 298f.; Schmitthenner, *Geschichte der Zeit*, 388, 391f., 396 und 399; Wahl, *Deutsche Geschichte*, IV, 16f. und 29–31.

290 Hartung, *Deutsche Geschichte*, 194. Das Grundanliegen dieser Reform war „nicht einfach fiskalisch, sondern gesellschaftspolitisch, es ging (…) um mehr Klarheit und vor allem um Gerechtigkeit bei der Veranlagung", freilich im Rahmen der seinerzeitigen Möglichkeiten (Nipperdey, *Deutsche Geschichte*, II, 175f., das Zitat 175; zu den Einzelheiten s. ebd.).

291 Mommsen, *Politische Geschichte*, 118; Schnabel, *1789–1919*, 138; ders., *Deutschland*, 207; Ziekursch, *Politische Geschichte*, III, 45f.

292 Bornhak, *Deutsche Geschichte*, 179; Goetz u. a., *Das Zeitalter des Imperialismus*, 70 und 155; Hartung, *Deutsche Geschichte*, 146, 156, 195, 207 und 209; Oncken, *Das Deutsche Reich*, II, 657f.; Mommsen, *Politische Geschichte*, 132; Schmitthenner, *Geschichte der Zeit*, 401; Schnabel, *1789–1919*, 133; Wahl, *Deutsche Geschichte*, IV, 95; Ziekursch, *Politische Geschichte*, III, 235 und 273.

293 Bornhak, *Deutsche Geschichte*, 172 und 180–182; Goetz u. a., *Das Zeitalter des Imperialismus*, 156.

294 Goetz u. a., *Das Zeitalter des Imperialismus*, 20; Oncken, *Das Deutsche Reich*, II, 658; Schmitthenner, *Geschichte der Zeit*, 401; Wahl, *Deutsche Geschichte*, III, 600, und IV, 95.

295 Jäger, *Erinnerungen*, 61; Ullmann, *Deutschland*, 17; Wolff, *Das Vorspiel*, 10.

296 Rathenau, *Der Kaiser*, 24, 26 und 41; Schmidt-Pauli, *Der Kaiser*, 203; Schmitthenner, *Geschichte der Zeit*, 401; Wolff, *Das Vorspiel*, 10.

gruppe fallen demgegenüber sehr lückenhaft aus. Sie verzeichnen zwar ebenfalls zentrale Punkte wie den Aufschwung bzw. Fortschritt in Wirtschaft und Technik sowie die Wohlstands- und Bevölkerungsmehrung, bieten ansonsten aber nur punktuelle Informationen, die kein geschlossenes Bild entstehen lassen (Infrastrukturausbau, mangelhafte Zollgesetzgebung).

Im Zusammenhang mit Fragen und Problemen der *wilhelminischen Gesellschaft* wird in den Erinnerungswerken zunächst eine strikte Abgrenzung der hierarchisch gestuften sozialen Schichten der deutschen Bevölkerung festgehalten – und zumeist negativ beurteilt –, die allerdings im Süden des Reichs weniger stark ausgeprägt gewesen sei. Zugleich sei durch den ökonomischen Aufstieg von Angehörigen des mittleren Bürgertums und deren Verbindung mit den traditionellen, über den Staatsdienst definierten Eliten eine neue Führungsschicht entstanden und der Adel im Zuge dessen von seiner Position an der Spitze der Gesellschaft verdrängt bzw. durch Ergänzung und Vermischung mit bürgerlichen Aufsteigern in diesen Prozess einbezogen worden. Der Entwicklungsstand des wilhelminischen Bürgertums als Führungsschicht ist dabei umstritten („Blütezeit" oder Niedergang). Einige der Historiker stimmen hier mit den zentralen Befunden der Autobiographen überein: Hartung, Oncken und im Kern auch Wahl benennen ebenfalls das Phänomen strikter gesellschaftlicher Schichtentrennung als epochenprägend[297], die Werke Goetz' und Ziekurschs enthalten zumindest indirekte Hinweise darauf.[298] Goetz, Hartung, Mommsen und Rosenberg halten fest, dass sich unter Wilhelm II. nicht zuletzt durch eine Öffnung des Hofes und Nobilitierungen reicher Unternehmer sowie durch bürgerliche Heiraten finanzbedürftiger Adeliger eine neue Herrschaftsschicht herausgebildet habe.[299] Unter den Populärwissenschaftlern und Publizisten wird indessen noch etwas stärker differenziert: Über die Hälfte der Autoren bemängeln hier die strikte Schichten- bzw. „Klassen"-Trennung in Staat und Gesellschaft der Wilhelminischen Zeit[300], die, so Endres, Schmidt-Pauli, Ullmann und Wolff, von den Oberschichten ausgegangen sei.[301] Dabei verfolgte, den drei letztgenannten sowie Mann und Rathenau zufolge, das neureiche Bürgertum mit Nachdruck den gesellschaftlichen Aufstieg, die Assimilation mit dem Adel und den Zugang zum Hof.[302] Endres, Ludwig, Wolff und Wulff betonen analog dazu, dass der Kaiser die Gesellschaft wohlhabender Bürger (Unternehmer) bevorzugt habe, jedoch – nach Meinung der beiden letztgenann-

297 Hartung, *Deutsche Geschichte*, 210; Oncken, *Das Deutsche Reich*, 377; Wahl, *Deutsche Geschichte*, IV, 766 und 768.

298 Goetz u. a., *Das Zeitalter des Imperialismus*, 122f.; Ziekursch, *Politische Geschichte*, III, 183 und 217.

299 Goetz u. a., *Das Zeitalter des Imperialismus*; Hartung, *Deutsche Geschichte*, 224; Mommsen, *Politische Geschichte*, 109; Rosenberg, *Die Entstehung*, 42.

300 Vgl. Jäger, *Erinnerungen*, 81; Ludwig, *Wilhelm der Zweite*, 360; Mann, Kaiserreich, 216 und 236; Rathenau, *Der Kaiser*, 54.

301 [Endres], *Die Tragödie Deutschlands*, 61 und 174; Schmidt-Pauli, *Der Kaiser*, 205; Ullmann, *Deutschland*, 4; Wolff, *Das Vorspiel*, 20.

302 Mann, Kaiserreich, 215; Rathenau, *Der Kaiser*, 11, 22 und 40; Schmidt-Pauli, *Der Kaiser*, 205; Ullmann, *Deutschland*, 20; Wolff, *Das Vorspiel*, 33.

ten – ohne an der gleichbleibend führenden Rolle des Adels etwas ändern zu wollen.[303]

Unterdessen, so die Lebenserinnerungen, seien die sozialen Kleinstrukturen der Familien vor allem durch die Fixierung der Menschen auf Arbeit und Verdienst sowie das Streben der Frauen nach Selbständigkeit sukzessive aufgelöst worden. Daneben habe ein Generationenkonflikt die Gesellschaft bewegt, die Heranwachsenden hätten ihre Anliegen durch Jugendbewegung und -organisationen deutlich gemacht; Qualitäten und Defizite der jüngeren Generation sind unter den Autobiographen umstritten. In den beiden Vergleichsgruppen finden sich zu diesem Komplex keine Aussagen.

Beruflich, so die Erinnerungswerke, sei für die Oberschichten nur der zivile oder militärische Staatsdienst infrage gekommen. Große gesellschaftliche Bedeutung und Anziehungskraft hätten Orden und Titel gehabt; das Urteil über die Vergabepraxis (streng oder gelockert) fällt hier unterschiedlich aus. Darüber hinaus sei in den Oberschichten zur Dokumentation wie zur Wahrung des sozialen Status die Abhaltung formeller Geselligkeiten innerhalb der eigenen Kreise (gleicher Beruf oder vergleichbarer Rang) unabdingbar gewesen, auch wenn sich eine Lockerung dieses Zwangs bereits abgezeichnet habe. Mit der Zeit seien gerade solcherlei Zusammenkünfte zunehmend luxuriös und aufwendig gestaltet worden, was die Gastgeber oftmals über Gebühr belastet habe. Der Kaiserhof sei dabei ein eher positives, d. h. der Fehlentwicklung entgegenwirkendes Vorbild gewesen, doch wird der Aufwand bei Hoffesten im Ganzen in den Autobiographien und Memoiren kontrovers eingeschätzt bzw. beurteilt. Hartung, Mommsen, Schnabel und Wahl vermerken übereinstimmend damit eine Tendenz vor allem der aufgestiegenen Neureichen zu einer immer aufwendigeren Lebensführung und prunkvollen Zurschaustellung des erreichten Wohlstands.[304] Populärwissenschaft und Publizistik benennen dagegen auf breiter Front sowohl die Berufsorientierung (Endres, Rathenau, Schmidt-Pauli, Wulff, Wilhelm II.)[305] als auch den Drang nach Auszeichnungen und Titeln (Endres, Ludwig, Rathenau, Schmidt-Pauli, Ullmann, Wulff)[306] als auch den materialistischen Zug im Leben der Oberschichten (Rathenau, Schmidt-Pauli, Ullmann, Wolff, Wulff)[307], jeweils mit deutlich kritischem Blick; der Kaiserhof sei dabei – hier weichen Endres, Ludwig, Schmidt-

---

303 [Endres], *Die Tragödie Deutschlands*, 105; Ludwig, *Wilhelm der Zweite*, 310; Wolff, *Das Vorspiel*, 20; Wulff, *Die persönliche Schuld*, 37 und 39f.

304 Hartung, *Deutsche Geschichte*, 209; Mommsen, *Politische Geschichte*, 109f.; Schnabel, *1789–1919*, 139; Wahl, *Deutsche Geschichte*, III, 447.

305 [Endres], *Die Tragödie Deutschlands*, 60 und 221; Rathenau, *Der Kaiser*, 11; Schmidt-Pauli, *Der Kaiser*, 205; Wilhelm II., *Ereignisse und Gestalten*, 153; Wulff, *Die persönliche Schuld*, 37.

306 [Endres], *Die Tragödie Deutschlands*, 61f. und 271; Ludwig, *Wilhelm der Zweite*, 310; Rathenau, *Der Kaiser*, 11 und 22; Schmidt-Pauli, *Der Kaiser*, 205; Ullmann, *Deutschland*, 21; Wulff, *Die persönliche Schuld*, 40.

307 Rathenau, *Der Kaiser*, 42; Schmidt-Pauli, *Der Kaiser*, 204f.; Ullmann, *Deutschland*, 19f.; Wolff, *Das Vorspiel*, 33; Wulff, *Die persönliche Schuld*, 39.

Pauli, Ullmann und Wulff von den Autobiographen ab – ein schlechtes Vorbild gewesen.[308]

Die Erinnerungswerke halten fest, dass im Umgang der Menschen miteinander in der Wilhelminischen Zeit die Formen streng geregelt und verbindlich, dabei unfrei und einengend gewesen, aber nicht überall im Reich gleichermaßen gepflegt worden seien; außerdem hätten diese Konventionen auch Vorteile mit sich gebracht. Analog dazu weisen die Verfasser auf strikte Bekleidungskonventionen für beiderlei Geschlecht und diverse Lebenslagen hin; Haltung und Auftreten von Männern wie Frauen hätten sich vielfach an der Person des Kaisers orientiert. Auch hier herrscht bei den Vergleichswerken weitgehend Stille, lediglich Binder und Wolff konstatieren die Nachahmung der kaiserlichen Barttracht in weiten Teilen der Gesellschaft.[309] Im Miteinander der Geschlechter sei, so die Autobiographen, generell ein Verfall der Moral zu beobachten gewesen. Zugleich jedoch habe ein strenger Sittenkodex bestanden; dieser habe für Frauen die Beschränkung von Sexualität auf die Ehe festgelegt, doch sei gerade bei der Jugend eine Lockerung der Gepflogenheiten eingetreten, was jedoch nicht mit wachsender Verantwortungslosigkeit einhergegangen sei. In diesem Zusammenhang wird in den Lebenserinnerungen auch eine doppelte Moral in der wilhelminischen Gesellschaft kritisiert, die unterschiedliche Maßstäbe für Männer und Frauen angesetzt habe. Sexualität generell und Prostitution schließlich seien zunehmend öffentlich diskutiert worden, während Homosexualität zwar geächtet, in Hofkreisen aber verbreitet gewesen sei. Von den Historikern konstatiert Hartung und – mit vernachlässigbaren Einschränkungen – auch Wahl einen moralischen Verfall in der deutschen Gesellschaft vor 1914[310]; letzterer und Bornhak verzeichnen zudem gesetzgeberische Maßnahmen gegen Prostitution und Darstellungen des Sexuellen in Wort und Bild.[311] Die „Laienhistoriker" Eulenberg und Ullmann machen zumindest einen generellen Sittenverfall in der Oberschicht aus.[312]

Angesichts all dessen habe es schließlich auch Versuche bzw. Ansätze zu alternativen Lebensformen gegeben, halten die Erinnerungswerke fest. Hier benennen die Historiker Goetz, Schnabel und Wahl nun auch die Jugendbewegung als eine solche, bewusst entwickelte Alternative, die insbesondere durch das Streben nach Freiheit und Natürlichkeit bzw. Naturverbundenheit gekennzeichnet gewesen sei.[313]

---

308 [Endres], *Die Tragödie Deutschlands*, 105; Ludwig, *Wilhelm der Zweite*, 91f. und 156f.; Schmidt-Pauli, *Der Kaiser*, 205; Ullmann, *Deutschland*, 19f.; Wulff, *Die persönliche Schuld*, 33.

309 Binder, *Die Schuld*, 25; Wolff, *Das Vorspiel*, 33.

310 Hartung, *Deutsche Geschichte*, 291; Wahl, *Deutsche Geschichte*, III, 642, sowie IV, 753f. und 760.

311 Bornhak, *Deutsche Geschichte*, 127; Wahl, *Deutsche Geschichte*, III, 641, sowie IV, 165 und 754.

312 Eulenberg, *Die Hohenzollern*, 392; Ullmann, *Deutschland*, 19.

313 Goetz u. a., *Das Zeitalter des Imperialismus*, 36; Schnabel, *1789–1919*, 142 und 144; Wahl, *Deutsche Geschichte*, III, 139–145.

Sehr spärlich nehmen sich also die Einlassungen der Historiographen zu diesem Themengebiet aus, die lediglich die sozialen Schranken und die Bildung einer neuen Oberschicht, deren Hang zum Luxus, den Moralverfall und – als Alternative zum Bestehenden – die Jugendbewegung für wichtig halten und damit ein weit facettenärmeres Bild bieten als die Memoirenschreiber. Ähnliches gilt für die zweite Vergleichsgruppe, die zwar mehr Aspekte thematisiert als die erste und das Bild der Lebenserinnerungen dabei zum Teil auch ergänzt oder abwandelt (Schichtenproblematik und Distinktion, allgemeiner Hang zum Materiellen mit kaiserlichem Vorbild, Bedeutung der kaiserlichen Barttracht, Moralverfall), insgesamt aber auch nicht an diese heranreicht und dabei deutliche Unterschiede zur Geschichtswissenschaft aufweist.

Werden in den Erinnerungswerken *weltanschauliche Dispositionen und Facetten der Lebenseinstellung* der wilhelminischen Deutschen angesprochen, so konstatieren die Verfasser zunächst eine Abkehr vom christlichen Glauben als Resultat der zeitgenössischen Dominanz von technischen, naturwissenschaftlichen und ökonomischen Fragen sowie des Aufblühens von linkem, liberalem und rationalistischem Gedankengut. Liberalismus und (naturwissenschaftlicher) Rationalismus hätten dann auch für eine zunehmende Ichbezogenheit und weltanschauliche Beliebigkeit sowie eine Abkehr von jeglichen Idealen bei den Menschen im Reich gesorgt. Im Ergebnis habe man weithin lediglich von den Leistungen der Vorfahren gezehrt und sie sich zu eigen gemacht, ohne selbst Taten zu vollbringen; die Fassade der äußeren Erscheinung sei wichtiger als der dahinterstehende Inhalt geworden, bei gleichzeitiger Fokussierung auf materielle und Desinteresse an geistigen Dingen. Ganz praktisch seien Arbeit, wirtschaftlicher Erfolg und Genuss bzw. Wohlleben in den Mittelpunkt des Lebens getreten und hätten andere Bedürfnisse verdrängt, was in den Lebenserinnerungen als Zeichen eines Abstiegs gedeutet wird, den wiederum die Zeitgenossen negiert hätten; eine geringe, gleichwohl beachtenswerte Zahl an Gegenstimmen schwächt diesen Befund ab bzw. wertet den sichtbaren Arbeitsfleiß der wilhelminischen Deutschen positiv. Unter den Historikern teilt nur Hartung die gänzlich negative Einschätzung der Lebenserinnerungen[314]; Goetz und Mommsen bemängeln zumindest eine Ausbreitung des Individualismus.[315] Bornhak, Goetz, Schmitthenner und Wahl halten dagegen die beschriebenen Phänomene und Entwicklungen ebenfalls als bedeutend und dominierend fest, sehen jedoch eine Gegenbewegung am Werk, die zumindest in Teilen der Gesellschaft eine Wiederbelebung des Glaubens, der Ideale und der Tugenden bewirkt habe.[316] Die rein negative Sichtweise findet sich wiederum bei einem Großteil der Vertreter von Populärwissenschaft und Publizistik, von denen einige zusätzlich den festgestellten Werteverfall mit einer Zunahme der

---

314 Hartung, *Deutsche Geschichte*, 285f. und 288–291.
315 Goetz u. a., *Das Zeitalter des Imperialismus*, 31; Mommsen, *Politische Geschichte*, 110.
316 Bornhak, *Deutsche Geschichte*, 144f., 153 und 161; Goetz u. a., *Das Zeitalter des Imperialismus*, 31f.; Schmitthenner, *Geschichte der Zeit*, 352, 384 und 391; Schnabel, *1789–1919*, 139 und 142; ders., *Deutschland*, 220f.; Wahl, *Deutsche Geschichte*, III, 3, 6–10, 12–14, 16, 21, 26, 29f., 114f., 145, 148 und 447, sowie IV, 752–756, 761, 763 und 767f.

Obrigkeitshörigkeit und der Expansionsgelüste verknüpfen.[317] Mann und Nowak bescheinigen zusätzlich der Ideenwelt der Wagnerschen Opern eine die negativen Tendenzen – Zufriedenheit mit dem Epigonendasein, Gewaltverherrlichung, Streben nach Reichtum – verstärkende Wirkung.[318]

Im Hinblick auf die Haltung der Bevölkerung zu den politischen Fragen der Zeit sind die Auswirkungen der wachsenden Machtstellung des Reichs in den Erinnerungswerken umstritten, ebenso der Beitrag der Philosophie Friedrich Nietzsches (in ihrer populären Verzerrung) zu einer angeblich verbreiteten Selbstüberschätzung und Erhebung über andere Nationen, sowie auch diese Haltung selbst als „Faktum". Darüber hinaus gelten die Deutschen der Zeit nach 1890 generell als unpolitisch (im Sinne von uninteressiert) und obrigkeitshörig, was negativ vermerkt wird; eine zunehmende (satirische) Kritik an Staat und Gesellschaft sei weithin nicht goutiert worden. Von den Gelehrten teilen Hartung und Wahl die Einschätzung der wilhelminischen Deutschen als unpolitisch und allenfalls Kritik am Staat übend.[319] Aus den Reihen der „Laienhistoriker" charakterisieren Binder, Endres, Eulenberg, Jäger, Schmidt-Pauli, Ullmann und Wolff das deutsche Volk generell als politisch unerfahren bzw. unreif oder gleichgültig[320]; Binder, Endres, Ludwig, Rathenau, Ullmann und Wolff stufen es (zusätzlich) als gehorsam bzw. unterwürfig und obrigkeitshörig ein (vgl. oben).[321]

Was schließlich die Lage der Kirchen bzw. Konfessionen angeht, halten die Autobiographien und Memoiren Richtungsstreitigkeiten zwischen Konservatismus und Liberalismus innerhalb der evangelischen wie der katholischen Kirche fest, außerdem ein gespanntes Verhältnis zwischen den Konfessionen sowie zwischen der evangelischen (!) Kirche und dem Staat Preußen. Während Bornhak, Goetz, Hartung und Wahl ebenfalls auf die intrakonfessionellen Spannungen verweisen, heben Bornhak und Wahl dabei die zusammenhaltenden Kräfte bzw. Tendenzen hervor.[322] Bornhak und Schmitthenner betonen schließlich (mit Einschränkungen) die für die katholische Kirche bedeutsame Abkehr der Regierung

317 Boehm, *Ruf der Jungen*, 35–37, 40–43 und 64; [Endres], *Die Tragödie Deutschlands*, 49f., 64, 158, 197 und 269–271; Eulenberg, *Die Hohenzollern*, 392; Jäger, *Erinnerungen*, 3, 11, 13, 27, 66 und 81f.; Ludwig, *Wilhelm der Zweite*, 267 und 388; Mann, Kaiserreich, 215, 217, 221–224 und 230; Rathenau, *Der Kaiser*, 23, 29, 31f. und 39–42; Schmidt-Pauli, *Der Kaiser*, 203–205; Ullmann, *Deutschland*, 4, 6–9, 19 und 25f.; Wolff, *Das Vorspiel*, 28 und 31–33; Wulff, *Die persönliche Schuld*, 24.

318 Mann, Kaiserreich, 226–228; Nowak, *Das dritte deutsche Kaiserreich*, I, 131.

319 Hartung, *Deutsche Geschichte*, 169, 175, 215, 285, 287 und 291f.; Wahl, *Deutsche Geschichte*, III, 241, 509, 621 und öfter, sowie IV, 756 und 762.

320 Binder, *Die Schuld*, 6 und 39; [Endres], *Die Tragödie Deutschlands*, 49f.; Eulenberg, *Die Hohenzollern*, 410; Jäger, *Erinnerungen*, 9, 38, 66, 88 und öfter; Schmidt-Pauli, *Der Kaiser*, 204; Ullmann, *Deutschland*, 7; Wolff, *Das Vorspiel*, 9.

321 Binder, *Die Schuld*, 24; [Endres], *Die Tragödie Deutschlands*, 25, 61f., 113 und 269f.; Ludwig, *Wilhelm der Zweite*, 373; Rathenau, *Der Kaiser*, 8, 11, 22, 33f., 42f. und 54; Ullmann, *Deutschland*, 20; Wolff, *Das Vorspiel*, 37.

322 Bornhak, *Deutsche Geschichte*, 141f., 147–150, 153 und 155; Goetz u. a., *Das Zeitalter des Imperialismus*, 21f.; Hartung, *Deutsche Geschichte*, 288f.; Wahl, *Deutsche Geschichte*, III, 36 und 63f.

von den Kulturkampfgesetzen[323], Bornhak und Rosenberg das zunehmend gute Verhältnis bzw. eine wachsende Verknüpfung und Zusammenarbeit von Staat und katholischer Kirche.[324] Aus der zweiten Vergleichsgruppe halten dagegen Jäger, Rathenau und Wilhelm II. Spannungen und Konflikte *zwischen* den Konfessionen für erwähnenswert[325]; eine Symbiose von Reichsoberhaupt und Kirche zur Wahrung der Monarchie und ihrer Autorität sehen Rathenau und Wulff ebenfalls in Abweichung von den Lebenserinnerungen als Tatsache der Wilhelminischen Epoche an.[326]

Die Geschichtswissenschaftler stimmen nun zwar in den zentralen Punkten mit den Autobiographen überein, was Glaubensverfall und Mentalitätswandel angeht, nehmen aber letztlich durch die Hervorhebung einer – teils erfolgreichen – Gegenbewegung eine fast diametral entgegengesetzte Position ein. Indem sie ansonsten die Frage nach dem Machtbewusstsein der Deutschen nicht stellen und deren Obrigkeitshörigkeit negieren, die Spannungen zwischen den Konfessionen nicht erwähnen – und der katholischen Kirche Nähe zum Staat bescheinigen, anstatt dessen Konfrontation mit der evangelischen Kirche zu erwähnen – , unterstreichen sie diese deutlich abweichende Tendenz in ihren Darstellungen. Die „Laienhistoriker" gehen dagegen in den erstgenannten Punkten völlig mit den Lebenserinnerungen konform (mit der ergänzenden Nennung vor allem der zunehmenden Aggressionsbereitschaft); sie lassen zwar ebenfalls die Frage nach dem Machtbewusstsein der Deutschen unerwähnt, ebenso wie die intrakonfessionellen Konflikte, weichen ansonsten aber nur dadurch ab, dass sie evangelischer Kirche und Staat gute beiderseitige Beziehungen zuschreiben.

4. Themen „mittlerer" Bedeutung: Soziale Frage, Verfassung und Innenpolitik, Bildung und Wissenschaft

Zahlreiche Urheber der hier untersuchten Erinnerungswerke erkennen auf dem Gebiet der *Sozialen Frage* sowie den damit zusammenhängenden staatlichen und politischen Aktivitäten für die Epoche nach 1890 bedeutsame Tatsachen und Entwicklungen. Die Lage der Arbeiterschaft, die durch Wohnungsnot, Armut und mangelnde Gleichberechtigung in Staat und Gesellschaft geprägt gewesen sei, gilt dabei als besonders wichtiges Zeitthema; als Ursachen für die Misere werden Industrialisierung, Landflucht und Proletarisierung in den Städten benannt. All dies sei zwingend auch politisch relevant geworden, vor allem mit Blick auf das Aufleben der Sozialdemokratie. Auch eine Mehrheit der untersuchten Historiker un-

---

323 Bornhak, *Deutsche Geschichte*, 138; Schmitthenner, *Geschichte der Zeit*, 391.
324 Bornhak, *Deutsche Geschichte*, 138–140 und 143, Rosenberg, *Die Entstehung*, 45f.
325 Jäger, *Erinnerungen*, 3, 7, 13f., 29, 31 und 58; Rathenau, *Der Kaiser*, 41; Wilhelm II., *Ereignisse und Gestalten*, 178.
326 Rathenau, *Der Kaiser*, 31 und 40; Wulff, *Die persönliche Schuld*, 24.

terstreicht die epochenprägende Bedeutung dieses Problemkomplexes[327], die zweite Vergleichsgruppe nimmt dagegen keinerlei grundsätzliche Wertung vor.

Bürgertum und Adel, so die Autobiographen, hätten sich strikt von den Unterschichten abgegrenzt, allerdings wachsendes Engagement sowohl zur Besserung der Lage der Arbeiter als auch zur Bekämpfung der Sozialdemokratie gezeigt (freilich mit geringem Erfolg). Sowohl eine Reihe von Gelehrten (Goetz, Hartung, Mommsen, Oncken)[328] als auch knapp die Hälfte der „Laienhistoriker" (Boehm, Endres, Jäger, Mann, Ullmann, Wulff)[329] weisen ebenfalls auf die kategorische Distanzierung der Oberschichten hin, allerdings jeweils ohne Einschränkung.

Wichtiger noch erscheinen in den Lebenserinnerungen die staatlichen Aktivitäten auf dem Gebiet der Sozialpolitik – das Reich sei hier führend gewesen –, nicht zuletzt die vom Kaiser initiierten Maßnahmen. Kennzeichnend hierfür sei allerdings eine inkonsequente und widersprüchliche Vorgehensweise gewesen; zudem hätten sich Agrarier und Unternehmer restriktiv verhalten. Die Frage des Erfolgs der Sozialpolitik wird insgesamt kontrovers beurteilt, mit deutlich negativer Tendenz. Auch die Historiker Oncken, Schmitthenner, Wahl und – indirekt – Ziekursch weisen dem wilhelminischen Deutschland in der Sozialpolitik eine vorbildhafte, international führende Stellung zu.[330] Die Abfolge und wechselnde Intensität der Sozialgesetzgebung seit 1890 stellen Bornhak, Mommsen und Schnabel vor[331]; Goetz und Hartung sehen die Entwicklung auf diesem Gebiet nach hoffnungsvollen Anfängen in Stillstand enden[332], Schmitthenner und Wahl dagegen halten alle Schritte für bedeutsam.[333] Ansonsten fällt die Bewertung auch hier wenig differenziert und sehr ähnlich wie in den Erinnerungswerken aus: Dass der Kaiser mit der von ihm initiierten Sozialgesetzgebung die Arbeiterschaft für den Staat gewinnen und sie zugleich von der Sozialdemokratie habe trennen wollen, was aber aufgrund der engen Bindung zwischen beiden gar nicht möglich gewe-

---

327 Bornhak, *Deutsche Geschichte*, 180–182; Goetz u. a., *Das Zeitalter des Imperialismus*, 20, 124 und 156; Hartung, *Deutsche Geschichte*, 178, 196, 102 und 208; Mommsen, *Politische Geschichte*, 132; Oncken, *Das Deutsche Reich*, II, 366 und 421f.; Schnabel, *1789–1919*, 136f.; ders., *Deutschland*, 212 und 219; Wahl, *Deutsche Geschichte*, II, 515, und III, 144f. sowie IV, 103.

328 Goetz u. a., *Das Zeitalter des Imperialismus*, 6f.; Hartung, *Deutsche Geschichte*, 210; Mommsen, *Politische Geschichte*, 109 und 132; Oncken, *Das Deutsche Reich*, II, 377.

329 Boehm, *Ruf der Jungen*, 36 und 45; [Endres], *Die Tragödie Deutschlands*, 175 und 270; Jäger, *Erinnerungen*, 84–86; Mann, Kaiserreich, 216; Ullmann, *Deutschland*, 4; Wulff, *Die persönliche Schuld*, 6.

330 Oncken, *Das Deutsche Reich*, II, 366f., 371f. und 658f.; Schmitthenner, *Geschichte der Zeit*, 342; Wahl, *Deutsche Geschichte*, II, 523, und III, 1f., sowie IV, 92 und öfter; Ziekursch, *Politische Geschichte*, II, 432f. und 437f., sowie III, 54 und 174.

331 Bornhak, *Deutsche Geschichte*, 75, 123f., 269, 301 und 303; Mommsen, *Politische Geschichte*, 100f., 132 und 144; Schnabel, *Deutschland*, 219f.

332 Goetz u. a., *Das Zeitalter des Imperialismus*, 159f., 170, 172 und 178; Hartung, *Deutsche Geschichte*, 178f., 206, 211, 214 und 235.

333 Schmitthenner, *Geschichte der Zeit*, 386; Wahl, *Deutsche Geschichte*, III, 515–518, sowie IV, 77–81 und 85–89.

sen sei, konstatieren Bornhak, Oncken, Schmitthenner und Wahl[334]; Hartung, Schnabel und Ziekursch betonen ergänzend, dass man schlichtweg die Forderung der Arbeiterschaft nach politischer Partizipation übersehen habe.[335] Wilhelm II., so Bornhak, Hartung, Mommsen, Rosenberg und Ziekursch zusätzlich, habe sich daraufhin enttäuscht von den Unterschichten abgewandt sowie – laut Bornhak und Hartung – einen scharfen Kurs gegen die Sozialdemokratie eingeschlagen, dessen leere Drohungen allerdings nur kontraproduktiv gewirkt hätten.[336] Die Unternehmerschaft sei ohnehin gegen die Sozialpolitik Wilhelms II. gewesen, betonen Goetz, Hartung und Mommsen, denen sich Bornhak, Rosenberg und Ziekursch anschließen und zusätzlich einen dementsprechend nachteiligen Einfluss führender Industrieller auf das Reichsoberhaupt festhalten.[337] Alles in allem sei dessen Kurs in der Sozialen Frage gescheitert, so Hartung und Schnabel.[338] Hartung, Oncken, Schmitthenner und Wahl machen daneben jedoch deutlich positive Effekte des allgemeinen ökonomischen Aufschwungs auf die Lebensumstände der Arbeiterschaft aus.[339] Mit wenigen Abweichungen im Detail und einer stärkeren Konzentration auf das Reichsoberhaupt teilen die „Laienhistoriker" diese Ansichten im Kern: Fortschrittlichkeit und Vorbildhaftigkeit der kaiserlichen Sozialpolitik (Jäger, Ludwig, Nowak, Schmidt-Pauli, Wilhelm II., Wulff)[340] – bei echtem Interesse des Monarchen an Verbesserungen der sozialen Lage (so alle vorigen außer Jäger[341]; nur Endres und Eulenberg widersprechen hier[342]) – finden sich hier ebenso wie das Scheitern der kaiserlichen Bemühungen, die Arbeiterschaft von der Sozialdemokratie zu trennen und sie mit Staat und Gesellschaft zu versöhnen bzw. zu integrieren (insgesamt acht Autoren)[343], Wilhelms II. Kehrtwende gegen-

---

334 Bornhak, *Deutsche Geschichte*, 35f., 58 und 60f.; Oncken, *Das Deutsche Reich*, II, 366f. und 371f.; Schmitthenner, *Geschichte der Zeit*, 234 und 239; Wahl, *Deutsche Geschichte*, II, 503–505, 521 und 524, sowie III, 518, 568 und 620–623, sowie IV, 72.

335 Hartung, *Deutsche Geschichte*, 177, 210 und 214; Schnabel, *1789–1919*, 138f.; Ziekursch, *Politische Geschichte*, II, 439, sowie III, 55f. und 236.

336 Bornhak, *Deutsche Geschichte*, 36 und 123f.; Hartung, *Deutsche Geschichte*, 188f. und 191f.; Mommsen, *Politische Geschichte*, 117f.; Rosenberg, *Die Entstehung*, 42; Ziekursch, *Politische Geschichte*, III, 55–57, 72f. und 81.

337 Bornhak, *Deutsche Geschichte*, 124; Goetz u. a., *Das Zeitalter des Imperialismus*, 159; Hartung, *Deutsche Geschichte*, 210; Mommsen, *Politische Geschichte*, 120 und 132; Rosenberg, *Die Entstehung*, 42; Ziekursch, *Politische Geschichte*, III, 78.

338 Hartung, *Deutsche Geschichte*, 193; Schnabel, *Deutschland*, 219.

339 Hartung, *Deutsche Geschichte*, 210; Oncken, *Das Deutsche Reich*, II, 658; Schmitthenner, *Geschichte der Zeit*, 401; Wahl, *Deutsche Geschichte*, III, 600, sowie IV, 92 und 761f.

340 Jäger, *Erinnerungen*, 16f.; Ludwig, *Wilhelm der Zweite*, 94f. und 103; Nowak, *Das dritte deutsche Kaiserreich*, I, 187f., sowie II, 86f. und 106; Schmidt-Pauli, *Der Kaiser*, 200f.; Wulff, *Die persönliche Schuld*, 19.

341 Ludwig, *Wilhelm der Zweite*, 84f.; Nowak, *Das dritte deutsche Kaiserreich*, I, 115–117 und 180, sowie II, 102f.; Schmidt-Pauli, *Der Kaiser*, 201; Wilhelm II., *Ereignisse und Gestalten*, 29–33; Wulff, *Die persönliche Schuld*, 27.

342 [Endres], *Die Tragödie Deutschlands*, 110; Eulenberg, *Die Hohenzollern*, 399.

343 Boehm, *Ruf der Jungen*, 36f.; Jäger, *Erinnerungen*, 62; Ludwig, *Wilhelm der Zweite*, 86f. und 387; Nowak, *Das dritte deutsche Kaiserreich*, I, 180, sowie II, 104 und 106; Ullmann,

über der Sozialdemokratischen Partei (Endres, Jäger, Ludwig, Nowak, Mann, Wulff)[344] und die Unzufriedenheit der Industrie mit seiner anfänglichen Politik (Jäger, Wulff)[345]; Nowak und Wilhelm II. selbst legen allerdings Wert darauf, dass man in der Reichsführung auf die Unternehmer keine Rücksicht genommen habe.[346]

Unterdessen weisen die Autobiographen auf ein (erfolgreiches) Bildungsstreben der Arbeiterschaft hin; die Fruchtbarkeit der einschlägigen sozialdemokratischen Aktivitäten ist dabei umstritten, während den Oberschichten in dieser Frage schädliche Ignoranz bescheinigt wird. Aus den Vergleichsgruppen halten lediglich die Historiker Goetz und Rosenberg die Anstrengungen vor allem der Sozialdemokratie in der Arbeiterbildung für erwähnenswert.[347]

Die Sozialdemokratie als Bewegung und Partei habe sich in der Wilhelminischen Zeit im Aufschwung bzw. Wachstum befunden, so die Einschätzung der Autobiographien und Memoiren; die vom Staat gesetzten Bedingungen für ihre Tätigkeit werden kontrovers beurteilt. Intern sei es zu einer Abgrenzung divergierender Strömungen (Radikale und Reformer) gekommen, während nach außen hin ein starrer Gegensatz sowie scharfe gegenseitige Ablehnung von Bürgertum und gesellschaftsfeindlicher Sozialdemokratie bestanden habe. Letztere sei in Fundamentalopposition gegen Staat und System verharrt, wobei sich Gegenmaßnahmen aller staatlichen Gewalten kontraproduktiv ausgewirkt hätten. Nahezu alle Historiker halten ebenfalls ein kontinuierliches Anwachsen der Sozialdemokratie fest, heben aber zugleich unisono das Ausbleiben neuer rechtlicher Restriktionen für die Partei (bzw. das Scheitern diverser Anläufe hierzu) hervor.[348] Sieben von ihnen erwähnen die Spaltung in Radikale und Reformer, Hartung, Schmitthenner und Wahl sehen letztere dabei im Hintertreffen.[349] Auch für eine Mehrheit der Historiker war bzw. blieb die Partei folgerichtig im Ganzen kommunistisch und

Deutschland, 20; Schmidt-Pauli, *Der Kaiser*, 201; Wilhelm II., *Ereignisse und Gestalten*, 34; Wulff, *Die persönliche Schuld*, 17 und 29f.

344 [Endres], *Die Tragödie Deutschlands*, 27 und 110f.; Jäger, *Erinnerungen*, 62; Ludwig, *Wilhelm der Zweite*, 170f. und 305; Mann, *Kaiserreich*, 223; Nowak, *Das dritte deutsche Kaiserreich*, II, 103–105; Wulff, *Die persönliche Schuld*, 34f.

345 Jäger, *Erinnerungen*, 17 und 63; Wulff, *Die persönliche Schuld*, 17 und 29f.

346 Nowak, *Das dritte deutsche Kaiserreich*, I, 114f.; Wilhelm II., *Ereignisse und Gestalten*, 29–33.

347 Goetz u. a., *Das Zeitalter des Imperialismus*, 28; Rosenberg, *Die Entstehung*, 48f.

348 Bornhak, *Deutsche Geschichte*, 86, 123–126, 269 und 303; Goetz u. a., *Das Zeitalter des Imperialismus*, 158, 165f. und 170; Hartung, *Deutsche Geschichte*, 187, 191f., 212, 214, 222 und 240f.; Mommsen, *Politische Geschichte*, 101 und 118; Oncken, *Das Deutsche Reich*, II, 660; Rosenberg, *Die Entstehung*, 44 und 46f.; Schmitthenner, *Geschichte der Zeit*, 351, 387–391 und 399; Wahl, *Deutsche Geschichte*, II, 543, sowie III, 513, 581–586, 625–633 und 635, sowie IV, 10–12 und 91; Ziekursch, *Politische Geschichte*, III, 67, 80f., 84f. und 189.

349 Bornhak, *Deutsche Geschichte*, 86f., 123 und 270; Goetz u. a., *Das Zeitalter des Imperialismus*, 157f.; Hartung, *Deutsche Geschichte*, 212; Rosenberg, *Die Entstehung*, 49f.; Schmitthenner, *Geschichte der Zeit*, 351 und 390f.; Wahl, *Deutsche Geschichte*, III, 513, und IV, 2f.; Ziekursch, *Politische Geschichte*, III, 56.

damit revolutionär und fundamentaloppositionell ausgerichtet.[350] Bornhak, Goetz und Schnabel zufolge ließ es allerdings der Staat seinerseits auch nicht an Ablehnung fehlen[351] – auch hier also eine auffällige Deckungsgleichheit mit den untersuchten Lebenserinnerungen. Bornhak und Rosenberg bemerken ergänzend, dass die christlichen Arbeitervereinigungen die bestehende Ordnung nicht infrage gestellt hätten.[352] Spiegelbildlich lesen sich auch in diesem Punkt die – allerdings fokussierteren – Darstellungen der Populärwissenschaft und Publizistik: Kontinuierliches Wachstum (Endres, Eulenberg, Jäger, Ludwig, Mann, Nowak)[353], das Scheitern neuer Ausnahmegesetze bzw. Zwangsmaßnahmen (Jäger, Nowak, Wilhelm II., Wulff)[354] und Verharren in Fundamentalopposition bzw. revolutionärer Zielsetzung (Boehm, Jäger, Ludwig, Rathenau, Ullmann)[355] sind hier die Hauptaspekte, wobei die Sozialdemokratie in der Darstellung Endres' und Manns dem Zug der Zeit entsprechend nur nach Wohlstand und gesellschaftlicher Anerkennung gestrebt und letztlich die gleichen Ziele wie das Bürgertum verfolgt habe.[356]

Den Autobiographen zufolge zeigten unter den übrigen politischen Gruppierungen die liberalen Parteien Engagement für die Arbeiterschaft, außerdem sei der Sozialdemokratie in den (gescheiterten) Vereinigungen Stoeckers und Naumanns Konkurrenz erwachsen. Die Tätigkeit des „Reichsverbands gegen die Sozialdemokratie" ist in bzw. zwischen den Erinnerungswerken umstritten. Weit differenzierter schildern hier die Historiker die Lage: Goetz und Hartung beschreiben das Verhältnis der übrigen Reichstagsparteien zur Sozialdemokratie als zerrüttet, wobei Hartung ihnen ein zunehmendes Interesse an sozialen Aufgaben bescheinigt[357], was Mommsen nur für das Zentrum gelten lassen will[358], Bornhak und Goetz (insbesondere) den Liberalen dezidiert absprechen.[359] (Links-)Liberale oder Zentrum sehen nichtsdestotrotz Bornhak, Goetz, Hartung, Rosenberg, Schmitthenner und Wahl aus zumeist pragmatischen Gründen (doch) zur Sozialdemokra-

350 Goetz u. a., *Das Zeitalter des Imperialismus*, 156; Hartung, *Deutsche Geschichte*, 175, 187, 191, 193, 212, 215 und 224; Mommsen, *Politische Geschichte*, 118 und 120; Oncken, *Das Deutsche Reich*, II, 660; Rosenberg, *Die Entstehung*, 49; Schnabel, *1789–1919*, 139; Wahl, *Deutsche Geschichte*, III, 515 und 622, sowie IV, 2–4.

351 Bornhak, *Deutsche Geschichte*, 87; Goetz u. a., *Das Zeitalter des Imperialismus*, 158; Schnabel, *Deutschland*, 219.

352 Bornhak, *Deutsche Geschichte*, 149; Rosenberg, *Die Entstehung*, 46f.

353 [Endres], *Die Tragödie Deutschlands*, 111; Eulenberg, *Die Hohenzollern*, 399; Jäger, *Erinnerungen*, 7, 29 und 38; Ludwig, *Wilhelm der Zweite*, 104, 283 und 388; Mann, Kaiserreich, 214; Nowak, *Das dritte deutsche Kaiserreich*, II, 102.

354 Jäger, *Erinnerungen*, 27 und 63f.; Nowak, *Das dritte deutsche Kaiserreich*, II, 115ff. und 122; Wilhelm II., *Ereignisse und Gestalten*, 74; Wulff, *Die persönliche Schuld*, 35f.

355 Boehm, *Ruf der Jungen*, 37; Jäger, *Erinnerungen*, 6, 13 und 39; Ludwig, *Wilhelm der Zweite*, 388; Rathenau, *Der Kaiser*, 40; Ullmann, *Deutschland*, 15.

356 [Endres], *Die Tragödie Deutschlands*, 270; Mann, Kaiserreich, 215.

357 Goetz u. a., *Das Zeitalter des Imperialismus*, 158; Hartung, *Deutsche Geschichte*, 194f. und 211f.

358 Mommsen, *Politische Geschichte*, 132.

359 Bornhak, *Deutsche Geschichte*, 124; Goetz u. a., *Das Zeitalter des Imperialismus*, 159.

tie geneigt.[360] Die von Stoecker und Naumann ins Leben gerufenen Alternativen halten Bornhak und Schnabel für bedeutsam und vielversprechend[361], Goetz, Hartung, Mommsen, Wahl und Ziekursch heben indessen ihr Scheitern hervor.[362] Ebendies tuen auch Jäger und Ullmann aus der zweiten Vergleichsgruppe, die sich hier ansonsten ausschweigt.[363]

Den Gewerkschaften schließlich wird in den Erinnerungswerken ebenfalls ein Aufschwung bescheinigt, wobei Konkurrenz und Spannungen zwischen den neuen christlichen und den sozialdemokratischen Organisationen geherrscht hätten; die christlich geprägten Vereinigungen hätten dabei mit internen Problemen zu kämpfen gehabt. Die Arbeit der Gewerkschaften insgesamt wird hier skeptisch beurteilt. Den Aufschwung der Gewerkschaften erwähnen ansonsten nur die Historiker Hartung, Rosenberg und Wahl, die ebenso wie Bornhak ihre Trennung in weltanschaulich divergierende Organisationen hervorheben[364]; die sozialdemokratischen Organisationen waren dabei Bornhak und Schmitthenner zufolge mehrheitlich dem Reformflügel der Partei zugeneigt.[365]

Die Darstellungen der Geschichtswissenschaft enthalten gegenüber den Autobiographien also eine große Zahl an Ergänzungen im Detail (Abfolge der Sozialgesetze, Profitieren der Arbeiter vom Wirtschaftsaufschwung, Unterliegen der sozialdemokratischen Reformer, teilweises sozialpolitisches Engagement auch der nichtliberalen Parteien, Reformorientierung der sozialdemokratischen Gewerkschaften), die in Verbindung mit einer Reihe von Auslassungen (Profitieren der Sozialdemokratie von der Sozialen Frage generell, soziales Engagement der Oberschichten, deren Ignoranz gegenüber dem Bildungswillen der Arbeiter, Beurteilung des „Reichsverbands") und Tendenzverstärkungen (noch geringerer Erfolg der Sozialpolitik, zu lasche Haltung des Staates gegenüber der Sozialdemokratie) das in den Lebenserinnerungen verbreitete Bild dahingehend zu korrigieren bzw. zu präzisieren scheinen, dass von einem graduell deutlicheren Auftrieb für die Arbeiterschaft und ihre – staatsfeindliche – politische Vertretung auszugehen sei (ohne sich damit fundamental von den Erinnerungswerken abzuheben). Die Autoren aus Populärwissenschaft und Publizistik bieten demgegenüber nicht nur keinerlei Zusatzinformationen, sie lassen in ihren Darstellungen auch zentrale Aspekte des Themas außen vor (Bedeutung der Sozialen Frage generell, Flügel der Sozialdemokratie, Haltung der übrigen Parteien, Gewerkschaften) und bieten daneben einige Abweichungen von den Lebenserinnerungen (unklarer Einfluss der

---

360 Bornhak, *Deutsche Geschichte*, 117; Goetz u. a., *Das Zeitalter des Imperialismus*, 172; Hartung, *Deutsche Geschichte*, 192f.; Rosenberg, *Die Entstehung*, 44; Schmitthenner, *Geschichte der Zeit*, 398; Wahl, *Deutsche Geschichte*, III, 512 und 642, sowie IV, 1f.

361 Bornhak, *Deutsche Geschichte*, 119 und 149; Schnabel, *1789–1919*, 139.

362 Goetz u. a., *Das Zeitalter des Imperialismus*, 6f. und 172f.; Hartung, *Deutsche Geschichte*, 213; Mommsen, *Politische Geschichte*, 132; Wahl, *Deutsche Geschichte*, III, 513–515; Ziekursch, *Politische Geschichte*, III, 78.

363 Jäger, *Erinnerungen*, 17f. und 52; Ullmann, *Deutschland*, 22.

364 Bornhak, *Deutsche Geschichte*, 197f.; Hartung, *Deutsche Geschichte*, 210; Rosenberg, *Die Entstehung*, 46f.; Wahl, *Deutsche Geschichte*, IV, 97f.

365 Bornhak, *Deutsche Geschichte*, 123; Schmitthenner, *Geschichte der Zeit*, 390f.

Unternehmer auf die Sozialpolitik, lascher Staat, „bürgerliche" Ziele der Sozialdemokraten), die in dieser Gruppe freilich auch kein geschlossenes Bild entstehen lassen.

Das Thema *Verfassung, Regierung, Parteien und Behörden* lässt die Autobiographen Unstimmigkeiten und Defizite der Reichsverfassung feststellen, die erst nach der Entlassung Bismarcks aufgefallen seien. In der Praxis habe sich in der Wilhelminischen Zeit außerdem das politische System in Richtung Demokratie bzw. Parlamentarismus verschoben, wie ebenfalls negativ vermerkt wird; die Qualität des Reichstagswahlrechts wird dabei kontrovers beurteilt. Besonders kennzeichnend für die zeitgenössischen Zustände sei das in den Einzelstaaten überwiegend geltende, dabei heftig umstrittene Dreiklassenwahlrecht gewesen. Während die Historiker zu mehr als der Hälfte mit der Einschätzung der Reichsverfassung als defizitär übereinstimmen[366], sind sie in der Frage der Entwicklung des Systems gespalten: Von einer sukzessiven Demokratisierung bzw. Parlamentarisierung der Monarchie sprechen Hartung, Oncken, Schmitthenner und Ziekursch[367], das Gegenteil konstatieren Bornhak, Goetz, Rosenberg, Schnabel und Wahl.[368] Ebenfalls als bedeutenden Streitgegenstand der Zeit benennen Hartung, Schmitthenner, Schnabel, Wahl und Ziekursch das Dreiklassenwahlrecht[369]; Bornhak, Hartung, Schmitthenner und Ziekursch weisen hier differenzierend auf eine für das Reich nachteilige Diskrepanz zwischen den Wahlrechtsreformen in Süddeutschland und dem Scheitern entsprechender Versuche in Preußen hin[370], das auch Goetz, Mommsen und Rosenberg anführen.[371] Die Kernaspekte finden sich auch hier in der zweiten Vergleichsgruppe wieder: Die Hälfte der Autoren hält die Staatsverfassung für unzureichend[372], Jäger, Nowak und Ullmann sehen deutliche demokratisierende und parlamentarisierende Tendenzen im wilhelmini-

---

366 Bornhak, *Deutsche Geschichte*, 200; Hartung, *Deutsche Geschichte*, 275; Mommsen, *Politische Geschichte*, 103; Oncken, *Das Deutsche Reich*, II, 633f.; Rosenberg, *Die Entstehung*, 40; Schmitthenner, *Geschichte der Zeit*, 385; Ziekursch, *Politische Geschichte*, III, 20.

367 Hartung, *Deutsche Geschichte*, 215 und 221; Oncken, *Das Deutsche Reich*, II, 651; Schmitthenner, *Geschichte der Zeit*, 394 und 398; Ziekursch, *Politische Geschichte*, III, 195 und 216.

368 Bornhak, *Deutsche Geschichte*, 116f., 173 und 292; Goetz u. a., *Das Zeitalter des Imperialismus*, 139; Rosenberg, *Die Entstehung*, 41 und 44; Schnabel, *1789–1919*, 133; Wahl, *Deutsche Geschichte*, IV, 106f. und 768f.

369 Hartung, *Deutsche Geschichte*, 223–225, 231 und 235; Schmitthenner, *Geschichte der Zeit*, 384; Schnabel, *1789–1919*, 138; Wahl, *Deutsche Geschichte*, IV, 114 und 116–127; Ziekursch, *Politische Geschichte*, III, 183f.

370 Bornhak, *Deutsche Geschichte*, 260–264 und 300; Hartung, *Deutsche Geschichte*, 235f.; Schmitthenner, *Geschichte der Zeit*, 394–396 und 398; Ziekursch, *Politische Geschichte*, III, 191.

371 Goetz u. a., *Das Zeitalter des Imperialismus*, 175 und 178; Mommsen, *Politische Geschichte*, 134 und 144; Rosenberg, *Die Entstehung*, 41.

372 [Endres], *Die Tragödie Deutschlands*, 81; Ludwig, *Wilhelm der Zweite*, 74–76; Mann, *Kaiserreich*, 220; Nowak, *Das dritte deutsche Kaiserreich*, II, 98f.; Rathenau, *Der Kaiser*, 21f. und 41; Wilhelm II., *Ereignisse und Gestalten*, 118; Wolff, *Das Vorspiel*, 37 und 243.

schen Deutschland[373], und das preußische Dreiklassenwahlrecht spielt für Jäger, Nowak und Wulff als Problemfall eine Rolle.[374]

Unterdessen, so die Erinnerungswerke, hätten Spannungen das Verhältnis der Einzelstaaten zueinander sowie zum Reich bestimmt, der Bundesrat dabei zunehmend an Einfluss verloren. Hartung, Mommsen, Oncken und Wahl sehen diese Spannungen ebenfalls als gegeben an, insbesondere zwischen dem Reich und Preußen[375]; Bornhak, Schmitthenner, Wahl und Ziekursch machen überdies eine – wenn auch unvollkommene – Entwicklungstendenz zum Einheitsstaat aus[376], die mit der Einschätzung des Bundesrats durch die Autobiographen korrespondiert. Unterdessen beklagen auch die „Laienhistoriker" Boehm, Jäger und Nowak einen Mangel an innerer (staatlicher) Einigkeit[377], ohne hier eine Tendenz zur „Besserung" zu sehen.

Die Politik der Reichsregierung(en) wird in den Erinnerungswerken als uneinheitlich und unklar, die Verantwortlichen als unfähig und kurzsichtig charakterisiert; allerdings habe auch kein geeigneteres Personal zur Verfügung gestanden, zumal das Bürgertum weitgehend von den Schaltstellen der Politik ferngehalten worden sei. Beklagt wird daneben der vorherrschende „Militarismus" im Sinne der Führung des Staats nach militärischen Grundsätzen wie auch im Hinblick auf den Einfluss des Militärs auf die Regierungspolitik. Als Säulen des Staatsgebäudes gelten dabei konservative Großgrundbesitzer und Unternehmer, die Kirchen und die Beamten. Fast alle Historiker teilen das vernichtende Urteil über die Regierungsarbeit[378]; knapp die Hälfte von ihnen konstatiert ebenfalls einen Mangel an Führung bzw. Führungspersönlichkeiten im wilhelminischen Deutschland.[379] Das Bürgertum betrachten Hartung und Rosenberg als ökonomisch potent, doch politisch kurzgehalten[380], die Ernennung Dernburgs zum Kolonialstaatsekretär sehen Mommsen und Rosenberg hier als Zugeständnis an.[381] Die konservativen Eliten, so Hartung, Mommsen, Rosenberg und Ziekursch, hätten dominiert und

---

373 Jäger, *Erinnerungen*, 58 und 82; Nowak, *Das dritte deutsche Kaiserreich*, II, 342; Ullmann, *Deutschland*, 11f.

374 Jäger, *Erinnerungen*, 18, 37 und 86; Nowak, *Das dritte deutsche Kaiserreich*, II, 99f.; Wulff, *Die persönliche Schuld*, 19.

375 Hartung, *Deutsche Geschichte*, 235f.; Mommsen, *Politische Geschichte*, 111f.; Oncken, *Das Deutsche Reich*, II, 634; Wahl, *Deutsche Geschichte*, IV, 107–109.

376 Bornhak, *Deutsche Geschichte*, 264; Schmitthenner, *Geschichte der Zeit*, 399; Wahl, *Deutsche Geschichte*, III, 587 und 595–599; Ziekursch, *Politische Geschichte*, III, 183f.

377 Boehm, *Ruf der Jungen*, 38; Jäger, *Erinnerungen*, 80; Nowak, *Das dritte deutsche Kaiserreich*, II, 85f.

378 Bornhak, *Deutsche Geschichte*, 101; Goetz u. a., *Das Zeitalter des Imperialismus*, 181f.; Hartung, *Deutsche Geschichte*, 187, 195, 216 und 222; Mommsen, *Politische Geschichte*, 117, 133 und 144; Rosenberg, *Die Entstehung*, 39f.; Schmitthenner, *Geschichte der Zeit*, 388, 397 und 399; Schnabel, *1789–1919*, 133; ders., *Deutschland*, 206; Ziekursch, *Politische Geschichte*, III, 87.

379 Hartung, *Deutsche Geschichte*, 284; Mommsen, *Politische Geschichte*, 111; Schmitthenner, *Geschichte der Zeit*, 388 und 401; Wahl, *Deutsche Geschichte*, III, 511.

380 Hartung, *Deutsche Geschichte*, 233; Rosenberg, *Die Entstehung*, 41f.

381 Mommsen, *Politische Geschichte*, 392; Rosenberg, *Die Entstehung*, 52.

das herrschende System gestützt[382]; das Militär jedoch, so Bornhak, Schmitthenner und Wahl direkt oder implizit, habe keinen maßgeblichen Einfluss im Staat ausgeübt.[383] Unterdessen verweisen Bornhak, Goetz, Hartung und Schmitthenner ergänzend auf die preußische Steuerreform von 1891/93 als Beispiel für einen dennoch gelungenen Modernisierungsversuch[384], dem freilich Mommsen und Ziekursch einen die Auswirkungen des Dreiklassenwahlrechts verschärfenden und damit negativen Effekt zuschreiben.[385] Wiederum finden sich dagegen bei den Vertretern von Populärwissenschaft und Publizistik nur wenige Kernelemente aus den Lebenserinnerungen: Einen Mangel an qualifizierten politischen Führungskräften im Reich beklagen Schmidt-Pauli und Ullmann.[386] Jäger, Wolff und Wulff sehen starke konservative Kräfte als Garanten für das unveränderte Bestehen des Staatswesens[387], und einen maßgeblichen Einfluss des Militärs auf die Politik konstatiert schließlich die Hälfte der Autoren, wobei Boehm, Endres und Jäger – ebenso wie daneben auch Nowak – zusätzlich eine starke bürokratische Prägung ausmachen.[388]

Das Personal in Regierung und Verwaltung wird in den Erinnerungswerken im Einzelnen weitgehend negativ beurteilt: Generell hätten die Kanzler die erforderlichen Fähigkeiten bzw. die notwendige Festigkeit für die Regierung und auch die Handhabung des Kaisers vermissen lassen; auch ihre individuellen Leistungen werden vorrangig äußerst kritisch gesehen, wobei Bülow deutlich am Schlechtesten wegkommt. Für ihren Posten im Ganzen ungeeignet waren die deutschen Regierungschefs nun auch nach Meinung Goetz', Hartungs, Schmitthenners und Ziekurschs.[389] Rosenberg spricht dezidiert Bülow und Bethmann die erforderlichen Fähigkeiten ab[390]; Mommsen und Ziekursch gestehen beiden auch positive Seiten zu und beschränken das unbedingte Negativurteil auf die Vorgänger Caprivi und Hohenlohe[391], Goetz, Oncken und Wahl differenzieren ihre – letztlich immer noch ungünstige – Bewertung im Einzelnen bei allen Kanzlern außer Capri-

382 Hartung, *Deutsche Geschichte*, 215 und 223f.; Mommsen, *Politische Geschichte*, 133; Rosenberg, *Die Entstehung*, 40f. und 56; Ziekursch, *Politische Geschichte*, III, 48–50 und 217.

383 Bornhak, *Deutsche Geschichte*, 306; Schmitthenner, *Geschichte der Zeit*, 351 und 482f.; Wahl, *Deutsche Geschichte*, IV, 203f.

384 Bornhak, *Deutsche Geschichte*, 77f.; Goetz u. a., *Das Zeitalter des Imperialismus*, 163; Hartung, *Deutsche Geschichte*, 194; Schmitthenner, *Geschichte der Zeit*, 386.

385 Mommsen, *Politische Geschichte*, 118; Ziekursch, *Politische Geschichte*, III, 45–48.

386 Schmidt-Pauli, *Der Kaiser*, 182 und 216; Ullmann, *Deutschland*, 9f. und 14f.

387 Jäger, *Erinnerungen*, 82f.; Wolff, *Das Vorspiel*, 21; Wulff, *Die persönliche Schuld*, 37.

388 Boehm, *Ruf der Jungen*, 37 und 43; [Endres], *Die Tragödie Deutschlands*, 21, 61f., 175, 221 und 272; Jäger, *Erinnerungen*, 81; Ludwig, *Wilhelm der Zweite*, 146; Nowak, *Das dritte deutsche Kaiserreich*, II, 121; Rathenau, *Der Kaiser*, 40; Wolff, *Das Vorspiel*, 105; Wulff, *Die persönliche Schuld*, 12.

389 Goetz u. a., *Das Zeitalter des Imperialismus*, 151; Hartung, *Deutsche Geschichte*, 153, 176, 190, 201, 214, 216, 219, 234f. und 240; Schmitthenner, *Geschichte der Zeit*, 386 und 398; Ziekursch, *Politische Geschichte*, III, 14f. und 233f.

390 Rosenberg, *Die Entstehung*, 56.

391 Mommsen, *Politische Geschichte*, 118, 120, 132 und 143; Ziekursch, *Politische Geschichte*, III, 13, 75, 77, 86, 109f., 173 und 217–219.

vi[392], dem schließlich auch Schmitthenner – neben allen anderen – das Negativbild geringfügig aufhellende gute Eigenschaften attestieren zu können glaubt.[393]
Zusätzlich wird aus den Reihen der Staatssekretäre bzw. preußischen Minister
Miquel bei Bornhak und Schmitthenner lobend erwähnt[394], Marschall von Bornhak und Goetz als unerfahren charakterisiert[395] und Tirpitz von Mommsen, Oncken und Ziekursch bescheinigt, großen Einfluss im Reich ausgeübt zu haben.[396]
Friedrich von Holstein wird durch Goetz und Oncken kritisch gewürdigt[397] – alles
in allem ergibt sich also auch bei den Historikern trotz diversen kleinen Abweichungen im Detail ein sehr durchwachsenes Bild der deutschen Spitzenbeamten.
Das absolute Negativurteil der Autobiographen findet sich auch in der zweiten
Vergleichsgruppe wieder, wo Boehm, Endres, Ludwig und Ullmann die nach Bismarck ernannten Reichskanzler und Staatssekretäre bzw. Minister durchweg als
fehl am Platze einstufen.[398] Im Einzelnen gibt es hier jedoch deutliche Meinungs-
unterschiede: Kanzler Caprivi wird von Endres, Nowak und Wilhelm II. positiv[399], von Schmidt-Pauli und Ullmann dagegen negativ beurteilt[400]; sein Nachfolger Hohenlohe findet bei Nowak und Wilhelm II. differenzierte Anerkennung.[401]
Bülow sprechen Boehm, Ludwig und Wilhelm II. positive Eigenschaften und Erfolge zu[402], während Endres, Nowak, Ullmann und Wolff ihn negativ charakterisieren[403]; Bethmann schließlich werden von Ludwig und Wilhelm II. gute und
schlechte Seiten bescheinigt[404], während Eulenberg, Jäger und Ullmann dagegen

---

392 Goetz u. a., *Das Zeitalter des Imperialismus*, 151f., 166f., 171f., 178 und 329f.; Oncken, *Das Deutsche Reich*, II, 385, 426f., 507, 585, 637, 651 und 662f.; Wahl, *Deutsche Geschichte*, III, 155, 213, 296f., 515, 577 und 646f., sowie IV, 63, 70f. und 206.

393 Schmitthenner, *Geschichte der Zeit*, 386f., 390 und 397. Nicht eindeutig zuordnen lässt sich hier Bornhak, der Caprivi und Bethmann als unfähig einstuft, Hohenlohe gewisse positive Eigenschaften zuspricht und Bülow als in jeder Hinsicht exzellenten und erfolgreichen Politiker würdigt (Bornhak, *Deutsche Geschichte*, 34, 40, 66f., 95f., 101, 199–203, 242, 271, 275, 295–297 und 312f.).

394 Bornhak, *Deutsche Geschichte*, 77f. und 101; Schmitthenner, *Geschichte der Zeit*, 387f.

395 Bornhak, *Deutsche Geschichte*, 67; Goetz u. a., *Das Zeitalter des Imperialismus*, 152.

396 Mommsen, *Politische Geschichte*, 139; Oncken, *Das Deutsche Reich*, II, 449; Ziekursch, *Politische Geschichte*, III, 107f.

397 Goetz u. a., *Das Zeitalter des Imperialismus*, 152; Oncken, *Das Deutsche Reich*, II, 385 und 635.

398 Boehm, *Ruf der Jungen*, 44; [Endres], *Die Tragödie Deutschlands*, 272f.; Ludwig, *Wilhelm der Zweite*, 196f.; Ullmann, *Deutschland*, 32.

399 [Endres], *Die Tragödie Deutschlands*, 116; Nowak, *Das dritte deutsche Kaiserreich*, II, 11–
14, 86, 88, 97f. und 126ff.; Wilhelm II., *Ereignisse und Gestalten*, 48.

400 Schmidt-Pauli, *Der Kaiser*, 114; Ullmann, *Deutschland*, 10.

401 Nowak, *Das dritte deutsche Kaiserreich*, II, 135; Wilhelm II., *Ereignisse und Gestalten*, 77.

402 Boehm, *Ruf der Jungen*, 37; Ludwig, *Wilhelm der Zweite*, 219–222 und 337; Wilhelm II., *Ereignisse und Gestalten*, 81, 95 und 101f.

403 [Endres], *Die Tragödie Deutschlands*, 121; Nowak, *Das dritte deutsche Kaiserreich*, II, 228–
239 und 342; Ullmann, *Deutschland*, 11f.; Wolff, *Das Vorspiel*, 101f. und 298–301.

404 Ludwig, *Wilhelm der Zweite*, 397f.; Wilhelm II., *Ereignisse und Gestalten*, 105f. und 111.

teils harsche Kritik an ihm üben.[405] Aus den Reihen der nachgeordneten bzw. informell wirkenden Kräfte werden Holstein von Ludwig, Nowak und Wilhelm II. als intrigant und unfähig[406], Tirpitz von Endres und Wolff als zweifelhafte Natur[407] und Eulenburg von Jäger und Ludwig als unverantwortlich handelnd eingestuft[408] – hier wird das Bild also etwas düsterer gezeichnet als bei den Historikern.

Der Reichstag, so die Autobiographen, habe ein unkontrolliertes Machtstreben bis hin zur Dominanz entfaltet, die Regierungen seien demgegenüber defensiv und entgegenkommend aufgetreten. Die Abgeordneten werden als ungebildet, kleingeistig und unfähig zu konstruktiver Arbeit gekennzeichnet, die Parteien allgemein als selbstbezogen und in Fundamentalopposition verharrend, wobei vor allem das Zentrum und die Sozialdemokraten, weniger die Linksliberalen für ihre Haltung verurteilt werden. Die liberalen Parteien seien insgesamt in Spaltung und Niedergang begriffen, die Konservativen schädlicher Klientelpolitik verhaftet gewesen; die rechtsgerichteten Interessen- und Agitationsverbände werden hier kontrovers beurteilt. Eine gewisse Abhängigkeit und Konzilianz der Regierung(en) gegenüber dem Parlament bzw. der jeweils dominierenden Parteienkonstellation erachten auch gut die Hälfte der Historiker als Epochenkennzeichen.[409] Hartung, Mommsen, Oncken und Schmitthenner weisen indessen darauf hin, dass die Reichstagsfraktionen es nicht verstanden hätten, die Daily-Telegraph-Affäre zur Erweiterung ihrer Machtstellung auszunutzen[410], wofür wiederum Rosenberg und Ziekursch ausschließlich die Konservativen verantwortlich sehen[411]; Bornhak, Hartung, Schmitthenner und Wahl stufen die Abgeordneten ähnlich wie die Lebenserinnerungen als zunehmend minderqualifiziert bzw. geistig und charakterlich ungeeignet ein.[412] Dabei verurteilen mehr als die Hälfte der hier untersuchten Gelehrten zunehmenden Egoismus und Interessengebundenheit bzw. Klientelpolitik der deutschen Parteien generell.[413] Bornhak, Goetz, Hartung, Schmitthenner

405 Eulenberg, *Die Hohenzollern*, 403; Jäger, *Erinnerungen*, 73 und 79; Ullmann, *Deutschland*, 12.

406 Ludwig, *Wilhelm der Zweite*, 113, 130 und 187f.; Nowak, *Das dritte deutsche Kaiserreich*, II, 342; Wilhelm II., *Ereignisse und Gestalten*, 51.

407 [Endres], *Die Tragödie Deutschlands*, 241; Wolff, *Das Vorspiel*, 102.

408 Jäger, *Erinnerungen*, 24; Ludwig, *Wilhelm der Zweite*, 187ff.

409 Bornhak, *Deutsche Geschichte*, 297; Hartung, *Deutsche Geschichte*, 182, 187, 215 und 232f.; Mommsen, *Politische Geschichte*, 143; Schmitthenner, *Geschichte der Zeit*, 170; Wahl, *Deutsche Geschichte*, III, 469f., 510f., 579 und 648, sowie IV, 107; Ziekursch, *Politische Geschichte*, III, 68, 111f., 176f., 185 und 234.

410 Hartung, *Deutsche Geschichte*, 229; Mommsen, *Politische Geschichte*, 142; Oncken, *Das Deutsche Reich*, II, 638; Schmitthenner, *Geschichte der Zeit*, 394.

411 Rosenberg, *Die Entstehung*, 54–56; Ziekursch, *Politische Geschichte*, III, 192–195.

412 Bornhak, *Deutsche Geschichte*, 266; Hartung, *Deutsche Geschichte*, 232; Schmitthenner, *Geschichte der Zeit*, 394; Wahl, *Deutsche Geschichte*, III, 511 und 640–642, sowie IV, 5 und 206.

413 Bornhak, *Deutsche Geschichte*, 35, 87, 97 und 267; Goetz u. a., *Das Zeitalter des Imperialismus*, 165; Hartung, *Deutsche Geschichte*, 187, 229 und 231f.; Mommsen, *Politische Geschichte*, 109 und 118; Schmitthenner, *Geschichte der Zeit*, 170, 384 und 387f.; Schnabel, *Deutschland*, 206f. und 220; Ziekursch, *Politische Geschichte*, III, 79 und 188.

und Wahl zeihen ebenfalls Sozialdemokraten, Linksliberale und Zentrum der Fundamentalopposition bzw. der Obstruktionspolitik[414]; Rosenberg und Ziekursch stimmen in Bezug auf die Linksparteien mit ihnen überein[415], Mommsen nennt hier nur die Sozialdemokraten.[416] Gelegentliche Bereitschaft, mit der Regierung zu kooperieren, schreiben unterdessen mehr als die Hälfte der Autoren Freisinn oder Zentrum zu.[417] Letzteres war laut Bornhak, Schmitthenner und Rosenberg Interessenpartei divergierender gesellschaftlicher Gruppen (sowohl von Landwirten als auch von Arbeitern)[418] und bestimmte – was auch Goetz hervorhebt – als ausschlaggebende Kraft im Parlament auf weite Strecken die deutsche Innenpolitik in der Wilhelminischen Zeit.[419] Die Spaltung (und Wiedervereinigung) der Liberalen ist für Bornhak, Goetz, Hartung und Ziekursch[420], die Konzentration der Deutschkonservativen auf agrarische Interessenpolitik und die dahinterstehende Macht des Bundes der Landwirte als Lobbyverband sogar für nahezu alle hier einbezogenen Historiker bemerkenswert[421]; Bornhak, Goetz, Mommsen und Schmitthenner verweisen dabei insbesondere auf das restriktive Verhalten der Konservativen in Preußen in der Frage des Mittellandkanals.[422] Als weitere Interessen- bzw. Agitationsverbände von Bedeutung nennen Bornhak, Mommsen und Schmitthenner den liberalen Hansabund der Industriellen, Mommsen und Oncken den Flottenverein und den Alldeutschen Verband (beide als dilettantisch geführt), auf den auch Schmitthenner hinweist.[423] Wie die Historiker, so weisen auch eine Reihe von Autoren der zweiten Vergleichsgruppe darauf hin, dass der Reichstag die Daily-Tele-

---

414 Bornhak, *Deutsche Geschichte*, 117 und 246; Goetz u. a., *Das Zeitalter des Imperialismus*, 172 und 175; Hartung, *Deutsche Geschichte*, 182f., 185, 187, 191, 193, 202 und 221; Schmitthenner, *Geschichte der Zeit*, 384f.; Wahl, *Deutsche Geschichte*, III, 512, 587, 627 und 641.

415 Rosenberg, *Die Entstehung*, 56; Ziekursch, *Politische Geschichte*, III, 177.

416 Mommsen, *Politische Geschichte*, 132.

417 Bornhak, *Deutsche Geschichte*, 117; Goetz u. a., *Das Zeitalter des Imperialismus*, 168; Hartung, *Deutsche Geschichte*, 188 und 219; Rosenberg, *Die Entstehung*, 42; Schmitthenner, *Geschichte der Zeit*, 385; Wahl, *Deutsche Geschichte*, III, 512, sowie IV, 1 und 27; Ziekursch, *Politische Geschichte*, III, 228.

418 Bornhak, *Deutsche Geschichte*, 267f.; Rosenberg, *Die Entstehung*, 44; Schmitthenner, *Geschichte der Zeit*, 388.

419 Bornhak, *Deutsche Geschichte*, 268 und 304; Goetz u. a., *Das Zeitalter des Imperialismus*; 166 und 168; Rosenberg, *Die Entstehung*, 44f.; Schmitthenner, *Geschichte der Zeit*, 388 und 391.

420 Bornhak, *Deutsche Geschichte*, 84, 117 und 300; Goetz u. a., *Das Zeitalter des Imperialismus*, 162; Hartung, *Deutsche Geschichte*, 187f. und 233; Ziekursch, *Politische Geschichte*, III, 66f. und 236f.

421 Bornhak, *Deutsche Geschichte*, 86f., 117, 267 und 299; Goetz u. a., *Das Zeitalter des Imperialismus*, 160 und 162; Hartung, *Deutsche Geschichte*, 188 und 233; Mommsen, *Politische Geschichte*, 118; Rosenberg, *Die Entstehung*, 41; Schmitthenner, *Geschichte der Zeit*, 385 und 387; Schnabel, *Deutschland*, 216; Wahl, *Deutsche Geschichte*, III, 512 und 558f., sowie IV, 2; Ziekursch, *Politische Geschichte*, III, 60.

422 Bornhak, *Deutsche Geschichte*, 122f. und 245–248; Goetz u. a., *Das Zeitalter des Imperialismus*, 171; Mommsen, *Politische Geschichte*, 120; Schmitthenner, *Geschichte der Zeit*, 389.

423 Bornhak, *Deutsche Geschichte*, 299; Mommsen, *Politische Geschichte*, 145; Oncken, *Das Deutsche Reich*, II, 710; Schmitthenner, *Geschichte der Zeit*, 387 und 398.

graph-Affäre nicht zu seinen bzw. zugunsten einer Modernisierung der Verfassung des Reichs ausgenutzt habe; neben Eulenberg, Jäger und Wolff[424] konstatieren dies Binder, Endres und Ludwig, die dabei jedoch betonen, dass die konservativen Politiker sich mit ihrer Forderung, die Abdankung des Kaisers zu erzwingen, nicht hätten durchsetzen können.[425] Jäger, Ullmann und Wilhelm II. kritisieren direkt oder indirekt die Interessengebundenheit der Parteien.[426] Die Fundamentalopposition verorten Jäger, Ullmann, Wilhelm II. und Wolff bei den liberalen Parteien und bei der Sozialdemokratie[427], das Zentrum stufen dagegen Jäger und Ullmann als (letzten Endes) staatstragende Partei ein.[428] Boehm und Jäger kritisieren eine zunehmende Linksorientierung des Liberalismus[429]; speziell die Nationalliberalen sehen Rathenau und Ullmann als Klientelpartei des ihrer Meinung nach egoistischen Großbürgertums.[430] Die Konservativen schließlich werden von Jäger, Wilhelm II. und Wolff ebenfalls als Interessenpartei eingestuft.[431] Unter den Lobby-Verbänden heben Jäger, Nowak und Ullmann den Bund der Landwirte als bedeutend hervor[432]; Boehm, Jäger, Mann und Ullmann halten Form und Inhalt der alldeutschen Propaganda für verfehlt.[433]

Die untere und mittlere Beamtenschaft wird in den Erinnerungswerken als unselbständig und engstirnig beschrieben, die Behörden als abweisend, selbstherrlich und überheblich im Umgang mit der Bevölkerung. Darüber hinaus wird ihnen Ignoranz gegenüber der Pressemeinung ebenso wie scharfes Vorgehen gegen kritische Berichterstattung bescheinigt; demgegenüber steht der Hinweis auf eine verantwortungslose, staatsschädigende Tätigkeit der Zeitungen im wilhelminischen Deutschland. Dagegen werten die Historiker Hartung, Schmitthenner und Wahl die Arbeit der deutschen Verwaltungsbehörden als (überwiegend) positiv[434]; neben den beiden letztgenannten heben auch Bornhak, Goetz und Mommsen die Rechtsvereinheitlichung durch das Bürgerliche Gesetzbuch von 1896/1900 her-

424 Eulenberg, *Die Hohenzollern*, 408; Jäger, *Erinnerungen*, 74; Wolff, *Das Vorspiel*, 38.

425 Binder, *Die Schuld*, 18; [Endres], *Die Tragödie Deutschlands*, 96 und 112; Ludwig, *Wilhelm der Zweite*, 370–372.

426 Jäger, *Erinnerungen*, 61; Ullmann, *Deutschland*, 15; Wilhelm II., *Ereignisse und Gestalten*, 76 und 110.

427 Jäger, *Erinnerungen*, 7 und 20f.; Ullmann, *Deutschland*, 7; Wilhelm II., *Ereignisse und Gestalten*, 25; Wolff, *Das Vorspiel*, 243.

428 Jäger, *Erinnerungen*, 19; Ullmann, *Deutschland*, 16.

429 Boehm, *Ruf der Jungen*, 44; Jäger, *Erinnerungen*, 10f., 38, 54f. und öfter.

430 Rathenau, *Der Kaiser*, 11; Ullmann, *Deutschland*, 30.

431 Jäger, *Erinnerungen*, 28 und 61; Wilhelm II., *Ereignisse und Gestalten*, 26, 45 und 93f.; Wolff, *Das Vorspiel*, 21.

432 Jäger, *Erinnerungen*, 61; Nowak, *Das dritte deutsche Kaiserreich*, II, 99; Ullmann, *Deutschland*, 18f.

433 Boehm, *Ruf der Jungen*, 40f.; Jäger, *Erinnerungen*, 83; Mann, Kaiserreich, 218; Ullmann, *Deutschland*, 30 und 32.

434 Hartung, *Deutsche Geschichte*, 284; Schmitthenner, *Geschichte der Zeit*, 401; Wahl, *Deutsche Geschichte*, III, 444 und 600, sowie IV, 71 und 759.

vor.[435] Bornhak, Rosenberg und Wahl schreiben schließlich – analog zu einer Gruppe der Autobiographen – der Arbeit der linken Presse zersetzende Wirkungen nach innen und außen zu.[436] Aus der zweiten Gruppe tun dies Boehm und Wilhelm II.[437] Die deutsche bzw. preußische Beamtenschaft charakterisieren dagegen Endres und Wulff ähnlich wie die Erinnerungswerke als intrigant und obrigkeitshörig[438], Rathenau und Wilhelm II. loben allerdings ähnlich wie die Historiker ihre Tugendhaftigkeit, ihr Pflichtbewusstsein und ihren Fleiß.[439]

Die Gelehrten bringen in ihren Epochenbeschreibungen alles in allem auch hier zahlreiche Ergänzungen und – vor allem – Differenzierungen (Modernisierung durch preußische Steuerreform und BGB, Fortschritte des Südens beim Wahlrecht, Daily-Telegraph-Affäre als vom Reichstag verpasste Gelegenheit zur Stärkung der eigenen Rolle, Lichtblicke beim Regierungspersonal, keine uneingeschränkte Fundamentalopposition von Liberalen und Zentrum, dessen großer Einfluss auf die Geschehnisse, Klientelorientierung aller Parteien), die auf den ersten Blick das von den Autobiographen entworfene Bild präzisieren, im Kern aber bestätigen. Wird jedoch auch berücksichtigt, dass die Historiker in der Frage nach der Parlamentarisierung Deutschlands uneins sind, das Reichstagswahlrecht nicht erwähnen, speziell dem Militär keinen Einfluss im Staat zuweisen, die Agitationsverbände für bedeutsam halten und die nachgeordnete Verwaltung positiv beurteilen, fällt ihr Bild von Staat und Regierung doch positiver aus, während sich die zusätzlichen Argumente für und wider ein Erstarken von Parteien und Verbänden bei ihnen die Waage halten.

Die „populären" Autoren differenzieren ebenfalls in dem einen oder anderen Detailaspekt, wobei Punkte angesprochen werden, die sich auch bei den Historikern finden (Daily-Telegraph-Affäre als vertane Chance, Interessengebundenheit aller und Unterschiede zwischen den Oppositionsparteien). Da sie zugleich das Reichstagswahlrecht und die Tendenz zur staatlichen Zusammenfassung aussparen, auf eine ausdrückliche Charakterisierung der Regierungspolitik im Ganzen verzichten, eine noch größere Uneinigkeit in der Bewertung einzelner Führungspersönlichkeiten zeigen, als die Gelehrten es tun, und schließlich uneins über den Charakter der nachgeordneten Verwaltung sind, lassen sie es zwar an wichtigen Detailaspekten fehlen, weisen aber keine so deutlich von den Lebenserinnerungen abweichende Tendenz auf, wie die erste Vergleichsgruppe, auch wenn sie letztlich in dieselbe Richtung deuten.

Im Zusammenhang mit *Bildung und Wissenschaft* attestieren die Lebenserinnerungen weiten Kreisen der deutschen Bevölkerung generell eine Halb- bzw. unzulängliche Bildung; ausländische Literatur und Kunst seien bevorzugt worden.

---

435 Bornhak, *Deutsche Geschichte*, 129f.; Goetz u. a., *Das Zeitalter des Imperialismus*, 168; Mommsen, *Politische Geschichte*, 120; Schmitthenner, *Geschichte der Zeit*, 389; Wahl, *Deutsche Geschichte*, III, 51 und 587–595.

436 Bornhak, *Deutsche Geschichte*, 164; Rosenberg, *Die Entstehung*, 43f.; Wahl, *Deutsche Geschichte*, IV, 179 (Zitat) und 757.

437 Boehm, *Ruf der Jungen*, 41; Wilhelm II., *Ereignisse und Gestalten*, 156.

438 [Endres], *Die Tragödie Deutschlands*, 173; Wulff, *Die persönliche Schuld*, 34.

439 Rathenau, *Der Kaiser*, 33; Wilhelm II., *Ereignisse und Gestalten*, 190.

Die Gelehrten Goetz, Hartung und (indirekt) Wahl stellen dagegen eine allgemeine Anhebung des Bildungsstandes fest[440], während die „Laienhistoriker" Endres, Jäger, Mann und – mit Einschränkungen – Wolff korrespondierend mit den Autobiographen „Bildung" in der Wilhelminischen Zeit generell als eher geringgeschätzt bzw. vernachlässigt ansehen.[441]

In der Schule herrschten den Erinnerungswerken zufolge im Ganzen Starrheit und Stumpfsinn; der Unterricht sei einseitig und defizitär gewesen, was sowohl für die Volksschulen als auch für die Gymnasien gesondert betont wird. Darüber hinaus wird die Entstehung von (Ober-)Realschulen und Realgymnasien sowie Reformschulen festgehalten. Der kirchliche Einfluss auf den Unterricht sei umstritten gewesen; die Schulreformen in Preußen und im Reich werden von den Autobiographen kontrovers, die Qualität der Lehrer im Ganzen negativ beurteilt. Die Volksschullehrer seien dabei sozial benachteiligt gewesen und hätten nach einer Aufwertung durch akademische Ausbildung gestrebt; im Gegensatz zu Staat und Kirche stehend und Repressionen ausgesetzt, hätten sie unterdessen kaum Einflussmöglichkeiten im Schulwesen gehabt. Die Entstehung neuer Formen höherer Schulen konstatieren auch die Historiker Hartung und Wahl, bei gleichzeitiger Fruchtlosigkeit der Schulkonferenzen, wie auch Bornhak dezidiert vermerkt.[442] Mehr als die Hälfte der Gelehrten halten daneben ähnlich den Lebenserinnerungen fest, dass der (Volks-)Schulunterricht in Preußen den Begehrlichkeiten der Kirche bzw. des katholischen Zentrums ausgesetzt gewesen sei[443]; darüber hinaus sehen sie eine Ausweitung des kirchlichen Einflusses durch den Widerstand vor allem der linken politischen Parteien wie der Öffentlichkeit blockiert, so dass schließlich vor dem Krieg Simultan- und Konfessionsschulen unvermindert nebeneinander existiert hätten (was unterschiedlich bewertet wird). Im Gegensatz zu Autobiographien und Geschichtswissenschaft bewerten Eulenberg, Schmidt-Pauli und Wulff sowie Wilhelm II. die vom Kaiser angestoßenen Reformen vor allem des Gymnasialunterrichts als gut und richtig.[444] Die Schule, so Endres, Jäger und Rathenau kritisierend, habe als Stütze von Staat und Kaisertum fungiert[445]; die Verhinderung einer Ausweitung des kirchlichen Einflusses bzw. einer Erhöhung des Stellenwerts des Religionsunterrichts durch Politik und Öffentlichkeit erwähnen wie die Historiker auch Jäger, Nowak und Wilhelm II.[446]

---

440 Goetz u. a., *Das Zeitalter des Imperialismus*, 29; Hartung, *Deutsche Geschichte*, 215 und 225; Wahl, *Deutsche Geschichte*, III, 138.

441 [Endres], *Die Tragödie Deutschlands*, 47f.; Jäger, *Erinnerungen*, 20; Mann, Kaiserreich, 224; Wolff, *Das Vorspiel*, 299f.

442 Bornhak, *Deutsche Geschichte*, 42 und 80; Hartung, *Deutsche Geschichte*, 287 (Zitat); Wahl, *Deutsche Geschichte*, III, 118–121, 124, 127–130, 134f. und 137, sowie IV, 168.

443 Vgl. Rosenberg, *Die Entstehung*, 43.

444 Eulenberg, *Die Hohenzollern*, 393; Schmidt-Pauli, *Der Kaiser*, 201–203; Wilhelm II., *Ereignisse und Gestalten*, 152–154; Wulff, *Die persönliche Schuld*, 27.

445 [Endres], *Die Tragödie Deutschlands*, 275; Jäger, *Erinnerungen*, 74; Rathenau, *Der Kaiser*, 40.

446 Jäger, *Erinnerungen*, 20f., 24–26 und 28; Nowak, *Das dritte deutsche Kaiserreich*, II, 97f.; Wilhelm II., *Ereignisse und Gestalten*, 48.

Den Autobiographien und Memoiren zufolge wurden die preußischen und auch die sonstigen deutschen Universitäten in der Wilhelminischen Zeit enorm gefördert; die staatliche Einflussnahme auf Lehre und Forschung wird hier in ihrer Wirkung unterschiedlich eingeschätzt. Jedenfalls sei Deutschland wissenschaftlich auch international aktiv und anerkannt gewesen. Bornhak, Goetz und Wahl betonen ebenfalls die staatliche Förderung der Hochschulen und Forschungseinrichtungen in Preußen.[447] Die Autoren aus Populärwissenschaft und Publizistik sind hier gespalten: Schmidt-Pauli und Wilhelm II. selbst heben die kaiserliche Förderung der Technischen Hochschulen und die Errichtung der Kaiser-Wilhelm-Gesellschaft als wichtig und erfolgsträchtig hervor[448], Endres, Jäger und Wulff kritisieren die kaiserliche bzw. staatliche Wissenschaftspolitik als einseitig und insgesamt nachteilig.[449]

Im Hinblick auf die fachlichen Schwerpunkte werden in den Lebenserinnerungen sowohl eine deutliche Zunahme bzw. Dominanz der Natur- und der technischen Wissenschaften als auch der Aufschwung der (einzelnen) Geistes- sowie der Sozialwissenschaften festgehalten. Letztere seien jedoch generell beschränkt und schwerfällig gewesen, wobei aber einzelne Disziplinen in ihrer Qualität unterschiedlich beurteilt werden. In den Naturwissenschaften hätten Physik und Chemie Fortschritte gemacht, während die Biologie noch immer durch darwinistische Lehren gehemmt worden sei. Der Medizin werden von den Autobiographen ebenso inhaltliche Fortschritte wie eine Ausdifferenzierung von Teilfächern – bei massiven Vorbehalten gegen Psychiatrie und Psychoanalyse – bescheinigt; staatliche Bemühungen um eine Verbesserung der Hygiene werden kontrovers beurteilt. Die akademischen Lehrformen seien unzulänglich gewesen. Ganz ähnlich beurteilen Goetz und Wahl das Verhältnis von Natur- und Geisteswissenschaften in der Wilhelminischen Zeit; beide sehen wie Bornhak und Schmitthenner – doch weniger differenziert – verschiedene Disziplinen im Aufwind.[450] Die Natur- und Geisteswissenschaften hätten dabei – so Goetz, Hartung und Schnabel darüber hinaus – beachtliche Leistungen in den sich immer feiner ausdifferenzierenden Einzeldisziplinen erbracht, doch sei es dabei im Ganzen zu einer Zerfaserung und Aufspaltung von Zusammenhängen gekommen; Goetz und Schnabel sehen unterdessen auch Kräfte am Werk, die auf eine Integration bzw. Synthese hingearbeitet hätten.[451] Die zweite Vergleichsgruppe hält sich hier weitgehend bedeckt, ledig-

---

447 Bornhak, *Deutsche Geschichte*, 42 und 177f.; Goetz u. a., *Das Zeitalter des Imperialismus*, 27f.; Wahl, *Deutsche Geschichte*, III, 133f.

448 Schmidt-Pauli, *Der Kaiser*, 201f.; Wilhelm II., *Ereignisse und Gestalten*, 163–165.

449 [Endres], *Die Tragödie Deutschlands*, 100; Jäger, *Erinnerungen*, 20; Wulff, *Die persönliche Schuld*, 26.

450 Bornhak, *Deutsche Geschichte*, 157f.; Goetz u. a., *Das Zeitalter des Imperialismus*, 21–26; Schmitthenner, *Geschichte der Zeit*, 353; Wahl, *Deutsche Geschichte*, III, 3f., 18, 20f., 27–30, 38, 43–50 und 67.

451 Goetz u. a., *Das Zeitalter des Imperialismus*, 24f.; Hartung, *Deutsche Geschichte*, 287; Schnabel, *1789–1919*, 139.

lich Boehm, Jäger und Wolff konstatieren einen Aufschwung der Technik- und Naturwissenschaften.[452]

Was schließlich das Hochschulpersonal angeht, sehen die Erinnerungswerke die Privatdozenten durch lange Wartezeiten bis zur Festanstellung sowie durch repressives Verhalten der Ordinarien benachteiligt; die Professoren selbst seien staatlicherseits streng geführt worden. Dem preußischen Ministerialrat Althoff wird dabei Allmacht in akademischen Angelegenheiten im ganzen Reich bescheinigt, wobei er sich durch die Förderung, mehr aber noch durch die Gängelung der Universitäten und ein quasi diktatorisches Vorgehen ausgezeichnet habe. Die Studentenschaft schließlich sei vor allem durch einen Zustrom aus dem mittleren Bürgertum stark angewachsen, ihre Geisteshaltung wird uneinheitlich geschildert. Die Leistungen Althoffs für das Universitäts- und das höhere Schulwesen würdigen auch Bornhak und Wahl, Kritik an seiner Arbeit und seinem Führungsstil sei angesichts seiner Leistungen vernachlässigenswert.[453] Unter den „populären" Autoren tadeln Endres und Rathenau eine Obrigkeitshörigkeit der (meisten) Gelehrten[454]; beide sehen darüber hinaus ebenso wie Mann und Ullmann schädliches Alldeutschtum und engstirnigen Nationalismus an den Universitäten der Wilhelminischen Zeit und hier vor allem im Bereich der Geschichtswissenschaften am Werk.[455]

Bei den geschichtswissenschaftlichen Darstellungen fällt also im Zusammenhang mit diesem Themenbereich zunächst eine Reihe von Lücken auf: Zur verbreiteten Bevorzugung ausländischer Bildungsgüter, zur Qualität der Schule generell sowie zur Lehrerschaft fehlen hier ebenso Bemerkungen wie zum staatlichen Einfluss auf die Universitäten jenseits der Förderung und zur Internationalität der deutschen Wissenschaft (die Entwicklung der Disziplinen wird überdies weit stärker zusammengefasst); die Hochschulangehörigen spielen hier überhaupt keine Rolle, und Althoffs Arbeit wird undifferenziert positiv gewertet. Entsteht so durch die Auslassung vor allem problematischer Aspekte ein eher positiveres Bild als in den Autobiographien und Memoiren, so wird dieser Effekt durch den Hinweis auf einen allgemein steigenden Bildungsstand noch verstärkt, durch die negative Wertung der Schulreformen nur wenig konterkariert; ergänzend halten die Gelehrten fest, dass die kirchlichen Einflussversuche blockiert worden seien und Bekenntnis- und Simultanschulen parallel bestanden hätten. Auch eine Betrachtung der Wissenschaftsentwicklung aus größerer Perspektive findet sich hier (Zerfaserung vs. Ansätze zur Synthese), die in dieselbe Richtung und damit von den Lebenserinnerungen weg weist. Die Auslassungen und Abweichungen im Bild der „Laienhistoriker" sind demgegenüber noch eklatanter; so findet sich bei ihnen außer einer positiven Wertung der Schulreformen und der Ausbremsung der Kirche nur der ergänzende Hinweis auf die Stützung der Obrigkeit durch die Schule. Im Zu-

452 Boehm, *Ruf der Jungen*, 43; Jäger, *Erinnerungen*, 11; Wolff, *Das Vorspiel*, 35.

453 Bornhak, *Deutsche Geschichte*, 252; Wahl, *Deutsche Geschichte*, III, 131f.

454 [Endres], *Die Tragödie Deutschlands*, 52; Rathenau, *Der Kaiser*, 40.

455 [Endres], *Die Tragödie Deutschlands*, 28, 47f., 53, 57 und 89f.; Mann, Kaiserreich, 227; Rathenau, *Der Kaiser*, 40; Ullmann, *Deutschland*, 25f.

sammenhang mit den Universitäten und Wissenschaften fehlen ebenfalls die Aspekte Einfluss des Staates (dessen Förderaktivitäten auf wenige Disziplinen beschränkt werden) und Internationalität, nur die Naturwissenschaften werden überhaupt (als im Aufschwung begriffen) erwähnt und vom Personal nur die Professoren, allerdings als staatshörig, außerdem wie andere Hochschulangehörige anfällig für alldeutsche Ideen.

5. Die übrigen Themen

Geht es in den Erinnerungswerken um Kunst und Kultur der Wilhelminischen Epoche, wird der zeitgenössische Kunststil generell als unbestimmt und auf oberflächliche Wirkung ausgerichtet beschrieben. Die Historiker Bornhak, Goetz, Schmitthenner und Schnabel beklagen ganz ähnlich, doch wiederum etwas differenzierter einen Zug zur Aufsplitterung und zum Verlust der stilistischen wie ideellen Geschlossenheit in der deutschen Kunst und Kultur im Ganzen[456], wobei sich aber – so die drei letztgenannten – allmählich diesen nicht zuletzt im „Materialismus" der Zeit wurzelnden Auflösungstendenzen gegenläufige Bewegungen entgegengestellt hätten und das Ringen dieser beiden Kräfte das Zeitalter bestimmt habe.[457] Dabei, so Bornhak und Goetz zusätzlich, habe die Kunst unter anderem durch öffentliche Einrichtungen wie Museen auch eine „Demokratisierung" erfahren.[458] Populärwissenschaft und Publizistik differenzieren hier wiederum nicht, sind sich indessen aber auch nicht einig bzw. werten die vorherrschenden Tendenzen in Kunst und Kultur der Wilhelminischen Epoche unterschiedlich: Während auch Rathenau, Ullmann und Wolff eine Zeit des schlechten Geschmacks und der Verderbnis durch materiellen Wohlstand ausmachen[459], sprechen Binder, Endres und Eulenberg von einem Aufblühen und Fortschreiten.[460]

Kulturzentren, so die Autobiographien und Memoiren, seien vor allem München und Berlin gewesen, wobei der bayerische Königshof den zeitgenössischen Entwicklungen offener gegenübergestanden habe als der preußische bzw. der Kaiser selbst, dem kleinbürgerlich-beschränkte Versuche der Einflussnahme, aber auch eine Förderung des Kunstbetriebs zugeschrieben werden. Die ökonomische Situation der Künstler wird dabei kontrovers beurteilt; politisiertes Denken und Materialismus auch in ihren Kreisen hätten sich auf die Kunst im Ganzen negativ ausgewirkt. Die deutschen Kunstzentren verorten die Gelehrten Bornhak und Wahl analog zu den Lebenserinnerungen[461]; was das Verhältnis von Kunst und Staat angeht, beschränken sich Bornhak, Rosenberg und Schnabel darauf, dem

---

456 Bornhak, *Deutsche Geschichte*, 173.
457 Goetz u. a., *Das Zeitalter des Imperialismus*, passim; Schmitthenner, *Geschichte der Zeit*, 352; Schnabel, *1789–1919*, 139 und 142.
458 Bornhak, *Deutsche Geschichte*, 173; Goetz u. a., *Das Zeitalter des Imperialismus*, 16f.
459 Rathenau, *Der Kaiser*, 31 und 42; Ullmann, *Deutschland*, 19; Wolff, *Das Vorspiel*, 25.
460 Binder, *Die Schuld*, 19; [Endres], *Die Tragödie Deutschlands*, 274; Eulenberg, *Die Hohenzollern*, 394f.
461 Bornhak, *Deutsche Geschichte*, 173; Wahl, *Deutsche Geschichte*, III, 639.

Kaiserhof einen veralteten, schlechten Geschmack und entsprechende Einflussversuche vorzuwerfen, gegen die sich – so die beiden erstgenannten ergänzend –
ein progressiver Teil von Öffentlichkeit und Künstlerschaft gewehrt habe.[462] Ungleich breiter und detaillierter wird das Verhältnis von Staat bzw. Reichsoberhaupt und Kunst bei den „populären" Autoren thematisiert – freilich mit demselben Ergebnis: Die Hälfte dieser Autoren attestiert Wilhelm II. auf Unbildung be-
ruhende Unkenntnis auf dem Gebiet der Künste bzw. einen (daraus resultierenden) schlechten bzw. fehlenden Geschmack, quer durch alle Sparten.[463] Endres,
Eulenberg, Jäger, Rathenau, Schmidt-Pauli und Wulff halten Kaiser und Regierung daran anknüpfend ebenfalls vor, in allen Teilbereichen ohne Verständnis für
die modernen Strömungen schlechte Kunst und Künstler gefördert sowie generell
durch ihre Eingriffe verderblich gewirkt zu haben.[464] Konkret verzeichnen Binder,
Eulenberg und Wulff einen negativen Einfluss kaiserlicher Maßnahmen in den
Bereichen Theater und Oper bzw. direkt auf Dichter und Komponisten[465] sowie –
in Übereinstimmung mit Endres, Ludwig und Schmidt-Pauli – auf dem Gebiet der
Architektur und der Denkmalskunst.[466]

Speziell für die Sparten Literatur und Theater gelten den Erinnerungswerken
ebenfalls (in erster Linie) München und Berlin als Zentren im Reich. Der in den
1890er Jahren in der Dramatik dominierende Naturalismus wird hier eher negativ
beurteilt, seine Ablösung durch Symbolismus und weitere Strömungen ab 1900
konstatiert; unterdessen seien die Darbietungen der leichten Muse tendenziell eher
niveauvoll gewesen. Auch in Sachen Prosa und Lyrik sind der Naturalismus und
seine Überwindung für die Autobiographen wichtig; hier wird außerdem die Bedeutung literarischer Zeitschriften für die Entwicklungen betont. Das Theater
wiederum habe einen Beitrag zur gesellschaftlichen Modernisierung geleistet, der
Naturalismus sei aber vom Publikum aufgrund abstoßender und unmoralischer
Inhalte nicht gelitten worden, oberflächliche Unterhaltung dagegen beliebt gewesen. Die zeitgenössische Literatur- und Theaterkritik – gerade gegenüber dem Naturalismus – wird von den Autobiographen kontrovers beurteilt, die sich auswei-
tende staatliche Zensur negativ bewertet. Analog dazu verweisen auch die Historiker Bornhak, Goetz, Hartung, Schnabel und Wahl auf die Abfolge der Stilrichtungen in Literatur und Theater und insbesondere auf die Überwindung des Natura-

462 Bornhak, *Deutsche Geschichte*, 42; Rosenberg, *Die Entstehung*, 43f.; Schnabel, *1789–1919*,
   139.
463 Binder, *Die Schuld*, 12 und 15; [Endres], *Die Tragödie Deutschlands*, 100 und 275; Eulenberg, *Die Hohenzollern*, 394–396; Ludwig, *Wilhelm der Zweite*, 294; Rathenau, *Der Kaiser*,
   42; Schmidt-Pauli, *Der Kaiser*, 203; Ullmann, *Deutschland*, 8.
464 [Endres], *Die Tragödie Deutschlands*, 110 und 275; Eulenberg, *Die Hohenzollern*, 394f.;
   Jäger, *Erinnerungen*, 20; Rathenau, *Der Kaiser*, 31 und 41; Schmidt-Pauli, *Der Kaiser*, 203;
   Wulff, *Die persönliche Schuld*, 28.
465 Binder, *Die Schuld*, 15; Eulenberg, *Die Hohenzollern*, 395; Schmidt-Pauli, *Der Kaiser*, 203;
   Wulff, *Die persönliche Schuld*, 28.
466 Binder, *Die Schuld*, 11; [Endres], *Die Tragödie Deutschlands*, 100; Eulenberg, *Die Hohenzollern*, 394; Ludwig, *Wilhelm der Zweite*, 334; Schmidt-Pauli, *Der Kaiser*, 203; Wulff, *Die persönliche Schuld*, 27f.

lismus.[467] Diesem werden von vier der genannten generell negative ebenso wie positive Effekte (für Kunst und Gesellschaft) zugesprochen[468]; deutlich negativ vermerken dagegen Goetz, Hartung und mit Einschränkungen auch Wahl speziell einen Zug der (naturalistischen) Dichtung zum Sichgehenlassen und zur sexuellen Enthemmung[469] – Meinungen, wie sie ähnlich auch in den Lebenserinnerungen aufscheinen. Zusätzlich beklagt Hartung die Abwesenheit „politische[r]" bzw. patriotischer Dichtung in der Wilhelminischen Zeit, Schnabel konstatiert sinngemäß dasselbe.[470] Dieser und Wahl erachten schließlich die Zunahme von Heimatromanen als positiv.[471] Vernachlässigenswert sind dagegen die Stellungnahmen aus der zweiten Vergleichsgruppe; lediglich Mann und Ullmann sehen in der deutschen Literatur nach 1890 einen verwaschenen, uneinheitlichen Stil am Werk.[472]

Die Malerei war den Lebenserinnerungen zufolge ebenfalls von einem Wechsel der Stilrichtungen seit den frühen 1890er Jahren – Naturalismus, Impressionismus, Romantik – geprägt; die Bewertung einzelner Strömungen bzw. der Gesamtentwicklung fällt hier zwiespältig aus – Bornhak, Goetz, Schnabel und Wahl spiegeln mit ihren Sichtweisen genau dies wieder.[473] Die Bildhauerei wollen dagegen Wahl und Schnabel im Aufstreben begriffen wissen[474], während Bornhak und Goetz ihre Entwicklung durch den Naturalismus beeinträchtigt sehen.[475]

In der Inneneinrichtung, so die Autobiographien und Memoiren, hätten Stil und Farbgebung für eine gedrückte Atmosphäre gesorgt, wobei die Möblierung von historisierender Massenware dominiert worden sei; doch sei dieser Zustand durch den Jugendstil überwunden worden. Eine Entwicklung hin zu Schlichtheit und Authentizität sehen hier auch Bornhak, Goetz und Wahl gegeben, die alle drei jedoch ausgerechnet den Jugendstil überwiegend kritisch bewerten.[476] Prägend für die Architektur der Wilhelminischen Zeit war für die Autobiographen die Entwicklung einer eigenständigen – wenn auch historisierend-aufgebauschten – deutschen „Richtung". Auch hier finden sich übereinstimmende Wertungen unter den Historikern: Goetz, Hartung und Schnabel kritisieren den neuen deutschen Baustil

---

467 Bornhak, *Deutsche Geschichte*, 157–162; Goetz u. a., *Das Zeitalter des Imperialismus*, 9 und 30–33; Hartung, *Deutsche Geschichte*, 139 und 285; Schnabel, *1789–1919*, 139 und 143; Wahl, *Deutsche Geschichte*, III, 109.

468 Bornhak, *Deutsche Geschichte*, 161; Goetz u. a., *Das Zeitalter des Imperialismus*, 9f.; Schnabel, *Deutschland*, 222; Wahl, *Deutsche Geschichte*, III, 103.

469 Goetz u. a., *Das Zeitalter des Imperialismus*, 9f.; Hartung, *Deutsche Geschichte*, 285f. und 291; Wahl, *Deutsche Geschichte*, III, 636f.

470 Hartung, *Deutsche Geschichte*, 285 (Zitat) und 287; Schnabel, *1789–1919*, 139.

471 Schnabel, *1789–1919*, 139; Wahl, *Deutsche Geschichte*, III, 115–117, und IV, 179.

472 Mann, Kaiserreich, 224f.; Ullmann, *Deutschland*, 24.

473 Bornhak, *Deutsche Geschichte*, 165–167; Goetz u. a., *Das Zeitalter des Imperialismus*, 15f.; Schnabel, *1789–1919*, 139; Wahl, *Deutsche Geschichte*, III, 82–85 und 93.

474 Schnabel, *1789–1919*, 139; Wahl, *Deutsche Geschichte*, III, 79 und 82.

475 Bornhak, *Deutsche Geschichte*, 170; Goetz u. a., *Das Zeitalter des Imperialismus*, 12f.

476 Bornhak, *Deutsche Geschichte*, 172; Goetz u. a., *Das Zeitalter des Imperialismus*, 17f.; Wahl, *Deutsche Geschichte*, III, 78 und 95.

als ideenleer, oberflächlich und angeberisch[477]; indessen jedoch erkennen Goetz und Schnabel auch hier eine Gegenbewegung, hin zu Schlichtheit und Authentizität[478], während Bornhak und Wahl gar ausschließlich einen solchen, aufstrebenden Zug gelten lassen wollen.[479] Populäre und publizistische Stimmen fassen hier den Kern der Schilderungen sehr stark zusammen: Architektur und Inneneinrichtung waren Boehm, Ullmann und Wulff zufolge von einem unklaren Stil geprägt, der lediglich Wert auf den äußeren Glanz gelegt habe, wobei Boehm und Ullmann vor 1914 gewisse Tendenzen zur Besserung ausmachen.[480]

Die Musik der Wilhelminischen Epoche schließlich sehen die Autobiographen durch die Werke Wagners bzw. das Zentrum Bayreuth (als Maßstäbe) dominiert, wobei diese Tatsache kontrovers beurteilt wird; überdies sei der Musikbetrieb über den Finanzbedarf der Künstler beschränkenden Einflüssen ausgesetzt gewesen. Die Historiker Schnabel und Wahl sehen nach 1890 keine großen Komponisten mehr am Werk wie noch zuvor[481]; Schnabel verzeichnet jedoch ebenso wie Goetz das baldige Aufkommen einer neuen, schöpferischen Generation von Tondichtern (Neuromantik).[482]

Auch in diesem Themenbereich sind die Unterschiede also bei ansonsten ähnlichen Inhalten zur ersten Vergleichsgruppe groß: Die Historiker lassen Hinweise auf regionale Unterschiede in der staatlichen Behandlung der Künste – wobei der Kaiser dezidiert hemmend gewirkt, doch Widerstand erfahren habe – ebenso wie auf die teils prekären Lebens- und Arbeitsumstände der Künstler generell fehlen, gehen nicht auf die Wechselwirkungen zwischen Theater und Gesellschaft bzw. Publikum ein und erwähnen weder literarische Zeitschriften noch Kritik und Zensur. Dagegen bemängeln sie das Fehlen patriotischer Dichtung, betonen aber das Aufkommen der Heimatromane und sind sich über den Stellenwert der Bildhauerei uneins, während in der Architektur (bei Kritik am Jugendstil) und in der Musik wie generell in der Kunst – die auch eine Demokratisierung erfahren habe – Entwicklungen zum Besseren festgehalten werden. So entsteht auch hier alles in allem der Eindruck einer gewissen Glättung und tendenziell positiveren Darstellung als bei den Lebenserinnerungen. Populärwissenschaft und Publizistik sind sich dagegen grundsätzlich uneins über den Zustand von Kunst und Kultur im wilhelminischen Deutschen Reich und kennen auch keine regionalen Unterschiede (auch aus ihrer Sicht hat der Kaiser hier Verfehlungen begangen), befassen sich dabei weder mit bildender Kunst noch mit Musik oder den Lebensverhältnissen der Künstler. Auch auf Literatur und Theater gehen sie so gut wie nicht ein, in Einrichtung und Architektur machen sie Fehlentwicklungen und Besserungen aus –

---

477 Goetz u. a., *Das Zeitalter des Imperialismus*, 20; Hartung, *Deutsche Geschichte*, 209; Schnabel, *1789–1919*, 139.
478 Goetz u. a., *Das Zeitalter des Imperialismus*, 18–20; Schnabel, *1789–1919*, 139.
479 Bornhak, *Deutsche Geschichte*, 170f.; Wahl, *Deutsche Geschichte*, III, 79.
480 Boehm, *Ruf der Jungen*, 42; Ullmann, *Deutschland*, 19 und 24; Wulff, *Die persönliche Schuld*, 27f.
481 Wahl, *Deutsche Geschichte*, III, 100–102.
482 Goetz u. a., *Das Zeitalter des Imperialismus*, 34f.; Schnabel, *1789–1919*, 143f.

alles in allem spielt das Thema Kunst und Kultur damit für diese Autorengruppe kaum eine Rolle.

Gehen die Erinnerungswerke auf die Situation einer oder mehrerer *Minderheiten* bzw. auf die Lage in einer oder mehrerer der *Grenzprovinzen* des Reichs vor 1914 ein, kommen wiederum verschiedene Teilaspekte zur Sprache. Die Stellung der Juden im wilhelminischen Deutschland wird dabei von zwei etwa gleich großen Gruppen ambivalent beschrieben, und zwar entweder als bestimmt von zunehmendem Antisemitismus und beruflichen Hemmnissen, speziell was die Unmöglichkeit des Eintritts in den höheren (sowohl zivilen als auch militärischen) Staatsdienst angeht, oder aber als gekennzeichnet durch umfassenden, negativen Einfluss in nahezu allen (ihnen zugänglichen) Bereichen des öffentlichen Lebens wie auch der Politik; beide Seiten stellen außerdem den Willen jüdischer Deutscher zum Aufstieg in die oberen sozialen Schichten fest. Von den untersuchten Historikern lassen sich nur Bornhak und Wahl einer der divergierenden Einschätzungen zuordnen; sie vermerken mit deutlich negativer Akzentuierung einen wachsenden Einfluss von Juden im Reich.[483] Populärwissenschaft und Publizistik spiegeln dagegen fast exakt das Meinungsbild der Lebenserinnerungen wider: Ludwig und Wolff sehen Antisemitismus im Deutschland der Wilhelminischen Zeit als Epochenmerkmal an[484], Wolff und Endres halten speziell fest, dass Juden eine Karriere als Offizier verwehrt gewesen sei.[485] Demgegenüber konstatieren Boehm und Ullmann mit negativer Konnotation eine zunehmende Bedeutung bzw. steigenden Einfluss von Juden in der Öffentlichkeit, vor allem über das Medium der Presse.[486] Endres und Ullmann verweisen auf einen Zug zum gesellschaftlichen Aufstieg durch die Verheiratung von Töchtern aus reichen jüdischen Familien mit Angehörigen der alten Eliten.[487]

Darüber hinaus werden in den Autobiographien die Lage der polnischen Minderheit in den preußischen Ostprovinzen und die Polenpolitik der Regierung als wichtiges Problemfeld gesehen, wobei die Autoren letztere aus unterschiedlichen Perspektiven als verfehlt bemängeln. Vor allem die (überwiegend als zu hart eingestufte) Ansiedlungspolitik habe das Verhältnis von Deutschen und Polen weiter verschlechtert; die grundsätzliche Verantwortung für die permanenten Gegensätze – preußische (Deutschtums-)Politik oder polnischer Widerstand – ist dabei jedoch umstritten. Auch die Historiker sind in diesen Fragen gespalten: Drei von ihnen (Hartung, Schmitthenner und Ziekursch) kritisieren die Inkonsistenz der deutschen Polenpolitik und sehen die Schuld an den zunehmenden Spannungen in erster Linie bei der preußischen Regierung und Verwaltung[488], drei andere (Bornhak, Goetz und Wahl) halten dagegen die Administration nicht nur für wankelmü-

---

483 Bornhak, *Deutsche Geschichte*, 182; Wahl, *Deutsche Geschichte*, III, 244 und 446f., sowie IV, 762.

484 Ludwig, *Wilhelm der Zweite*, 279; Wolff, *Das Vorspiel*, 40.

485 [Endres], *Die Tragödie Deutschlands*, 61; Wolff, *Das Vorspiel*, 20f.

486 Boehm, *Ruf der Jungen*, 41; Ullmann, *Deutschland*, 21.

487 [Endres], *Die Tragödie Deutschlands*, 61; Ullmann, *Deutschland*, 21.

488 Hartung, *Deutsche Geschichte*, 184, 188 und 238–240; Schmitthenner, *Geschichte der Zeit*, 399; Ziekursch, *Politische Geschichte*, III, 69f., 73f. und 189f.

tig, sondern vor allem für zu lasch und sprechen außerdem dem ihrer Meinung nach unerbittlichen polnischen Widerstand gegen die Integrations- bzw. Assimilierungsmaßnahmen der Regierung eine ausschlaggebende Bedeutung für die prekäre Lage in Posen und Westpreußen zu, wobei Bornhak und Goetz zusätzlich auf eine für die Konflikte und die Loslösungsbestrebungen der Polen förderliche Rolle der katholischen Kirche hinweisen.[489] Ergänzend spricht Ziekursch in allgemeinem Sinne von Nachteilen für das internationale Ansehen des Reichs, die aus der Polenpolitik resultierten[490], während Bornhak und Goetz konkreter auf außenpolitisch gefährliche weil die Begehrlichkeiten der Nachbarn (besonders Russlands) ermutigende Effekte einer zu freundlichen Minderheitenpolitik verweisen.[491] Von den Autoren der zweiten Vergleichsgruppe reihen sich Ullmann und Wulff mit ihrer Kritik am schädlichen „Zickzack-Kurs" der deutschen Verwaltung in die vorherrschende Hauptargumentationslinie ein[492]; Jäger, Mann und Wulff halten das deutsche Regiment zudem für kontraproduktiv bzw. erfolglos im Hinblick auf die Haltung der polnischen Bevölkerung[493], womit sie einer unter den Lebenserinnerungen deutlich werdenden Tendenz ebenso wie der erstgenannten Historikergruppe entsprechen.

Negativ bewertet werden in den Autobiographien und Memoiren auch die Entstehung abgeschlossener polnischer „Kolonien" im Westen des Reichs durch Arbeitsmigration in die Industriezentren sowie der zunehmende Einsatz polnischer Landarbeiter im Osten als Folge der Industrialisierung bzw. der Landflucht deutscher Arbeitskräfte. Die Historiker sind hier nicht ganz einer Meinung: Bornhak und Wahl äußern sich ebenso wie Goetz besorgt über eine zersetzende Wirkung polnischer „Koloniebildung" im Westen; während jedoch Goetz und Wahl das Nachrücken polnischer Landarbeiter im Osten als unbedeutend einstufen[494], kritisiert Bornhak wie auch Hartung ihre vermehrte – wenn auch unvermeidliche – Indienstnahme.[495] Generell stufen unterdessen Bornhak und Goetz das Anwachsen des polnischen Teils der Bevölkerung in den Ostprovinzen und insbesondere die Herausbildung einer polnischen Mittel- als Trägerschicht des Widerstands als Gefahr für die Integrität vor Ort ein.[496]

In Elsass-Lothringen dominierten den Erinnerungswerken zufolge ebenfalls Spannungen zwischen Einheimischen und Reichsdeutschen. Verantwortlich gemacht werden dafür sowohl eine unkluge Behandlung der Provinz durch das

---

489 Bornhak, *Deutsche Geschichte*, 81f., 127f., 184, 187, 219, 255–257 und 308f.; Goetz u. a., *Das Zeitalter des Imperialismus*, 175 und 178–180; Wahl, *Deutsche Geschichte*, III, 548–554, 662–669 und 671–675, sowie IV, 215–219, 224 und 228.

490 Ziekursch, *Politische Geschichte*, III, 177.

491 Bornhak, *Deutsche Geschichte*, 81; Goetz u. a., *Das Zeitalter des Imperialismus*, 178.

492 Ullmann, *Deutschland*, 18; Wulff, *Die persönliche Schuld*, 61 (Zitat).

493 Jäger, *Erinnerungen*, 42f.; Mann, Kaiserreich, 219; Wulff, *Die persönliche Schuld*, 61–63.

494 Goetz u. a., *Das Zeitalter des Imperialismus*, 70 und 178; Wahl, *Deutsche Geschichte*, III, 670f., sowie IV, 104 und 217f.

495 Bornhak, *Deutsche Geschichte*, 129, 182 und 186; Hartung, *Deutsche Geschichte*, 206.

496 Bornhak, *Deutsche Geschichte*, 128 und 182; Goetz u. a., *Das Zeitalter des Imperialismus*, 178.

Reich bzw. durch die lokalen Behörden und Amtsträger als auch Provokationen der Elsässer und Lothringer, wobei einige Stimmen auch auf die außenpolitische Dimension des Problems im Sinne einer gesteigerten Sensibilität des feindlichen Frankreich für die Stimmung in der Provinz hinweisen. Analog dazu sind sich gleich acht der zehn hier untersuchten Historiker einig darüber, dass Frankreich mit seiner Revanchepolitik die Stimmung im Innern (zusätzlich) vergiftet und separatistische Bestrebungen befördert habe. Die Meinungen über den Ursprung der auch von ihnen konstatierten Spannungen zwischen dem Reich bzw. den zugezogenen Reichsdeutschen und den Einheimischen – bzw. über die Gründe für deren Abkehr – gehen jedoch unter den Gelehrten ebenfalls auseinander, wobei insbesondere die Verfassung von 1911 und die Zabern-Affäre unterschiedlich bewertet und mal für die eine, mal für die andere Sichtweise als Belege herangezogen werden: Oncken und Wahl beurteilen die deutsche Politik im Reichsland im Ganzen positiv; ersterer sieht die einheimische Bevölkerung zudem zum Ausgleich bereit, letzterer hingegen brandmarkt die angeblich propagandistisch verblendeten Elsässer und Lothringer als ausschlaggebende Kräfte für eine zunehmend aufgeheizte Atmosphäre.[497] Während Hartung ein Fehlverhalten beider Seiten für die angespannte Lage verantwortlich macht[498], kritisieren dagegen mit Bornhak, Goetz, Mommsen, Schmitthenner und Ziekursch die weitaus meisten Vertreter der Geschichtswissenschaft die Maßnahmen der deutschen Regierung als inkonsistent bzw. halbherzig – für Bornhak waren sie zu lasch, für Ziekursch zu hart –, was letztlich den Umschlag einer im Land an sich mehr und mehr vorhandenen deutschlandfreundlichen Stimmung ermöglicht habe.[499] Die „Laienhistoriker" äußern sich dagegen auch hier kaum: Nach Ansicht Jägers und Wulffs sorgte eine arrogant und autoritär agierende deutsche Verwaltung für Ablehnung und Widerstand unter den Einheimischen[500], wobei Jäger und Ullmann zufolge die einheimische Oberschicht generell frankreichfreundlich bzw. reichsfeindlich war.[501] Rathenau und Wulff werten speziell die Zabern-Affäre als (unverstandenes) Warnzeichen für die deutsche Führung.[502]

Der deutschen bzw. preußischen Politik gegenüber der dänischen Minderheit stellen schließlich nur drei Verfasser von Erinnerungswerken ein (schlechtes) Zeugnis aus – ebenso wie die drei Historiker Hartung, Wahl und Ziekursch.[503]

In der untersuchten Geschichtsschreibung werden die Verhältnisse mithin weitgehend analog zu den Lebenserinnerungen geschildert, was die Polen- und

---

497 Oncken, *Das Deutsche Reich*, II, 677; Wahl, *Deutsche Geschichte*, III, 461–465, sowie IV, 177–186, 188–202 und 207–214.

498 Hartung, *Deutsche Geschichte*, 236–238.

499 Bornhak, *Deutsche Geschichte*, 258–260, 300–303 und 306–308; Goetz u. a., *Das Zeitalter des Imperialismus*, 181f.; Mommsen, *Politische Geschichte*, 143f.; Schmitthenner, *Geschichte der Zeit*, 399; Ziekursch, *Politische Geschichte*, III, 226 und 228.

500 Jäger, *Erinnerungen*, 42, 45f. und 48; Wulff, *Die persönliche Schuld*, 60.

501 Jäger, *Erinnerungen*, 47; Ullmann, *Deutschland*, 29.

502 Rathenau, *Der Kaiser*, 34; Wulff, *Die persönliche Schuld*, 19.

503 Hartung, *Deutsche Geschichte*, 240; Wahl, *Deutsche Geschichte* IV, 228–263; Ziekursch, *Politische Geschichte*, III, 177.

die Dänenpolitik angeht; mit Blick auf die Ostprovinzen wird die Lage aber noch prekärer beschrieben (Gefahren durch Außenwirkung und wachsende polnische Mittelschicht). Abweichend von den Lebenserinnerungen halten die Historiker außerdem einen rein negativen Einfluss von Juden im Reich fest und schreiben der deutschen Seite die Hauptverantwortung für die krisenhafte Situation in den „Reichslanden" zu, so dass ihre Beschreibung der Epochenmerkmale hier insgesamt noch düsterer ausfällt. Die Autoren aus Populärwissenschaft und Publizistik sehen indessen die Lage der Juden (eher diskriminiert) und Polen (Objekt falscher Politik) ähnlich wie die Autobiographen, schweigen sich aber über die Verantwortung für die Spannungen im Osten und über die polnische Migration sowie über die Dänenpolitik aus; die Probleme im Elsass führen sie eher auf die deutsche Verwaltung dort zurück, so dass ein – freilich deutlich unvollständiges – Bild mit letztlich ähnlicher Tendenz wie bei den Fachhistorikern entsteht.

Mit Bezug auf das *Militärwesen* im weiteren Sinne vermerken die Autoren der Erinnerungswerke zunächst ein kontinuierliches Wachstum der deutschen Streitkräfte, das aber als zu gering für den Kriegsfall eingeschätzt wird, was nicht zuletzt auf die laxe Durchführung der allgemeinen Wehrpflicht zurückzuführen sei. Die Schuld an der Misere wird dabei sowohl Regierung und Behörden aufgrund zu gering bemessener Vorlagen im Reichstag als auch den Mitte-Links-Fraktionen im Parlament aufgrund ihrer Blockadehaltung zugewiesen. Abgesehen von Rosenberg, der das Thema Militär in seiner Darstellung nicht berücksichtigt, entwerfen alle untersuchten Historiker ein entsprechendes Bild, wobei sie allerdings ergänzend der Opposition im Reichstag bescheinigen (hier und da mit Ausnahme der Sozialdemokratie), seit etwa 1900 ihrer Verantwortung zunehmend gerecht geworden zu sein und schließlich für die Pläne der Staatsführung gestimmt zu haben.[504] Auch mehr als die Hälfte der „Laienhistoriker" halten die (sukzessive) Vergrößerung von Heer und (vor allem) Marine bis zum Krieg für beachtenswert.[505] Indessen stufen Endres und Jäger sowie nur auf die Flotte bezogen auch Schmidt-Pauli und Wilhelm II. die deutschen Rüstungen als unzureichend ein[506], wofür die beiden letztgenannten eine restriktive Bewilligungspraxis des Reichstags verantwortlich machen[507], die unabhängig davon auch Jäger, Ludwig und

504 Bornhak, *Deutsche Geschichte*, 75, 84, 251 und 304f.; Goetz u. a., *Das Zeitalter des Imperialismus*, 162 und 354; Hartung, *Deutsche Geschichte*, 165–167, 186f., 200, 240–242 und 256; Mommsen, *Politische Geschichte*, 118 und 145; Oncken, *Das Deutsche Reich*, 597 und 763–766; Schmitthenner, *Geschichte der Zeit*, 399f. und 430; Schnabel, *1789–1919*, 133; ders., *Deutschland*, 206f.; Wahl, *Deutsche Geschichte*, III, 461–464, 494, 497–500 und 503–505, sowie IV, 602–604, 606 und 616f.; Ziekursch, *Politische Geschichte*, III, 62–66, 68, 114–116, 126, 179–181, 240f. und 256.

505 Boehm, *Ruf der Jungen*, 43; Ludwig, *Wilhelm der Zweite*, passim; Nowak, *Das dritte deutsche Kaiserreich*, II, 58, 86, 101f. und 242; Rathenau, *Der Kaiser*, 42; Schmidt-Pauli, *Der Kaiser*, 193f. und 198; Wilhelm II., *Ereignisse und Gestalten*, 108; Wolff, *Das Vorspiel*, 26 und 43; Wulff, *Die persönliche Schuld*, 19.

506 [Endres], *Die Tragödie Deutschlands*, 66; Jäger, *Erinnerungen*, 1f. und 82.

507 Schmidt-Pauli, *Der Kaiser*, 193f. und 199; Wilhelm II., *Ereignisse und Gestalten*, 77, 132f., 193–195 und 198f.

Nowak erwähnen.[508] Endres und Wilhelm II. sehen speziell die U-Boot-Waffe vernachlässigt, wofür allerdings beide den Widerstand des Admirals Tirpitz verantwortlich machen.[509] Auf das Detailproblem der mangelhaften Umsetzung der allgemeinen Wehrpflicht verweisen wiederum nur Historiker; grundsätzlich tun dies Bornhak, Schnabel und Wahl[510], Mommsen und Ziekursch führen darüber hinaus den Verzicht auf weitere Aufstockungen auf die Furcht vor einer „Demokratisierung" der Armee zurück[511], was Schmitthenner allerdings für einen vorgeschobenen Grund der gegenüber dem Reichstag ängstlichen Regierung hält.[512]

Unterdessen habe, so die Autobiographen, eine Konkurrenz von Heer und Marine um die zur Verfügung stehenden Mittel zum Schaden des ersteren wie des Ganzen gereicht. Von den Historikern halten Bornhak, Goetz, Mommsen, Oncken, Schmitthenner und Schnabel den Aufbau der deutschen Flotte unter Kaiser Wilhelm II. grundsätzlich für bedeutsam[513], Mommsen und Schmitthenner tadeln dabei – wie im Übrigen auch Hartung, Wahl und Ziekursch – ebenfalls eine kontraproduktive Vernachlässigung des Heeres zugunsten der Marine.[514]

Qualität und Schlagkraft von Armee und Marine werden in den Lebenserinnerungen trotz allem im Ganzen als ausgezeichnet eingestuft; im Einzelnen allerdings ist die Güte von Ausbildung und Manövern umstritten, Taktik und Organisation werden negativ beurteilt, ebenso die internen Widerstände gegen eine Modernisierung gerade auch in Bewaffnung und Ausrüstung. Die Historiker schweigen sich hier weitgehend aus; lediglich Bornhak und Wahl sehen neueste technische Errungenschaften im Militär angemessen berücksichtigt.[515] Einige Autoren der zweiten Vergleichsgruppe – Endres, Eulenberg, Nowak und Wilhelm II. – sind sich ebenfalls einig darüber, dass das deutsche Heer von einzigartiger Qualität und Leistungsfähigkeit in der Welt gewesen sei.[516] Die Ausbildung der Soldaten schätzen Eulenberg und Schmidt-Pauli indessen als anspruchsvoll ein[517], außerdem heben letzterer und Wilhelm II. die Einführung wichtiger technischer

---

508 Jäger, *Erinnerungen*, 5; Ludwig, *Wilhelm der Zweite*, 148; Nowak, *Das dritte deutsche Kaiserreich*, II, 101f.

509 [Endres], *Die Tragödie Deutschlands*, 240–242; Wilhelm II., *Ereignisse und Gestalten*, 203.

510 Bornhak, *Deutsche Geschichte*, 304; Schnabel, *Deutschland*, 207; Wahl, *Deutsche Geschichte*, III, 326, 453f., 458, 467, 469–474, 492, 497f. und 596f., sowie IV, 449, 602–604 und 616f.

511 Mommsen, *Politische Geschichte*, 145; Ziekursch, *Politische Geschichte*, III, 257.

512 Schmitthenner, *Geschichte der Zeit*, 381, 399 und 478.

513 Bornhak, *Deutsche Geschichte*, 103; Goetz u. a., *Das Zeitalter des Imperialismus*, 170 und 303f.; Mommsen, *Politische Geschichte*, 139; Oncken, *Das Deutsche Reich*, II, 451, 503 und 612; Schmitthenner, *Geschichte der Zeit*, 331 und 388; Schnabel, *Deutschland*, 203.

514 Hartung, *Deutsche Geschichte*, 256; Mommsen, *Politische Geschichte*, 140; Schmitthenner, *Geschichte der Zeit*, 430; Wahl, *Deutsche Geschichte*, III, 472f. und 494; Ziekursch, *Politische Geschichte*, III, 179f. und 235f.

515 Bornhak, *Deutsche Geschichte*, 193; Wahl, *Deutsche Geschichte*, III, 452f.

516 [Endres], *Die Tragödie Deutschlands*, 164 und 178; Eulenberg, *Die Hohenzollern*, 401; Nowak, *Das dritte deutsche Kaiserreich*, II, 276; Wilhelm II., *Ereignisse und Gestalten*, 192.

517 Eulenberg, *Die Hohenzollern*, 386; Schmidt-Pauli, *Der Kaiser*, 198.

Neuerungen – gegen interne Widerstände – hervor[518], womit sie sich wiederum von den Autobiographen absetzen.

Unterdessen kontrastieren die Erinnerungswerke den angeblich durch Wilhelm II. in das Militär getragenen Elan mit störenden Eingriffen des Militärkabinetts. Lediglich die Historiker Hartung und Wahl machen genauso einen positiven Einfluss des Kaisers auf die Entwicklung der Streitkräfte aus.[519] Unter den Populärwissenschaftlern und Publizisten ist dieser Punkt dagegen umstritten: Schmidt-Pauli und Wulff schreiben dem Kaiser einen positiven, fördernden Einfluss auf das Militärwesen zu[520], während Endres, Ludwig und Wolff das Gegenteil konstatieren und ihn vor allem mit Blick auf seinen angeblichen Hang zu Äußerlichkeiten und Schaustellungen für Oberflächlichkeit und Strebertum, aber auch Desillusionierung unter den Soldaten verantwortlich machen.[521] Korrespondierend mit diesem Zwiespalt halten Schmidt-Pauli und Wilhelm II. den „Geist" der Truppe für vorbildlich[522], während Schmidt-Pauli zugleich – und ebenso wie Endres – auch einen Zug zur „Demoralisation" im Militär ausmacht.[523] Die höchste militärische Führungsebene, insbesondere Moltke als Generalstabschef sehen Binder, Endres und Ludwig ähnlich wie die Lebenserinnerungen als unfähig an.[524]

Die Qualität der Offiziere ist dabei in den Autobiographien und Memoiren umstritten, ihre Leistungen in Ausbildung und Erziehung der einfachen Soldaten werden allerdings als gut bezeichnet. Unterschiedlich bewertet wird das Prinzip der Subordination mit seinen Folgen für Persönlichkeit und Charakter; uneingeschränkt kritisiert werden Misshandlungen und weitere moralische Miss-Stände, während das in Offizierskreisen etablierte Duellwesen als akzeptierte, in der Praxis kaum einzuschränkende Tatsache Erwähnung findet. Darüber hinaus stellen die Verfasser einen Vorrang des Militärs im Staat fest, wobei die Zustände im Heer das Ziel permanenter Kritik der linken und linksliberalen Reichstagsfraktionen gewesen seien. Nur Bruchstücke dieser Charakterisierung finden sich bei den Vertretern der Geschichtswissenschaft, dazu Ergänzungen im Detail: Schnabel und Wahl weisen auf Beschwerden der Sozialdemokratie über Soldatenmisshandlungen hin.[525] Bornhak, Goetz und Schmitthenner halten unterdessen die Einführung der neuen Militärstrafgesetzordnung (1898) für wichtig.[526] Forderungen der Sozialdemokratie nach der Einführung eines Milizsystems kennen Schmitthenner,

---

518 Schmidt-Pauli, *Der Kaiser*, 194; Wilhelm II., *Ereignisse und Gestalten*, 146f., 192 und 199–201.

519 Hartung, *Deutsche Geschichte*, 165; Wahl, *Deutsche Geschichte*, II, 454.

520 Schmidt-Pauli, *Der Kaiser*, 194 und 197f.; Wulff, *Die persönliche Schuld*, 27.

521 [Endres], *Die Tragödie Deutschlands*, 99 und 172; Ludwig, *Wilhelm der Zweite*, 165; Wolff, *Das Vorspiel*, 21f.

522 Schmidt-Pauli, *Der Kaiser*, 194; Wilhelm II., *Ereignisse und Gestalten*, 190.

523 [Endres], *Die Tragödie Deutschlands*, 54, 62 und 99; Schmidt-Pauli, *Der Kaiser*, 41 (Zitat).

524 Binder, *Die Schuld*, 21; Ludwig, *Wilhelm der Zweite*, 168; [Endres], *Die Tragödie Deutschlands*, 63, 174, 182–187 und 197.

525 Schnabel, *1789–1919*, 133; Wahl, *Deutsche Geschichte*, III, 446.

526 Bornhak, *Deutsche Geschichte*, 132; Goetz u. a., *Das Zeitalter des Imperialismus*, 170; Schmitthenner, *Geschichte der Zeit*, 388.

Schnabel und Ziekursch.[527] Noch spärlicher sieht es mit Aussagen in der zweiten Vergleichsgruppe aus: Gegen Miss-Stände insbesondere im Offizierskorps, so Ludwig und Schmidt-Pauli, sei der Kaiser energisch und erfolgreich eingeschritten.[528]

Generell sei der Adel im Militär bevorzugt worden – so die Lebenserinnerungen –, hätten rein adlige Offizierskorps nicht nur in den Garderegimentern bestanden. Generell hätten sich Offiziere auch kaum politisch betätigt, seien aber gesellschaftlich bevorzugt worden. Die Berechtigung spöttelnder Kritik an ihrem Habitus ist umstritten, weitgehend einig sind sich die verschiedenen (auch hier freilich sehr wenigen) Stimmen aber über die – gemäß dem allgemeinen gesellschaftlichen Trend – zunehmend materialistische Einstellung der militärischen Führungskräfte. Historiker äußern sich zu diesem Aspekt nicht; ihre nicht wissenschaftlich ausgerichteten Pendants sehen die Dinge dagegen ähnlich, zeichnen aber das Bild der deutschen Offizierspersönlichkeiten deutlich negativer: Endres, Jäger, Wilhelm II. und Wulff betonen ebenfalls die deutlich herausgehobene, bevorzugte Stellung von Offizieren in Staat und Gesellschaft, wobei Endres und (mit allerdings deutlichen Einschränkungen) Wilhelm II. ergänzend ein schädliches Kastendenken in diesen Kreisen bemängeln.[529] Beide sehen überdies – Wilhelm II. wiederum mit klar marginalisierender Tendenz – eine Anfälligkeit der Truppenführer für den allgemeinen Zug zu luxuriöser Lebensführung.[530] Endres, Wolff und Wulff bescheinigen ihnen Überheblichkeit, Arroganz und Unbildung bzw. geistige Beschränktheit[531], Endres und Ludwig kritisieren außerdem ihren angeblichen Zug zu blindem Gehorsam und Unterwürfigkeit nach oben hin.[532]

Verwiesen wird in den Erinnerungswerken schließlich auch auf eine enge Verbundenheit von Zivilbevölkerung und Militär sowie dessen Verankerung bzw. Präsenz im Alltagsleben – diese Ansicht teilen, wiederum mit negativer Konnotation, Endres und Rathenau, denen zufolge in der deutschen Gesellschaft generell militärisch-hierarchisches Denken und eine Vorliebe für entsprechende Äußerlichkeiten verbreitet waren[533]; letzteres konstatieren auch Boehm und Ullmann.[534] Schließlich sehen Endres und Mann das deutsche Militär der Wilhelminischen Zeit als anfällig für alldeutsche Ideen.[535] Historiker äußern sich zu diesem Punkt nicht.

---

527 Schmitthenner, *Geschichte der Zeit*, 351; Schnabel, *1789–1919*, 133; Ziekursch, *Politische Geschichte*, III, 19f.
528 Ludwig, *Wilhelm der Zweite*, 289; Schmidt-Pauli, *Der Kaiser*, 41 und 194.
529 [Endres], *Die Tragödie Deutschlands*, 60–63, 175 und 191; Jäger, *Erinnerungen*, 60; Wilhelm II., *Ereignisse und Gestalten*, 191; Wulff, *Die persönliche Schuld*, 36.
530 [Endres], *Die Tragödie Deutschlands*, 105 und 172; Wilhelm II., *Ereignisse und Gestalten*, 191.
531 [Endres], *Die Tragödie Deutschlands*, 28, 63, 169, 174 und 201; Wolff, *Das Vorspiel*, 10; Wulff, *Die persönliche Schuld*, 36.
532 [Endres], *Die Tragödie Deutschlands*, 170 und 173; Ludwig, *Wilhelm der Zweite*, 329–331.
533 [Endres], *Die Tragödie Deutschlands*, 60; Rathenau, *Der Kaiser*, 42.
534 Boehm, *Ruf der Jungen*, 41; Ullmann, *Deutschland*, 20.
535 [Endres], *Die Tragödie Deutschlands*, 27f.; Mann, Kaiserreich, 218.

Die Historiographen beschreiben somit – abgesehen von ein paar „neutralen" Ergänzungen und dem einordnenden Verweis auf den befürchteten Zusammenhang von Wehrpflicht und Demokratisierung – den generellen Zustand der wilhelminischen Streitkräfte positiver, wenn sie die störenden Einflüsse des Militärkabinetts nicht erwähnen, den Aufbau der Marine eigens als bedeutsam markieren, sich zu Qualität, Ausbildung und Ausrüstung nicht äußern und lediglich konstatieren, dass das deutsche Militär technisch modern gewesen sei, Miss-Stände nur vermerken und die neue Militärstrafgerichtsordnung hervorheben, schließlich der kritischen Opposition auch bescheinigen, bei der Vergrößerung der Armee eingelenkt zu haben. Die Lückenhaftigkeit ihrer Darstellungen wird dabei allerdings deutlich unterstrichen durch den Verzicht auf Kommentare zur Rolle des Militärs im Staat, zum Zustand des Offizierskorps und sämtlichen gesellschaftlichen Aspekten des Themas; demgegenüber treten die Übereinstimmungen mit den Autobiographen in den grundsätzlichen, „großen" Fragen in den Hintergrund.

Populärwissenschaftler und Publizisten wiederum diskutieren das Thema breiter, auch wenn sie wichtige Punkte auslassen (Frage der Wehrpflicht, Heer-Marine-Konkurrenz, Miss-Stände in der Armee generell, Militär und Staat, Kritik der Opposition) und damit das Bild etwas glätten, was durch ihre uneingeschränkt positive Einschätzung von Qualität und Ausstattung der Armee – auch wenn deren „Geist" unklar bleibt – noch unterstrichen wird. Andererseits schildern sie die Verhältnisse durch ihre deutliche Kritik am Wirken des Kaisers, an den Verhältnissen im Offiziersstand, an der Empfänglichkeit des Militärs für alldeutsche Ideen und der Militarisierung der Bevölkerung prekärer, und hinterlassen damit auch hier insgesamt den Eindruck der Uneinheitlichkeit.

Lebensweltliche Unterschiede und Besonderheiten stellen die Autobiographen (abgesehen von vereinzelten Hinweisen auf Differenzen in Recht, Gesetzgebung und Verwaltung innerhalb des Reichs) in erster Linie auf gesellschaftlichem Gebiet fest, wo es deutliche regionale Abweichungen gegeben habe. Dies habe Lebenseinstellung, Mentalität und Konventionen betroffen, die im Süden freier und offener bzw. ungezwungener gewesen bzw. gehandhabt worden seien als im Norden, ebenso wie der Süden weniger hierarchisch und materialistisch im Denken bzw. in der Lebensführung gewesen sei; teilweise wird hier auch ein Gegensatz zwischen Preußen und den übrigen Ländern postuliert, wobei ersteres den Autobiographen summa summarum als rückständiger gilt. Mit diesen Ansichten gehen immerhin sieben und damit deutlich mehr als die Hälfte der untersuchten Historiker im Grundsatz konform, allerdings mit umgekehrter sachlicher Schwerpunktsetzung: Mommsen, Oncken und Wahl konstatieren einen politischen bzw. ideologischen Gegensatz zwischen Preußen und dem Reich (der sich Mommsen zufolge allerdings unter der Regierung Bülows auflöste).[536] Während Schmitthenner und Ziekursch den Ländern im Süden gegenüber Preußen eine relativ größere

---

536 Mommsen, *Politische Geschichte*, 111 und 132; Oncken, *Das Deutsche Reich*, II, 634; Wahl, *Deutsche Geschichte*, III, 511, und IV, 107.

Fortschrittlichkeit in der Wahlrechtsentwicklung bescheinigen[537], die Bornhak negativ vermerkt[538], charakterisiert Rosenberg diese Länder generell und besonders mit Blick auf Regierung und Verwaltung sowie Gesellschaft und Militär als im Vergleich deutlich liberaler als Preußen; ebenso wie Schmitthenner weist er analog dazu auf ein Überwiegen der Reformer in der Sozialdemokratischen Partei der süddeutschen Staaten hin.[539] Wahl konstatiert außerdem ebenso wie Hartung eine größere Durchlässigkeit sozialer Grenzen im Süden im Vergleich zum Norden.[540] Aus den Reihen der „populären" Autoren betonen zumindest Endres und Jäger die liberalere Haltung des deutschen Südens auf diversen Feldern von Staat und Gesellschaft und unterstreichen damit die Relevanz des Themas wie auch die breite Übereinstimmung in der Epochendiskussion in diesem Punkt.[541]

Auch hier kennen die Erinnerungswerke aber noch weitere Aspekte: Ihnen zufolge war in der betrachteten Epoche auch ein Gefälle zwischen dem Westen und den preußischen Ostprovinzen im Hinblick auf den ökonomischen, sozialen und religiösen Entwicklungsstand zu beobachten. Daneben verweisen einige Stimmen auf die Anfänge des modernen (Massen-) Reisebetriebs mit seinen Vor- und Nachteilen sowie auf die Teilhabe weiterer Bevölkerungskreise an diesem Phänomen – dies erwähnen auch Wilhelm II. und Wolff aus der Gruppe der „Laienhistoriker"[542] –, wobei Italien als bevorzugtes Reiseziel genannt wird; die Ansichten über die hauptsächlich dafür benutzten Verkehrsmittel divergieren. Schließlich stellt eine Reihe von Lebenserinnerungen eine Zunahme der Körperertüchtigung als Freizeitbeschäftigung der oberen Schichten fest.

Die Historiker äußern sich also lediglich zu den regionalen Differenzen, wo sie allerdings vor allem ein *politisches* Süd-Nord-Gefälle ausmachen. Die „populären" Autoren stufen immerhin ebenfalls den deutschen Süden in Gesellschaft und Staat als liberaler ein und verweisen auch auf den Massentourismus, kommen damit aber auch nicht an die inhaltliche Breite der Erinnerungswerke heran.

Das Leben von *Frauen* in der Wilhelminischen Epoche, so die Lebenserinnerungen, sei in der Regel durch Unselbständigkeit und soziale Geringschätzung bestimmt worden; außer der Mithilfe in der Familie oder der Heirat hätten sich berufliche Tätigkeiten nur mit sehr starken Einschränkungen als Alternativen für die Lebensgestaltung geboten. Zunehmend sei dann das Streben nach Eigenständigkeit gerade im Hinblick auf die Sicherung des Lebensunterhalts unter den Frauen zu beobachten gewesen, wobei auch die Gleichstellung mit dem männlichen Geschlecht in moralischer Hinsicht gefordert worden sei. Die Frauenbewegung wird als wichtiges Phänomen der Zeit hervorgehoben; ihre Aufgaben seien vielfältig gewesen, zumal die Frage nach den Möglichkeiten und Problemen von Frauen in Gesellschaft und Beruf unmittelbar und eng mit zahlreichen anderen

---

537 Schmitthenner, *Geschichte der Zeit*, 394; Ziekursch, *Politische Geschichte*, III, 184. Genannt werden Baden, Bayern, Württemberg, Hessen und Sachsen.
538 Bornhak, *Deutsche Geschichte*, 261ff.
539 Rosenberg, *Die Entstehung*, 50f.; Schmitthenner, *Geschichte der Zeit*, 387.
540 Wahl, *Deutsche Geschichte*, IV, 768; Hartung, *Deutsche Geschichte*, 236.
541 [Endres], *Die Tragödie Deutschlands*, 173; Jäger, *Erinnerungen*, 3–6 und 74.
542 Wilhelm II., *Ereignisse und Gestalten*, 148; Wolff, *Das Vorspiel*, 32.

„Bewegungen" (Arbeiter, Frieden, Jugend) in Zusammenhang gestanden hätten. Den in diesem Rahmen entstandenen Frauenorganisationen wird eine Ausdehnung und Ausdifferenzierung bescheinigt, doch seien Arbeiterinnen nicht einbezogen worden; eine politische Partizipation sei darüber hinaus im Zeitalter Wilhelms II. aufgrund rechtlicher Beschränkungen und Widerstands vonseiten der Männer kaum möglich gewesen. Zentral jedenfalls sei für die Frauen bzw. die Frauenbewegung das Verlangen nach besserer schulischer, auch gymnasialer Bildung und der Zulassung zum Studium gewesen; gegen Widerstände der Behörden und der Hochschulen habe hier eine sukzessive Verbesserung der Möglichkeiten um bzw. nach 1900 tatsächlich stattgefunden, wobei vor allem die Reformen in Preußen von Bedeutung gewesen und schließlich auch das Studium für Abiturientinnen möglich geworden sei. Die Chancen der weiblichen Berufsbildung werden dagegen zwiespältig beurteilt, doch habe man sich neue Felder erschließen können. Die Akzeptanz speziell dieses Strebens in der Gesellschaft ist in den Erinnerungswerken umstritten; den Wünschen der Frauen bzw. der Frauenbewegung und ihren Zielen sei jedoch generell mit Ablehnung oder zumindest Skepsis begegnet worden, Staat und soziales Umfeld hätten sogar praktischen Widerstand geleistet, doch sei hier – analog zu den Entwicklungstendenzen der Gesamtgesellschaft – ein sukzessiver Wandel zum Besseren zu beobachten gewesen. Mit diesen Kernaussagen besetzen die Lebenserinnerungen das Thema „Frauen" in der Wilhelminischen Zeit nahezu exklusiv, sie verleihen ihm damit Epochenrelevanz und bestimmen das Bild dieses Teilaspekts der betrachteten Zeit, das trotz diversen Einschränkungen angesichts der festgestellten Fortschritte positiv ausfällt.

Die Historiographie dagegen kennt die genannten Problemstellungen kaum; die Frauenbewegung – mit ihren teils erfolgreichen Forderungen auch nach besseren Bildungsmöglichkeiten – wird nur von Goetz und Schnabel als Teil der Sozialen Frage in der betrachteten Zeit verstanden und damit durchaus in Übereinstimmung mit den Lebenserinnerungen gesehen[543], Bornhak erwähnt sie lediglich im Zusammenhang mit evangelisch-konfessionellen Organisationsbestrebungen.[544] Innerhalb der zweiten Vergleichsgruppe betont gar nur Endres die Chancenlosigkeit der seiner Meinung nach (ungeachtet der weltanschaulichen Prägung ihrer diversen Organisationen) systemkonformen Frauenbewegung.[545]

6. Das Rahmenthema: Die Epoche im Ganzen

Mehrheitlich werden in den Erinnerungswerken die Jahre von 1888 bzw. 1890 bis 1914 als Phase des Niedergangs, Verfalls und Abstiegs bezeichnet, doch findet sich demgegenüber auch eine starke Minderheit, die im Gegensatz dazu Aufstieg, Wohlergehen und Glück mit der Zeit vor dem Ersten Weltkrieg verbinden. So-

---

543 Goetz u. a., *Das Zeitalter des Imperialismus*, 157; Schnabel, *1789–1919*, 139–141.
544 Bornhak, *Deutsche Geschichte*, 149.
545 [Endres], *Die Tragödie Deutschlands*, 264.

wohl eine Mehrheit der Historiker[546] als auch eine Reihe von „populären" Autoren (Boehm, Rathenau, Ullmann, Wulff)[547] stimmen hier (tendenziell) mit der negativen Einschätzung überein.

Inhaltlich werden unterdessen in den Lebenserinnerungen verschiedene Zusammenfassungen bzw. Kennzeichnungen der Epoche geboten, sei es, dass die technische und ökonomische Fortentwicklung einerseits einem durch sie verursachten Werteverfall anderseits gegenübergestellt wird, sei es, dass dieser Werteverfall in einem umfassenden Sinn allein als Signum des betrachteten Zeitabschnitts gilt; hinzu kommt der Hinweis auf die Diskrepanz von Schein und Sein im Miteinander der Menschen. Ähnliche Einschätzungen finden sich ebenfalls bei der Hälfte der Historiker[548] sowie bei einer Reihe von Verfassern aus Populärwissenschaft und Publizistik[549]; Boehm, Mann, Endres, Rathenau und Wulff halten darüber hinaus Militarismus, ein gesteigertes Machtbedürfnis und eine zunehmende Aggressionsbereitschaft nach außen bei nachlassender Scheu vor der Gewalt und dem Verschwinden moralischer Maßstäbe als besonderes Epochenmerkmal fest.[550]

Abstrakter noch sind daneben autobiographische Epochencharakterisierungen, die von Modernisierung, Beschleunigung und Ausdehnung bei gleichzeitigem Traditionsbruch als dominierenden Grundphänomenen ausgehen und dabei solchen gegenüberstehen, die das parallele Wirken von Tradition und Moderne, bewahrenden und erneuernden Kräften konstatieren. Darüber hinaus finden sich unter den Verfassern Stimmen, die der Epoche Widersprüchlichkeit, Krisen- und Wandlungserscheinungen, eine Auflösung von Ordnungen und Bindungen oder das Geprägtsein von Unruhe und Unsicherheit zuschreiben und damit die oben bereits beschriebenen Einschätzungen (mit bestimmter Akzentuierung) noch stärker verdichten. Auch hier gibt es ein hohes Maß an Übereinstimmung mit den Historikern: Hartung und Ziekursch sehen die Epoche ebenfalls durch ein Nebeneinander von Alt und Neu gekennzeichnet, das sie als Gegeneinander konträrer Phänomene verstehen.[551] Ein unentschiedenes Neben- bzw. Gegeneinander von

---

546 Bornhak, *Deutsche Geschichte*, 48f.; Hartung, *Deutsche Geschichte*, 126 und 132f.; Oncken, *Das Deutsche Reich*, I, 352, sowie II, 355 und 384; Schmitthenner, *Geschichte der Zeit*, 232f.; Wahl, *Deutsche Geschichte*, II, 562, sowie III, 109; Ziekursch, *Politische Geschichte*, II, 447, und III, 4.

547 Boehm, *Ruf der Jungen*, 44; Rathenau, *Der Kaiser*, 46; Ullmann, *Deutschland*, 2 und 13; Wulff, *Die persönliche Schuld*, 7.

548 Bornhak, *Deutsche Geschichte*, 48f.; Oncken, *Das Deutsche Reich*, II, 659; Mommsen, *Politische Geschichte*, 108–110; Schmitthenner, *Geschichte der Zeit*, 384 und 386; Schnabel, *1789–1919*, 139, 142 und 144; ders., *Deutschland*, 220f.; Wahl, *Deutsche Geschichte*, III, 67f. und 88, sowie IV, 132.

549 Boehm, *Ruf der Jungen*, 35–38, 42f. und 49f.; [Endres], *Die Tragödie Deutschlands*, 158 und 274; Mann, Kaiserreich, 229; Rathenau, *Der Kaiser*, 23f., 26, 41f. und 44; Schmidt-Pauli, *Der Kaiser*, 203f.; Ullmann, *Deutschland*, 8, 26 und 30.

550 Boehm, *Ruf der Jungen*, 43; [Endres], *Die Tragödie Deutschlands*, 274; Mann, Kaiserreich, 218 und 233; Wulff, *Die persönliche Schuld*, 12.

551 Hartung, *Deutsche Geschichte*, 126, 132f., 215, 224f. und 283; Ziekursch, *Politische Geschichte*, II, 423 und 447, sowie III, 4.

Tradition und Moderne in den verschiedensten Lebensbereichen erachten auch Mommsen, Oncken, Schmitthenner und Schnabel als epochenprägend[552], wobei drei von ihnen ebenso wie Hartung die Widersprüchlichkeit der Zeit noch besonders betonen.[553] In dieselbe Richtung gehen auch die Urteile von Schmidt-Pauli und Wulff aus der zweiten Vergleichsgruppe[554]; ersterer sowie Endres, Jäger und Ullmann machen außerdem ebenfalls ein Neben- und Gegeneinander von traditionellen Lebens- bzw. Verhaltensweisen und Neuerungen aus.[555] Ullmann und Wulff stellen zusätzlich einen Gegensatz zwischen politischer Unsicherheit und Misserfolgen einerseits, ökonomischem Aufschwung andererseits heraus.[556]

Die Historiographie unterstreicht also den Niedergang noch stärker und bietet ansonsten, bei zum Teil konzentrierterer Darstellung, dieselben Einschätzungen wie die Autobiographik. Die Ansichten von Populärwissenschaft und Publizistik entsprechen in diesem Fall denen der ersten Vergleichsgruppe (bei ebenso dichter Formulierung), die Autoren ergänzen die Palette der Gesamtcharakterisierungen aber noch durch den Hinweis auf eine angeblich militaristische, machtbewusste und gewaltbereite Einstellung, die die wilhelminischen Deutschen sich angeeignet hätten, sowie auf einen Gegensatz von politischem Abstieg und ökonomischem Aufstieg.

III. ZUSAMMENFASSUNG UND ZWISCHENFAZIT

Über die *Außenpolitik* und die *internationalen Beziehungen* des wilhelminischen Kaiserreichs fällen die Autobiographien und Memoiren ein geradezu vernichtendes Urteil, das am verantwortlichen Personal, seinen Zielen, seiner Strategie und seiner Taktik kaum ein gutes Haar lässt. Die Vertreter der Geschichtswissenschaft wie der Populärwissenschaft und Publizistik tendieren hier alles in allem dazu, das Bild weniger schwarz zu malen, wobei sie allerdings unterschiedlich verfahren und etwa die „Laienhistoriker" im Gegensatz zu den Gelehrten mehr Wert auf eine Relativierung der deutschen Schwächen und Fehler als auf eine stärkere Belastung der Gegner des Reichs legen, dabei aber auch in ihren Darstellungen weniger einheitlich erscheinen. Insgesamt besteht damit sowohl inhaltlich als auch formal eine erkennbar größere Nähe der Lebenserinnerungen zur zeitgenössischen Historiographie. Nicht nur diese, sondern auch die Darstellungen der zweiten Vergleichsgruppe bieten dabei jedoch gegenüber den Erinnerungswerken eine Reihe

---

552 Mommsen, *Politische Geschichte*, 109f. und 132f.; Oncken, *Das Deutsche Reich*, II, 659; Schmitthenner, *Geschichte der Zeit*, 384; Schnabel, *1789–1919*, 136f.; ders., *Deutschland*, 221f.

553 Hartung, *Deutsche Geschichte*, 286, 290f. und öfter; Oncken, *Das Deutsche Reich*, II, 659; Schmitthenner, *Geschichte der Zeit*, 384; Schnabel, *1789–1919*, 139, 142 und 144; ders., *Deutschland*, 220f.

554 Schmidt-Pauli, *Der Kaiser*, 204; Wulff, *Die persönliche Schuld*, 14f.

555 [Endres], *Die Tragödie Deutschlands*, 273; Jäger, *Erinnerungen*, 82 und 86; Schmidt-Pauli, *Der Kaiser*, 204; Ullmann, *Deutschland*, 8.

556 Ullmann, *Deutschland*, 8 und 23; Wulff, *Die persönliche Schuld*, 42.

von Ergänzungen und erklärenden Einordnungen bzw. Abstrahierungen, so dass ihnen neben größerer Ausführlichkeit auch ein höheres Reflexionsniveau bescheinigt werden muss.

Dies gilt auch beim Thema „*Kaiser*", wo beide Vergleichsgruppen wiederum zusätzliche Aspekte anführen und Einordnungen aus größerer Perspektive vornehmen, die (in dieser Deutlichkeit) in den Lebenserinnerungen nicht zu finden sind. Diese stehen mit Blick auf das ausgesprochen negative Gesamturteil über Person, Amtsführung und Ansehen Wilhelms II., dem im Endeffekt vorgeworfen wird, dem Reich grundlegend geschadet zu haben, der Populärwissenschaft und Publizistik, mit Blick auf die Geschlossenheit bzw. Konsistenz der (jeweils mehrheitlich) vertretenen Auffassungen aber der Geschichtswissenschaft näher. Die weitaus größere inhaltliche und formale Nähe von Autobiographien und – wiederum detaillierterer – Historiographie ist dagegen bei der im Ganzen deutlich positiven Schilderung der Entwicklung von *Wirtschaft* und *Technik* unübersehbar, Widersprüche zu den Darstellungen der „populären" Autoren bestehen allerdings (von deren eindeutig negativer Bewertung der Zollgesetzgebung abgesehen) ebenfalls nicht in nennenswertem Umfang. Die deutsche *Gesellschaft* der Wilhelminischen Zeit wird in den Erinnerungswerken als teils rückständig-starr, teils als im (keineswegs positiv konnotierten) Wandel, teils auch als im Verfall begriffen charakterisiert. Sie enthalten dabei umfangreichere und detailliertere Informationen als beide Vergleichsgruppen zusammen, deren Darstellungen – bei ebenfalls sehr durchwachsener, eher negativer Gesamttendenz – kein geschlossenes Bild bieten und auch untereinander wenig korreliert sind. Wenn es auch einen kleinen „Kanon" von gemeinsam für wichtig erachteten Aspekten gibt, so können die Autobiographien und Memoiren hier doch die Deutungskompetenz beanspruchen. Einen fast ungebrochenen Niedergang der Werte und Ideale zugunsten von „Vernunft", Beliebigkeit und „niederen Instinkten" schreiben die Lebenserinnerungen der Wilhelminischen Epoche zu und bieten dabei eine umfassendere Behandlung des Themas *Weltanschauung, Geisteshaltung und Mentalität* als die ebenfalls sehr kritischen populärwissenschaftlichen und publizistischen Verlautbarungen, denen sie damit freilich erheblich näher stehen als der Historiographie, die ein deutlich positiveres, ja teilweise entgegengesetztes Bild vermittelt.

Das Gebiet der *Sozialen Frage* mit seinen gesellschaftlichen und politischen Implikationen beschreiben die Autobiographen als problematisch und viele ungelöste Aufgaben in sich bergend, mit Hinweisen auf Fortschritte, mehr aber noch retardierende Momente; bei nicht wenigen Unterschieden im Detail weisen sie dabei in den Kernpunkten letztlich eine hohe Übereinstimmung mit den Historikern auf, während die Autoren der zweiten Vergleichsgruppe bei ebenfalls deutlichen Divergenzen kein klares Bild bieten. Rückständigkeit, Regierungs- bzw. Politik(er)versagen und ein Wandel zum Schlechteren prägen in den Lebenserinnerungen das Bild der *inneren staatlichen und politischen Verhältnisse* des wilhelminischen Deutschland. Sie stehen dabei mit ihrer im Vergleich wiederum am negativsten ausfallenden Einschätzung den Autoren aus Populärwissenschaft und Publizistik am nächsten, die keine so auffallend positivere Sichtweise vertritt, wie dies die Historiker mit ihrer differenzierenderen, negative Aspekte aussparenden

Darstellung tun; die Geschichtsschreibung entspricht unterdessen eher den Erinnerungswerken, was Umfang und Detailfreudigkeit der Ausführungen betrifft. Die Autobiographen konstatieren daneben einen Aufschwung der *Wissenschaften*, jedoch deutliche Mängel der *Bildung* im Reich, der Bildungseinrichtungen sowie des Schul- und Universitätspersonals. Sie heben sich hier durch die Breite ihrer Darstellung deutlich von den beiden Vergleichsgruppen ab, deren Ausführungen unvollständig bleiben und einige Abweichungen aufweisen, so dass auch und gerade zur Populärwissenschaft und Publizistik, die von den Grundaussagen her in dieselbe Richtung tendiert, letztlich keine große inhaltliche Nähe konstatiert werden kann, während die Geschichtswissenschaft die Verhältnisse und Entwicklungen erneut in ein freundlicheres Licht rückt.

Zwangsläufig stehen die Autobiographen beim Thema *Kunst und Kultur* den Historikern am nächsten, halten sich die Autoren der zweiten Vergleichsgruppe doch derart bedeckt, dass ihre Aussagen vernachlässigbar sind. Gleichwohl sind die inhaltlichen Unterschiede zwischen Lebenserinnerungen und Geschichtsschreibung groß und die Gesamturteile divergieren, zeichnet die Historiographie mit der Betonung positiver Tendenzen ein freundlicheres Bild als die Erinnerungswerke es tun, die mit ihrem Postulat eines Nebeneinander von fortschrittlichen und hemmenden Entwicklungen einen eher durchwachsenen Eindruck vermitteln. Dagegen bieten die Lebenserinnerungen die freundlichste Variante (wenngleich keine positive Sicht), was die Bewertung des deutschen Anteils an den allseits problematischen Verhältnissen der *Minderheiten und Grenzlande* angeht; aufgrund der vergleichbaren inhaltlichen Dichte, in Teilen auch der Ausrichtung bestehen deutlich größere Übereinstimmungen mit der Historiographie als mit den Darstellungen der „populären" Autoren, die die Fehlerträchtigkeit der deutschen Politik und die Krisenhaftigkeit der Lage stärker betonen. Beim Thema *Militär* stehen die Autobiographen mit ihrer teils nüchternen, teils (sehr) kritischen Betrachtung und einer letztlich durchwachsenen Bilanz hinsichtlich Größe, Qualität, Führung, Ausstattung und innerer Verfassung der Streitkräfte sowie der Rolle insbesondere der Offiziere in Staat und Gesellschaft keiner der beiden Vergleichsgruppen, formal eher der Populärwissenschaft und Publizistik nahe, die bei aller relativen Ausführlichkeit aber kein klares Bild bieten, während die in diesem Fall lückenhaften Darstellungen der Geschichtsschreibung wiederum eine deutlich positivere Tendenz aufweisen. Die Erinnerungswerke besetzen außerdem den Themenbereich *„Lebenswelten"* mit ihrer weitgehend neutralen Schilderung von regionalen Entwicklungsgefällen und Veränderungen in der Freizeitgestaltung im wilhelminischen Deutschland quasi im Alleingang, auch wenn ihre Sichtweise hier und da durch Urteile aus den beiden anderen Gruppen gestützt wird. Zu vergleichen gibt es auch und gerade im Themenfeld *Frauen und Frauenbewegung* so gut wie nichts, die Bemerkungen bei den Historikern und den „populären" Autoren sind marginal, die Darstellung des weiblichen Emanzipationsstrebens, seiner Ziele und – bei allen Hemmnissen – deutlich zum Ausdruck kommenden Erfolge, wie sie die Autobiographien und Memoiren beinhalten, ist damit unbestreitbar die maßgebliche.

Im Kern herrscht schließlich fast eine Kongruenz der zusammenfassenden Urteile aus den drei Vergleichsgruppen über die *Epoche im Ganzen*, wobei die Lebenserinnerungen hier mit ihren durchwachsen bis negativ ausfallenden Einschätzungen eines für alle offenbar sehr problematischen, spannungsreichen und krisenhaften Zeitalters der Wandlungen und des Abstiegs letztlich sogar noch die freundlichste Variante anbieten.

Nimmt man alle betrachteten Themenbereiche zusammen, zeichnen die Autobiographien und Memoiren freilich das negativste Bild der Wilhelminischen Epoche als einer Zeit des Niedergangs und des krisenhaften Wandels, mit Aufhellungen nur in den Bereichen Fortschritt und Frauen sowie teilweise auch Bildung und Kunst. Gewissermaßen den Gegenpol dazu bilden die Darstellungen der Geschichtswissenschaft, die in immerhin der Hälfte aller betrachteten Teilbereiche den Verhältnissen und Entwicklungen positivere Seiten abgewinnen können – und nur mit Blick auf die Minderheiten und die Epoche im Ganzen (noch) schlechter urteilen –, auch wenn ihre Epochenschilderung(en) letztlich alles andere als ein goldenes Zeitalter heraufbeschwören. Zwischen diesen beiden Polen stehen die Autoren aus Populärwissenschaft und Publizistik, die von der Gesamttendenz ihrer Aussagen her deutlich häufiger den Lebenserinnerungen nahestehen, da sich ihre Abweichungen zum Besseren (die gleichwohl tendenziell überwiegen) und zum Schlechteren in etwa die Waage halten. Dabei weisen jedoch ihre Darstellungen untereinander immer wieder dermaßen große Differenzen und außerdem auch Lücken auf, dass kein einheitliches Bild erkennbar ist und damit auch kein geschlossener Beitrag zur gesamtgesellschaftlichen Diskussion. Ungleich größer ist die Nähe zwischen Erinnerungswerken und Historiographie, was Ausführlichkeit und Detailfreude der Schilderungen und Bewertungen angeht. Insgesamt gesehen bieten jedoch die Autobiographen die umfassendste Epochencharakterisierung: Auch wenn die Historiker und die „populären" Autoren in den Bereichen Außenpolitik und „Kaiser" zahlreiche zusätzliche Informationen und Einordnungen bzw. Abstrahierungen bieten, so sind ihre Darstellungen zu den Themen Gesellschaft, Lebenswelten und Frauen sowie teilweise auch Militär, Kunst und Weltanschauung so auffällig lückenhaft (oder gar nicht vorhanden), dass sie von einem derart vollständigen Epochenbild, wie es die Lebenserinnerungen enthalten, doch deutlich entfernt sind. Auch vor diesem Hintergrund scheint es vollauf gerechtfertigt, den Autobiographien und Memoiren in der gesamtgesellschaftlichen Diskussion um den Charakter der Wilhelminischen Zeit – abgesehen von ihrer rein zahlenmäßigen Dominanz – den höchsten Stellenwert und den größten Einfluss zuzusprechen.

D. DEUTUNGSKREISE UND DEUTUNGSMUSTER

Vorab soll hier noch einmal betont werden, dass die Kapitel in diesem Teil der Untersuchung, ebenso wie die Deutungskreise selbst, nach den Hauptinhalten bzw. der Quintessenz der Deutungsmuster benannt und nach der Größe der Gruppen in absteigender Reihenfolge angeordnet sind. Im Übrigen sei noch einmal nachdrücklich auf die in der Einleitung gegebenen Erläuterungen zur Vorgehensweise in diesem Teil der Untersuchung hingewiesen, deren Kenntnis für den Nachvollzug der Ausführungen unabdingbar ist.[1] Zwangsläufig werden im Folgenden bei der Analyse der einzelnen Deutungskreise und ihrer Epochensicht Nachweise aus den untersuchten Autobiographien und Memoiren wiederholt, die bereits in B. angemerkt sind. Die jeweils unterschiedliche Art der Betrachtung macht dieses „doppelte" Zitieren unvermeidlich, entsprechende Rückverweise auf die Fußnoten in B. würden den Anmerkungsteil sprengen und die Nachvollziehbarkeit der Quellenauswertung und damit der Untersuchungsergebnisse unmöglich machen. Die Kenntnis von Teil B. wird hier im Übrigen in dem Sinne vorausgesetzt, dass bei der Nennung von in den Deutungskreisen übereinstimmend für relevant erachteten Epochenaspekten keine Rückverweise auf etwaige in B. dargestellte Argumentationszusammenhänge eingefügt werden – die Kapitelüberschriften in B. ermöglichen hier gegebenenfalls eine rasche Orientierung. Die Angehörigen der Deutungskreise werden im Folgenden ohne weitere Erläuterungen lediglich mit Namen genannt; alle relevanten, der Analyse der Personenmerkmale zugrunde liegenden Daten finden sich im alphabetisch geordneten Anhang.[2]

I. POLITIKVERSAGEN NACH AUßEN (UND INNEN)

22 Verfasser von Autobiographien und Memoiren, die den Bereich der Außenpolitik und der internationalen Beziehungen in den Mittelpunkt ihrer Betrachtungen über die Wilhelminische Epoche stellen, bilden den größten der ermittelbaren Deutungskreise. Hier sind nach der Anzahl der thematisierten Details und dem Ausmaß der Entsprechungen in der Sichtweise drei Segmente zu unterscheiden: ein engerer Kreis, dem mit Ernst Bansi, Hermann von Eckardstein, Herbert von Hindenburg, Bogdan von Hutten-Czapski, Oscar von der Lancken Wakenitz, Hugo von Lerchenfeld-Koefering, Eduard von Liebert, Anton von Monts de Mazin, Hugo von Reischach und Hetta von Treuberg zehn Autoren zugerechnet werden; ein weiterer Kreis, mit Alois Brandl, Margarete von Bünau, Ernst Jungmann, Johannes Reinke, Dietrich Schäfer, Carl August Schröder, Bogislav von Selchow,

---

1 S. Teil A., Kap. III. 1., mit den Erläuterungen zur dritten Fragestellung der Untersuchung.
2 Teil F. Vgl. auch die Vorbemerkung ebd.

Hans Vaihinger, Wilhelm von Waldeyer-Hartz und Philipp Zorn ebenfalls aus zehn Stimmen bestehend; sowie schließlich zwei Autoren – Leo Koenigsberger und Albrecht Wilhelm Sellin –, die sich gewissermaßen im Randbereich des Deutungskreises bewegen.

Was nun das Deutungsmuster dieser Gruppe anbelangt, ist sich der oben definierte engere Kreis zunächst einig darin, dass die deutsche Außenpolitik der Wilhelminischen Zeit angesichts der zu bewältigenden Aufgaben unzulänglich gewesen sei und das verantwortliche politische wie diplomatische Personal – insbesondere Bülow und Holstein – fast durchweg nicht nur versagt, sondern von vornherein nicht die erforderlichen Fähigkeiten besessen habe.[3] Übereinstimmend wird auch die im französischen Revanchedenken wurzelnde Gegnerschaft des Nachbarn im Westen als wichtiges Epochenmerkmal gewertet.[4] Neun Stimmen sehen darüber hinaus die Einkreisung des Reichs durch seine Feinde und die Sorglosigkeit der deutschen Führung gegenüber den gefährlichen Konstellationen in Europa als bedeutendes Faktum an.[5] Immerhin jeweils acht Autoren verweisen außerdem auf die vor allem aus der Handelskonkurrenz und der deutschen Flottenrüstung resultierenden Spannungen mit Großbritannien (inklusive der erfolglosen Bündnisverhandlungen)[6], auf die Problematik des instabilen Dreibunds (vor allem des unzuverlässigen Bündnispartners Italien)[7] sowie auf das deutsche Expansionsstre-

---

3   Bansi, *Mein Leben*, 109f.; Eckardstein, *Lebenserinnerungen*, I–III, passim; Hindenburg, *Am Rande*, 130, 200, 202f., 222 und 261; Hutten-Czapski, *Sechzig Jahre*, I, 175, 243, 306–308, 334, 393, 472, 474, 482, 557, 561 und öfter, sowie II, 4f., 141 und öfter; Lancken Wakenitz, *Meine dreissig Dienstjahre*, 35f., 55, 58f., 64 und 268; Lerchenfeld-Koefering, *Erinnerungen*, 368, 382f., 388f., 392, 397f., 407, 411–413 und 434; Liebert, *Aus einem bewegten Leben*, 131, 156 und 192; Monts de Mazin, *Erinnerungen*, 150, 159, 187–191, 193, 216, 220f., 263, 268, 294 und öfter; Reischach, *Unter drei Kaisern*, 172, 187 und 191; Treuberg, *Zwischen Politik und Diplomatie*, 28 und 33.

4   Bansi, *Mein Leben*, 110; Eckardstein, *Lebenserinnerungen*, passim; Hindenburg, *Am Rande*, 31 und 249; Hutten-Czapski, *Sechzig Jahre*, I, 300 und 357f.; Lancken Wakenitz, *Meine dreissig Dienstjahre*, 37f., 55f., 96f., 106 und öfter; Lerchenfeld-Koefering, *Erinnerungen*, 400; Liebert, *Aus einem bewegten Leben*, 170; Monts de Mazin, *Erinnerungen*, 191, 210, 220, 222f. und öfter; Reischach, *Unter drei Kaisern*, 187f.; Treuberg, *Zwischen Politik und Diplomatie*, 34.

5   Bansi, *Mein Leben*, 109f.; Eckardstein, *Lebenserinnerungen*, I, 52f., 130, 213, 218f. und 281 sowie II, 100f., 159, 173f., 177f. und 426, sowie III, 171, 185 und öfter; Hindenburg, *Am Rande*, 201–203 und 249; Hutten-Czapski, *Sechzig Jahre*, I, 457, 461f. und 537; Lancken Wakenitz, *Meine dreissig Dienstjahre*, 38, 53 und 63; Lerchenfeld-Koefering, *Erinnerungen*, 398; Monts de Mazin, *Erinnerungen*, 165, 192, 229, 281f. und öfter; Reischach, *Unter drei Kaisern*, 190; Treuberg, *Zwischen Politik und Diplomatie*, 18 und 34.

6   Eckardstein, *Lebenserinnerungen*, I, 178f., 205, 212–214, 281f., 316 und 320f., sowie II, 117, 171f., 204, 214f., 272, 274f., 277, 289–291, 379, 406 und 430f.; Hindenburg, *Am Rande*, 61, 207, 226f., 234f., 265 und öfter; Hutten-Czapski, *Sechzig Jahre*, I, 277, 339f. und 550, sowie II, 28, 89, 113 und 134; Lerchenfeld-Koefering, *Erinnerungen*, 211, 374, 385, 398, 402f., 405, 411, 415f. und 433; Liebert, *Aus einem bewegten Leben*, 192; Monts de Mazin, *Erinnerungen*, 193, 196–202, 230 und 302f.; Reischach, *Unter drei Kaisern*, 243 und 251–254; Treuberg, *Zwischen Politik und Diplomatie*, 34.

7   Eckardstein, *Lebenserinnerungen*, III, 54 und 182; Hindenburg, *Am Rande*, 109, 207, 229, 233, 239f., 243–246 und 249; Hutten-Czapski, *Sechzig Jahre*, I, 340f., 439, 455, 457, 530,

ben und die dabei insbesondere in der Kolonialpolitik gemachten Fehler.[8] Mehrheitlich werden im engeren Kreis schließlich auch die Feindschaft des angeblich verschlagenen und hinterlistigen Russland[9], die zweifelhafte deutsche Marokkopolitik[10] sowie die Frage der Kriegsschuld als epochenrelevant thematisiert, wobei im letztgenannten Punkt dem Reich ein ernst gemeinter Friedenswille, den Nachbarn hingegen die Urheberschaft des Weltkriegs zugeschrieben wird.[11]

Konstitutiv für die Gemeinschaft des weiteren Kreises wie für dessen Verbindung zum engeren Kreis ist die jeweils mehrheitliche Thematisierung der Spannungen zwischen dem Reich und England[12] bzw. Frankreich[13] sowie der Kriegsschuldfrage[14]; mit Abstrichen gilt dies auch für die Bewertung der deutschen Politik bzw. ihrer Gestalter als dilettantisch.[15] Verbindungen kleinerer Gruppen aus dem weiteren Kreis zu den Verfassern des engeren Kreises bestehen darüber hin-

---

544 und 548f., sowie II, 38, 53f., 56, 59, 67, 79, 111, 114 und öfter; Lancken Wakenitz, *Meine dreissig Dienstjahre*, 43 und 70f.; Liebert, *Aus einem bewegten Leben*, 192; Monts de Mazin, *Erinnerungen*, 147, 164, 168, 205f., 208f., 217, 219 und 270; Reischach, *Unter drei Kaisern*, 189; Treuberg, *Zwischen Politik und Diplomatie*, 18.

8 Eckardstein, *Lebenserinnerungen*, I, 151, 213f., 306 und 308f., sowie II, 41, sowie III, 91 und öfter; Hindenburg, *Am Rande*, 31; Hutten-Czapski, *Sechzig Jahre*, I, 481f. und 488; Lancken Wakenitz, *Meine dreissig Dienstjahre*, 76 und 81; Lerchenfeld-Koefering, *Erinnerungen*, 403f.; Liebert, *Aus einem bewegten Leben*, 134, 137 und 177; Monts de Mazin, *Erinnerungen*, 290 und 301; Reischach, *Unter drei Kaisern*, 172.

9 Bansi, *Mein Leben*, 110; Eckardstein, *Lebenserinnerungen*, II, 82, 179f., 183, 259, 256, 293 und öfter, sowie III, 171 und öfter; Hutten-Czapski, *Sechzig Jahre*, I, 158 und 300; Lerchenfeld-Koefering, *Erinnerungen*, 400; Monts de Mazin, *Erinnerungen*, 141f., 191, 193 und 302f.; Reischach, *Unter drei Kaisern*, 187; Treuberg, *Zwischen Politik und Diplomatie*, 315f.

10 Eckardstein, *Lebenserinnerungen*, I, 125 und 293f., sowie II, 428, sowie III, 93f. und öfter; Hindenburg, *Am Rande*, 233 und 261; Hutten-Czapski, *Sechzig Jahre*, I, 447 und 538f., sowie II, 59; Lancken Wakenitz, *Meine dreissig Dienstjahre*, 87; Lerchenfeld-Koefering, *Erinnerungen*, 427 und 430–432; Reischach, *Unter drei Kaisern*, 188f.

11 Bansi, *Mein Leben*, 107 und 110; Hindenburg, *Am Rande*, 31, 40, 57, 61 und 94; Hutten-Czapski, *Sechzig Jahre*, II, 129 und öfter; Lancken Wakenitz, *Meine dreissig Dienstjahre*, 62 und 112f.; Lerchenfeld-Koefering, *Erinnerungen*, 398; Liebert, *Aus einem bewegten Leben*, 188 und 191f.; Monts de Mazin, *Erinnerungen*, 141f., 285 und 287f.

12 Brandl, *Zwischen Inn und Themse*, 304f. und 307; Bünau, *Neununddreißig Jahre*, 130; Jungmann, *Von Bundestag bis Nationalversammlung*, 49; Reinke, *Mein Tagewerk*, 218f. und 271–275; Schäfer, *Mein Leben*, 130f. und 165; Schröder, *Aus Hamburgs Blütezeit*, 270; Selchow, *Hundert Tage*, 162 und öfter.

13 Bünau, *Neununddreißig Jahre*, 130 und 136; Reinke, *Mein Tagewerk*, 271f.; Schäfer, *Mein Leben*, 163f.; Schröder, *Aus Hamburgs Blütezeit*, 270; Selchow, *Hundert Tage*, 225f. und 233f.; Waldeyer-Hartz, *Lebenserinnerungen*, 375; Zorn, *Aus einem deutschen Universitätsleben*, 93.

14 Brandl, *Zwischen Inn und Themse*, 313–315 und öfter; Bünau, *Neununddreißig Jahre*, 121 und öfter; Jungmann, *Von Bundestag bis Nationalversammlung*, 49f.; Reinke, *Mein Tagewerk*, 271, 285 und 294f.; Schröder, *Aus Hamburgs Blütezeit*, 214, 272 und 277f.; Waldeyer-Hartz, *Lebenserinnerungen*, 357; Zorn, *Aus einem deutschen Universitätsleben*, 117.

15 Brandl, *Zwischen Inn und Themse*, 253f. und 306; Jungmann, *Von Bundestag bis Nationalversammlung*, 36, 40 und 44f.; Schäfer, *Mein Leben*, 158f.; Vaihinger, *Wie die Philosophie*, 201, Anm. 1; Zorn, *Aus einem deutschen Universitätsleben*, 90, 99 und 117.

aus in der Darstellung des Phänomens der Einkreisung[16] und des deutschen Aus-
greifens in die Welt[17] sowie in dem hier noch nicht angesprochenen Aspekt der
zunehmenden Verdichtung außenpolitischer Probleme im Sinne eines Niedergangs der deutschen Stellung, der sich sowohl in vier Darstellungen aus dem weiteren als auch in zwei Erinnerungswerken aus dem engeren Kreis findet.[18] Die
zwei Autoren des „Randbereichs" schließlich stimmen in der Hervorhebung der
Welt- und Kolonialpolitik des Reichs als epochenrelevant miteinander überein
und stehen hierüber zugleich in Verbindung mit zahlreichen der übrigen Verfasser.[19]

Wie steht es um die sonstigen Übereinstimmungen bei der Epochencharakterisierung in diesem Deutungskreis? Ein wichtiges Thema für die Mehrheit der
Darstellungen ist hier das Reichsoberhaupt: Acht Autoren aus dem engeren und
fünf aus dem weiteren Kreis verweisen auf die problematische Persönlichkeit
Wilhelms II.[20], sechs und ebenfalls fünf Stimmen heben seinen (angeblichen)
Friedenswillen und sein ambivalentes Eingreifen vor allem in die Außenpolitik
hervor[21]; zusätzlich verbindet sechs Autobiographen des engeren und eine Stimme
des weiteren Kreises die Thematisierung der kaiserlichen Umgebung als zweifel-
haften Faktor in Staatsführung und Politik.[22] Darüber hinaus teilen sechs Autoren
aus dem Kernsegment und vier aus dem erweiterten Kreis die Ansicht, dass die

16   Jungmann, *Von Bundestag bis Nationalversammlung*, 49; Reinke, *Mein Tagewerk*, 273;
      Schröder, *Aus Hamburgs Blütezeit*, 271f.; Zorn, *Aus einem deutschen Universitätsleben*, 117.
17   Reinke, *Mein Tagewerk*, 262; Schäfer, *Mein Leben*, 132f., 149 und 159; Selchow, *Hundert
      Tage*, 162f. und 175f.
18   Hutten-Czapski, *Sechzig Jahre*, I, 338, 440 und 568; Liebert, *Aus einem bewegten Leben*,
      131; Brandl, *Zwischen Inn und Themse*, 265, 303–308 und öfter; Vaihinger, *Wie die Philoso-
      phie*, 201, Anm. 1; Waldeyer-Hartz, *Lebenserinnerungen*, 355f.; Zorn, *Aus einem deutschen
      Universitätsleben*, 117.
19   Koenigsberger, *Mein Leben*, 188 und 217; Sellin, *Erinnerungen*, 100, 126 und öfter.
20   Eckardstein, *Lebenserinnerungen*, I, 182, 184, 296, 302 und öfter, sowie II, 258; Hindenburg,
      Am Rande, 58; Hutten-Czapski, *Sechzig Jahre*, I, 177, 241 und 379, sowie II, 2, 25f., 113f.
      und 116; Lancken Wakenitz, *Meine dreissig Dienstjahre*, 25; Lerchenfeld-Koefering, *Erinne-
      rungen*, 377 und 380; Monts de Mazin, *Erinnerungen*, 99f., 117, 137–140 und 143; Rei-
      schach, *Unter drei Kaisern*, 259 und 269; Treuberg, *Zwischen Politik und Diplomatie*, 3 und
      30–32; Brandl, *Zwischen Inn und Themse*, 262f., 265 und 297; Reinke, *Mein Tagewerk*,
      357f.; Schröder, *Aus Hamburgs Blütezeit*, 111, 219 und öfter; Selchow, *Hundert Tage*, 39,
      205 und 252; Waldeyer-Hartz, *Lebenserinnerungen*, 336.
21   Bansi, *Mein Leben*, 110; Eckardstein, *Lebenserinnerungen*, I, 106, 206f., 210, 270f. und
      310f., sowie II, 13, 93f., 145, 160, 191f., 194, 266 und 431, sowie III, 89 und 99f.; Hutten-
      Czapski, *Sechzig Jahre*, I, 241, 285 und 383, sowie II, 61, 122, 133 und öfter; Lancken Wa-
      kenitz, *Meine dreissig Dienstjahre*, 62; Lerchenfeld-Koefering, *Erinnerungen*, 318, 368, 377
      und 379; Monts de Mazin, *Erinnerungen*, 124f., 138, 141, 253f. und 285; Reinke, *Mein Ta-
      gewerk*, 276f., 294f., 357, 358–360 und 366; Schäfer, *Mein Leben*, 158; Selchow, *Hundert
      Tage*, 240 und 251; Waldeyer-Hartz, *Lebenserinnerungen*, 319 und 377; Zorn, *Aus einem
      deutschen Universitätsleben*, 117.
22   Eckardstein, *Lebenserinnerungen*, I, 186 und 272, sowie II, 47; Hindenburg, *Am Rande*, 50
      und 219f.; Hutten-Czapski, *Sechzig Jahre*, I, 241f.; Liebert, *Aus einem bewegten Leben*, 140;
      Monts de Mazin, *Erinnerungen*, 139f. und 150; Reischach, *Unter drei Kaisern*, 239; Reinke,
      Mein Tagewerk, 358 und 360.

Verhältnisse von Staat und Politik, Regierung und Parteien in der Zeit vor 1914 unbefriedigend waren.[23] Noch größere Übereinstimmung, wenngleich ebenfalls in vergröberter Perspektive, besteht unterdessen zwischen dem engeren und dem weiteren Kreis hinsichtlich des wirtschaftlichen Aufschwungs und des technischen Fortschritts als Epochenmerkmale; neun und sieben Darstellungen messen diesem Aspekt Bedeutung zu.[24] Vier und fünf Stimmen beklagen Materialismus und unpolitisches Epigonentum in der wilhelminischen Gesellschaft[25], während schließlich über die Einschätzung der Zäsur von 1888/90 als „Anfang vom Ende" und damit über eine negative Charakterisierung der Epoche im Ganzen auch ein Autobiograph aus dem Randbereich des Deutungskreises mit einzelnen Verfassern der beiden Hauptsegmente abseits des Schwerpunktthemas verbunden ist.[26]

Welche Personenmerkmale werden nun von den Angehörigen dieses Deutungskreises geteilt und kommen damit als für die Epochensicht ausschlaggebende Faktoren infrage? Die Gruppe umfasst bei zwei Autobiographinnen vorwiegend Männer, wobei diese Personen weit überwiegend (18 von 22) vor 1866, der Mehrheit nach (13 von 22) sogar vor 1853 geboren wurden.[27] Hinsichtlich der Konfession überwiegt (mit ebenfalls 18 von 22 Autobiographen) das evangelische Bekenntnis deutlich. Während kein signifikanter räumlicher Schwerpunkt für Leben und Wirken der Angehörigen dieses Deutungskreises auszumachen ist (Preußen bzw. seine Provinzen sind nicht über- oder unterdurchschnittlich stark vertreten[28]), lässt sich bei fast allen (bis auf Koenigsberger, Vaihinger und Waldeyer-Hartz) unmittelbar ein starkes berufliches oder privates Engagement bzw. Interesse auf politischem Gebiet, bei immerhin der Hälfte auf dem der Außenbeziehun-

---

23 Eckardstein, *Lebenserinnerungen*, I, 126, 129, 210, 232, 302 und öfter; Hindenburg, *Am Rande*, 184; Hutten-Czapski, *Sechzig Jahre*, I, 238, 251, 386f., 475, 481f., 557 und öfter, sowie II, 2, 67, 72, 117, 130f. und öfter; Lerchenfeld-Koefering, *Erinnerungen*, 193f., 382 und 389–391; Liebert, *Aus einem bewegten Leben*, 132 und 185f.; Monts de Mazin, *Erinnerungen*, 287 und 294; Jungmann, *Von Bundestag bis Nationalversammlung*, 40 und 45; Schäfer, *Mein Leben*, 159; Selchow, *Hundert Tage*, 195; Zorn, *Aus einem deutschen Universitätsleben*, 69.

24 Bansi, *Mein Leben*, 72f. und öfter; Eckardstein, *Lebenserinnerungen*, I, 98f. und 238; Hindenburg, *Am Rande*, passim; Hutten-Czapski, *Sechzig Jahre*, I, 155; Lancken Wakenitz, *Meine dreissig Dienstjahre*, 38, 47 und 76; Lerchenfeld-Koefering, *Erinnerungen*, 402; Liebert, *Aus einem bewegten Leben*, 131; Monts de Mazin, *Erinnerungen*, 287f., 290 und 300; Reischach, *Unter drei Kaisern*, 234, 249 und 261f.; Brandl, *Zwischen Inn und Themse*, 225; Jungmann, *Von Bundestag bis Nationalversammlung*, 5 und 49; Reinke, *Mein Tagewerk*, 273 und 360; Schäfer, *Mein Leben*, 130f.; Schröder, *Aus Hamburgs Blütezeit*, 126f. und 207f.; Selchow, *Hundert Tage*, 18f., 176 und 230; Waldeyer-Hartz, *Lebenserinnerungen*, 385f.

25 Eckardstein, *Lebenserinnerungen*, I, 238; Hutten-Czapski, *Sechzig Jahre*, II, 123f.; Monts de Mazin, *Erinnerungen*, 300; Reischach, *Unter drei Kaisern*, 218; Jungmann, *Von Bundestag bis Nationalversammlung*, 5 und 49; Reinke, *Mein Tagewerk*, 360 und 362; Schäfer, *Mein Leben*, 159; Selchow, *Hundert Tage*, 57; Zorn, *Aus einem deutschen Universitätsleben*, 80.

26 Bansi, *Mein Leben*, 31f.; Eckardstein, *Lebenserinnerungen*, I, 112 und öfter; Hutten-Czapski, *Sechzig Jahre*, I, 141f.; Monts de Mazin, *Erinnerungen*, 151; Reischach, *Unter drei Kaisern*, 167f.; Bünau, *Neununddreißig Jahre*, 64 und 75; Sellin, *Erinnerungen*, 102 und 106.

27 Vgl. zu den Alterskohorten die Einleitung (Teil A.), Kap. III. 1.

28 Vgl. ebd. zur regionalen Zugehörigkeit als Personenmerkmal, wie auch zu den weiteren Kriterien.

gen nachweisen oder zumindest sicher vermuten, sei es, dass es sich um Spitzen-
bedienstete bei Hof, hohe Beamte in Regierung und Verwaltung (auch in den Kolonien), Reichstagsabgeordnete, Botschafter und Gesandte oder hohe Offiziere,
sei es, dass es sich um Gelehrte mit fachlicher Orientierung nach „außen" (Brandl
als Anglist) bzw. als zugleich Mitglieder des preußischen Herrenhauses oder aber
um öffentlich für den Pazifismus eintretende Personen (Treuberg als Privatière)
handelte. Nur in zwei Fällen sind hier spezifischere Merkmale zu bemühen: beim
Historiker Schäfer, der sich nachweisbar für die Flottenpolitik engagierte[29], und
beim Redakteur Jungmann, der konkret für die „Hamburger Nachrichten" arbeite-
te, dem Sprachrohr Bismarcks gegen den „Neuen Kurs" nicht zuletzt in der Außenpolitik.[30] Mit einer Ausnahme (Jungmann) lassen sich dabei alle Verfasser der
Herrschafts- und der Oberschicht der wilhelminischen Gesellschaft zuordnen.
Mithin erscheinen mehrere Personenmerkmale als geeignet, die Sichtweise der
Autobiographen bestimmt zu haben; genauere Aussagen können und sollen aber
weder hier noch im Zusammenhang mit einzelnen anderen Deutungskreisen, sondern erst an späterer Stelle auf breiterer Grundlage gemacht werden.[31]

II. KULTURAUFSCHWUNG IN PREKÄREM UMFELD

Dieser Deutungskreis weist als zweitgrößter (mit 19 Personen) die komplexeste
Struktur aller Gruppen von Autobiographen auf: Einem vergleichsweise großen
Kernsegment mit den Autoren Max Halbe, Anselma Heine, Kurt Martens, Helene
Raff, Wilhelm von Scholz, Rudolf Alexander Schröder, Walther Siegfried, Ludwig Thoma, Werner Weisbach, Karl Woermann und Ernst von Wolzogen stehen
zwei kleinere Nebengruppen (erste: Anna Ettlinger, Heinrich Spiero, Hermann
Stehr; zweite: Paul Adam, Wilhelm Langewiesche-Brandt, Bruno Metzel) zur Seite sowie mit Hans Franck und Elsa Reger zwei Stimmen, die sich (ähnlich wie
beim Deutungskreis „Politikversagen"[32]) im Randbereich des Kreises bewegen,
wobei – dies die zweite Besonderheit – Nebengruppen und Randbereich beim
Schwerpunktthema untereinander keine Übereinstimmungen aufweisen, dafür
aber jeweils deutlich mit der Kerngruppe verknüpft sind, die auch hier die weitaus
größte Anzahl von Detailaspekten aus dem zentralen Themenbereich anspricht
und das in sich geschlossenste Segment des Deutungskreises darstellt.

   Konstitutiv für den Zusammenhalt sowohl der Kern- als auch der ersten Ne-
bengruppe und damit ebenso für beider Gemeinschaft ist der (fast) einstimmige
Hinweis auf das Aufkommen und die zeitweilige Dominanz der Moderne auf dem
Gebiet der Literatur in der Wilhelminischen Zeit in Gestalt des Naturalismus, auf

---

29   *Neue Deutsche Biographie*, Bd. 22 (2005), 504f.

30   Herrmann A. L. Degener, *Wer ist's? Unsere Zeitgenossen*, V. Ausgabe, Leipzig 1911, 684;
     vgl. dazu Clark, *Wilhelm II.*, 76; Kolb, *Bismarck*, 128f.

31   Konkrete Schlüsse hinsichtlich der für die Deutung der Vergangenheit maßgeblichen und der
     dafür weniger entscheidenden Faktoren werden erst am Ende dieses Untersuchungsteils (Kap.
     XI.) auf der Basis der entsprechenden Daten aus allen Sichtgemeinschaften gezogen.

32   S. das vorangegangene Kapitel.

die Anfeindungen, denen seine Protagonisten ausgesetzt gewesen und die Impulse, die von ihren Dichtungen für die Lösung gesellschaftlicher Probleme ausgegangen seien, sowie schließlich auf die Ablösung dieser Literatur-„Richtung" durch von jüngeren Generationen getragene neue Strömungen.[33] Mit geringfügigen Abstrichen gilt dasselbe auch für die Frage nach den Zentren von Kunst und Kultur im Reich, die insgesamt zehn Stimmen (vor allem) in Berlin und München verorten.[34] Für die Konstituierung der Kerngruppe wichtig sind darüber hinaus vier weitere Aspekte aus dem Bereich Kunst und Kultur, die von jeweils rund der Hälfte der zugehörigen Autobiographen als epochenrelevant gesehen werden: die Entwicklung auf dem Gebiet der Innen- und Außenarchitektur[35], die Tätigkeit literarisch-künstlerischer Gesellschaften einschließlich der Herausgabe einschlägiger Zeitschriften[36], nachteilige Einflüsse von Staat (Zensur) und Politik auf alle Sparten der Künste[37] sowie die Entwicklung auf dem Gebiet der bildenden Kunst, insbesondere der Malerei.[38] Während nun die Autoren der zweiten Nebengruppe mit dem Aufkommen bzw. der zunehmenden Notwendigkeit technischer Hilfsmit-

33 Halbe, *Scholle und Schicksal*, 418, sowie ders., *Jahrhundertwende*, 65, 93, 165, 193f., 226, 318, 339f. und 347; Heine, *Mein Rundgang*, 72ff., 77f., 81, 89f., 93, 102, 121 und öfter; Martens, *Schonungslose Lebenschronik*, I, 130f., 144, 161 und 187, sowie II, 41 und 67f.; Raff, *Blätter*, 208 und 237; Scholz, *Berlin und Bodensee*, 275f. und 282, sowie ders., *Eine Jahrhundertwende*, 22, 76, 148 und 176, sowie ders., *An Ilm und Isar*, 17, 19, 42, 100, 113, 168 und 229; Schröder, *Aus Kindheit und Jugend*, 187f. und 199; Siegfried, *Aus dem Bilderbuch*, II, 167f.; Thoma, *Erinnerungen*, 182f., 198f. und 235f.; Weisbach, *„Und alles ist zerstoben"*, 137f., 186f., 346 und 367; Woermann, *Lebenserinnerungen*, 54 und 110f.; Wolzogen, *Wie ich mich ums Leben brachte*, 95, 150, 172, 194 und öfter; Spiero, *Schicksal*, 70, 157 und 167f.; Stehr, *Mein Leben*, 18, 20, 26–28, 33 und öfter.

34 Halbe, *Jahrhundertwende*, 35, 87 und 340; Heine, *Mein Rundgang*, 72ff.; Martens, *Schonungslose Lebenschronik*, I, 217f.; Raff, *Blätter*, 227–231; Scholz, *An Ilm und Isar*, 215; Thoma, *Erinnerungen*, 265; Weisbach, *„Und alles ist zerstoben"*, 132, 136 und 271; Woermann, *Lebenserinnerungen*, 117; Ettlinger, *Lebenserinnerungen*, 187; Spiero, *Schicksal*, 68–76 und 110f.

35 Halbe, *Jahrhundertwende*, 26f.; Raff, *Blätter*, 233; Scholz, *Eine Jahrhundertwende*, 29f. und 100; Schröder, *Aus Kindheit und Jugend*, 176–178; Siegfried, *Aus dem Bilderbuch*, II, 185; Weisbach, *„Und alles ist zerstoben"*, 148, 191, 274f., 314f., 353 und 367; Woermann, *Lebenserinnerungen*, 54f. und 297.

36 Heine, *Mein Rundgang*, 79; Martens, *Schonungslose Lebenschronik*, I, 143f. und 190, sowie II, 114; Scholz, *Eine Jahrhundertwende*, 240, sowie ders., *An Ilm und Isar*, 100 und 170; Schröder, *Aus Kindheit und Jugend*, 168, 182, 202 und 205; Thoma, *Erinnerungen*, 200 und 260; Weisbach, *„Und alles ist zerstoben"*, 295f.; Wolzogen, *Wie ich mich ums Leben brachte*, 174, 188 und öfter.

37 Heine, *Mein Rundgang*, 103; Martens, *Schonungslose Lebenschronik*, I, 132, und II, 131–133; Scholz, *Berlin und Bodensee*, 278, 280 und 290, sowie ders., *An Ilm und Isar*, 23f.; Thoma, *Erinnerungen*, 234f., 238 und 265; Weisbach, *„Und alles ist zerstoben"*, 137 und 296f.; Wolzogen, *Wie ich mich ums Leben brachte*, 196.

38 Halbe, *Jahrhundertwende*, 112–114; Raff, *Blätter*, 212; Scholz, *An Ilm und Isar*, 216–218; Weisbach, *„Und alles ist zerstoben"*, 165f., 280, 298 und 378; Woermann, *Lebenserinnerungen*, 57ff., 74, 100, 121, 218 und öfter.

tel in der Kunst[39] einerseits, dem Aufschwung des Kunstgewerbes, insbesondere der Buchgestaltung[40] andererseits zwei Aspekte hervorheben, die auch in den Darstellungen einzelner Verfasser aus der Kerngruppe als zeittypisch genannt werden, finden schließlich die beiden im Randbereich des Deutungskreises angesiedelten Stimmen mit ihrem jeweiligen Thema – einschränkende Rahmenbedingungen für zeitgenössische Komponisten[41] bzw. Aufschwung des Theaters und der (dramatischen) Literatur generell[42] – Anschluss an jeweils etwa ein Drittel der Angehörigen des zentralen Segments.

Fehlen also beim Schwerpunktthema – wie oben bereits gesagt – Verbindungen zwischen Nebengruppen und Randbereich, so wird gleichwohl auch deren Zusammengehörigkeit – über das Faktum der Anbindung an die Kerngruppe hinaus – klar, wenn das Augenmerk auf weitere Übereinstimmungen in der Epochencharakterisierung gerichtet wird: Insgesamt 13 Autoren aus allen Segmenten des Deutungskreises verweisen hier zunächst übereinstimmend auf wirtschaftlichen Aufschwung und technischen Fortschritt als wichtige Merkmale der Wilhelminischen Zeit.[43] Lediglich acht Darstellungen, jedoch ebenfalls aus allen Teilgruppen sehen darüber hinaus einen Nord-Süd-Gegensatz im Deutschland der Vorkriegszeit als gegeben an.[44] Aus dem Themenbereich der Außenpolitik verbindet eine Mehrheit von Autobiographen aus der Kerngruppe mit zwei Stimmen aus der ersten Nebengruppe die Ansicht, dass Deutschland den Krieg weder gewollt noch erwartet hat[45]; der innere Zusammenhalt des zentralen Segments wird außerdem

---

39 Schröder, *Aus Kindheit und Jugend*, 134 und 157f.; Siegfried, *Aus dem Bilderbuch*, II, 161; Langewiesche-Brandt, Die Brüder Langewiesche, 99; Metzel, *Von der Pike auf*, 49 und 58.

40 Schröder, *Aus Kindheit und Jugend*, 191f. und 200f.; Scholz, *An Ilm und Isar*, 117; Weisbach, *„Und alles ist zerstoben"*, 353f.; Adam, *Lebenserinnerungen*, 136, 140, 142, 146–149 und öfter; Metzel, *Von der Pike auf*, 42.

41 Siegfried, *Aus dem Bilderbuch*, II, 208f.; Weisbach, *„Und alles ist zerstoben"*, 188; Woermann, *Lebenserinnerungen*, 52; Wolzogen, *Wie ich mich ums Leben brachte*, 172, 177, 197f. und 228; Reger, *Mein Leben*, 89 und öfter.

42 Halbe, *Scholle und Schicksal*, 425 und öfter, sowie ders., *Jahrhundertwende*, 238f. und 301; Schröder, *Aus Kindheit und Jugend*, 186; Thoma, *Erinnerungen*, 214; Wolzogen, *Wie ich mich ums Leben brachte*, 182f.; Franck, *Mein Leben*, 10f.

43 Halbe, *Jahrhundertwende*, 224; Martens, *Schonungslose Lebenschronik*, I, 170f. und 239; Raff, *Blätter*, 214 und 244; Scholz, *Berlin und Bodensee*, 217 und 273f., sowie ders., *Eine Jahrhundertwende*, 166, sowie ders., *An Ilm und Isar*, 168, 244 und 257f.; Thoma, *Erinnerungen*, 178 und 267; Woermann, *Lebenserinnerungen*, 52f., 175, 235, 297 und 313; Ettlinger, *Lebenserinnerungen*, 159; Siegfried, *Aus dem Bilderbuch*, II, 161; Spiero, *Schicksal*, 76f., 218 und 227; Adam, *Lebenserinnerungen*, 140, 142, 146–149 und öfter; Langewiesche-Brandt, Die Brüder Langewiesche, 99; Metzel, *Von der Pike auf*, 42, 49 und 58; Reger, *Mein Leben*, 102.

44 Halbe, *Jahrhundertwende*, 30–32, 36f., 87, 143, 199, 205 und 280; Martens, *Schonungslose Lebenschronik*, II, 60f. und öfter; Scholz, *Eine Jahrhundertwende*, 137; Siegfried, *Aus dem Bilderbuch*, II, 209–211; Weisbach, *„Und alles ist zerstoben"*, 132, 137, 167f., 187–189 und 271; Ettlinger, *Lebenserinnerungen*, 180f. und öfter; Adam, *Lebenserinnerungen*, 134 (implizit); Reger, *Mein Leben*, 37f.

45 Halbe, *Jahrhundertwende*, 41 und 418f.; Raff, *Blätter*, 252, 255 und 267f.; Scholz, *An Ilm und Isar*, 124, 253, 295 und 298f.; Siegfried, *Aus dem Bilderbuch*, III, 41; Weisbach, *„Und*

zusätzlich über die ebenfalls mehrheitliche „Dokumentation" von Spannungen zwischen dem Reich und seinen Nachbarn sowie deren angeblichen Bestrebungen zur Einkreisung des späteren Kriegsgegners gestärkt.[46] Weitere, quantitativ etwas geringer dimensionierte Verbindungen zwischen Kerngruppe und erster Nebengruppe bestehen außerdem im Hinblick auf die als solche postulierten Epochenmerkmale des in der Gesellschaft verbreiteten Materialismus (inklusive des Verfalls von Glaube, Werten und Idealen)[47], des Problems sozialer Miss-Stände und der Notwendigkeit ihrer Beseitigung[48] sowie des Konflikts zwischen Wilhelm II. und Bismarck in den Jahren unmittelbar nach dessen Entlassung.[49] Kerngruppe und zweite Nebengruppe dagegen stimmen in Teilen darin überein, dass die Frage der gesellschaftlichen Stellung von Juden ein Zeichen der Zeit nach 1890 gewesen sei.[50] Zu erwähnen bleibt schließlich, dass die Verfasser der Kerngruppe über die schon festgestellten internen Verknüpfungen hinaus noch durch eine Reihe weiterer Entsprechungen in der Epochensicht miteinander in Beziehung stehen; hierzu zählen die Aspekte der problematischen Persönlichkeit des Kaisers[51], der strikten Trennung zwischen sozialen Schichten bzw. (Berufs-)Gruppen und der einengenden Konventionen[52] sowie der Frauenbewegung als eines bedeutsamen Faktums.[53]

---

alles ist zerstoben", 163; Woermann, *Lebenserinnerungen*, 52f., 304f. und 314; Ettlinger, *Lebenserinnerungen*, 188 und 190; Spiero, *Schicksal*, 152 und 227f.

46 Halbe, *Jahrhundertwende*, 40 und 406; Martens, *Schonungslose Lebenschronik*, I, 210, sowie II, 34, 132 und 143; Raff, *Blätter*, 180–183 und 248; Scholz, *An Ilm und Isar*, 45; Schröder, *Aus Kindheit und Jugend*, 167; Weisbach, *„Und alles ist zerstoben"*, 341; Woermann, *Lebenserinnerungen*, 304f. und 313–315; Wolzogen, *Wie ich mich ums Leben brachte*, 248f.

47 Halbe, *Jahrhundertwende*, 17, 27, 30, 207, 280, 353 und 357; Martens, *Schonungslose Lebenschronik*, I, 153, sowie II, 98 und 106; Raff, *Blätter*, 213 und 238; Scholz, *Berlin und Bodensee*, 273f., 284 und 287, sowie ders., *Eine Jahrhundertwende*, 181; Thoma, *Erinnerungen*, 270; Weisbach, *„Und alles ist zerstoben"*, 94, 201 und 369; Wolzogen, *Wie ich mich ums Leben brachte*, 136 und 240; Spiero, *Schicksal*, 227.

48 Martens, *Schonungslose Lebenschronik*, I, 107, 153 und 239; Siegfried, *Aus dem Bilderbuch*, II, 231; Thoma, *Erinnerungen*, 236f.; Weisbach, *„Und alles ist zerstoben"*, 96f.; Woermann, *Lebenserinnerungen*, 208; Spiero, *Schicksal*, 110 und 227f.

49 Martens, *Schonungslose Lebenschronik*, I, 107; Raff, *Blätter*, 196f.; Siegfried, *Aus dem Bilderbuch*, II, 216f.; Weisbach, *„Und alles ist zerstoben"*, 92; Ettlinger, *Lebenserinnerungen*, 166.

50 Martens, *Schonungslose Lebenschronik*, I, 108 und 250; Scholz, *An Ilm und Isar*, 67f. und 181; Weisbach, *„Und alles ist zerstoben"*, 110, 376f. und 382; Wolzogen, *Wie ich mich ums Leben brachte*, 103, 107, 244f. und 254; Metzel, *Von der Pike auf*, 45.

51 Halbe, *Jahrhundertwende*, 19–21; Martens, *Schonungslose Lebenschronik*, I, 107f., 110 und 161, sowie II, 64; Siegfried, *Aus dem Bilderbuch*, II, 157; Thoma, *Erinnerungen*, 219, 268 und 317; Weisbach, *„Und alles ist zerstoben"*, 347; Woermann, *Lebenserinnerungen*, 315; Wolzogen, *Wie ich mich ums Leben brachte*, 154 und 287.

52 Halbe, *Jahrhundertwende*, 36, 143 und 199; Martens, *Schonungslose Lebenschronik*, I, 222, und II, 35f.; Scholz, *Berlin und Bodensee*, 293f., sowie ders., *Eine Jahrhundertwende*, 29, sowie ders., *An Ilm und Isar*, 254; Schröder, *Aus Kindheit und Jugend*, 189; Siegfried, *Aus dem Bilderbuch*, II, 209f.; Thoma, *Erinnerungen*, 169–171 und 246; Weisbach, *„Und alles ist zerstoben"*, 132, 159, 240, 243, 252f., 270 und 369f.

Zu drei Vierteln aus Männern und zu einem Viertel aus Frauen zusammengesetzt, erscheint nun dieser vergleichsweise „junge" Deutungskreis (16 von 19 Mitgliedern wurden nach 1852, davon wiederum 10 nach 1865 geboren) in Bezug auf die Struktur der Gesamtheit der Autobiographen[54] auch konfessionell ausgewogen (zwei Drittel Protestanten); Angehörige der Herrschaftsschicht sind hier nicht zu finden. Hinsichtlich der regionalen Verteilung ist bemerkenswert, dass nur ein Drittel der Verfasser Bezüge zu Preußen aufweist, während die Mitte und der Süden des Reichs – vor allem in Gestalt Bayerns und Sachsens sowie Hessens – als Lebens- und Arbeitsräume eindeutig dominieren. Vor allem aber standen die Mitglieder dieser Gruppe als Schriftsteller, Maler, Musiker, Verleger oder auch Kunsthistoriker, korrespondierend zu ihrem Hauptthema, beruflich durchweg mit dem Bereich Kunst und Kultur in enger Verbindung.

III. GEIST UND GESELLSCHAFT IM UMBRUCH

Dieser Deutungskreis zeichnet sich ebenfalls durch eine vergleichsweise komplexe Struktur aus, da in der Epochencharakterisierung der ihm zugehörigen 18 Autobiographen zwei Themen dominieren, die nicht von allen gleichermaßen angesprochen werden, aber doch die Verfassersegmente so eng miteinander verklammern, dass ihre Zusammengehörigkeit unzweifelhaft erscheint. Die Autoren dieses Kreises lassen sich dabei in eine zentrale sowie zwei Nebengruppen einteilen: Zur Kerngruppe zählen Otto Baumgarten, Eberhard Dennert, Martin Dibelius, Clara Heitefuß, Rudolf Paulsen, Otto Procksch, Ernst M. Roloff und Adolf von Schlatter; der ersten Nebengruppe gehören Rudolf Eucken, Charlotte Niese, Theodor Rumpf, Reinhold Seeberg, Robert Voigtländer und Werner Werdeland, der zweiten und kleinsten Hans Borbein, Adam Josef Cüppers, Otto Eduard Schmidt und Johannes Tews an.

Das Hauptmerkmal der Wilhelminischen Zeit war nach Darstellung der zur zentralen Gruppe gezählten Verfasser die Abkehr breiter Bevölkerungsschichten vom Christentum und das Verschwinden jeglichen Idealismus zugunsten einer rationalistisch-materialistischen Denkweise (die sich im Zuge des Aufschwungs von Naturwissenschaft und Technik durchgesetzt habe) sowie einer gerade auch kircheintern sich ausbreitenden liberalen Lebenshaltung.[55] Als Multiplikatoren der neuen Strömungen bzw. Auflösungserscheinungen werden dabei – dies die zweite wichtige Übereinstimmung im Kernsegment – die staatlichen und staatlich-kirchlichen Bildungseinrichtungen (Schulen, Universitäten, Lehrerseminare)

53 Heine, *Mein Rundgang*, 89 und 113–116; Martens, *Schonungslose Lebenschronik*, I, 239, und II, 67; Raff, *Blätter*, 206 und 213–215; Scholz, *An Ilm und Isar*, 19 und 114; Weisbach, *„Und alles ist zerstoben"*, 366; Wolzogen, *Wie ich mich ums Leben brachte*, 187f.

54 Vgl. die Einleitung (Teil A.), Kap. III. 1.

55 Baumgarten, *Meine Lebensgeschichte*, 151ff., 159, 164 und 173; Dennert, *Hindurch zum Licht!*, 172, 176–178, 180, 191f., 196f., 213 und 218; Dibelius, Zeit und Arbeit, 5 und 8; Heitefuß, *An des Meisters Hand*, 189–191 und 305f.; Paulsen, *Mein Leben*, 24; Procksch, [Selbstdarstellung], 168 und 178f.; Roloff, *In zwei Welten*, 45 und 242f.; Schlatter, *Erlebtes*, 44.

ausgemacht.[56] Die fünf Autobiographen der ersten Nebengruppe stellen ebenfalls die weltanschaulichen Veränderungen in den Mittelpunkt ihrer Epochencharakterisierung und teilen dabei die Kritik an Fortschrittsgläubigkeit und Religionsbzw. Werteverfall.[57] Das Bildungswesen thematisieren sie hingegen nicht, mit Ausnahme Rudolf Euckens, dessen Hinweis auf die intensiven Bemühungen der Volksschullehrer um eine Verbesserung ihrer Stellung[58] wiederum eine zusätzliche Verbindung zur zentralen Gruppe schafft, in der Otto Baumgarten demselben Aspekt Bedeutung beimisst.[59] Eben hieraus ergibt sich auch die Verbindung beider Segmente zur zweiten Nebengruppe, die zwar das Thema Weltanschauung ausklammert, dafür aber den Bildungsbereich in den Mittelpunkt stellt und hier ebenfalls (überwiegend) die Monita und Ambitionen der Volksschullehrerschaft hervorhebt.[60] Darüber hinaus verbindet diese vier Autoren mit einzelnen Verfassern der zentralen Gruppe, dass sie in ihrer Epochenbeschreibung vor allem die (umstrittenen) preußischen Schulreformen und den konfliktträchtigen Wandel von Schulformen, Stoff und Unterrichtsgestaltung[61] sowie den als nachteilig eingestuften, zeitgenössisch bekämpften Einfluss der Kirchen auf das Schulwesen[62] für wichtig halten. Thematisiert werden in der zweiten Nebengruppe darüber hinaus die prekäre Lage der Volksschulen[63] sowie der überragende Einfluss und das restriktive Agieren der staatlichen Behörden in allen Schulfragen.[64] Schließlich wird der Zusammenhang zwischen Kerngruppe und zweiter Nebengruppe nochmals dadurch gestärkt, dass hier einzelne Autoren aus dem Bereich des Epochenthemas Frauen und Frauenbewegung speziell den Aspekt der in der Wilhelminischen Zeit verbesserten Bildungs- und Berufsmöglichkeiten für Frauen betonen.[65]

---

56 Baumgarten, *Meine Lebensgeschichte*, 159; Dennert, *Hindurch zum Licht!*, 166f., 171, 198, 213 und öfter; Dibelius, Zeit und Arbeit, 6–8; Heitefuß, *An des Meisters Hand*, 161ff.; Paulsen, *Mein Leben*, 12–15 und 43; Procksch, [Selbstdarstellung], 179f.; Roloff, *In zwei Welten*, 76; Schlatter, *Erlebtes*, 23.

57 Eucken, *Erinnerungen*, 77f., 82, 93f. und 98; Niese, *Von Gestern und Vorgestern*, 230f.; Rumpf, *Lebenserinnerungen*, 38 und 90; Seeberg, Die wissenschaftlichen Ideale, 191; Voigtländer, Robert Voigtländer, 199; Werdeland, *Unter neuen Göttern*, 42, 45, 47f., 59–61 und 67f.

58 Eucken, *Erinnerungen*, 80.

59 Baumgarten, *Meine Lebensgeschichte*, 191, 195, 202 und 211f.

60 Borbein, *Werde, der du bist*, 130f. und 134; Cüppers, *Aus zwei Jahrhunderten*, 183ff. und 190; Tews, *Aus Arbeit und Leben*, 114f., 140, 147–149, 151, 155 und 164f.

61 Dennert, *Hindurch zum Licht!*, 160, 162 und 164; Dibelius, Zeit und Arbeit, 7; Paulsen, *Mein Leben*, 12–15, 27, 43 und 58; Roloff, *In zwei Welten*, 53, 86 und 88; Borbein, *Werde, der du bist*, 89, 103, 117, 120f., 135–138, 142f., 145, 153f. und 158f.; Schmidt, *Wandern*, 132; Tews, *Aus Arbeit und Leben*, 122f., 140f., 156 und öfter.

62 Baumgarten, *Meine Lebensgeschichte*, 199, 201, 206 und öfter; Schlatter, *Erlebtes*, 23; Cüppers, *Aus zwei Jahrhunderten*, 188; Tews, *Aus Arbeit und Leben*, 150f. und 165.

63 Cüppers, *Aus zwei Jahrhunderten*, 143 und 187f.; Schmidt, *Wandern*, 123f.; Tews, *Aus Arbeit und Leben*, 129 und 148.

64 Cüppers, *Aus zwei Jahrhunderten*, 135, 137 und 188; Tews, *Aus Arbeit und Leben*, 120, 124, 130 und 141f.

65 Baumgarten, *Meine Lebensgeschichte*, 203 und 254; Schlatter, *Erlebtes*, 47; Borbein, *Werde, der du bist*, 127, 152 und 154.

Abgesehen von diesen Kernelementen der Übereinstimmung wird auch in diesem Deutungskreis die Zusammengehörigkeit der ihm zugeordneten Autobiographen dadurch unterstrichen, dass bei einer jeweils größeren Anzahl von ihnen in der Epochencharakterisierung dieselben nachgeordneten Aspekte eine Rolle spielen. Auffällig – weil zugleich mit dem zentralen Punkt des weltanschaulichen Wandels verknüpft – ist dabei zunächst die Hervorhebung des Aufschwungs bzw. der enormen Entwicklung von Wirtschaft und Technik in sechs Autobiographien und Memoiren sowohl aus der Hauptgruppe als auch aus den beiden Nebengruppen.[66] Erwähnt werden muss darüber hinaus die Klage über einen Verfall der Ideale (auch) in der Kunst, die ebenfalls sechs Stimmen teilen[67], wobei nicht nur der Bezug zu einem der Hauptthemen des Kreises wichtig ist, sondern auch die hierdurch verstärkte Verklammerung der ansonsten nur schwach miteinander verbundenen Nebengruppen. Wiederum sechs Stimmen aus allen Segmenten des Deutungskreises thematisieren daneben die problematischen Charakterzüge Kaiser Wilhelms II. inklusive der daraus resultierenden nachteiligen Einflüsse auf die deutsche Politik.[68] Darüber hinaus finden sich bei sogar 13 Autoren – ebenfalls gruppenübergreifend – Hinweise auf latente außenpolitische Spannungen, in denen sich das Reich befunden habe, wobei dies zum Teil indirekt und anhand unterschiedlicher Beispiele in den einzelnen Darstellungen festgehalten ist.[69] Eine Mehrheit der Darstellungen aus der Kerngruppe und eine Einzelstimme aus der zweiten Nebengruppe verbindet schließlich der Hinweis auf die große Bedeutung sozialer Miss-Stände bzw. die Notwendigkeit von Verbesserungen für Leben und Arbeit der Unterschichten.[70]

Vorwiegend Männer bilden nun diesen Deutungskreis, bei zwei weiblichen Mitgliedern. Während die Altersstruktur im Hinblick auf die Verteilung über die Kohorten ausgeglichen erscheint, dominiert mit fünf Sechsteln die evangelische Konfession. Der Wohn- und geographische Tätigkeitsbereich der Verfasser erstreckte sich – bei aufgrund des räumlichen und bevölkerungsmäßigen Überge-

---

66 Baumgarten, *Meine Lebensgeschichte*, 213 und 246; Dennert, *Hindurch zum Licht!*, 196; Heitefuß, *An des Meisters Hand*, 155ff. und 189; Werdeland, *Unter neuen Göttern*, 42 und 59f.; Seeberg, Die wissenschaftlichen Ideale, 191; Cüppers, *Aus zwei Jahrhunderten*, 139.

67 Paulsen, *Mein Leben*, 56 und öfter; Eucken, *Erinnerungen*, 77; Niese, *Von Gestern und Vorgestern*, 227; Voigtländer, Robert Voigtländer, 168 (mit positivem Ausblick); Werdeland, *Unter neuen Göttern*, 51; Borbein, *Werde, der du bist*, 102.

68 Baumgarten, *Meine Lebensgeschichte*, 169, 221f., 225 und 235; Roloff, *In zwei Welten*, 45f., 52 und 197; Rumpf, *Lebenserinnerungen*, 66, 76, 80, 89 und öfter; Voigtländer, Robert Voigtländer, 198; Borbein, *Werde, der du bist*, 92; Tews, *Aus Arbeit und Leben*, 209.

69 Baumgarten, *Meine Lebensgeschichte*, 240; Procksch, [Selbstdarstellung], 175; Roloff, *In zwei Welten*, 158f., 187f. und 196f.; Schlatter, *Erlebtes*, 18; Eucken, *Erinnerungen*, 91; Niese, *Von Gestern und Vorgestern*, 204; Rumpf, *Lebenserinnerungen*, 68 und 80f.; Voigtländer, Robert Voigtländer, 197; Werdeland, *Unter neuen Göttern*, 48; Borbein, *Werde, der du bist*, 126 und 163; Cüppers, *Aus zwei Jahrhunderten*, 153; Schmidt, *Wandern*, 174; Tews, *Aus Arbeit und Leben*, 208.

70 Baumgarten, *Meine Lebensgeschichte*, 123, 217 und 251; Dibelius, Zeit und Arbeit, 27; Heitefuß, *An des Meisters Hand*, 189f. und 305f.; Roloff, *In zwei Welten*, 56f.; Schlatter, *Erlebtes*, 23; Borbein, *Werde, der du bist*, 89.

wichts Preußens zu erwartender leichter Dominanz dieses Gebiets – über das ganze Reich. Als an Universitäten lehrende und forschende Theologen und Philosophen, Beamte in der Schulverwaltung, Lehrer oder sonstige Pädagogen waren nahezu alle Angehörigen dieser Gruppe zweifelsfrei mit deren zentralen Themen vertraut, so dass hier die stärkste Verbindung unter ihnen auszumachen ist.[71] Sozial wiederum verteilen sie sich in etwa gleichmäßig auf Ober- und Mittelschicht.

IV. ARBEITER UND STAAT IM WIDERSTREIT

Die insgesamt 17 Angehörigen dieses Deutungskreises räumen in ihren Ausführungen zur Wilhelminischen Epoche dem Themenkomplex der Sozialen Frage und dabei insbesondere deren politischen Implikationen und Folgen einen teils überwiegenden, teils zumindest durch sein relatives Gewicht gegenüber den übrigen Themen dominierenden Schwerpunkt ein. Auch diese Gruppe lässt sich in drei Segmente einteilen, die sich weniger in der Ausführlichkeit, als vielmehr aufgrund der Anzahl der jeweils diskutierten Detailaspekte des Schwerpunkts sowie durch den Grad der inneren Einheitlichkeit der Darstellungen auf diesem Gebiet unterscheiden. Die Kerngruppe als diejenige mit den differenziertesten Merkmalszuschreibungen und den meisten internen Übereinstimmungen bilden dabei Lujo Brentano, Alfred Grotjahn, Franz Oppenheimer, Philipp Scheidemann und Bruno Wille. Fünf Autobiographen gehören auch dem „mittleren Ring" des Deutungskreises an (Karl Bittmann, Johannes Giesberts, Heinrich Imbusch, Gustav Noske, Josef Wiedeberg), der fester gefügt ist als der aus sieben Autoren bestehende „äußere Ring" (Franz Behrens, Gustav Binz, Bruno H. Bürgel, Heinrich Lange, Agnes Sapper, Adam Stegerwald, Emil Unger-Winkelried), dessen Mitglieder freilich immer noch signifikante Übereinstimmungen aufweisen.

Konstitutiv sowohl für den jeweiligen inneren Zusammenhalt als auch für die Verknüpfung von Kerngruppe und „mittlerem Ring" sind zunächst zwei Aspekte: Alle zugehörigen Verfasser betonen die Notwendigkeit von sozialpolitischen Maßnahmen zur Verbesserung der Lage der Arbeiterschaft in der Wilhelminischen Zeit und verweisen auf die einschlägigen Bemühungen sowohl der Arbeitervertreter als auch des Staates sowie die darüber bzw. dabei entstehenden Auseinandersetzungen und Konflikte, Erfolge und Enttäuschungen.[72] Kaum weniger breit werden außerdem in beiden Gruppen die auch nach dem Auslaufen des Sozi-

---

71   Robert Voigtländer kann in seiner Eigenschaft als Verleger wohl ohne Weiteres Bildungsaffinität unterstellt werden. Rudolf Paulsen dagegen dürfte durch seinen Vater Friedrich, der „Philosoph und Pädagoge" war, eine entsprechende Prägung erfahren haben. Vgl. Thomas Steensen, Friedrich Paulsen, in: Hans-Christof Kraus (Hg.), *Geisteswissenschaftler II* (Berlinische Lebensbilder, 10), Berlin 2012, 63–86, hier 63.

72   Brentano, *Mein Leben*, 157, 161, 207 und 228; Grotjahn, *Erlebtes*, 45; Oppenheimer, *Erlebtes*, 155f., 160 und öfter; Scheidemann, *Memoiren*, 83f.; Wille, *Aus Traum und Kampf*, 26; Bittmann, *Werken und Wirken*, II, passim; Giesberts, *Aus meinem Leben*, 4f. und öfter; Imbusch, *Die Brüder Imbusch*, passim; Noske, *Noske*, 23 und 25f.; Wiedeberg, Josef Wiedeberg, passim.

alistengesetzes fortbestehenden, teils mit der Zeit sogar wieder zunehmenden staatlichen Restriktionen gegenüber der Arbeiterschaft wie gegenüber der Sozialdemokratie sowie der angeblich hemmende Einfluss von Verwaltung und nach wie vor patriarchalisch orientierten Grundbesitzern bzw. Großunternehmern thematisiert.[73] Diese beiden Teilaspekte des Schwerpunktthemas finden sich darüber hinaus bei einzelnen Verfassern des „äußeren Rings"[74], so dass sie auch für den Zusammenhalt des gesamten Deutungskreises von Bedeutung sind. Hierfür noch wichtiger ist jedoch der Hinweis auf den Aufschwung der Sozialdemokratie und der Gewerkschaften nach 1890, der sich in insgesamt neun Erinnerungswerken aus allen drei Segmenten findet.[75]

Überdies halten immerhin acht Autoren aus dem gesamten Deutungskreis die Arbeiter- bzw. Volksbildung als Desiderat der betrachteten Zeit für bedeutsam[76], wobei dieser Aspekt zugleich konstitutiv für die Zusammengehörigkeit des „äußeren Rings" ist. Letzteres trifft außerdem für Klagen über die Ausgrenzung bzw. Fernhaltung der Arbeiterschaft und der Sozialdemokratie von Gesellschaft und Staat zu, die wiederum auch bei zwei Mitgliedern der Kerngruppe auftauchen.[77] Umgekehrt verhält es sich mit dem Problem des Schwankens der Sozialdemokratie zwischen revolutionärer Fundamentalopposition und ordnungskonformer Mitwirkung im Staat sowie den damit einhergehenden Spaltungen und Lagerkämpfen, das in allen Darstellungen der Kerngruppe eine Rolle spielt und diese noch zusätzlich festigt, im „äußeren Ring" unterdessen zumindest zweimal zur Sprache kommt.[78] Für den „mittleren Ring" schließlich wirkt neben den oben bereits genannten Aspekten auch die Erörterung des Gegensatzes von christlichen und sozialistischen Arbeiterorganisationen bzw. Gewerkschaften gemeinschaftsstiftend; sie schafft zugleich eine Verbindung zum „äußeren Ring", so dass auch zwischen

---

73 Brentano, *Mein Leben*, 199–201, 207, 228 und 244f.; Grotjahn, *Erlebtes*, 59 und 67f.; Scheidemann, *Memoiren*, 60, 68, 98f., 122 und 199f.; Wille, *Aus Traum und Kampf*, 30; Bittmann, *Werken und Wirken*, I, 105f., sowie II, 200 und öfter; Giesberts, *Aus meinem Leben*, 4f.; Imbusch, *Die Brüder Imbusch*, 9–11; Noske, *Noske*, 25.

74 Notwendigkeit von Verbesserungen: Behrens, Franz Behrens, passim; Sapper, *Ein Gruß*, 35. Staatliche Restriktionen usw.: Lange, *Aus einer alten Handwerksburschen-Mappe*, 134ff. und 156.

75 Brentano, *Mein Leben*, 198, 227–229 und 312; Oppenheimer, *Erlebtes*, 159; Scheidemann, *Memoiren*, 98, 100 und öfter; Giesberts, *Aus meinem Leben*, 5; Noske, *Noske*, 21 und 25f.; Wiedeberg, Josef Wiedeberg, 215; Binz, *Aus dem Leben*, 42; Bürgel, *Vom Arbeiter zum Astronomen*, 64–66; Stegerwald, *Aus meinem Leben*, passim.

76 Brentano, *Mein Leben*, 196; Wille, *Aus Traum und Kampf*, 29 und 34f.; Bittmann, *Werken und Wirken*, II, 114–116; Binz, *Aus dem Leben*, 47; Bürgel, *Vom Arbeiter zum Astronomen*, 68f.; Lange, *Aus einer alten Handwerksburschen-Mappe*, 151 und 161ff.; Stegerwald, *Aus meinem Leben*, passim; Unger-Winkelried, *Von Bebel zu Hitler*, 27, 50f., 54 und öfter.

77 Grotjahn, *Erlebtes*, 49, 59 und 148; Scheidemann, *Memoiren*, 105f. und 201f.; Behrens, Franz Behrens, 160; Bürgel, *Vom Arbeiter zum Astronomen*, 67 und 92; Lange, *Aus einer alten Handwerksburschen-Mappe*, 201; Unger-Winkelried, *Von Bebel zu Hitler*, 21.

78 Brentano, *Mein Leben*, 169f., 198 und 228; Grotjahn, *Erlebtes*, 60f., 93f., 97–99, 101–105, 147, 154 und 174; Oppenheimer, *Erlebtes*, 138–140 und 153f.; Scheidemann, *Memoiren*, 126f., 147, 175 und öfter; Wille, *Aus Traum und Kampf*, 27f.; Binz, *Aus dem Leben*, 42; Unger-Winkelried, *Von Bebel zu Hitler*, passim.

diesen beiden Teilgruppen ein zusätzliches gemeinsames Thema die Verknüpfung der Sichtweisen unterstreicht.[79]

Vier Epochenthemen, die abseits des Schwerpunkts häufiger in den Erinnerungswerken dieses Deutungskreises auftauchen, runden dessen Deutungsmuster ab. An erster Stelle steht dabei der Komplex des wirtschaftlichen Aufschwungs, Bevölkerungswachstums und technischen Fortschritts, den mehr als die Hälfte der Verfasser (aus allen Segmenten) für wichtig halten.[80] Darüber hinaus finden sich in jeweils fünf Darstellungen Verweise auf den absoluten Herrschaftsanspruch Kaiser Wilhelms II. und sein durch (anscheinende) Gewaltbereitschaft verschlechtertes Verhältnis zur Arbeiterschaft[81], auf den angeblich konservativ-autoritären, militaristischen Charakter Preußens und des Reichs als Staat[82] sowie schließlich auf die latenten außenpolitischen Spannungen, wobei dem angeblichen Neid und der Feindseligkeit der Nachbarn, insbesondere Englands, unbeschadet deutscher Versäumnisse und Fehler eine Schlüsselrolle zugewiesen wird.[83]

Dieser mit einer Ausnahme ausschließlich Männer umfassende Deutungskreis ist nun weder im Hinblick auf die Konfession noch auf die Altersstruktur homogen (wobei drei Viertel seiner Mitglieder nach 1852, rund die Hälfte nach 1865 geboren wurde), und auch bei den zentralen Orten des Lebens und Wirkens der Verfasser lässt sich – abgesehen von einem Überwiegen der „preußischen" Anteile bei freilich deutlicher Verteilung über die Provinzen – kein eindeutiger Schwerpunkt ausmachen. Beruflich waren indessen (mit Ausnahme von Agnes Sapper) alle Angehörigen dieser Gruppe zweifelsfrei mit der von ihnen ins Zentrum der Epochenbetrachtung gerückten Problematik befasst bzw. konfrontiert, sei es als Arbeiter bzw. Handwerker, Gewerkschaftsfunktionär oder sozialdemokratischer Abgeordneter, sei es als Gewerbebeamter oder Sozialwissenschaftler; lediglich bei Bruno Wille (als Sozialist zunächst „Volkspädagoge", dann sozial engagiert[84]) müssen hier spezifischere Eigenschaften bemüht werden. Wenig einheitlich ist

---

79 Bittmann, *Werken und Wirken*, I, 164, und II, 104f.; Giesberts, *Aus meinem Leben*, 5f.; Imbusch, *Die Brüder Imbusch*, 5, 7 und 10; Wiedeberg, *Josef Wiedeberg*, 215f.; Behrens, *Franz Behrens*, 155 und 157f.; Stegerwald, *Aus meinem Leben*, 7f. und öfter.

80 Brentano, *Mein Leben*, 173 und 273; Grotjahn, *Erlebtes*, 105; Oppenheimer, *Erlebtes*, 161; Scheidemann, *Memoiren*, 63 und 164f.; Bittmann, *Werken und Wirken*, 106f.; Noske, *Noske*, 28; Bürgel, *Vom Arbeiter zum Astronomen*, 93f.; Stegerwald, *Aus meinem Leben*, 4.

81 Brentano, *Mein Leben*, 228; Grotjahn, *Erlebtes*, 66; Oppenheimer, *Erlebtes*, 182; Scheidemann, *Memoiren*, 99f. und 197; Unger-Winkelried, *Von Bebel zu Hitler*, 79.

82 Grotjahn, *Erlebtes*, 105, 122 und 155; Scheidemann, *Memoiren*, 98, 188 und 197–199; Bürgel, *Vom Arbeiter zum Astronomen*, 114 und 117; Stegerwald, *Aus meinem Leben*, 8 und 21; Unger-Winkelried, *Von Bebel zu Hitler*, 60.

83 Brentano, *Mein Leben*, 194, 272f., 303f. und 314; Oppenheimer, *Erlebtes*, 182 und 219; Scheidemann, *Memoiren*, 180–182, 185, 189, 191, 199, 224 und 226; Behrens, *Franz Behrens*, 160; Bürgel, *Vom Arbeiter zum Astronomen*, 121–123; Sapper, *Ein Gruß*, 81 (ohne expliziten Hinweis auf die Nachbarn).

84 Guido Heinrich / Gunter Schandera, *Magdeburger Biographisches Lexikon. 19. und 20. Jahrhundert. Biographisches Lexikon für die Landeshauptstadt Magdeburg und die Landkreise Bördekreis, Jerichower Land, Ohrekreis und Schönebeck*, Magdeburg 2002, 804f.

dagegen wiederum die Sozialstruktur dieses Kreises, in dem lediglich Angehörige der Herrschaftsschicht nicht vertreten sind.

V. FRAUEN UND SOZIALER WANDEL

Dieser Deutungskreis besteht aus insgesamt 15 Autobiographinnen, deren Darstellungen einen entsprechenden Schwerpunkt aufweisen. Den Kern bilden dabei fünf Autorinnen, die das weibliche Emanzipationsstreben deutlich in den Vordergrund ihrer Betrachtungen rücken und ihm breiten Raum gewähren. Marie Baum, Gertrud Bäumer, Hedwig Heyl, Helene Lange und Alice Salomon thematisieren dabei vor allem die intensive Verbindung der Frauenbewegung und ihrer Anliegen mit anderen gesellschaftlichen Problemfeldern der Wilhelminischen Zeit (insbesondere der Sozialen Frage)[85], die Entstehung, Entwicklung und Ausdifferenzierung von Frauenorganisationen und Unterstützungsvereinen sowie deren generell erfolgreiche Tätigkeit[86], die Ablehnung der (bürgerlichen) Frauenbewegung sowohl von konservativer Seite wie durch die Sozialdemokratie, die indes nicht von Dauer gewesen sei[87], die Forderungen gerade der jungen Frauengeneration nach Verbesserung der schulischen Ausbildung, der Einrichtung von Gymnasien und der Zulassung zum Studium, der Schaffung und Erweiterung von Berufsfeldern sowie von Fortbildungsmöglichkeiten (die von der Frauenbewegung und ihren Organisationen trotz staatlichen und gesellschaftlichen Restriktionen letztlich mit Erfolg verfochten worden seien)[88], und schließlich das erfolgreiche weibliche Streben nach öffentlicher politischer Betätigung.[89]

Um diesen engeren Kreis gruppieren sich in einem „mittleren Ring" mit Rhoda Erdmann, Julie Schlosser, Bertha von der Schulenburg, Auguste Sprengel, Franziska Tiburtius, Emma Vely und Else Wentscher sieben Autobiographinnen, die zwar ebenfalls schwerpunktmäßig, jedoch deutlich knapper auf die Frauenbewegung und ihre Anliegen eingehen, wobei vor allem das Ringen um die Kernanliegen hinsichtlich Bildungs- und Berufschancen zur Sprache kommt.[90] Wenn

---

85   Baum, *Rückblick*, 65 und 111; Bäumer, *Lebensweg*, 160, 170, 173, 179f., 186, 216f. und 245; Heyl, *Aus meinem Leben*, 74; Lange, *Lebenserinnerungen*, 196f. und 228.

86   Baum, *Rückblick*, 66 und 112; Bäumer, *Lebensweg*, 211, 232, 235f. und 248; Heyl, *Aus meinem Leben*, 70–79 und 127; Lange, *Lebenserinnerungen*, 197, 219f., 223–226, 233–237 und 240.

87   Baum, *Rückblick*, 65; Bäumer, *Lebensweg*, 236f.; Heyl, *Aus meinem Leben*, 70; Lange, *Lebenserinnerungen*, 222f. und 253f.; Salomon, *Jugend- und Arbeitserinnerungen*, 11 und 17f.

88   Baum, *Rückblick*, 28, 31 und 88; Bäumer, *Lebensweg*, 97f., 110, 114, 118, 134f., 147–149, 211 und 248; Heyl, *Aus meinem Leben*, 103f., 106, 112, 117, 133–135 und öfter; Lange, *Lebenserinnerungen*, 175, 179–182, 186, 192f., 200, 204f., 210–214, 245f., 248f., 252–255 und 259; Salomon, *Jugend- und Arbeitserinnerungen*, 13f., 16f. und 24f.

89   Baum, *Rückblick*, 65f.; Bäumer, *Lebensweg*, 217f., 220 und 240f.; Lange, *Lebenserinnerungen*, 222, 237–239 und 241; Salomon, *Jugend- und Arbeitserinnerungen*, 11.

90   Erdmann, *Typ eines Ausbildungsganges*, 39f. und 42; Schlosser, *Aus dem Leben*, 149–152 und 159; Schulenburg, *Streiflichter*, 145 und 147–149; Sprengel, *Erinnerungen*, 42f.; Tiburti-

Erdmann und Wentscher dabei ganz grundsätzlich eine herausgehobene Bedeutung der Frauenbewegung für die Epoche vor dem Weltkrieg postulieren[91], verbindet sie dies direkt mit Bertha von Kröcher, die ausschließlich auf diesen Aspekt eingeht.[92] Zusammen mit Marie Feesche und Ilse Franke-Oehl bildet Kröcher
gewissermaßen den „äußeren Ring" des Deutungskreises, dessen Angehörige
noch sparsamer – doch gleichwohl ebenfalls vorrangig – auf das zentrale Thema
eingehen, wobei von Feesche und Franke-Oehl dabei wiederum ebenfalls das
Streben nach Bildung und Beruf in den Blick gerückt wird.[93]

Nicht nur hinsichtlich des Kernthemas nimmt die Ausführlichkeit der Darstellungen in diesem Deutungskreis von innen nach außen ab, sondern auch im Hinblick auf die übrigen jeweils für die Epochencharakterisierung berücksichtigten
Bereiche bzw. deren Anzahl. Gleichwohl bestehen auch hier diverse Verknüpfungen, die den Gruppenzusammenhalt unterstreichen. Während der Aspekt des technischen und ökonomischen Fortschritts bzw. Aufschwungs als Element der Epochensicht vor allem die Mitglieder der Kerngruppe zusätzlich eint[94] und über Emma Vely nur eine lose Verbindung zum „mittleren Ring" herstellt[95], entsteht eine
stärkere Verknüpfung dieser beiden Gruppen von Autorinnen durch die Thematisierung dreier eng zusammenhängender Komponenten sozialen Wandels nach
1890 – zunehmende Doppelmoral und Infragestellung der Ehe, Auflösung der Familien, Generationenkonflikt um die Lebensgestaltung –, die immerhin auch drei
Verfasserinnen aus dem „mittleren Ring" in ihren Darstellungen berücksichtigen.[96] Ähnliches gilt für den Bereich der Sozialen Frage (epochenprägende Bedeutung des Problemfelds sowie speziell der Sozialpolitik, deren konkrete Erfolge, wichtige Rolle sozialer Vereinigungen und der Sozialdemokratie), wobei hier
über Bertha von Kröcher auch der „äußere Ring" zusätzlich im Gesamtkreis ver-
ankert ist.[97] Nochmals bekräftigt wird diese Verbindung schließlich durch den
übereinstimmenden Hinweis von insgesamt sieben Verfasserinnen (in vergleich-

---

us, *Erinnerungen*, 191f., 206 und 218–220; Vely, *Mein schönes und schweres Leben*, 415ff.,
466, 473f. und 478f.; Wentscher, *Mutterschaft*, 6, 10 und 14.

91 Erdmann, Typ eines Ausbildungsganges, 40; Wentscher, *Mutterschaft*, 11.
92 Kröcher, *Die alte Generation*, 257f.
93 Feesche, *Bei mir daheim*, 21 und 28; Franke-Oehl, Aus dem Wunderwald, 92.
94 Baum, *Rückblick*, 47f., 71, 89, 98, 100, 103 und öfter; Bäumer, *Lebensweg*, 130, 170 und
223f.; Heyl, *Aus meinem Leben*, 55f. und 67; Lange, *Lebenserinnerungen*, 196f.; Salomon,
Jugend- und Arbeitserinnerungen, 20.
95 Vely, *Mein schönes und schweres Leben*, 449.
96 Baum, *Rückblick*, 105; Bäumer, *Lebensweg*, 195, 223f. und 230; Heyl, *Aus meinem Leben*,
99; Lange, *Lebenserinnerungen*, 227 und 230–232; Salomon, Jugend- und Arbeitserinnerungen, 11; Schlosser, *Aus dem Leben*, 142; Schulenburg, Streiflichter, 147; Vely, *Mein schönes
und schweres Leben*, 464.
97 Baum, *Rückblick*, 72f., 75 und 89; Bäumer, *Lebensweg*, 160, 179, 205f. und 258; Heyl, *Aus
meinem Leben*, 57 und 70; Salomon, Jugend- und Arbeitserinnerungen, 11 und 18; Schulenburg, Streiflichter, 143–146; Vely, *Mein schönes und schweres Leben*, 436 und 440; Kröcher,
Die alte Generation, 254.

barer Konstellation) auf das Vorherrschen außenpolitischer Spannungen[98], wobei hier allerdings, wie bereits zum Teil auch bei anderen Deutungskreisen, vereinfacht bzw. abstrahiert werden muss.

Die so konstituierte Gruppe, die als einzige ausschließlich aus Frauen besteht, weist nun auch mit der (bei Ausnahme von Franke-Oehl) dominierenden evangelischen Konfession sowie der überdeutlichen Bindung der weit überwiegenden Mehrzahl der Verfasserinnen an die Kernregionen Preußens, insbesondere Berlin und Umgebung, zwei weitere starke verbindende Merkmale auf. Während indessen die Geburtsjahrgänge breit gestreut sind und im Hinblick auf die Sozialstruktur lediglich die Herrschaftsschicht nicht vertreten ist, wird der Zusammenhang zwischen den Autobiographinnen beim Blick auf ihre Tätigkeit noch deutlicher: Alle fünfzehn waren in der Frauenbewegung aktiv bzw. beruflich oder privat mit den Problemen und Anliegen der Emanzipation befasst bzw. konfrontiert.[99]

VI. DER STAAT IN DER KRISE

Für diesen Deutungskreis ist wie für „Geist und Gesellschaft" eine doppelte Schwerpunktsetzung in der Epochencharakterisierung kennzeichnend, ebenso wie die Zusammensetzung aus drei Segmenten: einer Kerngruppe, die beide Schwerpunkte thematisiert (Heinrich Claß, Eduard Engel, Eugen von Jagemann, Otto Lubarsch, Martin Spahn, Adolf Wermuth), einer ersten Nebengruppe, deren Mitglieder ihren Hauptfokus auf den Bereich Verfassung, Regierung, Parteien und Behörden legen und die Minderheitenproblematik ausklammern (Emil Fehling, Hellmut von Gerlach, Wilhelm Hoff, Rudolf Huch, Elard von Oldenburg-Januschau, Friedrich von Payer), und schließlich einer zweiten, in der Ausführlichkeit bzw. Differenziertheit der Darstellungen abfallende Nebengruppe, bei der es sich umgekehrt verhält (Arthur Eloesser, Alfred E. Hoche, Eugen Kühnemann).

Auch hier kann die Zusammengehörigkeit der Verfasser durch zahlreiche Übereinstimmungen in der Epochenbeschreibung belegt werden. Konstitutiv für den Zusammenhalt sowohl der Kerngruppe als auch der ersten Nebengruppe sowie für die Verknüpfung dieser beiden Segmente ist zunächst das von elf Autoren übereinstimmend verzeichnete Zeitmerkmal einer zunehmenden Parlamentarisierung im Sinne eines Erstarkens des Reichstags, der jedoch – vor allem aufgrund des fortwährenden Parteienstreits sowie der Blockadehaltung der linksgerichteten

---

98 Baum, *Rückblick*, 125 und 156; Bäumer, *Lebensweg*, 209; Heyl, *Aus meinem Leben*, 66; Salomon, Jugend- und Arbeitserinnerungen, 26f.; Tiburtius, *Erinnerungen*, 216; Vely, *Mein schönes und schweres Leben*, 434; Kröcher, *Die alte Generation*, 255.

99 Vgl. zur engen Verknüpfung bzw. Wechselwirkung von Frauenbewegung und Frauenautobiographik Kay Goodman, Die große Kunst, nach innen zu weinen. Autobiographien deutscher Frauen im späten 19. und frühen 20. Jahrhundert, in: Wolfgang Paulsen (Hg.), *Die Frau als Heldin und Autorin. Neue kritische Ansätze zur deutschen Literatur*, Bern/München 1979, 125–135, hier 125.

Fraktionen – keine konstruktive Arbeit zu leisten imstande gewesen sei.[100] Ebenfalls konstitutiv für die Kerngruppe, dabei auch wichtig für die Gemeinschaft der ersten Nebengruppe und damit für die Verbindung beider ist die von zusammen neun Stimmen geteilte Feststellung, das Reich habe nach Bismarcks Entlassung nur mehr über unfähige Kanzler (unangesehen von Differenzierungen im Einzelnen) und untaugliches nachgeordnetes Personal verfügt sowie insgesamt einen verfehlten politischen Kurs gefahren.[101] Einzelne Verfasser der beiden Segmente – darunter immerhin die Hälfte der Kerngruppe – verbindet darüber hinaus der (positiv oder negativ besetzte) Hinweis auf Strenge und (Arbeits-) Disziplin der unteren Verwaltungsebene.[102] Im Hinblick auf den zweiten Themenschwerpunkt ist sowohl innerhalb der Kerngruppe als auch der zweiten Nebengruppe die gesellschaftlich prekäre Stellung der jüdischen Deutschen als Thema von Bedeutung, auf das jeweils mehr als 50 Prozent der Verfasser eingehen[103] und so eine Verbindung auch zwischen diesen beiden Segmenten entstehen lassen. Mit Abstrichen gilt ähnliches schließlich auch für die in beiden Teilgruppen als solche gesehenen Epochenmerkmale der Elsass-Lothringen-[104] und der Polen-Problematik[105], wobei jeweils sowohl auf die Politik der Reichsregierung gegenüber den Grenzprovinzen als auch (und noch mehr) auf die konkreten Schwierigkeiten vor Ort, vor allem im Hinblick auf das Miteinander von Einheimischen und Zuwanderern aus dem Reichsinnern eingegangen wird.

---

100 Claß, *Wider den Strom*, 75f., 95, 136–138, 174 und 233f.; Engel, *Menschen und Dinge*, 232, 237 und 298; Jagemann, *Fünfundsiebzig Jahre*, 125, 130, 145, 147, 169f., 179, 191, 193f., 224, 239, 243, 261, 297, 309 und öfter; Lubarsch, *Ein bewegtes Gelehrtenleben*, 266f. und 570; Spahn, Selbstbiographie, 480, 482, 485 und öfter; Wermuth, *Ein Beamtenleben*, 258, 262 und öfter; Fehling, *Aus meinem Leben*, 113; Gerlach, *Von rechts nach links*, 91, 95, 143f., 158, 182, 185f., 188 und öfter (aus anderer Perspektive: Unterwürfigkeit gegenüber der Staatsführung habe den Reichstag gelähmt); Huch, *Mein Leben*, 42; Oldenburg-Januschau, *Erinnerungen*, 62f., 74f., 80, 84 und 107–109; Payer, *Mein Lebenslauf*, 31f., 40, 46 und öfter.

101 Claß, *Wider den Strom*, 19, 21, 49, 61, 89, 91, 96, 138, 143, 158f., 178 und öfter; Engel, *Menschen und Dinge*, 76, 285, 291 und öfter; Jagemann, *Fünfundsiebzig Jahre*, 111 und 297; Lubarsch, *Ein bewegtes Gelehrtenleben*, 533; Spahn, Selbstbiographie, 480 und 485; Wermuth, *Ein Beamtenleben*, 121, 126f., 189f., 192f., 198f., 200, 202, 209, 215, 224, 260, 288f. und öfter; Fehling, *Aus meinem Leben*, 113; Oldenburg-Januschau, *Erinnerungen*, 62f., 84, 101, 107, 122 und 173; Payer, *Mein Lebenslauf*, 45.

102 Engel, *Menschen und Dinge*, 304, 306–308 und 312f.; Lubarsch, *Ein bewegtes Gelehrtenleben*, 237f.; Wermuth, *Ein Beamtenleben*, 208f. und 222; Gerlach, *Von rechts nach links*, 140f.; Hoff, *Erinnerungen*, 71, 73, 106, 162 und öfter.

103 Claß, *Wider den Strom*, 30f., 36, 88f., 165f. und 269 (mit dezidiert negativem Urteil über den angeblich schädlichen Einfluss von Juden im öffentlichen Leben); Jagemann, *Fünfundsiebzig Jahre*, 173; Lubarsch, *Ein bewegtes Gelehrtenleben*, 139, 144f., 561–563 und 570; Wermuth, *Ein Beamtenleben*, 333; Eloesser, Erinnerungen, Nr. 90, 12, und Nr. 92, 10; Kühnemann, *Mit unbefangener Stirn*, 130.

104 Claß, *Wider den Strom*, 89, 149, 155, 174f., 182–185, 189, 193, 195ff., 201 und 283; Engel, *Menschen und Dinge*, 201f.; Spahn, Selbstbiographie, 485; Hoche, *Jahresringe*, 124–133 und öfter.

105 Claß, *Wider den Strom*, 46f., 86f., 89, 156 und 181; Jagemann, *Fünfundsiebzig Jahre*, 157, 169 und 188; Lubarsch, *Ein bewegtes Gelehrtenleben*, 124ff., 138–140, 142–144 und öfter; Kühnemann, *Mit unbefangener Stirn*, 128 und 130–134.

Darüber hinaus ist die Außenpolitik auch in diesem Deutungskreis ein wichtiger, die Autorensegmente miteinander verknüpfender Themenbereich: Während jeweils fünf Darstellungen aus der Kern- und der ersten Nebengruppe der deutschen Führung Unfähigkeit, grobe Fehler und die Schaffung unsicherer Verhältnisse anlasten[106], stimmen fünf Verfasser aus dem Kernsegment sowie jeweils zwei aus der ersten und der zweiten Nebengruppe in der Einschätzung permanenter außenpolitischer Spannungen als bedeutend überein.[107] Während Kern- und erste Nebengruppe außerdem jeweils (weit) überwiegend den problematischen Charakter Wilhelms II. hervorheben (wobei die Autoren der Kerngruppe zudem unisono die Einmischungen des Kaisers in die Politik kritisieren)[108], wird der Zusammenhalt des gesamten Deutungskreises dadurch gefestigt, dass einzelne Verfasser aus allen drei Segmenten die Wichtigkeit von Titeln und Auszeichnungen in der wilhelminischen Gesellschaft[109] sowie ein verbreitetes Epigonentum im Sinne einer unpolitisch-materialistischen Haltung bzw. eines Verfalls der Ideale und des Glaubens als Kennzeichen der Epoche sehen.[110] Die ohnehin in ihrer Sichtweise eng miteinander verbundenen Verfasser aus der Kerngruppe werten schließlich mehrheitlich auch den technischen Fortschritt als epochenrelevant.[111]

Abgesehen davon, dass dieser Deutungskreis ausschließlich von Männern gebildet wird, finden sich eher schwache Übereinstimmungen in den Personenmerkmalen: Gleichmäßig über die drei Alterskohorten verteilt, sind die Verfasser konfessionell gemischt; ein gewisser Preußenbezug bei den Lebens- und Wirkungsstätten lässt sich zwar feststellen, wobei jedoch eine deutliche Streuung über die Provinzen zu erwähnen ist, ebenso wie ein beachtlicher Anteil an Stationen im Südwesten Deutschlands. Verbindend wirken dagegen die Interessenfelder des

---

106 Claß, *Wider den Strom*, 63, 91, 106, 108, 115, 222, 284–286, 290, 297 und öfter; Engel, *Menschen und Dinge*, 47f., 76, 198, 232, 279ff. und öfter; Jagemann, *Fünfundsiebzig Jahre*, 195; Lubarsch, *Ein bewegtes Gelehrtenleben*, 533f.; Wermuth, *Ein Beamtenleben*, 278f.; Fehling, *Aus meinem Leben*, 113; Gerlach, *Von rechts nach links*, 127; Hoff, *Erinnerungen*, 124 und 174; Huch, *Mein Leben*, 43; Oldenburg-Januschau, *Erinnerungen*, 121–124.

107 Claß, *Wider den Strom*, 62, 84, 114, 165f., 173, 210–212, 252, 274, 290 und öfter; Engel, *Menschen und Dinge*, 46f., 72, 74 und öfter; Jagemann, *Fünfundsiebzig Jahre*, 138; Lubarsch, *Ein bewegtes Gelehrtenleben*, 287ff. und 486; Wermuth, *Ein Beamtenleben*, 278f.; Hoff, *Erinnerungen*, 121–124, 166f. und öfter; Oldenburg-Januschau, *Erinnerungen*, 121–124; Hoche, *Jahresringe*, 182; Kühnemann, *Mit unbefangener Stirn*, 142 und 237.

108 Claß, *Wider den Strom*, 95, 97 und 108; Engel, *Menschen und Dinge*, 198f. und 244; Jagemann, *Fünfundsiebzig Jahre*, 116, 140, 154, 167, 184, und 212; Lubarsch, *Ein bewegtes Gelehrtenleben*, 533; Wermuth, *Ein Beamtenleben*, 135, 139 und 142; Gerlach, *Von rechts nach links*, 134; Hoff, *Erinnerungen*, 159; Oldenburg-Januschau, *Erinnerungen*, 58 und 96; Payer, *Mein Lebenslauf*, 31.

109 Engel, *Menschen und Dinge*, 315f.; Wermuth, *Ein Beamtenleben*, 298; Hoff, *Erinnerungen*, 127; Oldenburg-Januschau, *Erinnerungen*, 113; Hoche, *Jahresringe*, 134f.

110 Claß, *Wider den Strom*, 97, 123, 142 und 158; Engel, *Menschen und Dinge*, 347; Jagemann, *Fünfundsiebzig Jahre*, 272; Lubarsch, *Ein bewegtes Gelehrtenleben*, 446; Hoff, *Erinnerungen*, 125; Oldenburg-Januschau, *Erinnerungen*, 89; Kühnemann, *Mit unbefangener Stirn*, 100 und 120f.

111 Claß, *Wider den Strom*, 121f.; Engel, *Menschen und Dinge*, 316; Jagemann, *Fünfundsiebzig Jahre*, 242, 258 und öfter; Lubarsch, *Ein bewegtes Gelehrtenleben*, 446.

Staatsdienstes und der Politik sowie der Minderheitenproblematik, denen die Autobiographen in erster Linie über ihren Beruf bzw. einen ihrer Haupttätigkeitsbereiche (als Justiz-, Verwaltungs- und Regierungsbeamte, Bundesratsgesandte, Abgeordnete auf verschiedenen Ebenen, Funktionäre in Interessenverbänden oder Gelehrtenpolitiker), vereinzelt auch über ihre Abstammung bzw. Konfession (Eloesser als Jude) oder einen ihrer Lebens- und Arbeitsorte (Hoche als langjähriger Professor in Straßburg, Kühnemann als zeitweiliger Rektor der Akademie in Posen) zugeordnet werden können; zudem sind die Autoren – mit Ausnahme von Engel – in der gesellschaftlichen Oberschicht zu verorten.

VII. MONARCH UND MISS-STÄNDE

Bei diesem Deutungskreis handelt es sich um eine vergleichsweise locker gefügte Gruppe, deren Angehörige die problematischen Züge von Charakter und Amtsführung des Kaisers in ihren Epochencharakterisierungen an die erste Stelle rücken. Das Bewusstsein um diese Problematik ist hier konstitutiv für den Zusammenhalt, während kaum ein konkretes Merkmal bei allen Mitgliedern des Deutungskreises zugleich auftaucht. Die Verbindungen zwischen den Verfassern sind dennoch so zahlreich und vielfältig, dass ihre Zusammengehörigkeit nicht zweifelhaft erscheint; überdies sind im Hinblick auf die Ausführlichkeit der Darstellung des Kaisers als prägender Gestalt der nach ihm benannten Zeit vom Gros dieser Autobiographen als Kerngruppe (Ferdinand Bonn, Marie von Bunsen, Ernst von Dryander, Georg Michaelis, Daisy von Pless, Heinrich von Schönburg-Waldenburg, Hans von Tresckow, Anna Wagemann, Wilhelm Wien, Adolf von Wilke) lediglich zwei Autorinnen als Nebengruppe des Deutungskreises in gewisser Weise zu unterscheiden (Marie Diers und Elisabeth von Maltzahn), da sie sich vergleichsweise knapp und eher generalisierend äußern.

Die Kerngruppe zeichnet dabei – unabhängig von anklagenden, relativierenden oder auch apologetischen Tendenzen einzelner Autoren – ein differenziertes Bild der Persönlichkeit Wilhelms II., wobei diesem sowohl positive Eigenschaften (breitgefächerte Interessen, rasche Auffassungsgabe usw., anregendes Wesen, einnehmendes Auftreten, guter Wille) gutgeschrieben[112] als auch – und freilich noch mehr – negative Züge (Sprunghaftigkeit, Oberflächlichkeit, Selbstüberschätzung, Blendertum, Grobheit, mangelnde Kritikfähigkeit usw.) angekreidet werden.[113] Mehrheitlich thematisiert wird darüber hinaus die kaiserliche Umgebung

---

112 Bonn, *Mein Künstlerleben*, 16, 72f. und 99–101; Bunsen, *Die Welt*, 190ff.; Dryander, *Erinnerungen*, 188f. und 213f.; Michaelis, *Für Staat und Volk*, 377f., 380 und 382; Wien, Ein Rückblick, 12 und 41f.; Pless, *Tanz*, I, 215, 218, 258, 307, 361f. und öfter; Schönburg-Waldenburg, *Erinnerungen*, 66, 140, 158, 165, 177, 190, 193 und 204; Wilke, *Alt-Berliner Erinnerungen*, 17 und 174.

113 Bonn, *Mein Künstlerleben*, 77f. und 120f.; Bunsen, *Die Welt*, 189, 192–194 und 196f.; Dryander, *Erinnerungen*, 203 und 209 (durch begriffliche Verengung und Relativierung kaschiert); Michaelis, *Für Staat und Volk*, 378; Pless, *Tanz*, I, 124–127, 134f., 196f., 210, 215, 218f., 258, 352, 354, 357, 361f. und 364f., sowie II, 14; Schönburg-Waldenburg, *Erinnerun-*

und ihr enormer Einfluss auf die Politik, wobei die Autobiographen häufig Wilhelm II. vorwerfen, seine Ratgeber selbst unklug ausgewählt und dabei vor allem unterwürfige Charaktere und Schmarotzer zu sich gezogen zu haben.[114] Ebenfalls mehr als die Hälfte der Autoren der Kerngruppe bescheinigen dem Reichsoberhaupt unterdessen unbedingte Friedensliebe.[115] Verbreitete öffentliche Kritik an Person und Amtsführung des Monarchen ist schließlich für vier Angehörige der Kerngruppe ein epochenrelevantes Merkmal[116], und dies ist auch zugleich der Aspekt, den die beiden etwas außerhalb stehenden Autobiographinnen hervorheben[117], wobei Elisabeth von Maltzahn zusätzlich in die Klagen über die nachteiligen Charakterzüge Wilhelms II. einstimmt und sich auch insofern an die Mehrheit des Kreises anschließt.[118]

Abseits dessen ist es das Thema Außenpolitik, das den gesamten Deutungskreis verbindet; zwei Drittel seiner Mitglieder halten hierzu fest, dass Deutschland den Ersten Weltkrieg nicht beabsichtigt habe, sondern dieser vielmehr von den neidischen und hasserfüllten Nachbarn initiiert worden und die Gefahr latent vorhanden gewesen, wenn auch im Reich nicht gesehen worden sei.[119] Knapp die Hälfte aller Verfasser stimmt darüber hinaus in ihrer Klage über zunehmende Oberflächlichkeit und Werteverfall in der Zeit zwischen 1890 und 1914 überein.[120] Der Zusammenhalt der Kerngruppe bestätigt sich schließlich in der breiten Thematisierung von Kennzeichen der wilhelminischen Gesellschaft; in erster Li-

gen, 69, 137, 140, 157f., 160f., 176 und 196 (teils relativierend); Tresckow, *Von Fürsten*, 133f. und 144f.; Wagemann, *Prinzessin Feodora*, 52; Wilke, *Alt-Berliner Erinnerungen*, 17, 98, 116–118, 141 und 149.

114 Bonn, *Mein Künstlerleben*, 120, 122, 210f. und öfter; Bunsen, *Die Welt*, 190; Michaelis, *Für Staat und Volk*, 377f. und 380; Pless, *Tanz*, I, 77, 80f., 211f., 215, 295–297, 352 und 364f., sowie II, 13f.; Schönburg-Waldenburg, *Erinnerungen*, 134, 140, 150f., 157, 180, 190 und öfter; Tresckow, *Von Fürsten*, 48f., 133f. und 136; Wagemann, *Prinzessin Feodora*, 117f. und 150; Wilke, *Alt-Berliner Erinnerungen*, 92.

115 Bonn, *Mein Künstlerleben*, 112, 122 und 204 (der Wilhelms II. ungeschicktes Auftreten gegenüber den Nachbarn und seine Flottenpolitik gleichwohl zu den Ursachen des Weltkriegs zählt); Dryander, *Erinnerungen*, 203, 233f. und 298; Michaelis, *Für Staat und Volk*, 374–377 und 382; Pless, *Tanz*, II, 14f. (die dem Kaiser allerdings ankreidet, sich zum Negativen habe beeinflussen zu lassen, und ähnlich wie Bonn auf sein zwar gut gemeintes, doch kontraproduktives Verhalten gegenüber Großbritannien hinweist; vgl. ebd., I, 126f., 362f. und öfter); Tresckow, *Von Fürsten*, 238; Wagemann, *Prinzessin Feodora*, 55; Wien, *Ein Rückblick*, 12 und 29.

116 Bonn, *Mein Künstlerleben*, 204; Bunsen, *Die Welt*, 189 und 197; Michaelis, *Für Staat und Volk*, 378; Schönburg-Waldenburg, *Erinnerungen*, 155, 166–168 und öfter.

117 Diers, *Meine Lebensstrecke*, 59; Maltzahn, *An stillen Feuern*, 130 und 188.

118 Maltzahn, *An stillen Feuern*, 128 und 188.

119 Bonn, *Mein Künstlerleben*, 64, 82, 200, 202 und 205; Dryander, *Erinnerungen*, 205, 233f., 246 und 256f.; Michaelis, *Für Staat und Volk*, 267f., 372f. und 374f.; Pless, *Tanz*, passim (jedoch mit Einschränkungen); Tresckow, *Von Fürsten*, 48 und 238; Wagemann, *Prinzessin Feodora*, 55 und 174; Wilke, *Alt-Berliner Erinnerungen*, 145; Maltzahn, *An stillen Feuern*, 254f.

120 Bonn, *Mein Künstlerleben*, 88; Michaelis, *Für Staat und Volk*, 197f.; Schönburg-Waldenburg, *Erinnerungen*, 124f. (abmildernd); Tresckow, *Von Fürsten*, 149; Maltzahn, *An stillen Feuern*, 131 und 269.

nie werden dabei die angeblich verbreitete Doppelmoral[121], die gezwungenen Formen konventioneller gesellschaftlicher Zusammenkünfte[122], das Bestehen starrer
sozialer Schranken (bei gleichzeitigem Wandel durch das Eindringen Neureicher
in die oberen Schichten)[123] sowie der große gesellschaftliche Stellenwert von Orden und Auszeichnungen angesprochen.[124]

Merkmale, die alle (fünf) Autobiographinnen und (sieben) Autobiographen
dieses Deutungskreises ohne Ausnahme miteinander teilen würden, sind nur
schwer festzustellen; immerhin aber waren die 12 hier vertretenen Personen mit
einer Ausnahme (Bonn) evangelisch und wurden mit ebenfalls nur einer Ausnahme (Dryander) nach 1852 geboren, und überdies fällt ein starker Bezug zu den
„mittleren" Regionen Preußens, besonders Berlin ins Auge. Zugleich bestehen
zwar im Hinblick auf die Berufsfelder (Kunst, Wissenschaft, Militär, Verwaltung,
Kirche u. a. m.) deutliche Unterschiede, doch ist – mit zwei Ausnahmen (Maltzahn und Wien) – allen Angehörigen der Gruppe zu eigen, dass sie – korrespondierend mit ihrem zentralen Epochenthema und ungeachtet ihrer breiten sozialen
Streuung – privat oder beruflich in enger Berührung mit dem Kaiser bzw. dem
Kaiserhof standen.[125]

VIII. GESELLSCHAFT UND INNERER VERFALL

Dieser eher kleine Deutungskreis, dem mit Rudolf Georg Binding, Heinrich Grünfeld, Charlotte von Hadeln, Margarete Hahn, Olga Heydecker-Langer, Emil Ludwig, Lita zu Putlitz, Oskar A. H. Schmitz sowie Carl Sternheim insgesamt neun
Verfasser von Erinnerungswerken angehören, zeichnet sich durch die vergleichsweise breite Thematisierung von Kennzeichen der wilhelminischen Gesellschaft
sowie deren Veränderungen bis 1914 aus. Dabei stehen drei Aspekte im Mittelpunkt, von denen jede Darstellung mindestens zwei hervorhebt, so dass zwischen
den Mitgliedern des Kreises vielfältige Übereinstimmungen bestehen: An erster
Stelle rangiert hier das Verhältnis der sozialen Schichten zueinander, wobei von
insgesamt acht Stimmen einerseits deren strikte Trennung, andererseits ein Wandel innerhalb der oberen Schichten durch das Eindringen ökonomisch erfolgrei-

---

121 Bonn, *Mein Künstlerleben*, 124 und öfter; Bunsen, *Die Welt*, 152 und 201f.; Pless, *Tanz*, I,
    62f.; Tresckow, *Von Fürsten*, 217; Wilke, *Alt-Berliner Erinnerungen*, 141.

122 Bunsen, *Die Welt*, 185f.; Michaelis, *Für Staat und Volk*, 197f.; Pless, *Tanz*, I, 217, 220f.,
    271f. und öfter; Wagemann, *Prinzessin Feodora*, 146; Wien, Ein Rückblick, 20.

123 Bonn, *Mein Künstlerleben*, 17 und 28ff.; Wagemann, *Prinzessin Feodora*, 162f.; Wien, Ein
    Rückblick, 16; Wilke, *Alt-Berliner Erinnerungen*, 186f., 219, 232–234 und öfter.

124 Schönburg-Waldenburg, *Erinnerungen*, 143 und 186; Tresckow, *Von Fürsten*, 39; Wilke, *Alt-
    Berliner Erinnerungen*, 233.

125 Entsprechendes ergibt sich hier – außer bei Dryander und Schönburg-Waldenburg – weniger
    aus einer etwaigen standardisierten Berufsbezeichnung als aus den Schilderungen in der je-
    weiligen Autobiographie. Diese im Vergleich ungewöhnliche Konstellation ändert letztlich
    freilich nichts an der auch in diesem Deutungskreis festzustellenden besonderen Bedeutung
    des Faktors „Beruf" oder (hier besser passend) „Haupttätigkeit" bzw. „-interesse".

cher Gruppen und die zumindest partielle Verdrängung bzw. Durchdringung des Adels als Elite konstatiert wird.[126] Ebenfalls fast der gesamte Deutungskreis verweist übereinstimmend – wenn auch mit unterschiedlicher Wertung – auf eine zunehmend luxuriöse Lebensführung in der gehobenen Gesellschaft und einen sich steigernden Aufwand bei Festivitäten.[127] Mehr als die Hälfte der Autoren hebt darüber hinaus die strengen Moralvorstellungen der betrachteten Zeit sowie Anzeichen für eine Lockerung hervor[128], und schließlich sind für immerhin vier von ihnen auch gesellschaftliche Normen für Bekleidung und Haartracht als Epochenmerkmal von Bedeutung.[129]

Abseits des Kernthemas sind es vier Kennzeichen, die jeweils rund die Hälfte der Angehörigen dieses Deutungskreises übereinstimmend der Wilhelminischen Zeit zuweisen. Am häufigsten sind dabei Klagen über einen verbreiteten Materialismus, Oberflächlichkeit bzw. Werteverfall und unpolitische Obrigkeitshörigkeit im Reich.[130] Ebenfalls mehrheitlich halten die Autobiographen außenpolitische Spannungen des Reichs mit seinen Nachbarn, insbesondere Großbritannien fest.[131] Jeweils vier Stimmen sehen schließlich den technischen Fortschritt[132] sowie Defizite in der schulischen bzw. der Allgemeinbildung[133] als prägend für die vergangene Epoche an.

Die Übereinstimmungen in den Personenmerkmalen halten sich auch in diesem Deutungskreis in Grenzen: Er setzt sich jeweils in etwa zur Hälfte aus Frauen und Männern zusammen und ist konfessionell gemischt, die Lebensmittelpunkte der Verfasser sind breit gestreut. Gesellschaftlich besteht, da Angehörige der Herrschaftsschicht nicht vertreten sind, ein Zusammenhang nur aus grober Perspektive. Enger ist die Verbindung hingegen über die vertretenen Alterskohorten,

---

126 Binding, *Erlebtes Leben*, 144; Grünfeld, *In Dur und Moll*, 244; Hadeln, *In Sonne und Sturm*, 96; Hahn, *Dein Vater*, 65; Ludwig, *Geschenke*, 172; Putlitz, *Aus dem Bildersaal*, 100; Schmitz, *Dämon Welt*, 52f. und 182, sowie ders., *Ergo sum*, 81; Sternheim, *Vorkriegseuropa*, 48, 79, 125 und 162.

127 Eher negativ wertend: Binding, *Erlebtes Leben*, 144 und 205; Hahn, *Dein Vater*, 55; Heydecker-Langer, *Lebensreise*, II, 117; Sternheim, *Vorkriegseuropa*, 76, 96 und 161f. Eher neutral: Grünfeld, *In Dur und Moll*, 245. Eher positiv: Hadeln, *In Sonne und Sturm*, 91 und 93ff.; Putlitz, *Aus dem Bildersaal*, 141–144 und öfter.

128 Hadeln, *In Sonne und Sturm*, 69 (indirekt); Heydecker-Langer, *Lebensreise*, I, 129f., 139, 172, 181, 184 und 201, sowie II, 151; Ludwig, *Geschenke*, 140f.; Schmitz, *Dämon Welt*, 67, 132f. und 253; Sternheim, *Vorkriegseuropa*, 27f., 49 und 85.

129 Binding, *Erlebtes Leben*, 143; Hadeln, *In Sonne und Sturm*, 68f.; Heydecker-Langer, *Lebensreise*, I, 105, 142 und 201; Sternheim, *Vorkriegseuropa*, 24.

130 Binding, *Erlebtes Leben*, 144f.; Grünfeld, *In Dur und Moll*, 263; Ludwig, *Geschenke*, 172; Putlitz, *Aus dem Bildersaal*, 100; Schmitz, *Dämon Welt*, 153, sowie ders., *Ergo sum*, 73f., 184 und 202; Sternheim, *Vorkriegseuropa*, 40, 65, 73f., 80, 122f. und 162f.

131 Hadeln, *In Sonne und Sturm*, 55f., 68 und 100; Hahn, *Dein Vater*, 250; Ludwig, *Geschenke*, 174, 363 und 546; Schmitz, *Dämon Welt*, 169, sowie ders., *Ergo sum*, 74f. und 98; Sternheim, *Vorkriegseuropa*, 120f. und 137.

132 Hadeln, *In Sonne und Sturm*, 99; Heydecker-Langer, *Lebensreise*, I, 179 und 187, sowie II, 91; Putlitz, *Aus dem Bildersaal*, 142; Sternheim, *Vorkriegseuropa*, 79.

133 Heydecker-Langer, *Lebensreise*, I, 75 und 88; Ludwig, *Geschenke*, 87 und 96; Schmitz, *Dämon Welt*, 150; Sternheim, *Vorkriegseuropa*, 53 und 77.

da alle Angehörigen dieser Gruppe nach 1853, mehr als zwei Drittel von ihnen sogar nach 1865 geboren sind. Zentral schließlich ist auch hier die Verknüpfung über die ausgeübte Tätigkeit; hier sind mit Schriftstellern, Schauspielern und Musikern ausschließlich „künstlerische" Berufe vertreten.

IX. MILITÄR UND POLITIK(VERSAGEN)

Trotz seines geringen Umfangs ist dieser Deutungskreis in eine Kerngruppe und eine Nebengruppe zu unterteilen, die sich im Hinblick auf die jeweils im Rahmen des Schwerpunktthemas behandelten Aspekte und ihren inneren Zusammenhalt voneinander unterscheiden. Zum Kernsegment zählen dabei Friedrich von Bernhardi, Karl von Einem, Hugo von Freytag-Loringhoven, Karl Litzmann und Paul von Schoenaich. Diese fünf Autoren stimmen sämtlich in der Einschätzung überein, dass das Reich im Hinblick auf den (zu erwartenden) Weltkrieg nicht ausreichend gerüstet bzw. die zur Verfügung stehenden Mittel zwischen Heer und Marine zugunsten letzterer falsch aufgeteilt habe, wobei das Problem des defizitären Reichshaushalts, aber auch der Unwille der den Reichstag dominierenden sozialdemokratischen, linksliberalen und Zentrumsabgeordneten ein wesentlicher Faktor gewesen sei.[134] Ebenfalls einstimmig tadelt die Kerngruppe die ihrer Meinung nach – unangesehen einzelner Verbesserungen – unzulängliche Ausbildung und taktische Ausrichtung der Streitkräfte[135], wobei nur ein Verfasser speziell die Kaisermanöver in seine Kritik einbezieht[136], während drei weitere diesen zwar jeglichen militärischen Wert absprechen, eine schädliche Wirkung auf die Truppe jedoch ausdrücklich verneinen.[137] Vier Autoren bemängeln hier schließlich Missstände in der Armee – von Soldatenmisshandlungen bis hin zum Glücksspiel im Offizierskorps –, verweisen aber auch auf deren (erfolgreiche) Bekämpfung vonseiten des Kaisers und der militärischen Führung.[138]

Die Nebengruppe, bestehend aus den Autobiographen Heinrich Ehrhardt und Carl Theodor Müller, ist über den von beiden Stimmen gleichermaßen thematisierten Problemkomplex der Rüstung mit der Kerngruppe verbunden[139], der damit für den gesamten Deutungskreis von zentraler Bedeutung ist. Zusätzlich kritisiert

---

134 Bernhardi, *Denkwürdigkeiten*, 293–299, 353, 370ff., 375, 377f. und öfter; Einem, *Erinnerungen*, 59, 61f., 64f., 82–88 und 152; Freytag-Loringhoven, *Menschen und Dinge*, 115, 141, 144, 151 und 158; Litzmann, *Lebenserinnerungen*, 137, 143 und 176f.; Schoenaich, *Mein Damaskus*, 136.

135 Bernhardi, *Denkwürdigkeiten*, 189, 201ff., 214f., 217, 225ff., 229f., 277f., 281–288, 339ff. und öfter; Einem, *Erinnerungen*, 90 und 93; Freytag-Loringhoven, *Menschen und Dinge*, 98, 107, 119 und 128f.; Litzmann, *Lebenserinnerungen*, 88, 104, 113f. und 126; Schoenaich, *Mein Damaskus*, 74.

136 Schoenaich, *Mein Damaskus*, 82–84.

137 Bernhardi, *Denkwürdigkeiten*, 126, 212, 215 und 263; Einem, *Erinnerungen*, 146 und 151; Freytag-Loringhoven, *Menschen und Dinge*, 105–108 und 133.

138 Einem, *Erinnerungen*, 70f.; Freytag-Loringhoven, *Menschen und Dinge*, 87f.; Litzmann, *Lebenserinnerungen*, 90; Schoenaich, *Mein Damaskus*, 51f., 59, 81 und 98f.

139 Ehrhardt, *Hammerschläge*, 82 und 107f.; Müller, *Begegnungen*, 145.

einer dieser Verfasser ebenso wie drei aus dem zentralen Segment die Vernachlässigung bzw. die aufgrund von Unverständnis und Ignoranz in der Armee verzögerte Einführung notwendiger (waffen-)technischer Neuerungen[140], während der
andere mit dem die deutschen Streitkräfte prägenden Verhältnis von Befehl und
Gehorsam einen Aspekt anspricht, der auch in immerhin zwei Darstellungen aus
der Kerngruppe Erwähnung findet.[141]

Abseits des Schwerpunktthemas stimmt die Epochensicht der Mitglieder des
Deutungskreises „Militär" in auffällig vielen, auch ins Detail gehenden Merk-
malszuweisungen überein. Im Hinblick auf die Außenbeziehungen etwa sind sich
die Verfasser darüber einig, dass die deutsche Politik der Wilhelminischen Zeit
von Unfähigkeit und Fehleinschätzungen der maßgeblichen Personen geprägt gewesen sei[142], bei zunehmender Gefahrenlage jedoch die Nachbarn das Reich bewusst eingekreist und den Krieg herbeigeführt hätten[143]; die Autoren der Kerngruppe bemängeln unbeschadet dessen auch Fehler der eigenen Regierung in der
Bündnispolitik und ungeschicktes Verhalten gegenüber den Nachbarn[144], wobei
dem vor allem durch die deutsche Flottenpolitik getrübten Verhältnis zu Großbritannien besondere Bedeutung zugemessen wird.[145] Ebenfalls einig sind sich die
sieben Autoren über die Epochenrelevanz des wirtschaftlichen Aufschwungs und
des technischen Fortschritts, wobei hier freilich unterschiedliche Details thematisiert werden[146], und immerhin fünf Stimmen aus Kern- und Nebengruppe bekla-

---

140 Bernhardi, *Denkwürdigkeiten*, passim; Einem, *Erinnerungen*, 48f., 82, 84–88 und 107; Freytag-Loringhoven, *Menschen und Dinge*, 108, 124f. und 160f.; Ehrhardt, *Hammerschläge*, 79,
   82–84, 86, 88, 97 und 107f.
141 Freytag-Loringhoven, *Menschen und Dinge*, 125f. und 178; Schoenaich, *Mein Damaskus*,
   132f.; Müller, *Begegnungen*, 117 und 125.
142 Bernhardi, *Denkwürdigkeiten*, 299, 306, 315, 323–327, 331, 333, 335–337, 350, 354, 366,
   377 und 531f.; Einem, *Erinnerungen*, 63f., 110, 143, 156 und öfter; Freytag-Loringhoven,
   Menschen und Dinge, 141f. und 145–147; Litzmann, *Lebenserinnerungen*, 138, 143 und
   173f.; Schoenaich, *Mein Damaskus*, 93; Ehrhardt, *Hammerschläge*, 100f.
143 Bernhardi, *Denkwürdigkeiten*, 305, 314f. und öfter; Einem, *Erinnerungen*, 83, 108 und 156;
   Freytag-Loringhoven, *Menschen und Dinge*, 136 und 187; Litzmann, *Lebenserinnerungen*,
   121f., 135 und 137; Schoenaich, *Mein Damaskus*, 120 und 124–127; Ehrhardt, *Hammerschläge*, 101–103; Müller, *Begegnungen*, 144f.
144 Bernhardi, *Denkwürdigkeiten*, 235, 240, 303, 316 und öfter; Einem, *Erinnerungen*, 60f.; Freytag-Loringhoven, *Menschen und Dinge*, 170; Litzmann, *Lebenserinnerungen*, 138; Schoenaich, *Mein Damaskus*, 91, 112 und 119f.
145 Bernhardi, *Denkwürdigkeiten*, 171f., 275f., 292f., 303f., 312ff. und 377; Einem, *Erinnerungen*, 59f. und 118; Freytag-Loringhoven, *Menschen und Dinge*, 143f. und 156f.; Litzmann,
   Lebenserinnerungen, 137f.; Schoenaich, *Mein Damaskus*, 113.
146 Bernhardi, *Denkwürdigkeiten*, 306 und 327; Einem, *Erinnerungen*, 48f., 64, 115f. und 161;
   Freytag-Loringhoven, *Menschen und Dinge*, 140, 143, 148 und 151; Litzmann, *Lebenserinnerungen*, 137f. und 143; Schoenaich, *Mein Damaskus*, 102; Ehrhardt, *Hammerschläge*, 58, 67,
   98, 100 und öfter; Müller, *Begegnungen*, 128.

gen zugleich auch eine in Deutschland zunehmend um sich greifende materialistische Haltung der Bevölkerung.[147]

Detaillierter wiederum, jedoch nicht so breit wie die Außenpolitik wird innerhalb dieses Deutungskreises die Person Wilhelms II. diskutiert, wobei überdies
vereinfacht werden muss: Die fünf Autoren der Kerngruppe heben die Problematik des kaiserlichen Charakters hervor[148]; vier von ihnen verweisen zusätzlich auf
die mit der Rolle seiner Umgebung verbundenen Fragen und Schwierigkeiten[149],
ebenfalls vier auf den Konflikt mit Bismarck nach dessen Entlassung.[150] Nur über
den Aspekt der internationalen Beziehungen besteht hier eine Verbindung dreier
Autoren zu einem Verfasser aus der Nebengruppe, wobei sowohl das ungeschickte Auftreten des Monarchen als auch seine Friedensliebe für wichtig gehalten
werden.[151] Der Zusammenhalt der Kerngruppe wird schließlich noch zusätzlich
dadurch gefestigt, dass ihre Mitglieder die deutsche Regierung im Ganzen für unfähig erklären, den Staat zu führen und eine konsistente, weitblickende Politik zu
treiben.[152]

Ausschließlich Männer evangelischen Bekenntnisses bilden diesen Deutungskreis, deren Berufe als ranghohe bzw. ranghöchste Offiziere, Angehörige der Mi-
litäradministration und Rüstungsunternehmer sie unmittelbar mit dem zentralen
Epochenthema verbinden. Eine gewisse Übereinstimmung gibt es auch bei den
Geburtsjahrgängen, da alle Verfasser vor 1866 geboren wurden (drei von ihnen
jedoch schon vor 1853). Im Hinblick auf ihre Lebens- und Wirkensorte fällt gegenüber vielen anderen Gruppen immerhin ein ausgeprägter Bezug zu Preußen
mit Tendenz in Richtung der westlichen Provinzen und dem „Reichsland" Elsass-
Lothringen auf, wobei allerdings die regionale Ausrichtung im Einzelnen doch
deutlich differiert. Zu erwähnen bleibt schließlich, dass keine Angehörigen der
Mittel-, geschweige denn der Unterschichten in diesem Deutungskreis zu finden
sind.

---

147 Bernhardi, *Denkwürdigkeiten*, 306; Freytag-Loringhoven, *Menschen und Dinge*, 150f. (mit
Einschränkungen); Litzmann, *Lebenserinnerungen*, 139 und 147; Schoenaich, *Mein Damaskus*, 92; Ehrhardt, *Hammerschläge*, 103.

148 Bernhardi, *Denkwürdigkeiten*, 123, 170, 175, 223, 231, 236f., 303f. und 309; Einem, *Erinnerungen*, 45f., 93f., 98, 138f. und 140–143; Freytag-Loringhoven, *Menschen und Dinge*, 63–
65, 67f., 70, 164, 166 und 168f.; Litzmann, *Lebenserinnerungen*, 101f. und 129; Schoenaich,
Mein Damaskus, 67, 81, 85, 88 und 91.

149 Bernhardi, *Denkwürdigkeiten*, 156f., 168 und 175; Einem, *Erinnerungen*, 139 und 141f.;
Freytag-Loringhoven, *Menschen und Dinge*, 69 und 164f.; Schoenaich, *Mein Damaskus*, 84f.
und 92.

150 Bernhardi, *Denkwürdigkeiten*, 122f., 175, 211, 231 und 236f.; Freytag-Loringhoven, *Menschen
und Dinge*, 67; Litzmann, *Lebenserinnerungen*, 109f.; Schoenaich, *Mein Damaskus*, 81.

151 Bernhardi, *Denkwürdigkeiten*, 335, 337, 353, 383 und öfter; Einem, *Erinnerungen*, 112 und
114–116; Freytag-Loringhoven, *Menschen und Dinge*, 70 und 164; Ehrhardt, *Hammerschläge*, 102.

152 Bernhardi, *Denkwürdigkeiten*, 166, 176, 277 und öfter; Einem, *Erinnerungen*, 40 und 81;
Freytag-Loringhoven, *Menschen und Dinge*, 65 und 149f.; Litzmann, *Lebenserinnerungen*,
178; Schoenaich, *Mein Damaskus*, 78 und 93.

X. WISSENSCHAFT UND STAAT

Dieser Deutungskreis schließlich gehört mit dem Kreis „Militär" zu den kleinsten identifizierbaren Gruppen und kann auch im Hinblick auf die thematisierten Epochenmerkmale knapp abgehandelt werden. Die sieben zugehörigen Autobiographen – Karl Esselborn, Otto Körner, Eugen Korschelt, Berthold Litzmann, Ulrich von Wilamowitz-Moellendorff, Robert Wollenberg und Oskar Wulff – eint dabei vor allem die Feststellung der Fortentwicklung bzw. des Aufschwungs der Wissenschaften in der Wilhelminischen Zeit (am Beispiel der jeweils selbst vertretenen Disziplin), wobei Widerstände gegenüber neuen Teilfächern erst hätten überwunden werden müssen.[153] Für den Zusammenhalt des Deutungskreises wichtig ist außerdem die von einigen seiner Mitglieder geteilte Einschätzung, der (preußische) Staat habe massiven Einfluss auf die Entwicklung der Universitäten und ihr Personal ausgeübt – sei es positiv oder negativ –[154]; Hinweise auf Defizite in der universitären Lehre und auf Neuerungen in diesem Bereich[155] sowie auf die prekäre Stellung der Privatdozenten[156] verbinden die Darstellungen einzelner Verfasser zusätzlich miteinander.

Abseits des Schwerpunktes „Wissenschaft" nimmt die Erwähnung außenpolitischer Spannungen, insbesondere des angeblichen „Hasses" bzw. der Feindseligkeit der Nachbarn gegenüber dem Reich breiten Raum in den hier betrachteten Erinnerungswerken ein.[157] Weitere Aspekte der Epochendarstellung, die einzelne Verfasser übereinstimmend hervorheben, sind schließlich die mangelhafte Qualität der politischen Führung im Reich und die problematische Minderheitenpolitik[158], die Konvention geselliger Zusammenkünfte innerhalb des eigenen sozialen Umfelds[159], das Aufkommen des Naturalismus in der Dramatik[160] sowie die Verbreitung neuer „Sportarten" wie etwa des Radfahrens.[161]

---

153 Esselborn, *Rückblicke*, 39f.; Körner, *Erinnerungen*, 84f., 110, 116 und 119–124; Korschelt, *Das Haus an der Minne*, 154f.; Litzmann, *Im alten Deutschland*, 335 und 340; Wilamowitz-Moellendorff, *Erinnerungen*, 258, 281, 283 und öfter; Wollenberg, *Erinnerungen*, 84 und 92; Wulff, *Lebenswege*, 31, 97ff. und öfter.

154 Körner, *Erinnerungen*, 111 und 129f.; Korschelt, *Das Haus an der Minne*, 142; Wilamowitz-Moellendorff, *Erinnerungen*, 249–251, 295 und öfter. Vgl. auch Esselborn, *Rückblicke*, 38, zum Ausbau der Baugewerkschulen als Vorläufern der Fachhochschulen.

155 Litzmann, *Im alten Deutschland*, 335, 340 und 360f.; Wilamowitz-Moellendorff, *Erinnerungen*, 225 und 289f.

156 Wilamowitz-Moellendorff, *Erinnerungen*, 295f.; Wollenberg, *Erinnerungen*, 89.

157 Körner, *Erinnerungen*, 131 und 135f.; Korschelt, *Das Haus an der Minne*, 158f. und 174; Litzmann, *Im alten Deutschland*, 349; Wilamowitz-Moellendorff, *Erinnerungen*, 314; Wollenberg, *Erinnerungen*, 126; Wulff, *Lebenswege*, 87.

158 Korschelt, *Das Haus an der Minne*, 173; Litzmann, *Im alten Deutschland*, 349; Wilamowitz-Moellendorff, *Erinnerungen*, 247; Wollenberg, *Erinnerungen*, 114f.

159 Körner, *Erinnerungen*, 106; Korschelt, *Das Haus an der Minne*, 108f. und öfter; Wollenberg, *Erinnerungen*, 111f.

160 Wilamowitz-Moellendorff, *Erinnerungen*, 256; Wulff, *Lebenswege*, 23f.

161 Wilamowitz-Moellendorff, *Erinnerungen*, 245; Wollenberg, *Erinnerungen*, 87 und 102.

Die Gemeinsamkeiten der Verfasser erstrecken sich in dieser Gruppe auf vergleichsweise viele Merkmale: So bilden auch hier ausschließlich Männer den Deutungskreis, die sämtlich evangelischer Konfession waren und vorrangig als Universitätsprofessoren in den Bereichen der Natur- und Geisteswissenschaften sowie als Leiter von Forschungsinstitutionen der gesellschaftlichen Oberschicht angehörten. Im Hinblick auf die Altersstruktur kann zumindest festgehalten werden, dass die sieben Autobiographen allesamt vor 1866 geboren wurden und dabei mehrheitlich (nur zwei kamen vor 1853 zur Welt) den „Wilhelminern" zuzurechnen sind. Im Hinblick auf die Stationen ihres Lebens und Wirkens in der Zeit ab 1890 zeigt sich hingegen auch hier ein diffuses Bild.

XI. ZUSAMMENFASSUNG UND INTERPRETATION DER BEFUNDE

Die Deutungsmuster, durch die sich die ermittelten Deutungskreise konstituieren, unterscheiden sich durchaus im Hinblick auf ihr Detailreichtum bzw. das Ausmaß der Übereinstimmungen zwischen den zugehörigen Erinnerungswerken; überdies ist es hier und da erforderlich, die Aussagen der Verfasser zu einzelnen epochenrelevanten Aspekten mal stärker, mal weniger stark zu abstrahieren bzw. zusammenzufassen, mal also ein gröberes, mal ein feineres Raster anzulegen, um Gemeinsamkeiten deutlich zu machen. So finden sich unter den beschriebenen Deutungskreisen fester und weniger fest gefügte, deren Zusammengehörigkeit jedoch immer bereits über das zentrale Thema (oder auch zwei zentrale Themen) eindeutig gegeben ist. Im Ganzen resultiert diese Kohärenz der einzelnen Gruppen daraus, dass jeweils sowohl beim Schwerpunkt als auch bei den weiteren zur Charakterisierung der Wilhelminischen Epoche herangezogenen Themengebieten eine signifikante Zahl von Detailaspekten zur Sprache kommt, die, wenn nicht unbedingt von allen, so doch von jeweils auffallend vielen Kreisangehörigen in wechselnden Konstellationen für wichtig erachtet werden, so dass die dadurch zwischen diesen Autoren entstehenden Verbindungslinien gewissermaßen ein Netz bilden, dass den gesamten Deutungskreis überspannt und so ein inhaltliches Gruppenprofil oder eben Deutungsmuster ergibt. Zehn solcher Deutungsmuster sind es nun also, nach denen sich die Autobiographen in Gruppen einteilen lassen:

1. das Deutungsmuster „Politikversagen nach außen (und innen)" mit dem Schwerpunkt auf der Außenpolitik und den internationalen Beziehungen des Reichs sowie den weiteren Themenbereichen Kaiser und Staatsführung, Innere Politik, Wirtschaft und Weltanschauung, das vorrangig der wilhelminischen Außenpolitik ebenso wie den Verantwortlichen ein denkbar schlechtes Zeugnis bei der Bewältigung der zunehmenden Probleme, vor allem der Isolierung durch die feindlichen Nachbarn ausstellt, bei denen freilich die Kriegsschuld liege. Als weitere Epochenmerkmale fungieren hier die problematische Persönlichkeit Wilhelms II. und die von ihm und seiner Umgebung ausgehenden Beeinträchtigungen der Staatsführung, die generell zu wünschen übrig lassenden inneren politischen Verhältnisse, ökonomischer Aufschwung und technischer Fortschritt sowie die Konzentration der Bevölkerung auf Verdienst und Genuss (des Erreichten). Die

betrachtete Zeit wird von diesem Deutungskreis damit deutlich negativ charakterisiert (zum Teil explizit), bei allerdings stark reduziertem Themenspektrum und einem eindeutigen Schwerpunkt auf dem Gebiet des Politischen.

2. das inhaltlich umfangreichste Deutungsmuster „Kulturaufschwung in prekärem Umfeld", das Kunst und Kultur in den Mittelpunkt stellt und ansonsten lediglich die Themenbereiche Innere Politik, Militär sowie Bildung und Wissenschaft ausklammert. Für epochentypisch werden hier vor allem die (Fort-)Entwicklungen auf dem Gebiet von Literatur und Theater erachtet (besonders Aufstieg, Dominanz, Kritik und Überwindung des Naturalismus sowie die Tätigkeit literarischer Vereinigungen), außerdem in der Innen- und Außenarchitektur sowie der bildenden Kunst, insbesondere der Malerei, sowie auch speziell in der Buchkunst, wobei die Kulturzentren in Berlin und München zu verorten seien. Als bedeutend gewertet wird darüber hinaus der Einzug technischer Hilfsmittel in der Kunst, negativ vermerkt werden staatliche Zensur und Vereinnahmung durch die Politik sowie allgemeine Restriktionen für Komponisten. Weitere Zeichen der Zeit sind hier: ökonomischer Aufschwung und technischer Fortschritt, Nord-Süd-Gegensatz im Reich, Friedensliebe Deutschlands bei Einkreisung durch seine Feinde, Materialismus und Werteverfall in der Bevölkerung, die Soziale Frage und ihr Lösungsbedarf, der Zwist zwischen dem Kaiser und Bismarck, die prekäre soziale Stellung von Juden, die problematische Persönlichkeit des Kaisers, die strikten gesellschaftlichen Grenzen und Konventionen sowie schließlich das Streben der Frauen nach Emanzipation. Gezeichnet wird so ein differenziertes, deutlich problemorientiertes, dabei thematisch breites Bild der Wilhelminischen Epoche als spannungsreicher Zeit der Veränderungen.

3. das Deutungsmuster „Geist und Gesellschaft im Umbruch", mit einem Doppelschwerpunkt in den Bereichen Weltanschauung und Bildung, das auch die Themen Frauen, Wirtschaft, Kunst, Kaiser, Außenpolitik und Soziale Frage einbezieht. Im Mittelpunkt stehen dabei der durch Technik und Naturwissenschaft bewirkte Verlust von Religiosität und Idealen zugunsten von Diesseitigkeit sowie ein Zug zur Beliebigkeit auch in der Kirche selbst, wobei Schulen und Universitäten diesen Trend begünstigt hätten. Im Hinblick auf die Schulen werden die Aufstiegsambitionen der Volksschullehrer, Auseinandersetzungen um Reformen und Neuerungen in Form und Inhalt, ein schädlicher kirchlicher Einfluss sowie – bereits über das Kernthema hinausgreifend – Verbesserungen der Mädchenbildung und der beruflichen Chancen für Frauen als bedeutend erachtet. Außerdem „kursieren" in diesem Deutungskreis als weitere Epochenkennzeichen die Fortentwicklung von Wirtschaft und Technik, ein Rückgang der Ideale in der Kunst, der widersprüchliche Charakter Wilhelms II. und sein problematisches Eingreifen in die Politik, die Allgegenwärtigkeit von Spannungen mit den Nachbarn des Reichs sowie die zu verbessernde, prekäre Lage der Unterschichten. Ein durchwachsenes Bild der Epoche also wird hier gemalt, mit dem Schwerpunkt auf im weiteren Sinne gesellschaftlichen und geistigen Fragen.

4. das Deutungsmuster „Arbeiter und Staat im Widerstreit" mit dem Hauptfokus auf dem Thema Soziale Frage und Sozialdemokratie sowie den weiteren Teilbereichen Fortschritt, Kaiser, Verfassung und Außenpolitik. Die Notwendigkeit

einer Verbesserung der Lage der Unterschichten (sowie auch das Desiderat der Arbeiterbildung), entsprechende Bemühungen und Auseinandersetzungen von Arbeitervertretern und Staat mit wechselhaftem Erfolg, staatliche Beschränkungen für die Tätigkeit der Sozialdemokratie sowie der Widerstand von Behörden und Arbeitgebern gegen Veränderungen zählen dabei ebenso zu den Zeichen der Zeit wie das generelle Aufleben der Sozialdemokratie und ihr zwiespältiges Verhältnis zur gegebenen Ordnung, die Ablehnung von Arbeiterschaft bzw. Sozialdemokratie durch Gesellschaft und Staat sowie der Aufschwung der – in christliche und sozialistische Organisationen gespaltenen – Gewerkschaften. Darüber hinaus wird auch in diesem Deutungskreis der ökonomische und technische Fortschritt (und das Bevölkerungswachstum) für bedeutsam erachtet, ebenso der Drang des Kaisers zum „persönlichen Regiment" und sein gespanntes Verhältnis zu den Arbeitern, der angeblich rückwärtsgewandte, gewalttätige Charakter des Staates in Preußen und im Reich sowie andauernde außenpolitische Spannungen mit Großbritannien als Schlüsselakteur bei freilich fehlerhafter deutscher Außenpolitik – alles in allem also kein positives Bild der Wilhelminischen Zeit, das hier gezeichnet wird, bei allerdings reduziertem, auch im Schwerpunkt politiklastigen Themenspektrum.

5. das Deutungsmuster „Frauen und sozialer Wandel", das neben der Frauenbewegung auch die Themenbereiche Fortschritt, Gesellschaft, Soziale Frage und Außenpolitik berücksichtigt. Von herausragender Bedeutung ist dabei zunächst das hindernisreiche, doch erfolgreiche Streben der Frauenbewegung nach besseren (Aus-)Bildungs- und Berufschancen. Hervorgehoben werden darüber hinaus die Verknüpfung der Emanzipationsbewegung mit anderen sozialen Problemfeldern, Wachstum, organisatorische Entwicklung und Erfolge der Frauenorganisationen, die vorübergehende Ablehnung dieser Aktivitäten durch traditionelle und linksorientierte Kräfte sowie die Erfolge der Frauen auch im Kampf um politische Rechte. Daneben ist für diesen Deutungskreis ebenfalls der Aspekt des technischen und ökonomischen Fortschritts bzw. Aufschwungs von Bedeutung, außerdem moralische Doppelbödigkeit, Niedergang der Familien und Generationenkonflikte in der wilhelminischen Gesellschaft, der herausragende Stellenwert der Sozialen Frage generell sowie die Erfolge der Sozialpolitik und der Beitrag unter anderem der Sozialdemokratie dazu, schließlich das Vorherrschen außenpolitischer Konflikte zwischen 1890 und 1914. So ergibt sich insgesamt ein zwar nicht problemfreies, aber doch vergleichsweise „freundliches", auf (im weiteren Sinne) gesellschaftliche Aspekte konzentriertes Bild der Wilhelminischen Zeit.

6. das Deutungsmuster „Der Staat in der Krise", das besonders die innere Verfasstheit sowie die Innen- und Minderheitenpolitik des Reichs berücksichtigt, mit den weiteren Themenbereichen Außenpolitik, Kaiser, Gesellschaft, Weltanschauung und Fortschritt. Wichtig im Rahmen der Schwerpunktthemen ist hier ein sukzessiver Machtgewinn des Reichstags, getrübt allerdings (auch) durch die Unfähigkeit der (linken) Parteien zur Mitarbeit im Staat. Das Regierungspersonal habe indessen nichts getaugt und falsche Politik betrieben, während die Behörden ihre Pflichten erfüllten. Darüber hinaus wird die gesellschaftliche Benachteiligung von Juden unterstrichen sowie auf die Elsass-Lothringen- und die Polen-Problematik

verwiesen (mit den Maßnahmen der Reichs- bzw. preußischen Regierung sowie der jeweiligen Situation vor Ort als konfliktträchtig). Daneben werden als epochenprägend gesehen die verfehlte, schädliche deutsche Außenpolitik in dauerhaft angespannter Lage, der zwiespältige Charakter Wilhelms II. und dessen Einmischungen in die Politik, der gesellschaftliche Stellenwert von Titeln und Auszeichnungen, eine verbreitete Abkehr von Religion und Idealen sowie der Verzicht auf eigene politische Leistungen zugunsten bloßer Nutznießung des Erreichten, schließlich der technische Fortschritt. Auch hier also beherrscht ein durchgängig kritisch-negativer Tenor die – thematisch ebenfalls reduzierte – Charakterisierung der Wilhelminischen Epoche bei einem Überwiegen politischer Fragen.

7. das Deutungsmuster „Monarch und Miss-Stände" als das facettenärmste, das neben dem Schwerpunkt „Kaiser" lediglich die Themenbereiche Außenpolitik, Weltanschauung und Gesellschaft abdeckt. Im Mittelpunkt stehen hier die – differenziert beurteilte – Persönlichkeit Kaiser Wilhelms II., die außergewöhnliche Bedeutung der kaiserlichen Entourage für die Staatsführung – wobei der Kaiser vor allem Liebediener und Profiteure um sich geschart habe –, die absolute Friedensliebe des Monarchen sowie die öffentliche Kritik an seiner Person und Amtsführung. Wichtig für die zu beschreibende Zeit seien außerdem die Herbeiführung des Weltkriegs durch die feindseligen Nachbarn bei Verkennung der latenten Gefahr in Deutschland, wachsende Oberflächlichkeit und Werteverfall in der Bevölkerung sowie Doppelmoral, starre Konventionen und die strikte Abgrenzung von Schichten in der Gesellschaft, schließlich eine besondere Bedeutung von Titeln und Ehrenzeichen – auch hier also eine Deutung bzw. Merkmalszuschreibung mit (alles in allem) vorrangig politischer Ausrichtung, die in erster Linie Probleme und Defizite aufzählt.

8. das Deutungsmuster „Gesellschaft und innerer Verfall" mit dem Schwerpunkt auf gesellschaftlichen Entwicklungen in der Wilhelminischen Zeit und den weiteren Themenbereichen Weltanschauung, Außenpolitik, Fortschritt und Bildung. Schwerpunktmäßig konstatieren die Verfasser eine strikte Schichtentrennung in der wilhelminischen Gesellschaft, den Strukturwandel in den Oberschichten und deren Zug zu Luxus und Aufwand, außerdem eine sich andeutende Lockerung der Moralvorstellungen sowie ungeschriebene Normen für die äußere Erscheinung. Als Kennzeichen der Epoche wichtig sind ihnen darüber hinaus Materialismus, Werteverfall und politisch desinteressierter Untertanengeist, andauernde Spannungen nach außen hin (vor allem zu Großbritannien), der auffällige technische Fortschritt sowie Mängel der Schul- und Allgemeinbildung. Hinsichtlich des Kernthemas also eher neutral, gerät das Zeitbild dieses Deutungskreises bei Hinzunahme der (wenigen, doch inhaltlich breit gestreuten) weiteren Aspekte doch eher ins Negative.

9. das Deutungsmuster „Militär und Politik(versagen)", das neben Aspekten des Militärwesens auch die Themen Außenpolitik, Fortschritt, Weltanschauung, Kaiser sowie Innere Politik berücksichtigt, so dass durchaus Akzente in Bereichen gesetzt werden, die dem Schwerpunkt nicht unmittelbar verwandt sind. Zentral ist hier das Postulat der unzureichenden militärischen Vorbereitung auf den Weltkrieg, wobei Fehler der Regierung, die schlechte Finanzlage und der Widerstand

der Opposition im Reichstag als Ursachen benannt werden. Den deutschen Streit-
kräften werden außerdem hinsichtlich Ausbildung, Taktik und technischer Ausstattung Defizite bescheinigt. Soldatischen Verfehlungen in allen Rängen sei die
oberste Führung (mit Erfolg) entgegengetreten, durchweg sei das Verhältnis von
Befehl und Gehorsam bestimmend gewesen. Darüber hinaus wird auch hier die
deutsche Außenpolitik samt dem verantwortlichen Personal als unzulänglich und
ungeschickt charakterisiert; den Krieg hätten jedoch die Nachbarn des Reichs mittels Einkreisung bewusst herbeigeführt. Von Bedeutung für die Epoche seien außerdem wirtschaftlicher Aufschwung und technischer Fortschritt, ein zunehmender Materialismus in der Bevölkerung, die schwierige Persönlichkeit Wilhelms II.,
die problematische Rolle seiner Umgebung, der Konflikt mit Bismarck und das
nachteilige Auftreten des – friedliebenden – Monarchen nach außen hin sowie
schließlich Führungsschwäche und Kurzsichtigkeit der deutschen Regierung im
Ganzen gewesen. Durchweg negativ ist also auch hier das – im weiteren Sinne
politisch ausgerichtete – Bild der Wilhelminischen Zeit.

10. schließlich das Deutungsmuster „Wissenschaft und Staat", das außer dem
Schwerpunkt Wissenschaft und Wissenschaftsbetrieb die weiteren Themenbereiche Außenpolitik, Innere Politik, Minderheiten, Gesellschaft, Kunst und Lebenswelten berührt und damit eine im Vergleich inhaltlich breit gestreute Charakterisierung bietet. Im Mittelpunkt steht dabei die Fortentwicklung der Wissenschaften, auch bezüglich der hindernisreichen Etablierung neuer Teildisziplinen. Universitäten und Dozenten waren in dieser Sicht massiven staatlichen Eingriffen
ausgesetzt; in der Lehre seien sowohl Defizite als auch Neuerungen zu verzeichnen, die Stellung der Privatdozenten sei von Ungewissheit geprägt gewesen. Weitere Merkmale der Wilhelminischen Zeit sind hier permanente außenpolitische
Spannungen mit den feindseligen Nachbarn des Reichs, die Unzulänglichkeit der
deutschen Staatsspitze und eine problematische Minderheitenpolitik sowie die
Konvention geselliger Zusammenkünfte innerhalb des eigenen sozialen Umfelds,
das Aufkommen des Naturalismus in der Dramatik und die Verbreitung neuer
„Sportarten". Insgesamt entsteht so ein durchaus differenziertes Epochenbild mit
positiven, negativen und neutral konstatierten Aspekten.

Fünf der zehn Deutungskreise richten also bei ihrer Kennzeichnung der Wilhelminischen Zeit den Blick vor allem auf – im weiteren Sinne – politische Fragen, zwei haben vorrangig „geistige" Phänomene und besonders – ebenfalls im
weiteren Sinne – gesellschaftliche Aspekte im Fokus, drei schließlich argumentie-
ren thematisch übergreifend. Im Durchschnitt werden dabei von 13 bzw. (inklusive „Die Epoche im Ganzen") 14 möglichen, d. h. in dieser Untersuchung abgegrenzten Themengebieten (vgl. Teil B.) gut sechs berührt, wobei jedoch von einer
geringen Anzahl erfasster Themengebiete nicht zwangsläufig auf inhaltliche Einseitigkeit geschlossen werden kann, wie etwa ein Vergleich der Gruppen „Kulturaufschwung" (zehn) und „Gesellschaft" (fünf) zeigt, die beide Aspekte aus unter-
schiedlichsten Bereichen menschlichen Denkens und Handelns thematisieren.
Wichtiger ist die Tatsache, dass die politiklastigen Deutungsmuster (wie etwa der
Kreise „Politikversagen" und „Staat in der Krise", aber auch „Arbeiter und Staat")
ein negatives Bild der Wilhelminischen Epoche zeichnen, während die übrigen,

also sowohl die auf „weiche" Themen konzentrierten als auch die inhaltlich breit gestreuten Charakterisierungen, jeweils ein insgesamt differenziertes Urteil abgeben, bei dem sich Positiva und Negativa sowie auch neutrale bzw. distanziert problemorientierte Bewertungen von Epochenphänomenen gleichermaßen finden.

Was nun die Frage nach den Personenmerkmalen angeht, die die Sichtweise der Autobiographen beeinflussen, muss zunächst eine herausragende Bedeutung der Kategorie „Beruf" (im weiteren Sinne) konstatiert werden. Fast durchgängig ist es der berufliche Lebensinhalt (bisweilen auch eine von mehreren nach- oder nebeneinander verfolgten bzw. ausgeübten Tätigkeiten) bzw. ein offenkundig vorherrschendes sachliches Interesse der Verfasser, das zweifelsfrei mit dem von ihnen bevorzugten Deutungsmuster – und zwar mit der Summe der darin enthaltenen Aspekte, nicht nur mit dem Kernthema – korreliert zu sein scheint und damit ihre Zugehörigkeit zu einem Deutungskreis erklären kann; nur im Einzelfall müssen dabei speziellere Informationen als etwa eine standardisierte Berufsbezeichnung herangezogen werden[162], um dieses Interesse zu belegen. In ebenfalls nur sehr wenigen Fällen sind offensichtlich andere Faktoren wichtiger[163] bzw. kann keines der zugrunde gelegten Kriterien als ausschlaggebend ermittelt werden[164], doch handelt es sich dabei nur um einen verschwindend geringen Bruchteil des gesamten Autobiographenkorpus, so dass der Befund im Ganzen als gesichert angesehen werden kann. Wenn dabei einzelne Verfasser in ihrem Lebenslauf mehrere Tätigkeits- bzw. Interessenschwerpunkte aufweisen, die sie a priori für verschiedene Deutungsmuster und damit Deutungskreise prädestinieren, so ist doch letztlich entscheidend, dass sich einer dieser Schwerpunkte als dominant für ihre Epochensicht erwiesen hat und sie sich damit in die Struktur einer bestimmten Gruppe einfügen.

Darüber hinaus bestehen jedoch weitere Auffälligkeiten, die sich aus einem Vergleich der innerhalb verschiedener Deutungskreise feststellbaren Übereinstimmungen in den Personenmerkmalen ergeben: Eng mit dem Kriterium „Beruf" korreliert ist schon a priori die Kategorie „Gesellschaftsschicht", sei es, dass die soziale Herkunft einer Person ihr späteres Tätigkeitsfeld von vornherein eingrenzte bzw. Positionen wie etwa im höheren Verwaltungs- oder Militärdienst Angehörigen bestimmter Schichten vorbehalten waren, sei es, dass – wie etwa im Bereich der Wissenschaft – die durch (Aus-)Bildung oder auf andere Weise erreichte berufliche Stellung die Zugehörigkeit zu einer bestimmten sozialen Schicht erst (neu) begründete. Hier fällt auf, dass diejenigen Kreise, die schwerpunktmäßig – jedoch keineswegs ausschließlich – auf die Themen Außenpolitik („Politikversagen"), Militär („Militär"), Innere Politik und Minderheiten („Staat in der Krise") sowie Wissenschaft („Wissenschaft") eingehen und in ihrer Mitgliederstruktur entsprechende berufliche bzw. Interessenschwerpunkte aufweisen, sich aus der Herrschafts- und der Oberschicht rekrutieren, während die Kreise „Arbeiter und Staat", „Gesellschaft", „Frauen" sowie „Kulturaufschwung" zwar auch Angehöri-

---

162 Vgl. oben, Kap. I. und IV.
163 Vgl. oben, Kap. VI.
164 Vgl. oben, Kap. I. und VII.

ge der Oberschicht, in jeweils signifikantem Ausmaß aber ebenso solche der aufgestiegenen Unter- und der Mittelschichten umfassen, so dass von einer zwar nachrangigen, doch nennenswerten Bedeutung auch der Kategorie „Gesellschaftsschicht" für das sachliche Interesse und damit für die Epochencharakterisierung der Autobiographen ausgegangen werden kann.

Daneben sind Divergenzen erkennbar, die sich aus dem Lebensalter ergeben: Die Angehörigen der Deutungskreise „Militär" und „Wissenschaft" wurden mehrheitlich vor 1866, die des Kreises „Politikversagen" sogar mehrheitlich vor 1853 geboren, während die Themenbereiche Soziale Frage, Gesellschaft und Kunst – also solche, die sich mit gesellschaftlichen Konflikten und Wandlungen, mit „Modernisierung" im weiteren Sinne beschäftigen – von Autoren in den Mittelpunkt der Betrachtung gerückt werden, die mehrheitlich den Jahrgängen *ab* 1866 zugehören, so dass auch ein Korrelieren der Interessenlage mit dem Kriterium „Alter" angenommen werden muss. Dabei kann es freilich nur dem Zufall (im Zusammenhang mit den spezifischen Verfasserkonstellationen in dieser Untersuchung) zugeschrieben werden, dass die Unterschiede hier in doch auffälliger Weise den schichtenspezifischen Interessenslagen ähneln, da ein Zusammenhang zwischen diesen beiden Kriterien – ebenso wie selbstverständlich zwischen Alter und Beruf – als abwegig erscheint, wie schließlich auch die altersmäßige Durchmischung der schichtenmäßig divergierenden Deutungskreise „Staat in der Krise" und „Frauen" nahelegt. Wichtig und besonders zu betonen ist hingegen, dass die Zwitterstellung der Gruppe „Arbeiter und Staat", die inhaltlich mit ihrer Gesamtausrichtung auf politische Fragen und ihrer negativen Epochensicht Kreisen wie „Politikversagen", „Militär" usw. nahesteht, von der Sozial- und Altersstruktur her dagegen den differenziert urteilenden Deutungskreisen verwandt ist, den vorrangigen Einfluss der Kategorie „Beruf" auf die Epochencharakterisierung – der ohnehin schon aus rein quantitativer Sicht geradezu erdrückend ist – zusätzlich unterstreicht.

Bei alledem ist nun keineswegs zu vernachlässigen, dass auch das Geschlecht die Sicht auf die Vergangenheit zumindest partiell zu beeinflussen scheint. So werden die Deutungskreise mit den Kernthemen Außenpolitik („Politikversagen"), Innere Politik und Minderheiten („Staat in der Krise"), Militär („Militär"), Soziale Frage („Arbeiter und Staat"), Weltanschauung und Bildung („Geist und Gesellschaft") sowie Wissenschaft („Wissenschaft") weit überwiegend (d. h. deutlich über den Anteil am Untersuchungskorpus hinaus), zum Teil sogar ausschließlich von Männern gebildet, während die Gruppe „Frauen" tatsächlich ausschließlich aus Frauen besteht.[165] Diese Verteilung lässt sich nun leicht mit den zeitgenössischen beruflichen Restriktionen für Frauen erklären, was wiederum die Dominanz der Kategorie „Beruf" unterstreicht, zugleich aber auch das Kriterium „Geschlecht" wichtiger erscheinen lässt als die Kategorie „Gesellschaftsschicht".

---

165 Dass in „Gesellschaft" und „Monarch" Frauen überproportional häufig vertreten sind, wird dagegen ebenso als zufälliges Ergebnis zu werten sein wie die oben beschriebenen vordergründigen Ähnlichkeiten der Auswirkungen von Schichtenzugehörigkeit und Alter auf die Epochensicht.

Noch genaueren Aufschluss ergibt darüber hinaus die Analyse von inhaltlichen und strukturellen Ähnlichkeiten bzw. Übereinstimmungen zwischen jeweils zwei verschiedenen Gruppen:

1) Die von den Angehörigen der Deutungskreise „Geist und Gesellschaft" und „Wissenschaft" ausgeübten Berufe ähneln sich auf den ersten Blick aufgrund des hohen Anteils etwa an Universitätsprofessoren stark, doch wird bei näherer Betrachtung ein fachlicher Unterschied deutlich: Aspekte von Weltanschauung und Bildung („Geist und Gesellschaft") stellen neben Lehrern vor allem Philosophen und Theologen in den Mittelpunkt ihrer Betrachtungen über die Wilhelminische Zeit, während der Kreis „Wissenschaft" von Vertretern der technischen sowie der Natur- und diversen (historischen) Geisteswissenschaften dominiert wird; die strukturellen Ähnlichkeiten halten sich hier ansonsten in engen Grenzen, inhaltlich gibt es so gut wie keine Übereinstimmungen. Vor diesem Hintergrund wird die Rolle des Faktors „Beruf" bzw. „Hauptinteresse" für die Epochensicht (auch über das jeweilige Schwerpunktthema hinaus) nur noch einmal unterstrichen.

2) Auch die berufliche Ausrichtung in den Deutungskreisen „Kulturaufschwung" und „Gesellschaft" ähnelt sich stark; in diesem Punkt lassen sich hier jedoch bei näherer Betrachtung keine Differenzierungen vornehmen. Mithin müssen andere Faktoren für die teilweise deutlichen Unterschiede in der Epochensicht zwischen diesen Gruppen ursächlich sein. Tatsächlich finden sich signifikante Abweichungen in zwei Kategorien: Die Lebens- und Wirkensorte der Verfasser aus dem Kreis „Kulturaufschwung" erscheinen jeweils als relativ klar umgrenzt – entweder lebten sie innerhalb oder (wie mehrheitlich und damit aufs Ganze gesehen untypisch) außerhalb Preußens. Dem Kreis „Gesellschaft" gehören dagegen viele Personen an, die Lebensstationen sowohl in Preußen als auch im übrigen Deutschen Reich, nicht zuletzt im Süden aufweisen, so dass sie möglicherweise aufgrund der regional offensichtlich stark divergierenden Verhältnisse im Hinblick auf soziale Grenzen, gesellschaftliche Konventionen usw.[166] für die hiermit zusammenhängenden Fragen besonders sensibilisiert waren und solche deswegen bevorzugt in ihrer Darstellung der durchlebten Epoche berücksichtigt haben. Hinzu kommen außerdem Unterschiede in der Altersstruktur: Zwar sind die Angehörigen beider Gruppen mehrheitlich nach 1865 geboren worden – was, wie bereits oben dargestellt, die inhaltliche Ausrichtung ihrer Darstellungen auch grundsätzlich beeinflusst haben könnte –, doch sind die Autoren des Kreises „Gesellschaft" im Durchschnitt fast zehn Jahre jünger als diejenigen des Kreises „Kulturaufschwung" (Jahrgang 1873 vs. Jahrgang 1864) und gehören aus dieser Perspektive sogar einer anderen Kohorte an, woraus möglicherweise ein gesteigertes Interesse an Fragen gesellschaftlicher Entwicklung und auch an Modernisierungsbewegungen (Stichwort „Generationenkonflikt") resultierte. Das Kriterium „Region" wird somit ein Stück weit aus seiner ansonsten nur vereinzelt feststellbaren (nachgeordneten) Bedeutung[167] als Faktor für die Epochensicht herausgehoben, das Kriterium „Alter" in seiner oben bereits festgestellten Relevanz noch gestärkt.

---

166 Vgl. Teil B., Kap. XIII. 1.
167 Vgl. v. a. den Deutungskreis „Staat in der Krise", außerdem „Frauen" und „Monarch".

3) Komplizierter verhält es sich mit den Deutungskreisen „Politikversagen" und „Staat in der Krise". Hier finden sich insofern Überschneidungen in der Berufsstruktur, als die allgemein- bzw. innenpolitische berufliche Orientierung oder Interessenlage, die die Autoren des Deutungskreises „Staat in der Krise" (in ihrer überwiegenden Mehrzahl) aufweisen, sich ebenso bei etwa der Hälfte der Personen im Kreis „Politikversagen" findet (die ansonsten – also ebenfalls zur Hälfte – dezidiert „außenpolitische" Berufe bzw. Interessenslagen verbinden). Schichtenzugehörigkeit und Alter wie auch die übrigen Personenmerkmale bieten hier keine Anhaltspunkte für eine Erklärung der unterschiedlichen inhaltlichen Schwerpunktsetzung, doch dürfte die Zugehörigkeit zweier Frauen zum Kreis „Politikversagen" die Vermutung unterstreichen, dass sich in dessen leicht disparater Mitgliederstruktur die aus der Weltkriegsniederlage und dem Zusammenbruch des Kaiserreichs resultierende besondere Bedeutung dieses Themengebietes, wie sich in Umfang und Vielfalt der Kriegsschulddebatte zeigt[168], widerspiegelt, wobei es nur naheliegt, dass sich gerade auch ehemalige Träger politischer Verantwortung besonders intensiv damit befassten. Im Hinblick auf die Epochenbeschreibung ähneln sich die beiden Deutungskreise nur vordergründig; bei genauerer Betrachtung überwiegen die Abweichungen deutlich gegenüber den Gemeinsamkeiten, zu denen überdies Aspekte zählen, die in allen oder zumindest in den meisten anderen Deutungsmustern ebenfalls zu finden sind: Auf den hohen Stellenwert der permanenten außenpolitischen Spannungen und bzw. oder der verfehlten deutschen Außenpolitik etwa verweisen im Kern alle Gruppen, ökonomischer Aufschwung und bzw. oder technischer Fortschritt sind für acht Kreise relevant, und in zunehmendem Materialismus und Werteverfall sehen immerhin noch sieben Kreise zeittypische Erscheinungen, so dass es nicht verwundert, dass gerade diese drei Elemente der Epochencharakterisierung auch vielfach in Kombination auftreten – was letztlich natürlich darauf zurückzuführen ist, dass sie allesamt Themengebieten zuzuordnen sind, die von den untersuchten Autobiographien und Memoiren insgesamt besonders häufig angesprochen werden.[169]

Vor diesem Hintergrund erscheinen auch weitere inhaltliche Überschneidungen zwischen den Deutungskreisen als irrelevant, jeder von ihnen weist letztlich ein eigenes Profil und ein „individuelles" Deutungsmuster mit einer spezifischen Kombination von Epochenaspekten zu einem Gesamtbild auf. Gleiches gilt für die (sehr wenigen) weiteren Unstimmigkeiten bzw. Ähnlichkeiten in der Zusammensetzung, die hier nicht eigens noch einmal aufgegriffen werden müssen. Der Vollständigkeit halber sei in diesem Zusammenhang noch darauf hingewiesen, dass dem Kriterium „Konfession" in dieser Studie keine erkennbare Auswirkung auf die Epochensicht zu eigen geworden ist, d. h. dass sich etwa bei Dominieren des evangelischen Bekenntnisses innerhalb einer Gruppe kein unmittelbarer Zusammenhang mit deren Deutungsmuster oder anderen Personenmerkmalen erkennen

---

168 Vgl. die Einleitung (Teil A.), Kap. I. 1.
169 Vgl. Teil B., Kap. IV. 1., VI. und X. 1.

lässt. Für den inneren Zusammenhalt eines Kreises kann die konfessionelle Ausrichtung dabei freilich von zusätzlicher Bedeutung sein.[170]

Alles in allem ergibt sich aus diesen Befunden im Hinblick auf die Relevanz
für die autobiographische Epochencharakterisierung folgende Reihung der Einflussfaktoren: An erster Stelle steht der in der fraglichen Zeit ausgeübte Beruf
(bzw. die Haupttätigkeit oder ein dominierendes sachliches Interesse), an zweiter
Stelle das Geschlecht, an dritter die Gesellschaftsschicht, an vierter das Alter, an
fünfter die Region im Sinne der Wohn- und Arbeitsorte in der betrachteten Zeit,
an letzter schließlich die Konfession der Autoren. Dieser Befund bestätigt bzw.
spiegelt die ausgesprochen starke Berufsorientierung der wilhelminischen Gesellschaft[171] deutlich wider, ebenso ihr Identifikations- und soziales Abgrenzungspo-
tential sowie dessen ungebrochenes Fortwirken nach 1918.[172] Dass die Konfession
als Einflussfaktor dagegen fast völlig in den Hintergrund tritt, dürfte damit zu erklären sein, dass sich die deutschen Katholiken seit dem Ende des Kulturkampfs
mehr und mehr in Staat und Gesellschaft des Kaiserreichs integrierten und dabei
nicht zuletzt eben auch die vorherrschende Wirtschafts- und Berufsorientierung
antizipierten, was im Übrigen auch noch einmal die Vorstellung von der Wirk-
mächtigkeit von „Milieus" als bewusstseinsprägenden sozialen Einheiten relati-
vierungsbedürftig erscheinen lässt.[173]

---

170 Vgl. die Deutungskreise „Frauen", „Monarch", „Militär" und „Wissenschaft".
171 Vgl. Nipperdey, *Deutsche Geschichte*, I, 393 und 414ff.
172 Eindrücklich dazu Gerhard A. Ritter, Politische Repräsentation durch Berufsstände. Konzepte
    und Realität in Deutschland 1871–1933, in: Wolfram Pyta / Ludwig Richter (Hgg.), *Gestal-
    tungskraft des Politischen. Festschrift für Eberhard Kolb* (Historische Forschungen, 63), Ber-
    lin 1998, 261–280, hier 267ff. und 274ff.
173 Eindrücklich hierzu Gründer, Nation und Katholizismus, 68ff.

E. RESÜMEE UND EINORDNUNG DER ERGEBNISSE

Die Untersuchung hat gezeigt, dass das bislang bekannte Spektrum der öffentlichen Debatten über historische Themen in der Zwischenkriegszeit um einen wichtigen Bereich ergänzt werden muss: Charakter und Schicksal der Wilhelminischen Epoche von 1890 bis 1914 wurden vor allem in Autobiographien und Memoiren in großem Umfang thematisiert, die zweifelsfrei als eigentliche Träger dieses Teils der Geschichtsdiskussionen anzusehen sind – vielleicht ist das der Grund, warum die Forschung in ihrer Fixierung auf die Historiographie, Populärwissenschaft und Publizistik der Weimarer Zeit und des frühen Dritten Reichs von diesem Streitthema bis dato überhaupt nur wenig Notiz genommen hat. Seine Bedeutung für das zeitgenössische Bemühen um Analyse und Erklärung des in die damalige Gegenwart mündenden Geschichtsverlaufs liegt auf der Hand, auch wenn der Austausch auf der Ebene der Erinnerungswerke nach 1933 zwangsläufig insofern etwas zerfasern musste, als die im Exil verfassten Lebenserinnerungen in der deutschen Öffentlichkeit aus naheliegenden Gründen nicht ohne Weiteres wahrgenommen werden konnten.[1]

Die Autoren der Erinnerungswerke bewegten sich dabei offenkundig in kleineren und größeren Diskussionszusammenhängen, wie sowohl bei der Analyse der in Teil D. vorgestellten Deutungskreise als auch beim Vergleich der Gesamtheit der autobiographischen Darstellungen mit den Publikationen zeitgenössischer Geschichtswissenschaftler und „Laienhistoriker" in Teil C. deutlich geworden ist. Die Werke aus den beiden Vergleichsgruppen, das muss an dieser Stelle ebenfalls mit Blick auf den Forschungsabriss in der Einleitung[2] festgehalten werden, bieten dabei – unangesehen ihrer Defizite gegenüber den Lebenserinnerungen – eine weit differenziertere und vielschichtigere, vor allem vollständigere Epochenanalyse, als die Forschung zu den Geschichtsdebatten zwischen den Weltkriegen in ihrer Konzentration auf Fragen der politisch bestimmten Auseinandersetzungen bislang wahrgenommen hat. Das Thema „Wilhelminische Epoche" hatte also auch aus dieser Perspektive in der Zeit von 1918 bis 1939 einen deutlich höheren Stellenwert und wurde intensiver und konzentrierter diskutiert, als von vornherein zu vermuten war.

Anliegen der Untersuchung war es zunächst, die in den Autobiographien und Memoiren geführte Diskussion erstmals überhaupt transparent zu machen, sodann die Einzelaussagen zu einem Gesamtbild des Wilhelminischen Zeitalters, wie es die untersuchten Werke insgesamt evozieren, zu verdichten und dieses schließlich

---

1   Dass die „Zäsur" von 1933 indessen auch auf die Darstellung der Wilhelminischen Zeit in Autobiographien und Memoiren inhaltlich keinen signifikanten Einfluss hatte, wurde in Teil C., Kap. I. dargelegt.

2   Teil A., Kap. I. 1.

in seinen zeitgenössischen Kontext einzuordnen. Sie hat daher erstens nach den Inhalten der ausgewählten Erinnerungswerke gefragt[3], konkret nach den Facetten, Ausprägungen und vorherrschenden Wertungen des dort gezeichneten Epochenbildes, sodann zweitens nach Gemeinsamkeiten und Unterschieden im Vergleich zu denjenigen Werken der zeitgenössischen Historiographie, Populärwissenschaft und Publizistik, die die Wilhelminische Zeit ebenfalls als abgeschlossene Epoche behandeln und sich an einer Gesamtcharakterisierung versuchen. Teil B. und Teil C. der Arbeit haben nun zunächst ergeben, dass die Lebenserinnerungen im Ganzen eine inhaltlich sowohl auffällig breite als auch ausdifferenzierte Epochenschilderung bieten, mit nicht wenigen kontrovers beurteilten Aspekten, in den Kernpunkten jedoch zumeist eindeutigen, mehrheitlich gefällten Urteilen.

Folgende Gewichtung und Charakterisierung von Teilbereichen bzw. -themen konnte dabei festgestellt werden: Die Außenpolitik des wilhelminischen Deutschland wird von den Autobiographen mit Abstand am häufigsten thematisiert, mit ausgesprochen negativer Konnotation. An zweiter Stelle stehen Persönlichkeit und Amtsführung Kaiser Wilhelms II., die vergleichbar schlecht beurteilt werden; die Entwicklungen auf dem Gebiet von Wirtschaft und Technik finden dagegen ein positives Echo, während die gesellschaftlichen Gegebenheiten und Wandlungen eine kritisch-negative Würdigung erfahren, was noch mehr für Weltanschauung, Geisteshaltung und Mentalität der wilhelminischen Deutschen gilt. Durchwachsen bis negativ werden in den Erinnerungswerken die Herausforderungen infolge der Sozialen Frage und die Reaktionen von Staat und Gesellschaft darauf geschildert; deutlich schlechter noch kommen wiederum Verfassung, Regierung, Parteien und Behörden weg, während die Verhältnisse in den Bereichen Bildung und Wissenschaft ambivalent erscheinen. Letzteres gilt in der Perspektive der Lebenserinnerungen ebenso für die Entwicklung von Kunst und Kultur nach 1890; die Lage der Minderheiten und Grenzlande des Reichs beurteilen sie dagegen wiederum negativ, die Verhältnisse auf militärischem Gebiet (im weiteren Sinne) kritisch-durchwachsen, lebensweltliche Unterschiede im wilhelminischen Kaiserreich nüchtern-neutral, Wandlungen im Leben der Frauen im Ganzen positiv. Zusammenfassende Würdigungen der Epoche vor dem Ersten Weltkrieg fallen schließlich durchwachsen bis negativ aus. Alles in allem ist es also ein düsteres Bild des untergegangenen Zeitalters, das die Autobiographien und Memoiren hier zeichnen, mit wenigen Aufhellungen vor allem im Zusammenhang mit der wirtschaftlichen, gesellschaftlichen und geistigen Entwicklung. Als besonders wichtige Phänomene werden dabei das Versagen der Führung einschließlich des Kaisers insbesondere in der Außenpolitik, soziale und geistige Krisen, der Aufschwung von Wirtschaft, Wissenschaft und Technik sowie – generell – eine Niedergangsbewegung ausgemacht, die das Signum des permanenten Konflikts zwischen Stagnation und Fortschritt getragen habe.

Ein eindeutiger Schwerpunkt des Interesses auf den politischen, den gesellschaftlichen oder den – in weiterem Sinne – geistigen Entwicklungen des Zeital-

---

3   Zu den Fragestellungen vgl. ebd., Kap. III. 1., zu weiteren Details der im Folgenden rekapitulierten Ergebnisse die Zwischenfazite der Teile B. (Kap. XV.) und C. (Kap. III.).

ters ist also bei den Autobiographen nicht auszumachen. Dies ist in den beiden Vergleichsgruppen anders: Sowohl die untersuchten Historiker als auch die Vertreter von Populärwissenschaft und Publizistik lassen im Vergleich auffällige Lücken bei Themen und Einzelaspekten jenseits der Innen- und Außenpolitik, auch wenn ihr Bestreben erkennbar ist, ebenfalls ein breites Epochenpanorama zu entwerfen, wie in Teil C. der Arbeit deutlich geworden (und im Detail nachzulesen) ist. Während die Autoren der zweiten Vergleichsgruppe dabei manche Facetten der Wilhelminischen Zeit schlechter, einige mehr jedoch besser beurteilen als die Lebenserinnerungen, geben sie alles andere als ein einheitliches oder auch nur mehrheitlich in sich schlüssiges Bild ab. Die Geschichtswissenschaft dagegen steht den Autobiographien und Memoiren nicht nur hinsichtlich Ausführlichkeit und Detailfreude ihrer Schilderungen deutlich näher, sondern auch in puncto Geschlossenheit des Vergangenheitsentwurfs. Ihre Beurteilung der Wilhelminischen Epoche fällt dabei freilich in zahlreichen Teilaspekten positiver aus (und das nicht zuletzt auch im Gegensatz zu dem, was die durchaus lückenhaften Ergebnisse der bisherigen Forschung nahelegten[4]): Die Leistungen der deutschen Innen- und Außenpolitik, wie auch speziell des Reichsoberhaupts, die Entwicklung von Weltanschauung und Geisteshaltung der Deutschen – mit einer erstarkenden Bewegung gegen alle Verfallserscheinungen –, die Wandlungen in Bildung und Wissenschaft, Kunst und Kultur sowie das Militärwesen erscheinen in den Werken der Historiker in einem teils geringfügig, teils deutlich helleren Licht, wenngleich auch sie der Zeit von 1890 bis 1914 letztlich ein schlechtes Zeugnis ausstellen (und dabei die Minderheitenproblematik und die Signen der Epoche im Ganzen noch negativer zeichnen als die Erinnerungswerke).

Die im Vergleich zu den Lebenserinnerungen erkennbaren Lücken der geschichtswissenschaftlichen Epochenbilder dürften auf Traditionen des Fachs zurückzuführen sein, die eine gewisse Konzentration auf Fragen von Macht, Staat und Politik beinhalteten.[5] Ansonsten mögen die mehr oder minder deutlichen Unterschiede zwischen den untersuchten Werken aus den drei verschiedenen Genres zu einem gewissen Teil darin wurzeln, dass nicht nur die Vertreter von Populärwissenschaft und Publizistik, sondern eben auch die Historiker mit ihren Veröffentlichungen (unter anderem) genuin politische Ziele verfolgten – vor allem im Sinne der Behauptung bzw. Rechtfertigung Deutschlands nach außen hin, wie in der Einleitung ausgeführt worden ist.[6] Erstere wurden dabei anscheinend stärker von individuellen Interessen geleitet und erscheinen mithin disparater in der Schwerpunktsetzung ihrer Darstellungen, letztere sahen sich vor dem Hintergrund der Standards ihrer Profession offenkundig einer breiteren Fundierung ihres Urteils verpflichtet und stehen einander somit unangesehen ihrer jeweiligen weltanschaulichen Ausrichtung näher.

---

4   S. Teil A., Kap. I. 1.
5   Vgl. Kittstein, *„Mit Geschichte will man etwas"*, 87–89; Faulenbach, *Ideologie des deutschen Weges*, 88ff.
6   S. Teil A., Kap. I. 1.

Vergessen werden darf allerdings auch nicht, dass die Historiker eben aufgrund dieser fachlichen Standards – davon ist wenigstens auszugehen – die kri-
tisch-distanzierte Auswahl und Auswertung von Quellen zur Grundlage ihrer Darstellungen machten (ganz anders als in der Regel die Autoren der zweiten Vergleichsgruppe), so dass die Abweichungen ihrer Ansichten gegenüber den Autobiographien und Memoiren zumindest zum Teil auch auf einer solideren Grundlage beruhen können, als Erinnerungen – durch welche Unterlagen auch immer
ergänzt – und, so darf auch unterstellt werden, Emotionen sie bieten können. Nun
soll es hier freilich nicht darum gehen, welches Bild der Wilhelminischen Epoche
das „richtigere" ist bzw. war. Fest steht, dass die Lebenserinnerungen trotz allen
aufgrund der inhaltlichen Übereinstimmungen zwischen den Genres naheliegenden Wechselwirkungen ein eigenständiges Bild der Wilhelminischen Zeit vermitteln und dass sie nicht nur aufgrund ihrer rein quantitativen Stärke, sondern auch
aufgrund ihrer inhaltlichen Breite beanspruchen können, die einschlägigen Diskussionen der Zwischenkriegszeit vor allen anderen gestaltet zu haben. Dabei verfolgten ihre Urheber zumindest mehrheitlich in erkennbar geringerem Maße als
die Veröffentlichungen aus den beiden Vergleichsgruppen politische Absichten;
es ging ihnen ganz offensichtlich mehr um die rückblickende Verarbeitung des
Erlebten bzw. Geschehenen und eine Erklärung des Geschichtsverlaufs.

Dass nun die Verfasser der Erinnerungswerke keine homogene Masse dar-
stellten, ergibt sich schon aus der (wie in der Einleitung dargelegt[7]) ganz bewusst
sozial ebenso breit wie differenziert angelegten Struktur des Autoren- bzw. Quellenkorpus. Welche Autobiographen-Gruppen sich bilden lassen, welches Epochenbild diese jeweils vertreten und was sie darüber hinaus verbindet, wurde daher als dritte Fragestellung der Arbeit zugrunde gelegt. Dabei wurde bewusst auf
eine Vorstrukturierung nach „Milieus" oder „Generationen" verzichtet, um ohne
jegliches Präjudiz rein aufgrund übereinstimmender Sichtweisen etwaige Zusam-
mengehörigkeiten von Personen ermitteln zu können. Auf dieser Grundlage, ausgehend von Reinhart Kosellecks Katalog der bewusstseinsprägenden Faktoren[8]
wurde dann überprüft, welche dieser persönlichen Merkmale die Angehörigen
einer jeden Gruppe in welchem Ausmaß gemeinsam hatten, um so schließlich
Aussagen darüber treffen zu können, welche Faktoren für die individuelle Epochencharakterisierung ausschlaggebend waren bzw. sind – und so einem weiteren
Forschungsdesiderat[9] in Form einer Fallstudie nachzukommen.

Unternommen wurde dies in Teil D. der Untersuchung. Hier konnten aus der
Gesamtheit der Autobiographen zehn unterschiedlich große Deutungskreise mit
jeweils eigenem, auf die Zeit von 1890 bis 1914 bezogenen Deutungsmuster gebildet werden. Die Übereinstimmungen in der Sichtweise sind dabei von Kreis zu
Kreis verschieden exakt und zahlreich, die Epochencharakterisierungen damit
inhaltlich unterschiedlich konkret und facettenreich, jedoch immer so geartet, dass
die Zusammengehörigkeit eines jeden Kreises zweifelsfrei gegeben ist, wobei in

7   Vgl. ebd., Kap. I. 2., II. 2. und vor allem III. 1.
8   S. ebd., Kap. III. 1.
9   S. ebd., Kap. I. 2.

der Regel ein Hauptthema (selten auch zwei) von mehreren Nebenthemen flankiert wird, deren Einbeziehung die Kohärenz eines Deutungskreises erst vollständig begründet. Die so ermittelten Deutungsmuster lassen sich zusammenfassend in drei „Typen" unterteilen[10]: 1. solche, die den Fokus der Betrachtung auch abseits des für sie jeweils zentralen Themas auf (im weiteren Sinne) politische Fragen legen und dabei ein überwiegend kritisch-negatives Zeitbild entwerfen („Politikversagen nach außen [und innen]", „Arbeiter und Staat im Widerstreit", „Staat in der Krise", „Monarch und Miss-Stände", „Militär und Politik[versagen]"), wobei in diesen Deutungskreisen mit 73 mehr als die Hälfte der untersuchten Autoren vertreten sind; 2. solche, die hauptsächlich im weiteren Sinne geistige und soziale Phänomene thematisieren („Geist und Gesellschaft im Umbruch", „Frauen und sozialer Wandel") und dabei ebenso wie 3. die inhaltlich breiter angelegten Deutungsmuster („Kulturaufschwung in prekärem Umfeld", „Gesellschaft und innerer Verfall", „Wissenschaft und Staat") die betrachtete Epoche alles in allem differenziert-problemorientiert charakterisieren.

Mit Blick auf die Frage nach den für die Epochensicht und damit für die Konstituierung der Deutungsmuster ausschlaggebenden Einflussfaktoren hat nun die Analyse in Teil D.[11] folgende eindeutige Reihung von Personenmerkmalen ergeben: An erster Stelle steht, alles andere weit überragend, der in der fraglichen Zeit ausgeübte Beruf bzw. das dominierende Sachinteresse der Autobiographen – wobei gerade der bei dem einen oder anderen Deutungskreis offensichtlich gegebene Zusammenhang zwischen dem Kernthema des Deutungsmusters und der vorherrschenden beruflichen Ausrichtung der zugehörigen Personen nicht darüber hinwegtäuschen darf, dass (wie oben bereits angedeutet) jedes Deutungsmuster aus Haupt- und zahlreichen Nebenthemen besteht und sich die Zusammengehörigkeit eines Kreises erst durch übereinstimmende Sichtweisen auf allen diesen Gebieten ergibt. An zweiter Stelle der Einflussfaktoren steht das Geschlecht der Verfasser, an dritter ihre soziale Verortung (Gesellschaftsschicht), an vierter ihr Alter, an fünfter – mit einigem Abstand – ihre regionale Zuordnung (Wohn- und Arbeitsorte in der betrachteten Zeit), deutlich abgeschlagen an letzter Stelle schließlich ihre Konfession. Die auffällige Dominanz der Kategorie „Beruf" konnte dabei mit der herausragenden Bedeutung der Profession für die Identität und die gesellschaftliche Position der Deutschen sowohl in der Wilhelminischen wie auch in der Zeit danach erklärt werden, die dagegen verschwindend geringe Bedeutung des religiösen Bekenntnisses mit der Integration der Katholiken in Staat und Gesellschaft des Kaiserreichs, die lange vor 1914 begonnen hatte.

Reinhart Kosellecks Annahmen über die bewusstseinsprägenden Faktoren im Zeitalter der Weltkriege werden durch die vorliegenden Befunde zugleich bestätigt und differenziert; es ergibt sich damit eine vielversprechende Alternative zu den Konzepten der „Generationen" und der „Milieus"[12], die freilich in ihrer prinzipiellen Bedeutung hier nicht infrage gestellt werden sollen. Bemerkenswert ist

---

10   Zu weiteren Details s. Teil D., Kap. XI.
11   Ausführlich dazu ebenfalls ebd.
12   S. die Einleitung (Teil A.), Kap. III. 1.

jedenfalls, dass es bei der Ermittlung der Reihung von Einflussfaktoren nur in
sehr wenigen, vernachlässigbaren Ausnahmefällen zu Abweichungen gekommen
ist bzw. spezifischere Personenmerkmale – wie z. B. individuelle politische Interessen – in Betracht gezogen werden mussten, um bestimmte Sichtweisen auf die
Wilhelminische Zeit zu erklären, so dass die Ergebnisse der hier durchgeführten
Untersuchung als gesichert erscheinen. Weitere Fallstudien werden freilich diese
Befunde verifizieren müssen, bevor allgemeingültige Aussagen getroffen werden
können.

Egal, ob nun auf der Ebene der Deutungskreise oder auf der Ebene der Ge-
samtschau – das Bild der Wilhelminischen Epoche, das die große Mehrheit der
Autobiographen in der Zwischenkriegszeit entwarf und durch die Veröffentlichung ihrer Lebenserinnerungen zur Diskussion stellte, war das Bild einer Zeit
mit viel Schatten und wenig Licht, beherrscht von Phänomenen der Krise und des
Verfalls. Vor diesem Hintergrund sind nun abschließend Überlegungen zur vier-
ten und letzten Fragestellung[13] der Untersuchung anzustellen: Wie lässt sich die
Debatte um die Wilhelminische Zeit in den Gesamtzusammenhang der Diskussionen über historische Themen in der Zwischenkriegszeit einordnen, was unterscheidet sie von diesen und welche Funktion erfüllte bzw. welche Wirkungen ent-
faltete sie (anzunehmenderweise)? Offensichtlich taugten die Jahre von 1888/90
bis 1914 für breite Kreise der deutschen Bevölkerung aller Schichten, aller Pro-
fessionen, jedweden Alters und auch jeglicher politischer Couleur nicht zur Ver-
klärung, ja nicht einmal als Orientierungspunkt in der Gegenwart – diese Funktion
erfüllte neben der Beschäftigung mit übergreifenden Fragen von Raum, Nation
und Kultur vor allem der Blick auf herausragende Persönlichkeiten in der (deutschen) Geschichte – mit der Pflege des „Bismarck-Mythos" als hervorstechends-
tem Beispiel –, sodann der Blick auf Befreiungskriege, 48er Revolution und
Reichsgründung, partiell auch die Aufarbeitung von Julikrise, Weltkrieg und Versailler Vertrag bzw. Schuldfrage – mit der freilich zum Teil bereits ein Bemühen
um das Verstehen und die Reflexion der jüngsten Vergangenheit verbunden war[14],
ganz so, wie es die Auseinandersetzung der Autobiographien und Memoiren mit
der als defizitär empfundenen Wilhelminischen Epoche prägte.

Der Schlüssel zum Verständnis dieses Phänomens liegt zunächst in der Tatsache, dass die Jahre der Herrschaft Kaiser Wilhelms II. schon unmittelbar von den
Zeitgenossen als Phase eminenter Krisen und Umbrüche in Politik, Gesellschaft
und Kultur sowie auf geistigem Gebiet miterlebt wurden, als Epoche einer Mo-
dernisierungskrise im Sinne des Widerstreits von Tradition und Moderne auf allen
Gebieten[15], die freilich Raum sowohl für pessimistische als auch für optimistische

13 S. ebd., auch zu ihrem Stellenwert im Rahmen dieser Studie.
14 Vgl. hierzu wie zum Folgenden ebd., Kap. I. 1.
15 Vgl. Gilbert Merlio, Kulturkritik um 1900, in: Michel Grunewald / Uwe Puschner (Hgg.),
    *Krisenwahrnehmungen in Deutschland um 1900. – Zeitschriften als Foren der Umbruchzeit
    im Wilhelminischen Reich / Perceptions de la crise en Allemagne au début du XXe siècle. –
    Les périodiques et la mutation de la société allemande à l'époque wilhelmienne*, Bern u. a.
    2010, 25–52; speziell bezogen auf die deutsche Außenpolitik Reiner Marcowitz, Vom Bis-

Zukunftserwartungen ließ und dabei reichlich Stoff für öffentliche Kontroversen lieferte.[16] Diese in der Wilhelminischen Zeit geführten Diskussionen spiegeln sich nun offenkundig in den Autobiographien und Memoiren aus der Zeit nach dem Zusammenbruch an vielen Punkten wider. Entscheidend ist dabei, dass die zentralen Problemstellungen auch nach 1918 aktuell blieben: Abgesehen davon, dass einige zeitgenössische Historiker Fehlentwicklungen der Wilhelminischen Zeit etwa im Bereich der Außen- oder der Innenpolitik in der Weimarer Republik fortwirken sahen[17], war für weite Kreise vor allem des Bürgertums der Krisenzustand der Vorkriegszeit nicht überwunden, empfanden viele die Fortentwicklung der Moderne als Bedrohung[18] – wobei der bis 1914 in der deutschen Gesellschaft noch dominierende Zukunftsoptimismus nun von pessimistischen Erwartungen übertroffen wurde.[19]

Die Allgegenwart dieses Krisenbewusstseins begünstigte dann nicht zum Wenigsten den Umbruch von 1933[20], ja die Überwindung der von ihrem Ursprung her noch der Wilhelminischen Zeit zugeordneten, nachwirkenden Gegensätze in Staat und Gesellschaft, wie eben vor allem des Konflikts zwischen Tradition und Moderne, wurden ausdrücklich von einem nationalsozialistischen Regime erwartet, zumal Hitler und die NSDAP entsprechende Hoffnungen schon früh geweckt hatten.[21] Indem nun die von den veröffentlichten Lebenserinnerungen maßgeblich geprägte gesamtgesellschaftliche Diskussion über die Wilhelminische Zeit deren Defizite und Fehlentwicklungen deutlich in den Vordergrund stellte und dabei ein Bild der Vergangenheit zeichnete, das nicht nur kein erstrebenswertes Ziel darstellte, sondern quasi automatisch auch wesentliche Probleme der Gegenwart beschwor, trug sie ebenso wie die gesellschaftlich breit gelagerte Auseinandersetzung mit dem verlorenen Weltkrieg und vor allem der Schuldfrage ihren Teil dazu bei, die Sehnsucht nach einer grundstürzenden Veränderung entstehen bzw. wachsen zu lassen – vor dem Krieg, so könnte man, etwas überspitzt, die naheliegende

---

marckismus zum Wilhelminismus. Krise und Umbruch in der deutschen Außenpolitik, in: ebd., 53–67, hier 60–67.

16 Hierzu wie zum Gesamtphänomen bündig Michel Grunewald / Uwe Puschner, Vorbemerkungen, in: dies. (Hgg.), *Krisenwahrnehmungen in Deutschland um 1900. – Zeitschriften als Foren der Umbruchszeit im Wilhelminischen Reich / Perceptions de la crise en Allemagne au début du XXe siècle. – Les périodiques et la mutation de la société allemande à l'époque wilhelmienne*, Bern u. a. 2010, 3–6.

17 Schulin, Weltkriegserfahrung, 177.

18 Eingehend hierzu und zu den Folgen dieser Sichtweise Bollenbeck, *Tradition, Avantgarde, Reaktion*, 194ff., bes. 275–289.

19 Hans-Christof Kraus, Niedergang oder Aufstieg? Anmerkungen zum deutschen Kulturoptimismus um 1900, in: *Geschichte für heute 3,1/2010*, 44–56, bes. 53.

20 Vgl. Moritz Föllmer / Rüdiger Graf / Per Leo, Einleitung: Die Kultur der Krise in der Weimarer Republik, in: Moritz Föllmer / Rüdiger Graf (Hgg.), *Die „Krise" der Weimarer Republik. Zur Kritik eines Deutungsmusters*, Frankfurt/New York 2005, 9–41, hier 39.

21 Thomas Rohkrämer, Bewahrung, Neugestaltung, Restauration? Konservative Raum- und Heimatvorstellungen in Deutschland 1900–1933, in: Wolfgang Hardtwig (Hg.), *Ordnungen in der Krise. Zur politischen Kulturgeschichte Deutschlands 1900–1933* (Ordnungssysteme. Studien zur Ideengeschichte der Neuzeit, 22), München 2007, 49–68, hier 65.

Erkenntnis der Zeitgenossen aus dieser Diskussion auf den Punkt bringen, war die Lage bereits prekär, ein Zurück brächte keinerlei Besserung, also kann allein der Systemwechsel Abhilfe schaffen. Ganz konkret waren nicht zuletzt etwa Klagen der Autobiographen über die mangelhafte „Führung" im späteren Kaiserreich bzw. das Fehlen eines tatkräftigen „Führers"[22] in der Wilhelminischen Epoche geeignet, den – hierin selbst bereits zum Ausdruck kommenden – verbreiteten Unmut über die eigene Gegenwart noch zu vergrößern und entsprechende Forderungen nach einem Wandel[23] zu bestärken.

Eine bewusste Beförderung des Verlangens nach dem Systemwechsel wird man dem Gros der Autobiographen aus der Zeit vor 1933 dabei freilich kaum unterstellen können, die hier vermutete, naheliegende Wirkung ihrer Schilderungen ist mit Blick auf die Gesamtheit ihrer Publikationen zweifellos als unbewusster Effekt einzustufen. Diese Einschätzung wird durch die Tatsache gestützt, dass sich die Aussagen der Erinnerungswerke nach der NS-Machtübernahme – entsprechend dem Trend in Historiographie, Populärwissenschaft und Publizistik – im Ganzen nicht signifikant änderten.[24] Hier kommt einerseits das generelle Hauptanliegen der Verfasser von Lebenserinnerungen klar zum Ausdruck, aus individueller Perspektive Auskunft über die Vergangenheit zu geben, konkret über das eigene Leben, dessen Rahmen und Begleitumstände zu berichten – mit welcher darüber hinausgehenden Intention auch immer –, andererseits die Prägung (auch) durch die erlebte Zeit. Folgerichtig zeigte die Auseinandersetzung über den Charakter der Wilhelminischen Zeit auf der Ebene der Autobiographien und Memoiren auch entgegen dem allgemeinen Trend der Geschichtsdiskussionen[25] bis 1939 keine Ermüdungserscheinungen – was die bislang unbekannte Bedeutung dieses Themas und der zugrunde liegenden Quellen für die Debatten der Zwischenkriegszeit noch einmal unterstreicht.

---

22   Vgl. Teil B., bes. Kap. II. 1. und IV. 1.
23   Vgl. zu den im Denken der Weimarer Zeit verbreiteten Hoffnungen auf einen „Führer" Gangolf Hübinger, Individuum und Gemeinschaft in der intellektuellen Streitkultur der 1920er Jahre, in: Roman Köster / Werner Plumpe / Bertram Schefold / Korinna Schönhärl (Hgg.), *Das Ideal des schönen Lebens und die Wirklichkeit der Weimarer Republik. Vorstellungen von Staat und Gemeinschaft im George-Kreis* (Wissenskultur und gesellschaftlicher Wandel, 33), Berlin 2009, 3–13, hier 11.
24   S. dazu Teil C., Kap. I.
25   Vgl. die Einleitung (Teil A.), Kap. I. 1.

F. ANHANG: LEBENSDATEN DER AUTOBIOGRAPHEN

Die im Folgenden gebotenen biographischen Daten zu den Verfassern der untersuchten Autobiographien und Memoiren wurden – als Bezugspunkt vor allem für die Analyse in Teil D. der Arbeit – auf das Notwendigste reduziert, im Sinne der in der Einleitung[1] erläuterten Annahmen über die als Einflussgrößen für die Epochensicht infrage kommenden Personenmerkmale (als bewusstseinsprägenden Faktoren aus der Vorkriegszeit). Dies gilt insbesondere für die Angaben zu Wohnorten und beruflichen oder sonstigen Tätigkeiten, die sich ausschließlich auf die Jahre von 1890 bis 1914 beziehen. Die Darstellung folgt dabei durchweg folgendem Schema: Nach- und Vorname, Geburts- und Sterbejahr (nur eine Angabe mit Sternchen = Geburtsjahr), sofern gegeben Konfession bzw. Religionszugehörigkeit (inklusive etwaiger Änderungen), Geburtsort, Wohnorte (gegebenenfalls mit nachfolgender Jahreszahl in Klammern = Jahr des Zuzugs), Beruf oder sonstige dominierende Tätigkeit(en). Nicht eigens angeführt ist die Zuordnung zu einer bestimmten Gesellschaftsschicht[2]; diese ergibt sich jeweils zweifelsfrei aus den übrigen Daten (Beruf, gegebenenfalls adelige Herkunft, usw.). Wiedergegeben werden die aus der angemerkten Literatur[3] sowie gegebenenfalls den Lebenserinnerungen[4] selbst ermittelbaren Daten, etwaige Lücken oder Unschärfen sind deren Informationsgehalt geschuldet. Stand im Einzelfall keinerlei Literatur zur Verfügung, sind sämtliche Informationen dem jeweiligen Erinnerungswerk entnommen; in solchen Fällen, oder aber wenn die einschlägigen Literaturtitel bereits zu Lebzeiten des Autobiographen erschienen sind, werden die Sterbejahre nach den Angaben im „World Biographical Information System Online"[5] genannt. Hinter jedem Namen befindet sich schließlich in Klammern ein Verweis (= Kapitelnummer) auf den Deutungskreis, dem der jeweilige Verfasser in Teil D. zugeordnet wurde, was gegebenenfalls den raschen Nachvollzug der wesentlichen Inhalte seiner Epochencharakterisierung ermöglicht.

---

1   Vgl. Teil A., Kap. III. 1.
2   Vgl. das ebd. auch hinsichtlich der Zuordnungskriterien erläuterte, dieser Untersuchung zugrunde gelegte Schichtenschema.
3   Die Literaturangaben wurden auf jeweils wenige, aussagekräftige Titel beschränkt, um Redundanzen zu vermeiden; die zitierten Titel geben bei Bedarf auch Aufschluss über weitere Lebensdaten der Autobiographen.
4   S. dazu jeweils unten, Teil G., Kap. I. 1.
5   URL: <http://db.saur.de/WBIS> (letzter Zugriff: 25. Februar 2013).

Adam, Paul (II.)
1849–1931, evangelisch; geboren in Breslau, lebte ab 1885 in Düsseldorf; Kunstbuchbinder und Fachschullehrer.[6]

Bansi, Ernst (I.)
*1858, evangelisch; geboren in Bielefeld, Stationen ebendort (1886) und in Quedlinburg (1895); Jurist, Karriere in der Verwaltung bis hin zum Oberbürgermeister, Abgeordneter im Provinziallandtag.[7]

Baum, Marie (V.)
1874–1964, evangelisch; geboren in Danzig, Stationen in Zürich (1893), Berlin (1899), Karlsruhe (1902), Düsseldorf (1907); promovierte Chemikerin, Gewerbebeamtin, Geschäftsführerin eines Vereins für Säuglingsfürsorge und Wohlfahrtspflege, aktiv in der Frauenbewegung, Leiterin diverser Vereine für Frauen und Jugend.[8]

Bäumer, Gertrud (V.)
1873–1954, evangelisch; geboren in Hohenlimburg/Westf., Stationen in Halberstadt, Kamen, Magdeburg (spätestens 1896), Berlin (1898); Lehrerin, promovierte Germanistin, führend in der Frauenbewegung in Berlin und München.[9]

Baumgarten, Otto (III.)
1858–1934, evangelisch; geboren in München, Stationen in Berlin (1888), Jena (1890), Kiel (1894); Theologe, Universitätsprofessor.[10]

Behrens, Franz (IV.)
1872–1943, evangelisch; geboren in Marienhof (Mecklenburg-Strelitz), lebte später in Berlin/Brandenburg; Gärtner, christlicher Gewerkschafter, Gewerkschaftssekretär und Verbandsfunktionär, 1907–1918 MdR.[11]

---

6   Andreas Beyer / Günter Meißner (Hgg.), *Allgemeines Künstlerlexikon. Die bildenden Künstler aller Zeiten und Völker*, Bd. 1, München 1992, 306; N. N., Trauerfeier für Paul Adam, Düsseldorf, in: *Allgemeiner Anzeiger für Buchbindereien 46,33/1931*, 603; N. N. Schreiber, Paul Adam als Einbandforscher, in: ebd., 602.

7   Herrmann A. L. Degener, *Wer ist's? Unsere Zeitgenossen*, IX. Ausgabe, Berlin 1928, 58.

8   Wedel, *Autobiographien von Frauen*, 61f.

9   Ute Gerhard, *Unerhört. Die Geschichte der deutschen Frauenbewegung*. Unter Mitarbeit von Ulla Wischermann, Reinbek 1990, 294f.; Wedel, *Autobiographien von Frauen*, 65ff.

10   *Neue Deutsche Biographie*, Bd. 1 (1953), 659f.

11   *Reichshandbuch der deutschen Gesellschaft. Das Handbuch der Persönlichkeiten in Wort und Bild*, Bd. 1, Berlin 1930, 94f.; Martin Schumacher (Hg.), *M.d.R. Die Reichstagsabgeordneten der Weimarer Republik in der Zeit des Nationalsozialismus. Politische Verfolgung, Emigration und Ausbürgerung 1933–1945. Eine biographische Dokumentation. Mit einem Forschungsbericht zur Verfolgung deutscher und ausländischer Parlamentarier im nationalsozialistischen Herrschaftsbereich*. Dritte, erhebl. erw. u. überarb. Aufl. Düsseldorf 1994, 86.

Bernhardi, Friedrich von (IX.)
1849–1930, evangelisch; geboren in Schlesien, diverse Stationen in Preußen und im Elsass; Offizier (zuletzt General), Militärhistoriker und -reformer, politischer Schriftsteller.[12]

Binding, Rudolf Georg (VIII.)
1867–1938, evangelisch; geboren in Basel, lebte wohl v. a. in Hessen, auch in Sachsen; Jurist, sächsischer Staatsdienst, dann Medizinstudium, Militärdienst, tätig als Pferdezüchter und Schriftsteller.[13]

Binz, Gustav (IV.)
*1849, katholisch; lebte im Großherzogtum Baden; Jurist, nationalliberaler Politiker, MdL in Baden.[14]

Bittmann, Karl (IV.)
1851–1936, evangelisch; geboren in Kehl, Stationen in Hildesheim (1882), Hannover (1892), Potsdam (1894), Oppeln, Trier (1895), Baden (1902); Chemiker, Unternehmer, erst preußischer, dann badischer Staatsdienst in der Gewerbe- bzw. Fabrikenaufsicht.[15]

Bonn, Ferdinand (VII.)
1861–1933, katholisch; geboren in Donauwörth, Stationen in Moskau, München und Wien (1891), Berlin (1896); Theater und Filmschauspieler, Dramatiker, Theaterleiter.[16]

Borbein, Hans (III.)
*1862, evangelisch; geboren in Vlotho/Weser, Stationen in Hannover (1888), Marburg, Schulpforta (1895), Hannover (1899), Berlin (1903), Altona (1906), Kassel (1908), Berlin (1913); Theologe, Lehrer, Schuldirektor, Schulrat in diversen preußischen Provinzen.

Brandl, Alois (I.)
1855–1940, katholisch; geboren in Innsbruck, Stationen in Straßburg und Berlin (1895); Anglist, Universitätsprofessor.[17]

---

12 *Neue Deutsche Biographie*, Bd. 2 (1955), 122.
13 Ebd., 245f.
14 Hermann Kalkoff (Hg.), *Nationalliberale Parlamentarier 1867–1917 des Reichstages und der Einzellandtage. Beiträge zur Parteiengeschichte. Herausgegeben aus Anlaß des fünfzigjährigen Bestehens der nationalliberalen Partei Deutschlands*, Berlin 1917, 373.
15 *Neue Deutsche Biographie*, Bd. 2 (1955), 280.
16 Walther Killy (Hg.), *Literatur Lexikon. Autoren und Werke deutscher Sprache*, Bd. 2, Gütersloh 1989, 108; Konrad Feilchenfeldt (Hg.), *Deutsches Literatur-Lexikon. Das 20. Jahrhundert. Biographisch-bibliographisches Handbuch*, Bd. 3, Zürich/München 2001, 389f.; Wilhelm Kosch, *Das katholische Deutschland. Biographisch-Bibliographisches Lexikon*, Bd. I, Augsburg 1933, 213f.

Brentano, Lujo (IV.)
1844–1931, katholisch; geboren in Aschaffenburg, Stationen in Leipzig (1889), München (1891); Nationalökonom, Universitätsprofessor, Sozialpolitiker.[18]

Bünau, Margarete Gfin. von (I.)
1853–1938, evangelisch; geboren in Halbendorf/Oberschlesien, ab 1879 beruflich diverse Stationen, v. a. in Preußen (annektierter Teil Hessens); Hofdame.[19]

Bunsen, Marie von (VII.)
1860–1941, evangelisch; geboren in London, lebte kurzzeitig in Bonn, ab 1869 in Berlin; Privatière, (Reise-)Schriftstellerin, Malerin.[20]

Bürgel, Bruno H. (IV.)
1875–1948, evangelisch; lebte in Berlin; Fabrikarbeiter, Hilfskraft in einer Sternwarte (1895), populärwissenschaftlicher Schriftsteller (Astronom).[21]

Claß, Heinrich (VI.)
1868–1953, evangelisch; geboren in Alzey, Stationen in Berlin, Freiburg im Breisgau, Gießen, Mainz (1891, ab 1895 dauerhaft); Jurist, Rechtsanwalt, erst Funktionär, später Vorsitzender des Alldeutschen Verbands, Publizist.[22]

Cüppers, Adam Josef (III.)
1850–1936, katholisch; geboren in Deweren, lebte ab 1876 in Ratingen; Volks- und Mittelschullehrer, Rektor, Schriftsteller.[23]

Dennert, Eberhard (III.)
1861–1942, evangelisch; geboren in Pützerlin bei Stargard/Pommern, Stationen in Rudolstadt (1888), Bad Godesberg (1889); promovierter Biologe, Natur- und Kulturphilosoph, Redaktionsleiter, Privatschullehrer, Vortragsreisender, wissenschaftlicher Direktor des Keplerbunds.[24]

---

17 *Neue Deutsche Biographie*, Bd. 2 (1955), 527f.; Heinz-Joachim Müllenbrock, Alois Brandl, in: Hans-Christof Kraus (Hg.), *Geisteswissenschaftler II* (Berlinische Lebensbilder, 10), Berlin 2012, 113–125.

18 *Neue Deutsche Biographie*, Bd. 2 (1955), 596f.

19 Wedel, *Autobiographien von Frauen*, 134f.

20 Feilchenfeldt, *Deutsches Literatur-Lexikon*, Bd. 4 (2003), 610; Undine Liebe-Hellig, Alleinreisen ist Zwiegespräch. Marie von Bunsen 1860–1941, in: Hermann Niebuhr (Hg.), *Eine Fürstin unterwegs. Reisetagebücher der Fürstin Pauline zur Lippe 1799–1818* (Lippische Geschichtsquellen, 19), Detmold 1990, 94–109; Wedel, *Autobiographien von Frauen*, 134ff.

21 *Neue Deutsche Biographie*, Bd. 2 (1955), 743f.

22 Ebd., Bd. 3 (1957), 263.

23 Feilchenfeldt, *Deutsches Literatur-Lexikon*, Bd. 5 (2003), 416f.; Kosch, *Das katholische Deutschland*, Bd. I, 372f.

24 *Neue Deutsche Biographie*, Bd. 3 (1957), 603.

Dibelius, Martin (III.)
1883–1947, evangelisch; geboren in Dresden, lebte in Berlin; Theologe, Universitätsprofessor.[25]

Diers, Marie (geb. Binde) (VII.)
1867–1949, evangelisch; geboren in Lübz/Mecklenburg, lebte in Berlin und Sachsenhausen; Hausfrau und Mutter, Lehrerin/Erzieherin, Schriftstellerin.[26]

Dryander, Ernst von (1918) (VII.)
1843–1922, evangelisch; geboren in Halle, lebte ab 1882 in Berlin; Theologe, Hofprediger, Generalsuperintendent, Vizepräsident des Oberkirchenrats.[27]

Eckardstein, Hermann Frhr. von (I.)
1864–1933, evangelisch; geboren in Löwen/Schlesien, diverse Stationen im Ausland (Madrid, Paris, London), lebte später im Reich; Diplomat, Botschaftsrat.[28]

Ehrhardt, Heinrich (IX.)
1840–1928, evangelisch; geboren in Thüringen, lebte nach 1890 in Düsseldorf; Mechaniker, Ingenieur/Erfinder, Rüstungsunternehmer bzw. Stahlindustrieller.[29]

Einem, Karl von (IX.)
1853–1934, evangelisch; geboren im Harz, lebte dann in Berlin, Münster (1909); Offizier (zuletzt Generaloberst), preußischer Kriegsminister (1903–1909).[30]

Eloesser, Arthur (VI.)
1870–1938, jüdisch; geboren in Berlin, lebte nach 1890 zeitweise in Paris, ab 1899 in Berlin; Schriftsteller, Literatur- und Theaterkritiker.[31]

Engel, Eduard (VI.)
1851–1938, jüdisch; geboren in Stolp/Pommern, lebte dann in Berlin; 1871–1918 Schreiber/Stenograph im preußischen Landtag und im Reichstag (hier bis 1904 auch Vorstand des Büros), Sprach- und Literaturwissenschaftler (Sprachkritiker), Publizist.[32]

---

25 Ebd., 632.
26 Feilchenfeldt, *Deutsches Literatur-Lexikon*, Bd. 6 (2004), 223–225; Wedel, *Autobiographien von Frauen*, 182f.
27 *Neue Deutsche Biographie*, Bd. 4 (1959), 141f.
28 Ebd., 280–282.
29 Ebd., 579f.
30 Ebd., 394f.
31 Ebd., 461f.
32 Ebd., 499f.; Hans Morgenstern, *Jüdisches biographisches Lexikon. Eine Sammlung von bedeutenden Persönlichkeiten jüdischer Herkunft ab 1800*, Wien u. a. 2009, 199.

Erdmann, Rhoda (V.)

1870–1935, evangelisch; geboren in Hersfeld, Stationen in Zürich, Marburg, München, Berlin (1909); promovierte Biologin (1920 habilitiert), tätig bei Robert Koch.[33]

Esselborn, Karl (X.)

1852–1937, evangelisch; geboren in Alzey, lebte ab 1880 in Darmstadt; Ingenieur (TH Darmstadt), Lehrer an der Baugewerkschule Darmstadt („Professor"), Dichter.[34]

Ettlinger, Anna (II.)

1841–1934, jüdisch; geboren in Karlsruhe, lebte dauerhaft dort; Privatlehrerin für Musik und Gesang, Vortragsreisende.[35]

Eucken, Rudolf (III.)

1846–1926, evangelisch; geboren in Aurich/Ostfriesland, lebte ab 1874 in Jena; Philosoph, Universitätsprofessor.[36]

Feesche, Marie (V.)

1871–1950, evangelisch; geboren in Hannover, lebte wohl dauerhaft dort; Schriftstellerin, Rezensentin.[37]

Fehling, Emil (VI.)

1847–1927, evangelisch; lebte in Lübeck (beruflich bisweilen in Berlin); Jurist, tätig in der Lübecker Stadtverwaltung sowie im Senat, ab 1905 im Bundesrat für Lübeck.[38]

Franck, Hans (II.)

1879–1964, evangelisch; geboren in Wittenburg/Mecklenburg, Stationen in Neukloster, Hamburg (1901–1911), Düsseldorf (1914); Volksschullehrer, Schriftsteller, Kritiker.[39]

Franke-Oehl, Ilse (V.)

1881–1938, katholisch; geboren in Göttingen, Stationen in Wiesbaden (1895), Berlin (1900), ab 1912 in der Schweiz; Schriftstellerin.[40]

33 *Neue Deutsche Biographie*, Bd. 4 (1959), 573; Wedel, *Autobiographien von Frauen*, 214.
34 Wilhelm Kosch, *Deutsches Theater-Lexikon. Biographisches und bibliographisches Handbuch*, Bd. 1, Klagenfurt 1953, 412.
35 Wedel, *Autobiographien von Frauen*, 219.
36 *Neue Deutsche Biographie*, Bd. 4 (1959), 670–672.
37 Wedel, *Autobiographien von Frauen*, 227f.
38 *Neue Deutsche Biographie*, Bd. 5 (1961), 46f.
39 Killy, *Literatur Lexikon*, Bd. 3 (1989), 464f.; Feilchenfeldt, *Deutsches Literatur-Lexikon*, Bd. 9 (2006), 265–267; Franz Lennartz, *Die Dichter unserer Zeit. Einzeldarstellungen zur deutschen Dichtung der Gegenwart*, Stuttgart [5]1952, 133–136.

Freytag-Loringhoven, Hugo Frhr. von (IX.)

1855–1924, evangelisch; geboren in Kopenhagen, dann diverse Stationen in Preußen; Offizier, Truppenkommandeur, kriegsgeschichtliche Abteilung des Generalstabs.[41]

Gerlach, Hellmut von (VI.)

1866–1935, evangelisch; geboren in Schlesien, lebte v. a. in Berlin und Umgebung, ab 1896/98 in Marburg, zwischenzeitlich (ab 1903/07) in Berlin; Jurist, kurze Zeit Verwaltungsbeamter, Politiker (nationalsozial bzw. freisinnig, 1903–1906 MdR), Journalist und Publizist, Pazifist.[42]

Giesberts, Johannes (IV.)

1865–1938, katholisch; geboren in Straelen/Niederrhein, Stationen in Köln (1891), Mönchengladbach (1899), lebte ab 1905 (auch) in Berlin; Arbeiter (Landwirtschaft, Ziegelei, Brauerei; Heizer, Maschinist), christlicher Gewerkschafter, 1905 MdR, 1908 MdL (Preußen).[43]

Grotjahn, Alfred (IV.)

1869–1931, evangelisch; geboren in Schladen/Harz, Stationen in Wolfenbüttel, Greifswald, Kiel, Berlin (1894); Mediziner, Sozialhygieniker, Universitätsprofessor.[44]

Grünfeld, Heinrich (VIII.)

1855–1931, jüdisch; geboren in Prag, lebte ab 1875/76 in Berlin; Musiker, Professor.[45]

Hadeln, Charlotte Frfr. von (geb. v. Natzmer) (VIII.)

1884–1959, evangelisch; geboren in Trebendorf/Cottbus, Stationen in Weimar (um 1900), Berlin (1907); Ehefrau und Mutter, Schriftstellerin.[46]

---

40   Wedel, *Autobiographien von Frauen*, 239f.
41   Antulio J. Echevaria, General Staff historian Hugo Freiherr von Freytag-Loringhoven and the dialectics of German military thought, in: *Journal of Military History 60,3/1996*, 471–494.
42   *Neue Deutsche Biographie*, Bd. 6 (1964), 301f.
43   Ebd., 375f.; Bernd Haunfelder, *Reichstagsabgeordnete der Deutschen Zentrumspartei 1871–1933. Biographisches Handbuch und historische Photographien* (Photodokumente zur Geschichte des Parlamentarismus und der politischen Parteien, 4), Düsseldorf 1999, 163f.
44   *Neue Deutsche Biographie*, Bd. 7 (1966), 169.
45   *Österreichisches Biographisches Lexikon 1815–1950*. Hg. v. der Österreichischen Akademie der Wissenschaften unter der Leitung von Leo Santifaller, bearb. v. Eva Obermayer-Marnach, II. Band, Graz/Köln 1959, 90.
46   Feilchenfeldt, *Deutsches Literatur-Lexikon*, Bd. 13 (2009), 344f.; Wedel, *Autobiographien von Frauen*, 303.

Hahn, Margarete (VIII.)
1880–1956, evangelisch; geboren am Niederrhein, Stationen in Düsseldorf (um 1892), Berlin (um 1895), lebte zeitweise, später dauerhaft in Norddeutschland (Küstenregion); Pianistin, dann Ehefrau und Beraterin des konservativen Politikers Diederich Hahn, Sekretärin, Schriftstellerin.[47]

Halbe, Max (II.)
1865–1944, katholisch; geboren in Danzig, Stationen in Berlin (1888), München (1895); promovierter Historiker, Bühnenschriftsteller/Dramatiker, Novellist, Erzähler.[48]

Heine, Anselma (II.)
1855–1930, evangelisch; geboren in Bonn, Stationen in Halle, Berlin (1895); Schriftstellerin.[49]

Heitefuß, Clara (geb. Curtze) (III.)
1867–1947, evangelisch; geboren in Korbach, lebte ab 1888 in Posen, ab 1891 wieder in Hessen; Pfarrersgattin, Schriftstellerin.[50]

Heydecker-Langer, Olga (geb. Heydecker, verehel. Langer) (VIII.)
*1880, katholisch; geboren in Memmingen, lebte dann in Tübingen, 1900–1907 in Süddeutschland, dann in Sachsen, Berlin; Schauspielerin.[51]

Heyl, Hedwig (geb. Crüsemann) (V.)
1850–1934, evangelisch; geboren in Bremen, lebte ab 1869 in Berlin; Besitzerin, zeitweise auch Leiterin einer Farbenfabrik (mit Jugendheim und Kochschule), aktiv in der Frauenbewegung, Sozialpolitikerin.[52]

Hindenburg, Herbert von (I.)
1872–1956, evangelisch; geboren in Berlin, diverse Stationen im In- und Ausland (München, Stockholm, Den Haag, Rom); Diplomat (Gesandter).[53]

47 Wedel, *Autobiographien von Frauen*, 307.
48 *Neue Deutsche Biographie*, Bd. 7 (1966), 532f.; Ulrich Erdmann, *Vom Naturalismus zum Sozialismus? Zeitgeschichtlich-biographische Studien zu Max Halbe, Gerhart Hauptmann, Johannes Schlaf und Hermann Stehr. Mit unbekannten Selbstzeugnissen*, Frankfurt am Main u. a. 1997, 12–16.
49 *Lexikon der Frau. In zwei Bänden*, Bd. 1, Zürich 1953, 1366; *Lexikon deutsch-jüdischer Autoren*, hg. v. Archiv Bibliographia Iudaica, Bd. 11, München u. a. 2002, 3ff. [die Eltern konvertierten 1825 bzw. 1850]; Wedel, *Autobiographien von Frauen*, 326f.
50 *Biographisch-Bibliographisches Kirchenlexikon*. Begr. u. hg. v. Friedrich Wilhelm Bautz. Fortgef. v. Traugott Bautz, Bd. II, Nordhausen 1990, 689–691; Wedel, *Autobiographien von Frauen*, 328.
51 Kosch, *Deutsches Theater-Lexikon*, Bd. 2 (1960), 1165; Wedel, *Autobiographien von Frauen*, 342f.
52 *Neue Deutsche Biographie*, Bd. 9 (1972), 83f.; Wedel, *Lehren zwischen Arbeit und Beruf*, 276; dies., *Autobiographien von Frauen*, 343f.

Hoche, Alfred E. (VI.)
1865–1943, evangelisch; geboren in Torgau, Stationen in Heidelberg, Straßburg (1890), Freiburg im Breisgau (1899); Mediziner, Psychiater, Universitätsprofessor.[54]

Hoff, Wilhelm (VI.)
1851–1940, katholisch; geboren in Hirschberg (Warstein)/Westfalen, lebte ab 1882 in Berlin; Beamter in der preußischen Eisenbahnverwaltung bis hin zum Ministerialdirektor, Fachautor.[55]

Huch, Rudolf (VI.)
1862–1943, evangelisch; geboren in Porto Alegre/Brasilien, Stationen in Wolfenbüttel (1888), Braunschweig (1897), Bad Harzburg (1897); Jurist, Rechtsanwalt, Justizrat, Schriftsteller.[56]

Hutten-Czapski, Bogdan Gf. von (I.)
1851–1937, katholisch; geboren in Smogulec/Posen, diverse Stationen in Preußen; Großgrundbesitzer, Offizier (aktiv bis um 1896), bisweilen in diplomatischer Verwendung, Mitglied im preußischen Herrenhaus, Sekretär Reichskanzler Hohenlohes, Schlosshauptmann von Posen.[57]

Imbusch, Heinrich (IV.)
1878–1945, katholisch; geboren in Oberhausen, lebte im Ruhrgebiet; Arbeiter, christlicher Gewerkschafter.[58]

Jagemann, Eugen von (VI.)
1849–1926, katholisch; geboren im Großherzogtum Baden, Stationen in Berlin (1893), Heidelberg (1903); Jurist, tätig in der Strafjustiz, Diplomat (badischer Gesandter in Berlin bis 1898, Stimmführer im Bundesrat 1893–1903), ab 1903 o. Honorar-Professor in Heidelberg, Aufsichtsrat.[59]

---

53 Walter Habel, *Wer ist wer? Das deutsche Who's who. XII. Ausgabe von Degeners Wer ist's?*, Berlin 1955, 67.
54 *Neue Deutsche Biographie*, Bd. 9 (1972), 284f.
55 Wilhelm Schulte, *Westfälische Köpfe. 300 Lebensbilder bedeutender Westfalen*, 3., erg. Aufl. Münster 1984, 120f.
56 *Neue Deutsche Biographie*, Bd. 9 (1972), 708f.
57 *Deutsche Biographische Enzyklopädie*. 2., überarb. u. erw. Ausgabe, hg. v. Rudolf Vierhaus, Bd. 5, München 2006, 222.
58 *Neue Deutsche Biographie*, Bd. 10 (1974), 144f.; Haunfelder, *Reichstagsabgeordnete*, 324.
59 *Neue Deutsche Biographie*, Bd. 10 (1974), 293f.

Jungmann, Ernst (I.)
*1851, evangelisch; geboren in Oldenburg in Holstein/Preußen, lebte ab 1890 in Hamburg; Journalist/Redakteur, Schriftsteller.[60]

Koenigsberger, Leo (I.)
1837–1921, jüdisch, ab 1863/66 evangelisch; geboren in Posen, lebte ab 1884 in Heidelberg; Mathematiker, Universitätsprofessor.[61]

Körner, Otto (X.)
1858–1935, evangelisch; geboren in Frankfurt am Main, Stationen ebendort (1886) und in Rostock (1894); Mediziner, praktischer (Krankenhaus-)Arzt, Universitätsprofessor.[62]

Korschelt, Eugen (X.)
1858–1946, evangelisch; geboren in Zittau, Stationen in Berlin (1887), Marburg (1892); Zoologe und Anatom, Universitätsprofessor.[63]

Kröcher, Bertha von (V.)
1857–1922, evangelisch; geboren in Gardelegen, lebte später in Berlin; aktiv in diversen Frauen(bildungs)vereinen, Gründerin eines Heims für „gefallene Mädchen".[64]

Kühnemann, Eugen (VI.)
1868–1946, evangelisch; geboren in Hannover, Stationen in Berlin (1890), Marburg (1895), Posen (1903), Breslau (1906); Philosoph und Literaturwissenschaftler, Universitätsprofessor, zeitweise Rektor der Akademie in Posen.[65]

Lancken Wakenitz, Oscar Frhr. von der (I.)
1867–1939, evangelisch; geboren in Boldevitz/Rügen, lebte ab 1888 in Berlin, ab 1892 im Ausland (Paris, Rom, Madrid), ab 1913 im Reich, 1914 in Belgien; Gardeoffizier, Diplomat.[66]

---

60 Degener, *Wer ist's?*, V., 684f.; Max Geißler, *Führer durch die deutsche Literatur des zwanzigsten Jahrhunderts*, Weimar 1913, 258.
61 *Neue Deutsche Biographie*, Bd. 12 (1980), 355f.
62 Ebd., 388f.
63 Ilse Jahn / Rolf Löther / Konrad Senglaub (Hgg., unter Mitwirkung von Wolfgang Heese), *Geschichte der Biologie. Theorien, Methoden, Institutionen, Kurzbiographien*, Jena 1982, 692f.
64 Wedel, *Autobiographien von Frauen*, 446; *Biographisch-Bibliographisches Kirchenlexikon*, Bd. XXIV (2005), 974–983.
65 *Neue Deutsche Biographie*, Bd. 13 (1982), 205f.
66 Degener, *Wer ist's?*, IX., 903.

Lange, Heinrich (IV.)
1861–1926, katholisch; geboren in Hagen/Königreich Hannover, lebte ab 1890 in Sachsen (vorwiegend Leipzig); Drechsler, aktiv im Allgemeinen Deutschen Arbeiterverein und in der Sozialdemokratischen Partei, ab 1909 MdL (Sachsen).[67]

Lange, Helene (V.)
1848–1930, evangelisch; geboren in Oldenburg, lebte ab 1871 in Berlin; Lehrerin, Publizistin, führend in der Frauenbewegung.[68]

Langewiesche-Brandt, Wilhelm (II.)
1866–1934, evangelisch; geboren in Barmen, Stationen im Rheinland, in Breslau (1890), Rheydt (1891), München (1903); Verleger, Schriftsteller.[69]

Lerchenfeld-Koefering, Hugo Gf. von (I.)
1843–1925, katholisch; geboren in Berlin, lebte ab 1865 in Bayern, 1880–1918 auch in Berlin; Jurist, bayerischer Staatsrat, Gesandter in Preußen.[70]

Liebert, Eduard von (I.)
1850–1934, evangelisch; geboren in Rendsburg, lebte in Frankfurt an der Oder und Berlin; Offizier (zuletzt General), Gouverneur von Deutsch-Ostafrika, Vorsitzender des Reichsverbands gegen die Sozialdemokratie, MdR (Reichspartei).[71]

Litzmann, Berthold (X.)
1857–1926, evangelisch; geboren in Kiel, lebte ab 1892 in Bonn; Literatur- und Theaterhistoriker, Universitätsprofessor, nationalliberaler Politiker.[72]

Litzmann, Karl (IX.)
1850–1936, evangelisch; geboren in Neu-Globsow/Neuruppin (Mark), Stationen in Metz (1883), Cosel (1891), Minden (1892), Berlin (1893), Gnesen (1896), Stettin (1898), Berlin (1899), Colmar (1901), Berlin (1902), Neu-Globsow (1905); Offizier (zuletzt General), Gründer von Deutschem Wehrverein und Bund Jungdeutschland.[73]

---

67 Wilhelm H. Schröder, *Sozialdemokratische Reichstagsabgeordnete und Reichstagskandidaten 1898–1918. Biographisch-statistisches Handbuch* (Handbücher zur Geschichte des Parlamentarismus und der Parteien, 2), Düsseldorf 1986, 151.
68 Wedel, *Lehren zwischen Arbeit und Beruf*, 278; Gerhard, *Unerhört*, 145f.; Wedel, *Autobiographien von Frauen*, 470f.
69 Georg Wenzel (Bearb.), *Deutscher Wirtschaftsführer. Lebensgänge deutscher Wirtschaftspersönlichkeiten*, Hamburg u. a. 1929, 1309f.
70 *Neue Deutsche Biographie*, Bd. 14 (1985), 313f.
71 Ebd., 487f.
72 Ebd., 714f.
73 Ebd., 715f.

Lubarsch, Otto (VI.)
1860–1933, jüdisch, ab 1878 evangelisch; geboren in Berlin, zahlreiche Stationen
v. a. in Brandenburg, Posen, Düsseldorf (1907), Kiel (1913), Berlin (1917); Mediziner, Universitätsprofessor, Mitbegründer des Alldeutschen Verbands.[74]

Ludwig, Emil (VIII.)
1881–1948, jüdisch, 1902–1922 evangelisch; geboren in Breslau, Stationen in
Heidelberg, Lausanne, Breslau, Berlin, ab 1906 in der Schweiz (Reisen ins
Reich); Schriftsteller, Dramatiker.[75]

Maltzahn, Elisabeth von (VII.)
1868–1945, evangelisch; geboren in Rühn bei Bützow/Mecklenburg, lebte später
in Württemberg, ab um 1900 in Wernigerode; Schriftstellerin.[76]

Martens, Kurt (II.)
1870–1945, evangelisch, ab 1895 katholisch; geboren in Leipzig, lebte später in
München und Dresden; Jurist, Schriftsteller.[77]

Metzel, Bruno (II.)
1870–1938, evangelisch; lebte in Berlin, ab 1888 auf der Walz, ab vor 1900 in
Sachsen (vor allem Dresden, Leipzig); Buchdrucker.

Michaelis, Georg (VII.)
1857–1936, evangelisch; geboren in Haynau/Schlesien, Stationen in Tokio
(1885), Berlin (1889), Trier (1892), Arnsberg (1895), Liegnitz (1900), Breslau
(1902), Berlin (1909); preußischer Verwaltungsdienst (diverse Stationen), Unterstaatssekretär im preußischen Finanzministerium, Bundesrat.[78]

Monts de Mazin, Anton Gf. von (I.)
1852–1930, evangelisch; geboren in Berlin, Stationen in Wien (1886), Budapest
(1890), Oldenburg (1894), München (1895), Rom (1903); Jurist, Offizier, innerdeutscher Gesandter, Botschafter (bis 1906).[79]

---

74   Ebd., Bd. 15 (1987), 261f.; Morgenstern, *Jüdisches biographisches Lexikon*, 525.
75   *Neue Deutsche Biographie*, Bd. 15 (1987), 426f.
76   Wedel, *Autobiographien von Frauen*, 535f.
77   Killy, *Literatur Lexikon*, Bd. 7 (1990), 496; Karl-Heinz Denecke / Claudia Renner, Kurt Martens: „Roman aus der Decadence" (1898). Autobiographischer Versuch einer Überwindung der Dekadenz, in: Dieter Kafitz (Hg.), *Dekadenz in Deutschland. Beiträge zur Erforschung der Romanliteratur um die Jahrhundertwende* (Studien zur Deutschen Literatur des 19. und 20. Jahrhunderts, 1), Frankfurt am Main u. a. 159–187.
78   *Neue Deutsche Biographie*, Bd. 17 (1994), 432–434.
79   Degener, *Wer ist's?*, V., 977.

Müller, Carl Theodor (IX.)
*1864, evangelisch; geboren in Gräfrath/Solling, Stationen in Erlangen, Marburg, Berlin, Kassel, Berlin, Saarbrücken; Theologe, evangelischer Militärgeistlicher in Preußen (Divisions-Pfarrer, Militär-Oberpfarrer), Konsistorialrat, Superintendent.[80]

Niese, Charlotte (III.)
1854–1935, evangelisch; geboren in Burg/Fehmarn, lebte ab 1888 in Ottensen; Lehrerin, Schriftstellerin.[81]

Noske, Gustav (IV.)
1868–1946, evangelisch, später freireligiös; geboren in Brandenburg/Havel, lebte in Sachsen (Chemnitz), zeitweise auch in Berlin; sozialdemokratischer Politiker, MdR.[82]

Oldenburg-Januschau, Elard von (VI.)
1855–1937, evangelisch; geboren in Beisleiden/Ostpreußen, lebte auch in Januschau/Westpreußen; Grundbesitzer, Landwirtschaftsfunktionär, 1901–1910 MdL (Preußen), 1902–1912 MdR.[83]

Oppenheimer, Franz (IV.)
1864–1943, jüdisch; geboren in Berlin, lebte dauerhaft dort; Arzt, Publizist und Journalist, Nationalökonom (Privatdozent) und Soziologe, Schriftsteller.[84]

Paulsen, Rudolf (III.)
1883–1966, evangelisch; lebte in Berlin; Schriftsteller.[85]

Payer, Friedrich von (1906) (VI.)
1847–1931, evangelisch; geboren in Tübingen, lebte in Stuttgart und Berlin; Rechtsanwalt, linksliberaler Politiker, MdR, MdL, Landtagspräsident (Württemberg).[86]

Pless, Daisy Fstin. von (VII.)
1873–1943, evangelisch; geboren in Wales, lebte ab 1892 auf Fürstenstein und Pless, zwischenzeitlich in Berlin, diverse Auslandsreisen; Privatière.[87]

---

80 Degener, *Wer ist's?*, IX., 1082.
81 Killy, *Literatur Lexikon*, Bd. 8 (1990), 413; Gero von Wilpert, *Deutsches Dichterlexikon. Biographisch-Bibliographisches Handwörterbuch zur deutschen Literaturgeschichte*, 3., erw. Aufl. Stuttgart 1988, 591; Wedel, *Autobiographien von Frauen*, 611f.
82 *Neue Deutsche Biographie*, Bd. 19 (1999), 347f.
83 Ebd., 513f.
84 Ebd., 572f.; Morgenstern, *Jüdisches biographisches Lexikon*, 617.
85 *Neue Deutsche Biographie*, Bd. 20 (2001), 129f.
86 Ebd., 145f.
87 Wedel, *Autobiographien von Frauen*, 648; John W. Koch, *Daisy von Pless. Fürstliche Rebellin*, Frankfurt am Main/Berlin 1991.

Procksch, Otto (III.)
1874–1947, evangelisch; geboren in Eisenberg/Thüringen, Stationen in Tübingen, Leipzig, Erlangen, Göttingen (bis 1899), Königsberg (1901), Greifswald (1906); Theologe, Universitätsprofessor.[88]

Putlitz, Lita (Elisabeth) *zu* (VIII.)
1862–1931, evangelisch; geboren auf Schloss Retzin (Brandenburg), lebte ab 1873 in Baden, ab ca. 1890 in Retzin; Schriftstellerin.[89]

Raff, Helene (II.)
1865–1942, katholisch; geboren in Wiesbaden, lebte später in München (zwischenzeitlich evtl. in Berlin); Malerin, Schriftstellerin, Redakteurin.[90]

Reger, Elsa (geb. v. Bagenski, gesch. v. Bercken) (II.)
1870–1951, evangelisch; geboren in Kolberg, lebte später in Thüringen, um 1900 in Bayern, ab 1907 in Sachsen; Gattin von Max Reger.[91]

Reinke, Johannes (I.)
1849–1931, evangelisch; geboren in Ziethen/Ratzeburg, lebte ab 1885 in Kiel; Botaniker und Biologe, Universitätsprofessor, Rektor, 1894 preußisches Herrenhaus.[92]

Reischach, Hugo Frhr. von (I.)
1854–1934, evangelisch; geboren in Frankfurt am Main, Stationen in Berlin (1885), Friedrichshof/Kronberg (Taunus) (1893), diverse Auslandsreisen (v. a. England), dann Berlin (1905); kaiserlicher Oberstallmeister, Oberhof- und Hausmarschall.[93]

Roloff, Ernst M. (III.)
1867–1935, evangelisch, ab 1899 katholisch; geboren in Fürstenberg/Weser, Stationen in Leipzig (1887), Berlin (1889) und Umgebung (1891), Lebus (1893), Braunschweig, Wolfenbüttel, 1898–1903 Ägypten, Palästina, Italien, dann Münster (1903), Freiburg im Breisgau (1903); Hauslehrer, Oberlehrer im Staatsdienst, pädagogisch-theologischer Schriftsteller und Fachredakteur, Publizist.[94]

---

88 *Biographisch-Bibliographisches Kirchenlexikon*, Bd. VII (1994), 979–982.
89 Wedel, *Autobiographien von Frauen*, 666f.
90 Kosch, *Das katholische Deutschland*, Bd. II (o. J.), 3765f.; Wedel, *Autobiographien von Frauen*, 673.
91 Rainer Cadenbach, *Max Reger und seine Zeit* (Große Komponisten und ihre Zeit), Laaber 1991, passim; Wedel, *Autobiographien von Frauen*, 679.
92 *Biographisch-Bibliographisches Kirchenlexikon*, Bd. VII (1994), 1559–1561.
93 Degener, *Wer ist's?*, V., 1161.
94 Horst-Rüdiger Jarck / Günter Scheel (Hgg.), *Braunschweigisches Biographisches Lexikon. 19. und 20. Jahrhundert*, Hannover 1996, 501.

Rumpf, Theodor (III.)
1851–1934, katholisch; geboren in Volkmarsen, Stationen in Marburg (1888), Hamburg (1892), Bonn (1901); Mediziner, Krankenhausdirektor, Universitätsprofessor.[95]

Salomon, Alice (V.)
1872–1948, jüdisch, ab 1914 evangelisch; lebte in Berlin; promovierte Nationalökonomin, Sozialpädagogin, aktiv in der Frauenbewegung, tätig in Frauenvereinen und Frauenbildung sowie Sozialarbeit.[96]

Sapper, Agnes (geb. Brater) (IV.)
1852–1929, evangelisch; geboren in München, lebte dann in Schwaben, ab 1889 in Würzburg; Schriftstellerin, Hausfrau.[97]

Schäfer, Dietrich (I.)
1845–1929, evangelisch; geboren in Bremen, Stationen in Tübingen (1888), Heidelberg (1896), Berlin (1903); Historiker, Universitätsprofessor.[98]

Scheidemann, Philipp (IV.)
1865–1939, evangelisch; geboren in Kassel, Stationen in Gießen (1895), Nürnberg (1899), Offenbach (1900), Kassel (1903), Berlin (1911); Buchdrucker, politischer Redakteur, sozialdemokratischer Politiker, 1903 MdR, 1912 Reichstags-Vizepräsident.[99]

Schlatter, Adolf von (1912) (III.)
1852–1938, evangelisch; geboren in der Schweiz, Stationen in Greifswald (1888), Berlin (1893), Tübingen (1898); Theologe, Universitätsprofessor.[100]

Schlosser, Julie (V.)
1883–1965, evangelisch; geboren in Frankfurt am Main, Stationen in Baden (Karlsruhe), Frankfurt, Heidelberg, Altenburg/Sachsen (1913); Lehrerin, Schriftstellerin (Tier- und Pflanzenschutz), tätig im Mädchenpensionat der Mutter.[101]

Schmidt, Otto Eduard (III.)
1855–1945, evangelisch; geboren in Reichenbach/Vogtland, Stationen in Meißen, Dresden (1879), Meißen (1891), Wurzen (1905), Freiberg; Gymnasiallehrer und -direktor, Laien-Altphilologe, Schriftsteller.[102]

---

95 Kosch, *Das katholische Deutschland*, Bd. III/2 (o. J.), 4106f.
96 Neue *Deutsche Biographie*, Bd. 22 (2005), 389–391; Gerhard, *Unerhört*, 299–301; Wedel, *Autobiographien von Frauen*, 727f.
97 *Neue Deutsche Biographie*, Bd. 22 (2005), 434f.; Wedel, *Autobiographien von Frauen*, 732f.
98 *Neue Deutsche Biographie*, Bd. 22 (2005), 504f.
99 Ebd., 630f.
100 Ebd., Bd. 23 (2007), 27f.
101 Wedel, *Autobiographien von Frauen*, 752f.

Schmitz, Oskar A. H. (VIII.)
1873–1931, freireligiös; geboren in Homburg, lebte in Hessen, Stationen in Heidelberg, Leipzig (1892), 1894/95 Reisen, dann München, ab 1907 überwiegend Berlin; Schriftsteller, Philosoph, Kulturpsychologe.[103]

Schoenaich, Paul Frhr. von (IX.)
1866–1954, evangelisch; geboren in Klein Tromnau/Westpreußen, Stationen in Berlin (1887), Wandsbek (1913); Offizier (zuletzt Generalmajor), Referent im Kriegsministerium.[104]

Schönburg-Waldenburg, Heinrich Prinz von (VII.)
1863–1945, evangelisch; geboren in Droyssig, lebte auch in Queßnitz, Herrschaft Szelejewo; Gardeoffizier, diverse Kommandos, Flügeladjutant des Kaisers.[105]

Scholz, Wilhelm von (II.)
1874–1969, evangelisch; geboren in Berlin, Stationen in Konstanz (1890), Berlin (1894), Lausanne, Kiel, München (1895), Weimar (1900/01) und Hohenschäftlarn (1907); Schriftsteller, Dramatiker.[106]

Schröder, Carl August (I.)
1855–1945, evangelisch; geboren in Hamburg, lebte dauerhaft dort; Jurist, Rechtsanwalt, Abgeordneter der Hamburger Bürgerschaft, Senator, Bürgermeister.[107]

Schröder, Rudolf Alexander (II.)
1878–1962, evangelisch; geboren in Bremen, Stationen in München (1897), Paris (1901), Kiel (1902), Bremen (1903), Berlin (1905), Bremen (1908); Schriftsteller, Publizist (Insel-Verlag), Architekt.[108]

Schulenburg, Bertha Gfin. von der (V.)
1861–1940, evangelisch; geboren in Beetzendorf, lebte später auch in Berlin; Krankenschwester, Lehrerin, dann Leiterin der Sozialen Frauenschule der Inneren Mission in Berlin.[109]

Seeberg, Reinhold (III.)
1859–1935, evangelisch; geboren in Livland, Stationen in Erlangen (1889), Berlin (1898); Theologe, Universitätsprofessor.[110]

---

102 Degener, *Wer ist's?*, IX., 1375.
103 *Neue Deutsche Biographie*, Bd. 23 (2007), 254f.
104 Ebd., 381f.
105 Degener, *Wer ist's?*, V., 1299.
106 *Neue Deutsche Biographie*, Bd. 23 (2007), 451–453.
107 Erwähnung ebd., 553 (Art. „Schröder").
108 Ebd., 574–576.
109 Wedel, *Autobiographien von Frauen*, 772.

Selchow, Bogislav von (I.)
1877–1943, evangelisch; geboren in Köslin/Pommern; Stationen: Charlottenburg (1895), Dienst auf See (1897), Kiel (1907–1909), Wilhelmshaven (1910–1912?); Marineoffizier, Schriftsteller.[111]

Sellin, Albrecht Wilhelm (I.)
1841–1933, evangelisch; geboren in Ludwigslust/Mecklenburg, Stationen in Steglitz/Berlin (1888), Brasilien (1897–1900), Hamburg, Brasilien (1903/04), Hamburg, ab 1908 in der Schweiz (Reisen ins Reich); Redakteur, Direktor einer Kolonialsiedlung in Brasilien, Direktor der Hanseatischen Kolonialgesellschaft.[112]

Siegfried, Walther (II.)
1858–1947, evangelisch; geboren in Zofingen/Schweiz, Stationen in München (1886), Partenkirchen (1890), ab 1906 Wohnsitz in der Schweiz (viele Reisen ins Reich), 1913 in Partenkirchen; (Bank-)Kaufmann, Textil-Musterzeichner, Schriftsteller.[113]

Spahn, Martin (Johann Martin Adolf) (VI.)
1875–1945, katholisch; geboren in Marienburg, Stationen in Bonn (1892), Berlin, Innsbruck, Berlin (1896), Bonn (1901), Straßburg (1901/02); Historiker, Universitätsprofessor, 1910–1912 MdR, 1909 MdL (Elsass-Lothringen).[114]

Spiero, Heinrich (II.)
1876–1947, jüdisch, später evangelisch; geboren in Königsberg, Stationen in Berlin, Hamburg (1911–1914); Jurist, Kaufmann, Kunstdozent, Literaturhistoriker, Essayist, Lyriker, Erzähler.[115]

Sprengel, Auguste (V.)
1847–1934, evangelisch; geboren in Waren/Müritz, lebte wohl im Raum Waren, ab 1903 in Berlin; Lehrerin, Gründerin einer Frauenschule.[116]

Stegerwald, Adam (IV.)
1874–1945, katholisch; geboren in Greußenheim/Unterfranken, Wanderjahre (im Süden und Westen des Reichs), ab 1894/96 in München (zeitweise in Stuttgart),

---

110 *Neue Deutsche Biographie*, Bd. 24 (2010), 135f.
111 *Kürschners deutscher Literaturkalender. Nekrolog 1936–1970*, Teil 2, Berlin 1973, 628.
112 Degener, *Wer ist's?*, IX., 92.
113 Alfred Huber, *Walther Siegfried (1858–1947). Leben, Werk, Persönlichkeit des Auslandschweizer [!] Dichters*, Diss. Freiburg/Schweiz, Sarnen 1955, 10ff.
114 *Neue Deutsche Biographie*, Bd. 24 (2010), 613f.
115 Killy, *Literatur Lexikon*, Bd. 11 (1991), 108; Morgenstern, *Jüdisches biographisches Lexikon*, 771.
116 Wedel, *Lehren zwischen Arbeit und Beruf*, 284f.; dies., *Autobiographien von Frauen*, 804f.

dann in Köln (1903; zwischenzeitlich wiederum in München); Schreiner, christlicher Gewerkschafter/Arbeiterfunktionär.[117]

Stehr, Hermann (II.)
1864–1940, katholisch; geboren in Habelschwerdt/Grafschaft Glatz, lebte dauerhaft in Schlesien; Volksschullehrer, Schriftsteller.[118]

Sternheim, Carl (William Adolph Karl) (VIII.)
1878–1942, jüdisch, später evangelisch; geboren in Leipzig, Stationen in Berlin (1884–1897), München, Göttingen, Berlin und Leipzig (1898–1900), Weimar und Jena (1900–1902), Berlin, Brandenburg und München (1902–1905), Freiburg im Breisgau und Bremen (1905–1906), München und Pullach (1907–1908), Höllkriegelsreuth (1908–1912), München, Brüssel (1912–1913), La Hulpe/Belgien (1913–1914), Bad Harzburg (1914); Schriftsteller, Dramatiker.[119]

Tews, Johannes (III.)
1860–1937, evangelisch; geboren in Heinrichsfelde/Pommern, lebte ab 1883 in Berlin; Volksschullehrer, Erwachsenenpädagoge, tätig in der Lehrerbildung, Funktionär in diversen Lehrerverbänden.[120]

Thoma, Ludwig (II.)
1867–1921, katholisch; geboren in Oberammergau, Stationen in Dachau (1894), München (1897), Rottach (1911); Jurist, Schriftsteller, Redakteur, Kritiker.[121]

Tiburtius, Franziska (V.)
1843–1927, evangelisch; geboren in Bisdamitz/Rügen, lebte spätestens ab 1876 in Berlin; promovierte Medizinerin, Ärztin.[122]

Tresckow, Hans von (VII.)
1864–1934, evangelisch; geboren in Neiße/Schlesien, Stationen in Königsberg, Berlin, Straßburg, Neiße, Berlin (1889); Jurist, Kriminalkommissar, Schriftsteller.

---

117 Rudolf Morsey, Adam Stegerwald (1874–1945), in: ders. (Hg.), *Zeitgeschichte in Lebensbildern. Aus dem deutschen Katholizismus des 20. Jahrhunderts*, Mainz 1973; Haunfelder, *Reichstagsabgeordnete*, 361f.; *Neue Deutsche Biographie*, Bd. 25 (2013), 114f.
118 Erdmann, *Vom Naturalismus zum Sozialismus?*, 21–25; *Neue Deutsche Biographie*, Bd. 25 (2013), 117f.
119 Wilhelm Emrich (Hg., unter Mitarbeit v. Manfred Linke), *Carl Sternheim Gesamtwerk. Bd. 10/2: Nachträge. Anmerkungen zu den Bänden 1 bis 9. Lebenschronik*, Neuwied/Darmstadt 1976, 1091ff.; *Neue Deutsche Biographie*, Bd. 25 (2013), 301–303.
120 Andreas Pehnke (Hg.), *Johannes Tews (1860–1937). Vom 15-jährigen Dorfschullehrer zum Repräsentanten des Deutschen Lehrervereins. Studien über den liberalen Bildungspolitiker, Sozialpädagogen, Erwachsenenbildner und Kämpfer gegen den Antisemitismus*, Markkleeberg 2011, passim.
121 Killy, *Literatur Lexikon*, Bd. 11 (1991), 338f.; Richard Lemp, *Ludwig Thoma. Bilder, Dokumente, Materialien zu Leben und Werk*, München 1984, 15ff.
122 Gerhard, *Unerhört*, 161; Wedel, *Autobiographien von Frauen*, 858ff.

Treuberg, Hetta Gfin. von (I.)
1880–1941, evangelisch; geboren in Berlin, lebte dort bis zu ihrer Ausweisung 1910; Pazifistin, Salonpolitikerin, Schriftstellerin.[123]

Unger-Winkelried, Emil (IV.)
*1879, katholisch; geboren in Weißenburg/Elsass, ab um bzw. nach 1900 auf der Walz in der Schweiz, in Österreich, Süd- und Mitteldeutschland, kurzzeitig in Berlin, dann wieder auf der Walz, später in Weißenburg, Ostpreußen und Berlin; Handwerker, Redakteur.[124]

Vaihinger, Hans (I.)
1852–1933, evangelisch; geboren in Tübingen, lebte ab 1884 in Halle; Theologe, Universitätsprofessor (für Philosophie).[125]

Vely, Emma (Pseudonym; geb. Couvely, verehel. Simon) (V.)
1848–1934, evangelisch; geboren in Braunfels/Lahn, lebte ab 1889 in Berlin; Erzieherin, Schriftstellerin, Journalistin, Übersetzerin.[126]

Voigtländer, Robert (III.)
*1849, evangelisch; geboren in Kreuznach, lebte ab 1888 in Leipzig; Verleger.[127]

Wagemann, Anna (VII.)
1855–1938, evangelisch; geboren in Winsen, lebte später in Preußen (Schlesien, Potsdam), dann in Hannover; Lehrerin, Hoferzieherin.[128]

Waldeyer-Hartz, Wilhelm von (1916, zuvor „Waldeyer") (I.)
1836–1921, katholisch; geboren in Hehlen/Weser, lebte ab 1883 in Berlin; Mediziner, Universitätsprofessor.[129]

---

123 Wedel, *Autobiographien von Frauen*, 866.
124 Cuno Horkenbach (Hg.), *Das Deutsche Reich von 1918 bis heute, Ausgabe 1932*, Berlin 1933, 557.
125 *Biographisch-Bibliographisches Kirchenlexikon*, Bd. XII (1997), 1018–1026.
126 Wedel, *Lehren zwischen Arbeit und Beruf*, 287; dies., *Autobiographien von Frauen*, 879f.
127 Rudolf Schmidt, *Deutsche Buchhändler, deutsche Buchdrucker. Beiträge zu einer Firmengeschichte des deutschen Buchgewerbes*. 6 Bände in 1 Band, Hildesheim/New York/Olms 1979 (ND der Ausg. Berlin/Eberswalde 1902–08), 996–1000 (Artikel zum Vater Robert Voigtländer); Wenzel, *Deutscher Wirtschaftsführer*, 2352.
128 Wedel, *Autobiographien von Frauen*, 894f.
129 Ilse Jahn / Rolf Löther / Konrad Senglaub (Hgg., unter Mitwirkung von Wolfgang Heese), *Geschichte der Biologie. Theorien, Methoden, Institutionen, Kurzbiographien*. 3., neubearb. u. erw. Aufl., hg. v. Ilse Jahn / Erika Krauße, Heidelberg u. a. 2000, 985.

Weisbach, Werner (II.)
1873–1953, jüdisch, ab ca. 1895 evangelisch; geboren in Berlin, ab 1891 Stationen in Freiburg im Breisgau, Berlin, Leipzig, München, Berlin (1896); Kunsthistoriker, Privatdozent.[130]

Wentscher, Else (V.)
1877–1943(?), evangelisch; geboren in Schlesien, Stationen in Breslau (1889), Berlin, Bonn (1897), Königsberg (1904–1907); studierte Philosophin, Professorengattin, Lehrerin.[131]

Werdeland, Werner (III.)
*1884, evangelisch; aus Süddeutschland; studierte Philosophie, evtl. auch Geschichte.

Wermuth, Adolf (VI.)
1855–1927, evangelisch; geboren in Hannover, lebte ab 1883 in Berlin; Beamter im Reichsamt des Innern, kaiserlicher Kommissar in diversen Angelegenheiten, Staatssekretär des Reichsschatzamts, Oberbürgermeister von Berlin, Vorsitzender des Deutschen Städtetags.[132]

Wiedeberg, Josef (IV.)
1872–1932, katholisch; geboren in Kleinitz/Schlesien, lebte ab 1888 in Berlin; Maurer, christlicher Gewerkschafter, 1907–1912 MdR.[133]

Wien, Wilhelm (VII.)
1864–1928, evangelisch; geboren in Gaffken (Fischhausen)/Ostpreußen, Stationen in Berlin (um 1886), Aachen (1896), Gießen (1899), Würzburg (1900); Physiker, erst bei Helmholtz, dann Universitätsprofessor, Rektor.[134]

Wilamowitz-Moellendorff, Ulrich von (X.)
1848–1931, evangelisch; geboren in Markowitz/Posen, Stationen in Göttingen (1883), Berlin (1897); Klassischer Philologe, Universitätsprofessor.[135]

---

130 Peter Betthausen / Peter H. Feist / Christiane Fork (unter Mitarb. von Karin Rührdanz / Jürgen Zimmer), *Metzler Kunsthistorikerlexikon. Zweihundert Porträts deutschsprachiger Autoren aus vier Jahrhunderten*, Stuttgart/Weimar 1999, 458–461.

131 Wedel, *Lehren zwischen Arbeit und Beruf*, 287f.; dies., *Autobiographien von Frauen*, 920.

132 Kurt G. Jeserich / Helmut Neuhaus, *Persönlichkeiten der Verwaltung. Biographien zur deutschen Verwaltungsgeschichte 1648–1945*, Stuttgart 1991, 260–264.

133 Haunfelder, *Reichstagsabgeordnete*, 283.

134 Eduard Rüchardt, Wilhelm Wien, in: Ulrich Thürauf / Monika Stoermer (Hgg.), *Geist und Gestalt. Biographische Beiträge zur Geschichte der Bayerischen Akademie der Wissenschaften vornehmlich im zweiten Jahrhundert ihres Bestehens. Bd. 2: Naturwissenschaften*, München 1959, 114–117.

135 *Deutsche Biographische Enzyklopädie* 10 (2008), 623f.

Wilke, Adolf von (VII.)

1867–1934, evangelisch; geboren in Berlin, lebte 1897–1901 in München und Heidelberg, dann wieder dauerhaft in Berlin; promovierter Jurist, Offizier, Schriftsteller.[136]

Wille, Bruno (IV.)

1860–1928, freireligiös; geboren in Magdeburg, lebte ab 1886 in Berlin (nur 1898/99 in Österreich); Redakteur, Lehrer, Philosoph, Schriftsteller.[137]

Woermann, Karl (II.)

1844–1933, evangelisch; geboren in Hamburg, lebte ab 1882 in Dresden; Jurist, Archäologe und Kunsthistoriker, Direktor der Dresdner Gemäldegalerie.[138]

Wollenberg, Robert (X.)

1862–1942, evangelisch; geboren in Pelplin, Stationen in Berlin (1888), Halle (1891), Hamburg (1898), Tübingen (1901), Berlin (1906), Straßburg (1906); Psychiater, Krankenhausarzt, Universitätsprofessor.[139]

Wolzogen, Ernst von (II.)

1855–1934, evangelisch; geboren in Breslau, Stationen in Berlin (1882), München (1893), Berlin (1899/1900), Darmstadt (1905); Schriftsteller, Lektor, Kabarettist.[140]

Wulff, Oskar (X.)

1864–1946, evangelisch, geboren in St. Petersburg, Stationen in Berlin (1888), Dorpat (1889), Leipzig (1892), Berlin (1894), Konstantinopel (1895), Berlin (1899), Florenz (1904/05), Berlin (1905); Altphilologe, Kunsthistoriker, Archäologe, Funktionen an diversen Forschungsinstituten und Museen.[141]

Zorn, Philipp (I.)

1850–1928, evangelisch; geboren in Bayreuth, spätestens 1888 in Königsberg, ab 1900 in Bonn (zwischenzeitlich in Berlin); Jurist, Kirchen- und Staatsrechtler, Universitätsprofessor, 1905 preußisches Herrenhaus.[142]

---

136 Degener, *Wer ist's?*, IX., 1698.
137 Heinrich/Schandera, *Magdeburger Biographisches Lexikon*, 804f.
138 Betthausen/Feist/Fork, *Metzler Kunsthistorikerlexikon*, 488–490.
139 Christian Krollmann / Kurt Forstreuter / Ernst Bahr / Klaus Bürger (Hgg.), *Altpreußische Biographie*, Bd. 2, Marburg 1967, 823.
140 Ernst Klee, *Das Kulturlexikon zum Dritten Reich. Wer war was vor und nach 1945*, Frankfurt am Main 2009, 609.
141 Betthausen/Feist/Fork, *Metzler Kunsthistorikerlexikon*, 496–499.
142 *Biographisch-Bibliographisches Kirchenlexikon*, Bd. XIV (1998), 584–588.

G. QUELLEN UND LITERATUR

I. QUELLEN

1. Ausgewertete Autobiographien und Memoiren

Paul Adam, *Lebenserinnerungen eines alten Kunstbuchbinders*, 2., vermehrte Aufl. Leipzig 1929.

Ernst Bansi, *Mein Leben. Der Erinnerungen II. Teil*, Quedlinburg 1931.

Marie Baum, *Rückblick auf mein Leben. Meinen Freunden erzählt und zugeeignet*, Berlin 1939.

Gertrud Bäumer, *Lebensweg durch eine Zeitenwende*, Tübingen 1933.

Otto Baumgarten, *Meine Lebensgeschichte*, Tübingen 1929.

Franz Behrens, Franz Behrens, in: *25 Jahre christliche Gewerkschaftsbewegung 1899–1924. Festschrift*, Berlin 1924, 153–162.

Friedrich von Bernhardi, *Denkwürdigkeiten aus meinem Leben*, Berlin 1927.

Rudolf Georg Binding, *Erlebtes Leben*, Frankfurt am Main 1928.

Gustav Binz, *Aus dem Leben eines Landkindes*, Karlsruhe [1926].

Karl Bittmann, *Werken und Wirken. Erinnerungen aus Industrie und Staatsdienst*, 2 Bde., Karlsruhe 1924/25.

Ferdinand Bonn, *Mein Künstlerleben*, Diessen vor München 1920.

Hans Borbein, *Werde, der du bist. Lebenserinnerungen eines Niederdeutschen*, Weimar 1938.

Alois Brandl, *Zwischen Inn und Themse. Lebensbeobachtungen eines Anglisten. Alt-Tirol/England/Berlin*, Berlin 1936.

Lujo Brentano, *Mein Leben im Kampf um die soziale Entwicklung Deutschlands*, Jena 1931.

Margarete Gfin. von Bünau, *Neununddreißig Jahre Hofdame bei I.K.H. der Landgräfin von Hessen, Prinzessin Anna von Preußen*, Berlin 1929.

Marie von Bunsen, *Die Welt, in der ich lebte. Erinnerungen aus den glücklichen Jahren 1860–1912*, Leipzig 1929.

Bruno H. Bürgel, *Vom Arbeiter zum Astronomen. Die Lebensgeschichte eines Arbeiters*, Berlin 1922.

Heinrich Claß, *Wider den Strom. Vom Werden und Wachsen der nationalen Opposition im alten Reich*, Leipzig 1932.

Adam Josef Cüppers, *Aus zwei Jahrhunderten. Lebenserinnerungen eines Schulmannes und Schriftstellers*, Düsseldorf 1928.

Eberhard Dennert, *Hindurch zum Licht! Erinnerungen aus einem Leben der Arbeit und des Kampfes*, Stuttgart 1937.

Martin Dibelius, Zeit und Arbeit, in: Erich Stange (Hg.), *Die Religionswissenschaft der Gegenwart in Selbstdarstellungen*, [Bd. 5], Leipzig 1929, 3–33.

Marie Diers, *Meine Lebensstrecke*, Berlin [1929].

Ernst von Dryander, *Erinnerungen aus meinem Leben*, Bielefeld/Leipzig 1922.

Hermann Frhr. von Eckardstein, *Lebenserinnerungen und politische Denkwürdigkeiten*, 3 Bde., Leipzig 1919–21 (2. Bd. = 2. Aufl.; 3. Bd. mit dem Haupttitel *Die Isolierung Deutschlands*).

Heinrich Ehrhardt, *Hammerschläge. 70 Jahre deutscher Arbeiter und Erfinder*, Leipzig 1922.

Karl von Einem, *Erinnerungen eines Soldaten. 1853–1933*, Leipzig 1933.

Arthur Eloesser, Erinnerungen eines Berliner Juden, in: *Jüdische Rundschau 39/1934*, Nr. 76/77, 6f.; Nr. 78/79, 6; Nr. 80, 13; Nr. 82, 12; Nr. 86, 6; Nr. 88, 12; Nr. 90, 12; Nr. 92, 10.

Eduard Engel, *Menschen und Dinge. Aus einem Leben*, Leipzig 1929.

Rhoda Erdmann, Typ eines Ausbildungsganges weiblicher Forscher, in: *Führende Frauen Europas. In sechzehn Selbstschilderungen*, herausgegeben und eingeleitet von Elga Kern. *Mit einem Selbstporträt von Käthe Kollwitz und sechzehn Porträts*, München 1928, 35–54.

Karl Esselborn, *Rückblicke eines Siebzigjährigen*, 2., neu bearb. Aufl. Leipzig 1923.

Anna Ettlinger, *Lebenserinnerungen, für ihre Familie verfaßt*, Leipzig [1920].

Rudolf Eucken, *Erinnerungen. Ein Stück deutschen Lebens*, 2., erw. Aufl. Leipzig 1922.

Marie Feesche, *Bei mir daheim. Ein wenig aus eigenem Leben und neue Gedichte*, Hannover 1925.

Emil Fehling, *Aus meinem Leben. Erinnerungen und Aktenstücke*, Lübeck u. a. 1929.

Hans Franck, *Mein Leben und Schaffen* (Bekenntnisse. Eine Schriftenfolge von Lebens- und Seelenbildern heutiger Dichter, 14), Chemnitz 1929.

Ilse Franke-Oehl, Aus dem Wunderwald meines Lebens. Dichtung und Lichtung, in: Maria Köchling (Hg.), *Dichters Werden. Bekenntnisse unserer Schriftsteller*, Freiburg im Breisgau 1919, 75–106.

Hugo Frhr. von Freytag-Loringhoven, *Menschen und Dinge wie ich sie in meinem Leben sah*, Berlin 1923.

Hellmut von Gerlach, *Von rechts nach links*, hg. v. Emil Ludwig, Zürich 1937 (ND Hildesheim 1978).

Johannes Giesberts, *Aus meinem Leben*, Berlin 1924 (auch in: *25 Jahre christliche Gewerkschaftsbewegung 1899–1924. Festschrift*, Berlin 1924, 178–183).

Alfred Grotjahn, *Erlebtes und Erstrebtes. Erinnerungen eines sozialistischen Arztes*, Berlin 1932.

Heinrich Grünfeld, *In Dur und Moll. Begegnungen und Erlebnisse aus fünfzig Jahren*, Leipzig/Zürich 1923.

Charlotte Frfr. von Hadeln, *In Sonne und Sturm. Lebenserinnerungen*, Rudolstadt ²1935.

Margarete Hahn, *Dein Vater. Briefe an meine Tochter*, Leipzig 1936.

Max Halbe, *Scholle und Schicksal. Geschichte meines Lebens*, München 1933.

Ders., *Jahrhundertwende. Geschichte meines Lebens 1893–1914*, Danzig 1935.

Anselma Heine, *Mein Rundgang. Erinnerungen*, Stuttgart u. a. 1926.

Clara Heitefuß, *An des Meisters Hand. Lebenserinnerungen*, Schwerin 1939.

Olga Heydecker-Langer, *Lebensreise im Komödiantenwagen. Erinnerungen einer Schauspielerin*, 2 Bde., München 1928.

Hedwig Heyl, *Aus meinem Leben* (Weibliches Schaffen und Wirken, 2), Berlin 1925.

Herbert von Hindenburg, *Am Rande zweier Jahrhunderte. Momentbilder aus einem Diplomatenleben*, Berlin 1938.

Alfred Hoche, *Jahresringe. Innenansicht eines Menschenlebens*, München 1934.

Wilhelm Hoff, *Erinnerungen aus Leben und Arbeit*, Berlin 1931.

Rudolf Huch, *Mein Leben* (Die Lebenden), Berlin 1935.

Bogdan Gf. von Hutten-Czapski, *Sechzig Jahre Politik und Gesellschaft*, 2 Bde., Berlin 1936.

Heinrich Imbusch, *Die Brüder Imbusch. Aus ihrem Leben*, Berlin 1924 (auch in: *25 Jahre christliche Gewerkschaftsbewegung 1899–1924. Festschrift*, Berlin 1924, 194–204).

Eugen von Jagemann, *Fünfundsiebzig Jahre des Erlebens und Erfahrens (1849–1924)*, Heidelberg 1925.

Ernst Jungmann, *Von Bundestag bis Nationalversammlung. Erinnerungen und Betrachtungen*, Hamburg [1919].

Leo Koenigsberger, *Mein Leben*, Heidelberg 1919.

Otto Körner, *Erinnerungen eines deutschen Arztes und Hochschullehrers. 1858–1914*, München/Wiesbaden 1920.

Eugen Korschelt, *Das Haus an der Minne. Erinnerungen aus einem langen Leben*, Marburg 1939.

Bertha von Kröcher, *Die alte Generation. Nach Familienbriefen und eigenen Erinnerungen*, Braunschweig ²1920.

Eugen Kühnemann, *Mit unbefangener Stirn. Mein Lebensbuch*, Heilbronn 1937.

Oscar Frhr. von der Lancken Wakenitz, *Meine dreissig Dienstjahre. 1888–1918. Potsdam – Paris – Brüssel*, Berlin 1931.

Heinrich Lange, *Aus einer alten Handwerksburschen-Mappe. Eine Geschichte von Heimat, Werden und Wirken*, Leipzig [1925].

Helene Lange, *Lebenserinnerungen*, Berlin 1930.

Wilhelm Langewiesche-Brandt, Die Brüder Langewiesche, in: Gerhard Menz (Hg.), *Der deutsche Buchhandel der Gegenwart in Selbstdarstellungen*, Leipzig 1925, 71–121.

Hugo Gf. von Lerchenfeld-Koefering, *Erinnerungen und Denkwürdigkeiten 1843–1925*, eingel. u. hg. v. Hugo Gf. Lerchenfeld-Koefering, Berlin 1935.

Eduard von Liebert, *Aus einem bewegten Leben. Erinnerungen*, München 1925.

Berthold Litzmann, *Im alten Deutschland. Erinnerungen eines Sechzigjährigen*, Berlin 1923.

Karl Litzmann, *Lebenserinnerungen. Erster Band*, Berlin 1927.

Otto Lubarsch, *Ein bewegtes Gelehrtenleben. Erinnerungen und Erlebnisse, Kämpfe und Gedanken*, Berlin 1931.

Emil Ludwig, *Geschenke des Lebens. Ein Rückblick*, Berlin 1931.

Elisabeth von Maltzahn, *An stillen Feuern. Erschautes und Erträumtes. Ein Lebensroman*, Schwerin [6]1923.

Kurt Martens, *Schonungslose Lebenschronik. [Erster Teil:] 1870–1900; Zweiter Teil: 1901–1923*, Wien u. a. 1921/24.

Bruno Metzel, *Von der Pike auf. Aus einem Buchdruckerleben*, Leipzig [1935].

Georg Michaelis, *Für Staat und Volk. Eine Lebensgeschichte*, Berlin 1922.

Anton Gf. von Monts de Mazin, *Erinnerungen und Gedanken des Botschafters Anton Graf Monts*, hg. v. Karl Friedrich Nowak und Friedrich Thimme, Berlin 1932.

Carl Theodor Müller, *Begegnungen und Erlebnisse in 70 Lebensjahren*, Berlin 1936.

Charlotte Niese, *Von Gestern und Vorgestern. Lebenserinnerungen. Mit einer Vorrede von Dr. Reinhold Conrad Muschler*, Leipzig [2]1924.

Gustav Noske, *Noske* (Wie ich wurde. Selbstbiographien volkstümlicher Persönlichkeiten), Berlin 1919.

Elard von Oldenburg-Januschau, *Erinnerungen*, Leipzig 1936.

Franz Oppenheimer, *Erlebtes, Erstrebtes, Erreichtes. Erinnerungen*, Berlin 1931 (ND Düsseldorf 1964).

Rudolf Paulsen, *Mein Leben. Natur und Kunst* (Die Lebenden), Berlin 1936.

Friedrich von Payer, *Mein Lebenslauf*, Stuttgart 1932.

Daisy Fstin. von Pless, *Tanz auf dem Vulkan. Erinnerungen an Deutschlands und Englands Schicksalswende*, 2 Bde., Dresden 1929.

Otto Procksch, [Selbstdarstellung], in: Erich Stange (Hg.), *Die Religionswissenschaft in Selbstdarstellungen*, [Bd. 2], Leipzig 1926, 161–194.

Lita zu Putlitz, *Aus dem Bildersaal meines Lebens. 1862–1931*, Leipzig 1931.

Helene Raff, *Blätter vom Lebensbaum*, München 1938.

Elsa Reger, *Mein Leben mit und für Max Reger. Erinnerungen*, Leipzig 1930.

Johannes Reinke, *Mein Tagewerk*, Freiburg im Breisgau 1925.

Hugo Frhr. von Reischach, *Unter drei Kaisern*, Berlin 1925.

Ernst M. Roloff, *In zwei Welten. Aus den Erinnerungen und Wanderungen eines deutschen Schulmannes und Lexikographen*, Berlin/Bonn 1920.

Theodor Rumpf, *Lebenserinnerungen*, Bonn 1925.

Alice Salomon, Jugend- und Arbeitserinnerungen, in: *Führende Frauen Europas. In sechzehn Selbstschilderungen*, herausgegeben und eingeleitet von Elga Kern. *Mit einem Selbstporträt von Käthe Kollwitz und sechzehn Porträts*, München 1928, 3–34.

Agnes Sapper, *Ein Gruß an die Freunde meiner Bücher*, Stuttgart 1922.

Dietrich Schäfer, *Mein Leben*, Berlin/Leipzig 1926.

Philipp Scheidemann, *Memoiren eines Sozialdemokraten. Erster Band*, Dresden 1928.

Adolf von Schlatter, *Erlebtes*, Berlin [2]1924.

Julie Schlosser, *Aus dem Leben meiner Mutter. Zweiter Band: Wir beide*, Berlin 1928.

Otto Eduard Schmidt, *Wandern, o wandern. Lebenserinnerungen*, Dresden 1936.

Oskar A. H. Schmitz, *Dämon Welt. Entwicklungsjahre*, München 1926.

Ders., *Ergo sum. Jahre des Reifens*, München 1927.

Paul Frhr. von Schoenaich, *Mein Damaskus. Erlebnisse und Bekenntnisse*, Berlin 1926.

Heinrich Prinz von Schönburg-Waldenburg, *Erinnerungen aus kaiserlicher Zeit*, Leipzig ²1929.

Wilhelm von Scholz, *Berlin und Bodensee. Erinnerungen einer Jugend*, Leipzig 1934.

Ders., *Eine Jahrhundertwende. Lebenserinnerungen*, Leipzig 1936.

Ders., *An Ilm und Isar. Lebenserinnerungen*, Leipzig 1939.

Carl August Schröder, *Aus Hamburgs Blütezeit. Lebenserinnerungen*, Hamburg 1921.

Rudolf Alexander Schröder, *Aus Kindheit und Jugend. Erinnerungen und Erzählungen*, Hamburg 1935.

Bertha Gfin. von der Schulenburg, Streiflichter aus einem Leben, in: Ernst Fischer (Hg.), *Schaffende Frauen*, Dresden 1935, 137–162.

Reinhold Seeberg, Die wissenschaftlichen Ideale eines modernen Theologenlebens und die Versuche ihrer Verwirklichung, in: Erich Stange (Hg.), *Die Religionswissenschaft der Gegenwart in Selbstdarstellungen*, [Bd. 1], Leipzig 1925, 173–206.

Bogislav von Selchow, *Hundert Tage aus meinem Leben*, Leipzig 1936.

Albrecht Wilhelm Sellin, *Erinnerungen aus dem Berufs- und Seelenleben eines alten Mannes*, Konstanz 1920.

Walther Siegfried, *Aus dem Bilderbuch eines Lebens*, 3 Teile, Zürich/Leipzig 1926–32.

Martin Spahn, Selbstbiographie, in: Hans von Arnim / Georg von Below (Hgg.), *Deutscher Aufstieg. Bilder aus der Vergangenheit und Gegenwart der rechtsstehenden Parteien*, Berlin u. a. 1925, 479–488.

Heinrich Spiero, *Schicksal und Anteil. Ein Lebensweg in deutscher Wendezeit*, Berlin 1929.

Auguste Sprengel, *Erinnerungen aus meinem Schulleben*, Berlin 1932.

Adam Stegerwald, *Aus meinem Leben*, Berlin 1924 (auch in: *25 Jahre christliche Gewerkschaftsbewegung 1899–1924. Festschrift*, Berlin 1924, 132–152).

Hermann Stehr, *Mein Leben* (Die Lebenden), Berlin 1934.

Carl Sternheim, *Vorkriegseuropa im Gleichnis meines Lebens*, Amsterdam 1936.

Johannes Tews, *Aus Arbeit und Leben. Erinnerungen und Rückblicke*, Berlin/Leipzig 1921.

Ludwig Thoma, *Erinnerungen*, München 1919.

Franziska Tiburtius, *Erinnerungen einer Achtzigjährigen*, Berlin 1925.

Hans von Tresckow, *Von Fürsten und anderen Sterblichen. Erinnerungen eines Kriminalkommissars*, Berlin 1922.

Hetta Gfin. von Treuberg, *Zwischen Politik und Diplomatie. Memoiren*, hg. v. M. J. Bopp, Straßburg 1921.

Emil Unger-Winkelried, *Von Bebel zu Hitler. Vom Zukunftsstaat zum Dritten Reich. Aus dem Leben eines sozialdemokratischen Arbeiters*, Berlin 1934.

Hans Vaihinger, Wie die Philosophie des Als Ob entstand, in: Raymund Schmidt (Hg.), *Die Philosophie der Gegenwart in Selbstdarstellungen*, [Bd. 2], Leipzig ²1923, 183–212.

Emma Vely, *Mein schönes und schweres Leben. 2. Buch*, Leipzig 1929.

Robert Voigtländer, Robert Voigtländer, in: Gerhard Menz (Hg.), *Der deutsche Buchhandel der Gegenwart in Selbstdarstellungen*, Leipzig 1925, 157–203.

Anna Wagemann, *Prinzessin Feodora. Erinnerungen an den Augustenburger und den Preußischen Hof. Aus dem bunten Bilderbuch meines Lebens*, Berlin 1932.

Wilhelm von Waldeyer-Hartz, *Lebenserinnerungen*, Bonn ²1921.

Werner Weisbach, *„Und alles ist zerstoben". Erinnerungen aus der Jahrhundertwende*, Wien/Leipzig/Zürich 1937.

Else Wentscher, *Mutterschaft und geistige Arbeit* (Schriften zur Frauenbildung, 10 = Friedrich Mann's Pädagogisches Magazin. Abhandlungen vom Gebiete der Pädagogik und ihrer Hilfswissenschaften, 1115), Langensalza 1926.

Werner Werdeland, *Unter neuen Göttern. Ein Lebensbekenntnis*, Berlin 1929.

Adolf Wermuth, *Ein Beamtenleben. Erinnerungen*, Berlin 1922.

Josef Wiedeberg, Josef Wiedeberg, in: *25 Jahre christliche Gewerkschaftsbewegung 1899–1924. Festschrift*, Berlin 1924, 213–217.

Wilhelm Wien, Ein Rückblick, in: *Wilhelm Wien. Aus dem Leben und Wirken eines Physikers. Mit persönlichen Erinnerungen von E. v. Drygalski u. a.*, hg. von Karl Wien, Leipzig 1930, 1–50.

Ulrich von Wilamowitz-Moellendorff, *Erinnerungen 1848–1914*, 2., erg. Aufl. Leipzig 1928.

Adolf von Wilke, *Alt-Berliner Erinnerungen*, Berlin 1930.

Bruno Wille, *Aus Traum und Kampf. Mein 60jähriges Leben* (Wie ich wurde. Selbstbiographien volkstümlicher Persönlichkeiten), Berlin [3]1920.

Karl Woermann, *Lebenserinnerungen eines Achtzigjährigen*, 2. Band, Leipzig 1924.

Robert Wollenberg, *Erinnerungen eines alten Psychiaters*, Stuttgart 1931.

Ernst von Wolzogen, *Wie ich mich ums Leben brachte. Erinnerungen und Erfahrungen*, Braunschweig/Hamburg 1922.

Oskar Wulff, *Lebenswege und Forschungsziele. Eine Rückschau nach Vollendung des 70. Lebensjahres, ergänzt durch kunsttheoretische Abhandlungen und ein Schriftenverzeichnis des Verfassers*, Leipzig u. a. 1936.

Philipp Zorn, *Aus einem deutschen Universitätsleben*, Bonn 1927.

2. Zur Einordnung der Lebenserinnerungen herangezogene zeitgenössische Publikationen

a) Geschichtswissenschaft

Conrad Bornhak, *Deutsche Geschichte unter Kaiser Wilhelm II.*, Leipzig/Erlangen 1921.

Walter Goetz / Kurt Wiedenfeld / Max Graf Montgelas / Erich Brandenburg, *Das Zeitalter des Imperialismus 1890–1933* (Propyläen-Weltgeschichte, 10), Berlin 1933.

Fritz Hartung, *Deutsche Geschichte von 1870 bis 1914*, Bonn/Leipzig 1920 ([2]1924, [3]1930).

Wilhelm Mommsen, *Politische Geschichte von Bismarck bis zur Gegenwart 1850–1933*, Frankfurt am Main 1935.

Hermann Oncken, *Das Deutsche Reich und die Vorgeschichte des Weltkrieges*, 2 Bde., Leipzig u. a. 1933.

Arthur Rosenberg, *Die Entstehung der deutschen Republik 1871–1918*, Berlin 1928.

Paul Schmitthenner, *Geschichte der Zeit seit 1871* (Weltgeschichte in fünf Bänden, 5), Bielefeld/Leipzig 1933.

Franz Schnabel, *1789–1919. Eine Einführung in die Geschichte der neuesten Zeit*, Leipzig/Berlin [3/4]1925.

Ders., *Deutschland in den weltgeschichtlichen Wandlungen des letzten Jahrhunderts*, Berlin 1925.

Adalbert Wahl, *Deutsche Geschichte. Von der Reichsgründung bis zum Ausbruch des Weltkriegs (1871–1914)*, 4 Bde., Stuttgart 1926–36.

Johannes Ziekursch, *Politische Geschichte des neuen deutschen Kaiserreiches. Erster Band: Die Reichsgründung; Zweiter Band: Das Zeitalter Bismarcks (1871–1890); Dritter Band: Das Zeitalter Wilhelms II. (1890–1918)*, Frankfurt am Main 1925–30.

b) Populärwissenschaft und Publizistik

Heinrich Binder, *Die Schuld des Kaisers* (Deutsche Standort-Bücherei, 1), München 1919.

Max Hildebert Boehm, *Ruf der Jungen. Eine Stimme aus dem Kreise um Moeller van den Bruck*, Freiburg im Breisgau [3]1933.

[Franz Carl Endres], *Die Tragödie Deutschlands. Im Banne des Machtgedankens bis zum Zusammenbruch des Reiches. Von einem Deutschen.* Vierte, erw. u. verbess. Aufl. Stuttgart 1925.

Herbert Eulenberg, *Die Hohenzollern*, Berlin 1928.

Eugen Jäger, *Erinnerungen aus der Wilhelminischen Zeit* (Politik und Kultur. Schriftenreihe der Augsburger Postzeitung, 3), Augsburg 1926.

Emil Ludwig, *Wilhelm der Zweite*, Berlin 1928.

Heinrich Mann, Kaiserreich und Republik, in: ders., *Macht und Mensch*, München/Leipzig 1919, 204–278.

Karl Friedrich Nowak, *Das dritte deutsche Kaiserreich. Erster Band: Die übersprungene Generation; Zweiter Band: Deutschlands Weg in die Einkreisung*, Berlin 1929/31.

Walther Rathenau, *Der Kaiser. Eine Betrachtung*, Berlin 1919.

Edgar von Schmidt-Pauli, *Der Kaiser. Das wahre Gesicht Wilhelms II.*, Berlin 1928.

Hermann Ullmann, *Deutschland 1890–1918* (Stoffe und Gestalten der deutschen Geschichte, 8), Leipzig/Berlin 1936.

Wilhelm II., *Ereignisse und Gestalten aus den Jahren 1878–1918*, Leipzig/Berlin 1922.

Theodor Wolff, *Das Vorspiel. Erster Band*, München 1924.

Erwin Wulff, *Die persönliche Schuld Wilhelms II. Ein zeitgemäßer Rückblick*, Dresden 1918.

3. Weitere zitierte autobiographische, literarische und historiographische Werke der Zwischenkriegszeit

Harry Elmer Barnes, *Die Entstehung des Weltkrieges. Eine Einführung in das Kriegsschuldproblem*, Stuttgart 1928.

Wilhelm Bock, *Im Dienste der Freiheit. Freud und Leid aus sechs Jahrzehnten Kampf und Aufstieg*, Berlin 1927.

Erich Brandenburg, *Von Bismarck zum Weltkriege. Die deutsche Politik in den Jahrzehnten vor dem Kriege. Dargestellt auf Grund der Akten des Auswärtigen Amtes*, Berlin 1924.

Bernhard von Bülow, *Denkwürdigkeiten*, 4 Bde., hg. v. Franz von Stockhammern, Berlin 1930/31.

J. Daniel Chamier, *Ein Fabeltier unserer Zeit*, Zürich/Leipzig/Wien 1937 (engl. 1934).

Sidney Bradshaw Fay, *Der Ursprung des Weltkrieges*, 2 Bde., Berlin 1930.

Heinrich Friedjung, *Das Zeitalter des Imperialismus 1884–1914*, 2 Bde., Berlin 1919/22.

Karl Helfferich, *Die Vorgeschichte des Weltkrieges*, Berlin 1919.

Karl Jakob Hirsch, *Kaiserwetter*, Berlin 1931.

Franz Hoffeld, *Bilder aus dem Bergmannsleben*, Dortmund 1929.

Gottlieb von Jagow, *Ursachen und Ausbruch des Weltkrieges*, Berlin 1919.

Otto Kaufmann, *Wir zimmern neu die alte Welt. Lern- und Wanderjahre eines Zimmermanns*, Hamburg 1928.

Heinrich Kurtscheid, *Mein Leben*, Berlin 1924.

Max Lenz, *Deutschland im Kreis der Großmächte. 1871–1914* (Einzelschriften zu Politik und Geschichte, 12), Berlin 1925.

Heinrich Mann, *Der Untertan*, Leipzig 1918.

Nikolaus Osterroth, *Vom Beter zum Kämpfer*, Berlin 1920.

Paul Ostwald, *Von Versailles 1871 bis Versailles 1920*, Berlin 1922.

Wilhelm Reimes, *Durch die Drahtverhaue des Lebens. Aus dem Werdegang eines klassenbewußten Arbeiters*, Dresden 1920.

Ernst Gf. zu Reventlow, *Politische Vorgeschichte des großen Krieges*, Berlin 1919.

Dietrich Schäfer, *Die Schuld am Kriege*, Oldenburg 1919.

Karl Schirmer, *50 Jahre Arbeiter* (Bücher der Arbeit, 13), Duisburg 1924.

Friedrich Stieve, *Deutschland und Europa 1890–1914. Ein Handbuch zur Vorgeschichte des Weltkrieges mit den wichtigsten Dokumenten und drei Karten*, Berlin 1926.

Alfred von Tirpitz, *Erinnerungen*, Leipzig 1919.

Georg Werner, *Ein Kumpel. Erzählungen aus dem Bergmannsleben*, Berlin 1929.

August Winnig, *Frührot. Ein Buch von Heimat und Jugend*, Stuttgart/Berlin 1924.

Ders., *Der weite Weg*, Hamburg 1932.

Ders., *Heimkehr*, Hamburg 1935.

Otto Wohlgemuth, *Hacke und Meterstock. Erzählungen aus dem Leben eines Bergmannes*, Saarlautern 1939.

4. Zitierte Quelleneditionen und -sammlungen

Wolfgang Emmerich (Hg.), *Proletarische Lebensläufe. Autobiographische Dokumente zur Entstehung der Zweiten Kultur in Deutschland*, 2 Bde., Reinbek 1974/75.

Georg Kotowski / Werner Pöls / Gerhard A. Ritter (Hgg.), *Das wilhelminische Deutschland. Stimmen der Zeitgenossen*, Frankfurt am Main 1965.

Johannes Lepsius / Albrecht Mendelssohn-Bartholdy / Friedrich Thimme (Hgg.), *Die Große Politik der Europäischen Kabinette 1871–1914. Sammlung der Diplomatischen Akten des Auswärtigen Amtes*, hg. im Auftrage des Auswärtigen Amtes, 40 Bde., Berlin 1922–27.

Max Montgelas / Walter Schücking (Hgg.), *Die deutschen Dokumente zum Kriegsausbruch. Vollständige Sammlung der von Karl Kautsky zusammengestellten amtlichen Aktenstücke mit einigen Ergänzungen*, hg. im Auftrage des Auswärtigen Amtes nach gemeinsamer Durchsicht mit Karl Kautsky, 4 Bde., Charlottenburg 1919.

Bernd Ulrich / Benjamin Ziemann (Hgg.), *Krieg im Frieden. Die umkämpfte Erinnerung an den Ersten Weltkrieg. Quellen und Dokumente*, Frankfurt am Main 1997.

II. LITERATUR UND NACHSCHLAGEWERKE

Reinhard Alter, *Die bereinigte Moderne. Heinrich Manns ,Untertan' und politische Publizistik in der Kontinuität der deutschen Geschichte zwischen Kaiserreich und Drittem Reich* (Studien und Texte zur Sozialgeschichte der Literatur, 49), Tübingen 1995.

Ders., Heinrich Manns Untertan – Prüfstein für die ,Kaiserreich-Debatte'?, in: *Geschichte und Gesellschaft 17/1991*, 370–389.

Thorsten Bartz, *,Allgegenwärtige Fronten' – Sozialistische und linke Kriegsromane in der Weimarer Republik 1918–1933. Motive, Funktionen und Positionen im Vergleich mit nationalistischen Romanen und Aufzeichnungen im Kontext einer kriegsliterarischen Debatte* (Europäische Hochschulschriften, I/1623), Frankfurt am Main u. a. 1997.

Winfried Baumgart (Hg.), *Quellenkunde zur deutschen Geschichte der Neuzeit von 1500 bis zur Gegenwart. Bd. 6: Weimarer Republik, Nationalsozialismus, Zweiter Weltkrieg (1919–1945)*. Teil 1, bearb. v. Hans Günter Hockerts, Darmstadt 1996; Teil 2, bearb. v. Wolfgang Elz, Darmstadt 2003.

Georg von Below, *Über historische Periodisierungen. Mit einer Beigabe: Wesen und Ausbreitung der Romantik* (Einzelschriften zur Politik und Geschichte, 11), Berlin 1925.

Helmut Berding, Völkische Erinnerungskultur und nationale Mythenbildung zwischen dem Kaiserreich und dem „Dritten Reich", in: Horst Walter Blanke / Friedrich Jaeger / Thomas Sandkühler (Hgg.), *Dimensionen der Historik. Geschichtstheorie, Wissenschaftsgeschichte und Geschichtskultur heute. Jörn Rüsen zum 60. Geburtstag*, Köln u. a. 1998, 83–91.

Stefan Berger, In the Fangs of Social Patriotism: The Construction of Nation and Class in Autobiographies of British and German Social Democrats in the Inter-War Period, in: *Archiv für Sozialgeschichte 40/2000*, 259–287.

Heinrich Best, Geschichte und Lebenslauf. Theoretische Modelle und empirische Befunde zur Formierung politischer Generationen im Deutschland des 19. Jahrhunderts, in: Andreas Schulz / Gundula Grebner (Hgg.), *Generationswechsel und historischer Wandel* (Historische Zeitschrift, Beiheft 36), München 2003, 57–69.

Peter Betthausen / Peter H. Feist / Christiane Fork (unter Mitarb. von Karin Rührdanz / Jürgen Zimmer), *Metzler Kunsthistorikerlexikon. Zweihundert Porträts deutschsprachiger Autoren aus vier Jahrhunderten*, Stuttgart/Weimar 1999.

Wolfgang Beutin, Jugend in der ersten Hälfte des 19. Jahrhunderts anhand von Künstlerautobiographien, in: Rainer Kolk (Hg.), *Jugend im Vormärz* (Forum Vormärz Forschung, Jahrbuch 12 [2006]), Bielefeld 2007, 89–136.

Andreas Beyer / Günter Meißner (Hgg.), *Allgemeines Künstlerlexikon. Die bildenden Künstler aller Zeiten und Völker*, Bd. 1, München 1992.

Wolfgang Bialas, Krisendiagnose und Katastrophenerfahrung. Philosophie und Geschichte im Deutschland der Zwischenkriegszeit, in: Wolfgang Küttler / Jörn Rüsen / Ernst Schulin (i. Verb. mit Gangolf Hübinger / Jürgen Osterhammel / Lutz Raphael) (Hgg.), *Geschichtsdiskurs. Band 4: Krisenbewußtsein, Katastrophenerfahrungen und Innovationen 1880–1945*, Frankfurt am Main 1997, 189–216.

Biographisch-Bibliographisches Kirchenlexikon. Begr. u. hg. v. Friedrich Wilhelm Bautz. Fortgef. v. Traugott Bautz, Bde. II (1990), VII (1994), XII (1997), XIV (1998) und XXIV (2005), jeweils Nordhausen.

Ingrid Bode, *Die Autobiographien zur deutschen Literatur, Kunst und Musik 1900–1965. Bibliographie und Nachweise der persönlichen Begegnungen und Charakteristiken* (Repertorien zur Deutschen Literaturgeschichte, 2), Stuttgart 1966.

Georg Bollenbeck, *Tradition, Avantgarde, Reaktion. Deutsche Kontroversen um die kulturelle Moderne 1880–1945*, Frankfurt am Main 1999.

Ders., *Zur Theorie und Geschichte der frühen Arbeiterlebenserinnerungen* (Theorie-Kritik-Geschichte, 11), Kronberg am Taunus 1976.

Franz Bosbach / Magnus Brechtken (Hgg.), *Politische Memoiren in deutscher und britischer Perspektive – Political Memoirs in Anglo-German Context* (Prinz-Albert-Studien – Prince Albert Studies, 23), München 2005.

Magnus Brechtken, Einleitung, in: Franz Bosbach / Magnus Brechtken (Hgg.), *Politische Memoiren in deutscher und britischer Perspektive – Political Memoirs in Anglo-German Context* (Prinz-Albert-Studien – Prince Albert Studies, 23), München 2005, 9–42.

Ders. (Hg.), *Life Writing and Political Memoir – Lebenszeugnisse und Politische Memoiren*, Göttingen 2012.

Gotthard Breit, *Das Staats- und Gesellschaftsbild deutscher Generale beider Weltkriege im Spiegel ihrer Memoiren* (Wehrwissenschaftliche Forschungen, Abt. Militärgeschichtliche Studien, 17), Boppard am Rhein 1973.

Rüdiger vom Bruch, Das wilhelminische Kaiserreich: eine Zeit der Krise und des Umbruchs, in: Michel Grunewald / Uwe Puschner (Hgg.), *Krisenwahrnehmungen in Deutschland um 1900. – Zeitschriften als Foren der Umbruchszeit im Wilhelminischen Reich / Perceptions de la crise en Allemagne au début du XXe siècle. – Les périodiques et la mutation de la société allemande à l'époque wilhelmienne*, Bern u. a. 2010, 9–23.

Gisela Brude-Firnau, *Die literarische Deutung Kaiser Wilhelms II. zwischen 1889 und 1989* (Beiträge zur neueren Literaturgeschichte, Dritte Folge, 148), Heidelberg 1997.

Gunilla-Friederike Budde, *Auf dem Weg ins Bürgerleben. Kindheit und Erziehung in deutschen und englischen Bürgerfamilien 1840–1914* (Bürgertum. Beiträge zur europäischen Gesellschaftsgeschichte, 6), Göttingen 1994.

Heinz Bude, Die Zeit der Generationen im 20. Jahrhundert, in: Hans-Joachim Bieber / Hans Ottomeyer / Georg Christoph Tholen (Hgg.), *Die Zeit im Wandel der Zeit*, Kassel 2002, 229–250.

Rainer Cadenbach, *Max Reger und seine Zeit* (Große Komponisten und ihre Zeit), Laaber 1991.

Hildegard Châtellier, Deutsche Geschichtsschreibung der Zwischenkriegszeit: vom Historismus zur *Volksgeschichte*, in: Thomas Keller / Wolfgang Eßbach (Hgg.), *Leben und Geschichte. Anthropologische und ethnologische Diskurse der Zwischenkriegszeit* (Übergänge. Texte und Studien zu Handlung, Sprache und Lebenswelt, 53), München 2006, 291–308.

Christopher Clark, *Wilhelm II. Die Herrschaft des letzten deutschen Kaisers*. Aus dem Englischen von Norbert Juraschitz, München 2008.

Vanessa Conze, „Unverheilte Brandwunden in der Außenhaut des Volkskörpers". Der deutsche Grenz-Diskurs der Zwischenkriegszeit (1919–1939), in: Wolfgang Hardtwig (Hg.), *Ordnungen in der Krise. Zur politischen Kulturgeschichte Deutschlands 1900–1933* (Ordnungssysteme. Studien zur Ideengeschichte der Neuzeit, 22), München 2007, 21–48.

Werner Conze, Das Kaiserreich von 1871 als gegenwärtige Vergangenheit im Generationswechsel der deutschen Geschichtsschreibung, in: Werner Pöls (Hg.), *Staat und Gesellschaft im politischen Wandel. Beiträge zur Geschichte der modernen Welt. Walter Bußmann zum 14. Januar 1979*, Stuttgart 1979, 383–405.

Michael Corsten, Biographie, Lebensverlauf und das „Problem der Generation", in: *BIOS 14/2001*, 32–59.

Richard Critchfield, Autobiographie als Geschichtsdeutung, in: Wulf Koepke / Michael Winkler (Hgg.), *Deutschsprachige Exilliteratur. Studien zu ihrer Bestimmung im Kontext der Epoche von 1930 bis 1960* (Studien zur Literatur der Moderne, 12), Bonn 1984, 228–241.

Herrmann A. L. Degener, *Wer ist's? Unsere Zeitgenossen*, V. Ausgabe, Leipzig 1911; IX. Ausgabe, Berlin 1928.

Karl-Heinz Denecke / Claudia Renner, Kurt Martens: „Roman aus der Decadence" (1898). Autobiographischer Versuch einer Überwindung der Dekadenz, in: Dieter Kafitz (Hg.), *Dekadenz in Deutschland. Beiträge zur Erforschung der Romanliteratur um die Jahrhundertwende* (Studien zur Deutschen Literatur des 19. und 20. Jahrhunderts, 1), Frankfurt am Main u. a. 159–187.

Volker Depkat, Autobiographie und die soziale Konstruktion von Wirklichkeit, in: *Geschichte und Gesellschaft 29/2003*, 441–476.

Ders., Autobiographie und Generation, in: Martin Dröge (Hg.), *Die biographische Methode in der Regionalgeschichte*, Münster 2011, 43–57.

Ders., *Lebenswenden und Zeitenwenden. Deutsche Politiker und die Erfahrungen des 20. Jahrhunderts* (Ordnungssysteme. Studien zur Ideengeschichte der Neuzeit, 18), München 2007.

Ders., Nicht die Materialien sind das Problem, sondern die Fragen, die man stellt. Zum Quellenwert von Autobiographien für die historische Forschung, in: Thomas Rathmann / Nikolaus Wegmann (Hgg.), *„Quelle". Zwischen Ursprung und Konstrukt. Ein Leitbegriff in der Diskussion* (Beihefte zur Zeitschrift für deutsche Philologie, 12), Berlin 2004, 102–117.

Deutsche Biographische Enzyklopädie. 2., überarb. u. erw. Ausgabe, hg. v. Rudolf Vierhaus, Bde. 5 (2006) und 10 (2008), jeweils München.

Martin Doerry, *Übergangsmenschen. Die Mentalität der Wilhelminer und die Krise des Kaiserreichs*, Weinheim/München 1986.

Heinz Dollinger, Historische Zeit, Rhythmus und Generation, in: ders. (Hg.), *Evolution – Zeit – Geschichte – Philosophie. Universitätsvorträge* (Schriftenreihe der Westfälischen Wilhelms-Universität Münster, 5), Münster 1982, 88–131.

Michael Dreyer / Oliver Lembcke, *Die deutsche Diskussion um die Kriegsschuldfrage 1918/19* (Beiträge zur Politischen Wissenschaft, 70), Berlin 1993.

Burckhard Dücker, Krieg und Zeiterfahrung. Zur Konstruktion einer neuen Zeit in Selbstaussagen zum Ersten Weltkrieg, in: Thomas F. Schneider (Hg.), *Kriegserlebnis und Legendenbildung. Das Bild des „modernen" Krieges in Literatur, Theater, Photographie und Film. Band 1: Vor dem Ersten Weltkrieg; Der Erste Weltkrieg* (Krieg und Literatur. Internationales Jahrbuch zur Kriegs- und Antikriegsliteraturforschung, III/1997), Osnabrück 1999, 153–172.

Renate Dürr, Funktionen des Schreibens. Autobiographien und Selbstzeugnisse als Zeugnisse der Kommunikation und Selbstvergewisserung, in: Irene Dingel / Wolf-Dietrich Schäufele (Hgg.),

Kommunikation und Transfer im Christentum der Frühen Neuzeit (Veröffentlichungen des Instituts für Europäische Geschichte Mainz, Abt. f. abendländische Religionsgeschichte, Beiheft 74), Mainz 2007, 17–31.

Antulio J. Echevaria, General Staff historian Hugo Freiherr von Freytag-Loringhoven and the dialectics of German military thought, in: *Journal of Military History 60,3/1996*, 471–494.

Wilhelm Emrich (Hg., unter Mitarbeit v. Manfred Linke), *Carl Sternheim Gesamtwerk. Bd. 10/2: Nachträge. Anmerkungen zu den Bänden 1 bis 9. Lebenschronik*, Neuwied/Darmstadt 1976.

Ulrich Erdmann, *Vom Naturalismus zum Sozialismus? Zeitgeschichtlich-biographische Studien zu Max Halbe, Gerhart Hauptmann, Johannes Schlaf und Hermann Stehr. Mit unbekannten Selbstzeugnissen*, Frankfurt am Main u. a. 1997.

Astrid Erll, *Gedächtnisromane. Literatur über den Ersten Weltkrieg als Medium englischer und deutscher Erinnerungskulturen in den 1920er Jahren* (Studien zur Englischen Literatur- und Kulturwissenschaft, 10), Trier 2003.

Petra Ernst / Sabine A. Haring / Werner Suppanz (Hgg.), *Aggression und Katharsis. Der Erste Weltkrieg im Diskurs der Moderne* (Studien zur Moderne, 20), Wien 2004.

Arnold Esch, Zeitalter und Menschenalter. Die Perspektiven historischer Periodisierung, in: ders., *Zeitalter und Menschenalter. Der Historiker und die Erfahrung vergangener Gegenwart*, München 1994, 9–38 und 227f.

Bernd Faulenbach, Deutsche Geschichtswissenschaft zwischen Kaiserreich und NS-Diktatur, in: ders. (Hg.), *Geschichtswissenschaft in Deutschland. Traditionelle Positionen und gegenwärtige Aufgaben*, München 1974, 66–85.

Ders., *Ideologie des deutschen Weges. Die deutsche Geschichte in der Historiographie zwischen Kaiserreich und Nationalsozialismus*, München 1980.

Angela Federlein, *Autobiographien von Arbeitern 1890–1914* (Schriftenreihe der Studiengesellschaft für Sozialgeschichte und Arbeiterbewegung, 68), Marburg 1987.

Konrad Feilchenfeldt (Hg.), *Deutsches Literatur-Lexikon. Das 20. Jahrhundert. Biographisch-bibliographisches Handbuch*, Bde. 3 (2001), 4 (2003), 5 (2003), 6 (2004), 9 (2006) und 13 (2009), jeweils Zürich/München.

Almut Finck, *Autobiographisches Schreiben nach dem Ende der Autobiographie* (Geschlechterdifferenz und Literatur, 9), Berlin 1999.

Moritz Föllmer / Rüdiger Graf / Per Leo, Einleitung: Die Kultur der Krise in der Weimarer Republik, in: Moritz Föllmer / Rüdiger Graf (Hgg.), *Die „Krise" der Weimarer Republik. Zur Kritik eines Deutungsmusters*, Frankfurt/New York 2005, 9–41.

Petra Frerichs, *Bürgerliche Autobiographie und proletarische Selbstdarstellungen. Eine vergleichende Darstellung unter besonderer Berücksichtigung persönlichkeitstheoretischer und literaturwissenschaftlich-didaktischer Fragestellungen*, Frankfurt am Main 1980.

Johannes Fried, *Der Schleier der Erinnerung. Grundzüge einer historischen Memorik*, München 2004.

Hans-Edwin Friedrich, *Deformierte Lebensbilder. Erzählmodelle der Nachkriegsautobiographie (1945–1960)* (Studien und Texte zur Sozialgeschichte der Literatur, 74), Tübingen 2000.

Helmut Fries, *Die große Katharsis. Der Erste Weltkrieg in der Sicht deutscher Dichter und Gelehrter. Band 1: Die Kriegsbegeisterung von 1914. Ursprünge – Denkweisen – Auflösung; Band 2: Euphorie – Entsetzen – Widerspruch: Die Schriftsteller 1914–1918*, Konstanz 1994/95.

Achim Freudenstein, *Die „bürgerliche" Jugendbewegung im Spiegel von Autobiographien*, Kassel 2007.

Janina Fuge, Zwischen Kontroverse und Konsens: „Geschichtspolitik" als pluralistische Bewährungsprobe der deutschen Nachkriegsgesellschaft in der Weimarer Republik, in: Harald Schmid (Hg.), *Geschichtspolitik und kollektives Gedächtnis. Erinnerungskulturen in Theorie und Praxis* (Formen der Erinnerung, 41), Göttingen 2009, 123–141.

Daniel Fulda, Auf der Suche nach der verlorenen Geschichte. Zeitbewußtsein in Autobiographien des ausgehenden 20. Jahrhunderts, in: Annette Simonis / Linda Simonis (Hgg.), *Zeitwahrnehmung und Zeitbewußtsein der Moderne*, Bielefeld 2000, 197–226.

Marcus Funck / Stephan Malinowski, Geschichte von oben. Autobiographien als Quelle einer Sozial- und Kulturgeschichte des deutschen Adels in Kaiserreich und Weimarer Republik, in: *Historische Anthropologie. Kultur – Gesellschaft – Alltag 7/1999*, 236–270.

Klaus Füßmann, Historische Formungen. Dimensionen der Geschichtsdarstellung, in: ders. / Heinrich Theodor Grütter / Jörn Rüsen (Hgg.), *Historische Faszination. Geschichtskultur heute*, Köln u. a. 1994, 27–44.

Lothar Gall (Hg.), *Otto von Bismarck und Wilhelm II. Repräsentanten eines Epochenwechsels?* (Otto-von-Bismarck-Stiftung, Wissenschaftliche Reihe, 1), Paderborn u. a. 2000.

Miriam Gebhardt, *Das Familiengedächtnis. Erinnerung im deutsch-jüdischen Bürgertum 1890 bis 1932* (Studien zur Geschichte des Alltags, 16), Stuttgart 1999.

Max Geißler, *Führer durch die deutsche Literatur des zwanzigsten Jahrhunderts*, Weimar 1913.

Dietrich Gerhard, Zum Problem der Periodisierung der europäischen Geschichte, in: ders., *Alte und Neue Welt in vergleichender Geschichtsbetrachtung* (Veröffentlichungen des Max-Planck-Instituts für Geschichte, 10), Göttingen 1962, 40–56 (zuerst 1954).

Ute Gerhard, *Unerhört. Die Geschichte der deutschen Frauenbewegung*. Unter Mitarbeit von Ulla Wischermann, Reinbek 1990.

Robert Gerwarth, *Der Bismarck-Mythos. Die Deutschen und der Eiserne Kanzler*. Aus dem Englischen von Klaus-Dieter Schmidt, München 2007.

Michael Geyer, Urkatastrophe, Europäischer Bürgerkrieg, Menschenschlachthaus – Wie Historiker dem Epochenbruch des Ersten Weltkriegs Sinn geben, in: Rainer Rother (Hg.), *Der Weltkrieg 1914–1918. Ereignis und Erinnerung*, Berlin/Wolfratshausen 2004, 24–33.

Kay Goodman, Die große Kunst, nach innen zu weinen. Autobiographien deutscher Frauen im späten 19. und frühen 20. Jahrhundert, in: Wolfgang Paulsen (Hg.), *Die Frau als Heldin und Autorin. Neue kritische Ansätze zur deutschen Literatur*, Bern/München 1979, 125–135.

Christoph Gradmann, *Historische Belletristik. Populäre historische Biographien in der Weimarer Republik* (Historische Studien, 10), Frankfurt am Main/New York 1993.

František Graus, Epochenbewußtsein im Spätmittelalter und Probleme der Periodisierung, in: Reinhart Herzog / Reinhart Koselleck (Hgg.), *Epochenschwelle und Epochenbewußtsein*, München 1987, 153–166.

Stephen A. Grollman, *Heinrich Mann. Narratives of Wilhelmine Germany, 1895–1925* (Studies on Themes and Motifs in Literature, 64), New York u. a. 2002.

Horst Gründer, Nation und Katholizismus im Kaiserreich, in: Albrecht Langer (Hg.), *Katholizismus, nationaler Gedanke und Europa seit 1800* (Beiträge zur Katholizismusforschung, Reihe B), Paderborn u. a. 1985, 65–87.

Michel Grunewald / Uwe Puschner, Vorbemerkungen, in: dies. (Hgg.), *Krisenwahrnehmungen in Deutschland um 1900. – Zeitschriften als Foren der Umbruchszeit im Wilhelminischen Reich / Perceptions de la crise en Allemagne au début du XXᵉ siècle. – Les périodiques et la mutation de la société allemande à l'époque wilhelmienne*, Bern u. a. 2010, 3–6.

Dagmar Günther, „And now for something completely different". Prolegomena zur Autobiographie als Quelle der Geschichtswissenschaft, in: *Historische Zeitschrift 272/2001*, 25–61.

Dies., *Das nationale Ich? Autobiographische Sinnkonstruktionen deutscher Bildungsbürger des Kaiserreichs*, Tübingen 2004.

Walter Habel, *Wer ist wer? Das deutsche Who's who. XII. Ausgabe von Degeners Wer ist's?*, Berlin 1955.

Wolfgang Hardtwig, Der Bismarck-Mythos. Gestalt und Funktionen zwischen politischer Öffentlichkeit und Wissenschaft, in: ders. (Hg.), *Politische Kulturgeschichte der Zwischenkriegszeit 1918–1939* (Geschichte und Gesellschaft, Sonderheft 21), Göttingen 2005, 61–90.

Ders., Die Krise des Geschichtsbewußtseins in Kaiserreich und Weimarer Republik und der Aufstieg des Nationalsozialismus, in: *Jahrbuch des Historischen Kollegs 2001/2002*, 47–75.

Bernd Haunfelder, *Reichstagsabgeordnete der Deutschen Zentrumspartei 1871–1933. Biographisches Handbuch und historische Photographien* (Photodokumente zur Geschichte des Parlamentarismus und der politischen Parteien, 4), Düsseldorf 1999.

Hermann Heimpel, Der Mensch in seiner Gegenwart, in: ders., *Der Mensch in seiner Gegenwart. Sieben historische Essais*, Göttingen 1954, 9–41.

Ulrich Heinemann, *Die verdrängte Niederlage. Politische Öffentlichkeit und Kriegsschuldfrage in der Weimarer Republik* (Kritische Studien zur Geschichtswissenschaft, 59), Göttingen 1983.

Guido Heinrich / Gunter Schandera, *Magdeburger Biographisches Lexikon. 19. und 20. Jahrhundert. Biographisches Lexikon für die Landeshauptstadt Magdeburg und die Landkreise Bördekreis, Jerichower Land, Ohrekreis und Schönebeck*, Magdeburg 2002.

Charlotte Heinritz, *Auf ungebahnten Wegen. Frauenautobiographien um 1900* (Aktuelle Frauenforschung), Königstein/Taunus 2000.

Dies., Autobiographien als Medien lebensgeschichtlicher Erinnerungen. Zentrale Lebensthemen und autobiographische Schreibformen in Frauenautobiographien um 1900, in: *BIOS 21/2008*, 114–123.

Dies., „Nirgends recht am Platze" – Mädchenjahre in deutschen Frauenautobiographien um 1900, in: Christa Benninghaus / Kerstin Kohtz (Hgg.), *„Sag mir, wo die Mädchen sind ..." Beiträge zur Geschlechtergeschichte der Jugend*, Köln/Weimar/Wien 1999, 237–260.

Carsten Heinze, Autobiographie und zeitgeschichtliche Erfahrung. Über autobiographisches Schreiben und Erinnern in sozialkommunikativen Kontexten, in: *Geschichte und Gesellschaft 36,1/2010*, 93–128.

Ders., *Identität und Geschichte in autobiographischen Lebenskonstruktionen. Jüdische und nichtjüdische Vergangenheitsbearbeitungen in Ost- und Westdeutschland*, Wiesbaden 2009.

Dieter Hertz-Eichenrode, *Deutsche Geschichte 1871–1890. Das Kaiserreich in der Ära Bismarck*, Stuttgart u. a. 1992.

Ders., *Deutsche Geschichte 1890–1918. Das Kaiserreich in der Wilhelminischen Zeit*, Stuttgart u. a. 1996.

Ders., Sozialpolitische Folgen von Krieg und Revolution, in: Holm Sundhaussen / Hans-Joachim Torke (Hgg.), *1917–1918 als Epochengrenze?* (Multidisziplinäre Veröffentlichungen. Osteuropa-Institut der Freien Universität Berlin, 8), Wiesbaden 2000, 189–202.

Holger H. Herwig, Clio Deceived. Patriotic Self-Censorship in Germany after the Great War, in: Keith Wilson (Hg.), *Forging the Collective Memory. Government and International Historians Through Two World Wars*, Providence/Oxford 1996, 87–127.

Bettina Hey'l, Der historische Roman, in: Wilhelm Haefs (Hg.), *Nationalsozialismus und Exil 1933–1945* (Hansers Sozialgeschichte der deutschen Literatur vom 16. Jahrhundert bis zur Gegenwart, 9), München/Wien 2009, 310–335.

Dies., *Geschichtsdenken und literarische Moderne. Zum historischen Roman in der Zeit der Weimarer Republik* (Studien zur deutschen Literatur, 133), Tübingen 1994.

Klaus Hildebrand, *Das vergangene Reich. Deutsche Außenpolitik von Bismarck bis Hitler 1871–1945*, Stuttgart 1995.

Gerhard Hirschfeld, Kriegserlebnis, Mentalität und Erinnerung. Der Erste Weltkrieg in der deutschen und internationalen Geschichtsschreibung, in: Petra Ernst / Sabine A. Haring / Werner Suppanz (Hgg.), *Aggression und Katharsis. Der Erste Weltkrieg im Diskurs der Moderne* (Studien zur Moderne, 20), Wien 2004, 367–386.

Cuno Horkenbach (Hg.), *Das Deutsche Reich von 1918 bis heute, Ausgabe 1932*, Berlin 1933.

Eva Horn, Literatur und Krieg, in: Wilhelm Haefs (Hg.), *Nationalsozialismus und Exil 1933–1945* (Hansers Sozialgeschichte der deutschen Literatur vom 16. Jahrhundert bis zur Gegenwart, 9), München/Wien 2009, 287–311.

Alfred Huber, *Walther Siegfried (1858–1947). Leben, Werk, Persönlichkeit des Auslandschweizer [!] Dichters*, Diss. Freiburg/Schweiz, Sarnen 1955.

Ernst Rudolf Huber, *Deutsche Verfassungsgeschichte seit 1789. Band III: Bismarck und das Reich*. Dritte, wesentl. überarb. Aufl. Stuttgart u. a. 1988; *Band IV: Struktur und Krisen des Kaiserreichs*. Zweite, verbess. u. erg. Aufl. Stuttgart u. a. 1982.

Gangolf Hübinger, Geschichtsmythen in „völkischer Bewegung" und „konservativer Revolution". Nationalistische Wirkungen historischer Sinnbildung, in: Horst Walter Blanke / Friedrich

Jaeger / Thomas Sandkühler (Hgg.), *Dimensionen der Historik. Geschichtstheorie, Wissenschaftsgeschichte und Geschichtskultur heute. Jörn Rüsen zum 60. Geburtstag*, Köln u. a. 1998, 93–103.

Ders., Individuum und Gemeinschaft in der intellektuellen Streitkultur der 1920er Jahre, in: Roman Köster / Werner Plumpe / Bertram Schefold / Korinna Schönhärl (Hgg.), *Das Ideal des schönen Lebens und die Wirklichkeit der Weimarer Republik. Vorstellungen von Staat und Gemeinschaft im George-Kreis* (Wissenskultur und gesellschaftlicher Wandel, 33), Berlin 2009, 3–13.

Ders., „Sozialmoralisches Milieu". Ein Grundbegriff der deutschen Geschichte, in: Steffen Sigmund (Hg.), *Soziale Konstellation und historische Perspektive. Festschrift für M. Rainer Lepsius*, Wiesbaden 2008, 207–227.

Georg G. Iggers, *Deutsche Geschichtswissenschaft. Eine Kritik der traditionellen Geschichtsauffassung von Herder bis zur Gegenwart*, München ³1976.

Eberhard Jäckel, *Hitlers Weltanschauung. Entwurf einer Herrschaft*. Erw. u. überarb. Neuausgabe, Stuttgart 1986.

Friedrich Jaeger, Epochen als Sinnkonzepte historischer Entwicklung und die Kategorie der Neuzeit, in: Jörn Rüsen (Hg.), *Zeit deuten. Perspektiven – Epochen – Paradigmen*, Bielefeld 2003, 313–354.

Ders., Neuzeit als kulturelles Sinnkonzept, in: ders. / Burkhard Liebsch (Hgg.), *Handbuch der Kulturwissenschaften. Band 1: Grundlagen und Schlüsselbegriffe*, Stuttgart/Weimar 2004, 506–531.

Michael Jaeger, *Autobiographie und Geschichte. Wilhelm Dilthey, Georg Misch, Karl Löwith, Gottfried Benn, Alfred Döblin*, Stuttgart/Weimar 1995.

Wolfgang Jäger, *Historische Forschung und politische Kultur in Deutschland. Die Debatte 1914–1980 über den Ausbruch des Ersten Weltkrieges* (Kritische Studien zur Geschichtswissenschaft, 61), Göttingen 1984.

Ilse Jahn / Rolf Löther / Konrad Senglaub (Hgg., unter Mitwirkung von Wolfgang Heese), *Geschichte der Biologie. Theorien, Methoden, Institutionen, Kurzbiographien*, Jena 1982; 3., neubearb. u. erw. Aufl., hg. v. Ilse Jahn / Erika Krauße, Heidelberg u. a. 2000.

Silke Jakobs, Humanistische versus naturwissenschaftliche Bildung? Zur Wahrnehmung von Bildung in Autobiographien von Naturwissenschaftlern der Jahrhundertwende, in: Matthias Luserke-Jaqui (Hg.), *„Alle Welt ist medial geworden." Literatur, Technik, Naturwissenschaft in der klassischen Moderne. Internationales Darmstädter Musil-Symposium* (Studien und Texte zur Kulturgeschichte der deutschsprachigen Literatur, 4), Tübingen 2005, 105–126.

Gabriele Jancke / Claudia Ulbrich, Vom Individuum zur Person. Neue Konzepte im Spannungsfeld von Autobiographietheorie und Selbstzeugnisforschung, in: *Querelles. Jahrbuch für Frauen- und Geschlechterforschung 10/2005*, 7–27.

Konrad H. Jarausch, Zeitgeschichte und Erinnerung. Deutungskonkurrenz oder Interdependenz?, in: ders. / Martin Sabrow (Hgg.), *Verletztes Gedächtnis. Erinnerungskultur und Zeitgeschichte im Konflikt*, Frankfurt am Main/New York 2002, 9–37.

Horst-Rüdiger Jarck / Günter Scheel (Hgg.), *Braunschweigisches Biographisches Lexikon. 19. und 20. Jahrhundert*, Hannover 1996.

Kurt G. Jeserich / Helmut Neuhaus, *Persönlichkeiten der Verwaltung. Biographien zur deutschen Verwaltungsgeschichte 1648–1945*, Stuttgart 1991.

Jens Jessen, *Bibliographie der Autobiographien. Bd. 1: Selbstzeugnisse, Erinnerungen, Tagebücher und Briefe deutscher Schriftsteller und Künstler; Bd. 2: Selbstzeugnisse, Erinnerungen, Tagebücher und Briefe deutscher Geisteswissenschaftler; Bd. 3: Selbstzeugnisse, Erinnerungen, Tagebücher und Briefe deutscher Mathematiker, Naturwissenschaftler und Techniker; Bd. 4* (mit Reiner Vogt): *Selbstzeugnisse, Erinnerungen, Tagebücher und Briefe deutschsprachiger Ärzte*, München 1987–96.

Ders., *Bibliographie der Selbstzeugnisse deutscher Theologen. Tagebücher und Briefe*, Frankfurt am Main 1984.

Ders., *Die Selbstzeugnisse der deutschen Juristen. Erinnerungen, Tagebücher und Briefe. Eine Bibliographie* (Rechtshistorische Reihe, 27), Frankfurt am Main u. a. 1983.

Ruth-Ellen B. Joeres / Mary Jo Maynes (Hgg.), *German women in the eighteenth and nineteenth centuries. A Social and Literary History*, Bloomington 1986.

Ulrike Jureit, Autobiographien: Rückfragen an ein gelebtes Leben, in: Martin Sabrow (Hg.), *Autobiographische Aufarbeitung. Diktatur und Lebensgeschichte im 20. Jahrhundert* (Helmstedter Colloquien, 14), Leipzig 2012, 149–157.

Dies., Erfahrungsaufschichtung: Die diskursive Lagerung autobiographischer Erinnerungen, in: Magnus Brechtken (Hg.), *Life Writing and Political Memoir – Lebenszeugnisse und Politische Memoiren*, Göttingen 2012, 225–242.

Dies., Generationen als Erinnerungsgemeinschaften. Das „Denkmal für die ermordeten Juden Europas" als Generationsobjekt, in: dies. / Michael Wildt (Hgg.), *Generationen. Zur Relevanz eines wissenschaftlichen Grundbegriffs*, Hamburg 2005, 244–265.

Dies., *Generationenforschung* (Grundkurs Neue Geschichte), Göttingen 2006.

Dies. / Michael Wildt, Generationen, in: dies./ders. (Hgg.), *Generationen. Zur Relevanz eines wissenschaftlichen Grundbegriffs*, Hamburg 2005, 7–26.

Hermann Kalkoff (Hg.), *Nationalliberale Parlamentarier 1867–1917 des Reichstages und der Einzellandtage. Beiträge zur Parteiengeschichte. Herausgegeben aus Anlaß des fünfzigjährigen Bestehens der nationalliberalen Partei Deutschlands*, Berlin 1917.

Erich Keyser, *Die Geschichtswissenschaft. Aufbau und Aufgaben*, München/Berlin 1931.

Walther Killy (Hg.), *Literatur Lexikon. Autoren und Werke deutscher Sprache*, Bde. 2 (1989), 3 (1989), 7 (1990), 8 (1990) und 11 (1991), jeweils Gütersloh.

Ulrich Kittstein, *„Mit Geschichte will man etwas". Historisches Erzählen in der Weimarer Republik und im Exil (1918–1945)*, Würzburg 2006.

Heinz D. Kittsteiner, Die Generationen der „Heroischen Moderne". Zur kollektiven Verständigung über eine Grundaufgabe, in: Ulrike Jureit / Michael Wildt (Hgg.), *Generationen. Zur Relevanz eines wissenschaftlichen Grundbegriffs*, Hamburg 2005, 200–219.

Theodor Klaiber, *Die deutsche Selbstbiographie. Beschreibungen des eigenen Lebens, Memoiren, Tagebücher*, Stuttgart 1921.

Ernst Klee, *Das Kulturlexikon zum Dritten Reich. Wer war was vor und nach 1945*, Frankfurt am Main 2009.

Alfred Klein, *Im Auftrag ihrer Klasse. Weg und Leistung der deutschen Arbeiterschriftsteller 1918–1933*, Berlin/Weimar 1976.

Elke Kleinau, In Europa und der Welt unterwegs. Konstruktionen nationaler Identität in Autobiographien deutscher Lehrerinnen an der Wende vom 19. zum 20. Jahrhundert. Bildung und Berufstätigkeit – ein Thema historisch-vergleichender Bildungsforschung?, in: Bea Lundt / Michael Salewski / Heiner Timmermann (Hgg.), *Frauen in Europa. Mythos und Realität* (Dokumente und Schriften der Europäischen Akademie Otzenhausen, 129), Münster 2005, 157–172.

John W. Koch, *Daisy von Pless. Fürstliche Rebellin*, Frankfurt am Main/Berlin 1991.

Eberhard Kolb, *Bismarck*, München 2009.

Ders., „Die Historiker sind ernstlich böse". Der Streit um die „Historische Belletristik" in Weimar-Deutschland, in: ders., *Umbrüche deutscher Geschichte: 1866/71–1918/19–1929/33. Ausgewählte Aufsätze*, hg. v. Dieter Langewiesche / Klaus Schönhoven, München 1993, 311–329 (zuerst 1992).

Wilhelm Kosch, *Das katholische Deutschland. Biographisch-Bibliographisches Lexikon*, Bde. I (1933), II (o. J.) und III, 2 (= 26. Lieferung; o. J.), jeweils Augsburg.

Ders., *Deutsches Theater-Lexikon. Biographisches und bibliographisches Handbuch*, Bde. 1 und 2, Klagenfurt 1953/60.

Reinhart Koselleck, Das achtzehnte Jahrhundert als Beginn der Neuzeit, in: Reinhart Herzog / Reinhart Koselleck (Hgg.), *Epochenschwelle und Epochenbewußtsein*, München 1987, 269–282.

Ders., Erfahrungswandel und Methodenwechsel. Eine historisch-anthropologische Skizze, in: ders., *Zeitschichten. Studien zur Historik. Mit einem Beitrag von Hans-Georg Gadamer*, Frankfurt am Main 2003, 27–77.

Ders., Erinnerungsschleusen und Erfahrungsschichten. Der Einfluß der beiden Weltkriege auf das soziale Bewußtsein, in: ders., *Zeitschichten. Studien zur Historik. Mit einem Beitrag von Hans-Georg Gadamer*, Frankfurt am Main 2003, 265–284.

Ders., „Neuzeit". Zur Semantik moderner Bewegungsbegriffe, in: ders., *Vergangene Zukunft. Zur Semantik geschichtlicher Zeiten*, Frankfurt am Main 1989, 300–348.

Ders., Zeitschichten, in: ders., *Zeitschichten. Studien zur Historik. Mit einem Beitrag von Hans-Georg Gadamer*, Frankfurt am Main 2003, 19–26.

Patrick Krassnitzer, Autobiographische Erinnerung und kollektive Gedächtnisse: Die nationalsozialistische Erinnerung an das „Fronterlebnis" im Ersten Weltkrieg in den Autobiographien von „alten Kämpfern", in: Vittoria Borsò / Gerd Krumeich / Bernd Witte (Hgg.), *Medialität und Gedächtnis. Interdisziplinäre Beiträge zur kulturellen Verarbeitung europäischer Krisen*, Stuttgart/Weimar 2001, 215–258.

Ders., Gebrochener Patriotismus und reprojizierte Entfremdung. Autobiographische Lebenskonstruktionen deutsch-jüdischer Weltkriegsveteranen in der Emigration, in: Klaus Hödl (Hg.), *Historisches Bewusstsein im jüdischen Kontext. Strategien – Aspekte – Diskurse* (Schriften des Centrums für Jüdische Studien, 6) Innsbruck u. a. 2004, 187–200.

Ders., Historische Forschung zwischen „importierten Erinnerungen" und Quellenamnesie. Zur Aussagekraft autobiographischer Quellen am Beispiel der Weltkriegserinnerung im nationalsozialistischen Milieu, in: Michael Epkenhans / Stig Förster / Karen Hagemann (Hgg.), *Militärische Erinnerungskultur. Soldaten im Spiegel von Biographien, Memoiren und Selbstzeugnissen* (Krieg in der Geschichte, 29), Paderborn u. a. 2006, 212–222.

Hans-Christof Kraus, Friedrich Thimme. Ein Historiker und Akteneditor im „Krieg der Dokumente" 1920–1937, in: Tobias Hirschmüller / Markus Raasch (Hgg.), *Von Freiheit, Solidarität und Subsidiarität – Staat und Gesellschaft der Moderne in Theorie und Praxis. Festschrift für Karsten Ruppert zum 65. Geburtstag* (Beiträge zur Politischen Wissenschaft, 175), Berlin 2013, 281–300.

Ders., Kleindeutsch – Großdeutsch – Gesamtdeutsch? Eine Historikerkontroverse der Zwischenkriegszeit, in: Alexander Gallus / Thomas Schubert / Tom Thieme (Hgg.), *Deutsche Kontroversen. Festschrift für Eckhard Jesse*, Baden-Baden 2013, 71–86.

Ders., Niedergang oder Aufstieg? Anmerkungen zum deutschen Kulturoptimismus um 1900, in: *Geschichte für heute 3,1/2010*, 44–56.

Ders., Von Hohenlohe zu Papen. Bemerkungen zu den Memoiren deutscher Reichskanzler zwischen der wilhelminischen Ära und dem Ende der Weimarer Republik, in: Franz Bosbach / Magnus Brechtken (Hgg.), *Politische Memoiren in deutscher und britischer Perspektive – Political Memoirs in Anglo-German Context* (Prinz-Albert-Studien – Prince Albert Studies, 23), München 2005, 87–112.

Robert Krause, *Lebensgeschichten aus der Fremde. Autobiografien deutschsprachiger emigrierter Schriftstellerinnen als Beispiele literarischer Akkulturation nach 1933*, München 2010.

Carsten Kretschmann, Generation und politische Kultur in der Weimarer Republik, in: Hans-Peter Brecht / Carsten Kretschmann / Wolfram Pyta (Hgg.), *Politik, Kommunikation und Kultur in der Weimarer Republik* (Pforzheimer Gespräche zur Sozial-, Wirtschafts- und Stadtgeschichte, 4), Heidelberg u. a. 2009, 11–30.

Frank-Lothar Kroll, *Utopie als Ideologie. Geschichtsdenken und politisches Handeln im Dritten Reich*, Paderborn u. a. 1998.

Christian Krollmann / Kurt Forstreuter / Ernst Bahr / Klaus Bürger (Hgg.), *Altpreußische Biographie*, Bd. 2, Marburg 1967.

Jürgen Kuczynski, Lügen, Verfälschungen, Auslassungen, Ehrlichkeit und Wahrheit: Fünf verschiedene und für den Historiker gleich wertvolle Elemente in Autobiographien, in: Peter Alheit / Erika M. Hoerning (Hgg.), *Biographisches Wissen. Beiträge zu einer Theorie lebensge-schichtlicher Erfahrung*, Frankfurt am Main/New York 1989, 24–37.

Kürschners deutscher Literaturkalender. Nekrolog 1936–1970, Teil 2, Berlin 1973.

Jürgen Lehmann, *Bekennen – Erzählen – Berichten. Studien zu Theorie und Geschichte der Auto-biographie* (Studien zur deutschen Literatur, 98), Tübingen 1988.

Richard Lemp, *Ludwig Thoma. Bilder, Dokumente, Materialien zu Leben und Werk*, München 1984.

Franz Lennartz, *Die Dichter unserer Zeit. Einzeldarstellungen zur deutschen Dichtung der Gegen-wart*, Stuttgart ⁵1952.

Lexikon der Frau. In zwei Bänden, Bd. 1, Zürich 1953.

Lexikon deutsch-jüdischer Autoren, hg. v. Archiv Bibliographia Iudaica, Bd. 11, München u. a. 2002.

Undine Liebe-Hellig, Alleinreisen ist Zwiegespräch. Marie von Bunsen 1860–1941, in: Hermann Niebuhr (Hg.), *Eine Fürstin unterwegs. Reisetagebücher der Fürstin Pauline zur Lippe 1799–1818* (Lippische Geschichtsquellen, 19), Detmold 1990, 94–109.

Orvar Löfgren, Periodisierung als Forschungsproblem, in: Günter Wiegelmann (Hg.), *Wandel der Alltagskultur seit dem Mittelalter. Phasen – Epochen – Zäsuren* (Beiträge zur Volkskultur in Nordwestdeutschland, 55), Münster 1987, 91–101.

Thomas Lorenz, *„Die Weltgeschichte ist das Weltgericht!" Der Versailler Vertrag in Diskurs und Zeitgeist der Weimarer Republik* (Campus Forschung, 914), Frankfurt am Main/New York 2008.

Markus Malo, *Behauptete Subjektivität. Eine Skizze zur deutschsprachigen jüdischen Autobiogra-phie im 20. Jahrhundert*, Tübingen 2009.

Reiner Marcowitz, Vom Bismarckismus zum Wilhelminismus. Krise und Umbruch in der deut-schen Außenpolitik, in: Michel Grunewald / Uwe Puschner (Hgg.), *Krisenwahrnehmungen in Deutschland um 1900. – Zeitschriften als Foren der Umbruchszeit im Wilhelminischen Reich / Perceptions de la crise en Allemagne au début du XXe siècle. – Les périodiques et la mutation de la société allemande à l'époque wilhelmienne*, Bern u. a. 2010, 53–67.

Sandra Markus, „Schreiben heißt: sich selber lesen". Geschichtsschreibung als erinnernde Sinn-konstruktion, in: Clemens Wischermann (Hg.), *Vom kollektiven Gedächtnis zur Individuali-sierung der Erinnerung* (Studien zur Geschichte des Alltags, 18), Stuttgart 2002, 159–183.

Mary Jo Maynes, Das Ende der Kindheit. Schichten- und geschlechtsspezifische Unterschiede in autobiographischen Darstellungen des Heranwachsens, in: Christa Benninghaus / Kerstin Kohtz (Hgg.), *„Sag mir, wo die Mädchen sind ..." Beiträge zur Geschlechtergeschichte der Jugend*, Köln/Weimar/Wien 1999, 215–235.

Dies., Leaving Home in Metaphor and Practice. The Roads to Social Mobility and Political Mili-tancy in European Working-Class Autobiography, in: Frans van Poppel / Michael Oris / James Lee (Hgg.), *The Road to Independence. Leaving Home in Western and Eastern Socie-ties 16th–20th centuries*, Bern 2004, 315–338.

Dies., *Taking the Hard Road. Life Course in French and German Workers' Autobiographies in the Era of Industrialization*, Chapel Hill/London 1995.

Thomas Mergel, Sozialmoralische Milieus und Revolutionsgeschichtsschreibung. Zum Bild der Revolution von 1848/49 in den Subgesellschaften des deutschen Kaiserreichs, in: Christian Jansen / Thomas Mergel (Hgg.), *Die Revolutionen von 1848/49. Erfahrung – Verarbeitung – Deutung*, Göttingen 1998, 247–267.

Gilbert Merlio, Kulturkritik um 1900, in: Michel Grunewald / Uwe Puschner (Hgg.), *Krisenwahr-nehmungen in Deutschland um 1900. – Zeitschriften als Foren der Umbruchszeit im Wilhelmi-nischen Reich / Perceptions de la crise en Allemagne au début du XXe siècle. – Les périodiques et la mutation de la société allemande à l'époque wilhelmienne*, Bern u. a. 2010, 25–52.

Wolfgang Mommsen, *Die Urkatastrophe Deutschlands. Der Erste Weltkrieg 1914–1918* (Geb-hardt. Handbuch der deutschen Geschichte, 17), Stuttgart 2002.

Hans Morgenstern, *Jüdisches biographisches Lexikon. Eine Sammlung von bedeutenden Persönlichkeiten jüdischer Herkunft ab 1800*, Wien u. a. 2009.

Rudolf Morsey, Adam Stegerwald (1874–1945), in: ders. (Hg.), *Zeitgeschichte in Lebensbildern. Aus dem deutschen Katholizismus des 20. Jahrhunderts*, Mainz 1973.

Ders., Memoiren als Quellen zur preußischen Verwaltungsgeschichte im Wilhelminischen Deutschland, in: Erk Volkmar Heyen (Hg.), *Bilder der Verwaltung. Memoiren, Karikaturen, Romane, Architektur – Images de l'administration. Mémoires, caricatures, romans, architecture* (Jahrbuch für Europäische Verwaltungsgeschichte, 6), Baden-Baden 1994, 29–49.

Hans Heinrich Muchow, Über den Quellenwert der Autobiographie für die Zeitgeistforschung, in: *Zeitschrift für Religions- und Geistesgeschichte 18/1966*, 297–310.

Heinz-Joachim Müllenbrock, Alois Brandl, in: Hans-Christof Kraus (Hg.), *Geisteswissenschaftler II* (Berlinische Lebensbilder, 10), Berlin 2012, 113–125.

Günter Müller, „Vielleicht interessiert sich mal jemand…" Lebensgeschichtliches Schreiben als Medium familiärer und gesellschaftlicher Überlieferung, in: Peter Eigner / Christa Hämmerle / Günter Müller (Hgg.), *Briefe – Tagebücher – Autobiographien. Studien und Quellen für den Unterricht* (Konzepte und Kontroversen. Materialien für Unterricht und Wissenschaft in Geschichte – Geographie – Politische Bildung, 4), Innsbruck/Wien/Bozen 2006, 76–94.

Marian Nebelin, Zeit und Geschichte. Historische Zeit in geschichtswissenschaftlichen Theorien, in: ders. / Andreas Deußer (Hgg., unter Mitarbeit von Katarina Bartel), *Was ist Zeit? Philosophische und geschichtstheoretische Aufsätze* (Philosophie, 74), Berlin 2009, 51–93.

Sönke Neitzel, Diplomatie der Generationen? Kollektivbiographische Perspektiven auf die Internationalen Beziehungen 1871–1914, in: *Historische Zeitschrift 296,1/2013*, 84–113.

Neue Deutsche Biographie, hg. v. der Historischen Kommission bei der Bayerischen Akademie der Wissenschaften, 25 Bde., Berlin 1953–2013.

Günter Niggl (Hg.), *Die Autobiographie. Zu Form und Geschichte einer literarischen Gattung*. 2., um ein Nachwort zur Neuausgabe und einen bibliographischen Nachtrag ergänzte Aufl. Darmstadt 1998.

Ders., Zur Theorie der Autobiographie, in: Michael Reichel (Hg.), *Antike Autobiographien. Werke – Epochen – Gattungen*, Köln u. a. 2005, 1–13.

Thomas Nipperdey, *Deutsche Geschichte 1866–1918. Erster Band: Arbeitswelt und Bürgergeist; Zweiter Band: Machtstaat vor der Demokratie*, München 1998.

N. N., Trauerfeier für Paul Adam, Düsseldorf, in: *Allgemeiner Anzeiger für Buchbindereien 46,33/1931*, 603.

Willi Oberkrome, *Volksgeschichte. Methodische Innovation und völkische Ideologisierung in der deutschen Geschichtswissenschaft 1918–1945*, Göttingen 1993.

Aiko Onken, Faktographie und Identitätskonstruktion in der Autobiographie. Zum Beispiel Jens Bisky: „Geboren am 13. August. Der Sozialismus und ich", in: *Weimarer Beiträge 55/2009*, 165–179.

Hannelore Orth-Peine, *Identitätsbildung im sozialgeschichtlichen Wandel* (Forschungsberichte des Instituts für Bevölkerungsforschung und Sozialpolitik, Universität Bielefeld, 16), Frankfurt am Main/New York 1990.

Jürgen Osterhammel, Über die Periodisierung der neueren Geschichte (Vortrag in der Geisteswissenschaftlichen Klasse am 29. November 2002), in: *Berlin-Brandenburgische Akademie der Wissenschaften, Berichte und Abhandlungen 10/2006*, 45–64.

Österreichisches Biographisches Lexikon 1815–1950. Hg. v. der Österreichischen Akademie der Wissenschaften unter der Leitung von Leo Santifaller, bearb. v. Eva Obermayer-Marnach, II. Band, Graz/Köln 1959.

Ohad Parnes / Ulrike Vedder / Stefan Willer, *Das Konzept der Generation. Eine Wissenschafts- und Kulturgeschichte*, Frankfurt am Main 2008.

Andreas Pehnke (Hg.), *Johannes Tews (1860–1937). Vom 15-jährigen Dorfschullehrer zum Repräsentanten des Deutschen Lehrervereins. Studien über den liberalen Bildungspolitiker, So-*

zialpädagogen, Erwachsenenbildner und Kämpfer gegen den Antisemitismus, Markkleeberg 2011.

Hans-Jürgen Perrey, Der „Fall Emil Ludwig" – Ein Bericht über eine historiographische Kontroverse der ausgehenden Weimarer Republik, in: *Geschichte in Wissenschaft und Unterricht 43/1992*, 169–181.

Detlev Peukert, *Die Weimarer Republik. Krisenjahre der Klassischen Moderne* (Neue Historische Bibliothek), Frankfurt am Main 1987.

Helmut F. Pfanner, Die ‚Provinzliteratur‘ der zwanziger Jahre, in: Wolfgang Rothe (Hg.), *Die deutsche Literatur in der Weimarer Republik*, Stuttgart 1974, 237–254.

Friedrich Pohlmann, Nationalsozialistische Feindbilder – Antibolschewismus und Antisemitismus, in: Manuel Becker / Stephanie Bongartz (Hgg.), *Die weltanschaulichen Grundlagen des NS-Regimes. Ursprünge, Gegenentwürfe, Nachwirkungen. Tagungsband der XXIII. Königswinterer Tagung im Februar 2010* (Schriftenreihe der Forschungsgemeinschaft 29. Juli 1944 e. V., 15), Berlin/Münster 2011, 63–77.

Markus Pöhlmann, „Daß sich ein Sargdeckel über mir schlösse." Typen und Funktionen von Weltkriegserinnerungen militärischer Entscheidungsträger, in: Jost Dülffer / Gerd Krumeich (Hgg.), *Der verlorene Frieden. Politik und Kriegskultur nach 1918* (Schriften der Bibliothek für Zeitgeschichte, N. F. 15), Essen 2002, 149–170.

Johan Hendrik Jacob van der Pot, *Sinndeutung und Periodisierung der Geschichte. Eine systematische Übersicht der Theorien und Auffassungen*, Leiden u. a. 1999.

Reichshandbuch der deutschen Gesellschaft. Das Handbuch der Persönlichkeiten in Wort und Bild, Bd. 1, Berlin 1930.

Jürgen Reulecke (Hg.), *Generationalität und Lebensgeschichte im 20. Jahrhundert* (Schriften des Historischen Kollegs, Kolloquien 58), München 2003.

Gerhard A. Ritter, Politische Repräsentation durch Berufsstände. Konzepte und Realität in Deutschland 1871–1933, in: Wolfram Pyta / Ludwig Richter (Hgg.), *Gestaltungskraft des Politischen. Festschrift für Eberhard Kolb* (Historische Forschungen, 63), Berlin 1998, 261–280.

Thomas Rohkrämer, Bewahrung, Neugestaltung, Restauration? Konservative Raum- und Heimatvorstellungen in Deutschland 1900–1933, in: Wolfgang Hardtwig (Hg.), *Ordnungen in der Krise. Zur politischen Kulturgeschichte Deutschlands 1900–1933* (Ordnungssysteme. Studien zur Ideengeschichte der Neuzeit, 22), München 2007, 49–68.

Ders., *Eine andere Moderne? Zivilisationskritik, Natur und Technik in Deutschland 1880–1933*, Paderborn u. a. 1999.

John C. G. Röhl, *Wilhelm II. [Bd. 2:] Der Aufbau der Persönlichen Monarchie 1888–1890*, München 2001; *[Bd. 3:] Der Weg in den Abgrund 1900–1941*, München 2008.

Mark Roseman, Generationen als „Imagined Communities". Mythen, generationelle Identitäten und Generationenkonflikte in Deutschland vom 18. bis zum 20. Jahrhundert, in: Ulrike Jureit / Michael Wildt (Hgg.), *Generationen. Zur Relevanz eines wissenschaftlichen Grundbegriffs*, Hamburg 2005, 180–199.

Hans Rothfels, Zeitgeschichte als Aufgabe, in: *Vierteljahrshefte für Zeitgeschichte 1,1/1953*, 1–8.

Eduard Rüchardt, Wilhelm Wien, in: Ulrich Thürauf / Monika Stoermer (Hgg.), *Geist und Gestalt. Biographische Beiträge zur Geschichte der Bayerischen Akademie der Wissenschaften vornehmlich im zweiten Jahrhundert ihres Bestehens. Bd. 2: Naturwissenschaften*, München 1959, 114–117.

Jörn Rüsen, *Zerbrechende Zeit. Über den Sinn der Geschichte*, Köln u. a. 2001.

Martin Sabrow, Autobiographie und Systembruch im 20. Jahrhundert, in: ders. (Hg.), *Autobiographische Aufarbeitung. Diktatur und Lebensgeschichte im 20. Jahrhundert* (Helmstedter Colloquien, 14), Leipzig 2012, 9–24.

Walter Schiffels, Formen historischen Erzählens in den zwanziger Jahren, in: Wolfgang Rothe (Hg.), *Die deutsche Literatur in der Weimarer Republik*, Stuttgart 1974, 195–211.

Wolfgang Schivelbusch, *Die Kultur der Niederlage. Der amerikanische Süden 1865, Frankreich 1871, Deutschland 1918*, Berlin 2001.

Katharina Schlegel, Zum Quellenwert der Autobiographie: Adlige Selbstzeugnisse vom 19. zum 20. Jahrhundert, in: *Geschichte in Wissenschaft und Unterricht 37/1986*, 222–233.

Hans Schleier, *Die bürgerliche deutsche Geschichtsschreibung der Weimarer Republik. I. Strömungen – Konzeptionen – Institutionen; II. Die linksliberalen Historiker* (Schriften des Zentralinstituts für Geschichte der Akademie der Wissenschaften der DDR, 40), Berlin 1975.

Jürgen Schmidt, „Die Arbeitsleute sind im allgemeinen gesünder [...] als die Herrschaften". Krankheitserfahrungen und Männlichkeit in Arbeiterautobiographien (ca. 1870–1914), in: *Medizin, Gesellschaft und Geschichte 24/2005*, 105–127.

Ders., „... mein Nervensystem war derart alteriert, daß ich mich allen ernsten Denkens [...] enthalten mußte" – Psychische Krankheiten in Autobiographien von Arbeitern und Bürgern um 1900, in: Martin Dinges (Hg.), *Männlichkeit und Gesundheit im historischen Wandel ca. 1800 – ca. 2000* (Medizin, Gesellschaft und Geschichte, 27), Stuttgart 2007, 343–358.

Rudolf Schmidt, *Deutsche Buchhändler, deutsche Buchdrucker. Beiträge zu einer Firmengeschichte des deutschen Buchgewerbes.* 6 Bände in 1 Band, Hildesheim/New York/Olms 1979 (ND der Ausg. Berlin/Eberswalde 1902–08).

Falko Schnicke, Deutung vor der Deutung. Hermeneutische und geschlechtergeschichtliche Aspekte historiographischer Epochenbildung, in: *Berichte zur Wissenschaftsgeschichte 32,2/ 2009*, 159–175.

Karl-Heinz Joachim Schoeps, *Deutsche Literatur zwischen den Weltkriegen III. Literatur im Dritten Reich* (Germanistische Lehrbuchsammlung, 43), Bern u. a. 1992.

Heinz Schreckenberg, *Ideologie und Alltag im Dritten Reich*, Frankfurt am Main u. a. 2003.

N. N. Schreiber, Paul Adam als Einbandforscher, in: *Allgemeiner Anzeiger für Buchbindereien 46,33/1931*, 602.

Klaus Schreiner, „Diversitas temporum". Zeiterfahrung und Epochengliederung im späten Mittelalter, in: Reinhart Herzog / Reinhart Koselleck (Hgg.), *Epochenschwelle und Epochenbewußtsein*, München 1987, 381–428.

Wilhelm H. Schröder, *Sozialdemokratische Reichstagsabgeordnete und Reichstagskandidaten 1898–1918. Biographisch-statistisches Handbuch* (Handbücher zur Geschichte des Parlamentarismus und der Parteien, 2), Düsseldorf 1986.

Ernst Schulin, Weltkriegserfahrung und Historikerreaktion, in: Wolfgang Küttler / Jörn Rüsen / Ernst Schulin (i. Verb. mit Gangolf Hübinger / Jürgen Osterhammel / Lutz Raphael) (Hgg.), *Geschichtsdiskurs. Band 4: Krisenbewußtsein, Katastrophenerfahrungen und Innovationen 1880–1945*, Frankfurt am Main 1997, 165–188.

Wilhelm Schulte, *Westfälische Köpfe. 300 Lebensbilder bedeutender Westfalen*, 3., erg. Aufl. Münster 1984.

Winfried Schulze (Hg.), *Ego-Dokumente. Annäherung an den Menschen in der Geschichte* (Quellen und Darstellungen zur Sozial- und Erfahrungsgeschichte, 2), Berlin 1996.

Martin Schumacher (Hg.), *M.d.R. Die Reichstagsabgeordneten der Weimarer Republik in der Zeit des Nationalsozialismus. Politische Verfolgung, Emigration und Ausbürgerung 1933–1945. Eine biographische Dokumentation. Mit einem Forschungsbericht zur Verfolgung deutscher und ausländischer Parlamentarier im nationalsozialistischen Herrschaftsbereich.* Dritte, erhebl. erw. u. überarb. Aufl. Düsseldorf 1994.

Christoph Schutte, *Die Königliche Akademie in Posen (1903–1919) und andere kulturelle Einrichtungen im Rahmen der Politik zur „Hebung des Deutschtums"* (Materialien und Studien zur Ostmitteleuropa-Forschung, 19), Marburg 2008.

Erhard Schütz, Autobiographien und Reiseliteratur, in: Bernhard Weyergraf (Hg.), *Literatur der Weimarer Republik 1918–1933* (Hansers Sozialgeschichte der deutschen Literatur vom 16. Jahrhundert bis zur Gegenwart, 8), München/Wien 1995, 549–600 und 724–733.

Hinrich Siefken, Geschichte als Ausweg? Über den Aspekt der Historie in Werken deutscher Exilautoren (Thomas Mann, Heinrich Mann, Lion Feuchtwanger, Alfred Döblin), in: Matthias Flotow / Frank-Lothar Kroll (Hgg.), *Vergangenheit vergegenwärtigen. Der historische Roman im 20. Jahrhundert* (Texte aus der Evangelischen Akademie Meißen), Leipzig 1998, 51–76.

Daniel Siemens, Kühle Romantiker. Zum Geschichtsverständnis der „jungen Generation" in der Weimarer Republik, in: Martin Baumeister / Moritz Föllmer / Philipp Müller (Hgg.), *Die Kunst der Geschichte. Historiographie, Ästhetik, Erzählung*, Göttingen 2009, 189–214.

Oliver Sill, „Fiktion des Faktischen". Zur autobiographischen Literatur der letzten Jahrzehnte, in: Walter Delabar / Erhard Schütz (Hgg.), *Deutschsprachige Literatur der 70er und 80er Jahre. Autoren, Tendenzen, Gattungen*, Darmstadt 1997, 75–104.

Brigitta Elisa Simbürger, *Faktizität und Fiktionalität: Autobiografische Schriften zur Shoa*, Berlin 2009.

Oliver Simons (Hg.), *Deutsche Autobiographien 1690–1930. Arbeiter, Gelehrte, Ingenieure, Künstler, Politiker, Schriftsteller* (Digitale Bibliothek, 102), CD-ROM Berlin 2004.

Stephan Skalweit, *Der Beginn der Neuzeit. Epochengrenze und Epochenbegriff* (Erträge der Forschung, 178), Darmstadt 1982.

Peter Sloterdijk, *Literatur und Lebenserfahrung. Autobiographien der Zwanziger Jahre* (Literatur als Kunst), München/Wien 1978.

Hans Spangenberg, Die Perioden der Weltgeschichte, in: *Historische Zeitschrift 127/1923*, 1–49.

Peter Sprengel, Vorschau im Rückblick – Epochenbewußtsein um 1918, dargestellt an der verzögerten Rezeption von Heinrich Manns *Der Untertan*, Sternheims *1913*, Hesses *Damian* und anderen Nachzüglern aus dem Kaiserreich in der Frühphase der Weimarer Republik, in: Michael Klein / Sieglinde Klettenhammer / Elfriede Pöder (Hgg.), *Literatur der Weimarer Republik. Kontinuität – Brüche* (Innsbrucker Beiträge zur Kulturwissenschaft, Germanistische Reihe, 64), Innsbruck 2002, 29–44.

Peter Stadler, *Memoiren der Neuzeit. Betrachtungen zur erinnerten Geschichte*, Zürich 1995.

Stadtbücherei Spandau (Hg.), *Mensch und Welt. Lebensbeschreibungen/Erinnerungen/Memoiren/Biographien/Briefe/Tagebücher. Aus Literatur, Geschichte, Politik, Kunst, Musik, Philosophie, Pädagogik, Medizin, Naturkunde, Technik, Wirtschaft*, Spandau 1926.

Thomas Steensen, Friedrich Paulsen, in: Hans-Christof Kraus (Hg.), *Geisteswissenschaftler II* (Berlinische Lebensbilder, 10), Berlin 2012, 63–86.

Klaus Tenfelde, 1914 bis 1990: Die Einheit der Epoche, in: Manfred Hettling / Claudia Huerkamp / Paul Nolte / Hans-Walter Schmuhl (Hgg.), *Was ist Gesellschaftsgeschichte? Positionen, Themen, Analysen*, München 1991, 70–80.

Ders., Historische Milieus – Erblichkeit und Konkurrenz, in: Manfred Hettling / Paul Nolte (Hgg.), *Nation und Gesellschaft in Deutschland. Historische Essays*, München 1996, 247–268.

Ders., *Milieus, politische Sozialisation und Generationenkonflikte im 20. Jahrhundert. Vortrag vor dem Gesprächskreis Geschichte der Friedrich-Ebert-Stiftung in Bonn am 11. Juni 1997* (Gesprächskreis Geschichte, 19), Bonn 1998.

Frithjof Trapp, *Deutsche Literatur zwischen den Weltkriegen II. Literatur im Exil* (Germanistische Lehrbuchsammlung, 42), Bern u. a. 1983.

Volker Ullrich, *Die nervöse Großmacht. Aufstieg und Untergang des deutschen Kaiserreichs 1871–1918. Mit einem aktuellen Nachwort: Neue Forschungen zum Kaiserreich*, Frankfurt am Main 2007.

Helmut Vallery, *Führer, Volk und Charisma. Der nationalsozialistische historische Roman* (Pahl-Rugenstein Hochschulschriften, Gesellschafts- und Naturwissenschaften, Serie Literatur und Geschichte, 55), Köln 1980.

Marianne Vogt, *Autobiographik bürgerlicher Frauen. Zur Geschichte weiblicher Selbstbewußtwerdung*, Würzburg 1981.

Michael Vogtmeier, *Die proletarische Autobiographie 1903–1914. Studien zur Gattungs- und Funktionsgeschichte der Autobiographie*, Frankfurt am Main u. a. 1984.

Ernst Walder, Zur Geschichte und Problematik des Epochenbegriffs „Neuzeit" und zum Problem der Periodisierung der europäischen Geschichte, in: ders. / Peter Gilg / Ulrich im Hof / Beatrix Mesmer (Hgg.), *Festgabe Hans von Greyerz zum sechzigsten Geburtstag. 5. April 1967*, Bern 1967, 21–47.

Bernd Jürgen Warneken, *Populare Autobiographik. Empirische Studien zu einer Quellengattung der Alltagsgeschichtsforschung* (Untersuchungen des Ludwig-Uhland-Instituts der Universität Tübingen, 61), Tübingen 1985.

Ders., Zur Schichtspezifik autobiografischer Darstellungsmuster, in: Andreas Gestrich / Peter Knoch / Helga Merkel (Hgg.), *Biographie – sozialgeschichtlich. Sieben Beiträge*, Göttingen 1988, 141–162.

Gudrun Wedel, *Autobiographien von Frauen. Ein Lexikon*, Köln u. a. 2010.

Dies., *Lehren zwischen Arbeit und Beruf. Einblicke in das Leben von Autobiographinnen aus dem 19. Jahrhundert* (L'Homme Schriften. Reihe zur Feministischen Geschichtswissenschaft, 4), Wien u. a. 2000.

Hans-Ulrich Wehler, *Deutsche Gesellschaftsgeschichte. Dritter Band: Von der „Deutschen Doppelrevolution" bis zum Beginn des Ersten Weltkrieges 1849–1914*, München 1995.

Bernd Weisbrod (Hg.), *Historische Beiträge zur Generationsforschung* (Göttinger Studien zur Generationsforschung, 2), Göttingen 2010.

Georg Wenzel (Bearb.), *Deutscher Wirtschaftsführer. Lebensgänge deutscher Wirtschaftspersönlichkeiten*, Hamburg u. a. 1929.

M. Westphal, *Die besten deutschen Memoiren. Lebenserinnerungen und Selbstbiographien aus sieben Jahrhunderten. Mit einer Abhandlung über die Entwicklung der deutschen Selbstbiographie von Dr. Hermann Ulrich* (Kleine Literaturführer, 5), Leipzig 1923.

Gero von Wilpert, *Deutsches Dichterlexikon. Biographisch-Bibliographisches Handwörterbuch zur deutschen Literaturgeschichte*, 3., erw. Aufl. Stuttgart 1988.

Günter Wirth, Literarische Geschichtsdeutung im Umfeld der „Inneren Emigration" (Werner Bergengruen, Reinhold Schneider, Jochen Klepper), in: Matthias Flotow / Frank-Lothar Kroll (Hgg.), *Vergangenheit vergegenwärtigen. Der historische Roman im 20. Jahrhundert* (Texte aus der Evangelischen Akademie Meißen), Leipzig 1998, 31–50.

Edgar Wolfrum, *Geschichte als Waffe. Vom Kaiserreich bis zur Wiedervereinigung*, Göttingen 2001.

Barbara Zehnpfennig, Nationalsozialismus als Anti-Marxismus? Hitlers programmatisches Selbstverständnis in „Mein Kampf", in: Manuel Becker / Stephanie Bongartz (Hgg.), *Die weltanschaulichen Grundlagen des NS-Regimes. Ursprünge, Gegenentwürfe, Nachwirkungen. Tagungsband der XXIII. Königswinterer Tagung im Februar 2010* (Schriftenreihe der Forschungsgemeinschaft 29. Juli 1944 e. V., 15), Berlin/Münster 2011, 79–98.

Benjamin Ziemann, Die Erinnerung an den Ersten Weltkrieg in den Milieukulturen der Weimarer Republik, in: Thomas F. Schneider (Hg.), *Kriegserlebnis und Legendenbildung. Das Bild des „modernen" Krieges in Literatur, Theater, Photographie und Film. Band 1: Vor dem Ersten Weltkrieg; Der Erste Weltkrieg* (Krieg und Literatur. Internationales Jahrbuch zur Kriegs- und Antikriegsliteraturforschung, III/1997), Osnabrück 1999, 249–270.